UTB

UTB **2108**

W0393151

Eine Arbeitsgemeinschaft der Verlage

Beltz Verlag Weinheim · Basel · Berlin
Böhlau Verlag Köln · Weimar · Wien
Wilhelm Fink Verlag München
A. Francke Verlag Tübingen und Basel
Haupt Verlag Bern · Stuttgart · Wien
Verlag Leske + Budrich Opladen
Lucius & Lucius Verlagsgesellschaft Stuttgart
Mohr Siebeck Tübingen
C. F. Müller Verlag Heidelberg
Ernst Reinhardt Verlag München und Basel
Ferdinand Schöningh Verlag Paderborn · München · Wien · Zürich
Eugen Ulmer Verlag Stuttgart
UVK Verlagsgesellschaft Konstanz
Vandenhoeck & Ruprecht Göttingen
WUV Facultas · Wien

Karl-Wilhelm Niebuhr (Hg.)

Grundinformation Neues Testament

Eine bibelkundlich-theologische Einführung

In Zusammenarbeit mit Michael Bachmann, Reinhard Feldmeier, Friedrich Wilhelm Horn und Matthias Rein

2., durchgesehene und überarbeitete Auflage

Vandenhoeck & Ruprecht

Mit 8 Abbildungen

Bibliografische Information der Deutschen Bibliothek

Die Deutsche Bibliothek verzeichnet diese Publikation in der Deutschen Nationalbibliografie; detaillierte bibliografische Daten sind im Internet über <http://dnb.ddb.de> abrufbar.

ISBN 3-8252-2108-3 (UTB)
ISBN 3-525-03245-5 (Vandenhoeck & Ruprecht)

Printed in Germany.
Umschlaggestaltung: Atelier Reichert, Stuttgart
Satz: Text & Form, Garbsen
Druck und Bindung: Ebner & Spiegel GmbH, Ulm

Titelbild: Felsengrab mit Rollstein aus neutestamentlicher Zeit (Strichzeichnung, Ernst Brückelmann)

Gedruckt auf alterungsbeständigem Papier.

Vorwort

Das Ziel, dem dieses Buch dienen will, ist schlicht und gleichzeitig anspruchsvoll. Es stellt diejenigen Informationen bereit, die für eine vertiefte Beschäftigung mit dem Neuen Testament im Studium, in der kirchlichen oder in der schulischen Praxis grundlegend sind. Wissenschaftlichen Anspruch erhebt es insofern, als die Autoren sich bemüht haben, den aktuellen Stand der Disziplin in ihre Darstellungen einfließen zu lassen, nicht aber im Sinne weiterführender Fachdiskussionen. Die Anmerkungen wurden daher auf ein Minimum beschränkt, die angegebene Literatur soll den Lesern vorwiegend Anregungen zu eigenständiger Weiterarbeit geben. Auch interessierte „Nichttheologen" sollten hier Hinführungen zum Neuen Testament finden können. Das Buch setzt somit bei den Lesern Bereitschaft zu kontinuierlichem, weiterführendem Selbststudium voraus.

Der Ansatz wurde bewusst bei der Bibelkunde gewählt *(A Bibelkundliche Erschließung)*, nicht bei den Arbeitsweisen und Ergebnissen der wissenschaftlichen Exegese. Das sieht man z.B. daran, dass wir, nach drei einführenden Kapiteln, der Reihenfolge der biblischen Bücher folgen, auch dort, wo die Fachwissenschaft heute in der Regel eine andere Gruppierung der neutestamentlichen Schriften vornimmt (z.B. im *Corpus Paulinum)*. Dahinter steht die Erwägung, dass den meisten Menschen auch heute die neutestamentlichen Schriften als Teil der christlichen Bibel begegnen, nicht in der Perspektive wissenschaftlicher, insbesondere historisch-kritischer Exegese. Diese setzt vielmehr zunächst einmal die gründliche Kenntnis jener voraus. Wir haben den Eindruck, dass heute gerade im akademischen Studium die Gefahr besteht, wissenschaftliche Hypothesen ohne den „Umweg" über eine detaillierte Bibelkenntnis als Ergebnisse der Exegese aufnehmen zu wollen. Das kann zur Folge haben, dass man sich unkritisch abhängig macht von den jeweiligen Vorurteilen, Arbeitsweisen und Akzentsetzungen, derer sich ein guter Fachwissenschaftler bewusst sein sollte, die aber für Studierende oder Praktiker in der Regel kaum nachvollziehbar sind. Exakte Bibelkunde ist oft das einzige und auch das beste Mittel dagegen!

Im zweiten und dritten Schritt müssen dann freilich auch die historischen und theologischen Fragen und Probleme dargestellt werden, ohne die ein sachgemäßes und reflektiertes Verstehen des Neuen Testaments nicht möglich ist *(B Geschichtliche Einordnung, C Theologische Schwerpunkte)*. In diesen Teilen mussten wir uns auf jeweils wenige zentrale Gesichtspunkte konzentrieren und haben dabei versucht, exemplarische Fragestellungen auszuwählen, an denen etwas für die jeweilige Schrift bzw. den Autor Charakteristisches darstellbar ist. Für alle dort nicht behandelten Probleme sei hier gleich vorweg auf die grundlegende Studienliteratur verwiesen, die im Literaturverzeichnis am Schluss zusammengestellt worden ist (insbesondere noch auf Schnelle, Einleitung, und Conzelmann/Lindemann, Arbeitsbuch).

Am Schluss eines jeden Kapitels zu den neutestamentlichen Schriften stehen – wiederum exemplarisch – Hinweise darauf, in welcher Weise diese in der Kirchengeschichte wirksam geworden sind oder heute, auch über die Grenzen der Kirche hinaus, gegenwärtig sind *(D Wirkungsgeschichtliche Hinweise)*. Wir rechnen das Wissen darum in einer Zeit, die sich ihrer geistigen Wurzeln zunehmend weniger bewusst ist, zu den Grundinformationen, die jede theologische Ausbildung zu vermitteln hat.

Den Anstoß, dieses Buch gemeinsam mit den Mitautoren zu erarbeiten, erhielt ich während meiner langjährigen Lehrtätigkeit im „Kirchlichen Fernunterricht", einer theologischen Ausbildung in mehrjährigen Studienkursen, die seit Jahrzehnten durch die Evangelische Kirche der Kirchenprovinz Sachsen angeboten wird. Hier wurde mir einerseits die erhebliche Distanz der akademischen Exegese mit ihren Arbeitsweisen und Voraussetzungen zu den Erfordernissen und Möglichkeiten von „Theologen im Nebenamt" bewusst. Gleichzeitig habe ich aber auch die Bereitschaft wahrgenommen, sich mit solchen exegetischen Fragen auseinander zu setzen, die sich aus den biblischen Texten selbst ergeben. Diesem Bemühen, sei es im Kirchlichen Fernunterricht, in vergleichbaren kirchlichen Ausbildungsgängen, im akademischen Studium der Theologie oder bei beruflichen Anforderungen in Schule oder Pfarramt, soll unser Arbeitsbuch dienen.

Den Mitautoren danke ich für eine mehrjährige fruchtbare Gemeinschaftsarbeit, die weit über das hinausging, was in diesem Buch zu lesen ist. Alle Manuskripte wurden auf insgesamt fünf mehrtägigen Mitarbeitertagungen vorgelegt und ausgiebig diskutiert. Dabei spielte immer wieder die Frage der Vermittlung exegetischer Fachkenntnisse an „Nichtexegeten" eine wichtige Rolle. Wir haben versucht, unsern Lesern gegenüber eine gemeinsame, verständliche Sprache zu finden. Unterschiede in der Darstellungsweise bis hin zu den jeweiligen Eigenheiten der einzelnen Autoren konnten und sollten dabei freilich nicht verwischt werden.

Schließlich danke ich den vielen Helfern, die zum Zustandekommen des Buches beigetragen haben. Die Mitarbeiterinnen des Verlages, Frau Renate Hartog und Frau Heike Löhr, standen dem Herausgeber hilfreich zur Seite. Herr stud. theol. Matthias Berger war an der Erstellung der Druckvorlage maßgeblich beteiligt. Hanna Freiberg und Johannes Richter haben als studentische Hilfskräfte bei den Korrekturen und der Erstellung der Verzeichnisse geholfen.

Jena, 1. Oktober 1999 — Karl-Wilhelm Niebuhr

Inhalt

§1 Das Neue Testament als Schriftensammlung

Karl-Wilhelm Niebuhr

1. Die Vielseitigkeit des Neuen Testaments

4	Evangelienschriften
1	Apostelgeschichte
21	Briefe
1	Offenbarungsschrift
= 27	**Schriften**

Das Neue Testament begegnet uns als eine Sammlung verschiedener Schriften, die zu einem Buch zusammengebunden sind („Konvolut"). Schon ein Blick in das Inhaltsverzeichnis lässt die Vielfalt der neutestamentlichen Schriften in Form und Inhalt, nach Thema und Absicht, im Blick auf Autoren und Adressaten erkennen. Bevor wir fragen, wie es zu dieser Schriftensammlung gekommen ist, wollen wir die Vielseitigkeit des Neuen Testaments etwas näher entfalten. Dabei blicken wir zunächst auf die Autoren, dann auf die Adressaten und schließlich auf die literarische Gestalt der einzelnen Schriften.

1.1 Autoren

Schon die schlichte Frage, von wem das Neue Testament geschrieben wurde, eröffnet einen ersten, charakteristischen Blick auf dessen Vielfalt. Einige der neutestamentlichen Schriften nennen die Namen ihrer Verfasser. 13 Briefe tragen im Briefkopf den Namen des → Apostels Paulus, einige von ihnen nennen daneben noch Mitautoren: Sosthenes (1 Kor), Timotheus (2 Kor, Phil, Kol, 1/2 Thess, Phlm), Silvanus (1/2 Thess). Einmal erscheint sogar eine ganze Gemeinde als Mitabsender (Gal). Zweimal begegnet Petrus als Briefautor, einmal Jakobus und einmal Judas. Der Autor der Offenbarung stellt sich selbst vor als Johannes (Offb 1,4.9).

Andere Schriften waren ursprünglich anonym: die vier → Evangelien, die Apostelgeschichte, der Hebräerbrief und die drei Johannesbriefe. Die Verfassernamen, die in unseren Bibeln mit ihnen verbunden werden, stehen nicht im Text, sondern wurden nachträglich und aus unterschiedlichen Gründen hinzugefügt. Die Apostelgeschichte stammt aber offenbar von demselben Verfasser wie das Lukasevangelium. Das kann jeder Leser an den Prologen beider Schriften (Lk 1,1–4; Apg 1,1–3) erkennen.

Matthäus und Johannes heißen zwei der Jünger Jesu, die in Jüngerlisten aufgezählt werden[1]. Allerdings: Die einzige Geschichte über Matthäus im ganzen Neuen Testament, seine Berufung durch Jesus (Mt 9,9–13), wird bei Markus und Lukas, obwohl weitgehend mit den gleichen Worten, nicht über ihn, sondern über Levi, den Sohn des Alphäus, erzählt (Mk 2,13–17; Lk 5,27–32). Markus war offenbar weder Jünger noch Augenzeuge Jesu. Aber ein Mitarbeiter des Paulus, der aus Jerusalem stammte, trug den Doppelnamen Johannes Markus[2]. Es dürfte dieser Markus sein, den Paulus im Philemonbrief grüßt und der nach dem Zeugnis des Kolosserbriefes ein Vetter des Barnabas war[3]. Der Verfasser des ersten Petrusbriefes nennt ihn „mein Sohn Markus" (5,13). Zusammen mit ihm und Silvanus grüßt er die Briefempfänger aus „Babylon". Das ist ein Deckname für die Hauptstadt Rom. Der Paulusmitarbeiter Markus steht demnach also auch in Verbindung zu dem Jesusjünger Petrus (vgl. Apg 12,12!).

Auch der Name Lukas kommt in den Evangelien nirgends vor, im → *Corpus Paulinum* dagegen an genau denselben Stellen wie Markus[4]. Demnach war er ein besonders treuer Mitarbeiter des Paulus. In Kol 4,14 erfahren wir auch seinen Beruf: Er war Arzt. Einige Abschnitte der Apostelgeschichte, die vom selben Verfasser wie das Lukasevangelium stammt, sind in der Wir-Form geschrieben[5]. Der Leser gewinnt so den Eindruck, dass hier ein Augenzeuge, ein Reisebegleiter des Paulus, von seinen eigenen Erlebnissen berichtet. Seinen Namen nennt er allerdings weder hier noch sonst in seinen beiden Schriften.

Den beliebten, ursprünglich hebräischen Namen Johannes tragen allein im Neuen Testament sechs verschiedene Personen, u.a. der Täufer Jesu und der schon erwähnte Verfasser der Offenbarung. Mit der Überschrift über eines der → Evangelien kann unter ihnen aber nur der in den Jüngerlisten begegnende Johannes, Sohn des Zebedäus und Bruder des Jakobus, gemeint sein. Er hat sowohl innerhalb des Jüngerkreises[6] als auch in der nachösterlichen Gemeinde in Jerusalem[7] eine wichtige Rolle gespielt. Im Johannesevangelium wird er aber nie beim Namen genannt[8]. Als dessen Verfasser gibt sich am Schluss vielmehr ein namenloser „Jünger, den Jesus lieb hatte" zu erkennen[9]. Die Johannesbriefe weisen zwar manche sprachlichen und inhaltlichen Verbindungen zum Johannesevangelium auf. Dass aber ihr Verfasser ein Jesusjünger war, geht aus ihnen ebensowenig hervor wie umgekehrt aus den übrigen neutestamentlichen Schriften, dass der Zebedäussohn Johannes später einmal als → Presbyter griechische Briefe geschrieben habe.

Eine Ausnahmegestalt unter den neutestamentlichen Autoren ist zweifellos Paulus. Die Zeugnisse über ihn, besonders die ausführliche Darstellung der Apos-

1 Mt 10,1–4; Mk 3,13–19; Lk 6,12–16; Apg 1,13.
2 Apg 12,12.25; 13,5.13; 15,37–41; 2 Tim 4,11.
3 Phlm 24; Kol 4,10.
4 Kol 4,14; 2 Tim 4,11; Phlm 24.
5 Apg 16,10–17; 20,5–15; 21,1–18; 27,1–28,16.
6 Vgl. Mk 1,16.20.29; 5,37; 9,2.10; 13,3; 14,32–42.
7 Vgl. Gal 2,9; Apg 3f; 8,14–25.
8 Vgl. 21,2!
9 21,24. Er ist schon vorher mehrfach erwähnt worden, vgl. 13,21–26; 19,25ff; 20,2–10; 21,7.20.

telgeschichte[10] und die Schriften, die seinen Namen tragen[11], bilden zusammengenommen ein sehr reichhaltiges, farbiges und detailliertes Bild von einem der wirksamsten urchristlichen Missionare. Auch von Petrus (= Simon = Kephas) erfahren wir vieles in den Evangelien[12], der Apostelgeschichte[13] und den Paulusbriefen[14], darüber hinaus aber so gut wie nichts in den beiden Briefen, die seinen Namen als Absender tragen. An der schon erwähnten Stelle 1 Petr 5,13 ist vorausgesetzt, dass der Verfasser aus Rom schreibt. In 2 Petr 1,13ff begegnet er als alter Mann, der seinen Tod vor Augen hat. Vor allem vermissen wir aber Hinweise auf Selbsterlebtes mit Jesus aus der Feder dieses ersten unter den Jüngern Jesu.

Bei den drei Johannesbriefen ist die Frage nach dem Verfasser noch komplizierter. Der zweite und dritte nennen als Absender einen → Presbyter („Alten"), womit nicht nur die durch Alter erworbene, sondern auch eine mit einer Leitungsfunktion in der Gemeinde verbundene Autorität gemeint sein kann. Der erste ist eine anonyme Schrift, die aus sprachlichen und inhaltlichen Gründen auf denselben Verfasser zurückgeführt werden konnte. Dass er Johannes hieß, lässt sich aber aus dem Text aller drei Briefe nicht ableiten. Eine Verbindung mit dem Verfasser des Johannesevangeliums könnte sich allenfalls auf einige sachliche Übereinstimmungen stützen, nicht aber auf biographische Informationen aus dem Neuen Testament.

Der Hebräerbrief enthält zwar keinen Briefkopf, aber einen Briefschluss, in dem ganz ähnlich wie in den Paulusbriefen die Adressaten persönlich angesprochen, ermahnt, gegrüßt und gesegnet werden. Da hier zudem noch „unser Bruder Timotheus", der Mitarbeiter des Paulus, erwähnt wird[15], lag es nahe, den Brief Paulus zuzuschreiben. So steht er in den griechischen Bibelhandschriften, im Unterschied zur Lutherbibel, zusammen mit den Paulusbriefen.

Als Verfasser des Jakobusbriefes kommt unter den verschiedenen Trägern dieses Namens im Neuen Testament nur einer der vier Brüder Jesu in Frage[16]. Nur er erlangte, obwohl er nicht zum Jüngerkreis Jesu gehört hatte, sondern erst durch eine Begegnung mit dem Auferstandenen berufen worden war[17], in der nachösterlichen Gemeinde eine führende Position und nahm maßgeblich Einfluss auf die Ausbreitung der Christusbotschaft, insbesondere im Zusammenhang mit dem Missionswerk des Paulus[18]. Der Jakobusbrief lässt allerdings von diesen biographischen Zusammenhängen nichts erkennen. Der Verfasser des Judasbriefes stellt sich

10 Vgl. 7,58; 8,1.3; 9,1–31; 11,25–30; 12,24f, sowie Kap. 13–28.

11 Vgl. bes. Gal 1f; Phil 3; 1 Kor 15,1–11; 2 Kor 11f; Röm 15,14–33.

12 Vgl. Mk 1,16f.29ff.35–38; 3,16; 5,37; 8,27–33; 9,2–10; 10,28–31; 14,29–42.54.66–72, jeweils mit den Parallelen bei Mt und Lk, sowie Mt 14,28–31; 17,24–27; 18,21f; Lk 5,1–11; 24,12.34; Joh 1,40–44; 6,66–69; 13,4–11.36ff; 18,10f.15–18.25ff; 20,3–10; 21,1–23.

13 Vgl. vor allem Kap. 1–5, sowie 8,14–25; 9,32; 11,18; 12,1–23; 15,1–30.

14 Vgl. Gal 1,18; 2,1–14; 1 Kor 9,5; 15,5.

15 13,23; vgl. Apg 16,1; Röm 16,21; 1 Kor 4,17; 1 Thess 3,2.

16 Vgl. Mk 6,3.

17 Vgl. 1 Kor 15,7.

18 Vgl. Gal 1,18f; 2,9.12; Apg 12,17; 15,13; 21,18.

als Sklave Jesu Christi und Bruder des Jakobus vor. Unter den neun Trägern des Namens Judas im Neuen Testament könnte daher der in Mk 6,3 erwähnte Bruder Jesu gemeint sein.

Johannes, der Verfasser der Offenbarung, nennt sich selbst Knecht Gottes (1,1) und Bruder (1,9) der christlichen Gemeinden in „Asien“ (= römische Provinz im Gebiet der heutigen Türkei), an die er sich mit seinem Werk wendet (1,4). Am Schluss seines Berichts zählt er sich implizit zu den → Propheten der christlichen Gemeinden, im Unterschied zu den zwölf → Aposteln, deren → Märtyrertod schon vorausgesetzt ist[19]. Mit dem Jesusjünger Johannes, dem Sohn des Zebedäus, kann er deshalb nicht identifiziert werden.

Überblicken wir, was die Namen der neutestamentlichen Schriften über ihre Verfasser zu erkennen geben, so wird unser Wissensdrang nur sehr begrenzt befriedigt. Bei den meisten Schriften bleiben die Verfasser weitgehend im Dunkeln. Nicht ihrer eigenen Autorität als Schriftsteller oder Briefschreiber wollen sie mit ihren Schriften Geltung verschaffen, sondern der Autorität Jesu Christi.

1.2 Adressaten

So wenig Individuelles wir über die Autoren des Neuen Testaments erfahren, so vielfältig ist doch das Erscheinungsbild ihrer Schriften. Das liegt nicht nur an der Individualität der Verfasserpersönlichkeiten, sondern vor allem an den Anlässen, den Absichten und den Adressaten der Schriften. Auch die Frage, für wen das Neue Testament geschrieben wurde, lässt sich aus dem, was die Schriften selbst zu erkennen geben, in sehr vielfältiger Weise beantworten. Für alle gemeinsam gilt lediglich, dass sie sich offensichtlich an Glieder christlicher Gemeinden wenden. Die Christusbotschaft selbst ist nicht das Neue, das sie bekannt machen, sondern vielmehr das schon Bekannte, das sie entfalten wollen. Das Neue Testament ist und enthält also keine Missionsschrift. Mit Blick auf die in den Schriften genannten Adressaten können wir drei Gruppen bilden: Schriften an Gemeinden, Schriften an Einzelpersonen, Schriften ohne Adressatenangabe.

1.2.1 Evangelien und Apostelgeschichte

In den Prologen zum Lukasevangelium und zur Apostelgeschichte spricht der Verfasser einen „verehrten Theophilus“ an, für den er das Folgende aufgeschrieben habe. Natürlich soll dieser Theophilus nicht der einzige Leser des Werkes bleiben. Vielmehr begegnet uns hier die auch heute gebräuchliche Konvention der literarischen Widmung. Durch Zuschreibung an eine bedeutende Persönlichkeit des öffentlichen Lebens sollte der Wert eines Buches herausgestellt und sein Absatz gefördert werden. Von Theophilus erfahren wir außer seinem Namen nur noch, dass er schon früher in der Christusbotschaft unterwiesen worden ist. Die Schriften, die

19 22,8f; vgl. 18,20; 21,14.

ihm als einem Genannten für viele Ungenannte gewidmet sind, sollen ihn in dieser Lehre vergewissern[20].

Die → Evangelien sind in sich geschlossene Jesusgeschichten, die sprachlich die Ebene des erzählten Geschehens nicht überschreiten, Verfasser und Leser also nie unmittelbar zur Sprache bringen. Darin unterscheiden sie sich von den Briefen, aber auch von der Offenbarung.

> Die einzige Ausnahme von dieser Regel, die gleichzeitig unsere Überlegung weiterführen kann, finden wir im Zusammenhang der Rede Jesu über die Endzeit (Mk 13; vgl. Mt 24; Lk 21). Innerhalb der Jesuserzählung hat sie ihren genau bestimmten Platz in den letzten Lebenstagen Jesu in Jerusalem: Jesus kommt aus dem Tempelbezirk und wird von einem seiner Jünger auf die prächtigen Tempelbauten angesprochen. Darauf antwortet er, vom Ölberg aus auf den Tempelberg blickend, mit einer langen Rede über die bevorstehenden endzeitlichen Ereignisse. Hörer dieser Rede sind auf der Textebene der Evangelienerzählung allein die Jünger, von denen Markus noch speziell Petrus, Jakobus, Johannes und Andreas namentlich nennt. Sie werden zur Wachsamkeit ermahnt und auf ihr künftiges Geschick angesprochen. An einer Stelle mitten in der wörtlichen Rede Jesu an die Jünger aber heißt es plötzlich: „Wer es liest, der merke auf!" (Mk 13,14). Diese Anrede an einen Leser kann nur als ein Einwurf des Verfassers der Schrift verstanden werden, denn Jesus hat seine Rede ja nicht schriftlich vorgelegt, damit man sie später lesen könnte. Für einen winzigen Moment erscheint hier der Autor gewissermaßen selbst auf der Bühne und wendet sich an sein Publikum. Dann verschwindet er sofort wieder hinter dem Vorhang, und das weitere Geschehen nimmt seinen Lauf.

Diese kleine Beobachtung lässt uns erkennen, dass die Evangelien keineswegs in sich selbst ruhen. Auch wenn ihre Adressaten so gut wie nie auf der Bildfläche erscheinen, sind sie doch immer im Blick der Autoren. Für sie schreiben sie ihre Jesuserzählungen. Sie sollen sich angesprochen fühlen durch das, was Jesus sagt und was von ihm erzählt wird. Sie sollen darin ihre eigene Situation als christliche Gemeinde nach Ostern wieder erkennen und daraus Stärkung, Orientierung und Wegweisung gewinnen. Der letzte Satz der Endzeitrede Jesu an seine Jünger kann als Leseanweisung für das ganze Evangelium und für die Evangelien überhaupt gelten: „Was ich aber euch sage, das sage ich allen: Wachet!" (Mk 13,37).

1.2.2 **Paulusbriefe**

Für die Gruppen von Schriften, die an Gemeinden oder an Einzelne gerichtet sind, finden wir die besten Beispiele unter den Paulusbriefen[21]. Die angeschriebenen Gemeinden werden von Paulus jeweils nach dem Ort benannt, an dem sie leben:

---

20 Auch am Schluss des Johannesevangeliums werden die Adressaten unmittelbar angeredet (20,30f; vgl. 19,35; 21,24f). Auch hier geht es dem Verfasser um Bekräftigung und Vergewisserung des Christusglaubens bei den Lesern mit Hilfe seines Buches.

21 Nach dieser Unterscheidung richtet sich auch ihre Reihenfolge in der Bibel: Voran stehen neun Briefe an Gemeinden, dann folgen vier an Einzelpersonen.

Rom, Korinth, Galatien, Ephesus, Philippi, Kolossä, Thessalonich. Sucht man diese Orte auf der Landkarte auf, dann erhält man ein recht genaues Bild von dem geographischen Raum der Mission des Paulus. An den genannten Orten werden jeweils nur genau bestimmte Gruppen von Menschen angesprochen, nämlich die Glieder christlicher Gemeinden. Darauf deuten auch die persönlichen Bemerkungen und Grüße am Schluss der meisten Briefe[22]. Innerhalb dieser Grenzen bleibt genug Spielraum für eine Vielfalt von Adressaten. In den Briefen nach Philippi, Kolossä und Thessalonich wendet sich Paulus an jeweils eine christliche Gemeinde an einem Ort. Auch in den Korintherbriefen nennt er als Adressaten zunächst die Ortsgemeinde, stellt sie dann aber in die größere Gemeinschaft von Christen in der Region bzw. sogar „an jedem Ort" (1 Kor 1,2; 2 Kor 1,1).

Am Beispiel des Galaterbriefes kann man einmal überlegen, wie dieser Brief eigentlich bei seinen Adressaten angekommen sein mag. Er wendet sich an eine Mehrzahl von Gemeinden einer Region in Kleinasien. Hat es mehrere Abschriften von ihm gegeben? Haben sich die verschiedenen Ortsgemeinden das einzige Exemplar nacheinander zukommen lassen[23]? Haben sie sich an einem Ort versammelt, um ihn zur Kenntnis zu nehmen? Auch im Römerbrief setzt Paulus offenbar voraus, dass die verschiedenen römischen Hausgemeinden[24] soweit miteinander in Verbindung stehen, dass alle den Brief zur Kenntnis nehmen und sich von seinen Ausführungen angesprochen fühlen können. Die einzelne Gemeinde lebt nicht isoliert. Sie steht nicht nur mit dem Briefschreiber in Verbindung, sondern bildet zumindest aus seiner Perspektive auch zusammen mit ihren Nachbargemeinden eine größere, umfassendere Einheit.

Unter den vier Paulusbriefen an Einzelne bilden die beiden an Timotheus und der an Titus eine kleine Gruppe für sich. Ihre Adressaten werden als Gemeindeleiter angesprochen[25]. Die Ermahnungen, die sie im Blick auf diese Funktion erhalten, sind so umfassend und allgemein gültig gehalten, dass sie als Modell für rechte Gemeindeleitung überhaupt gelten können. Im Gegensatz dazu hat der Brief an Philemon ein einziges, ganz konkretes Anliegen, die persönliche Bitte, einen entlaufenen Sklaven gnädig wieder aufzunehmen. Aber auch dieser kleine Privatbrief spricht den Empfänger als Mitarbeiter des Paulus an, der fest im Lebenszusammenhang einer christlichen Hausgemeinde steht.

1.2.3 **„Katholische" Briefe**

Bei den übrigen neutestamentlichen Briefen treten die Adressaten sehr viel weniger plastisch hervor als in den Paulusbriefen. Der Hebräer- und der erste Johannesbrief gehören zu den Schriften ohne Adressatenangabe, aber ähnlich wie die Evangelien sind sie keineswegs adressatenlose Schriften. Als Briefe wenden sie sich

22 Vgl. Röm 16; 1 Kor 16; Eph 6,21f; Phil 4,2f; Kol 4,7–17; 2 Tim 4,9–21; Tit 3,12f.

23 Dass Gemeinden Briefe untereinander austauschen, hören wir in Kol 4,16.

24 Vgl. die „Grußliste" in Kap. 16!

25 Deshalb nennt man die drei Schreiben → Pastoralbriefe (von lat. *pastor* = Hirte).

vielmehr sehr viel häufiger und unmittelbarer an ihre Leser als die Evangelien. Wo genau aber diese Leser – ganz offensichtlich Glieder christlicher Gemeinden – lebten, unter welchen Umständen, in welcher Zusammensetzung, mit welchen speziellen Problemen, das geht aus den Briefen selbst nicht direkt hervor. Man kann nur versuchen, anhand ihrer Themen und der Art ihrer Behandlung sich ein Bild von den Gemeindeverhältnissen zu machen.

Das gilt in ähnlicher Weise auch für die verbleibenden Briefe, bei denen im Briefkopf Adressaten genannt werden. Der Jakobusbrief wendet sich „an die zwölf Stämme in der Zerstreuung", ähnlich der erste Petrusbrief „an die auserwählten Fremdlinge, die verstreut wohnen" in den römischen Provinzen Kleinasiens. Der zweite Petrus- und der Judasbrief sind von ihrem Briefkopf her im Grunde an alle Christen gerichtet, wo und wann auch immer sie leben. Um diese umfassende Zielrichtung hervorzuheben und sie gleichzeitig von der Sammlung der Paulusbriefe abzuheben, hat man die genannten Briefe (abgesehen vom Hebräerbrief) → katholische (= allgemeine) Briefe genannt. Diese Bezeichnung darf aber nicht dahingehend missverstanden werden, dass wir es mit abstrakten, im Grunde adressaten- und situationslosen Dokumenten zu tun hätten. Jedes dieser Schreiben lässt seine Eigenarten und spezifischen Absichten erkennen, wenn wir genau auf seinen Aufbau und die sprachliche Gestaltung der Argumente achten[26].

Die Johannesbriefe schließlich bilden, auch wenn sie zu den Katholischen Briefen gerechnet werden, im Blick auf die Adressaten wieder einen Fall für sich. Während der erste seine Empfänger überhaupt nicht beim Namen nennt, ist der zweite adressiert „an die auserwählte Herrin und ihre Kinder". Am Schluss richtet der Verfasser Grüße der „Kinder deiner Schwester, der Auserwählten" aus (V. 13). Beide Bezeichnungen sind offensichtlich metaphorische Namen für jeweils eine ganze Gemeinde bzw. ihren Leiter. Dagegen nennt derselbe Absender im dritten Brief den Empfänger bei seinem tatsächlichen Namen Gaius. In V. 9 erwähnt er noch einen weiteren Brief, den er an die Gemeinde geschrieben hat, zu der Gaius gehörte. Damit bietet die kleine Sammlung so ziemlich alle Antwortmöglichkeiten auf die Frage nach den Adressaten neutestamentlicher Schriften: Briefe an Einzelne, an eine Gemeinde bzw. ihren Leiter, an eine Mehrzahl von Gemeinden mit vergleichbaren Lebensverhältnissen und Problemen, Schreiben mit metaphorischer Benennung der Adressaten, Schreiben ohne ausdrückliche Adresse, die dennoch ihre Adressaten ausdrücklich ansprechen oder zumindest ständig im Blick behalten.

Über die Adressaten der neutestamentlichen Schriften, den genauen Zeitpunkt und den Ort ihrer Abfassung wie über die konkreten Verhältnisse in den Adressatengemeinden können wir in den meisten Fällen kaum sichere Aussagen treffen. Man kann aber fragen, ob solches historisches Detailwissen für das Verstehen der Texte wirklich entscheidend ist. Für ein geschichtliches Verständnis der neutestamentlichen Schriften ist es wohl wichtiger, zu fragen, wie sie bei den Adressaten als

26 Auch die Offenbarung trägt einige briefliche Formmerkmale, vor allem am Anfang und am Schluss (1,4–8; 22,21). Ähnlich wie die Katholischen Briefe richtet sie sich an eine Reihe von Gemeinden einer ganzen Region.

Zeugnisse des Christusglaubens wirksam werden sollten. Auf diese Frage können, ja, müssen die Texte selbst eine Antwort geben. Denn ein Verfasser wird zumindest versucht haben, seine Schrift so zu gestalten, dass sie ihr Ziel bei den Adressaten erreichen konnte. Die Reaktionen der Adressaten sind uns in den allermeisten Fällen unbekannt. Aber anhand seines Textes bekommen wir immerhin einen Einblick in die Aussageabsicht des Autors. Dieser Einblick lässt oft sehr viel mehr, sehr viel Wesentlicheres über die Glaubenspraxis und die Lebensverhältnisse der Gemeinden im → Urchristentum erkennen als alle historischen Details außerhalb der Texte.

1.3 Literarische Formen

Wichtige Hinweise auf die Aussageabsichten der neutestamentlichen Autoren und damit auf den geschichtlichen Ursprung ihrer Schriften bietet deren literarische Gestalt. Die wichtigsten literarischen → Gattungen[27] im Neuen Testament sind die Erzählung und der Brief.

1.3.1 Erzählungen

Zu jeder Erzählung gehören ein Handlungsbogen, der sich von einer Ausgangssituation zu einer Abschlusssituation erstreckt und das Spannungsmoment bildet, ein oder mehrere Handlungsträger (Hauptfiguren und Nebengestalten), in der Regel eine chronologische und geographische Anordnung des erzählten Geschehens (Raum und Zeit) sowie — obwohl nicht immer im Text hervortretend — ein Erzähler und das Publikum, bei schriftlichen Texten ein Autor und die Leser. Die Erzählung will fortlaufend von Anfang bis Ende gelesen werden. Nur so erschließt sie sich dem Leser im Sinne des Autors. Er weckt durch Vorverweise Erwartungen beim Leser und steuert durch Rückverweise seine Erkenntnisse, Bewertungen und Emotionen. Auf diese Weise entsteht aus dem Monolog des Autors ein impliziter Dialog zwischen ihm und dem Hörer bzw. Leser. Auch die Erzählung hat also wie jeder absichtsvoll gestaltete Text einen Bezug zu ihren Adressaten.

In der Erzählung hat prinzipiell der Erzähler das Wort. Er kann freilich Handlungsträger in wörtlicher Rede zur Sprache kommen lassen. Aber auch in diesem Fall ist er es, der den Hörern bzw. Lesern das Gesagte vermittelt. Auch Inhalt, Umfang und Gestaltung des Stoffes liegen weitgehend in seinem Ermessen. Er überblickt im Unterschied zum Leser schon von Anfang an das gesamte Geschehen, er ist implizit an jedem Ort des Geschehens gegenwärtig, er hat Einblick in Zusammenhänge, die den Akteuren der Erzählung verborgen sind, ja, er kann sogar ihre inneren, unausgesprochenen Regungen, Wertungen und Planungen

27 Gattungen sind typische, mehrfach belegte, in bestimmten Lebenszusammenhängen wiederkehrende Formen von Texten.

erkennen und zur Sprache bringen. Der Erzähler ist also im Blick auf die Erzählung allwissend, allgegenwärtig und allmächtig. Der Hörer dagegen ist ganz von dem abhängig, was ihm der Erzähler zu Ohren bringt.

Angesichts solcher Abhängigkeit unserer Kenntnis Jesu von den Auswahlentscheidungen der Evangelienerzähler ist es von ausschlaggebender Bedeutung, dass wir im Neuen Testament nicht nur eine Jesuserzählung finden, sondern vier nebeneinander. Welche historischen Gründe auch immer zu diesem in der Religionsgeschichte einzigartigen Tatbestand geführt haben, für das Leben und Wirken der Kirche in ihrer Geschichte hat er sich als heilsam und anregend erwiesen. Jede Zeit hat ihre eigene Vorliebe für eines der Evangelien entwickelt und konnte sich wohl auch in jeweils einem von ihnen mit ihren Fragen und Problemen besonders gut wieder finden. Aber zu keiner Zeit wurde die Existenzberechtigung der jeweils anderen grundsätzlich in Frage gestellt, so dass sie ihre kritische Funktion gegenüber allen zeitbedingten Vorlieben behalten konnten.

Grundbestandteile der Erzählung finden wir in ganz ähnlicher Zusammensetzung und Struktur in allen vier Evangelien wieder. Der konkurrenzlose Haupthandlungsträger ist Jesus. Neben ihm stehen vor allem die Jünger. Hinzu treten weitere Kreise von Anhängern und Gegnern sowie vor allem Menschen, die von Jesus profitieren: Kranke, die er heilt, sozial Isolierte, die er in seine Gemeinschaft holt, Hungernde, denen er zu essen gibt. Der Handlungsbogen erstreckt sich von seiner Geburt bzw. vom Beginn seines öffentlichen Auftretens bis zu seinem Tod und den Ostergeschehnissen. Die Erzählfolge ist chronologisch angeordnet und geographisch strukturiert, wobei Galiläa und Jerusalem die beiden Pole bilden. Am Beginn steht die Erzählung von der Begegnung zwischen Johannes dem Täufer und Jesus, am Schluss, betont schon durch den Textumfang, Jesu Leidens- und Todesgeschick.

Mit dieser im Grunde biographischen Grundstruktur ist aber nur ein charakteristischer Zug der Evangelienerzählungen erfasst. Ein weiterer, der aber von ihm nicht getrennt werden kann, betrifft die Deutung des erzählten Geschehens. Die biographisch strukturierte Jesusgeschichte wird in allen Evangelien, wenn auch auf je verschiedene Weise, als Ausdruck, ja, als Gegenwart des Handelns Gottes präsentiert. Man vergleiche dazu nur einmal die jeweils ersten Sätze der Evangelien, die ja für das Verstehen der Schriften im Sinne ihrer Autoren entscheidend sind. Es geht dort immer um ein Geschehen zwischen Menschen und Gott. Matthäus stellt Jesus mit Hilfe eines Stammbaums, der über David bis zu Abraham zurückreicht, in den Zusammenhang der biblischen Heilsgeschichte.[28] Markus gibt seiner Erzählung eine Überschrift, die fast ausschließlich aus Wörtern mit theologischer Bedeutung besteht: „Anfang des Evangeliums von Jesus Christus, dem Sohn Gottes". Lukas verweist auf die Absicht seiner Schrift, den Glauben der Adressaten

28 Die Wendung „Buch der Geschichte" (genauer: „Urkunde des Ursprungs") in Mt 1,1 erinnert an ähnliche Formulierungen in den „Urgeschichten" am Beginn der Genesis (2,4: Buch vom Ursprung des Himmels und der Erde; 5,1: Buch vom Ursprung des Menschen).

zu festigen, und beginnt seine Darstellung mit der Erzählung von zwei Begegnungen zwischen Menschen und Engeln, die die Geburt Johannes des Täufers bzw. Jesu ankündigen. Das Johannesevangelium beginnt mit einem hymnischen Prolog über das Wort, das Fleisch wurde, d.h. über Gott, der in Jesus zu den Menschen kam und selbst Mensch wurde. Die biographisch gestaltete Jesuserzählung wird somit bei allen vier Evangelisten zur Verkündigungsgeschichte.

Dennoch bleibt die Handlung der Erzählung eindeutig auf der Erde angesiedelt. Auch darin stimmen alle vier Evangelisten überein. Orte, Zeiten und Personen der Darstellung sind nicht austauschbar, sondern geschichtlich eindeutig bestimmt. Der Bezug auf ein einmaliges Geschehen in Raum und Zeit unter den Bedingungen menschlich-irdischer Geschichte ist somit ein dritter maßgeblicher Zug der Evangelienerzählungen. Darin unterscheiden sie sich vom antiken → Mythos auf der einen und von der antiken Biographie auf der anderen Seite. Der Mythos projiziert allgemein menschlich-irdische Gegebenheiten auf eine überirdisch-göttliche Ebene. Die antike Biographie stellt anhand einer ausgewählten geschichtlichen Gestalt typische Züge des vorbildlichen Menschen dar. In den Evangelien geht es dagegen um ein einmaliges, jedes Paradigma sprengendes Geschehen, die Geschichte des Menschen Jesus aus Nazaret, in der Gott selbst am Werk ist. Dies haben sie gemeinsam mit der biblisch-jüdischen Geschichtsschreibung, die auf ihre Weise das jeweils einmalige und doch kontinuierliche Heilshandeln Gottes an seinem erwählten Volk Israel darstellen will.

1.3.2 **Briefe**

Für Briefe gelten von vornherein andere Gestaltungsprinzipien als für Erzählungen. Hier redet ein Autor seine Leser ausdrücklich und unmittelbar an. Trotz räumlicher Entfernung kann der Briefschreiber den Adressaten begegnen und zu ihnen sprechen. Von der mündlichen Kommunikation, dem Dialog, unterscheidet sich der Brief also durch die räumliche Distanz zwischen Autor und Adressaten. Im Brief hat zudem allein der Absender das Wort. Die Adressaten können ihn weder unterbrechen noch ihm widersprechen, ihm antworten oder eigene Gedanken vorlegen. Der Absender hat andererseits aber auch keine Möglichkeit, die Wirkung seiner Worte auf die Adressaten zu überprüfen und seine Redeweise entsprechend zu korrigieren. So ist ein Brief zwar kein Monolog, aber auch nur ein halbierter Dialog.

Das Grundmodell für die meisten neutestamentlichen Briefe finden wir in den Briefen des Paulus. Dabei wird man zunächst zu bedenken haben, dass sie ursprünglich und nach der Absicht ihres Verfassers jeweils nur für einen begrenzten Adressatenkreis in einem bestimmten geschichtlichen Moment gedacht waren. Dennoch haben sie sehr bald Wirkungen über den Kreis ihrer ersten Adressaten hinaus entfaltet. Offenbar erschloss sich ihr Zeugnis auch Gemeinden, für die sie ursprünglich gar nicht bestimmt waren. Das ist besonders auffällig, weil gerade Paulus oft auf ganz spezielle Fragen der Briefadressaten eingeht. Dass auch solche Texte erhalten geblieben und über ihre Ursprungssituation hinaus überliefert worden sind, ist nur aus der überragenden Bedeutung der paulinischen Mission und Theologie für das Urchristentum zu erklären. Zur Eigenart des Neuen Testaments hat dieser Vorgang insofern beigetragen, als dadurch außerordentlich lebensnahe Zeugnisse aus den Anfängen der Gemeinden, man könnte sagen, Werkstattexte des Urchristentums, auf Dauer zugänglich blieben und maßgeblich wurden.

Die unmittelbare Verknüpfung von theologischer Argumentation und situationsbezogener Aussageabsicht kann als ein charakteristisches Merkmal der Paulusbriefe angesehen werden. Sie tritt in den Katholischen Briefen insgesamt weniger deutlich zutage. Das liegt zum einen daran, dass wir aus diesen Briefen über die missionsgeschichtlichen Zusammenhänge, aus denen sie stammen und in die sie sprechen, sehr viel weniger erfahren. Zum anderen können sie schon deshalb nicht so detailliert auf konkrete Gemeindesituationen Bezug nehmen, weil sie wohl von vornherein für mehr als eine Einzelgemeinde bestimmt waren. Zudem müssen wir fragen, ob alle von ihnen überhaupt als Briefe in dem oben beschriebenen Sinne anzusehen sind. Allerdings wäre es verfehlt, fiktive Briefe für situationslos zu halten. Auch sie sind nicht ohne Aussageabsicht und geschichtlichen Hintergrund. Die ihnen zugrunde liegende Situation von Autor und Lesern ist aber oft nur implizit.

1.3.3 Offenbarung

Die Offenbarung kann formal als ein Spezialfall der autobiographischen Erzählung angesehen werden: Der Autor berichtet von den Begleitumständen, unter denen er eine Vision empfangen hat, und gibt deren Inhalt und Bedeutung wieder. Charakteristisch für die Offenbarungsschrift des Johannes ist ihre Verknüpfung mit Formmerkmalen des Briefes. Dadurch wird nicht nur ihre Verlesung in den christlichen Gemeindeversammlungen erleichtert (vgl. 1,3), sondern auch die Einbeziehung der Lebenswirklichkeit der Gemeinden in das Offenbarungsgeschehen selbst ermöglicht. Die Adressaten empfangen nicht nur eine Offenbarung in brieflicher Gestalt (1,9ff). Sie finden in ihr auch noch von Christus selbst dem Seher diktierte Briefe vor, in welchen ihre Stärken und Schwächen beim Namen genannt werden (Kap. 2–3).

1.3.4 Weitere sprachliche Gestaltungsmittel

Innerhalb der jeweils gewählten literarischen Form stehen den neutestamentlichen Autoren weitere sprachliche Möglichkeiten zur Verfügung, um ihre Aussageabsichten den Lesern gegenüber zu verwirklichen. Solche Mittel der Leserlenkung unterliegen zwar grundsätzlich der Zielstellung der Gesamtschrift, können aber innerhalb bestimmter Abschnitte auch eigenes Gewicht bekommen. So finden wir z.B. innerhalb der Jesuserzählung des Matthäus mehrfach längere Reden Jesu[29]. Sie treiben die Handlung nicht wesentlich voran, wollen eher den Lesern

29 Vgl. Kap. 5–7; 10; 18; 23–25.

Einstellungen, Bewertungen und Motivationen Jesu vor Augen führen, natürlich mit dem Ziel, sie zur Zustimmung und zu entsprechender Veränderung ihrer eigenen Einstellungen, Bewertungen und Motivationen zu bewegen[30]. Die Geburts- und Kindheitserzählungen in Lukas 1 und 2 werden mehrfach unterbrochen durch Psalmen aus dem Munde der Beteiligten[31]. Solche Texte laden ein zum Einstimmen und Mitsingen als Reaktion auf das in der Erzählung Vernommene.

Umgekehrt enthalten manche Paulusbriefe, die vorwiegend argumentieren und ermahnen, auch erzählende und poetische Abschnitte. So gibt Paulus im Galaterbrief ausgewählte Etappen seines Werdegangs und seines Wirkens als → Apostel wieder (Gal 1f). Dieser autobiographische Rechenschaftsbericht ist zwar zugeschnitten auf das konkrete Argumentationsziel des Galaterbriefes, hat aber auch für das Selbstverständnis des Paulus Gewicht. Der berühmte Christushymnus im Philipperbrief (2,6–11) hebt sich durch seine poetische Gestaltung klar von seinem Kontext ab. Er könnte für sich stehen als hymnische Beschreibung des Weges und der Bedeutung Jesu Christi. Beachtet man aber seinen Zusammenhang im Philipperbrief, dann sieht man, dass er bis in den Satzbau ganz eng mit der brieflichen Ermahnung zur Eintracht in der Gemeinde verknüpft ist.

Diese leicht zu vermehrenden Beispiele führen eine weitere Seite der neutestamentlichen Vielfalt vor Augen: Die einzelnen Schriften können nicht auf jeweils eine einzige Aussageabsicht, Lehre oder Wahrheit reduziert werden. Ihre Inhalte lassen sich auch nicht sprachlich abstrakt erfassen. Sie entstammen Lebensvollzügen der christlichen Gemeinden und können nur im Zusammenhang mit diesen zur Sprache gebracht werden. Da die urchristlichen Lebensvollzüge von Anfang an vielfältig waren, mussten es auch die neutestamentlichen Texte werden. Man kann fragen, wie solche Vielfalt zu bewerten, wie mit ihr umzugehen ist. Ist sie Gefahr oder Chance, bereichernd oder verwirrend? Sollen wir von der Widersprüchlichkeit des Neuen Testaments sprechen oder besser von seiner Vielschichtigkeit? Ebenso könnte man freilich auch umgekehrt fragen: Bedeutet Einheit im Neuen Testament Eindeutigkeit oder Monotonie, Klarheit oder Dogmatismus, Wahrheit oder Phrase? In jedem Fall führt uns der aufmerksame Umgang mit den neutestamentlichen Schriften in ein Spannungsfeld, in dem wir uns orientieren müssen, um eigene begründete Entscheidungen treffen zu können.

---

30 Eine ähnliche Funktion haben die zahlreichen Reden in der Apostelgeschichte, vgl. z.B. 2,14–40; 3,12–26; 7,2–53; 13,16–41; 17,22–31; 20,18–35; 22,1–21; 24,10–21; 26,2–23; 28,17–28.

31 Vgl. die Lobgesänge der Maria (*Magnificat*, 1,46–55), des Zacharias (*Benedictus*, 1,68–79) und des Simeon (*Nunc dimittis*, 2,29–32).

2. Die Mitte des Neuen Testaments

Die Frage nach der Einheitlichkeit der neutestamentlichen Botschaft kann erst beantwortet werden, wenn alle Schriften nach Aufbau, Inhalt und Aussageabsicht aufmerksam wahrgenommen worden sind. Aber schon die ersten Beobachtungen zu Autoren, Adressaten und literarischen Formen können die Richtung zeigen, in der wir eine Antwort zu suchen haben. Was verbindet diese Schriften miteinander? Aus welchem Grund ist es gerechtfertigt, sie als Buch zusammenzubinden? Wie kann eine so vielfältige Schriftensammlung den einen Maßstab bieten, an dem sich alle Christen und Kirchen ausrichten sollen?

In den im Neuen Testament überlieferten Zeugnissen fanden christliche Gemeinden ihren Ursprung und Maßstab. Gleichzeitig hat aber auch das Leben der Gemeinden die Gestalt des Neuen Testaments geprägt. Im Neuen Testament finden wir also zugleich Voraussetzungen und Auswirkungen des Lebens christlicher Gemeinden wieder. Ohne die Glaubens- und Verkündigungsinhalte der neutestamentlichen Zeugen wäre die Entstehung und Ausbreitung der urchristlichen Gemeinden unvorstellbar und unerklärlich. Aber ebenso unvorstellbar und unerklärlich wäre die Entstehung des Neuen Testaments ohne die vielfältigen Lebensäußerungen urchristlicher Gemeinden. Die Frage nach dem Neuen Testament als Einheit und nach seiner Mitte ist deshalb unlösbar verbunden mit der nach den Lebenszusammenhängen, aus denen es stammt und in denen es wirksam geworden ist.

Offensichtlich werden wir eine einheitliche Mitte des Neuen Testaments nicht in der Identität seiner Aussagen finden. Ebenso wenig wäre es angemessen, seine vielfältigen Aussagen auf eine Formel zu bringen, die allen oder wenigstens möglichst vielen von ihnen gerecht wird. Das Neue Testament enthält nicht abstrakte Wahrheiten, die überall in gleicher Weise gelten. Darin unterscheidet es sich von philosophischen Systemen oder Naturgesetzen. Schließlich würden wir die Mitte des Neuen Testaments auch verfehlen, wenn wir in ihm eine idealtypische Zusammenstellung von Werten, Bestrebungen und Orientierungen finden wollten, die sich in prinzipiell gleicher Weise auch mit anderen Epochen und Gestalten menschlicher Kultur verbinden ließe. Vielmehr binden alle neutestamentlichen Zeugen ihre Verkündigung exklusiv an das Wirken und das Geschick des Menschen Jesus aus Nazaret. In diesem historisch einmaligen, nach Raum und Zeit bestimmbaren Geschehen erkennen sie das Wirken Gottes.

Der Verweis auf Jesus aus Nazaret, in dem Gott selbst am Werk ist, verbindet also alle neutestamentlichen Schriften miteinander. Damit ist die Botschaft des Neuen Testaments natürlich noch nicht ausreichend bestimmt, sondern lediglich der gemeinsame Bezugspunkt aller seiner Zeugnisse benannt. Dieses Wissen um Jesus, sein Wirken, sein Geschick und seine Bedeutung für den Glauben, ist nicht erst angestrebtes Ziel und Folge der neutestamentlichen Schriftzeugnisse, sondern bereits gemeinsame Voraussetzung von Autoren und Adressaten. Sie schreiben und lesen aus der Perspektive ihres Glaubens. Dabei sehen sie Jesu Wirken und Geschick von seinem Ende her, auch wenn sie ihre Darstellung mit seinem Anfang beginnen. Am Ende des Jesusgeschehens aber steht die Auferweckung des gekreuzigten Jesus durch Gott. Sie ist somit der gemeinsame Ausgangspunkt für alle Schriften des Neuen Testaments. Das Zeugnis von dem gekreuzigten und auferstandenen Christus stellt aber die Menschlichkeit Jesu nicht in Frage, sondern vielmehr ins rechte Licht. Jesu Leben bleibt als das eines wirklichen Menschen auf Erden mit seinem Wirken und seinem Geschick maßgeblicher Bestandteil der Christusverkündigung im Neuen Testament, auch wenn es nur in einigen Schriften erzählerisch entfaltet wird.

Die Darstellungen über Jesus und die Zeugnisse von ihm wollen nicht in erster Linie informieren, sondern orientieren. Sie zielen auf die Lebens- und Glaubenspraxis der Gemeinden, die sie nach dem Maßstab Jesu auszurichten versuchen. Diese gemeinsame Zielrichtung wird in den einzelnen Schriften und Texten mit unterschiedlichen Mitteln entfaltet, weil sie nur so den jeweiligen Adressaten nahe gebracht werden kann. Die Anrede der Adressaten auf ihren Glauben und ihr Leben hin ist aber charakteristisch für alle neutestamentlichen Schriften, auch wenn sie nicht immer explizit hervortritt.

3. Von Jesus zum Neuen Testament

3.1 Mündliche Jesusüberlieferung

Von Jesus selbst ist streng genommen nichts Schriftliches überliefert, und keine neutestamentliche Schrift beansprucht ihn als ihren Autor. Dennoch kann man Jesus ohne Zweifel als Meister des Wortes bezeichnen. Aussprüche Jesu, Mahnworte, Anweisungen, Erzählungen, Gleichnisse, ja, ganze Reden von ihm werden in großer Zahl in den neutestamentlichen Schriften wiedergegeben. Allerdings begegnen sie uns allein im Munde, genauer: aus der Feder der neutestamentlichen Autoren. Das beweist schon ihre Sprache, das Griechische, im Unterschied zum Aramäischen, der Muttersprache Jesu. Will man nun nicht annehmen, dass alle diese Texte frei erfunden und Jesus in den Mund gelegt worden sind, dann müssen sie den Autoren des Neuen Testaments auf irgendeinem Wege zugetragen worden sein. Die andere Möglichkeit, dass sie ihre Kenntnis von Jesusworten aus unmittelbarer Augen- bzw. Ohrenzeugenschaft beziehen, lässt sich aus dem Erscheinungsbild der Schriften kaum wahrscheinlich machen[32].

Worte Jesu sind also von Anfang an behalten worden, auch solange sie noch nicht Teil von Schriften über ihn waren. Üblicherweise bezeichnet man diese erste Phase der Jesusüberlieferung, die in die Zeit vor der Abfassung der Evangelien zurückreicht, als mündliche Tradition. Das muss nicht ausschließen, dass es von Anfang an auch schriftliche Notizen über Jesus gegeben hat. Jesusworte oder auch

---

32 Der Verfasser des Lukasevangeliums z.B. weist im Prolog ausdrücklich darauf hin, dass er selbst nicht zu den Augenzeugen Jesu gehörte.

Wissen über seine Taten wurden jedenfalls über den einmaligen Moment ihres Ursprungs hinaus aufbewahrt und weitergegeben, damit man sie auch in andere Situationen hinein vergegenwärtigen und erneut hören konnte.

Die ursprüngliche Gestalt dieser mündlichen Tradition ist in den neutestamentlichen Schriften nicht erhalten geblieben, und auch die konkreten Vorgänge ihrer Entstehung und Weitergabe werden dort nicht berichtet. Nur aufgrund von Rückschlüssen können wir ihre Existenz wahrscheinlich machen und ihre Funktionen erklären. Dabei können wir davon ausgehen, dass die Weitergabe von Jesusüberlieferung eng mit den Verhältnissen und Bedürfnissen der ersten Gemeinden verknüpft war. Bei den Anhängern Jesu finden wir die stärksten Motive, sein Wirken in Wort und Tat gegenwärtig zu halten. Die Anfänge der Bewahrung und Überlieferung dessen, was man von Jesus hörte und sah, können wir daher schon zur Zeit seines Wirkens suchen. Die sprachlich geschliffene, einprägsame Gestalt vieler Jesusworte lässt annehmen, dass sie von vornherein dazu bestimmt waren, gelernt und weitergegeben zu werden.

In den nachösterlichen Gemeinden verstärkte sich naturgemäß das Bedürfnis, das Wissen von und um Jesus lebendig zu halten. So ist anzunehmen, dass die Jesusüberlieferung zielgerichtet gesammelt wurde. Die Motive und Leitlinien dazu boten die Situation und die Herausforderungen der nachösterlichen Gemeinden: Der Abbruch der prägenden Erfahrung der Gemeinschaft mit Jesus führte zum Bedürfnis nach Erinnerung an ihn. Der Aufbruch zu einer neuen Gemeinschaftserfahrung, bestimmt von den Ostergeschehnissen und dem Wirken des Geistes Gottes in den Gemeinden, führte zum Bedürfnis nach Orientierung an Jesus. Der Anbruch der endzeitlichen Gottesherrschaft auf Erden im Christusgeschehen, zu dem sich die Gemeinden bekannten, führte zum Bedürfnis nach Werbung für Jesus. Nur in situationsbezogener Auswahl, Aktualisierung und Interpretation konnten die Worte Jesu in den Gemeinden lebendig bleiben, aber nur als Weisung Jesu konnten sie für die künftigen Entscheidungen und Unternehmungen der Gemeinden maßgeblich sein.

3.2 Die ältesten Schriften des Urchristentums

In die Anfangszeit christlicher Gemeinden führen uns die Briefe des Paulus. Den Zeitraum seines Wirkens können wir aufgrund der Informationen aus seinen Briefen und aus der Apostelgeschichte relativ genau bestimmen. Er umfasste etwa die ersten zweieinhalb Jahrzehnte nach der Kreuzigung Jesu. Der Zeitraum, aus dem die Briefe stammen, ist noch wesentlich kürzer. Sie wenden sich an ganz junge, erst wenige Jahre bestehende Gemeinden. Dabei stehen typische Anfangsschwierigkeiten im Mittelpunkt: die Suche und Stärkung der eigenen Identität im Unterschied zu anderen religiösen und sozialen Gruppen, Fragen der Ordnung und Organisation des Gemeindelebens, Richtlinien für ein Verhalten, das den Grundsätzen der Gemeinschaft entspricht, bis hin zu Konflikten um Personen und Finanzen.

Die Jesusgeschichte begegnet uns in den Paulusbriefen fast nur in Gestalt von Bekenntnissen oder hymnischen Aussagen, die ihren Ursprung im gottesdienstlichen Leben der Gemeinden haben[33]. Dazu kommen einige wenige Worte Jesu[34] und gelegentliche Hinweise auf sein Leben und sein Geschick[35]. Das bedeutet sicher nicht, dass Jesus für Paulus und seine Gemeinden weitgehend unbekannt oder sein Wirken für sie unwesentlich war. Aber die Briefe waren offensichtlich nicht der Ort, Jesusüberlieferung weiterzugeben. Ihre theologische Bedeutung liegt vielmehr darin, die Christusbotschaft in den Mittelpunkt gestellt und ihre Konsequenzen für Leben und Verkündigung der Gemeinden exemplarisch und verbindlich abgeklärt zu haben. Dies begründet ihren Platz im Neuen Testament.

3.3 Jesusschriften

Die → Evangelien stehen im Neuen Testament zwar an erster Stelle, repräsentieren aber nicht die früheste Gestalt urchristlicher Schriften. Mit der mündlichen Jesusüberlieferung sind sie durch ihr Thema verbunden und vor allem dadurch, dass uns diese fast ausschließlich in jenen begegnet. Sie unterscheiden sich aber von ihr durch die literarische Gestalt. Wir können uns vorstellen, dass sie in verschiedenen Lebenszusammenhängen der Gemeinden brauchbar waren, etwa als Vorlesebücher in der Gemeindeversammlung, als Arbeitsbücher für die Unterweisung oder als Glaubensbücher zur individuellen Lektüre. Wir haben in ihnen also Gebrauchsliteratur im besten Sinne vor uns. Bedarf für eine derartige Literatur entstand zunehmend, als die Generation der Zeitgenossen und Augenzeugen Jesu abtrat. Der unmittelbare Eindruck des Jesusgeschehens drohte verloren zu gehen und musste durch einen literarischen Zugang ersetzt und dauerhaft gemacht werden[36]. Das Bekenntnis zu Jesus, dem Gekreuzigten und von Gott Auferweckten, brauchte und erfuhr so eine erzählerische Entfaltung.

Wenn man probehalber einmal versucht, ohne Berücksichtigung der Evangelien ein Bild von Jesus zu rekonstruieren, dann erkennt man schnell, worin die theologische Bedeutung der Evangelienschreiber liegt: Sie erst haben das Wirken Jesu als Mensch, seinen Weg von Galiläa nach Jerusalem, seine Verkündigung von der Gottesherrschaft und seinen Umgang mit seinen Zeitgenossen ins Licht gerückt. Natürlich taten sie das von ihrem Glauben her, dass dieser Mensch Jesus Gottes Sohn war, und ihr Ziel bestand darin, gerade dies mit erzählerischen Mitteln darzustellen. Aber ohne die Einbindung des Christusbekenntnisses in das Jesusgeschehen wäre die neutestamentliche Botschaft ihrer Eigenart beraubt worden, wäre sie

33 Vgl. z.B. Röm 1,3f; 3,25; 4,25; 8,3f; 1 Kor 11,23–25; 15,3–5; Phil 2,6–11.

34 Vgl. z.B. 1 Kor 7,10; 9,14; 1 Thess 4,15; 5,2.

35 Vgl. z.B. Röm 15,8; 1 Kor 1,13.17f; 2 Kor 13,4; Gal 3,1; 4,4f.

36 Im Prolog des Lukasevangeliums (Lk 1,1–4) ist diese Ausgangsposition und Zielstellung des Verfassers deutlich erkennbar.

in der vielfältigen religiösen Welt der Antike kaum überlebensfähig geblieben. Dies begründet den Platz der Evangelien am Anfang des Neuen Testaments.

3.4 Lehr- und Weisungsschriften

Neben den Paulusbriefen als Gelegenheitsschriften und den Evangelien als Gebrauchsschriften finden wir im Neuen Testament noch eine Gruppe von Schriften, die wir als autoritative Lehrschreiben bezeichnen können. Zu ihr können wir die → Katholischen Briefe sowie aus der Paulusbriefsammlung den Epheserbrief, die → Pastoralbriefe und den Hebräerbrief rechnen. Die meisten von ihnen haben einen weiter gefassten Adressatenkreis im Blick. Sie unterscheiden sich von den oben besprochenen Paulusbriefen zudem dadurch, dass sie weniger deutlich auf individuelle Probleme aus der Anfangszeit der Gemeinden Bezug nehmen. Ihr Anliegen liegt eher darin, den Glauben und das Leben der Gemeinden vor Gefährdungen von innen und außen dauerhaft zu schützen[37].

Zum einen bemühen sie sich um die Bewahrung der überlieferten Lehre und ihre Absicherung gegenüber Missdeutungen. In diesem Zusammenhang finden wir häufig polemische, seltener argumentative Auseinandersetzungen mit Gegnern innerhalb oder außerhalb der Gemeinden. Zum anderen widmen sie sich der Stabilität und inneren Ordnung der Gemeinden und geben Anweisungen über Funktionen, Dienste und Ämter. Schließlich ermahnen sie ihre Adressaten zu einem Lebenswandel, der ihrem Glauben entspricht. Dabei stützen sie sich weitgehend auf ethische Leitbilder aus ihrer jüdischen und hellenistisch-römischen Umwelt. Die äußeren Merkmale und inneren Anliegen dieser Schriften setzen schon eine gewisse Entwicklungszeit christlichen Gemeindelebens voraus. Wir können daher annehmen, dass diese Schriftengruppe innerhalb des Neuen Testaments von ihrer Entstehungszeit her den Schluss bildet. Das schränkt ihre theologische Bedeutung und die Berechtigung ihres Platzes im Neuen Testament aber keineswegs ein. In ihrem Bemühen, die Christusverkündigung unter den Gegebenheiten geschichtlicher Entwicklungen, gesellschaftlicher Bedingungen und kultureller Voraussetzungen ihrer Umwelt lebendig zu halten, sind sie für die Kirche in besonderer Weise prägend geworden. Als Zeugnisse praktischen Christentums bilden sie einen unaufgebbaren Bestandteil der neutestamentlichen Botschaft.

37 Unter diesem Gesichtspunkt kann man auch die Offenbarung in diese Schriftengruppe einbeziehen.

4. „Die ganze heilige Schrift“[38]

Zusammengenommen bilden die drei im vorigen Abschnitt kurz charakterisierten Schriftengruppen noch immer kein Buch, sondern eher eine kleine Bibliothek, und diese Bibliothek enthält wiederum nur einen Teil der Buchproduktion des Urchristentums im 1. Jh. Die Auswahl und Zusammenstellung der 27 Schriften zu einem Neuen Testament vollzog sich in mehreren Stufen und dauerte mehrere Jahrhunderte[39]. Schon gegen Ende des 1. Jh.s n.Chr. wurden Paulusbriefe gesammelt und verbreitet. Seit der Mitte des 2. Jh.s ist die Verbindung von Paulusbriefen und Evangelienschriften bezeugt. Die vier Evangelien begegnen uns als Sammlung gegen Ende dieses Jahrhunderts, die Katholischen Briefe und die Offenbarung werden noch längere Zeit danach unterschiedlich behandelt und eingeordnet. Erst in der zweiten Hälfte des 4. Jh.s erhält das Neue Testament die Gestalt, die es bis heute bewahrt hat.

4.1 Der Name „Neues Testament“ und das Verhältnis des Neuen zum Alten Testament

Wie aber kam das Neue Testament zu seinem Namen? Man wird in gewissem Sinne sagen können: Durch das Alte Testament. Diese Antwort muss aber sogleich erläutert werden, um nicht zu Missverständnissen zu führen. Das Wort „Testament“ ist die lateinische Wiedergabe des griechischen und des hebräischen Wortes für „Bund“. Mit „Bund“ wird im Alten Testament die Beziehung zwischen Gott und seinem Volk Israel bezeichnet[40]. Diese Ausdrucksweise finden wir auch im Neuen Testament[41]. Von einem „neuen Bund“ ist aber nicht erst im Neuen Testament die Rede[42], sondern schon im Alten[43]. An all diesen Stellen bezeichnet das Wort eine heilvolle Beziehung zwischen Gott und Menschen, besser: ein heilvolles Tun Gottes an Menschen, jedenfalls nirgendwo ein Buch bzw. eine Schriftensammlung[44]. So hat die Bibel zwar das Stichwort für die Benennung des Neuen Testaments

38 Der Titel der ersten Gesamtausgabe der Bibelübersetzung Martin Luthers von 1534 lautete: „Biblia/das ist/die gantze Heilige Schrifft Deudsch“ (vgl. den Reprint Leipzig 1983).

39 Zur Geschichte des neutestamentlichen → Kanons vgl. Kümmel, Einleitung, 420–451; H. v. Campenhausen, Die Entstehung der christlichen Bibel, BHTh 39, Tübingen 1968; B. M. Metzger, Der Kanon des Neuen Testaments. Entstehung, Entwicklung, Bedeutung, Düsseldorf 1993. Zur neueren Diskussion s. auch den Sammelband „Zum Problem des biblischen Kanons“, JBTh 3, 1988.

40 Vgl. Gen 15,18; 17,1–27; Ex 24,1–11; 34,10–28; Dtn 28,69; 2 Sam 23,5; Ps 89,4f; Jes 54,10.

41 Vgl. Apg 3,25; 7,8; Röm 9,4; Gal 4,24; Eph 2,12; Hebr 9,1–5.

42 Vgl. Lk 22,20; 1 Kor 11,25; 2 Kor 3,6; Hebr 9,15; 12,24.

43 Vgl. Jer 31,31–34; s.a. Jes 55,3; 61,8; Ez 16,59–63; 37,26 („ewiger Bund“); Ez 34,25 („Bund des Friedens“).

44 In 2 Kor 3,14 wird aber der Begriff „alter Bund“ für die → Tora verwendet, die im jüdischen Gottesdienst verlesen wird. Damit sind die fünf Bücher Mose gemeint.

geliefert, und zwar in beiden Testamenten, aber nicht den Sprachgebrauch. Die Unterscheidung und Gegenüberstellung von Altem und Neuem Testament als Schriftensammlungen begegnet erstmals in der zweiten Hälfte des 2. Jh.s n.Chr. bei Kirchenschriftstellern.

Was bedeutet aber nun diese kirchliche Namengebung? Wenn wir vom biblischen Sprachgebrauch ausgehen, dann wird mit ihr zunächst ausgedrückt, dass in den so bezeichneten Schriften vom heilvollen Tun Gottes die Rede ist. Die Unterscheidung zwischen alt und neu will darüber hinaus eine Zeitdifferenz signalisieren. Sie bezieht sich aber auf die Epochen des Handelns Gottes, nicht etwa auf die Entstehung oder Sammlung der Schriften und auch nicht auf das geschichtlich höhere Alter des Volkes Israel gegenüber der urchristlichen Bewegung. Ebenso wenig impliziert sie eine Abwertung des Alten Testaments, denn die Wörter „alt“ und „neu“ sind dem Wert nach nicht festgelegt[45]. Allerdings weist das Wort „neu“ im Zusammenhang mit den biblischen Bundesaussagen auch auf einen qualitativen Unterschied: Das neue Handeln Gottes ist das endgültige, für die Endzeit gültige und entscheidende. Auch diese Redeweise hat ihren Ursprung im Alten Testament, bei den → Propheten, die eine dauerhaft heilvolle Zukunft für das Volk Israel verheißen[46]. Die neutestamentlichen Autoren haben übereinstimmend im Christusgeschehen das endzeitliche Handeln Gottes für alle Menschen gesehen und verkündigt. Aus diesem Blickwinkel, aus der Perspektive des Glaubens an Gottes endzeitlich-endgültiges Handeln im Christusgeschehen, erscheint sein Bund mit dem Volk Israel nicht etwa als veraltet, beendet oder aufgehoben, sondern als der ursprüngliche, gegenüber dem Glauben und Unglauben Israels bewährte, der gerade im neuen Bund, in Jesus Christus, zu seinem Ziel gekommen ist. Diese Sicht und mit ihr auch die entsprechende Terminologie im Blick auf die beiden Teile der Bibel kann also nur vom christlichen Glauben aus vertreten werden. Sie hat aber von ihm her auch ihr theologisches Recht, solange man nicht vergisst, dass dieselben Schriften, die das christliche Alte Testament bilden, gleichzeitig die Schrift Israels bildeten und für das Judentum bis heute bilden.

4.2 Der eine Gott der ganzen Bibel

Es ist deutlich geworden, dass die Einteilung der überlieferten Schriften in ein Altes und ein Neues Testament durch die kirchliche Überlieferung zwar gesamtbiblische sprachliche Wurzeln hat, aber allein im Neuen Testament ihren theologischen Grund. Man kann also nur aus der theologischen Perspektive des Neuen Testa-

45 Vgl. z.B. Wendungen wie „alter Freund“ oder „neue Moden“. Die seit kurzem vorgeschlagene Ersetzung des Namens „Altes Testament“ durch „Erstes Testament“ kann ebenso missverständliche Assoziationen wecken, z.B. die eines womöglich noch zu erwartenden dritten Testaments. Außerdem bietet die einzige biblische Schrift, die diese Terminologie verwendet, der Hebräerbrief (vgl. Kap. 8f), noch mehr Anlass zu dem Missverständnis, das Alte Testament würde durch das Neue entwertet.

46 Vgl. die Stellen in Anm. 43.

ments vom Alten sprechen. Dass allerdings in unseren Bibeln das Neue Testament nicht allein steht, sondern einem Alten zur Seite, dies hat nun zentrale theologische Bedeutung[47]. Denn darin schlägt sich nicht allein die geschichtliche Verwurzelung Jesu und seiner Anhänger im Volk Israel nieder. Vielmehr ist es der eine Gott, in dem beide Testamente ihre gemeinsame Mitte haben. Der Gott, zu dem Jesus betete, von dem er predigte und in dessen Namen er wirkte, war kein anderer als der Gott Israels. Der Gott, den die Christen im Christusgeschehen am Werk sehen, den sie den Vater Jesu Christi nennen, ist kein anderer als der, der mit Israel seinen Bund geschlossen hat und dessen Tun an seinem Volk die Schriften Israels bezeugen.

Dies ist die urchristliche Glaubensperspektive auf Israel und seine Schriften. Sie schlägt sich in vielfältiger Weise im Neuen Testament nieder. Ohne Kenntnis der alttestamentlichen Schriften wären die neutestamentlichen weder denkbar noch verstehbar. Biblische Erzählungen, Vorstellungen und Redewendungen werden in allen Teilen des Neuen Testaments aufgenommen oder als bekannt vorausgesetzt. Schriftzitate finden wir besonders häufig bei Paulus, bei Matthäus, im Hebräerbrief und im ersten Petrusbrief. Paulus, Matthäus, Johannes und die Apostelgeschichte beanspruchen das Gesamtzeugnis der Schrift für ihre Christusverkündigung[48]. Lukas führt praktisch vor, wie das Christusgeschehen von der Schrift her und die Schrift auf das Christusgeschehen hin auszulegen ist[49]. Paulus argumentiert z.T. über ganze Passagen seiner Briefe hin auf der Grundlage der Schrift[50].

Manche dieser Auslegungen wirken auf uns befremdlich, weil sie nicht von den ursprünglichen Textzusammenhängen, sondern von den Grundüberzeugungen der Ausleger ausgehen. Stellt man sie aber in den Zusammenhang zeitgenössischer jüdischer Umgangsweisen mit der Schrift, dann zeigt sich, dass die Unterschiede nicht in den Prinzipien und Methoden der → Exegese liegen, sondern in ihrem unterschiedlichen Ausgangspunkt, dem Christusglauben. Der Umgang der neutestamentlichen Zeugen mit dem Alten Testament ist nicht mehr und nicht weniger interessegeleitet als der ihrer jüdischen Zeitgenossen. Beide sind Zeugnis eines Glaubens, der sich in der Schrift zu vergewissern sucht. Die Schrift wird nicht wahrgenommen als Text aus längst vergangenen Zeiten, sondern als aktuelle Anrede. Nur so ausgelegt kann sie als Gottes Wort gehört werden.

Dies alles zeigt, dass es für das Urchristentum zunächst keine anderen maßgeblichen Schriften gab als die Schriften Israels. Die Bibel der ersten Christen war unser Altes Testament, und dort, wo sie Griechisch sprachen, lasen sie natürlich

47 Vgl. zur gegenwärtigen Diskussion um eine gesamtbiblische Theologie C. Dohmen/T. Söding (Hgg.), Eine Bibel – zwei Testamente. Positionen Biblischer Theologie, UTB 1893, Paderborn u.a. 1995.

48 Vgl. Röm 1,1–4; 3,21; 1 Kor 15,3f; Mt 5,17; 22,40; Mk 14,49; Joh 2,22; 5,39; 10,34ff; 20,9; Apg 10,34–43; 17,2f.11; 18,28.

49 Vgl. Lk 24,13–35.44–49; Apg 8,26–40.

50 Vgl. z.B. Röm 4; 9–11; 1 Kor 10,1–13; 2 Kor 3,7–17; Gal 3f.

auch ihre Bibel in Griechisch[51]. Aber ein Neues Testament ohne das Alte hat es in der Kirche nie gegeben und konnte es auch gar nicht geben. Ohne das Alte Testament wäre nicht nur der Name des Neuen Testaments ohne Sinn, sondern auch sein Inhalt, seine Botschaft ohne Grundlage. Für ein in christlicher Verantwortung geführtes Gespräch mit Juden heute bringt der neutestamentliche Umgang mit den Schriften Israels sowohl Schwierigkeiten mit sich als auch die Möglichkeit großen Gewinns. Was Christen mit Juden verbindet, ist nicht allein die jüdische Herkunft Jesu und der meisten neutestamentlichen Zeugen oder die Benutzung der Schriften Israels. Im Bekenntnis zu Jesus bekennen sich Christen zu dem Gott, in dessen Auftrag Jesus gelebt hat, in dessen Dienst er gestorben ist und durch den er von den Toten auferweckt worden ist. Dieser Gott ist kein anderer als der Gott Israels, dessen heilvolle Taten an seinem Volk die Schrift bezeugt. Wenn Christen „ihren“ Gott kennen lernen wollen, dann sind sie also auf die ganze Bibel angewiesen. Zu ihrem Glauben an Gott gehört auch die Glaubensgeschichte des Volkes Israel.

Christen und Juden stehen sich in diesem Gespräch im theologischen Sinne als Partner nicht symmetrisch gegenüber. Juden meinen wohl, ohne Christen auszukommen, solange sie Juden bleiben wollen. Aber Christen kommen von ihrem eigenen Selbstverständnis her nicht ohne Israel aus, wenn sie der Botschaft des Neuen Testaments folgen wollen. Sie können nicht auf das Alte Testament verzichten, ohne ihren Glauben zu entwurzeln. Ihr Christusglaube trennt sie nicht vom Alten Testament, sondern bindet sie an die ganze Heilige Schrift. Denn ohne den einen Gott der ganzen Bibel wäre er hinfällig. Allerdings werden sie ihr Bekenntnis zu Jesus, dem Christus, auch denen gegenüber nicht verschweigen können, die das Alte Testament anders lesen, die also in den Schriften Israels nicht das Zeugnis für ihn finden können.

51 Schon die Juden in der Griechisch sprechenden Diaspora der Antike benutzten die sogenannte → „Septuaginta“ (lat. für 70), eine der Legende nach von siebzig Weisen wortgleich aus dem Hebräischen ins Griechische übersetzte Fassung der biblischen Schriften. Sie weist in Umfang und Wortlaut einige nicht unerhebliche Unterschiede zur hebräischen Bibel auf, wie sie in mittelalterlichen Handschriften überliefert ist. Während diese mittelalterliche hebräische Textgestalt heute im Judentum maßgeblich ist, stützt sich das christliche Alte Testament auf die griechische Fassung aus der Antike.

§ 2 Vom Lesen des Neuen Testaments

Michael Bachmann

Literatur
Egger, Methodenlehre
Haacker, Wissenschaft
Reinmuth, Hermeneutik
Strecker/Schnelle, Einführung

1. Lesen und Verstehen

In den industrialisierten Staaten nimmt die Zahl der Analphabeten zu, und kompliziertere Texte werden hier von immer weniger Menschen verstanden. Lesen spielt nun einmal in einer zunehmend von audiovisuellen Medien bestimmten Gesellschaft trotz stetig wachsender Textproduktion und -verarbeitung eine insgesamt bescheidene Rolle. Statt über diese Entwicklung zu lamentieren, scheint es sinnvoller, sich dessen zu entsinnen, dass nach Joh 7,14f nicht einmal Jesus, obwohl er immerhin mit Bezug auf die (alttestamentlichen) Schriften lehrte, als dafür ausgebildet galt und dass die frühen Christen weithin in der sozialen Hierarchie nicht sonderlich hoch rangierten (s. nur 1 Kor 1,26–29), insofern also zu einem großen Teil des Lesens nicht mächtig gewesen sein werden[1]. Dem entspricht das Vorgelesen- und Gehörtwerden der neutestamentlichen Briefe im Kreis ihrer Adressaten (s. 1 Thess 5,27; Offb 1,3; vgl. Kol 4,16). Außerdem hat das mündliche Wort fraglos besondere Qualitäten. So kann man da den Zusammenhang von Person und Aussage leichter einschätzen (vgl. nur Mk 1,22; Apg 5,1ff). Zudem tritt bei der mündlichen Äußerung, die vielen biblischen und neutestamentlichen Textsorten zugrunde liegt (z.B. der Erzählung und dem Gleichnis), die personale Dimension auch auf Seite des oder der Angeredeten besonders deutlich hervor (vgl. z.B. Lk 5,4f)[2]. Es ist schwerlich Zufall, dass es in Röm 10,17 (vgl. Gal 3,2.5) nicht heißt: der Glaube kommt aus der Lektüre, sondern: aus dem Hören, aus der Predigt. Gleichwohl geht es beim Vorlesen und Zuhören um einen ähnlichen Vorgang wie beim Lesen.

1 Sie werden jedoch Menschen des Zeitalters technischer Medien in erheblichem Maße die Fähigkeit vorausgehabt haben, Gehörtes recht leicht zu behalten (s. nur Mt 6,9–13par.; 28,20a).

2 Schon deshalb ist es – umgekehrt – problematisch, von der schriftlich vorliegenden und überdies von Menschen (wie Paulus) niedergeschriebenen Bibel und vom Neuen Testament einfach als vom „Wort Gottes“ zu reden. Vgl. die Wort-Gottes-Belege 2 Kor 4,2; Hebr 6,5 und Offb 19,13 (und hierzu Joh 1,1.14).

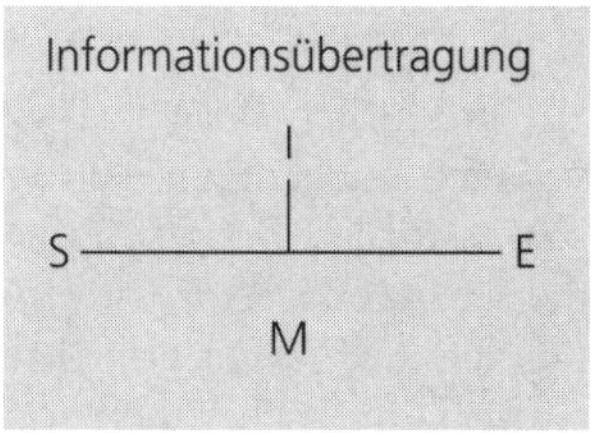

Informationsübertragung

In Anlehnung an die z.B. im Blick auf das Fernsehen übliche Ausdrucksweise kann man vier Faktoren unterscheiden: Sender (S), Empfänger (E), Medium (M) und mitgeteilten Inhalt (I), der dabei zunächst zu kodieren (bzw. zu enkodieren), dann zu dekodieren ist.

Dazu passt die berühmte Szene Apg 8,26–40, in der es schließlich zur Taufe des „Kämmerers aus Mohrenland" durch Philippus kommt[3]. Denn der Beamte (E) der äthiopischen (d.h. nubischen) Königin hat hiernach „den Propheten Jesaja" (S) gelesen (V. 28.30), und zwar den eigens aufgeführten „Abschnitt der Schrift" (M), den wir als Jes 53,7–8a bezeichnen würden (V. 32f). Und da ergibt sich nicht zuletzt angesichts der bildhaften Sprache, der zufolge jemand „wie ein Schaf zur Schlachtung geführt" wurde, die inhaltliche Frage (I): „Von wem spricht der Prophet (das)?" (V. 34).

Die Szene ist auch über die bloße Berücksichtigung jener vier Faktoren hinaus in mehrfacher Hinsicht sehr aufschlussreich. So lässt sie, wenn es heißt: „der Prophet spricht" (V. 34), erspüren, wie nahe mündliche und schriftliche Mitteilungen einander stehen können. Was der Prophet Jesaja (bzw. die hinter Jes 40–55 stehende Gestalt, die man in der wissenschaftlichen Literatur seit langem mit dem Kunstwort → „Deuterojesaja" [d.h. „Zweiter Jesaja"] zu bezeichnen pflegt) einst sagte, ist aufgeschrieben worden, und so kann man noch nach langer Zeit den Eindruck haben: „er spricht". Wie hier die Schriftlichkeit vor allem einen zeitlichen Abstand zu überbrücken hilft, so insbesondere im Fall der Briefe einen räumlichen (vgl. bes. 2 Kor 10,1.11; Offb 1,4.9). Dabei kann es, wie bereits angesprochen wurde, durch das Vorlesen des Aufgeschriebenen vor einem Kreis von Zuhörern zu einer Wiedergewinnung der Mündlichkeit kommen, und ähnlich verhält es sich übrigens auch in Apg 8,28ff. Philippus „hört" nämlich, dass der „Kämmerer" auf seinem Wagen jene Jesaja-Stelle liest, laut liest oder vorgelesen bekommt (V. 30a)[4]. Vor allem führt die Szene indes vor Augen, dass und inwiefern ein schlichtes Entziffern (und Aussprechen) einer Buchstabenfolge noch lange kein Begreifen ist. Philippus' Frage „Verstehst du auch, was du liest?" (V. 30b) ist, wie der Fortgang der Geschichte zeigt, durchaus berechtigt.

1.1 Verstehen ist oft deshalb schwierig, weil die schriftliche Mitteilung zwar einen Abstand überbrückt, aber den Leser doch nicht unmittelbar mit dem Verfasser in Kontakt bringt. Zwar kann die wohl durchdachte Formulierung, die jemand zu Papier bringt, durchaus als dem gesprochenen Wort überlegen empfunden wer-

3 Vgl. bes. P. Müller, „Verstehst du auch, was du liest?" Lesen und Verstehen im Neuen Testament, Darmstadt 1994; T. Söding, Mehr als ein Buch, Freiburg/Basel/Wien 1995, 383–401, ferner C. Burfeind, Wen hörte Philippus? Leises Lesen und lautes Vorlesen in der Antike, ZNW 93, 2002, 138–145.

4 Auch private Lektüre war in der Antike – und ist in den Primarschulen bis heute – gelegentlich kein stiller Vorgang, sondern hörbar: ein Aussprechen, Rezitieren des Textes (vgl. z.B. Ps 1,2b).

den (z.B. 2 Kor 10,9f). Aber beim „Sender“ fällt die Möglichkeit weg, die eigene Äußerung zumal durch Gestik, Mimik und Tonfall zu begleiten, zu bekräftigen und zu verdeutlichen (vgl. z.B. Gal 4,20), und der „Empfänger“ kann bei jenem nicht sogleich nachfragen, sondern allenfalls indirekt zu mehr Klarheit gelangen (vgl. z.B. 1 Kor 5,9ff; 7,1ff). Bei einer mündlichen Mitteilung ist natürlich schon wegen der Umstände, in die sie eingebettet ist, deutlich, dass es um kommunikatives Handeln geht, genauer: um einen der Kommunikation dienenden Akt des Redens. Das tritt bei einer schriftlich vorliegenden Äußerung weniger deutlich hervor – besonders, wenn sie (wie in Apg 8,30ff) von jemandem gelesen wird, den der Verfasser beim Schreiben nicht im Blick hatte.

1.2 Die Voraussetzungen für das Verstehen der Mitteilung sind in einem solchen Fall noch besonders ungünstig, viel ungünstiger als z.B. bei einem Brief zwischen vertrauten Freunden. Wenn man von ihnen sagt, sie sprächen die gleiche Sprache, ist meist nicht nur daran gedacht, dass beide etwa das Deutsche zur Muttersprache haben, sondern viel mehr, nämlich dass der eine mit der Umgebung des anderen vertraut ist, mit den dort üblichen Wertungen und mit der speziellen Art, sie und Tatbestände schlicht oder auch ironisch in Worte zu fassen. Auch wenn es sich bei der gemeinsamen Sprache natürlich nicht gleich um eine Geheimsprache handeln muss (vgl. z.B. Mk 4,10ff; Offb 13,18): mit dem zeitlichen und kulturellen Abstand des Lesers vom Verfasser – und von den ursprünglichen Adressaten – nehmen die Probleme des Verstehens rapide zu. Den „Kämmerer aus Mohrenland“ trennen Jahrhunderte von dem Propheten, und seine Muttersprache wird der „Äthiopier“ bei der Jesaja-Lektüre auch nicht benutzen. Steht er nach V. 27f auch dem Judentum irgendwie nahe, so ist er doch nicht *insider*, sondern Ausländer und Nicht-Jude. Er wird es schon darum nicht leicht haben, hier den drei Dimensionen des Sprechens gerecht zu werden, die man heute gern voneinander abhebt: dem Miteinander der sprachlichen Zeichen – d.h. der → Syntax –, dem durch den Text und durch dessen Elemente Bedeuteten – d.h. der → Semantik – und dem, was der Akt des Redens ursprünglich bewirken wollte – d.h. der → Pragmatik –. Selbst wo sich in diesen Hinsichten die Verstehensbarrieren überwinden lassen, bleibt noch die Frage, ob und wie der (einst) bei einem Text intendierte Impuls für einen anderen Leser Relevanz gewinnen kann.

1.3 Das zuletzt berührte Problem stellt sich nicht bei jedem Schriftstück in gleicher Weise. Offenkundig ist ein datierter und mit dem Kennzeichen eines falsch geparkten Autos versehener Strafzettel, der die Überweisung eines festen Betrages veranlassen will, viel stärker auf einen bestimmten Adressaten und die von ihm erwarteten Konsequenzen bezogen als beispielsweise ein Frühlingsgedicht. Auch beim Lesen des Neuen Testaments wird man sich – syntaktisch, semantisch und pragmatisch – verdeutlichen müssen, welch einen großen Unterschied es ausmacht, ob man etwa ein auf eine ganz konkrete Situation zielendes Schreiben wie den Galaterbrief vor sich hat (s. nur Gal 1,2; 5,2; 6,12f) oder eine Evangelienschrift. Entsprechend gewährt ein argumentativer Passus wie Röm 5,12–21 dem Leser viel weniger Freiraum für eigene Assoziationen als ein hymnisches Stück wie Lk 1,68–79 (Benedictus). Auch Bildersprache regt die Phantasie an. Dennoch hat sie zunächst oft eine didaktische Aufgabe.

So soll beim Gleichnis vom barmherzigen „Samariter" (Lk 10,25/29–35/37) die Frage des richtigen Handelns in Bezug auf den „Nächsten" einer Klärung näher gebracht werden (s. bes. V. 27.29.36f). Es hieße die gewisse Offenheit des Gleichnisses missbrauchen, hier widersprüchliche Deutungen gleichzeitig als angemessen einzuschätzen, beispielsweise (um auf mittelalterliche Interpretationen zurückzugreifen) sowohl im unter die Räuber Gefallenen als auch im barmherzigen „Samariter" Jesus selbst zu sehen.

Auch der „Kämmerer" hat es, wie erwähnt, mit einem Bild zu tun, mit dem Bild eines zur Schlachtung geführten Schafes. Die angeführten Verse deuten zwar an, dass ein Mensch gemeint ist („so tut er seinen Mund nicht auf ..."), ohne ihn doch zu identifizieren. Angesichts des Bildes, das auf unterschiedliche Personen passen könnte, erwägt der Beamte scharfsinnig, ob (entweder [?]) der Prophet selbst oder eine andere Person im Blick ist (V. 34).

1.4 Die Jesaja-Formulierung zu begreifen, ist aber auch darum schwierig, weil sie etwas zu vielen Erfahrungen in Spannung Stehendes sagt. Dass Erniedrigung einerseits, Aufhebung der Verurteilung und zahlreiche Nachkommenschaft andererseits zusammenkommen, wirkt fast paradox. Auf wen kann das zutreffen? Texte können bewusst rätselhaft gehalten und objektiv schwierig sein (vgl. 2 Petr 3,15f, auch 1 Kor 1,22f).

1.5 Im Zusammenhang der Szene aus Apg 8 sei noch ein letzter Punkt angesprochen, der die Frage des Begreifens von Gelesenem betrifft, dass sich nämlich das Verstehen jedenfalls von Texten der (Heiligen) Schrift im Frühjudentum und in den ersten christlichen Gemeinden im Rahmen einer Lesegemeinschaft vollzog – und sich bis heute in einer solchen Gemeinschaft vollzieht. Analphabetentum hat das damals nicht verhindert und verhindert das wohl auch heute nicht, schon weil das Schriftstudium (s. z.B. Apg 17,11) neben der gottesdienstlichen Lesung (s. z.B. Apg 15,21) seinen Platz hat.

Wenn Philippus das, was der „Kämmerer" oder dessen Vorleser vernehmlich deklamiert, als Jesaja-Text identifiziert (V. 30), so erweist er sich als Mitglied einer Lesegemeinschaft, und wenn er das Rezitierte mit dem Jesusgeschehen in Verbindung bringt und dem ausländischen Beamten diese Interpretationsmöglichkeit eröffnet (V. 35), so spiegelt sich darin offenkundig wider, wie man den Zusammenhang im → Urchristentum zu verstehen pflegt (s. dazu nur Mk 10,45; 1 Kor 15,3; 1 Petr 2,22–24).

Jesus und das frühe Christentum waren besonders von der Lektüre des Alten Testaments geprägt. Auf diese Schriften wird im Neuen Testament an hunderten von Stellen zurückgegriffen, u.a. mit Anspielungen (z.B. Lk 9,35: Dtn 18,15), mit Zitaten (z.B. Mt 1,22f: Jes 7,14), mit inhaltlichen Bezugnahmen (z.B. Mk 1,25f;1 Sam

21,1–7) und mit globalen Verweisen (z.B. Röm 1,2). Dem Alten Testament (vgl. z.B. Mt 4,1–11) und speziell den Mose-Büchern (vgl. z.B. Mk 12,18–27) kommt um die Zeitenwende offenkundig ein hoher Rang zu; dieses Schrifttum – dem im Christentum dann u.a. Jesusworte (s. bes. 1 Kor 7,10f) und paulinische Briefe (s. 2 Petr 3,15f) zugesellt werden (vgl. 1 Tim 5,18) – gilt als Basis der theologischen Argumentation und als Hilfe für die Ausrichtung des Lebens. Wer einem derartigen Milieu für eine gewisse Zeit angehört, wird unbewusst und bewusst vom dort üblichen Schriftverständnis mitgeprägt. Das birgt viel Positives in sich: Man findet Orientierung vor, und man braucht nicht jedes Verstehensproblem selbst zu lösen. Auf der anderen Seite besteht jedoch die Gefahr, dass man durch die Tradition, durch die Rezeptions- und Wirkungsgeschichte zu sehr festgelegt und daran gehindert wird, zu einem anderen, möglicherweise angemesseneren Verständnis zu gelangen: Das Vorverständnis verfestigt sich zum Vorurteil[5].

Kurz: Dass Lesen gelingt, ist alles andere als ausgemacht. Rezeptionsgewohnheiten (1.5), Schwierigkeit von thematisierten Sachverhalten (1.4), Offenheit von Text(segment)en (1.3), die Art der verwandten Sprache (1.2) und der Abstand vom Verfasser sowie von der ursprünglichen Kommunikationssituation (1.1) können sich dem Verstehen entgegenstellen, und zwar schon dann, wenn man allein den vergangenen Akt des Redens zu begreifen sucht.

Was solche → Exegese (von griechisch: *exhēgeisthai*, „auslegen") beabsichtigt, kann ohne Einwirkung auf die Verstehensvoraussetzungen des Lesers nicht gelingen. Exegese lässt sich darum nicht strikt von dem abgrenzen, was man → Hermeneutik (von griechisch: *hermēneuein*, „verstehen") zu nennen pflegt. Dabei geht es, technisch formuliert, darum, die vom Sender S beim Empfänger E beabsichtigte Wirkung für einen anderen, nicht zuletzt: für einen heutigen Rezipienten E', fruchtbar werden zu lassen – dem entsprechend, dass eine alte Aussage wie Jes 53,7–8a später zur Taufe des „Kämmerers" führt (V. 37f). Die Taufe ist natürlich keine Endstation; beim „Kämmerer" wird denn auch noch etwas von seiner Freude gesagt (V. 39). So ist Lesen und Verstehen offenkundig ein – in dieser Welt – schwerlich abschließbarer Prozess (s. 2 Kor 1,13f; vgl. 1 Kor 13,9–12).

5 Wie schwer und wie wichtig ein Durchbrechen von Vorurteilen sein kann, mag man sich daran verdeutlichen, dass Luther seine reformatorische Erkenntnis als neues Begreifen des Ausdrucks „Gerechtigkeit Gottes" von Röm 1,17 beschreiben kann (WA 54,185f). Er „war durch den Brauch und die Gewohnheit aller Doktoren gelehrt worden, ihn philosophisch zu verstehen von der (wie sie formulieren) formalen oder aktiven Gerechtigkeit, durch die Gott gerecht ist und die Sünder straft", und er erlebte es als Erbarmen Gottes, als er nach langer Zeit durch Aufmerken „auf den Zusammenhang der Worte" zu der anderen Auffassung gelangte, die sich ihm durch vergleichbare biblische Wendungen wie „Heil Gottes" bestätigte, dass es um die passive Gerechtigkeit gehe, durch welche der Mensch von Gott gerechtfertigt wird (vgl. dazu u. S. 218). Das Zitierte zeigt im übrigen auch: Für Luther waren Gottes Hilfe und nachprüfbare Auslegung, nämlich Achten auf den Kontext sowie auf biblische Sprachverwendung, gerade nicht Gegensätze.

2. Methodische Hinweise

2.1. Lesen in einer Bibliothek

Beim Neuen Testament wie bei der Bibel insgesamt handelt es sich um eine Bibliothek. Diejenigen, die daran beteiligt waren, sie zusammenzutragen, waren offenkundig der Überzeugung, diese Texte verdienten auch lange nach den ursprünglichen Kommunikationsakten Beachtung. Deshalb mag es sinnvoll sein, sich hinsichtlich der jetzigen Lektüre an sog. Seminarbibliotheken zu orientieren, wie sie z.B. an theologischen Fakultäten um dieses Schrifttum herum aufgebaut worden sind. Fast das Wichtigste an einer solchen Bibliothek ist es, dass sie eine ruhige Atmosphäre bietet, die konzentriertes Lesen ermöglicht. Nach dem Ausgeführten wird deutlich sein, dass bei älteren Texten flüchtiges Lesen nicht weiterhilft. Eher sollte man gründlich vorgehen, bestimmte Passagen mehrmals lesen, das Auge nicht nur vorwärts, sondern gelegentlich auch rückwärts führen – ein erheblicher Vorzug gegenüber dem Zuhören.

Wer die biblischen Sprachen kennt, beim Alten Testament das Hebräische (und das Aramäische), beim Neuen Testament – und bei der frühesten Übersetzung des Alten Testaments, bei der → Septuaginta – das Griechische, wird vor allem zu Textausgaben in den Ursprachen greifen[6], daneben aber auch zu guten Übersetzungen. Mancher wird sich primär an sie halten müssen. Zu nennen sind vor allem die (revidierte) Lutherbibel, die Zürcher Bibel, die Elberfelder Übersetzung und die (katholische) Einheitsübersetzung, auch das (ebenfalls katholische) Münchener Neue Testament, das sich sehr eng an den griechischen Wortlaut anzulehnen sucht. Da an vielen Stellen unterschiedliche Übersetzungen möglich sind, empfiehlt es sich, nicht nur mit *einer* deutschen Bibel zu arbeiten. Natürlich ist jede Übersetzung schon Auslegung und steht insofern zur Diskussion[7].

Übrigens bieten die Ausgaben der Übersetzungen heute oft eine Fülle von Verstehenshilfen, so die in aller Regel nicht dem Urtext angehörenden (Zwischen-)Überschriften und viele Querverweise am Rand oder unter dem jeweiligen Abschnitt, teils auch Karten und Einführungen in die (einzelnen) biblischen Schriften[8]. Eine Zusammenfassung solcher Erläuterungen bieten Bücher wie das vorliegende[9]. Bei ausgeprägterem wissenschaftlichen Beiwerk (und bei Zurückhaltung in theologischen Fragen) spricht man von einer „Einleitung in das Neue Testament"[10].

---

6 Zu den im folgenden genannten Textausgaben und Hilfsmitteln sei auf das Verzeichnis grundlegender Literatur am Ende dieses Buches verwiesen.

7 Z.B. kann man fragen – und ist etwa im Judentum gefragt worden –, ob man das „junge Weib" von Jes 7,14 (Zürcher Bibel) als „Jungfrau" verstehen darf, wie es in Septuaginta und Mt 1,23 geschieht.

8 Letzteres z.B. in der Einheitsübersetzung und in der ihre Übertragung aufgreifenden, jedoch entschieden umfangreichere Zugaben bietenden (neuen) Jerusalemer Bibel. Ähnlich die (evangelische) Stuttgarter Erklärungsbibel.

9 Vgl. auch Roloff, Einführung; ders., Neues Testament; Nestle, Neues Testament.

10 Z.B. Kümmel, Einleitung; Schnelle, Einleitung.

Die frühen Christen konnten nicht auf solche Hilfen zurückgreifen (und auch nicht auf die Zählung von Kapiteln und Versen, welch Letztere selbst Luther noch nicht kannte). Dennoch stellten schon sie verschiedentlich Zusammengehöriges zusammen. Deshalb stehen in unserem Neuen Testament → Evangelien und Briefe (und unter ihnen z.B. wieder die Paulusbriefe und speziell etwa die Korintherbriefe) beieinander. Und bereits die neutestamentlichen Autoren selbst versuchen, durch Verknüpfung von ähnlichen oder auf einen gemeinsamen Inhalt verweisenden Aussagen weiterführende Einsichten zu gewinnen[11].

Über die schon genannten Querverweise hinaus stehen uns heute für solche Verknüpfungen vor allem zwei technische Hilfsmittel zur Verfügung. Zum einen handelt es sich um → *Konkordanzen*, d.h. alphabetische Verzeichnisse (im besten Fall:) aller in einem bestimmten Schriftenbestand – wie z.B. Altes Testament, Neues Testament, Bibel – vorkommenden Wörter mit Angaben aller oder vieler Stellen (und Zusammenhänge), an denen sie begegnen. Besonders verlässlich sind Konkordanzen in den Originalsprachen. Da ein und dasselbe Wort oft unterschiedlich übertragen wird, ist eine biblische Konkordanz (z.B.) auf der Grundlage der deutschen Sprache jeweils auf eine bestimmte Übersetzung bezogen. Zu jeder der oben genannten Bibelübersetzungen gibt es eine gute Konkordanz, wenn auch keine ganz vollständig ist.

Zum anderen sind die → *Synopsen* (d.h. „Zusammenschauen") zu nennen. Gemeint sind Bücher, in denen ähnliche Texte nebeneinander abgedruckt sind, so dass sie sich relativ mühelos vergleichen lassen. Meist denkt man bei dem Wort „Synopse" an ein Buch, das in drei oder vier Spalten Texte der ersten drei Evangelien, eben der „Synoptiker", oder gar Texte der vier Evangelien bietet. Aber man könnte natürlich z.B. ebenfalls bestimmte Paulus-Passagen (etwa Röm 4; 9,6ff und Gal 3; 4,21ff: Abraham) derart kombinieren[12].

Viele Ergebnisse, die sich mit diesen und ähnlichen Hilfsmitteln erzielen lassen, sind in den sog. *Wörterbüchern* zusammengefasst. Dabei ist hier an umfangreiche, teils mehrbändige Werke gedacht, die ausführlich Geschichte, Entwicklung und Anwendung von Vorstellungen und Begriffen behandeln (z.B. ThWNT; EWNT). Wo es weniger um Sprache, sondern eher um außersprachliche Sachverhalte geht, z.B. um die Archäologie Jerusalems, treten sog. Realien-Lexika (z.B. BHH; NBL; AncB Dictionary; Reclams Bibellexikon; Das große Bibellexikon) zu den Wörterbüchern hinzu. Obwohl bei den Letzteren die Originalsprache(n) eine besondere Rolle spielt (bzw. spielen), gibt es doch verlässliche Werke, zu denen gerade auch derjenige greifen kann, der (Hebräisch und) Griechisch nicht versteht (z.B. Schmidt/Delling, Wörterbuch; TBLNT).

In solchen Wörterbüchern werden u.a. *antike Schriften* berücksichtigt, *die nicht zur Bibel gehören* – auch nicht zu den sog. →Apokryphen des Alten Testa-

11 So verbindet Paulus in Röm 4,3–8 zwei Stellen, an denen das Verb „anrechnen" benutzt wird, nämlich Gen 15,6 und Ps 32,1f.

12 Vgl. z.B. G. M. Heyder, Paulus. Das Wort an die Welt. Eine Synopse der Briefe des Apostels, 2., völlig neu bearb. Aufl., Olten 1957.

ments[13]–. Schon deshalb sollte man Zugang zu diesen Texten haben, auf die gelegentlich auch im Neuen Testament selbst zurückgegriffen wird (s. z.B. Jud 14). Viele findet man in Übersetzung in dem von W. G. Kümmel herausgegebenen Werk „Jüdische Schriften aus hellenistisch-römischer Zeit“. Nicht berücksichtigt worden sind da z.B. die Schriften der jüdischen Autoren Philo von Alexandrien (Anfang des 1. Jh.s) und (Flavius) Josephus (zweite Hälfte des 1. Jh.s), auch nicht die erst nach dem Zweiten Weltkrieg aufgespürten (vor 70 n.Chr. entstandenen) Schriften aus den Höhlen in und bei → Qumran (am Nordwestufer des Toten Meeres). Obwohl das sog. → rabbinische Judentum, das sich nach der Zerstörung des Zweiten Tempels im Jahre 70 n.Chr. etabliert, erst recht spät schriftliche Formen der Überlieferung herausbildet, verhilft auch diese Literatur zu einem besseren Verständnis des Neuen Testaments und einzelner seiner Aussagen.

Diese außerneutestamentlichen Schriften und die genannten Hilfsmittel sind weithin in den sog. *Kommentaren* ausgewertet – und in der sonstigen Sekundärliteratur, wie man sie in neutestamentlichen Seminarbibliotheken findet[14].

Wenn Paulus in Gal 4,21–5,1 die Geschichte von Abrahams Frauen Hagar und Sara und ihren Kindern Ismael und Isaak interpretiert und für seine Gegenwart fruchtbar zu machen sucht, so ersetzt das natürlich nicht die Lektüre von Gen 16f; 21, und dies umso weniger, als sein → „allegorisches“ (V. 24: *allēgorein*) Verständnis des alttestamentlichen Textes, das sich an damalige Auslegungsgewohnheiten hält, für uns schwer nachvollziehbar ist. So wird man auch beim Lesen im Neuen Testament die aufgeführten Möglichkeiten mit Gewinn nutzen können; sie dürfen und können aber nicht die eigenen Beobachtungen und das eigene Bemühen um das Verständnis ersetzen. Um eine Stellungnahme kommt man auch deshalb nicht herum, weil die unterschiedlichen Kommentatoren an vielen Punkten nicht zu einhelligen Ansichten gelangen. Bei der Abwägung von Beobachtungen und Erwägungen ist es nützlich, sich der unterschiedlichen Perspektiven bewusst zu werden, unter denen Texte betrachtet werden können. Nicht nur lässt sich die exegetische Frage nach der Absicht des ursprünglichen Kommunikationsaktes von der hermeneutischen nach der Gegenwartsrelevanz abheben – nicht: trennen –. Es hat sich gezeigt, dass überdies auch bei der Exegese selbst (und ebenfalls bei der Hermeneutik) eine gewisse Auffächerung sinnvoll ist.

---

13 Sie (Tobit, Judit, 1. Makkabäer, 2. Makkabäer, Weisheit Salomos, Jesus Sirach, Baruch) sind im katholischen Bereich Bestandteile des Alten Testaments und heißen dort wegen ihrer vergleichsweise späten Entstehung „deuterokanonische Schriften“. Wer sich eine evangelische Bibel besorgt, sollte versuchen, eine Ausgabe mit Apokryphen zu bekommen.

14 Es handelt sich hauptsächlich um sog. Monographien (d.h. um Bücher, die jeweils ein bestimmtes Thema behandeln und nur einen Autor [oder wenige Verfasser] haben) und um Aufsätze, die zumeist in Periodika (wie „Zeitschrift für die Neutestamentliche Wissenschaft“ [ZNW; Berlin 1900ff], „Biblische Zeitschrift“ [BZ; Paderborn 1903ff] und „New Testament Studies“ [NTS; Cambridge 1954ff]) oder in Sammelbänden (d.h. in Publikationen einer größeren Zahl von Autoren [Tagungsberichte, Festschriften u.Ä.]) erscheinen. Will man Literatur zu einem bestimmten Thema finden, ist es sinnvoll, sog. bibliographische Hilfsmittel (und, wenn sie in fortlaufenden Heften oder Jahrgängen erscheinen, dabei vor allem die neueren Faszikel bzw. Bände) durchzuschauen (s. die Angaben bei Strecker/Schnelle, Einführung, 26).

2.2. Lesen unter bewährten historischen Fragestellungen

Spätestens seit dem 18. Jh. sind die biblischen Schriften mit immer mehr Nachdruck als *historische* Dokumente gelesen worden. Für die dabei zu unterscheidenden Fragestellungen hat sich jedoch erst in den letzten Jahrzehnten eine gewisse terminologische Übereinkunft herausgebildet. Zur Verdeutlichung sei ein Blick auf das Osterkapitel 1 Kor 15 geworfen.

Gegen Anfang, in V. 1b–3a, erinnert Paulus die Adressaten an „das → Evangelium" (griechisch: *to euangelion* [V. 1b]), das er ihnen einst, offenbar „zu Beginn" seines Wirkens in der bedeutenden griechischen Stadt, „verkündet" und „übergeben" hat und das sie, nicht anders als zuvor er selbst, „empfangen/aufgenommen" haben. Es geht hier also um einen mündlichen Vorgang der Überlieferung (vgl. 1 Kor 11,23), der, wie durch V. 11 bestätigt wird, in Bezug auf eben diesen Inhalt im Frühchristentum auch sonst geschah. Dementsprechend kann der → Apostel in V. 3b–5a/5b auch genau angeben, um was es sich bei diesem „Evangelium" handelt, nämlich um die interpretierte Nachricht von Jesu Tod und Auferweckung. Sprachmerkmale (z.B. der Plural von „Sünde" [anders: V. 56]) und die Parallelität von V. 3b–4a (Tod gemäß den Schriften, [bestätigt durch das] Begräbnis) mit V. 4b–5a (Auferweckung gemäß den Schriften, [bestätigt durch das] Erscheinen gegenüber Kefas [d.h. Petrus]) machen es wahrscheinlich, dass er hier sogar wörtlich zitiert (s. das einleitende *hoti* „dass" [*hoti recitativum*]), ehe er ab V. 5b oder V. 6a freier formuliert und „Osterzeugen" namhaft macht. Wie es scheint, kommt er auf „das Evangelium" und auf diese Zeugen deshalb zu sprechen, weil in Korinth von manchen Christen die in V. 12b angeführte Parole vertreten wird: „Auferstehung Toter gibt es nicht". Dieser These will Paulus entgegentreten, wohl indem er in V. 12(–20[a]) aufzuzeigen sucht, sie stehe in Widerspruch zum doch bei den Adressaten akzeptierten „Evangelium", speziell zur Aussage von der Auferstehung Jesu – einer Aussage, die unter jüdischen Voraussetzungen zwar, wie Dan 12,2f zeigt, möglich ist, aber doch alles andere als unumstritten sein kann (s. nur Apg 23,6–9). Darum also dürfte Paulus den Empfängern des Briefes das ihnen ursprünglich mündlich weitergegebene „Evangelium" erneut „kundtun" (V. 1a), und zwar nun schriftlich. Diesen Akt wird man etwa auf den Anfang oder die Mitte der 50er Jahre des 1. Jh.s datieren müssen, gut zwei Jahre nach der Gründung der korinthischen Gemeinde (vgl. Apg 18,11; 1 Kor 16,8f). Ob „das Evangelium" dem Apostel wie andere Inhalte, die in den Brief eingegangen sind (s. nur 1 Kor 7,1), schon schriftlich vorgelegen hat, ist bei der fest gefügten, leicht behältlichen Form des Traditionsstücks nicht so wichtig; möglich wäre es indes, wie z.B. 1 Thess 1,10 und Lk 24,34b schließen lassen könnten. Wir können uns jedenfalls freuen, dass diese wichtige Formulierung dessen, was man sehr früh unter „Evangelium" verstand, mit der handschriftlichen Überlieferung des ersten Korintherbriefs und später durch seine drucktechnische Fixierung auf uns gekommen ist. Wie der sog. → Apparat z.B. im „Novum Testamentum Graece" von Nestle/Aland zeigt – d.h. wie sich aus der Zusammenstellung besonders wichtiger Abweichungen zwischen Handschriften mit neutestamentlichen Texten ergibt –, ist das Textsegment V. 3b–5 fast ohne Variationen bezeugt. Interessant ist, dass wenige Handschriften nicht ein Erscheinen vor „den Zwölfen" aussagen, sondern vor „den Elfen" (V. 5b). Die Vermutung liegt nahe, dass hier „nachgebessert" worden ist – ob nun wegen V. 5a (wo ja mit Kephas bereits ein Jünger des Zwölferkreises genannt worden war) oder wegen der Judasüberlieferung (s. Mk 14,17–21parr.; Mt 27,3–7; Apg 1,15–26) oder wegen Mt 28,16 (vgl. Lk 24,9.33, auch Mk 16,14).

Was an diesem Beispiel vor Augen geführt wurde, gilt für viele Texte und Textsegmente des Neuen Testaments und sei graphisch festgehalten – und durch kurze Hinweise auf das soeben Gesagte begleitet –. Allerdings versteht sich fast von selbst, dass nicht jede Aussage so eng an ein bestimmtes Geschehen gebunden ist wie die Formulierung „Christus ist (für unsere Sünden) gestorben" (1 Kor 15,3b).

Allgemein

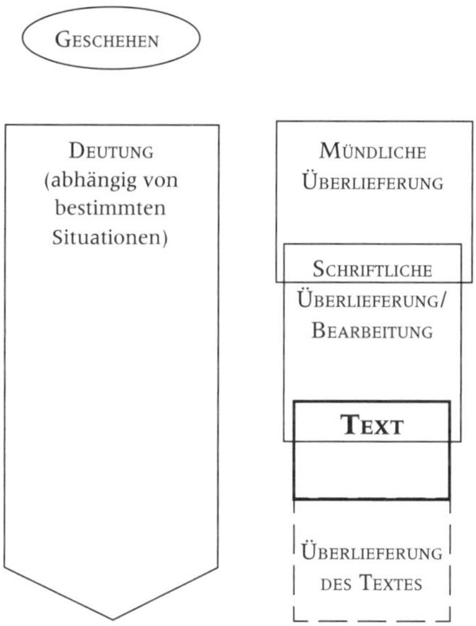

Beispiel

[6]

(5) Vgl. Dan 12,2f (und Apg 23,6–9).

(4) „Evangelium", z.B. bei der Gründung der korinthischen Gemeinde.

(3) Vgl. einerseits 1 Thess 1,10; Lk 24,34b mit 1 Kor 15,3b–5 und vgl. andererseits z.B. 1 Kor 7,1.

(2) Text: 1 Kor. In 1 Kor 15 dient u.a. das Stück V. 3b–5 der Absicht, die Parole von V. 12b zu destruieren.

(1) 1 Kor 15,5: „Zwölfe" oder „Elfe"?

Die Skizze lässt hervortreten, dass sich die durch eingeklammerte Ziffern angedeuteten Fragestellungen auf unterschiedliche Zeitstufen beziehen. In den Wörterbüchern spielen häufig diejenigen Fragen, nämlich vor allem (2) bis (5), eine dominierende Rolle, die sich auf die Deutung eines Geschehens und die dabei verwendeten Vorstellungen und sprachlichen Gestaltungen beziehen, während in manchen christlichen Kreisen die bislang für 1 Kor 15,3b–5 allein noch nicht erläuterte Fragestellung [6] für entscheidend gehalten wird: Was ist denn eigentlich an Karfreitag und an Ostern passiert? Man könnte, ohne dass hier eine Übereinkunft bestünde, von der historischen Frage im engsten Sinne sprechen. Aber auch bei (1) bis (5) geht es um Historie, wenn auch auf anderen Stufen.

Die Sprachwissenschaft, welche sich mit Texten beschäftigt, die sog. → Textlinguistik, hat mit gutem Grund das Prinzip von einem gewissen Vorrang der→ Synchronie vor der → Diachronie aufgestellt. Auf unsere Skizze bezogen (die hier deshalb Fettdruck und verstärkte Linien bietet), heißt das: Fragestellung (2), die sich mit der *einen* Zeitstufe befasst, auf welcher der einstige Kommunikationsakt stattfand, hat ein besonderes Gewicht gegenüber den übrigen, die weiter zurückliegende Voraussetzungen einerseits und die (Nach-)Geschichte des Textes andererseits betreffen[15].

Ein von → linguistischer Seite aufgeworfenes weiteres Problem sei noch umrissen: Inwieweit ist ein Text von dem Autor her oder von dem bzw. den (ursprünglichen) Rezipienten her zu verstehen, oder ist er gar ein autonomes Gebilde? *Pro captu lectoris habent sua fata libelli*, „Gemäß dem Fassungsvermögen des Lesers haben Bücher ihre Schicksale", hieß es schon in der Antike (Terentianus Maurus, 3. Jh. n.Chr.). Kann man, um ein Beispiel zu nennen, den Verfasser des Johannesevangeliums dafür verantwortlich machen, wie das Wort des zum Verzicht auf Widerstand bereiten, der Passion entgegengehenden Jesus „Größere Liebe hat niemand als der, der sein Leben gibt für die Brüder" (Joh 15,13) z.B. auf Kriegerdenkmälern verwandt wurde, nämlich im Blick auf mit der Waffe in der Hand gefallene Soldaten? Offenkundig ist Rezeption eines Textes mehr oder weniger freie Konstruktion von Bedeutung. Diese Freiheit ist am ehesten dort zu bejahen, wo der Text von einer Art ist, dass er – wie z.B. ein Gedicht – einen weiten Raum für Assoziationen öffnet. Andererseits haben wir bei einem Text das Produkt des Autors vor uns, ob wir diesen nun darüber hinaus kennen oder nicht. Insofern besteht keine Parität zwischen „Sender" und „Empfänger". Der ganz wesentlich oder allein aus Textmerkmalen zu erhebenden Intention des Autors kommt deshalb besonderes Gewicht zu.

Wenn die Fragestellungen (1) bis (5) hier so, wie es in der Skizze geschieht, nummeriert werden, dann deshalb, weil wir zunächst den uns überlieferten Text vor uns haben, wir dieser Zeitstufe besonders nahe sind. Nicht gemeint ist jedoch, dass die Fragestellungen strikt in dieser Reihenfolge abzuarbeiten wären[16]. Unerlässlich ist es indes, dass man die Zeitstufen auseinander hält – sich dessen bewusst ist, wonach man gerade fragt –, und nützlich ist es, die weithin übliche Terminologie für die einzelnen Fragestellungen zu kennen:

(1) → *Textkritik*[17] und Textgeschichte: Welches ist bei zwischen Handschriften differierendem Wortlaut, d.h. bei unterschiedlichen → „Lesarten", möglicherweise die ursprüngliche Formulierung, der ursprüngliche „Text"? Zu achten ist darauf, welche Handschriften die jeweilige Lesart stützen (sog. Äußere Textkritik) und ob die (sekundäre) Entwicklung hin zu bestimmten Lesarten sich leicht (z.B. als Feh-

15 Für den Empfänger eines Briefes beispielsweise ist meist weniger wichtig, ob und wie da die Sprache Homers oder Goethes aufgegriffen wird, als dies, ob Lob oder Tadel ausgesprochen wird und zu welchem Zweck das geschieht.

16 Z.B. wäre für das zunächst auf Stufe (1) angesiedelte Problem, ob in 1 Kor 15,5 von den Zwölfen oder von den Elfen die Rede ist, auch wichtig – und damit befindet man sich bereits auf Stufe (2) –, ob Paulus im ersten Korintherbrief von Judas spricht (was nicht der Fall ist).

17 Hier und im Folgenden meint „(methodische) Kritik" nicht, dass man einen überlegenen Standpunkt gegenüber Inhalten einnimmt und sie kritisiert, sondern dass man sauber beobachtet und unterscheidet (griechisch: *krinein*) – und von daher möglicherweise zu Wahrscheinlichkeitsurteilen kommt.

ler eines Kopisten, eines Schreibers, oder im Zusammenhang der Wirkungs- und Rezeptionsgeschichte) erklären lässt (sog. Innere Textkritik).

(2) → *Redaktionskritik* (oder Redaktionsgeschichte), auch → Kompositionskritik: Was will der (Letzt-)Verfasser bei seinem bzw. seinen „Adressaten" erreichen? Zu achten ist für die Beantwortung vor allem auf die Strukturmerkmale des Schreibens und auf das, was es über die Situation des Verfassers und seines bzw. seiner „Adressaten" erkennen lässt.

(3) → *Quellenkritik*, auch → Literarkritik: Welche (mündlichen und) schriftlichen Quellen sind in einen Text eingegangen? Zu achten ist primär auf inhaltliche und formale Spannungen zwischen Textelementen, auf Eigenheiten von Vorstellungen und Vokabular.

(4) → *Formgeschichte* (und → Formkritik): Welche vorliterarische Gestalt, welche typische, auch sonst vorkommende Gestalt hat ein bestimmtes Überlieferungsstück, und in welcher wiederkehrenden Funktion wurde es gebraucht („Sitz im Leben")? Zu achten ist bei dieser schwierigen Doppelfrage, die vor allem beim Evangelienstoff eine erhebliche Rolle spielt, auf mögliche Hinweise im Kontext (s. 1 Kor 15,1b–3a.11!) und auf Parallelen intertextueller Art (s. 1 Thess 1,10!).

Schon M. Dibelius (1883–1947) und R. Bultmann (1884–1976), welche diese Fragestellung – im Anschluss u.a. an den Alttestamentler H. Gunkel (1862–1932) – für den neutestamentlichen Bereich entwickelten, kamen nicht zu auch nur annähernd gleichen Ergebnissen. Und die Kritik an dem Ansatz, nach dem (erst und sogleich) mit bestimmten nachösterlichen Situationen (Mission, Lehre, Predigt usw.) recht feste „Formen", → Gattungen, verbunden gewesen sein sollen, ist seither nicht verstummt[18]. Meist werden die Begriffe „Formgeschichte" oder „Formkritik" nicht im Blick auf das vorliegende Textsegment, sondern hinsichtlich der angenommenen mündlichen Vorstufe(n) gebraucht. Wer sie hingegen auch für die strukturellen und kompositorischen Elemente eines Textsegments verwendet, hat es nicht nur auf Stufe (4), sondern ebenfalls auf Stufe (2) mit der Bestimmung der „Form" zu tun.

(5) → *Traditionsgeschichte* (und Traditionskritik): Welche Geschichte haben im Text begegnende Begriffe, Motive und Vorstellungselemente durchgemacht? Zu achten ist auch hier primär auf Berührungen mit anderen Texten, mit deren Wortfeldern und Strukturen, also auf Intertextualität (Konkordanzarbeit!).

Für Fragestellung (5) wird nicht selten alternativ der Terminus *Überlieferungsgeschichte* benutzt, mit dem man indes auch gerne auf (1) bis (5) oder auf einen Teilbereich der diachronen Entwicklung hinweist (deshalb: Überlieferungs*geschichte*, nicht: -*kritik*).

18 S. dazu nur Haacker, Wissenschaft, 48–63.

2.3. Lesen unter speziellen Gesichtswinkeln

Während die soeben aufgeführten historischen und textwissenschaftlichen Fragestellungen schon seit längerem weithin akzeptiert werden, gilt das für andere Aspekte noch nicht in gleichem Maße, auch wenn sie immer häufiger thematisiert und zur Geltung gebracht werden.

Die kurz angesprochenen → linguistischen Überlegungen berühren sich mit neueren Versuchen, → *rhetorische Konzepte* für das Verständnis neutestamentlicher Texte fruchtbar zu machen. Zunächst geht es darum, wie eine Rede – und von daher auch: ein Text – so konzipiert werden kann, dass sie die Hörer (und Leser) überzeugt. Umgekehrt kann man versuchen, solche Konzepte zur Analyse von Äußerungen zu verwenden, z.B. in bezug auf die Bergpredigt (Mt 5–7) oder den Galaterbrief. Freilich: Die Unsicherheiten bei solcher „rhetorischen Kritik" sind, wie die bislang vorliegenden Arbeiten auf diesem Feld zeigen, ganz erheblich.

Wie linguistische und rhetorische Ansätze die Handhabung herkömmlicher Auslegungsmethoden verfeinern und bereichern können, so ist das auch bei der sog. *sozialgeschichtlichen Exegese* der Fall. Sie richtet das Augenmerk auf die sozialen und wirtschaftlichen Bedingungen, die in Texten vorausgesetzt oder angesprochen werden (vgl. 1 Kor 1,26–29), und auf hier intendierte Veränderungen (s. z.B. Mt 25,35ff). Damit wird verhindert, dass es bei der für die deutsche und mitteleuropäische Tradition so typischen Verengung bleibt, wonach an Texten primär Ideen, Prinzipien und Vorstellungen interessieren.

Bezeichnend für die sozialgeschichtliche Fragestellung ist ihre häufige Verbindung mit einer *kontextuellen Exegese*, die von gegenwärtigen Erfahrungen, vom eigenen Kontext her bei biblischen Texten Orientierung sucht (vgl. besonders die Bibelverwendung der lateinamerikanischen Befreiungstheologie). Dass dieser Kontext stets auch im Rahmen der Exegese und nicht nur in dem der Hermeneutik zu berücksichtigen ist, wurde schon ausgeführt. Gerade auch die in Bibelkreisen und durch den einzelnen Christen erfolgende Schriftlektüre hat kontextuellen Charakter. Bemühungen, das eigene Erleben mit der einstigen Situation enger zu verbinden, wie sie z.B. im Bibliodrama erfolgen, gehören ebenfalls hierhin.

Wie sich der sozialgeschichtliche Zugang mit einem gewissen Recht auf Gal 3,28 berufen kann (G. Theißen), so auch die nach dem Zweiten Weltkrieg intensiv unternommenen Versuche, wirkliche oder nur vermeintliche Antijudaismen im Neuen Testament auszumachen, zu verstehen und zu überwinden. So unabweisbar diese Variante der kontextuellen Exegese ist, also sozusagen: *Exegese nach dem Holocaust*, so umstritten ist, ob und wie denn solche Überwindung geschehen kann, falls es sich um wirkliche Antijudaismen handelt. Denn hier wäre möglicherweise die Grenze zwischen der methodischen Kritik (im Sinne der Unterscheidung) und der Sachkritik (im Sinne der Verurteilung) zu überschreiten.

Das gleiche Problem stellt sich gelegentlich auch bei der ebenfalls kontextuell zu nennenden und ebenfalls mit Gal 3,28 zu verbindenden *feministischen Exegese*, die von den objektiven Einschränkungen ausgeht, denen Frauen gerade auch in den Bereichen ausgesetzt waren und sind, in denen (das Alte bzw.) das Neue Testament seine Wirkung entfaltet hat und entfaltet. Die breit gefächerte, von sehr unterschiedlichen Positionen aus geschriebene Literatur betrifft nicht nur Aussagen wie Gal 3,28 einerseits, 1 Kor 14,33ff andererseits, sondern auch die oft für Frauen alles andere als günstige Auslegungstradition[19]. In einer eher offensiven Fassung, die z.B. E. Schüssler Fiorenza vertritt, ist die feministische Zugangsweise durch eine „Hermeneutik des Verdachts" bestimmt, d.h. von der Vermutung, es könnten sich in Text und Textrezeption Tendenzen niederschlagen, die für die Position von Frauen nachteilig sind.

Noch weniger als feministische Exegesen lassen sich *(tiefen-)psychologisch inspirierte Zugänge* auf einen Nenner bringen (z.B. E. Drewermann einerseits, G. Theißen andererseits)[20]. Besonders schwierig sind Versuche, der „Psychologie" erzählter (möglicherweise nur fiktiver) Figuren beizukommen. Sinnvoller ist es, sich mit der Psyche eines immerhin recht gut bekannten Autors wie Paulus zu beschäftigen. Und natürlich laufen bei Verstehen und Exegese psychische Vorgänge ab, so dass sich das Verhältnis von Text und Leser mit der Beziehung zwischen einem Patienten (bzw. Analysanden) und seinem Therapeuten (bzw. Psychoanalytiker) vergleichen lässt (H. Raguse).

Ob für die Exegese eine Atmosphäre des Verdachts oder eine solche des Vertrauens förderlicher ist, wird sich kaum grundsätzlich entscheiden lassen. Wer in der einen oder in der anderen Haltung Bibel und Neues Testament liest, erwartet etwas und kann nach den Erfahrungen vieler Jahrhunderte etwas erwarten – wenn er denn bereit ist, seine Verstehensvoraussetzungen und damit sich selbst durch die Lektüre verändern zu lassen.

19 Ein Beispiel: In Offb 17,5 erlaubt der griechische Buchstabenbestand nicht nur die übliche Übersetzung „Mutter der Huren", sondern auch die andere: „Mutter der Hurer" (s. dazu Offb 21,8; 22,1!).

20 S. dazu nur A. A. Bucher, Bibel-Psychologie. Psychologische Zugänge zu biblischen Texten, Stuttgart 1992.

§ 3 Die Welt des Neuen Testaments

Reinhard Feldmeier

Literatur

Géza Alföldy, Römische Sozialgeschichte, Wiesbaden 3. Aufl. 1987
Martin Hengel, Judentum und Hellenismus, Tübingen 3. Aufl. 1988
Jakob Neusner, Das pharisäische und talmudische Judentum. Neue Wege zu seinem Verständnis, Tübingen 1984
Martin P. Nilsson, Geschichte der griechischen Religion. Zweiter Band: Die hellenistische und römische Zeit, HAW V/2.2, München 3. Aufl. 1974

Barrett/Thornton, Texte
Klauck, Umwelt
Maier, Zwischen den Testamenten
Schürer, History

„Und das Wort ward Fleisch und wohnte unter uns" – dieser Spitzensatz aus dem Prolog des Johannesevangeliums (Joh 1,14) besagt, dass Gottes Offenbarungswort in Jesus Christus Mensch wurde. Dies heißt: Gottes Wort hat mit dem jüdischen Zimmermann aus Nazaret zur Zeit der römischen Kaiser Augustus und Tiberius zu einem konkreten Zeitpunkt der Geschichte und im Rahmen einer spezifischen Kultur Gestalt gewonnen. Wenn daher hier von der *Welt* des Neuen Testaments gesprochen wird, so ist damit jener geschichtliche Gesamtzusammenhang gemeint, in dem die neutestamentliche Botschaft ihren Ausdruck fand, ein Zusammenhang, der Sprache, Religion, Kunst, Philosophie und Technik ebenso umfasst wie die politische Struktur, die Ökonomie und die Lebensumstände der Menschen.

Dieser Lebensraum aber ist nicht der unsere. Von unserer Gegenwart getrennt durch eine zweitausendjährige Geschichte, stehen uns die spätantike Gesellschaft des Mittelmeerraumes und damit auch die in ihr beheimateten neutestamentlichen Schriften in vielem fremd und anders gegenüber – nicht selten auch dort, wo uns diese Fremdheit nicht auffällt und wir aufgrund unserer Vertrautheit mit biblischen Traditionen unmittelbaren Zugang zu ihren Aussagen zu haben glauben. Die Auslegungsgeschichte ist voll von Beispielen dafür, dass das biblische Wort auf dem Hintergrund eines veränderten Weltverständnisses ganz anders gelesen werden konnte als es ursprünglich gemeint war. Daher gehört die Erhellung dieses Hintergrundes zu einer „Grundinformation Neues Testament".

Für eine erste Orientierung sollen aus der Fülle der Aspekte einige herausgegriffen werden, die für das → Urchristentum eine besondere Rolle spielen. Diese sind das politische System, die Struktur der Gesellschaft, die das römische Reich prägende und seine einzelnen Teile verbindende → hellenistische Kultur, das antike Weltbild und der religiöse Kontext (unter besonderer Berücksichtigung des → Frühjudentums). Die gesonderte Behandlung der einzelnen Punkte dient der Übersichtlichkeit und darf nicht im Sinne einer Trennung der Bereiche missverstanden werden, die sich ständig gegenseitig durchdringen[1]. Außerdem sind im Folgenden die verschiedenen Regionen zu unterscheiden, zwischen denen neben den Gemeinsamkeiten auch erhebliche Unterschiede bestehen konnten. Neben → „Palästina"[2], dem Ort der Wirksamkeit Jesu, soll besonders Kleinasien als wichtigstes Zentrum des Frühchristentums in der zweiten Hälfte des 1.Jh.s berücksichtigt werden.

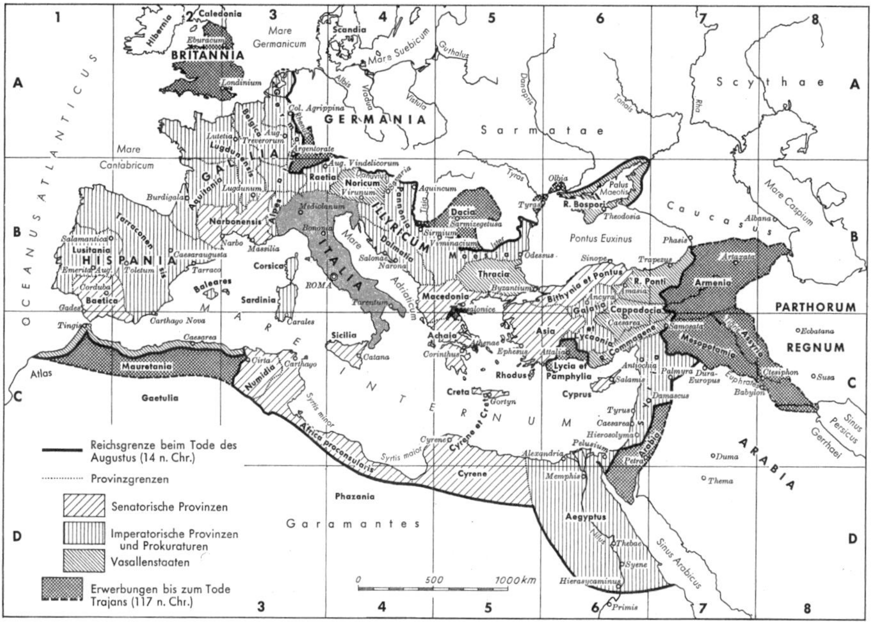

aus: BHH 3, 1619f

1 So wird sich etwa im folgenden zeigen, dass sich die Politik der Kaiserzeit wesentlich religiös legitimiert und deshalb aufs engste mit einer bestimmten Ausprägung von Religion zu tun hat. Auch die Philosophie wird immer stärker religiös geprägt (vgl. in ntl. Zeit vor allem Plutarch von Chaironäa).

2 Die geographische Bezeichnung Palästina ist ein Anachronismus, denn sie wurde erst nach dem sog. Bar-Kochba-Aufstand (132–135 n.Chr.) von den Römern eingeführt, um die Enteignung der Juden durch die Benennung des Landes nach dem klassischen „Erbfeind" (Palästina = Philisterland) auch begrifflich zu unterstreichen. Diese nicht unproblematische Bezeichnung wird hier nur verwendet, um den Bereich des Wirkens Jesu – Judäa, Galiläa und Samaria – zu benennen, für den es sonst keinen Oberbegriff gibt.

1. Das politische System und die Gesellschaftsstruktur

1.1 Der Prinzipat

Das Urchristentum ist im Raum des römischen Reiches entstanden und hat sich die ersten Jahrhunderte hindurch auch fast ausschließlich in diesem Raum ausgebreitet. Die politische Einheit des gesamten Mittelmeerraumes war – neben der sprachlich-kulturellen – eine entscheidende Voraussetzung für die Ausbreitung des Christentums. Diese Einheit hatte sich in den letzten beiden Jahrhunderten vor Jesu Geburt herausgebildet. Sie war streng genommen erst seit dem Jahr 31 v.Chr. vollendet, also zur Zeit des Neuen Testaments noch vergleichsweise jungen Datums. Dasselbe gilt von der Staatsform: Zwar war das römische Reich nominell noch eine oligarchisch regierte Republik mit dem Senat von Rom an der Spitze. Der eigentliche Inhaber der Macht aber war der Kaiser (*imperator*), der das Reich wie ein absoluter Monarch regierte und in den einzelnen Provinzen von Statthaltern vertreten wurde (der sog. → Prinzipat)[3].

Römische Kaiserherrschaft (*Imperium Romanum*)

Die römische Herrschaft im Mittelmeerraum war eine entscheidende Voraussetzung für die Ausbreitung des Christentums. Der Kaiser (*Imperator*) garantierte die Balance der Kräfte und die Einheit des Reiches. Er wurde in den Provinzen von Statthaltern vertreten.

Rom hatte damit im Osten das Erbe der hellenistischen Monarchien angetreten. Nachdem sich die räuberische Stadtrepublik in Italien und – nach Ausschaltung ihrer schärfsten Konkurrentin, der phönizischen Seemacht Karthago (Hannibal) – im Westen durchgesetzt hatte, wandte sie sich zu Beginn des 2. Jh.s v.Chr. dem Osten des Mittelmeerraumes zu und verleibte Zug um Zug Griechenland, Kleinasien, Syrien, Palästina und Ägypten ihrem Machtbereich ein. Die enormen außenpolitischen Erfolge Roms führten jedoch zu zunehmenden Spannungen im Inneren. Das freie Bauerntum, eine Stütze des frühen Roms, war in den Kriegen zu einem Gutteil verblutet. Zugleich waren die verbliebenen Bauern der Konkurrenz seitens der großen → Latifundien nicht mehr gewachsen, die durch die billigen Sklaven, die als Folge der Kriege nach Italien kamen, weit günstiger produzierten als die traditionellen Familienbetriebe. Die verarmten Bauern sammelten sich als das „Proletariat" in Rom. Die Folge waren zunehmende soziale Spannungen, die sich in einem langen und blutigen Bürgerkrieg entluden und die politischen Verhältnisse völlig destabilisierten. Als deren Folge änderte sich allerdings nicht das Gesellschaftssystem, sondern die Staatsform: „Der Anarchie preisgegeben, trieb der Staat dahin wie ein Schiff ohne Steuermann, so dass besonnene Leute es noch für ein Glück ansahen, wenn aus solchem Wahnsinn und Wirrwarr schließlich die Monarchie und nicht Schlimmeres hervorgehe" (Plutarch: Caesar 28,5). Auch wenn die republikanische

3 Um den in Rom durch die Könige der Frühzeit diskreditierten Königstitel zu vermeiden, bezeichnete sich Augustus als *princeps inter pares* (Erster unter Gleichen). Daher rührt die Bezeichnung dieser Regierungsform als Prinzipat.

Verfassung formal in Geltung blieb, so war doch der Senat schon unter Caesar und Octavian Augustus entmachtet worden und verlor unter den späteren Kaisern weiter an Bedeutung. Forthin garantierte der Kaiser an der Spitze die Balance der Kräfte und damit die Einheit des Reiches.

Die Akzeptanz der römischen Herrschaft war in den einzelnen Reichsteilen und zu verschiedenen Zeiten sehr unterschiedlich. Besonders stark war der Widerstand im jüdischen Stammland, in dem Jesus vor allem wirkte. Nach der Eroberung durch Pompeius 63 v.Chr. war es von Antipater und später von seinem Sohn, dem König Herodes d. Gr. (41/37–4 v.Chr.), nur mit Gewalt gebändigt worden[4]. Während Herodes durch seine rücksichtslose, aber erfolgreiche Politik den Frieden noch bewahren konnte, eskalierte die Gewalt unter dem Herodessohn Archelaus. Daraufhin übernahmen die Römer im Jahr 6 n.Chr. wieder unmittelbar Judäa, später auch die anderen Gebiete. Zunächst gelang es ihnen auch, durch energisches Durchgreifen die Situation zu entschärfen. Die Lage beruhigte sich jedoch nie mehr völlig, zumal sich der Widerstand durch die Berufung auf Gott als König Israels und die daraus gefolgerte Ablehnung des Kaisers und vor allem seiner Steuern (vgl. Mk 12,13–17 par.!) auf eine höchst brisante Kombination von religiösen, ökonomischen und politischen Motiven stützte (s.u. S. 67f). Nach einer erneuten Eskalation der Spannungen in der Mitte des 1. Jh.s entlud sich der Konflikt im großen Jüdischen Krieg (67–70/3), der mit der Eroberung und Zerstörung Jerusalems (und des Tempels) endete. Doch selbst dann blieb das Land unruhig; es folgten weitere → messianisch motivierte Erhebungen in der Cyrenaika und in Ägypten (115–117) sowie zuletzt nochmals in Palästina unter Bar-Kochba (132–135).

Jüdische antirömische Aufstände

1. Jüdischer Krieg (67–70/3), Zerstörung Jerusalems und des Tempels

messianisch motivierte Erhebungen in der Cyrenaica und in Ägypten (115–117)

2. Jüdischer Krieg unter Bar-Kochba (132–135)

Der Schatten der bevorstehenden Auseinandersetzungen fiel bereits auf Jesu Leben. Wahrscheinlich war seine Kreuzigung aus römischer Sicht nichts anderes als die Beseitigung eines weiteren potentiellen politischen Unruhestifters[5]. Auch die weitere Geschichte des Frühchristentums war von diesen Konflikten geprägt: So zog sich die Jerusalemer Urgemeinde im Zusammenhang der sich verschärfen-

4 37 v.Chr. musste Herodes, der nach einem Parthereinfall (40 v.Chr.) vertrieben worden war und sich nach Rom geflüchtet hatte, mit Hilfe eines vorwiegend römischen Heeres Jerusalem nochmals erobern.

5 Dafür spricht nicht nur die Kreuzesinschrift INRI mit der Schuldangabe (*causa poenae*), die Jesus als Aspirant auf die Königswürde kennzeichnet, sondern auch die Hinrichtung Jesu zusammen mit zwei „Räubern", womit ziemlich sicher → zelotische Widerstandskämpfer gemeint sein dürften, denn solche Widerstandskämpfer in einem bereits zum Reich gehörenden Gebiet galten nach römischem Recht nicht als „Feinde" (*hostes*), sondern als „Räuber" (*latrones*), und wurden entsprechend als gemeine Verbrecher bestraft, meist mit Kreuzigung.

den Spannungen 66 n.Chr. nach Pella im Ostjordanland zurück. Damit büßte sie ihre zentrale Bedeutung für das Urchristentum ein, die sie noch, z.B. bei Paulus, fraglos hatte. Zu neuen christlichen Zentren wurden die Großstädte des römischen Reiches (Antiochia, Rom, Alexandria). Die Neukonstitution des Judentums nach 70 (s.u. S. 68f) beschleunigte zugleich den Prozess der endgültigen Trennung von Juden und → Judenchristen.

Ganz anders stellte sich in neutestamentlicher Zeit die Lage in Kleinasien dar, soweit wir sie aus den Quellen und archäologischen Befunden kennen. Zwar war auch dort nach einem Jahrhundert der Ausplünderung in der Zeit der späten Republik die römische Herrschaft verhasst gewesen, und so hatte es vor allem unter Mithridates[6] nicht an Versuchen gefehlt, sich der verhassten fremden Herren ein für alle Mal zu entledigen. Aber seit Caesar und Augustus hatte sich die römische Politik gegenüber diesen Provinzen von Grund auf geändert. Begünstigt vor allem durch die Kaiser hatte dort ein kontinuierlicher Aufschwung eingesetzt, der sich auch in einem Aufblühen der Städte zeigte. Nirgends hatte die Loyalität gegenüber dem Kaiserhaus und seiner Herrschaft einen auch nur annähernd so intensiven Ausdruck gefunden wie in Kleinasien, das zur Zeit des Ur- und Frühchristentums das Zentrum des → Kaiserkultes war[7].

Aufschwung in Kleinasien

Seit Caesar und Augustus setzte in Kleinasien ein kontinuierlicher Aufschwung ein, der sich auch im Aufblühen der Städte zeigte. Hier wurde die römische Herrschaft von weiten Teilen der Bevölkerung akzeptiert; Kleinasien war zur Zeit des Ur- und Frühchristentums Zentrum des Kaiserkultes.

Dass die Akzeptanz der römischen Herrschaft zu dieser Zeit offensichtlich weite Teile der Bevölkerung umfasste, zeigte sich nicht zuletzt daran, dass im 1. und 2. Jh. die militärische Präsenz der Römer dort verhältnismäßig gering war, man also keine Aufstände befürchtete. Hier wurden dann auch die Christen von der Bevölkerung nicht angefeindet, weil sie nicht gegen Rom kämpfen wollten, sondern umgekehrt deshalb, weil man in ihnen eine Infragestellung der offensichtlich weithin akzeptierten gesellschaftlichen Ordnung sah. Sowohl christliche (Apg, 1 Petr, Offb) wie außerchristliche Quellen (Pliniusbrief, ep X, 96) zeigen, dass gerade in Kleinasien Spannungen zwischen den frühen Christen und der Bevölkerung besonders häufig und intensiv waren[8].

6 Mithridates VI. wurde während seines ersten Krieges gegen Rom (89–84 v.Chr.) von den meisten kleinasiatischen Städten als Befreier begrüßt. Sein Aufruf, alle Römer zu töten, wurde willig befolgt. Nach den Quellen sollen dem Gemetzel zwischen 80.000 und 150.000 Römer und Italiker zum Opfer gefallen sein.

7 Ausführlich dokumentiert bei S.R.F. Price, Rituals and Power. The Roman Imperial Cult in Asia Minor, Cambridge 1985; vgl. die Karten mit der Übersicht S. XXII–XXVI.

8 Vgl. R. Feldmeier, Die Christen als Fremde. Die Metapher der Fremde in der antiken Welt, im Urchristentum

1.2 Die Gesellschaftsstruktur

Ein wesentlicher Unterschied zwischen unseren gegenwärtigen (mitteleuropäischen) Lebensumständen und denen im römischen Reich bestand in der sozialen Schichtung der Gesellschaft. Deren Pole klafften sehr viel stärker auseinander als bei uns. Eine Mittelschicht in unserem Sinn war kaum vorhanden. Die Gesellschaft gliederte sich – auch nach ihrem eigenen Selbstverständnis[9] – in zwei zahlenmäßig ungleiche Blöcke: Eine Oberschicht, der ungefähr 1% der Bevölkerung angehörte, und eine breit gefächerte Unterschicht[10].

Soziale Schichtung im römischen Reich

Oberschicht (Kaiserhaus, Senatoren, Ritter, Dekurionen): ca. 1% der Bevölkerung

Unterschicht: ca 99% der Bevölkerung

Diese beiden Blöcke waren ihrerseits wieder deutlich gegliedert, wobei die Grenzen vor allem bei der Oberschicht scharf gezogen waren, da sie aus einzelnen klar voneinander abgegrenzten „Ständen" (*ordines*) bestand, die sich vom Kaiserhaus über den Senatorenstand (*ordo senatorius*), die Ritter (*ordo equester*) bis zu den → Dekurionen (*ordines decurionum*) erstreckten. Die eigentliche Macht im Reich lag in den Händen des Kaiserhauses, der Vertreter des Senatorenstandes und der hoch gestellten Ritter, die ihrerseits wiederum nur etwa 1% der Oberschicht (also ein Zehntausendstel der Gesamtbevölkerung) ausmachten. Angehörige der Unterschicht waren von hohen Ämtern und damit von der Macht ausgeschlossen.

Vor allem in den Dekurionenständen finden sich neben Angehörigen des Reichsadels auch die Vertreter der kommunalen Eliten. In Jerusalem waren dies die fünf hohepriesterlichen Familien sowie einige Großgrundbesitzer (die „Ältesten" in den Passionsgeschichten der Evangelien). Auch wenn wir über deren Standeszugehörigkeit keine sicheren Angaben machen können, so wissen wir doch von Josephus, dass Jerusalemer Juden sogar dem Ritterstand angehörten (Bell 2,308), was auf eine weitgehende Integration der Oberschicht in das römische Herrschaftsgefüge schließen lässt. Es ist nicht ganz unerheblich, dass Jesu Tod durch ein Zusammenspiel der kommunalen Elite mit der römischen Provinzregierung, also ausschließlich durch Vertreter jener dünnen Oberschicht herbeigeführt wurde[11]!

und im 1. Petrusbrief, WUNT 64, Tübingen 1992, bes. 105–132.

9 Aelius Aristides, Or 26,39.59, unterscheidet zwischen den *honestiores* und den *humiliores*.

10 Zum folgenden vgl. Alföldy, Sozialgeschichte, bes. 94ff; 124ff.

11 Von den anderen Gegnern Jesu, von denen die Evangelisten berichten, vor allem den → Pharisäern, erfahren wir im Zusammenhang der Passion nichts, obgleich auch diese im → Synhedrium vertreten waren. Diese waren also zumindest nicht maßgeblich beteiligt; vermutlich gab es unter ihnen auch Sympathisanten Jesu (z. B. Josef von Arimathäa). Aus der späteren Geschichte des Frühchristentums wissen wir, dass die Pharisäer gegen die → sadduzäische Oberschicht im Konfliktfall zu den Christen halten und diese verteidigen konnten, wie der Fall der Ermordung des Herrenbruders Jakobus zeigt (Josephus, Ant 20,200).

Dieser Oberschicht stand eine etwa 100-mal so zahlreiche Unterschicht gegenüber. Im Gegensatz zur Aufteilung der Oberschicht gab es hier keine eindeutigen horizontal verlaufenden Trennlinien. Zu verschieden waren ergänzende Faktoren wie persönliche Beziehungen, ethnische Herkunft usw. Dennoch war diese Unterschicht alles andere als homogen. Es gab im Einzelnen sehr markante Abstufungen, die dadurch bestimmt waren, ob man das Bürgerrecht besaß oder nicht, ob man von Haus aus ein Freigeborener (*ingenuus*), ein Freigelassener (*libertus*) oder ein Sklave (*servus*) war, aus welcher Familie man stammte und über welchen Besitz man verfügte. Diese Unterschiede waren zwar für die Lebensumstände des Einzelnen von enormer Bedeutung, sie änderten jedoch nichts daran, dass sämtliche Angehörigen der hier als „Unterschicht" bezeichneten Gruppe von den hohen Ämtern und damit von der Macht und den politischen Entscheidungen (sowie in Folge dessen auch vom Ansehen und weitgehend auch vom Reichtum[12]) ausgeschlossen waren.

Die ersten Mitglieder des Frühchristentums stammten weithin aus der Unterschicht. Das galt nicht nur für die Jünger Jesu, sondern auch für Angehörige der paulinischen Missionsgemeinden (vgl. 1 Kor 1,26–29). Allerdings breitete sich das Christentum schon bald auch in die gehobenen Schichten hinein aus.

Bereits um 115 n.Chr. stellt Plinius in einem Bericht an Trajan fest, dass Angehörige „jeglichen Standes" (*omnis ordinis*) zu den Christen gehören (ep X, 96). Vgl. auch die Widmung Lk 1,1, die offensichtlich einer höhergestellten Persönlichkeit galt. Wie weit sich schon Mitglieder der eigentlichen Oberschicht dem Christentum angeschlossen hatten, ist umstritten. Möglicherweise waren Verwandte Domitians, also Mitglieder des Kaiserhauses, bereits Mitglieder oder Sympathisanten der Christen!

2. Die hellenistische Kultur

Mit dem Alexanderzug (334–331/323), in dem die Griechen unter makedonischer Herrschaft das riesige persische Reich erobert hatten, hatte sich die griechische Kultur über den ganzen östlichen Raum des Mittelmeeres bis Indien, Afghanistan und Südrussland verbreitet. Dabei hatte sie sich aber unter Alexander und den Nachfolgestaaten (→ Diadochen) von einer Stadtkultur zur Kultur einer Reichselite transformiert, die ihrerseits auf die eroberten Kulturen Einfluss nahm und mit ihnen in Austausch trat. Man bezeichnet dies mit dem Stichwort → Hellenismus bzw. Hellenisierung[13]. Es ist kein Zufall, dass dieser Begriff *hellēnismos*

12 Die (wenigen) Ausnahmen bildeten einige reichgewordene Freigelassene, wie sie Petronius in seinem *Satyricon* in der Gestalt des Trimalcho – bezeichnenderweise sarkastisch! – portraitiert.

13 Das griechische Wort *hellēnismos* stammt vom Verb *hellēnizein*, „die griechische Sprache richtig beherrschen". In der Neuzeit wurde daraus ein kulturgeschichtlicher Begriff, der das Ganze der griechischen Zivilisation seit Alexander bis zur römischen Zeit bezeichnet. Geprägt wurde er von Johann G. Droysen, Geschichte des Hellenismus, hg. von Erich Bayer, Bd. 1: Geschichte Alexanders des Großen, Tübingen 2. Aufl. 1952, Bd. 2: Geschichte der Diadochen, Tübingen 1952, Bd. 3: Geschichte der Epigonen, Tübingen 1953.

von Juden geprägt wurde (2 Makk 4,13), und zwar im Zusammenhang mit der Abgrenzung von dieser Kultur und dem Aufbegehren gegen sie, die als mächtig und bedrohlich empfunden wurde und deren Assimilationsdruck man sich kaum entziehen konnte. In der Tat bewirkte die Durchdringung der eroberten Kulturen mit dem griechischen Geist zum ersten Mal eine gemeinsame Weltkultur, deren Folgen unser „Abendland" bis heute prägen und die auch für das Selbstverständnis des → Frühjudentums und damit auch des Christentums von entscheidender Bedeutung war.

„Diadochen"

Nachfolger bzw. Nachfolgestaaten Alexanders des Großen und seiner Herrschaft. Die beiden wichtigsten Dynastien waren die → Seleukiden in Syrien und die → Ptolemäer in Ägypten.

Wie der Name Hellenismus schon sagt, kam dabei der gemeinsamen Sprache als einigendem Band eine außerordentlich große Bedeutung zu. Mit dieser fand auch die griechische Bildung Eingang in andere Kulturen, zumal die Griechen durch ihr gymnasiales Ausbildungssystem diese Kultur auch in der Fremde pflegten. Diese gymnasiale Ausbildung war auch für die regionalen Eliten Bedingung für den sozialen Aufstieg. Charakteristisch für die hellenistische Kultur war darüber hinaus ein bestimmter Umgang mit der Wirklichkeit, der besonders in der Frühzeit geprägt war von Rationalität und Wissenschaftlichkeit. In verschiedenen Bereichen – von der militärischen Effizienz über die Ökonomie bis zur Technik – hatte sich diese Geisteshaltung als erfolgreich und deshalb in den Augen der Zeitgenossen als überlegen erwiesen. In Alexandria entstand die erste Universität (mit fest angestellten Professoren), und es ist ganz erstaunlich, welche naturwissenschaftlichen Erkenntnisse[14] und technischen Errungenschaften[15] hier und anderswo in jener Epoche erworben wurden. Mit ihren Statuen und Bauwerken hatte diese Kultur auch ästhetisch attraktive Werbeträger.

„Hellenismus"

kulturgeschichtlicher Begriff für die griechische Zivilisation seit Alexander dem Großen bis zur römischen Zeit

charakteristische Merkmale: griechische Sprache, Bildung und kulturwissenschaftliche Weltdeutung, staatliche Besteuerung

14 Zu dieser Zeit wurden nicht nur von Wissenschaftlern wie Euklid und Archimedes bis heute gültige Grundlagen für die Mathematik und Physik gelegt, sondern man berechnete etwa auch – ohne unsere modernen Hilfsmittel – den Umfang der Sonne und ihren Abstand zur Erde!

15 Schon zwei der sieben Weltwunder, der Leuchtturm von Pharos, der Insel vor Alexandria, und der Koloss an der Hafeneinfahrt von Rhodos, dokumentieren die technischen Fähigkeiten der frühhellenistischen Zeit. Eine weitere geniale, über mehr als zwei Jahrtausende nicht mehr erreichte Ingenieursleistung war die Wasserleitung von Pergamon, eine 42 km lange Hochdruckleitung, die immerhin 45 Liter pro Sekunde beförderte. Nach dem Prinzip der kommunizierenden Röhren durchquerte diese Leitung auch zahlreiche Täler. Im letzten Streckenabschnitt mussten ihre Bleirohre dabei einem Druck von über 20 Atü standhalten!

Für die unterworfenen Völker hatte diese schöne neue Welt natürlich auch ihre Kehrseite: Nicht nur, dass sie nun eine neue Herrenschicht über sich hatten, die die Orientalen – immerhin bisher die Träger der Kultur! – als Barbaren verachtete[16]. Im Geist der hellenistischen Effektivität wurde auch die staatliche Kontrolle intensiviert, nicht zuletzt bei der Besteuerung der Bevölkerung[17]. Reich wurden jetzt die Könige und ihre Handlanger, die Beamten, Militärsiedler und Kaufleute, während die Masse der einheimischen Bevölkerung verarmte. Die gegenüber dem Alten Testament deutlich negativere Bewertung des Reichtums im Neuen Testament ist auf diesem Hintergrund verständlich.

Doch nicht zum letzten Mal in der Weltgeschichte wurde diese äußere Dominanz im militärischen, wissenschaftlichen, ökonomischen und technischen Bereich mit einer zunehmenden Krise der eigenen Religiosität „bezahlt", hier der Polisreligion und der olympischen Götterwelt. Begnügte man sich in frühhellenistischer Zeit entweder mit der philosophischen Theologie der → Stoa oder mit Skeptizismus, Schicksalsglaube und Lebensgenuss, so wurde zunehmend der Mangel an religiöser Verwurzelung empfunden. So war die Zeit des Hellenismus vor allem in ihrer Spätphase (die auch in dieser Hinsicht im römischen Reich fortgesetzt wurde) gekennzeichnet durch ein zunehmendes Vordringen orientalischer Religionen (s.u. S. 70–73), um deren Gottheiten sich Kultvereine scharten. Diesen wurden auch die neuen Tempel gebaut. Neu an diesen Religionen war, dass sie ein persönliches Gottesverhältnis anboten. Zugleich wurden die bedeutendsten dieser Kulte bei ihrer Rezeption im hellenistischen Bereich transformiert in → Mysterienreligionen, die nicht nur durch ihren geheimnisvoll-exklusiven Charakter anzogen, sondern mehr noch durch ihre Versprechen, auf das Grundproblem jeder individualisierten Gesellschaft eine Antwort zu geben, auf den Tod. Der Gedanke einer jenseitigen Existenz und einer Erlösung von der Ausweglosigkeit und Sinnlosigkeit des gegenwärtigen Daseins gewinnt so in der Religiosität der hellenistisch-römischen Zeit zunehmend Raum[18].

Auch die Ausbreitung von Judentum und Christentum gehört in diesen Zusammenhang des Vordringens der orientalischen Religiosität. Beide verkündeten einen persönlichen Gott und wurden von einer geschlossenen Gemeinschaft mit

16 Besonders krass war diese Verachtung im ptolemäischen Ägypten. Die Seleukiden, die ein flächenmäßig weit ausgedehnteres Gebiet beherrschten, waren von Anfang an stärker zur Zusammenarbeit mit den lokalen Eliten gezwungen und vermischten sich auch früher mit diesen.

17 Vor allem im Machtbereich der Ptolemäer in Ägypten führte das durch ein ausgeklügeltes System der Zollerhebung zu einer teilweise bis zu 20mal höheren Abgabenlast als in der persischen Zeit! Daher rührte der etwa im NT bezeugte Hass auf die „Zöllner". Hinzu kam vor allem bei den Ptolemäern wie den kleinasiatischen → Attaliden ein staatskapitalistisches System, in dem Landwirtschaft und Industrie zum Königsbesitz wurden.

18 Zu beachten ist, dass Mysterien ursprünglich in Griechenland beheimatet waren (Demetermysterien in Eleusis) und erst in hellenistischer Zeit mit den orientalischen Religionen verbunden wurden.

einer verbindlichen Ethik getragen. Beide hatten auf das Todesproblem eine positive Antwort. Allerdings erwiesen sich beide aufgrund ihres exklusiven → Monotheismus und der sich daraus ergebenden gesellschaftlichen und sozialen Folgen (von der Ablehnung des Herrscherkultes bis zur Absonderung von der religiös geprägten Alltagskultur) in wichtigen Bereichen als mit der spätantiken Gesellschaft inkompatibel. Daraus erklären sich die immer wieder in der Bevölkerung aufflammenden Antipathien, die vor allem gegenüber den Christen[19] zu periodisch wiederkehrenden Verfolgungen dieser als unsozial, aufrührerisch und gottlos empfundenen Sekte führten. Diese markante Andersartigkeit trug andererseits aber auch zum ungeheuren Missionserfolg des frühen Christentums bei[20].

Die hohe Zeit des Hellenismus war das 3. Jh. v.Chr. Im 2. Jh. begann vor allem aufgrund der Expansion Roms der deutliche Niedergang der hellenistischen Monarchien[21]. Dadurch änderten sich zwar die Machtverhältnisse, die kulturelle Situation aber wurde davon weit weniger berührt. Das römische Reich führte (seit Pompeius und Caesar auch bewusst) den Hellenismus fort[22]. Der Herrscherkult (s.u.) war wesentlich eine Übernahme hellenistischer Traditionen. Am deutlichsten aber zeigte sich die ungebrochene Dominanz der hellenistischen Kultur daran, dass Griechisch auch im Imperium Romanum weiterhin die verbindende Sprache blieb[23].

19 Die gängigsten Anschuldigungen waren Menschenhass, Gottlosigkeit, Aberglaube und Aufruhr. Grundsätzlich waren die Vorwürfe gegen Juden und Christen gleich. Im Unterschied zu den Juden waren jedoch die Christen nicht rechtlich abgesichert, sie hatten keine alte „väterliche" Tradition auf ihrer Seite, und vor allem breiteten sich die Christen weit ungestümer aus als die Juden. Daher wurden sie in den ersten drei nachchristlichen Jahrhunderten auch häufiger verfolgt. Allerdings zeigen etwa die Pogrome in Alexandria unter Flaccus (38 n.Chr.), dass Bevölkerung und Machthaber auch gegen Juden in größerem Umfang vorgehen konnten (vgl. dazu Feldmeier, Fremde, 105–132).

20 Das Judentum betrieb nie in dem Maße Mission wie das Christentum, wenngleich es auch Anhänger in der → paganen Welt gewann. Allerdings breitete sich auch das Judentum vor allem in Kleinasien aus und gelangte dort und in Ägypten zu beachtlichem gesellschaftlichen Ansehen.

21 Die ersten „Schläge" Roms gegen die östlichen Monarchien waren der Friedensvertrag nach der Schlacht bei Cynoscephalae 197 v.Chr., wo der Makedone Philipp V. zum Verzicht auf seine Hegemonie über Griechenland genötigt wurde, sowie die Schlacht von Magnesia 190 und der Friede von Apamea 188 v.Chr., der den nach Westen expandierenden Antiochus III. stoppte und durch die ungeheure Tributforderung von 15.000 Talenten (ein Talent war in etwa ein ½ Zentner Silber!) den Seleukiden ökonomisch das Rückgrat brach.

22 Das galt sogar für Rom selbst. Die römischen Philosophen und Staatsmänner (vgl. Cicero, Caesar, Seneca) übernahmen die griechische Philosophie. Die römischen Dichter lehnten sich sowohl formal (Versmaß) als auch inhaltlich gerne an die großen griechischen Traditionen an (vgl. die Aeneis des Vergil, die Homers Ilias im Blick auf die römischen Stammväter fortführte; auch Ovids Metamorphosen behandeln „klassische" Themen).

23 Ganz selbstverständlich war auch der Brief des Paulus an die Gemeinde in Rom griechisch verfasst; ebenso schrieb die römische Gemeinde im ersten Klemensbrief griechisch nach Korinth.

3. Weltdeutung und Weltbild (Philosophie)

Weltdeutung und Weltbild im philosophischen Sinn war immer die Sache einer kleinen Minderheit, die zumeist den gehobenen Schichten angehörte. Insofern kann der im Folgenden gebotene kurze philosophiegeschichtliche Abriss sicher nicht beanspruchen, die Weltsicht der „kleinen Leute" (und damit der großen Mehrheit der Bevölkerung) wiederzugeben, über die sich auch weit schwerer Gesichertes sagen lässt[24]. Dennoch ist das Folgende nicht nur für das Denken einer Minderheit repräsentativ, denn diese Minderheit partizipiert – wie elitär auch immer sie ist – doch an dem, was man als „Zeitgeist" zu bezeichnen pflegt. Das heißt: Die Vorherrschaft bestimmter philosophischer Schulen und Themen lässt Rückschlüsse auf das geistige Klima der jeweiligen Epoche zu. Umgekehrt finden deren Gedanken, etwa durch → kynische Wanderphilosophen oder durch die sich philosophischer Begrifflichkeit und Gedanken bedienenden Religionen, in vereinfachter Form durchaus auch „auf den Gassen" Verbreitung.

Neben der radikalen Skepsis, deren Hochblüte freilich schon vorbei ist[25], die aber entscheidend zur Aushöhlung der traditionellen Religiosität beigetragen hatte, waren in neutestamentlicher Zeit vor allem drei Philosophenschulen bestimmend: die → Epikureer, die → Stoiker und die → Platoniker. Obgleich zumindest in dem hier ins Auge gefassten Zeitraum alle drei Schulen immer präsent blieben, kann man doch ganz grob feststellen, dass die Epikureer ihren größten Einfluss im ersten vorchristlichen Jahrhundert hatten, die Stoiker im ersten nachchristlichen, während die darauf folgende Zeit zunehmend vom Platonismus bestimmt war. Diese Abfolge dokumentiert auch – wie sich zeigen wird – ein zunehmendes Interesse der Philosophie an der Religion, zugespitzt in der Frage nach dem persönlichen Heil.

Epikur eröffnete 306 seine Schule in Athen (*kēpos*, „Garten"). Epikurs Philosophie will – als Reaktion auf das Zerbrechen traditioneller Ordnungen und Orientierungen in frühhellenistischer Zeit – dem entwurzelten Einzelnen seinen Weg zu einem gelingenden Leben zeigen. In Ermangelung verbindlicher und überzeugender Orientierungsmöglichkeiten nimmt sie Abschied von absoluten Wahrheiten und Werten und verweist stattdessen den Menschen an sich selbst und seine „Lust" als einzig verbleibende Urteilsinstanz. Damit wird keineswegs, wie immer wieder polemisch unterstellt wurde, die hemmungslose Ausschweifung propagiert. Im Gegenteil: Das von Epikur angestrebte Ideal ist die „Gemütsruhe", *ataraxia*, das stille Glück des sich mit dem Vorhandenen begnügenden und daran sich frei von Todesfurcht und Götterangst erfreuenden Weisen. Epikur versteht also im bewuss-

24 Die „einfache Bevölkerung" hinterließ in der Regel keine schriftlichen Zeugnisse. Zur Erhebung ihrer Weltsicht müssten also neben einschlägigen Passagen in der „großen Literatur" auch inschriftliche Zeugnisse, Papyri, archäologische Befunde und anderes ausgewertet werden.

25 Ihr letzter großer Vertreter war Karneades, der bedeutendste Philosoph der Mittleren Akademie (gest. 129/8 v.Chr.).

ten Gegensatz zu Platonismus und Stoa seine Philosophie als Hilfe zum rechten Lebensgenuss. Um den Menschen von seinen Ängsten zu befreien, wird die Welt mit Hilfe der Atomlehre Demokrits mechanistisch gedeutet. Die Existenz von Göttern wird dabei nicht geleugnet, aber diese leben selbstgenügsam in ihrer eigenen Welt und kümmern sich nicht um die dem blinden Zufall unterworfene Welt. Furcht vor diesen Göttern ist daher ebenso unsinnig wie Furcht vor dem Tod, der uns gar nichts angeht, da er als das absolute Ende gar nicht von uns erlebt wird[26]. Der Weise soll den Göttern gleich im Verborgenen sein Leben genießen und zwar im Kreise von Gleichgesinnten[27], in den auch Frauen und Sklaven aufgenommen werden konnten.

Epikureismus

Ziel der Philosophie ist die Anleitung zu gelingendem Leben und rechtem Lebensgenuss. Angestrebtes Ideal ist die „Gemütsruhe" (*ataraxia*).

Populär wurde Epikurs Philosophie in Rom durch Lucretius, der in seiner Lehrdichtung *De rerum natura* die epikureische Physik darstellt. Stärker als bei Epikur verbindet sich dies bei Lucretius mit einer scharfen Kritik an aller traditionellen Religion[28]. Diese aufklärerische Haltung fand vielfach Widerhall in der römischen Gesellschaft der späten Republik, in der sich die Fundamente der alten Ordnung auflösten[29]. In der Zeit der augusteischen Restauration mit ihrer Neubelebung der traditionellen Werte und Kulte verlor dann der Epikureismus an öffentlichem Einfluss; er blieb dennoch gerade in der Oberschicht einflussreich (vgl. auch Apg 17,18!) und wusste als Philosophie, die in besonnener Abwägung zwischen Lust und Unlust inmitten einer unberechenbaren Welt eine Haltung dankbarer Daseinsbejahung vermittelt, immer wieder einflussreiche Kreise für sich zu gewinnen. Ein Beispiel ist Plotina, die Gattin des Kaisers Trajan. In der Mitte des 2. Jh.s n.Chr. nimmt der Epikureismus sogar – als Bundesgenosse des Rationalismus

„Augusteische Restauration"

Nach den blutigen Bürgerkriegen der späten Republik verschaffte der Kaiser Octavian Augustus dem Reich Frieden *(pax Augusta)*. Die Wiederherstellung der Einheit des Reiches führte zu einer Wiederbelebung klassisch-römischer Werte im Blick auf Religion *(pietas)* und Ethik *(mos maiorum)*.

26 Berühmt wurde Epikurs Formulierung in einem Brief an Menoikeus: „Das schauerlichste Übel, der Tod, geht uns nichts an. Denn solange wir sind, ist der Tod nicht da; und wenn er da ist, sind wir nicht mehr da."

27 Epikurs „Garten" ist Keimzelle und Vorbild aller entsprechenden Gemeinschaften.

28 Gleich das → Proömium des ersten Buches preist Epikur als Kämpfer gegen die *religio*. Er ist Erlöser, ja Gott (V.8).

29 In Ciceros Schriften kommen mehrfach Vertreter epikureischen Denkens zu Wort. Auch politisch tätige Menschen wie Cassius, der Caesarmörder, konnten Epikureer sein, und große Dichter Roms wie Horaz und Vergil hatten in ihrer Frühzeit zumindest Sympathien für Epikurs Lehren.

gegen Wunderglaube, Astrologie und andere religiöse Phänomene – einen erneuten Aufschwung[30].

Stoa

In der Erkenntnis der Ordnungen der Welt entdeckt der Mensch den göttlichen Logos. Dieser auch in ihm wohnenden „göttlichen" Vernunft soll er in seinem Dasein entsprechen („in Übereinstimmung mit der Natur leben"). So kann er den Wechselfällen des Lebens frei und unabhängig gegenüberstehen („stoische Gelassenheit").

Die vorherrschende Philosophie der frühen Kaiserzeit wurde die (späte) Stoa (vgl. Apg 17,18). In ihren Ursprüngen war die Stoa *die* Philosophie des frühen Hellenismus. Wie der Epikureismus versucht auch sie nach dem Verlust der traditionellen Orientierung, dem Einzelnen seinen Platz im Ganzen der Welt zuzuweisen, gerade angesichts der Unberechenbarkeit des Geschicks. Maßstab war allerdings nicht – wie bei Epikur – das subjektive Wohlempfinden, sondern die Erkenntnis der Welt. In dieser entdeckt der Weise den diese Welt vernünftig ordnenden göttlichen Logos. Aus dieser Erkenntnis wiederum ergibt sich die menschliche Daseins- und Handlungsorientierung. Der Weise soll dem die Welt durchwaltenden göttlichen → Logos in seinem ganzen Dasein entsprechen; in der Sprache der Stoa: Er soll „in Übereinstimmung mit der Natur leben". Damit kann er nicht nur als „Weltbürger" (*kosmopolitēs*) den Verlust der Polisgemeinschaft kompensieren, sondern er hat auch einen Weg gefunden, der ihm in den unbeeinflussbaren Wechselfällen des Lebens seine Freiheit gewährt. Dazu unterschied die Stoa zwischen den Gegenständen der äußeren Welt, über die wir nur begrenzt Macht haben, und unserem eigenen Verhalten dazu, das in unserer Macht steht und bei dem allein Freiheit möglich ist. Auf die Unterscheidung und Einübung einer von den äußeren Wechselfällen möglichst unabhängigen Daseinsorientierung durch Beherrschung der Affekte zielt denn auch die stoische Ethik.

Wenn Max Pohlenz in seinem Standardwerk „Die Stoa"[31] den Paragraphen über die kaiserzeitliche Stoa mit der Überschrift „Konzentrierung auf das persönliche Seelenheil" versieht, so wird damit bereits der Schwerpunkt deutlich gemacht. Bei aller Verschiedenheit ihrer drei wichtigsten Vertreter – Seneca, Epiktet und Marc Aurel – in Herkunft, Stand und Denken[32] und trotz ihrer politischen Aktivitäten ging es ihnen doch vorzüglich darum, in der Ungewissheit der äußeren Umstände „dem Einzelnen den Frieden der Seele zu sichern und einen festen Halt für das Handeln zu gewähren"[33].

30 Vgl. die Inschrift des Diogenes von Oinoanda mit Epikurs Lehren oder Lukians Spottschrift gegen den „Lügenpropheten" Alexander von Abonuteichos, die mit einem Lob Epikurs als eines „wahrhaft heiligen und göttlichen Mannes" schließt.

31 M. Pohlenz, Die Stoa. Geschichte einer geistigen Bewegung, 2 Bde., Göttingen 1954/55.

32 Seneca war unter dem jungen Nero Reichsverweser, Marc Aurel gar Kaiser, während Epiktet ein freigelassener Sklave war.

33 Pohlenz, Stoa, Bd. 1, 279.

Wichtigster Vertreter in der frühen Kaiserzeit war Seneca, dessen Leben ein einziger Kommentar zur Ungesichertheit der äußeren Dinge war: Unter Caligula das erste Mal verbannt, nach kurzem Aufstieg erneutes Exil unter Claudius, hatte er als Erzieher Neros (zusammen mit dem Gardepräfekten Burrus) die Geschicke des Reiches gelenkt und war so zu höchsten Ehren gelangt. Nach wenigen Jahren wurde er durch die Unberechenbarkeit des Kaisers wieder zum Rückzug und zuletzt zum Selbstmord gezwungen. Thema von Senecas Werken ist daher immer wieder die Unabhängigkeit und Freiheit des Menschen von allen äußeren Dingen. Am deutlichsten kommt dies in seinem Abschiedswerk zum Ausdruck, den Briefen an Lucilius (*epistulae morales*), die wesentliche Lebensfragen aus stoischer Perspektive durchleuchten. Eine wichtige Rolle spielt auch die religiöse Frage, wobei er die Erfahrung des „heiligen Geistes" zum einen gut stoisch in der Fähigkeit zur Selbstbestimmung verankert, zum anderen aber auch in der Betrachtung der Natur, vor allem an besonders Ehrfurcht gebietenden Plätzen (vgl. *Ad Lucilium* 41).

War die Stoa monistisch, d.h. führte sie alles auf ein Prinzip zurück, so unterschied der in der Kaiserzeit wieder an Bedeutung zunehmende Platonismus strikt zwischen Gott „jenseits des Seienden" und der sinnlichen Wirklichkeit. Dem → transzendenten Gott steht die von ihm geprägte Welt gegenüber. In dieser Unterscheidung Gott – Welt ist für die platonische Philosophie auch die Möglichkeit begründet, eine deutlichere Antwort auf die Frage nach der Unsterblichkeit der menschlichen Seele zu geben[34]. Auch wenn der Platonismus dieser Zeit nicht nur wesentliche Elemente der stoischen Ethik mit ihrem Ideal der Selbstgenügsamkeit und Affektbeherrschung übernahm, sondern auch theologische Gedanken wie den Vorsehungsglauben, so bildete doch die Transzendenz der Gottheit mit ihren Folgen für die Frage nach dem Weiterleben der Seele den entscheidenden Unterschied zwischen den beiden philosophischen Richtungen. In der Anthropologie zeigt sich das daran, dass das Ziel des menschlichen Daseins nicht mehr, wie in der Stoa, in der Übereinstimmung mit der Natur gesehen wurde, sondern in der Angleichung an den immer jenseitiger vorgestellten Gott.

Platonismus

Der Platonismus unterscheidet zwischen dem transzendenten Gott und der sinnlichen Welt. Ziel des menschlichen Daseins ist die Angleichung an Gott, zu der der Mensch aufgrund der göttlichen Vernunft in ihm fähig ist. Darauf beruht die Hoffnung auf die Weiterexistenz der Seele nach dem Tod.

Bedeutendster paganer Platoniker[35] der frühchristlichen Zeit war Plutarch von Chaironea. Plutarch war ein Universalgenie und konnte ebenso kundig über Historie wie über Psychologie schreiben, er war in den Naturwissenschaften ebenso beschlagen wie in der Religionskunde, beschäftigte sich gleichermaßen mit Medizin

34 Vgl. bereits im 1. Jh. v.Chr. den pseudoplatonischen Axiochus; auch die Stoa ringt mit dieser Frage des Weiterlebens nach dem Tod, muss sie aber offen lassen; Seneca beantwortet sie positiv in der *Consolatio ad Marciam 26,6f*, weit skeptischer als „schönen Traum" in *Ad Lucilium* 102,2.

35 Der andere, für das Frühchristentum noch wichtigere Mittelplatoniker ist der Jude Philo von Alexandrien (s.u. S. 70).

wie mit Pädagogik und Politik und bezog auch damals ungewöhnliche Bereiche (wie etwa das Verhalten von Tieren) in seine Forschungen mit ein. Doch spaltete sich sein Werk nicht einfach in Einzelwissenschaften auf. Plutarch deutete die Welt als religiöser Philosoph. Er war ein Denker, der sich auch mit der Skepsis auseinander gesetzt hatte und von ihr beeinflusst war (vgl. *De superstitione*), zugleich war er aber auch delphischer Priester und von großer persönlicher Frömmigkeit. So stellte er letztlich sein ganzes Wissen in den Dienst der religiösen Weltdeutung[36]. Gott war für ihn Schöpfer und Lenker der Welt und zugleich Inbegriff des Guten. So verfasste er auch theologische Schriften, die in diesem Sinn alte Mythen deuten oder zentrale Probleme (wie etwa die Frage des Unrechts angesichts der Existenz eines guten und mächtigen Gottes) auf allen Ebenen durchdenken.

Die Philosophie Senecas und noch mehr die Plutarchs trug, wie gesehen, deutlich religiöse Züge, eine Tendenz, die sich im → Neuplatonismus noch verstärkt hat. Besonders bemerkenswert ist die Tendenz zum → Monotheismus, verbunden mit einer konsequenten Ethisierung des Gottesgedankens. Die Philosophie wurde also so etwas wie die Religion der gebildeten Schicht. Hieran konnte das Frühchristentum anknüpfen (vgl. Apg 17). Im Unterschied zum Christentum trat diese Philosophie jedoch bezeichnenderweise wenig als Konkurrentin zur Volks- und Staatsreligion auf, sondern beanspruchte nur, das im Glauben der Menge Gemeinte auf den Begriff zu bringen und zu klären. Bei Seneca geschah dies mit einer spürbaren Distanz zu Ritus, Kultus und religiösen Mythen. Bei Plutarch dagegen standen der Dienst für Delphi und die Mitgliedschaft in den → Mysterien spannungsfrei daneben, ja, die Philosophie wurde in den Dienst der Religion gestellt[37]. Insofern leiten diese Philosophen auch schon zum nächsten und letzten Abschnitt über, der den religiösen Kontext des NT zu erhellen sucht.

4. Der religiöse Kontext

4.1 Das Judentum

Die Welt des Neuen Testaments war in erster Linie durch das Judentum religiös geprägt. Dieses Judentum unterschied sich in mehrfacher Hinsicht von dem in sich eher geschlossenen Volk Israel des Alten Testaments. Zur Zeit des Neuen Testaments stand es schon über drei- bis vierhundert Jahre unter dem Einfluss des Hellenismus, im Land Israel und natürlich erst recht in der → Diaspora, in welcher

36 Vgl. R. Feldmeier, Philosoph und Priester: Plutarch als Theologe, in: M. Baumbach, H. Köhler, A. M. Ritter (Hgg.), Mousopolos Stephanos (FS H. Görgemanns), Heidelberg 1998, 412–425.

37 Ähnliches können wir auch bei dem jüdischen Religionsphilosophen Philo oder dem christlichen Philosophen Justin beobachten, die gerade mit Hilfe der Philosophie ihren Glauben in ihre Umgebung hinein vermittelten.

der weitaus größere Teil der Juden lebte[38]. Das Judentum der neutestamentlichen Zeit und das darauf folgende → rabbinische Judentum sind ohne die Auseinandersetzung mit der fremden Kultur gar nicht zu verstehen. Das Folgende will wenigstens die wichtigsten Entwicklungen dieser Zeit und ihren Einfluss auf das Frühchristentum skizzieren.

4.1.1 Grundzüge jüdischer Existenz in hellenistischer und römischer Zeit

Ehe auf spezielle jüdische Gruppen eingegangen wird, sollen zunächst die Grundzüge jüdischer Existenz dargestellt werden, welche Leben und Glauben jedes Juden der damaligen Zeit kennzeichnen. Grundlage ist der Glaube an den einen Gott, wie er im täglichen Gebet, dem Schema Israel (Dtn 6,4f) bekannt wird. Besonders in Abgrenzung zum → Polytheismus der Mitwelt wird daraus schon in alttestamentlicher Zeit ein *exklusiver → Monotheismus*, der auch das Judentum der hellenistischen und römischen Zeit kennzeichnet. Die Bindung an diesen einen Gott gründet in der Gewissheit der *Erwählung* des Volkes durch diesen Gott, seines Bundes mit Israel. Äußeres Zeichen dieses Bundes ist die Beschneidung, seine Konsequenz ist die → Tora, die in griechischer und deutscher Übersetzung nur unzureichend mit „Gesetz“ (gr. *nomos*) wiedergegeben wird. Denn es geht nicht um ein gesetzliches Erreichen des Heils; die Tora ist vielmehr Konsequenz des durch Gottes Bund eröffneten Heils; ihre kultischen und ethischen Vorschriften sind so Zuspruch und Anspruch in einem.

Exklusiver Monotheismus

Abgrenzung zum Polytheismus der Umwelt ist Kennzeichen des Judentums der hellenistischen und römischen Zeit.

Kultisches Zentrum des Judentums ist bis 70 n.Chr. der *Tempel* als der Ort, an dem Gott in Kult und Opfer die Möglichkeit heilsamer Überwindung von Schuld und damit erneuerter Gemeinschaft mit sich eröffnet hat. Da vor allem für die jüdische Bevölkerung in der Diaspora der Tempel in Jerusalem weit entfernt war, trat dort zuerst der synagogale Gottesdienst[39] als Ergänzung neben den Tempelkult. Kult und Opfer – die übliche Form von Religion – wurden in der Fremde ersetzt durch einen opferlosen Wortgottesdienst, in dessen Mitte die Verlesung der für das Judentum zentralen *Heiligen Schrift* und

Gottesdienst

Der Jerusalemer Tempel war bis 70 n.Chr. kultisches Zentrum des Judentums. In der Diaspora trat die Synagoge als Ergänzung neben ihn. Im Zentrum des Wortgottesdienstes in der Synagoge stand die Lesung und Auslegung der Heiligen Schrift.

38 Schätzungsweise 4 1/2 Millionen; in Palästina deutlich weniger als 1 Million.

39 Ab dem 2. Jh. v.Chr. sind Synagogen in Syrien, ab dem 3. Jh. v.Chr. in Ägypten nachweisbar. Zur Zeit Jesu waren sie auch in Palästina in jeder größeren jüdischen Ortschaft vorhanden.

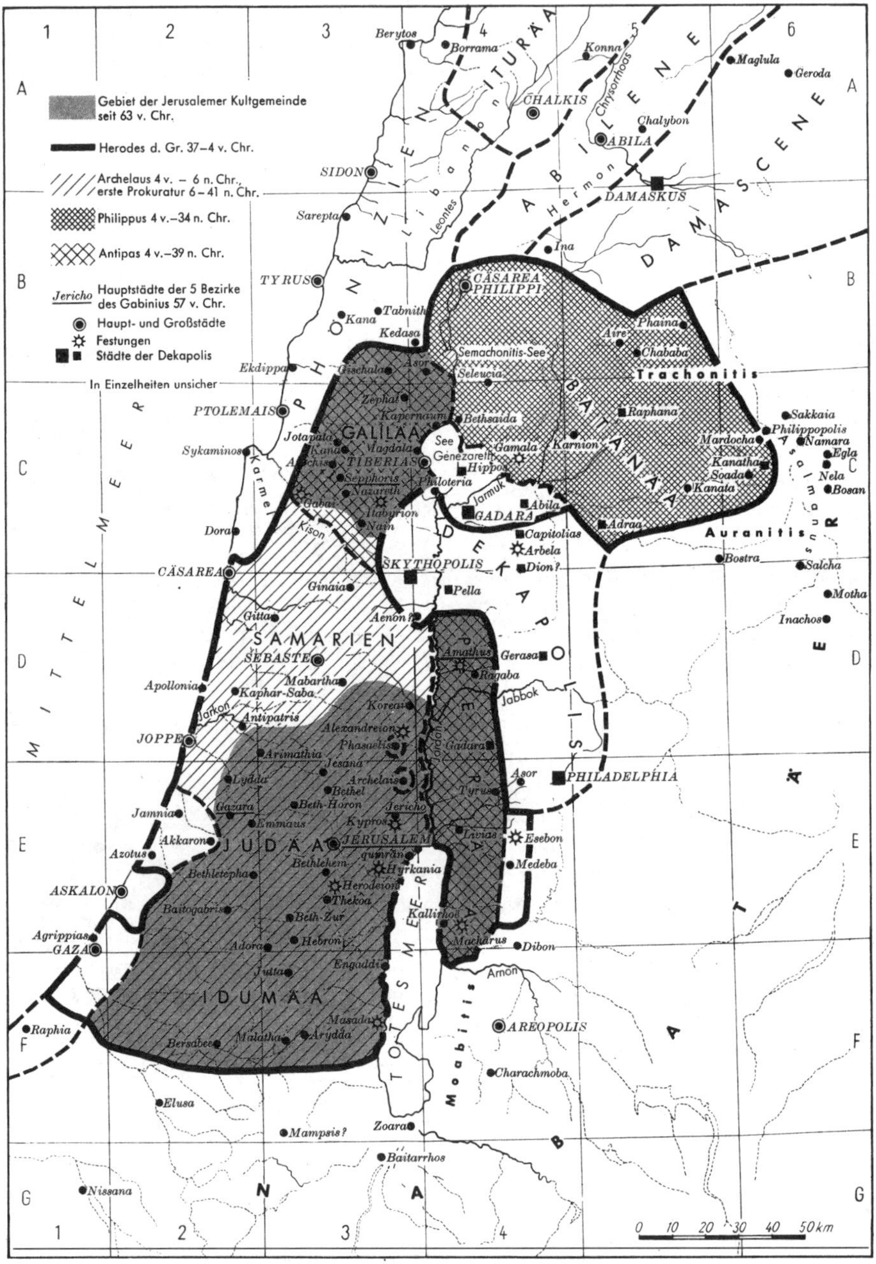

aus: BHH 2, 697f

deren Auslegung stand. Weiterhin diente die → Synagoge als Versammlungsraum der Gemeinde und – parallel zum hellenistischen Bildungsideal – zur Unterweisung der Jugend.

Auf die Mitwelt machte dieses Judentum einen zwiespältigen Eindruck. Vor allem seine charakteristischen Lebensformen mit → Sabbat, Beschneidung und Reinheitsgeboten wurden nicht selten als unsozial empfunden und trugen zu seiner gesellschaftlichen Ablehnung bei[40]. Andererseits verfehlten gewisse Besonderheiten – die opfer- und bildlose Gottesverehrung, die Konzentration auf Wort und Lehre sowie ein striktes Ethos – ihre positiven Wirkungen auf viele Zeitgenossen nicht und verschafften dem Judentum immer wieder auch Anerkennung und Bewunderung als „barbarische Philosophie"[41]. Das äußerte sich nicht zuletzt darin, dass sich um die Synagogen ein Kreis von Sympathisanten bilden konnte, der zwar den vollen Übertritt zum Judentum (mitsamt den gravierenden sozialen Folgen) scheute, aber doch Grundregeln der Tora einhielt und mit jüdischen Traditionen vertraut war. Diese Sympathisanten bildeten in der Frühzeit die vorzüglichen Adressaten der christlichen Mission (vgl. Apg 10,2.22; 13,16–26.43; 16,14; 17,4 u.ö.). Der Synagogengottesdienst dürfte auch eine wesentliche Voraussetzung dafür gewesen sein, dass das → Frühjudentum die Zerstörung des Tempels zu kompensieren und den Übergang von einer Tempel- in eine Torareligion zu vollziehen vermochte. Unschwer ist zu erkennen, dass auch der christliche Gottesdienst entscheidend von dem der Synagoge geprägt war.

4.1.2 **Religiös-politische Gruppierungen in Palästina**

Eine weitere Besonderheit des palästinischen Judentums in neutestamentlicher Zeit ist das Auftreten einzelner, einander z.T. heftig befehdender „Religionsparteien"[42]. Auch diese Komplexität war ein Ergebnis der ständigen Auseinandersetzung mit der hellenistischen Kultur und wird nur aufgrund der wechselvollen Geschichte verständlich. Im 3. Jh. v.Chr. war das Verhältnis zwischen dem Judentum und der hellenistischen Welt, letztere repräsentiert durch die ägyptischen → Ptolemäer als Landesherren, ein weitgehend friedliches. Das Buch Jesus Sirach ist noch Zeuge für ein Judentum, das sich offen und doch seinen eigenen Traditionen treu mit der neuen Welt auseinander setzte. Dieses friedliche Miteinander zerbrach durch eine unglückselige Verquickung mehrerer Umstände in der ersten Hälfte des 2. Jh.s v.Chr. unter der Herrschaft der syrischen → Seleukiden.

40 Ein typisches Beispiel ist das Urteil des Tacitus, der den Juden aufgrund ihrer torabedingten Absonderung von anderen Menschen einen „feindlichen Hass gegen alle anderen Menschen" bescheinigt (Hist 5,5,1).

41 So der Aristotelesschüler Hekataios von Abdera; ähnlich Megasthenes und Klearch von Soloi.

42 Da sich mit den einzelnen Parteien spezifische religiöse Positionen verbanden, ist die Bezeichnung „Religionsparteien" gerechtfertigt, wenngleich nicht übersehen werden darf, dass die meisten (Sadduzäer, Pharisäer, Zeloten) auch politische Parteiungen waren.

Auslöser war der Versuch der Jerusalemer Oberschicht unter Führung des Hohenpriesters Jason im Jahr 175 v.Chr., Jerusalem zu einer hellenistischen → Polis umzugestalten, um die als problematisch empfundene Sonderstellung der Juden (vgl. 1 Makk 1,11) zu überwinden und mehr als bisher ein Teil der umgebenden Kultur zu werden. Dieser Versuch der Akkulturation (mehr war es in der Frühzeit wohl nicht) wäre vielleicht auch gelungen, wären die seleukidischen Herrscher nicht nach der Niederlage gegen die Römer und aufgrund der dort vereinbarten ungeheuren Tributzahlungen in ständiger Geldnot gewesen. Wegen jener Geldnot verkaufte der seleukidische Herrscher Antiochus IV. Epiphanes die Hohepriesterwürde weiter, und zwar an den mehr bietenden, aber durch keine sadokidische Herkunft legitimierten Menelaus, der dem König im Verlauf der nun einsetzenden Spannungen auch noch den Tempelschatz auslieferte und damit nicht nur sich selbst, sondern den gesamten Versuch der Hellenisierung völlig kompromittierte. Dem daraufhin einsetzenden Widerstand versuchte der König zu wehren, indem er zuletzt die jüdische Religionsausübung (als Quelle aller Schwierigkeiten) verbot und den Tempel von Jerusalem dem Zeus Olympios / Baal Schamem, also einer → synkretistischen obersten Gottheit, umwidmete. Auf dem konservativeren Land brach unter Führung der → Makkabäer der Widerstand aus. Ihnen gelang es – zunächst unterstützt von den „Frommen"[43] –, in langen Auseinandersetzungen die gewaltsame Hellenisierung rückgängig zu machen und zuletzt sogar nach einem wechselvollen 20-jährigen Ringen die Unabhängigkeit zu erringen. Auch wenn die neuen Führer sich schon bald wieder der hellenistischen Kultur zuwandten[44] und zuletzt die Unabhängigkeit durch interne Auseinandersetzungen an die Römer verloren ging, so hatten diese Ereignisse doch gewaltige Folgen.

In einem längeren Prozess entstanden verschiedene Religionsparteien. Für viele war nun eine mehr oder weniger starke Abgrenzung von der hellenistischen und später auch römischen Welt charakteristisch, am massivsten bei der → zelotischen Bewegung, die sich geradezu aus diesem Widerstand definierte und letztlich den großen jüdischen Aufstand 67–70(73) n.Chr. verursachte. Zugleich hatten die Vertreter der traditionellen Tempelreligion Kredit verspielt. Auch wenn der Tempel bis zu seiner Zerstörung Mittelpunkt jüdischen Lebens blieb, so ist doch schon in späthellenistischer Zeit eine gewisse Distanz zum Kult bei vielen dieser Gruppen spürbar. Die → Pharisäer verlegten die priesterliche Heiligkeit in das Leben des Einzelnen, prophetische Kreise (bis hin zu Jesus) kritisierten den gegenwärtigen Tempelkult, und die → Essener sprachen der Jerusalemer Kultpraxis ihre Berechtigung ab. Lediglich für die → Sadduzäer bildeten Tempel und Kult noch das alleinige Zentrum des Glaubens. Mit letzteren soll hier begonnen werden.

43 Offensichtlich handelte es sich um eine Gruppierung, die treu zum jüdischen Glauben stand. Aus diesem Kreise dürfte das Danielbuch stammen, und Teile dieser Bewegung bildeten nach allgemeiner Ansicht auch eine Wurzel der essenischen und pharisäischen Bewegung (s.u.).

44 Bereits Aristobul (104/3) soll nach Josephus (Ant 13,301ff) den Beinamen *Philhellēn* (Griechenfreund) erhalten haben, und sein Bruder Alexander Jannai (103–76) trieb die Rehellenisierung deutlich voran. Unter anderem ließ er wieder Münzen mit griechischer Aufschrift prägen.

Sadduzäer

Die Sadduzäer bildeten eine theologisch konservative, politisch nationale und im Lebensstil eher liberale Oberschicht. Sie erkannten nur die fünf Bücher Mose als Heilige Schrift an, die Vorstellung einer himmlischen Welt und der Auferstehung lehnten sie ab.

Die mächtigste Partei zur Zeit Jesu bilden die *Sadduzäer.* Bis zur hellenistischen Reform stellten die → Sadokiden die Spitze des Priesteradels. Von den → Hasmonäern zunächst in den Hintergrund gedrängt, bildeten sie nach der Abspaltung des radikaleren Flügels durch den „Lehrer der Gerechtigkeit" eine theologisch konservative, politisch nationale und im Lebensstil eher liberale Oberschicht, die sich nach einiger Zeit (unter Johannes Hyrkan) mit den führenden Hasmonäern verbündete und zur staatstragenden Schicht wurde. Nach der Eroberung Jerusalems durch die Römer 63 v.Chr. ging ihr Einfluss zunächst zurück, nach der zweiten Erstürmung Jerusalems 37 v.Chr. unter Herodes (d. Gr.) wurden viele hingerichtet (Josephus, Ant 14,175; 15,6). Erst im Jahr 6 n.Chr., als die Römer die direkte Herrschaft in Judäa übernahmen und nun Verbündete in der lokalen Aristokratie brauchten, gelangten sie wieder zu Einfluss und dominierten zusammen mit den reichen Laien, den „Ältesten", das → Synhedrium (den „Hohen Rat").

Das theologische Interesse der Sadduzäer konzentrierte sich auf den Kult und die Tora. Sie erkannten nur die fünf Bücher Mose als Heilige Schrift an. Die prophetische Endzeithoffnung lehnten sie dagegen ab, ebenso die Vorstellung einer himmlischen Welt, die Auferstehung und das Jüngste Gericht (vgl. Mk 12,18 parr.). Als Repräsentanten der Oberschicht, die zu den Römern verhältnismäßig freundliche Kontakte pflegte, wurden viele während des Jüdischen Krieges schon von den Aufständischen getötet, von den Übriggebliebenen fielen die meisten wohl im Jahr 70 n.Chr. bei der Eroberung Jerusalems den römischen Soldaten zum Opfer. Da sie zudem nach der Zerstörung des Tempels keine Existenzbasis mehr hatten, hörten sie auf, als eigene Gruppe zu existieren. In neueren Forschungen wird aber immer wieder die Vermutung geäußert, dass Reste von ihnen noch in das frühe → rabbinische Judentum eingegangen sind, wofür besonders dessen Interesse am nicht mehr existierenden Kult spreche.

Die *Essener* kommen im Neuen Testament nicht vor, obgleich sie nach Josephus eine der drei großen Religionsparteien bildeten. Möglicherweise waren sie schwerpunktmäßig auf Judäa konzentriert und hatten daher wenig Berührungspunkte mit der Jesusbewegung. Bekannt geworden sind sie in unserem Jahrhundert durch die Funde in → Qumran, das möglicherweise ein Zentrum der essenischen Bewegung war. Nach heutigem Kenntnisstand spielte in der Frühzeit der Qumran-Gruppe der „Lehrer der Gerechtigkeit" eine herausragende Rolle. Dieser war ein Mann aus dem sadokidischen Priesteradel, der von einem Makkabäer (dem „Frevelpriester") verdrängt worden war. Er verbündete sich mit dem kompromissloseren Teil jener „Frommen", die schon beim Widerstand gegen Antiochus IV. eine Rolle gespielt hatten und jetzt durch die Realpolitik der Makkabäer enttäuscht waren.

Die Essener bildeten eine Gemeinschaft mit festen inneren Regeln. In der Ab-

Essener

Die Essener bildeten eine Gemeinschaft mit festen Regeln und strengen rituellen Normen. Den Jerusalemer Tempelkult lehnten sie ab. Ihre Theologie war deterministisch-dualistisch geprägt und endzeitlich ausgerichtet.

grenzung von anderen spielten rituelle Normen (von der priesterlichen Reinheit bis zu Kalenderfragen) eine entscheidende Rolle. Die Gläubigen hielten sich für den heiligen Rest der Endzeit, das wahre Israel, das allein Anteil an der Gottesherrschaft hat. Zum Teil lebten sie ehelos und in Gütergemeinschaft. Ihr Ziel war es, schon mitten in dieser unreinen Welt in Gemeinschaft mit der himmlischen Welt und den Engeln im steten Lobpreis Gottes zu leben. Dem Jerusalemer Kult sprachen sie die Legitimität ab; ersatzweise kamen der Gemeinschaft Funktionen des Tempels zu. Die Theologie war → deterministisch-dualistisch: Gott hat diese Welt zwei Geistern überantwortet, einem guten und einem bösen, die miteinander im ständigen Kampf liegen (vgl. in der „Sektenregel" 1QS III,13-IV,26). An diesem Kampf hat auch der Einzelne jetzt schon teil. Zugleich bereitete sich die Gemeinde in der Abgeschiedenheit der Wüste auf den Endkampf der „Söhne des Lichts" (= Mitglieder der Gemeinschaft) gegen die „Söhne der Finsternis" (= alle übrigen Menschen) vor. Im Jahr 68 n.Chr. wurde die Siedlung von Qumran im Zusammenhang des Jüdischen Krieges zerstört; dies bedeutete auch das Ende der Qumrangruppe.

Die *Pharisäer* sind die aus dem Neuen Testament bekannteste Gruppierung. Das liegt natürlich zuerst an deren Bedeutung zur Zeit Jesu. Sie waren wichtige Gesprächspartner Jesu, mit denen er die meisten Berührungspunkte hatte und sich deshalb auch immer wieder auseinander setzte. Darüber hinaus bildeten sie auch für das Urchristentum ein wichtiges Gegenüber. Bekannt sind sie dabei vor allem als Gegner: In den Evangelien erscheinen sie als Jesu Hauptgegner, und Paulus verfolgte als „eifernder" Pharisäer die hellenistischen → Judenchristen. Doch diese Darstellung der Evangelien ist teilweise tendenziös; trotz aller Auseinandersetzungen ist es bemerkenswert, dass in der Frühzeit Pharisäer auch als Partner und Fürsprecher des Frühchristentums auftraten: Jesus wird von Pharisäern ausdrücklich vor den Nachstellungen des Herodes (Antipas) gewarnt (Lk 13,31). Der pharisäische Lehrer Gamaliel vermittelte nach der Apostelgeschichte zwischen den Christen und ihren Anklägern (Apg 5,34–40). Noch eindeutiger stellten sich die Pharisäer nach der Hinrichtung des Leiters der Jerusalemer Urgemeinde und Herrenbruders Jakobus hinter die Christen und gegen den Hohepriester (Josephus, Ant 20,199–201).

Wie die Essener kamen vermutlich auch die Pharisäer aus dem Kreis der in 1 Makk 2,42; 7,13 erwähnten „Frommen". Als deren eher national gesinnter Flügel waren sie weit länger die Verbündeten der Hasmonäer, gingen aber dann zu Johannes Hyrkan (134–104 v.Chr.) in Opposition, da sie diesen wegen seiner Abstammung von einer Kriegsgefangenen[45] als für das Hohepriesteramt ungeeignet

45 Bei einer Kriegsgefangenen nahm man an, dass sie geschändet worden war. Damit konnte die Herkunft ihres Sohnes nicht mehr einwandfrei festgestellt werden.

hielten. Ihre Opposition zu den Hasmonäern führte zunächst – vor allem unter Alexander Jannai – zu ihrer blutigen Unterdrückung. Unter dessen Witwe erhielten sie allerdings wieder Einfluss und behaupteten diesen auch weiter, wenngleich ihre unmittelbare politische Bedeutung in römischer Zeit deutlich geringer war als die der Sadduzäer. Ihr Hauptaugenmerk galt nun der Frömmigkeit. Ihre Geschichte – „from politics to piety" (J. Neusner) – zeigt schon ihre Grundhaltung.

Die Pharisäer wollten überall, auch im alltäglichen Leben, die priesterliche Reinheit verwirklichen. Neben der schriftlich fixierten Tora besaß für sie auch die mündlich überlieferte Rechtspraxis absolute Verbindlichkeit und wurde ebenfalls auf den Gesetzesempfang am Sinai zurückgeführt (mAv 1,1f). Nach Josephus gingen sie auch von einem Zusammenwirken von erwählendem Gott und handelnden Menschen aus. Ihr vielleicht markantester Unterschied zu den Sadduzäern aber war ihre ausgeprägte → Eschatologie mit → Messiashoffnung, Auferstehung und Jüngstem Gericht. In dieser Hinsicht stehen sie dem Frühchristentum nahe (Apg 23,8), wenngleich diese Elemente durch den Bezug auf Jesus Christus dort eine andere Prägung erhielten. Die in ihrer gesamten Theologie implizierte Relativierung des Tempelkultes als des einzigartigen Heilsmittlers machte sie auch theologisch zu Konkurrenten der Sadduzäer, mit denen sie allerdings zur Zeit Jesu teilweise auch zusammenarbeiteten (etwa im Synhedrium). Es ist umstritten, inwieweit sie es auch waren, die das rabbinische Judentum entscheidend geprägt hatten (s.u. S. 68f).

Pharisäer

Neben der schriftlichen Tora war für sie auch die mündliche Rechtsüberlieferung verbindlich. Auch im alltäglichen Leben wollten sie das Ideal priesterlicher Reinheit verwirklichen. Sie vertraten eine ausgeprägte Eschatologie mit Messiashoffnung, Auferstehung und Jüngstem Gericht.

Die Bewegung der *Zeloten*[46] dürfte ihren Ursprung in der Umwandlung Judäas in einen Teil der römischen Provinz Syrien (6 n.Chr.) gehabt haben. Denn damit verbunden war der → Zensus, die Ermittlung des Steueraufkommens, die von der einfachen Bevölkerung wohl so verstanden wurde, dass damit das Heilige Land zum Privatbesitz des Kaisers gemacht wurde. Es kam zu einer ersten Erhebung unter der Führung von Judas Galiläus, die zwar niedergeschlagen wurde, deren Gedanken aber weiterhin in der Bevölkerung Widerhall fanden. Geprägt von der Erwartung einer nahen Gottesherrschaft und einem fanatischen Einsatz für die Tora wurde nun das

Zeloten

Die Zeloten waren maßgeblich beteiligt an den Aufständen gegen die Römer in Judäa und Galiläa seit 6 n.Chr. Sie verstanden sich als Kämpfer für die Alleinherrrschaft Gottes im Gegensatz zur römischen Besatzungsmacht. Der Widerstand der Zeloten kulminierte im 1. Jüdischen Krieg (66–70/3).

46 Die Bezeichnung wird von Josephus übernommen, wobei sie hier allerdings umfassender als bei diesem als Sammelbegriff für die gesamte Aufstandsbewegung verwendet wird.

traditionelle Bekenntnis zu Gott als dem alleinigen König Israels in Antithese zur römischen Besatzungsmacht definiert (vgl. die Zinsgroschenfrage Mk 12,13–17). Zugleich wurde der Anbruch der Gottesherrschaft vom eigenen kämpferischen Einsatz für das Gottesreich abhängig gemacht, der in der Tradition des „Heiligen Krieges" gedeutet wurde. Hier flossen Religiöses, Politisches und Ökonomisches zu einer höchst explosiven Mischung zusammen. Gerade unter den zunehmend verarmenden Bauern und Pächtern wurden diese Anschauungen immer populärer und führten zuletzt zum großen jüdischen Aufstand.

Jesu Zeit war also im jüdischen Stammland eine Zeit religiöser Zerrissenheit und gärender Unruhe. Dies zeigte sich nicht zuletzt in dem Auftreten verschiedener prophetischer Gestalten, die Wunder und Errettung versprachen, aber zumeist von den Römern früher oder später gewaltsam beseitigt wurden (vgl. Apg 5,36f). In diesen Zusammenhang gehörte auch Johannes der Täufer, dessen Schüler Jesus vielleicht eine Zeit lang war und der als kompromissloser Umkehrprediger von den Evangelien bewusst zum Vorläufer Jesu gemacht wurde. Vor allem aber gab es – daran soll noch einmal erinnert werden – das Alltagsleben des „einfachen Judentums". Man war beschnitten, betete, hielt den Sabbat und andere Gebote der Tora, feierte die traditionellen Feste und pilgerte zum Jerusalemer Tempel als dem Zentrum seines Glaubens. Jesus und seine Jünger dürften aus diesem Bereich gestammt haben!

4.1.3 Vom Tempel zur Tora – Die Neuorientierung des Judentums nach 70 und ihre Folgen

In das letzte Viertel des 1. Jh.s n.Chr. fiel der Beginn des Prozesses innerjüdischer Erneuerung, der sich nun in Galiläa vollzog[47] und den der amerikanische Judaist J. Neusner als „die größte Revolution in der Geschichte des Judentums" bezeichnet[48]. Er bedeutete die Neuorientierung an Tora und Frömmigkeit als Antwort auf die Tempelzerstörung und den Verlust der Eigenstaatlichkeit.

Die genauen Hintergründe dieses Vorganges sind nicht mehr ganz zu erhellen. Traditionellerweise schreibt man die Federführung bei dieser Neuorientierung dem Pharisäismus zu, der aufgrund seiner Konzentration auf die persönliche Heiligkeit am ehesten in der Lage gewesen sein dürfte, den Verlust des Tempels theologisch zu kompensieren. Neuere Untersuchungen zeigen aber auch eine stark priesterliche Komponente. Außerdem wird darauf verwiesen, dass rabbinische Quellen sich nur am Rande auf Pharisäer als eine asketische Sondergruppe bezögen. Man wird aber nicht bestreiten können, dass die Pharisäer für die Neukonstitution des Judentums wichtig waren. Nur so erklärt sich auch das große Gewicht, das sie nach der Tempelzerstörung in den Evangelien, vor allem bei Matthäus, als Gegenüber Jesu (und

47 In chronologischer Reihenfolge: Jabne, Uscha, Bet Schearim, Sepphoris und (ab der Mitte des 3. Jh.s) Tiberias.

48 Vgl. Neusner, Judentum, 29.

damit des Christentums) erhielten (vgl. Mt 23). Wie groß oder gar ausschließlich dieser Einfluss aber war, muss offen bleiben.

In diesem Prozess bildete sich erstmals ein „formative Judaism" heraus, wie es Neusner genannt hat, ein Judentum, das nach Einheitlichkeit strebend die anderen jüdischen Bewegungen in Israel wie in der Diaspora zunehmend ausgrenzte und so die uns bis heute geläufige Form des rabbinischen Judentums prägte, es „formierte". Dessen Repräsentanten wurden auch von den Römern bereits gegen Ende des 1. Jh.s n.Chr. als Vertretung des Judentums anerkannt[49]. Ein Ergebnis dieser Entwicklung war der zur Zeit des Matthäus (nach bBer 28b–29a unter Gamaliel II., d.h. kurz vor 100) in das → Achtzehngebet eingefügte so genannte „Ketzersegen", die → *Birkat ha-Minim*. Dabei handelte es sich wohl ursprünglich um eine innerjüdische Maßnahme gegen alle Gruppen, die vom Standpunkt des sich formierenden Judentums aus als → Häretiker zu verstehen waren[50]. Dazu zählen nun auch die Christen. Seit dieser Zeit gehen Christentum und Judentum ihre eigenen Wege, und ihre Positionsbestimmung erfolgt nun häufig in Antithese zur anderen Glaubensgemeinschaft[51].

4.1.4 Das Diasporajudentum

Dieser Überblick über das Frühjudentum wäre einseitig, wenn er nicht auch noch eine Gruppe wenigstens streifen würde, von der bislang noch nicht die Rede war, obgleich sie wohl mehr als drei Viertel der damals lebenden Juden umfasst: das → *Diasporajudentum*. Aufgrund verschiedener historischer Umstände (die mit dem babylonischen Exil begannen) waren Juden längst in der Diaspora („Zerstreuung") zwischen Babylon und Spanien, Nordafrika und dem Rhein heimisch geworden (vgl. Apg 15,21), ohne – und das ist das Einzigartige bei diesem Volk – ihre jüdische Identität preiszugeben.

Die kulturellen Leistungen des Diasporajudentums können hier nicht gebührend gewürdigt werden. Stellvertretend[52] sei hier nur auf die große Judenschaft in

49 Vgl. G. Stemberger, Geschichte der jüdischen Literatur. Eine Einführung, München 1977, 66.

50 Wie neuere Untersuchungen gezeigt haben, ist die spezielle Ausrichtung dieses Fluches gegen die *noṣrim* (Nazarener = Judenchristen), wie sie sich etwa im Text der Kairoer → Geniza findet, mit großer Wahrscheinlichkeit später hinzugefügt (vgl. P. Schäfer, Studien zur Geschichte und Theologie des rabbinischen Judentums, AGJU 15, Leiden 1978, 45–64). Der Text lautet: „Den Abtrünnigen sei keine Hoffnung, und das anmaßende Königreich rotte eilends aus in unseren Tagen, und die *noṣrim* und *minim* mögen wie ein Augenblick dahingehen, ausgelöscht werden aus dem Buche des Lebens und mit den Gerechten nicht aufgeschrieben werden. Gepriesen seist du, Herr, der die Anmaßenden demütigt."

51 Im NT spiegelt sich dies besonders im Matthäus- und im Johannesevangelium (Joh 9,22; 16,2; 12,42), die, beide aus judenchristlichem Milieu kommend, die Trennung zu verarbeiten suchen.

52 Andere wichtige Zentren waren Kleinasien sowie Babylon, das dann vor allem in späterer Zeit als geistiges Zentrum des Judentums wichtig wird. Nicht zuletzt entstand dort der „Babylonische → Talmud".

Diasporajudentum

Mehr als drei Viertel der Juden lebten in der Diaspora. Sie bedienten sich der griechischen Kultur und Sprache, ohne ihre jüdische Identität aufzugeben. In diesen Kreisen entstand auch die griechische Übersetzung der hebräischen Bibel, die Septuaginta.

Ägypten, vor allem in Alexandria, verwiesen, wo eine blühende jüdische Gemeinschaft existierte. Den Grundstock bildeten ehemalige Kriegsgefangene sowie Militärsiedler. Diese hatte sich relativ bald vom Hebräischen gelöst und entschieden der griechischen Kultur und Sprache zugewandt[53], ohne ihre Religion samt der dadurch bedingten Absonderung von der nichtjüdischen Umgebung aufzugeben. Diese kulturelle Grundorientierung zeigte sich auch darin, dass man schon bald[54] die im „barbarischen" Hebräisch verfasste Bibel ins Griechische übersetzte (die → Septuaginta = LXX) – in der Antike ein einzigartiges Unterfangen. Diese Übersetzung beschränkte sich aber nicht auf das Sprachliche, sondern schloss den Transfer des jüdischen Glaubens in die hellenistische Denk- und Vorstellungswelt ein[55].

Philo von Alexandrien

Dem ägyptischen Judentum Alexandrias entstammte der Religionsphilosoph Philo, der die Tora mit Hilfe der Allegorese mit der platonischen Philosophie verband.

Nach diversen Vorgängern unternahm es der Religionsphilosoph Philo zur Zeit Jesu, die Tora mit Hilfe der → Allegorese und der antiken Philosophie zu deuten und so das Judentum mit der griechischen Philosophie zu synthetisieren, ohne es zu assimilieren. Die alexandrinische Religionsphilosophie wurde damit zur Wegbereiterin der frühchristlichen Theologie und darüber hinaus des gesamten auf dieser Synthese beruhenden „christlichen Abendlandes".

4.2 Zwei Aspekte spätantiker Religiosität

Die einschränkende Überschrift macht schon deutlich, dass hier nicht das Gesamte der spätantiken Religiosität verhandelt werden kann. Dazu müsste das religiöse Alltagsleben von den Hausgottheiten über Tempel, Riten, Opfer, Prozessionen und religiösen Festen ebenso dargestellt werden wie die mannigfachen Formen des Volksglaubens „von A bis Z", von der Astrologie bis zur Zauberei[56]. Hier werden zwei Aspekte herausgegriffen, die sowohl für die spätantike Religiosität charakteri-

53 Dagegen hatten sie – soweit aus den Inschriften erkennbar – in keiner Weise versucht, sich der ägyptischen Sprache und Kultur anzupassen.

54 Vermutlich schon ab der ersten Hälfte des 3. Jh.s v.Chr.

55 Vgl. R. Feldmeier, Weise hinter „eisernen Mauern". Tora und jüdisches Selbstverständnis zwischen Akkulturation und Absonderung im Aristeasbrief, in: M. Hengel/ A. M. Schwemer (Hgg.), Die Septuaginta zwischen Judentum und Christentum, WUNT 72, Tübingen 1994, 20–37.

56 Eine kundige und gut lesbare Einführung in diesen Bereich gibt Klauck, Umwelt I, 27–76; 129–197.

stisch sind als auch für die Geschichte und Entwicklung des Christentums wichtig wurden: Der → Kaiserkult und die Heil- und Heilungsreligionen.

Dazu eine Vorbemerkung: Die → pagane Religion ist in neutestamentlicher Zeit nicht mehr die bekannte der klassischen Zeit mit ihren Olympiern. Sieht man auf die religiösen Bauwerke, die neu errichtet oder deutlich erweitert wurden, so lässt sich eine eindeutige Tendenz feststellen: Die alten Gottheiten der griechischen Stadtkultur wurden zwar, oft mit römischen Gottheiten verschmolzen, weiter tradiert, aber sie erhielten kaum neue Tempel. Eine Ausnahme war Zeus, der als kosmischer Allgott verstanden werden konnte[57], aber auch (vor allem als → Jupiter Capitolinus) eine Art Reichsgott darstellte, der auch Beziehungen zum Kaiserkult hatte und in dieser transformierten Gestalt noch verehrt wurde. Großen Aufschwung nahmen dagegen zwei andere Größen: Zum einen die nun reichsweit gültige gesellschaftliche Form von Religion, verkörpert im Kaiserkult, zum anderen die individualisierte Religiosität, vor allem in den → Mysterien.

4.2.1 Der Kaiserkult

Seine Wurzeln hatte der Kaiserkult im Herrscherkult des Ostens, unmittelbar[58] in den hellenistischen Monarchien[59]. Im Herrscher manifestierte sich die göttliche Macht der Ordnung und Erhaltung. Entsprechend waren die Beinamen der Herrscher *Sōtēr* (Heiland, Retter) oder *Epiphanēs* (Sichtbarer [Gott]). Deshalb konnte ihm auch kultische Verehrung zukommen. Bereits mit Beginn des → Prinzipats wurde der Herrscherkult auch im römischen Reich populär, wobei der Schwerpunkt eindeutig im Osten lag, dessen Städte zunächst von sich aus den neuen Herren göttliche Verehrung entgegenbrachten. So wurde Caesar bereits 48 v.Chr. in einer Inschrift aus Ephesus als „erscheinender Gott und Retter des menschlichen Lebens" verherrlicht[60], und ähnlich preist die fragmentarisch erhaltene Inschrift von Halikarnassos Augustus als „einheimischen Zeus und Retter des Menschengeschlechts"[61]. Die persönliche Haltung der einzelnen Kaiser gegenüber ihrem „göttlichen" Status war sehr unterschiedlich, aber das war letzt-

Kaiserkult

Im Herrscher manifestiert sich die göttliche Macht der Ordnung und Erhaltung. Der Herrscherkult legitimiert die Staatsgewalt religiös.

57 Vgl. die verbreitete Verehrung des Zeus Hypsistos, der gewisse monotheistische Züge eignen. Zu Zeus als Kosmosgott vgl. bereits den Zeushymnus des Stoikers Kleanthes, in dem Zeus letztlich mit der Gesetzmäßigkeit des Kosmos identifiziert wird (SVF I 537; deutsche Übersetzung und Interpretation bei Pohlenz, Stoa, Bd. 1, 108–110).

58 Auf die umstrittene Frage, ob dieser selbst aus anderen orientalischen Wurzeln stammt, etwa aus Ägypten (vgl. den berühmten Zug Alexanders zur Oase Schiwa) kann hier nicht eingegangen werden.

59 Einen sehr guten Überblick über Entstehung und Bedeutung des Kaiserkultes bietet Klauck, Umwelt II, 17–74.

60 SIG^3 760; vgl. auch die Inschrift aus Demetrias SEG XIV 474: *Gaius Julius Caesar Imperator Divus* („Göttlicher").

61 CAGI IV/I, 894.

lich belanglos. Entscheidend war, dass der Herrscherkult die Staatsgewalt religiös legitimierte. Deshalb wurde er auch von eher skeptischen Kaisern aus Gründen der Staatsraison gefördert. Am besten beschreibt man daher das Phänomen Kaiserkult als *Loyalitätsreligion,* in der sich die Bejahung eines religiös fundierten, einheitlichen sozialen und politischen Bezugssystems vollzog. Dabei war man im Unterschied zu modernen Varianten solchen Personenkultes gegenüber allen anderen Ausprägungen von Religiosität tolerant, soweit ihre Anhänger der öffentlichen Religion nicht die Anerkennung verweigerten. So war er ein wesentliches Moment für die Stabilität der Gesellschaft des römischen Reiches. Die Weigerung der Christen, dem Kaiser religiöse Verehrung zu erweisen, war deshalb zwar für sie selbst eine Glaubensangelegenheit, ihre Mitwelt hingegen sah in diesem christlichen Verhalten, aus ihrer Sicht durchaus nachvollziehbar, ein „Aufbegehren gegen die Gemeinschaft“[62] und reagierte mit entsprechender Ablehnung darauf.

4.2.2 **Heil- und Heilungsreligionen**

Orientalische Religionen und Mysterienkulte

Dem Bedürfnis nach individueller Hilfe und persönlicher religiöser Orientierung kamen in das römische Reich „importierte“ Kulte entgegen.

Wie bereits erwähnt (vgl. o. S. 54f), kam es in späthellenistischer und römischer Zeit zu einer religiösen Neuorientierung, bei der vor allem Gottheiten eine besondere Rolle spielten, die entweder aus dem Orient „importiert“ wurden (wie Isis und Osiris sowie Serapis, Kybele/Magna Mater und Attis, Dea Syria und Adonis, Sabazios, Men Tyrannos und Mithras) oder bisher eher Randgottheiten waren (wie Asklepios und Hermes). Gemeinsamkeit dieser Gottheiten war, dass sie den Bedürfnissen subjektiver Frömmigkeit nach Nähe und individueller Hilfe Rechnung trugen. Zugleich banden sie die Anhänger in eine mehr oder weniger feste Gemeinschaft ein, wie es dies in der klassischen Religiosität noch nicht gab[63].

Die Hilfe der Gottheit hatte zunächst eine durchaus diesseitige Komponente, nicht nur bei einem Heilgott wie Asklepios, wo sich solches von selbst verstand. Auch der Myste der Isis in den Metamorphosen des Apuleius[64] hatte von seiner Einweihung durchaus handfeste Vorteile in Form von beruflichem Erfolg. Allerdings beschränkt sich die Unterstützung der Gottheit meist nicht auf solche konkrete Hilfe. Vielleicht noch wichtiger war, dass die Gottheit den Eingeweihten auch

---

62 So der erste große Kritiker des Christentums, der mittelplatonische Philosoph Kelsos (Or Cels 3,5).

63 Dies entsprach aber nicht zufällig der Bildung von jüdischen „Religionsparteien“!

64 Apuleius von Madaura, Platoniker und Sophist des 2. Jh.s n.Chr., erzählt in seinem phantastischen Roman *Metamorphoseon libri 11* (Der Goldene Esel), die Erlebnisse des in einen Esel verzauberten Lucius. Die durch Spuk, Räuber und Liebesgeschichten angereicherte Handlung mündet in der Erlösung der verirrten Kreatur im Isismysterium. Rückwirkend gibt sich der Roman so als Propagandaschrift für den Isiskult zu erkennen.

über dieses irdische Leben hinaus schützte und ihm ein besseres jenseitiges Leben versprach. In der Auseinandersetzung damit nahm das Christentum selbst zunehmend Züge einer Erlösungsreligion an.

Zeittafel zur jüdischen Geschichte vom babylonischen Exil bis zum Bar-Kochba-Aufstand

Perioden		**Landesherren**		**Jüdische Geschichte**
Persische Periode	ab 538	Kyros	515	Tempelweihe
			um 450	**Esra / Nehemia**
	334–323	Alexanderzug	332	Alexander in Juda
			ca. 323–300	Onias I.
Ptolemäische Periode	301–201	Ptolemaios I.–V.		
			um 200	Tobiaden
				Simon der Gerechte
Seleukidische Periode	ab 201/198	Antiochus III.		
	175–164	Antiochus IV.	168/167	Tempelentweihung
			167–164	**Makkabäeraufstand**
			163/2–160/59	Alkimus
			161–142	Jonathan
Hasmonäische Periode	ab 140	Hasmonäer	142–135	Simon Makkabäus
			135–104	Johannes Hyrkan I.
			104–103	Aristobul
			103–76	Alexander Jannai
			76–67	Salome Alexandra
			67–63	Aristobul II.
			63–40	Johannes Hyrkan II.
Römische Periode	63	Pompeius		
	48	Cäsar		
	43	Antonius	**40–4**	**Herodes d. Gr.**
	31 v. – 14 n.Chr	Octavian/ Augustus	4v. – 6 n.Chr.	Archelaus (Judäa, Samaria)
	14–37	Tiberius	4v. – 39 n.Chr.	Antipas (Galiläa, Peräa)
			4v. – 34 n.Chr.	Philippus (Nordosten)
	37–41	Caligula	6 – 41	Judäa römische Provinz
	41–54	Claudius	41–44	Agrippa I.
			ab 44	römische Provinz
	54–68	Nero		
	68/69	Drei-Kaiser-Jahr	**66–70 (74)**	**Jüdischer Krieg**
	69–79	Vespasian		
	79–81	Titus		
	81–96	Domitian		
	96–98	Nerva		
	98–117	Trajan	um 100	„Jabne“
	117–138	Hadrian	115–117	Diasporaaufstände
			132–135	**Bar-Kochba-Aufstand**

§ 4 Die synoptischen Evangelien

1. Das Matthäusevangelium

Reinhard Feldmeier

Literatur

Joachim Gnilka, Das Matthäusevangelium, HThK 1, 2 Bde., Freiburg u.a. 1986/1988, 2. Aufl. 1992

Ulrich Luz, Das Evangelium nach Matthäus, EKK 1, 4 Bde., Zürich u.a./Neukirchen-Vluyn 1985/1990/1997/2002, 5., völlig neubearbeitete Aufl. 2002 (I), 4. Aufl. 1997 (I), 3. Aufl. 1999 (II)

Reinhard Feldmeier, Verpflichtende Gnade. Die Bergpredigt im Kontext des ersten Evangeliums, in: ders. (Hg.), „Salz der Erde". Zugänge zur Bergpredigt, Göttingen 1998, 15–107

A Bibelkundliche Erschließung

1. Aufriss

1,1–4,16		**Vorgeschichte**
	1,1–2,23	Abstammung und Geburt des Gottessohnes
	3,1–4,16	Vorbereitung auf das öffentliche Wirken
4,17–11,30		**Der vollmächtige Christus und seine Gemeinschaft**
	4,18–22	Die ersten Jünger
	4,23–7,29	*Die Bergpredigt*
	8f	Wunder und Streitgespräche
	10	*Die Aussendungsrede*
	11	Wegbereiter und Messias – Heil und Unheil
12,1–16,12		**Worte, Wunder und Konflikte**
	12	Wunder und Streitgespräche
	13,1–52	*Die Gleichnisrede*
	13,53–16,12	Wunder und Streitgespräche

➡

16,13–20,34		**Der Weg zur Passion**
	16,13–17,27	Petrusbekenntnis, 1. und 2. Leidensweissagung, Verklärung, Nachfolgeworte
	18,1–35	*Die Gemeinderede*
	19,1–20,34	3. Leidensweissagung und „Lehre"
21–25		**Die letzten Tage in Jerusalem**
	21,1–22,46	Die Abrechnung mit dem „unfruchtbaren" Volk
	21,1–22	Einzug, Tempelreinigung und Feigenbaum
	21,23–22,14	Vollmachtsfrage und Parabelsequenz
	22,15–46	Die letzten vier Streitgespräche
	23	*Die Pharisäerrede*
	24f	*Die Endzeitrede*
26–28		**Passion und Ostern**
	26f	Die Leidensgeschichte
	28	Auferstehung und Missionsbefehl

2. Kommentierung des Aufbaus

Im Unterschied zu den anderen Evangelien lässt sich für Matthäus keine übergeordnete Gliederung erstellen, die bereits Aufschlüsse über Plan und Absicht des Werkes geben würde. Der Evangelist ist im Blick auf die Gesamtanlage seiner Schrift mehr an Übergängen und Verbindungen als an Abgrenzungen interessiert. Zwar hat es nicht an Versuchen gefehlt, dennoch eine übergreifende Gliederung zu finden[1], aber die jeweiligen Ergebnisse konnten nicht überzeugen und wirkten in den Text eingetragen. Insofern handelt es sich bei dem hier dargebotenen Aufriss auch nur um eine erste Orientierungshilfe, die an einigen Stellen nicht weit über eine Inhaltsangabe hinauskommt. Ungeachtet dieser Schwierigkeiten im Blick auf eine Gesamtgliederung erweisen sich einzelne Unterabschnitte zum Teil sehr wohl als planvoll angeordnet (besonders Mt 1–10), so dass hier vor allem die Einzelabschnitte ausführlich kommentiert werden.

2.1 Die einzelnen Abschnitte

2.1.1 Vorgeschichte (1,1–4,16)

Die Vorgeschichte ist ein *heilsgeschichtliches* und *christologisches Präludium*. In diesem wird *Jesus Christus* als der *Gottessohn* eingeführt und gedeutet, in dem Gott sich den

1 Ein Versuch will das Evangelium nach seinen angeblich fünf Reden (in Wirklichkeit sind es sechs) in fünf Bücher einteilen, als Parallele zu den fünf Büchern Mose. Ein anderer Versuch will die von Matthäus geschätzte ringförmige Anordnung von Stoffen auf das ganze Evangelium übertragen (mit Kap. 13 als Mitte).

Menschen zuwendet (1+2) und der sich seinerseits ganz von diesem „himmlischen Vater" her versteht (3+4).

Vorgestellt wird Jesus allerdings zunächst mit einem ausführlichen Stammbaum (1,1–17) als Davidssohn und Abrahamssohn (1,1). Damit wird er zum einen (im Unterschied zum Gewaltherrscher Herodes) als berechtigter Anwärter auf den Davidsthron und damit als legitimer Erbe der Verheißungen ausgewiesen (vgl. 21,38), zum anderen aber als Nachkomme Abrahams auch schon über Israel hinaus auf die Völker bezogen[2]. Letzteres unterstreicht wohl auch die (durchaus ungewöhnliche) Nennung von vier Frauen im Stammbaum, die bezeichnenderweise keine Israelitinnen waren[3]. Den *Gottessohn* führt die folgende Erzählung ein, in der ein Engel dem Josef die Umstände der Schwangerschaft Marias erläutert. Entscheidend ist dabei nicht das Mirakel einer vaterlosen Schwangerschaft, sondern die väterliche Zuwendung Gottes: In diesem Kind, so der Deuteengel, befreit Gott sein Volk von seinen Sünden (1,21); Jesus ist der „Immanuel", der „Gott mit uns" (1,23).

Es folgt die eigentliche „Weihnachtsgeschichte" mit der Anbetung der Magier. Sie lebt vom Kontrast: Während die Heiden kommen und anbeten, stellen sich der jüdische König und seine Untertanen gegen Jesus (2,1–12). Noch bewahrt Gott seinen Sohn, doch in dieser Spannung und ihren Folgen, dem Kindermord (2,16–18) und der Flucht nach Ägypten (2,13–15), fallen die Schatten des Kommenden schon auf das Neugeborene. Von Anfang an wird dieser Gottessohn, der andere, „sanftmütige" König (21,5), sozusagen der göttliche Gegenentwurf von Herrschaft, abgelehnt und verfolgt, und zwar gerade von dem Volk, zu dem er als Retter kommt! Trotz der anbetenden Magier und des „Bethlehemssterns" ist die Kindheitsgeschichte des Matthäus weit dunkler und härter als die lukanische. Bemerkenswert sind auch die Berührungen der Kindheitsgeschichte mit der des Mose (bis hin zur Flucht nach Ägypten)[4]. In Analogie und Überbietung zu Mose wird dann auch Jesus im Evangelium als Verkündiger und Vollender des Gotteswillens portraitiert (Bergpredigt!).

In den folgenden zwei Kapiteln tritt uns bereits der erwachsene Jesus entgegen, vorbereitet durch Johannes den Täufer (3,1–12), dessen Verkündigung der mat-

2 Von allen Versuchen, die Abrahamssohnschaft sinnvoll zu deuten, scheint der am plausibelsten, unter Verweis auf jüdische Traditionen Abraham als den Vater aller → Proselyten zu verstehen. Er basiert auf der Verheißung an (den unbeschnittenen!) Abraham, dass in ihm *alle* Geschlechter auf Erden gesegnet werden sollen (Gen 12,2f). Auch Paulus nimmt diese Tradition auf (Röm 4). Jesus würde so bereits ganz am Anfang sowohl auf Israel wie auf alle Völker bezogen.

3 Tamar (V. 3), Rahab (V. 5a), Rut (V. 5b) und die Frau des Hetiters Urija, also Batseba (V. 6). Bei Batseba kennen wir die Herkunft nicht, aber der Verweis auf den Hetiter Urija dürfte zumindest im Verständnis des Mt andeuten, dass es sich um eine Ausländerin handelt. „So enthält der Stammbaum einen universalistischen Unterton: Dass der Davidssohn, der Messias Israels, Heil für die Heiden bringt, ist versteckt angedeutet." (Luz, Mt I, 94).

4 Auch der Stammbaum am Beginn des Evangeliums erinnert an die Stammbäume am Beginn der Genesis (Gen 5; 10; 11).

thäische Jesus wörtlich übernimmt: „Tut Buße, denn das Himmelreich ist nahe herbeigekommen!" (3,2; 4,17)[5]. Jesus tritt mit seiner Botschaft in die Spuren eines radikalen Bußpredigers, der eben wegen seiner unbequemen Botschaft getötet wird[6]. In der Taufperikope folgt dann die Proklamation als Gottessohn durch Gott selbst: Durch ein eingefügtes Gespräch mit dem Täufer erklärt Jesus die Ungewöhnlichkeit seiner Taufe aus ihrem gemeinsamen Auftrag, „alle Gerechtigkeit zu erfüllen" (3,15). Als Antwort auf diese Haltung proklamiert nun Gott selbst Jesus öffentlich[7] als seinen Sohn. Gerade im Gehorsam (und nicht in übermenschlicher Macht) besteht das Wesen der Gottessohnschaft. Dies unterstreicht die folgende Versuchungsgeschichte (Mt 4,1–11), wo Jesus im Streitgespräch mit dem Teufel dessen vom Machtgedanken bestimmtes Verständnis eines Gottessohnes ohne Gott zurückweist. Wieder kommentiert von einem Prophetenwort beginnt Jesus dann seine Verkündigungstätigkeit im „Galiläa der Heiden" als das „Licht" für das „Volk, das in Finsternis saß" (4,12–17).

2.1.2 **Der vollmächtige Christus und seine Gemeinschaft (4,17–11,30)**

Rückblickend wird der Abschnitt 4,17–10,42 von Matthäus als *„die Werke des Christus"* (Mt 11,2) zusammengefasst. Dazu gehört bezeichnenderweise in erster Linie die Verkündigung Jesu, die Bergpredigt (5–7). Wie ein Blick auf die Gliederung zeigt, ist auch das weitere Evangelium durch diese großen Reden Jesu strukturiert. In erster Linie ist also der matthäische Christus *Lehrer*, der in seiner „vollmächtigen Lehre" (vgl. 7,28f) die Neuordnung der Welt durch Gott ankündigt (vgl. 5,3–12) und zu einer entsprechenden Verhaltensänderung aufruft (Stichwort: „tun"). Erst danach folgt in Mt 8f der → „Messias der Tat"; die Heilungen sind also bewusst der Orientierung am Willen Gottes nachgeordnet[8]. In diesem Abschnitt finden sich die meisten und größten Wunder Jesu (Aussatzheilung, Fernheilung, Sturmstillung, großer → Exorzismus, Totenauferweckung), wobei allerdings auch hier Ablehnung und Anfeindung den Weg Jesu begleiten und überschatten (vgl. 9,3–6.11–13.14–17.34). Umgekehrt wird von Jesus gleich in der ersten Szene der Glaube des heidnischen Hauptmannes dem Unglauben und der daraus folgenden Verwerfung der „Kinder des Reichs" kontrastiert (8,10–12).

Aber aufs engste ist die von ihm gestiftete und beauftragte Gemeinschaft mit dem Messias des Wortes und der Tat verbunden. Die erste Tat Jesu ist am Anfang dieses Hauptteiles die Berufung der ersten Jünger (4,18–22). Die folgende Berg-

5 Auch das Bild vom Baum, dem die Axt schon an die Wurzel gelegt ist (3,10), wird von Jesus in der Bergpredigt wiederholt (7,19).

6 Dieser Zusammenhang wird von Jesus bei den letzten Auseinandersetzungen in Jerusalem wieder betont (vgl. 21,25f.32).

7 Nicht als Anrede wie in Mk 1,11 (*„du bist* mein geliebter Sohn..."), sondern als Proklamation (*„dies ist* ...").

8 Nicht nur die räumliche Nachordnung zeigt die Überlegenheit der Lehre; auffällig ist auch, dass Matthäus die Wunderüberlieferung zugunsten der Wortüberlieferung kürzt. Dies zeigt z.B. der synoptische Vergleich in Mt 8f.

predigt ist zwar an alle Zuhörer gerichtet, aber die Jünger werden noch einmal besonders als Adressaten hervorgehoben (5,1). Sie sind „Salz der Erde" und „Licht der Welt" (5,13f), wenn ihre Gerechtigkeit „besser ist als die der Schriftgelehrten und Pharisäer" (5,20). Auch der Wunderzyklus von Mt 8f ist von Verweisen auf die neue Gemeinschaft um Jesus durchzogen, so die Worte über die Nachfolge (8,18–22), eine Berufungsgeschichte (9,9–13), ein Streitgespräch über das Verhalten der Jünger (9,14–17) sowie zuletzt ein Verweis auf die Notwendigkeit vieler „Arbeiter" bei der Ernte des Herrn (9,35–38). Letzteres leitet bereits über zu der *Aussendungsrede*, die man als *die → ekklesiologische Verlängerung des Wirkens Jesu* bezeichnen könnte, denn Jesus übergibt in 10,1 den Jüngern ausdrücklich die „Vollmacht" (*exousia*), die er selbst zuvor in Wort (7,29) und Tat (9,6.8) gezeigt hat. Zwar fällt in diesem Zusammenhang noch nicht das Stichwort „Kirche" – dies bleibt für die nachösterliche Gemeinde reserviert (16,18; 18,17) – aber die Vorstellung einer zum Messias gehörenden Gemeinschaft ist für das Evangelium zentral. Deutlich wurde dies auch schon in der Bergpredigt, wo den Jüngern das → soteriologische Ehrenprädikat „Licht der Welt" zugesprochen wird (5,14), das sonst exklusiv für Jesus selbst als Heilsbringer reserviert ist (4,16; vgl. Joh 8,12).

2.1.3 **Worte, Wunder und Konflikte (12,1–16,12)**

Bereits in der Antwort auf die Täuferanfrage 11,4–6 hatte Jesus sein Wunderwirken als Gottes Handeln durch ihn beschrieben, durch das in dieser Welt bereits Gottes Zukunft anbricht. Der darauf folgende Abschnitt 12,1–16,12 enthält noch einmal einige größere Wunder Jesu, die zum Teil sogar im Vergleich zu den anderen Evangelien gesteigert werden, um die göttliche Vollmacht Jesu herauszustreichen (vgl. 14,21b.28–31; 15,38b). Aber dem hier noch einmal aufscheinenden Heil sind die Warnungen, Mahnungen und Konflikte, die nun das Gesamtbild bestimmen, kontrastierend gegenübergestellt. Den Mittelpunkt bildet die Gleichnisrede Kap. 13. Wie bei allen Reden des ersten Evangeliums geht es letztlich auch hier um das rechte Verhalten, wobei dieses Thema in der Gleichnisrede auf dem Hintergrund des unentwirrbaren Ineinanders von „Gerechten" und „Bösen" verhandelt wird, eines Ineinanders, das erst bei deren Scheidung im Jüngsten Gericht ein Ende haben wird (vgl. bes. 13,24–30.36–43.47–50). Zielt dies vor allem auf die Gemeinde im Inneren, so wird in den Ausführungen der Gleichnisrede zur Verstockung zugleich wieder der Gegensatz zu „diesem Volk" (13,15) hervorgehoben. Diese Frontstellung ist ein weiterer Schwerpunkt dieses Abschnittes, der schon programmatisch mit zwei Streitgesprächen beginnt, an deren Ende ein Todesbeschluss der Gegner steht (12,1–14). Gleich zweimal wird die Ablehnung der Zeichenforderung der → Pharisäer (und → Sadduzäer) mit einer Generalabrechnung Jesu verbunden (12,38–42; 16,1–12). Auch die große Auseinandersetzung über rein und unrein zielt in dieselbe Richtung (15,1–20).

2.1.4 **Der Weg zur Passion (16,13–20,34)**

Die Abgrenzung dieses Abschnittes vom vorherigen ist vor allem thematisch bedingt: Die drei Leidensweissagungen mit den entsprechenden Aufforderungen zur Kreuzesnachfolge (16,21–28; 17,22f; 18,1–5; 20,17–28) geben ihm eine relativ einheitliche Ausrichtung: Jesu Weg zum Leiden weist auch den Nachfolgern die Richtung. Auch hier steht eine Rede im Zentrum, nun die Gemeinderede Kap. 18, die Demut, Rücksicht und vor allem Vergebungsbereitschaft als das in der Nachfolge Jesu geforderte Verhalten der Christen untereinander verlangt. Die Behandlung weiterer Fragen zu Gemeindezucht, Nachfolge usw. in diesem Teil bestätigt wieder das besondere Interesse des ersten Evangeliums an der Gemeinde/Kirche. Im Unterschied zu den vorherigen Hauptteilen finden sich hier nur noch zwei, vergleichsweise unspektakuläre Wunder (17,14–20; 20,29–34)!

2.1.5 **Die letzten Tage in Jerusalem (21–25)**

Mit der Ankunft in Jerusalem beginnt der letzte Akt des Evangeliums, Passion und Ostern. Vor der eigentlichen Passion hat der Evangelist noch einen relativ ausführlichen Vorspann. Dieser lässt sich in einen dialogischen und einen monologischen Abschnitt aufteilen (21f bzw. 23–25), wobei sich der zweite Abschnitt aufgrund des Wechsels der Adressaten, des Ortes sowie vor allem der Thematik nochmals in die Pharisäerrede (23) und die Endzeitrede (24f) zweiteilen lässt.

Der erste, vorwiegend „dialogische" Teil Mt 21f zeigt dabei die Eskalation der Auseinandersetzung zwischen Jesus und den jüdischen Autoritäten. Ausgelöst wird der Konflikt durch den messianischen Einzug und die Tempelreinigung, unterstrichen noch durch die provokative Verfluchung des unfruchtbaren Feigenbaumes. Das → Synhedrium reagiert mit der inquisitorischen Vollmachtsfrage (21,23–27). Jesus weist den darin enthaltenen Anspruch, über ihn zu urteilen, ab und geht zum Gegenangriff über: Die Reihung der drei Parabeln 21,28–22,14 schildert – steigernd aufeinander bezogen – Schuldspruch (21,32), Strafzumessung (21,43) und Strafvollzug (22,7) an denen, die sich im Besitz des „Erbes" glauben und doch Gottes Ruf nicht nachkommen; ein Urteil, das die Synhedristen auch gleich auf sich beziehen (21,45). Dabei bleibt dieses Gericht auch die drohende Möglichkeit jedes Christen (22,11–14). Es folgen noch vier Streitgespräche mit Jesu Stellungnahmen zu vier zentralen theologischen Fragen: Kaisersteuer, Auferstehung, höchstes Gebot und die Davidssohnfrage[9].

Die massivste Anklage gegen das pharisäisch geprägte Judentum zur Zeit des Matthäus stellt die folgende *Pharisäerrede Mt 23* dar, eine situationsbedingte und nicht unproblematische (s.u. S. 90–92) Aburteilung der schriftgelehrt-pharisäischen Bewegung. Die letzte Rede Jesu ist die *Endzeitrede Mt 24f*, die nach den Schilderungen der Schrecken der Endzeit, die sich auch bei Markus und Lukas finden, mit den drei Gleichnissen vom treuen und vom schlechten Knecht, von den zehn Jungfrauen und von den Talenten sowie mit der abschließenden Erzählung vom

---

9 Vgl. o. S. 63–68.

Endgericht ein ganz eigenes Gepräge erhält. Der Schwerpunkt liegt hier auf der intensiven Ermahnung und Warnung, angesichts der Verzögerung der Wiederkunft des Herrn (24,48; 25,5.19) nicht mit der Wachsamkeit und Bereitschaft nachzulassen, sondern den Willen Gottes zu tun, da dies allein über die eigene Zukunft entscheidet.

2.1.6 Passion und Ostern (26–28)

Mit einer erneuten Leidensweissagung, der gleich ein nochmaliger Todesbeschluss durch das Synhedrium folgt, beginnt 26,1–5 die eigentliche Passionsgeschichte. Wie bei Markus schildert Matthäus die Salbung in Betanien, den Verrat des Judas, die Zurüstung zum → Passamahl und die Einsetzung des Herrenmahles, den Gang zum Ölberg, das Gebet in Getsemani, die Verhaftung, das Verhör vor dem Hohen Rat, die Verleugnung des Petrus, die Übergabe an Pilatus, das Verhör durch Pilatus, die Präsentation mit Barabbas, Verurteilung, Verspottung, Kreuzigung, Tod und Begräbnis.

Eigene Akzente hat der Evangelist vor allem in Nebenszenen gesetzt, die sich nur bei ihm finden. Dazu gehört die Erzählung von der vergeblichen Umkehr und dem Selbstmord des Judas (27,3–10). Diese harte Geschichte belastet besonders die Mitglieder des Synhedriums, die das von Judas zugegebene Unrecht kalt lässt. Eben diese verstärkte Schuldzuweisung an jüdische Gruppen zeigen auch weitere Einzelzüge der Matthäuspassion, so die Intervention der Frau des Pilatus (27,19), die Jesus aufgrund eines Traumes ausdrücklich als Gerechten bezeichnet. Sie kann damit das Urteil nicht aufhalten, doch als Pilatus schließlich dem Drängen des Volkes nachgibt, tut er dies unter ausdrücklicher persönlicher Distanzierung (durch sein berühmtes Händewaschen, 27,24). Dem folgt dann die Schuldübernahme durch das „ganze Volk" im sog. „Blutwort" (27,25). Damit wird Jesus selbst durch den römischen Statthalter gewissermaßen freigesprochen, und umgekehrt wird die Schuld an seinem Tod ausschließlich dem „ganzen Volk" aufgebürdet. Dies setzt sich noch bis in die Auferstehungserzählungen Mt 28 fort, wenn die Hohenpriester und Ältesten die Soldaten als Zeugen der Auferstehung bestechen, damit sie diese verschweigen und das leere Grab als Folge des Diebstahls der Jünger ausgeben (28,11–15).

Das Besondere der Matthäuspassion zeigt sich in dem fundamentalen Umbruch, der sich mit Jesu Tod vollzieht: Wenn hier nicht nur der Tempelvorhang zerreißt, sondern die Erde bebt und Felsen zerspringen und (noch vor Jesu eigener Auferstehung!) sich die Gräber öffnen und die Toten auferstehen (27,51–53), dann macht dieses → apokalyptische Szenario deutlich, dass nun die neue Welt anbricht. Die Folge dieses Umbruches lässt dann vor allem die Schlussszene mit der letzten Erscheinung Jesu auf dem Berg in Galiläa erkennen; der so elend am Kreuz Gestorbene stellt sich jetzt seinen Jüngern als der Inhaber der göttlichen Macht dar: „Mir ist gegeben alle Gewalt im Himmel und auf Erden." (28,18) Als dieser Herr sendet er nun seine Jünger mit dem Missionsbefehl zu allen Völkern (28,19), wobei ausdrücklich nochmals der Gehorsam gegen Jesu Lehre thematisiert wird

(28,20a). Doch nicht die Forderung hat das letzte Wort, sondern die Zusage der bleibenden Gegenwart des Welt- und Himmelsherrschers bei seiner Gemeinde (28,20b).

2.2 Die Gesamtanlage

Trotz der erwähnten Schwierigkeiten einer Gliederung lässt sich auf der anderen Seite doch feststellen, dass Matthäus in der Anordnung seines Evangeliums Akzente setzt, und zwar vor allem dadurch, dass er die Jesusüberlieferung stark systematisiert, indem gleichartiger Stoff nach sachlichen und → katechetischen Gesichtspunkten zusammengestellt wird. Dem verdankt sich auch die auffälligste Besonderheit des Evangeliums, die großen Reden, die Jesus als den Lehrer zeigen, der Gottes Willen vermittelt und seine Jünger – sozusagen als von der Liebe geprägte Kontrastgemeinschaft – danach ausrichtet.

B Geschichtliche Einordnung

1. Der Autor

Der Name Matthäus wurde dem Evangelium erst später zugeschrieben und verdankt sich wohl dem Bedürfnis, einen der zwölf Jünger zum Urheber der Schrift zu machen (vgl. Mt 9,9; 10,3). „Dass ein unmittelbarer Augenzeuge sich auf das Werk eines Nicht-Augenzeugen gestützt hätte, ist schwer denkbar."[10]

Nähe zum Judentum

Der Autor ist jüdischer Herkunft. Seine Gemeinde zeichnet sich durch Toratreue aus (Mt 5,17ff). Sie hält wohl am Ritualgesetz fest.

Können wir zu den persönlichen Lebensdaten des Evangelisten nichts sagen, so doch zum Hintergrund jenes urchristlichen → „Rabbis und Katecheten" (E. v. Dobschütz), der eine im Neuen Testament einzigartige Nähe zum (schriftgelehrten) Judentum aufweist. Diese zeigt sich schon in der Toratreue der Gemeinde, wie sie etwa in 5,17ff festgestellt wird. Dazu passen weitere Einzelzüge: So wird das Gebot in 15,4 nicht auf Mose (so Mk 7,10), sondern direkt auf Gott zurückgeführt. In Mt 24,20 wird die Aufforderung von Mk 13,18: „Bittet aber, dass die Flucht nicht im Winter geschehe.", noch durch die Hinzufügung „und nicht am Sabbat" ergänzt. Auch am Ritualgesetz scheint seine Gemeinde noch festzuhalten (Mt 23,23: Verzehnten von Minze usw.).

Aufschlussreich sind aber auch einige Texte, die sich so nur bei Matthäus finden und die typisch → rabbinischen Charakter aufweisen (vgl. 12,5f.11f). Diese Zusätze stammen wohl aus der schriftgelehrten Diskussion in der Gemeinde (oder Schule) des Autors. „Der unbekannte Autor des ersten Evangeliums ist – darin Paulus vergleichbar – ein Wanderer zwischen zwei Welten. Er hat vermutlich eine palästi-

10 Roloff, Einführung, 162.

nisch-jüdische schriftgelehrte ‚Grundausbildung' erhalten und versteht sich selbst, in schroffer Antithese zu den jüdisch-pharisäischen ‚Weisen', als christlicher ‚Schriftgelehrter', wobei er freilich der palästinisch-jüdischen (und judenchristlichen) Tradition noch nähersteht als sein aus Cilicien stammender ‚Kollege' Paulus. Kein Wunder, dass gerade sein Werk einem oder gar mehreren judenchristlichen Evangelien zugrunde gelegt wurde und stark auf das Judenchristentum eingewirkt hat."[11]

2. Abfassungszeit und -ort

Zeit und Ort

Das Matthäusevangelium wurde vermutlich zwischen 80 und 90 n.Chr. in Syrien verfasst.

Der Verfasser des Matthäusevangeliums war in Griechisch sprechender Umgebung zuhause und hat für Griechisch sprechende Christen geschrieben, die freilich mehrheitlich (wie der Verfasser selbst) jüdischer Herkunft gewesen sein dürften. Das deutet am ehesten nach Syrien, wo eine große jüdische, Griechisch sprechende → Diaspora lebte. In Syrien wird auch das Evangelium erstmals durch Ignatius von Antiochien (im ersten Viertel des zweiten Jahrhunderts) bezeugt[12]. Für Syrien spricht weiter die Bezeichnung → Nazoräer (2,23), die die syrische Bezeichnung der Christen war, sowie die Erwähnung Syriens in 4,24. Zudem lässt Matthäus eine östliche Lokalperspektive auf → Palästina erkennen[13]. Zum genauen Entstehungsort lässt sich nichts sicheres mehr sagen; wahrscheinlich entstand das Evangelium in einer Stadt, möglicherweise in Antiochia[14]. Der Evangelist setzt die Zerstörung Jerusalems voraus (vgl. 22,7). Das Evangelium ist also nach 70 entstanden. Frühester Beleg für die Benutzung des Matthäusevangeliums dürfte der erste Petrusbrief sein, der wohl zwischen 85 und 95 verfasst wurde[15]. Für das Matthäusevangelium ergäbe sich daraus eine Entstehungszeit zwischen 80 und 90 n.Chr.

3. Die Vorlagen des Evangeliums und ihr Einfluss auf Matthäus

Das Matthäus-, das Markus- und das Lukasevangelium stimmen in vielen Punkten miteinander überein, nicht nur im Aufriss und der Ereignisabfolge, sondern auch im Wortlaut (deshalb → Synoptiker, von *synopsis*, „Zusammenschau"). Das erklärt sich nur durch literarische Abhängigkeit (zumal die Evangelien griechisch geschrie-

11 So die treffende Charakteristik von M. Hengel, Zur matthäischen Bergpredigt und ihrem jüdischen Hintergrund, ThR 52, 1987, 327–400: 346.

12 IgnSm 1,1 zitiert Mt 3,15, IgnSm 6,1 spielt auf Mt 19,12 an, und der Brief an Bischof Polykarp zitiert Mt 10,16 (IgnPol 2,2).

13 Vgl. G. Theißen, Lokalkolorit und Zeitgeschichte in den Evangelien. Ein Beitrag zur Geschichte der synoptischen Tradition, NTOA 8, Freiburg/Schweiz u.a. 2. Aufl. 1992, 261–264.

14 Vgl. Luz, Mt I, 73–75.

15 Vgl. u. S. 327–329.

ben sind und Jesus aramäisch gesprochen hat). Nähere Beobachtung zeigt weiter, dass die drei Evangelien sowohl im Wortbestand wie in der Anordnung einander am nächsten sind, wo sie mit dem (mit Abstand kürzesten) Markusevangelium parallel gehen. Übereinstimmungen von Matthäus und Lukas gegen eine Markusparallele sind dagegen verhältnismäßig selten. Schließlich fällt auf, dass Matthäus und Lukas zwar über Markus hinaus gemeinsame Texte haben, diese jedoch im Unterschied zum Markusstoff zumeist an jeweils anderer Stelle einfügen (so sind die Bestandteile der matthäischen Bergpredigt bei Lukas über das ganze Evangelium verteilt).

Zwei-Quellen-Theorie

1. Markus-Priorität
2. Logienquelle
3. Sondergut

Aufgrund dieser Besonderheiten, aber auch aus Plausibilitätsüberlegungen[16] heraus, kommen weder Matthäus noch Lukas als Vorlage der anderen Evangelien in Frage. Der Befund lässt sich am besten mit der so genannten Zwei-Quellen-Theorie deuten. Diese besagt:

1. Das Markusevangelium bildete die erste gemeinsame Vorlage für die beiden anderen Evangelien[17].

2. Aus den Übereinstimmungen zwischen Matthäus und Lukas wurde eine weitere gemeinsame Quelle erschlossen, die beide Evangelisten unabhängig voneinander in den Markusaufriss eingearbeitet haben dürften[18]. Da es sich hierbei hauptsächlich um Wortüberlieferung handelte, wird diese Quelle die Rede- oder → Logienquelle genannt (Siglum: Q).

3. Über diese beiden gemeinsamen Vorlagen hinaus haben Matthäus und vor allem Lukas noch eine nicht unbeträchtliche Anzahl von Texten, die sich nur in ihrem Evangelium finden. Man bezeichnet dies mit dem Sammelbegriff „Sondergut" (SG bzw. je nach Evangelium SG^{Mt} und SG^{Lk}), wobei mit diesem Begriff Material unterschiedlicher Herkunft und Beschaffenheit bezeichnet werden kann (Schriftliches und Mündliches, Einzelüberlieferungen und zusammenhängende Textsammlungen).

Graphisch lässt sich das Ganze so darstellen:

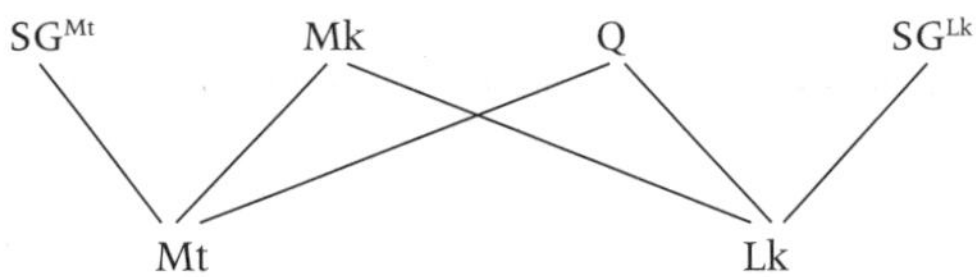

Bei alledem handelt es sich um eine Hypothese, die sich allerdings immer wieder erstaunlich gut bewährt. Ihre einzige Schwachstelle sind gelegentliche Übereinstimmungen zwischen Matthäus und Lukas gegen Markus (sog. → minor agreements), die bisweilen so auffällig sind, dass sie sich nur gewaltsam als Zufall erklären

16 Warum hätte Markus die anderen Evangelien so radikal kürzen sollen? Warum hätte Matthäus die berühmten lukanischen Gleichnisse auslassen, warum Lukas die Bergpredigt zerstören sollen? Vgl. Strecker/ Schnelle, Einführung, 46–63.

17 Vgl. Lk 1,1, wo der Evangelist auf Vorgänger verweist.

18 Daher die verschiedene Position dieses Stoffes im jeweiligen Evangelium. Das Interessante ist freilich, dass sich – wenn man den Q-Stoff aus dem jeweiligen Evangelium isoliert – trotz der unterschiedlichen Kompositionsmethode beider Evangelisten eine teilweise übereinstimmende Reihenfolge aufzeigen lässt (vgl. Kümmel, Einleitung, 39).

lassen. Sie sind der Grund dafür, dass die Zwei-Quellen-Theorie manchmal in Frage gestellt wird (ohne dass allerdings bislang eine wirklich überzeugende Alternative in Sicht wäre). Eine mögliche Erklärung für die „minor agreements" ist die Vermutung, dass das Markusevangelium den beiden Seitenreferenten in einer etwas anderen Fassung als uns heute vorlag.

Matthäus hat etwa die Hälfte seines Stoffes aus Markus, etwas mehr als ein Viertel aus Q und etwas weniger als ein Viertel aus dem Sondergut. Auch wenn sein Evangelium, wie noch gezeigt wird, eine sehr eigenständige Antwort auf die Herausforderungen seiner Zeit war, so tat Matthäus dies doch nicht aus eigener Autorität, sondern in Aufnahme von Tendenzen, die er in seinen Quellen vorfand und die er nur seinem Kontext entsprechend akzentuiert hat. Folgende Positionen seiner Quellen prägten das erste Evangelium:

– Von *Markus* übernahm Matthäus den *Erzählentwurf*, die zentrale Bedeutung des *Gottessohntitels* sowie die Verbindung der Geschichte Jesu mit der eigenen Existenz in der *Nachfolge*.
– Nicht übernommen hat Matthäus die Gesetzeskritik des Markus; für ihn ist (wie für Q) *Jesu Verkündigung die neue Akzentuierung des gültigen Gottesgesetzes* (vgl. Mt 23,23–26/Lk 11,39–42 =Q), wobei für den Evangelisten allerdings die Zusammenfassung der Tora im Liebesgebot Schlüsselfunktion hat.
– *Mit Q gemeinsam* hat Matthäus auch die *zentrale Bedeutung des Gerichts*: Alle Reden außer Kap. 10 (5–7; 13; 18; 23; 24+25) gipfeln im drohenden Gericht. Auch in beider Christologie spielt *der als Weltenrichter kommende Menschensohn* die entscheidende Rolle. Beide prägt endlich die *Auseinandersetzung mit Israel.*

Der Evangelist hat also verschiedene Traditionen in sein Evangelium aufgenommen, aber er hat sie auch in ganz eigener Weise zu einer neuen und eigenständigen Einheit umgeschmolzen. Um dies zu verstehen, muss zunächst noch als zweite Wurzel der matthäischen Theologie deren Bezug zur Situation der Gemeinde(n) erhellt werden, für die dieses Evangelium zuerst geschrieben wurde.

4. Situation und Adressaten

4.1 Die äußere Situation: Bedrängnis und Ausgrenzung

Was die äußere Situation betrifft, so war die matthäische Gemeinde – wie die meisten frühchristlichen Gemeinden – eine bedrängte Gemeinde. Sie wurde zum einen von ihrer → paganen Umwelt abgelehnt und bedrückt, wobei weniger das behördliche Vorgehen gegen Christen (vgl. 10,17f) als vielmehr die gesellschaftliche Diskriminierung und Ablehnung im Vordergrund steht[19]. Daneben war es aber auch

19 „Und des Menschen Feinde werden seine eigenen Hausgenossen sein." (Mt 10,36) – so das vielleicht von Matthäus in Anschluss an Micha 7,6 selbst formulierte Fa-

die jüdische Mitwelt, die mit der definitiven Ausgrenzung auf die Christen reagierte. Diese Ausgrenzung der Christen hatte wesentlich mit dem fundamentalen inneren Umbruch zu tun, der sich um diese Zeit im Judentum vollzog und alle Lebensbereiche umgriff[20]. Bezeichnenderweise kommt der Evangelist mehrmals über seine Vorlagen hinaus auf diese Ausgrenzung zu sprechen; so spricht er vom Auspeitschen in den → Synagogen und der Denunziation vor den heidnischen Lokalgerichten. Dies verstärkte einerseits die äußere Bedrängnis, weil die christlichen Gemeinden dadurch jenes Schutzes verloren gingen, den die jüdische Glaubensgemeinschaft von der Versammlungsfreiheit bis hin zur Dispensierung vom → Kaiserkult[21] hatte. Von solchen äußeren Bedrängnissen abgesehen, hatte dies aber auch auf die innere Situation der Gemeinde des Matthäus unmittelbare Rückwirkungen, die – wie der Vergleich des Matthäusevangeliums mit anderen Schriften zeigt – wie kaum eine andere uns bekannte frühchristliche Gemeinde aus jüdischen Wurzeln lebte. Der Bruch zwischen der Gemeinde des Matthäus und dem pharisäisch geprägten Judentum war zwar schon vollzogen, er lag aber sicher erst relativ kurz zurück. Das vollzogene → Schisma nötigte die Gemeinden bzw. ihre geistigen Führer zur Begründung einer eigenen Identität, die diesen Bruch *theologisch* verarbeitete – im Gegenüber zu einem Judentum, das sich zunehmend als einheitliche Größe präsentierte. Zudem kam die christliche Gemeinde durch die Aufnahme von Heiden und den Verzicht auf deren Beschneidung unter zusätzlichen Rechtfertigungsdruck. Daher musste die Legitimation der christlichen Gemeinde von neuem und umfassender als bisher begründet werden.

Ein Beispiel sind etwa die Konkretisierungen und Ergänzungen zu den aus der Logienquelle übernommenen, formelhaften Verfolgungslogien: So präzisiert Matthäus sowohl in der Aussendungsrede wie in der Pharisäerrede die jüdischen Verfolgungsmaßnahmen als Nachstellung von Stadt zu Stadt (23,34) und Auslieferung an die Lokalgerichte (10,17). Weiter ersetzt er einmal die Vorführung vor die Synagoge durch das Auspeitschen in dieser (10,17, anders Lk 21,12), ein weiteres Mal fügt er dieses „Auspeitschen in den Synagogen" als eine Strafmaßnahme eigens hinzu (23,34, anders Lk 11,49). Dabei ist zwar immer zu berücksichtigen, dass derartige Aussagen nicht einfach neutral und objektiv die Wirklichkeit der Gemeinde beschreiben, sondern wiedergeben, *wie die Gemeinde ihre Wirklichkeit erlebt und gedeutet hat*. An der massiven Ablehnung durch die Synagoge ist aber nicht zu zweifeln. Diese Ablehnung dürfte auch zeitgeschichtliche Gründe haben[22].

Noch bei der Hinrichtung des Herrenbruders Jakobus durch den sadduzäischen Hohenpriester im Jahr 62 regte sich allerdings unter Juden deutlich Widerstand, der

zit in der Aussendungsrede, die eben diese Entfremdung und Feindschaft in Familie und Nachbarschaft mehrmals aufzeigt (vgl. dazu Feldmeier, Die Christen als Fremde [s.o. S. 50, Anm. 8], 105–132).

20 Vgl. o. S. 68f.

21 Vgl. das Edikt des Claudius CPJ 153; weiter den bei Josephus Ant 14,213–216 zitierten Brief des Konsuls Julius Gaius an Caesar; zum Ganzen siehe Schürer, History, Bd. III/1, 126ff.

22 Vgl. Hengel, Bergpredigt, 374: „Bei dem besonderen Druck auf die Juden unter Domitian (81–96) mochte ein Hinweis auf die gefährliche neue, messianisch-eschatologische Sekte Entlastung bringen."

zur Absetzung des dafür verantwortlichen Hohenpriesters führte (Josephus, Ant 20,200–203; vgl. auch Euseb, Kirchengeschichte II 23,17ff). Das zeigt, wie lange Christen, die sich an das jüdische Gesetz hielten, zumindest von Teilen des Judentums noch als ihresgleichen anerkannt wurden. Von daher wird man die endgültige Trennung nicht zu früh ansetzen dürfen, und man wird sich auch davor hüten müssen, sich den Bruch zu glatt vorzustellen. Die Zerstrittenheit der Jerusalemer Juden über die Hinrichtung des Herrenbruders zeigt, dass es innerhalb des Judentums sehr unterschiedliche Auffassungen gab. Auch regionale Unterschiede sind zu beachten.

4.2 Die innere Bedrohung: Kleinglaube und Gesetzlosigkeit

Die Situation wurde noch verschärft durch die Gefahren, die die Gemeinden nach Ansicht des Matthäus im Inneren bedrohten. Sie lassen sich ganz allgemein als das Problem einer nachlassenden inneren Spannkraft beschreiben. Ein in diesem Zusammenhang wichtiger Begriff ist das Wort „kleingläubig" bzw. „Kleinglaube", ein Vorzugswort des ersten Evangeliums[23]. Dieser Sprachgebrauch ist bemerkenswert. Denn das Neue Testament kennt in der Regel nur den Gegensatz von Glauben und Unglauben. Für Matthäus stand dagegen nun nicht mehr nur die hinter dem Gegensatz Unglaube-Glaube stehende Bekehrung zu Christus im Zentrum. Mit dem Begriff des Kleinglaubens wurde nun auch im Glaubensbegriff selbst differenziert. An Bedeutung gewinnt die Frage, welche Folgen die Bekehrung im Alltag hatte, wie man sich als Christ bewährte. Beispielhaft macht dies die Erzählung vom sinkenden Petrus deutlich (Mt 14,28–31): Der Jünger, der nicht mehr allein auf Jesu Wort vertraut, sondern vom Meister weg auf die anstürmenden Gefahren sieht, wird von Furcht übermannt und versinkt in den Fluten. Eben dieses Verhalten wird hier von Jesus als „Kleinglaube" getadelt. Dieses warnende Beispiel hielt Matthäus seinen Gemeinden vor – eben weil solcher „Kleinglaube" dort offenbar ein Problem war.

Das Problem der nachlassenden Spannkraft erstreckte sich aber auch auf den *ethischen Bereich*. Die im ganzen Evangelium fast beschwörend vorgetragene Forderung nach den „Früchten" bzw. dem Tun zeigt dies ebenso deutlich wie die unmissverständliche Ablehnung jeder Theologie, die Jesus die Auflösung oder auch die Relativierung der Tora zuschreibt (Mt 5,17). Im Blick auf die Gemeinde(n) wird dieses Problem am deutlichsten greifbar in der Kritik des matthäischen Christus an der *„Gesetzlosigkeit"* bzw. *„Toralosigkeit"* (*anomia*) – ein Wort, das in den Evangelien

23 Mt hat dieses Wort einmal in der Logienquelle gefunden. Dort kennzeichnet es die Sorge um das eigene Leben (Lk 12,28 par. Mt 6,30). In dieser Bedeutung begegnet der Begriff auch häufiger in der jüdischen Tradition (vgl. die Belege bei Strack/Billerbeck, Kommentar, Bd. 1, 439). Offenbar hat es ihm dieser Begriff angetan, denn er hat ihn im folgenden weitere viermal redaktionell eingefügt (8,26; 14,31; 16,8; 17,20) sowie parallel dazu dann auch vom „großen Glauben" (Mt 15,28) gesprochen bzw. vom Glauben, der nicht zweifelt (Mt 21,21).

nur bei Matthäus begegnet, und zwar viermal an bezeichnenden Stellen. So spielt der Begriff eine wichtige Rolle in der Auseinandersetzung mit den so genannten Pseudopropheten. Verstehen die anderen Evangelien darunter falsche Deuter von Endereignissen, so meint Matthäus damit vor allem christliche Lehrer, die es nach seiner Meinung mit der Verbindlichkeit des in der Schrift geoffenbarten Gotteswillens, mit der → Tora, nicht mehr so genau nahmen. Eben dies aber bedeutet für Matthäus „Toralosigkeit", was für einen jüdisch geprägten Theologen wie Matthäus mit dem Abfall bzw. Rückfall ins Heidentum gleichzusetzen ist! Die beiden wichtigsten Stellen sind dabei Mt 7,15ff, das Ende der Bergpredigt, und Mt 24,11f, der Eingangsteil der großen → apokalyptischen Rede. Beidemale wird vom ersten Evangelisten deutlich gemacht, wie es gerade durch Christen, die die Tora nicht mehr ernst nehmen, zu Auflösungserscheinungen innerhalb der Gemeinde kommt, die im „Erkalten der Liebe" gipfeln.

Das Matthäusevangelium hat es also mit einer doppelten Front zu tun: Nach außen muss sich die christliche Gemeinde gegenüber einem sich um die Tora herum neu formierenden Judentum legitimieren, während sie zugleich im Inneren von Streitigkeiten um die Gültigkeit und den Geltungsbereich eben dieser Tora geschwächt ist. Gerade für einen Autor, der in jüdischer Tradition die Erwählung aufs engste mit dem Gehorsam gegen Gottes Gebot zusammenbindet, ist die Kombination von jüdischer Erneuerung und christlicher Erschlaffung in höchstem Maße bedrohlich: Mit ihr wird die Legitimität der christlichen Gemeinde fraglich.

C Theologisches Profil

1. Das „Volk, das Früchte bringt" – Ethik und Ekklesiologie

Der Evangelist reagiert auf diese Herausforderung mit einer Neubesinnung auf den Zusammenhang von *Gemeindeverständnis*, → *Christologie und Ethik*, wobei diese Neubesinnung in ständiger Auseinandersetzung mit dem jüdischen Gegenüber erfolgt. Ein erster Schritt auf diesem Weg ist die Legitimierung der Gemeinde bzw. „Kirche"[24] durch das Konzept einer *heilsgeschichtlichen Ablösung Israels in seiner bisherigen Verfasstheit durch das neue Volk*, die christliche Gemeinde (die freilich die Mitglieder Israels nicht ausschloss!). Ein wesentliches Moment ist dabei die *Christologie*. Schon der bezeichnende Beginn des Evangeliums mit dem Stammbaum Jesu soll dessen Anspruch als legitimer Erbe der Verheißungen (vgl. 21,38) unterstreichen. In den für ihn so typischen Erfüllungszitaten bemüht sich der Evangelist, das Leben Jesu als Erfüllung des von ihm als Weissagung verstandenen Alten Testaments zu deuten und damit die Heilsgeschichte exklusiv für die christliche Gemeinde zu reklamieren[25]. Auch im Blick auf die Tora ist Jesus derjenige, der in seiner Verkündigung

24 Als einziges Evangelium verwendet Mt den Begriff *ekklēsia*, 16,18; 18,17.

25 Vgl. U. Luz, Das Matthäusevangelium und die Perspektive einer biblischen Theologie, JBTh 4, 1989, 233–248.

den wahren Gotteswillen ungeschmälert und in seiner eigentlichen Intention zur Geltung bringt (5,17–48) und dabei zuerst durch seinen eigenen Gehorsam die ganze Gerechtigkeit erfüllt (vgl. Mt 3,15). Eben dies ist dann auch Maßstab der Zugehörigkeit zum Gottesvolk, das immer stärker im Gegensatz zu Israel definiert wird: Während der irdische Jesus bei Matthäus ausdrücklich betont, dass er nur zu den verlorenen Schafen des Hauses Israel gesandt ist (Mt 15,24, vgl. 10,6), kommt es nach seiner definitiven Ablehnung zur Bildung einer neuen Gemeinschaft aus allen Völkern (vgl. 28,19f). Von Anfang an klingt dieses Thema bei Matthäus immer wieder an (vgl. 8,11f; 13,15), um dann auf dem Höhepunkt der Auseinandersetzung in Jerusalem klar ausgesprochen zu werden. In dem (redaktionellen) Abschlussvers der Parabel von den bösen Winzern kündigt der matthäische Jesus den jüdischen Autoritäten diesen Wechsel an:

> Darum sage ich euch:
> Das Reich Gottes wird von euch genommen
> und einem Volk gegeben werden, das seine Früchte bringt. (21,43)

Dieses Wort vom Volk, das die Früchte hervorbringt (wörtlich: das die Früchte *tut*!), zeigt auch, dass das hier von Matthäus im Gegenüber zum pharisäischen Judentum formulierte Selbstverständnis der christlichen Gemeinde nicht nur auf der heilsgeschichtlichen Ablösung Israels durch ein anderes Volk beruht. Das Selbstverständnis und die Daseinsberechtigung der Gemeinde beruhen auch auf ihrem größeren Gehorsam gegenüber dem Willen Gottes und damit *auf ihrer überlegenen Praxis*[26]. Bezeichnend ist die Einleitung der Antithesen der Bergpredigt:

> Denn ich sage euch: Wenn eure Gerechtigkeit nicht besser ist als die der Schriftgelehrten und Pharisäer, so werdet ihr nicht in das Himmelreich kommen. (5,20)[27]

Durch den in der Nachfolge Jesu Christi geforderten Gehorsam und dessen Folge, das Bringen der „Frucht", die „übertreffende" Gerechtigkeit, ist die Gemeinde dann „Salz der Erde" und „Licht der Welt" (Mt 5,13–16).

Dabei ist anzuerkennen, dass Matthäus nicht den bequemen Weg vieler Sondergemeinschaften geht und die Mitglieder der eigenen Gemeinschaft kurzerhand als bessere Menschen definiert. Unbestechlich nimmt er die ethischen Mängel in den real existierenden Gemeinden wahr. Daher münden auch die meisten Reden in einem Ausblick auf das auch der Gemeinde noch drohend bevorstehende Endgericht:

26 Dies zeigt im übrigen noch einmal deutlich, wie stark das sich nach 70 an der Praxis der Gebotserfüllung orientierende pharisäisch-rabbinische Judentum auch als Gegenüber noch auf das Selbstverständnis judenchristlicher Kreise eingewirkt hat.

27 Entsprechend entfaltet er in Mt 6,1–18 die neue Gerechtigkeit der Jünger Jesu gerade in Antithese zur (angeblichen) pharisäischen Frömmigkeitspraxis, der keine Verheißung mehr gilt.

So wird es auch am Ende der Welt gehen:
Die Engel werden ausgehen und die Bösen von den Gerechten scheiden
und werden sie in den Feuerofen werfen;
da wird Heulen und Zähneklappern sein. (13,49f)

Eschatologische Scheidung im Endgericht

Der empirischen Kirche steht, wie der ganzen Welt, die Scheidung im Endgericht noch bevor. Kriterium für die Rettung ist der Gehorsam in der Nachfolge Jesu, das Bringen der „Frucht", die bessere Gerechtigkeit.

Wer wirklich zur Kirche, zu Christus gehört, wird sich erst im Endgericht herausstellen, wenn der Menschensohn als Weltenrichter „jedem nach seinem Tun vergilt", wie der redaktionelle Zusatz Mt 16,27 ausdrücklich unterstreicht.

2. Die „bessere Gerechtigkeit" – eine doppelt problematische Forderung

„Bessere Gerechtigkeit"

Überbietung der pharisäischen Gerechtigkeit ist Wesensmerkmal der Christen. Dies impliziert einerseits eine Abwertung des Judentums, andererseits eine Warnung und Drohung gegenüber der Gemeinde: Niemand kann gewiss sein, dem Endgericht zu entrinnen.

Durch seine engagierte Stellungnahme zum Wesen und Auftrag der Kirche hat Matthäus Geschichte gemacht – innerhalb und außerhalb der Kirche (s.u. S. 96–98). Ehe sein unverzichtbarer Beitrag zum christlichen Selbstverständnis positiv gewürdigt wird, soll zunächst noch auf die Gefahren seiner → ekklesiologischen Standortbestimmung hingewiesen werden, und zwar sowohl im Blick auf die Wahrnehmung der anderen, hier des schriftgelehrt-pharisäischen Judentums, wie im Blick auf die eigene Position. Denn die Rede vom Volk, das nun die Früchte hervorbringt, die Forderung einer „besseren Gerechtigkeit" macht ja die Überbietung der anderen zum Wesensmerkmal von Christen. Nun impliziert jede gruppenspezifische Forderung der Unterscheidung von anderen Abgrenzung, doch die *Betonung der eigenen heilsgeschichtlichen und ethischen Überlegenheit* fordert geradezu den *Nachweis einer entsprechenden doppelten Unterlegenheit des (*pharisäisch-schriftgelehrten*) Gegenübers* heraus.

Das ist die dunkle Seite dieses Evangeliums. Auch wenn man Matthäus sicher nicht zum Kronzeugen einer „Verwerfung Israels" machen kann, finden sich bei ihm doch äußerst massive Distanzierungen von jüdischen Zeitgenossen, die bemerkenswert wenig differenzieren: „Dieses Volk" ist verstockt (13,15), die „Söhne des Reichs" werden in die Finsternis geworfen (8,12) und das Erbe wird einem (anderen) „Volk" zugeteilt (21,43). Hier wird die Situation der Gemeinde im Gegenüber zu Israel heilsgeschichtlich geortet und gedeutet. In Aufnahme der Tradition vom gewaltsamen Geschick der Propheten sehen sich die Christen auf der Seite der verfolgten Gottesboten, während der Synagoge der Part des halsstarrigen, auf Gottes Erwählung und Umkehrruf nur mit Ungehorsam antwortenden Gottesvolkes zukommt, das darum seine gerechte Strafe zu gewärtigen hat[28], wie auch das Blutwort (Mt 27,25 vgl. 23,35) nachhaltig unterstreicht.

In die heilsgeschichtliche Verurteilung des pharisäisch-schriftgelehrten Judentums ist nun auch noch eine *ethische Abwertung* hineinverwoben. Schon in den Antithesen der Bergpredigt entfaltet Matthäus sein Gerechtigkeitsverständnis als vollkommene Entsprechung zu Gott im Gegensatz zur jüdischen Auslegung der Tora, und gleiches geschieht im folgenden Kapitel im Blick auf die pharisäische Frömmigkeit[29]. Was in diesen Entgegensetzungen bereits implizit mitgesetzt ist, dass die jüdische Praxis der Intention der Gebote nicht gerecht wird, das wird dieser dann immer wieder auch explizit vorgeworfen. Die Polemik gegen die Pharisäer richtet sich vor allem gegen deren angeblich falsche Praxis, die durch den Gegensatz zwischen Lehre und Tat, zwischen Anspruch und Wirklichkeit gekennzeichnet wird.

> Weh euch, Schriftgelehrte und Pharisäer, ihr Heuchler,
> die ihr seid wie die übertünchten Gräber, die von außen hübsch aussehen,
> aber innen sind sie voller Totengebeine und lauter Unrat!
> So auch ihr: Von außen scheint ihr vor den Menschen fromm,
> aber innen seid ihr voller Heuchelei und Unrecht. (23,27f)

Diese „Heuchelei" kennzeichnet nach Matthäus das *schriftgelehrt-pharisäische Verhältnis zur Tora überhaupt*[30]. Dieser Tendenz entsprechend streicht der Evangelist positive Aussagen über Juden. Diese kollektive Abwertung des pharisäisch-rabbinischen Judentums lässt sich auch dann, wenn man für die schwierige Situation des Evangelisten und seiner Gemeinde das nötige Verständnis aufbringt, nicht mit dem Liebesgebot vereinen, das für ihn ja – bis hin zur Feindesliebe Mt 5,43–48 – der Inbegriff des Gotteswillens ist.

Nicht unproblematisch sind auch die Rückwirkungen auf das Selbstverständnis der Gemeinden. Wie erwähnt, endet kaum eine Rede ohne den drohenden Aus-

28 Am Ende der Pharisäerrede 23,28–39 wird die ganze Heilsgeschichte zu einer einzigen Anklage gegen das gesamte jüdische Volk, das in Mt 27,20 nicht nur (wie bei den anderen Evangelien) den Barabbas vorzieht, sondern die Vernichtung Jesu verlangt.

29 Damit ist ein wesentlicher Schritt getan zu jenem Klischee vom jüdischen Gottesdienst als eines nur äußerlichen Gehorsams, dem die wahre Gottesliebe abginge. Kurz gesagt: *Bei Mt wurde so aus einer typisch menschlichen Form des Ungehorsams eine typisch jüdische.*

30 Das Wort „Heuchler" (*hypokritēs*) begegnet im NT 18mal, davon 14mal bei Mt. So wird „Heuchler" schon in der Bergpredigt (6,2.5.16) und dann noch deutlicher in den Weherufen der Pharisäerrede (insgesamt 7mal: Mt 23,13.14.15.23.25.27.29), gelegentlich auch noch an anderer Stelle (Mt 15,7; 22,18) geradezu zum Beinamen der „Pharisäer und Schriftgelehrten", wobei dieser Vorwurf sowohl die Gesinnung (so v.a. Mt 6) wie das Tun umgreift (vor allem Mt 23).

blick auf das Gericht: „Denn viele sind berufen, aber wenige sind auserwählt.“ (22,14) Dieses Schlusswort der Parabeltrilogie Mt 21,28–22,14, die das Gericht über Israel als eine auch der Kirche stets drohende Möglichkeit darstellt, kann geradezu als Kurzformel der matthäischen → Ekklesiologie bezeichnet werden. Matthäus zahlt also für seine Forderung nach einer übertreffenden Gerechtigkeit der Christen den Preis, dass er zwischen der empirischen Kirche und den wahrhaft Geretteten unterscheiden muss und diese Unterscheidung ständig als Warnung, ja, Drohung, zur Sprache bringt. Er betont damit bewusst die grundsätzliche Ungewissheit des Heiles *für jeden*, um jedem Missbrauch der Gnadenverkündigung vorzubeugen, die aus der Rechtfertigung des Sünders eine Legitimation des Sünderseins macht[31], und um seine Adressaten zum wirklichen Tun des göttlichen Willens zu veranlassen, weil sie nur so das (andere) Volk sind (21,43). Dies aber hat nicht unerhebliche Auswirkungen auf das „Klima“ seines gesamten Evangeliums: Nicht zufällig hat Matthäus etwa die Heilsbotschaft Jesu vom Erfülltsein der Zeit (Mk 1,14f) abgewandelt in einen Umkehrruf, der mit dem identisch ist, mit dem der Täufer das Gericht ankündigt (Mt 4,17, vgl. 3,2)[32]. In keinem anderen Evangelium wird auch nur annähernd so oft gedroht wie im ersten Evangelium, und Worte wie Gericht, Gerichtstag, die äußerste Finsternis (als Strafort) sowie Heulen und Zähneklappern gehören zu seinem ausgesprochenen Vorzugsvokabular.

3. **Der Gott der Liebe**

Die vorgetragenen Bedenken haben ihren Sinn darin, problematische Tendenzen beim ersten Evangelium dadurch verständlich zu machen, dass es als engagierte Stellungnahme in einer für die christlichen Gemeinden kritischen Zeit gedeutet wird. Die Reaktion des Matthäusevangeliums, auf die Zurückweisung durch die ehemaligen Glaubensgenossen mit der Abqualifikation des mächtigeren Gegenübers zu antworten, zeigt den typischen Reflex einer bedrängten Minderheit, die zudem unter den Schmerzen der Trennung leidet. Das ist nicht dasselbe wie die spätere antijüdische Wiederholung solcher Urteile durch die nun überlegenere Kirche. Mag es als radikale Antwort auf eine radikale Herausforderung der theologischen Sachkritik durch die anderen biblischen Schriften bedürfen, so sind die aufgewiesenen Schatten doch nur die Kehrseite des Lichtes, das durch dieses Evangelium seit fast zweitausend Jahren den Weg der christlichen Kirchen erhellt. Das soll hier an den drei Punkten Toratreue und Liebesgebot, Christus als Richter und Gott als Vater deutlich gemacht werden.

---

31 Auch Paulus muss sich ja gegen ein solches Missverständnis wiederholt zur Wehr setzen.

32 Das bestätigt auch die Wiederaufnahme des johanneischen Drohwortes vom Baum, der keine Frucht bringt und ins Feuer geworfen wird, das in der Bergpredigt nun von Jesus gegen Christen gerichtet wird (7,19, vgl. 3,10).

3.1 Jesus ist bei Matthäus zuerst der *Lehrer*. Diese Lehre besteht vor allem in der *Auslegung des Gotteswillens* mit allen „Jota und Häkchen" (5,17–19). Entsprechend gilt sein Kampf der „Toralosigkeit" in der Gemeinde, die für ihn gleichbedeutend ist mit Gottlosigkeit. Die Erfüllung der Tora (5,17) schließt freilich deren Interpretation durch einen Kernsatz nicht aus. Inbegriff des Gotteswillens aber ist für den Evangelisten das *Doppelgebot der Liebe* (22,37–40 vgl. 7,12):

Toratreue und Liebesgebot

Jesus ist Lehrer des Gotteswillens, dessen Inbegriff das Doppelgebot der Liebe ist: nach außen Feindesliebe, nach innen Vergebung.

> Du sollst den Herrn, deinen Gott, lieben von ganzem Herzen, von ganzer Seele und von ganzem Gemüt. Das ist das höchste und größte Gebot. Das andere aber ist dem gleich: Du sollst deinen Nächsten lieben wie dich selbst. In diesen beiden Geboten hängt das ganze Gesetz und die Propheten.

Dabei ist das Gebot der Gottesliebe Voraussetzung und Zentrum allen Handelns (s.u.), das Gebot der Nächstenliebe aber dessen zwischenmenschliche Konkretion. Im Blick auf den Umgang mit Fremden wird dieses vor allem in den Antithesen der Bergpredigt vom Verbot des Zürnens über den Verzicht auf Vergeltung bis hin zum Gebot der Feindesliebe in den verschiedenen Aspekten vorgeführt, gipfelnd in der Verheißung, dass der Liebende Gottes Kind wird und der göttlichen Vollkommenheit entspricht (5,45.48). Innergemeindlich äußert sich die Liebe vor allem in der immer wieder eingeforderten Vergebungsbereitschaft (samt Barmherzigkeit und Rücksicht auf die Kleinen). Selbst die Verstöße Jesu gegen Reinheitsvorschriften und das Sabbatgebot werden mit dem göttlichen Willen zu Barmherzigkeit begründet (9,13; 12,7), und Barmherzigkeit ist nach Mt 23,23 „das Wichtigste im Gesetz". Ausgehend von Gottes Zuwendung ist die Liebe wie ein Stromkreislauf, an dem nur teilhat, wer weiterleitet. Wer den Zusammenhang unterbricht und Vergebung selbstsüchtig vereinnahmt, hat sich selbst vom göttlichen Erbarmen ausgeschlossen (Mt 18,23–35); dessen Liebe „erkaltet" (vgl. 24,12)[33]. Es entbehrt so nicht ganz der Ironie, dass gerade das Evangelium, das sich am intensivsten vom pharisäischen Judentum abgrenzt, durch seine antithetische Bezogenheit auf dieses am stärksten dessen Toratreue in das Christentum hinein vermittelt hat!

3.2 Das hat auch Konsequenzen für die → Christologie. Wie gesehen, ist der irdische Jesus für Matthäus vor allem der Lehrer des Gotteswillens. Der zukünftige Christus als der Erhöhte setzt dies insofern fort, als er *nach diesem vom Irdischen aufgestellten Maßstab das Gericht vollzieht.* Von der ersten (vgl. 7,21–23) bis zur letzten Rede (25,31–46) spannt sich ein Bogen, der deutlich macht, dass sich vor ihm, dem Gottessohn, alle Völker der Erde versammeln und Rechenschaft ablegen müssen, inwieweit sie seiner Forderung nach Taten der Barmherzigkeit nachgekommen

33 Nicht umsonst ist Bonhoeffers „Nachfolge" mit ihrem Kampf gegen die „billige Gnade" weitgehend Auslegung der matthäischen Bergpredigt (s. u. S. 98).

sind. Gerade der Abschluss der Lehre Jesu, die berühmte Schilderung vom Endgericht Mt 25,31–46, unterstreicht dies noch einmal in aller Deutlichkeit. Zu beachten ist, dass in den Urteilsbegründungen das positive wie negative Verhalten *restlos auf die Person des Richters* bezogen wird: Ich war hungrig, und ihr gabt mir zu essen (bzw. nicht zu essen), ich war durstig und ihr gabt mir zu trinken (bzw. nicht zu trinken), ich war ein Fremder usw. Sechsmal findet sich bei der ersten und ausführlichsten Auflistung dieses betonte „ich" und „mich" bzw. „mir", um dann jeweils in dem resümierenden Wort zu münden:

> Was ihr getan habt einem von diesen meinen geringsten Brüdern, das habt ihr mir getan. (25,40b)
> Was ihr nicht getan habt einem von diesen Geringsten, das habt ihr mir auch nicht getan. (25,45b)

Die Sache der Geringsten und Verachtetsten besitzt hier oberste Priorität. Der Himmelsherr und Weltenherrscher ist nicht „oben" zu finden in der Verlängerung irdischer Macht – auch nicht in dem Sinn, dass er *über* der Weltordnung wacht. Vielmehr identifiziert sich dieser Menschensohn in seiner Souveränität gerade mit den Geringsten. Der endzeitliche „König" ist geradezu „leibhaftig" betroffen, wenn dem Geringsten Gutes erwiesen oder verweigert wird. Pointiert ausgedrückt: *Das Gericht ist hier die letzte Konsequenz der Menschwerdung Gottes*[34]. Wer sich daher der göttlichen Zuwendung bemächtigen möchte, ohne seine Verantwortung gegenüber den Bedürftigen wahrzunehmen, hat den barmherzigen Herrn schon immer verfehlt. Wenn es beim Urteil zuletzt heißt: „Kommt her" (25,34) bzw. „geht weg von mir" (25,41), so wird deutlich, dass das Urteil nur die bestehende oder verweigerte Gemeinschaft bestätigt und daraufhin Zukunft gewährt oder verweigert (vgl. auch 7,23). Somit steht das Gericht des Menschensohnes für Matthäus in einem unlösbaren Zusammenhang mit seiner Liebe, denn der Ausblick auf das Gericht spendet den Leidenden Trost und hält die Überheblichen zur Rücksicht und Barmherzigkeit an!

3.3 Dass Christus das Gericht ausführt, heißt nun aber auch, dass der kommende Richter bei allem Ernst seiner Forderung jener „Menschensohn" ist, der schon als Retter von Sünden vorgestellt wurde (1,21), der sich „sanftmütig" und „demütig" in den Dienst für die Menschen gestellt hat, ihnen zugute ihre Schwachheit getragen hat (Mt 8,17), die Mühseligen und Beladenen zu sich ruft und ihnen ein

34 Es wurde immer wieder zu Recht darauf hingewiesen, dass Vorstufen zu dieser Identifizierungsaussage im Grunde schon bei den Propheten angelegt sind (vgl. Jes 1,10–20, wo deutlich gemacht wird, dass wahrer Gottesdienst immer auch Dienst am Nächsten, vor allem am „Geringsten" ist) und in frühjüdischen Texten ausgeführt werden; verwiesen sei nur auf den antithetischen *Parallelismus membrorum* (Spr 14,31), wo das Verhalten zu den Geringen sowohl im Guten wie im Schlechten als Verhalten gegenüber Gott selbst interpretiert wird: „Wer dem Geringen Gewalt antut, lästert dessen Schöpfer; aber wer sich des Armen erbarmt, der ehrt Gott."

sanftes Joch auflegt (11,28–30). Gottessohn heißt vor allem Immanuel, Gott mit uns (1,23). Der matthäische Jesus wird denn auch nicht müde, auf *Gott als den himmlischen Vater* zu verweisen. Gerade in einem so fordernden Text wie der Bergpredigt zieht sich von dem Zuspruch der Seligpreisungen über das Herrengebet im Zentrum bis zur Einladung zu Vertrauen und Bitten am Ende der großen Rede wie ein roter Faden die Zusage, dass Gott als dein/euer/unser „himmlischer Vater" seinen Kindern nahe ist, sie erhört und ihnen beisteht. Nicht zufällig heißt ja auch der Bergprediger, der diesen Willen Gottes verkündet und zuletzt als der kommende Menschensohn die Welt richten wird, „Immanuel", d.h. „Gott mit uns" (Mt 1,23). Christus ist vor allem Gottes leibgewordene Zuwendung, der seine Gegenwart seiner Gemeinde dort zusagt, wo zwei oder drei in seinem Namen versammelt sind (Mt 18,20), und dies „alle Tage bis an der Welt Ende" (Mt 28,20). Die Abgründigkeit und Verkehrtheit der menschlichen Natur, die selbst Christus noch zu einem „Diener der Sünde" machen will[35], hat den Evangelisten daran gehindert, das reine Lied der Gnade zu singen. Im Interesse der „Kleinen" und „Geringsten" hat er neben den Heilszuspruch immer auch den Anspruch, die Mahnung, ja, die Drohung gestellt. Doch der Evangelist ist kein unbarmherziger Eiferer. Alle Betonung des Tuns und der Verbindlichkeit des Gotteswillens ist bei ihm umgriffen von der Einladung zur Gemeinschaft und von der Aufforderung zum Vertrauen. Man könnte das Matthäusevangelium so auch das Hohe Lied von der verpflichtenden Gottesliebe nennen.

Gerechtigkeit bei Paulus und Matthäus Ein Spezifikum des ersten Evangeliums ist die relative Häufigkeit, mit der Matthäus die Begriffe „gerecht", *dikaios*, und „Gerechtigkeit", *dikaiosynē*, verwendet. In dieser Hervorhebung der Gerechtigkeit berührt sich Matthäus mit Paulus nicht nur im Blick auf die Begrifflichkeit. *Gemeinsam* ist beiden aufgrund ihrer alttestamentlich-jüdischen Wurzel, dass Gerechtigkeit kein Produkt menschlicher Leistung und so auch keine erwerbbare Eigenschaft ist[36]. Vielmehr ist Gerechtigkeit in der Bibel immer ein *Verhältnisbegriff*. Gerecht sein" heißt, einer Beziehung – vor allem dem sich zuwendenden Gott – zu entsprechen (vgl. unsere Wendung: „jemandem gerecht werden"). Insofern gründet Gerechtigkeit in einem wechselseitigen Verhältnis, das im Falle der religiösen Gerechtigkeit von Gott ausgeht, der seine Schöpfung „recht" macht. *Gerechtigkeit* setzt also konstitutiv *Gottes Zuwendung* voraus und ist so immer auch *Geschenk*, Gnade. Insofern aber Gerechtigkeit ein Entsprechungsverhältnis bezeich-

Gerechtigkeit

Gerechtigkeit meint keine Eigenschaft, sondern ein Verhältnis, die Beziehung zwischen Gott und Mensch. Sie setzt Gottes Zuwendung voraus und schließt das menschliche Verhalten als Antwort auf Gottes Zuwendung ein.

35 Diese Formulierung bei Paulus (Gal 2,17) beschreibt ziemlich exakt, was Matthäus gegen jene „Falschpropheten" hat, die sich unter Berufung auf Jesus seinem Anspruch entziehen (s.o. S. 87f).

36 Anders als etwa in der aristotelischen Ethik mit ihrer → *hexis*-Lehre, die über die → Scholastik unser Gerechtigkeitsverständnis geprägt hat. Vgl. zu Paulus u. S. 213–215.

net, schließt sie *das menschliche Verhalten als Antwort auf Gottes Zuwendung* ein. Weder für Paulus noch für Matthäus (noch für die ganze jüdische und christliche Tradition) ist eine Gerechtigkeit denkbar, die für menschliches Handeln folgenlos wäre.

Unterschiede finden sich dort, wo es um die *Bedeutung* eben dieses *menschlichen Tuns für diese Gerechtigkeit* geht. Das wird schon sprachlich an zwei Punkten deutlich: In 5,20 und 6,1 spricht Matthäus von „*eurer* Gerechtigkeit". So würde Paulus nie formulieren. In Röm 10,3 setzt Paulus den Versuch, eine „eigene Gerechtigkeit" aufzurichten, in einen expliziten Gegensatz zur Gerechtigkeit Gottes, die ohne das Gesetz (vgl. Röm 3,21; 10,4) geoffenbart wurde. Entsprechend betont Paulus, dass die Gerechtigkeit Gottes ohne des Gesetzes Werke – und das heißt: ohne menschliches Zutun – den Gläubigen zugeeignet wird (Röm 3,21–31, vgl. 1,17 u.ö.). Demgegenüber spricht der erste Evangelist – und das ist der zweite Unterschied zum Apostel – pointiert vom *Tun der Gerechtigkeit* (6,1, vgl. 5,19f; 6,33). Dahinter steht wohl auch ein theologischer Unterschied. Für Paulus bedeutet die im Kreuz Christi geoffenbarte Gerechtigkeit Gottes, dass der Glaubende von Gott gerechtfertigt wird, während er durch sein eigenes Tun gerade nicht Gott zu entsprechen vermag. Die Gerechtigkeit resultiert allein aus Gottes gnädiger Zuwendung, die dem an die Sünde verfallenen Menschen als in Christus geschehene Befreiung von außen, ohne eigenes Zutun zukommt (vgl. Röm 7,24-8,4). Das menschliche Verhalten ist hier nur die (eigentlich selbstverständliche) Folge der Rechtfertigung des Sünders. Demgegenüber meint bei Matthäus die Gerechtigkeit sehr wohl auch das eigene Verhalten als eine unverzichtbare Bedingung. Die Gerechtigkeit ist so etwas wie Gottes Gegengabe für den menschlichen Gehorsam, der seinerseits die Antwort auf Gottes Zuwendung in Jesus Christus ist. Dabei steht für den Evangelisten die Möglichkeit eines solchen Gehorsams und des entsprechenden Tuns, ebenso wie für einen Großteil der ihn prägenden jüdischen Tradition, außer Frage (Problematisierungen dieser Haltung finden sich nur selten, z.B. 4 Esr 3,5–26; 8,116 ff; syrBar 17,3). So bildet dieser Gehorsam dann auch die Grundlage des Gerichtes (vgl. Mt 13,40–43.49), in dem der Menschensohn „einem jeden vergelten wird nach seinem Tun" (16,27).

D Wirkungsgeschichtliche Hinweise

Matthäus war – gerade durch seine katechetische Anlage – *das* Evangelium der Kirche. Von der Weihnachtsgeschichte am Anfang bis zum Missionsbefehl „Matthäi am Letzten" hat es das Christusbild der Gläubigen durch die Jahrhunderte geprägt. Kirchenpolitisch wirksam geworden ist das Evangelium vor allem durch das „Felsenwort" Mt 16,18, das (unter Ausblendung des Kontextes – vgl. 16,23!) vom Papsttum zur Legitimation seines Anspruches herangezogen wurde.

Theologisch am wichtigsten ist die Tatsache, dass von der oben skizzierten Neubesinnung des Evangeliums auf den Zusammenhang von Christologie, Kirchenverständnis und Ethik durch die Jahrhunderte hindurch Impulse ausgingen, die die Christen immer wieder zur kritischen Selbstbesinnung und zur Neuorientierung an der Botschaft Jesu geführt haben.

Bereits die älteste Kirchenordnung aus dem frühen zweiten Jahrhundert, die sog. → *Didachē* (Zwölfapostellehre), lehnt sich in ihren Anweisungen für eine Gestaltung des christlichen Lebens vor allem an das erste Evangelium an. Die bedrängten Christen der Frühzeit fanden also vor allem in diesem Evangelium den Maßstab für ihre Ethik. Ein besonders eindrückliches Beispiel ist die (wegen ihrer Eindeutigkeit nicht angenommene!) erste Regel des Franz von Assisi (die sog. *regula non bullata),* die auf Schritt und Tritt aus den Reden des Matthäus zitiert, ja, ein einziger Dialog mit den Nachfolgeworten Jesu ist und gerade dadurch ihre besondere Radikalität gewinnt. Das zeigt deutlich, welch große Rolle dieses Evangelium für die Daseins- und Handlungsorientierung der großen Alternativbewegung des Mittelalters hatte. Aufschlussreich ist ein Vergleich dieser ersten Regel mit der von einem späteren Papst verfassten und von der Kirche angenommenen endgültigen Regel des Minoritenordens, die gerade auch die Bezüge auf die Worte Jesu (offenbar als besonders gefährlich) streicht! Bemerkenswert ist auch die Aufmerksamkeit, die die Bergpredigt in unserem Jahrhundert bei Menschen innerhalb wie außerhalb der christlichen Kirchen gefunden hat, die nach Möglichkeiten eines anderen Umganges mit Macht und Gewalt suchten (vgl. M. Gandhi, M.L. King, Friedensbewegungen).

Aus den zahlreichen und vielfältigen Beispielen, die sich in allen Jahrhunderten finden lassen, seien hier drei hervorgehoben:

1. Standardmotiv auf den Tympana der romanischen Kirchen ist die Darstellung des Jüngsten Gerichtes nach Mt 25,31–46.

Tympanon über dem Westportal der Kathedrale Saint-Lazare

Man kann darin natürlich ein Instrument der Einschüchterung und damit der Stabilisierung kirchlicher Macht sehen, und sicher konnte das Motiv auch so benutzt werden. Seine ursprüngliche Bedeutung war dies jedoch keineswegs, denn dieses Gericht ist auch ikonographisch in starkem Maße antihierarchisch: Teilweise sind die Toten nackt und damit aller Unterschiede entkleidet, teilweise wird gar eindrücklich vor Augen gestellt, dass sich unter den Verdammten auch geistliche und weltliche Würdenträger befinden. Platziert über dem Eingang zum Gotteshaus zeigt dieses Christus als den Richter, der ohne Ansehen der Person alle nach den „Taten der Barmherzigkeit" gegenüber den Schwachen und Bedürftigen fragt und beurteilt. Unübersehbar machte (und macht) dies deutlich, dass die Nachfolge Jesu kein „Kult" ist, in dem der Mensch mit der Gottheit seine Geschäfte machen kann, sondern dass die Suche der Nähe und Hilfe Gottes immer zugleich die eigene Verantwortung für die Bedürftigen impliziert. Wenn in der Zeit der Aufklärung das Mönchskapitel des Klosters von Autun das jüngste Gericht vom Tympanon der Kathedrale Saint-Lazare übergipsen ließ, so verrät das auch etwas über die dunkle Kehrseite der neuzeitlichen Emanzipation, die sich nicht mehr an ihre Verantwortung vor Christus als dem Anwalt der Schwachen erinnern lassen möchte.

2. Besonders einflussreich war das Evangelium auch durch seine Reden, insbesondere die Bergpredigt, die die „Folgen der Nachfolge" entfalten. In unserem Jahrhundert hat Dietrich Bonhoeffer in seiner Programmschrift „Nachfolge" seinen Kampf gegen die „billige Gnade", die als „verschleuderte Vergebung" doch nur „Rechtfertigung der Sünde" und daher der „Todfeind der Kirche" sei, vor allem mit Hilfe des Matthäusevangeliums geführt. Anhand einer Auslegung der Bergpredigt und der Aussendungsrede, die nahezu die Hälfte des Buches bildet, zeigt er, dass die Gnade die Nachfolge einschließt, Nachfolge verstanden als „Einfalt christlichen Gehorsams gegen den Willen Jesu", der sich im Tun des „Außerordentlichen", in der „besseren Gerechtigkeit" konkretisiert[37].

3. Nicht verschweigen darf man freilich auch die dunkle Seite der Wirkungsgeschichte dieses Evangeliums, vor allem was die Abqualifikation Israels betrifft, die sich ja bis zum grotesken Vorwurf des Gottesmordes steigern konnte. Auch wenn man den Evangelisten für den späteren Missbrauch seines Evangeliums durch eine überlegene, die jüdische Minderheit unterdrückende und immer wieder verfolgende Christenheit nicht verantwortlich machen kann (und er solches auch aufs Schärfste verurteilt hätte), so darf doch auch nicht übersehen werden, dass seine Pauschalurteile insbesondere über die → Pharisäer und seine einseitige Schuldzuweisung bei der Passion an das jüdische Volk zumindest leichter missbraucht werden konnten als andere neutestamentliche Texte.

37 D. Bonhoeffer, Nachfolge, hg. von M. Kuske und I. Tödt, Dietrich Bonhoeffer Werke, Bd. 4, München 1989, 29f.147f.

2. Das Markusevangelium

Reinhard Feldmeier

Literatur
Joachim Gnilka, Das Evangelium nach Markus, EKK 2, 2 Bde., Zürich u.a./Neukirchen-Vluyn 1978/1979 (Leipzig 1980), 4. Aufl. 1994
Rudolf Pesch, Das Markusevangelium, HThK 2, 2 Bde., Freiburg u.a. 1976/1977, 5. Aufl. 1989 (I), 4. Aufl. 1991 (II)
Eduard Schweizer, Das Evangelium nach Markus, NTD 1, Göttingen 1978 (Berlin 1981), 7. (17.) Aufl. 1989

A Bibelkundliche Erschließung

1. Aufriss

1,1–15	**Prolog**
1,16–8,26	**Das vollmächtige Wirken Jesu**
1,16–3,6	Jesu vollmächtiges Auftreten und der Beginn der Auseinandersetzungen um seine Vollmacht
3,7–6,56	Jesu Lehr- und Wunderwirksamkeit und deren scheidende Wirkung
4,1–34	Die Gleichnisrede
7,1–8,26	Die Abgrenzung vom Pharisäismus und die Zuwendung zu Nichtisraeliten
8,27–16,8	**Die Passion des Gottessohnes**
8,27–10,52	Der Weg ins Leiden und die Kreuzesnachfolge der Jünger
11,1–13,37	Die Zuspitzung der Auseinandersetzungen in Jerusalem
13,1–37	Jesu Vermächtnis – die eschatologische Rede
14,1–16,8	Leiden, Tod und die Verkündigung der Auferstehung

2. Kommentierung des Aufbaus

2.1 Die Gesamtanlage

Ins Auge springt die klare Zweiteilung des Evangeliums in annähernd gleich lange Hälften. Dabei dominieren im ersten Teil die Taten Jesu, während im zweiten alles auf die Passion ausgerichtet ist. In beide Hauptteile ist eine Rede eingebettet, die das Geschehen in gewisser Weise kommentiert und auf die Wirklichkeit der Nachfolger bezieht. Klar ist auch die Dreiteilung des zweiten Hauptteiles. Dagegen sind die Unterteilungen des ersten Hauptteiles weniger eindeutig, sowohl was ihre Abgrenzung als auch was ihr Thema betrifft. In Anlehnung an den Kommentar von R. Pesch wird hier ebenfalls eine Dreiteilung vorgeschlagen.

In den „Machttaten" des ersten Hauptteiles, vor allem Heilungen und Exorzismen, aber auch „großen" Wundern wie Sturmstillung, Brotvermehrung und Totenauferweckung, vollzieht sich der von Jesus am Beginn seines Wirkens (1,14f) angesagte *Anbruch der Herrschaft Gottes*, das Heilwerden der Welt. Direkt angesprochen wird das Thema des Gottesreiches in Jesu Gleichnisrede Mk 4,1–34, die sich allerdings in erster Linie mit dessen Verborgenheit in der Gegenwart auseinander setzt. Das ist sachlich begründet, denn Jesu Auftreten bewirkt nicht etwa die intendierte Umkehr (1,15), sondern ruft trotz des Eindruckes, den es auf die Menge macht, letztlich Unverständnis, Ablehnung und Verstockung hervor. Programmatisch führt bereits die Sequenz Mk 2,1–3,6 vor Augen, wie Jesu Vollmacht zu Konflikten führt. Auch die folgenden Teile, die den Höhepunkt von Jesu Wunderwirksamkeit zeigen, schildern immer wieder die scheidende Wirkung seines Auftretens. Jesus kommentiert dies bereits im Verstockungswort der Gleichnisrede (4,12) und vor allem in den Ausführungen über das Reinheitsverständnis (7,1–23), die eine bewusste Zuwendung zu den Nichtisraeliten einleiten. Auf die in Jesu Wort und Werk nahe gekommene Herrschaft Gottes fällt so von Anfang an der Schatten des Kreuzes.

Im zweiten Teil tritt die Wunderwirksamkeit fast völlig zurück[38]. Schon die Ankündigung in der ersten Leidensweissagung Mk 8,31 macht Jerusalem als Ort der Passion zum Fluchtpunkt des folgenden Geschehens, und die wiederholten Leidensweissagungen auf dem Weg von den Jordanquellen bei Cäsarea Philippi im Norden bis nach Jerusalem im Süden unterstreichen diesen Bezug noch. Das Evangelium gipfelt in der Passionsgeschichte (Kap. 14 und 15) und der Andeutung der Auferstehung (16,1–8).

Im Zusammenhang damit fallen einige deutliche Unterschiede zum ersten Teil des Evangeliums ins Auge:

- Nun wird die Frage, wer Jesus wirklich ist, direkt gestellt und beantwortet (8,27ff).
- Im Zusammenhang damit wird konsequent auf Jesu Sterben und Auferstehung hingewiesen und dieses Geschehen gedeutet (vgl. 8,27–30.31; 9,9–13.31; 10,33f.38f.45; 12,6ff sowie die ganze Leidensgeschichte 14,1ff).
- Das für das ganze Evangelium charakteristische Unverständnis der Jünger wandelt sich: Haben sie bisher nicht begriffen, wer Jesus ist, so wissen sie dies ab 8,27 wohl, lehnen sich nun aber gegen das Leiden auf und setzen

38 Die beiden Ausnahmen sind Mk 9,14–27 (Heilung des besessenen Knaben) und 10,46–52 (Heilung des Blinden von Jericho).

dem ihre eigenen Wünsche nach Vorrang und Macht entgegen (vgl. 8,32f; 9,33f; 10,35–37).

- Nicht zuletzt wandelt sich auch die Verkündigung Jesu: Er wendet sich kaum mehr an das ganze Volk. Vielmehr konzentriert sich seine Lehre jetzt vor allem auf die Nachfolgeworte an die Jünger. Lediglich in den Auseinandersetzungen mit maßgeblichen theologischen Positionen und deren Vertretern (11,27–12,40) lehrt Jesus noch ein letztes Mal öffentlich. Danach erfolgt noch einmal eine abschließende Belehrung an vier ausgewählte Jünger in der eschatologischen Rede Mk 13, welche die Jünger (und durch sie die christliche Gemeinde) auf die kommenden Bedrohungen und Gefährdungen vorbereiten soll.

2.2 Die einzelnen Abschnitte

2.2.1 Der Prolog (1,1–15)

Der Prolog stellt zunächst das Auftreten des Gottessohnes in einen Zusammenhang mit der Bußpredigt Johannes des Täufers, der zugleich als der vom Alten Testament verheißene Vorläufer vorgestellt wird. Damit wird Jesus bereits von Anfang an aus der Tradition des prophetischen Umkehrpredigers verstanden, der das Volk zur Orientierung an Gottes Willen auffordert (vgl. 6,4.14–16; 8,28; 11,27–33; 12,1–12). Wenn dann Jesu eigenes Auftreten bewusst mit der „Auslieferung" des Täufers einsetzt (1,14 vgl. 6,14–29), dann macht dies auch deutlich, dass Jesus von Anfang an in die Fußstapfen eines um seiner Botschaft willen Getöteten tritt. Zugleich wird die prophetische Tradition überboten. In der Taufe wird er von Gott selbst als sein „lieber Sohn" (1,11) geoffenbart. Nach der Bewährung in der Versuchung (1,12f) kann Jesus dann mit dem Anspruch auftreten, dass mit ihm die Zeit erfüllt und das Reich Gottes nahe ist (1,14f).

2.2.2 Jesu vollmächtiges Auftreten und der Beginn der Auseinandersetzung (1,16–3,6)

Als erste „Tat" folgt die Berufung der ersten vier Jünger. Damit wird deutlich, dass Jesu Auftreten von Anfang an auf eine (erneuerte) Gemeinschaft zielt. Im Anschluss daran wird in diesem ersten Abschnitt die Vollmacht Jesu vorgestellt, die sich in Heilungen und → Exorzismen äußert. Während diese Vollmacht im ersten Kapitel noch auf ungeteilten Beifall stößt und aus der ganzen Stadt Kafarnaum Menschen zu Jesus strömen (1,32–34), wird in 2,1–3,6 deutlich, dass dieses vollmächtige Auftreten zunehmend zum Konflikt mit den religiösen Autoritäten führt. Jesu Sündenvergebung (2,5.10), seine Tischgemeinschaft mit „Sündern und Zöllnern" (2,15–17) sowie die Sabbatkonflikte münden zuletzt in einem ersten Todesbeschluss (3,6).

2.2.3 Jesu Lehr- und Wunderwirksamkeit und deren scheidende Wirkung (3,7–6,56)

Der zweite Hauptabschnitt beginnt mit einem → Summarium, das zeigt, wie sich der Einflussbereich Jesu nun über Galiläa hinaus auf die umgrenzenden Gebiete bis Jerusalem im Süden und Tyrus und Sidon im Norden weitet (3,7f). Das Böse ist durch Jesu Auftreten gebunden (3,27, vgl. 3,11). Umso auffälliger ist es, dass diese Ausbreitung des Heils Widerstand und Ablehnung provoziert. Der Abschnitt lässt sich in vier Themenkreise unterteilen:

- Zunächst erfolgt die Unterscheidung der Hörer Jesu. Positiv geschieht dies durch die Aussonderung der zwölf Jünger als Symbol für das erneuerte Gottesvolk (3,13–19) und durch die Vorstellung der „wahren Verwandten" Jesu (3,34f). Negativ entspricht dem der Vorwurf der Besessenheit, durch den Jesu Heilungen diskreditiert werden sollen (3,22–30), und die Abgrenzung von der eigenen Familie, die Jesus für verrückt hält (3,21.31–35).
- Es folgt in 4,1–34 die große Gleichnisrede, deren Thema die in Unscheinbarkeit verborgene und von Misserfolg bedrohte, aber letztlich triumphierende Gottesherrschaft ist. Das „Geheimnis der Gottesherrschaft" (vgl. 4,11) ist damit in Wahrheit der durch Niedrigkeit und Verwerfung hindurch Gottes Reich aufrichtende Gottessohn selbst.
- In dem für Markus typischen Nebeneinander von Niedrigkeits- und Hoheitsaussagen schildert das Evangelium im Anschluss an die Gleichnisrede die Höhepunkte des Wunderwirkens Jesu: Sturmstillung, Austreibung der „Legion" von Dämonen, Heilung der langjährig kranken Blutflüssigen sowie eine Totenauferweckung (4,35–5,43).
- Doch die Folge der Wunder ist wiederum nicht Jesu triumphale Anerkennung, sondern die erneute Herausstellung seines Verwerfungsgeschickes durch die Ablehnung in der Vaterstadt (6,1–6) sowie das → Martyrium des Täufers (6,14–29), das Jesu eigenes Geschick vorabbildet. Zwischen diese beiden Szenen eingebettet ist die Aussendung der zwölf Jünger, die in seiner Vollmacht Dämonen austreiben, Kranke heilen und Menschen zur Umkehr rufen (6,7–13). Dies ist wohl inmitten der Ablehnung Jesu der gezielte Verweis auf die Kirche als Fortsetzung seines Auftretens.

2.2.4 Die Abgrenzung vom Pharisäismus und die Zuwendung zu Nichtisraeliten (7,1–8,26)

Der folgende Abschnitt zeigt den zunehmenden Übergang des Heilshandelns Jesu hin zu den Heiden. Während die erste Wundersequenz (6,30–56) mit Brotvermehrung, Meerwandel und einem Summarium der Heilungstätigkeit in Galiläa sich noch im jüdischen Land ereignet, zeigt der weitere Verlauf einen Jesus, der an Heiden (7,24–30) und auf heidnischem Gebiet Wunder tut (7,31–8,9: Heilung eines Taubstummen in der → Dekapolis, Speisung der Viertausend).

Der Übergang vollzieht sich in 7,1–30, dessen erster Teil 7,1–23 die Unterscheidung „rein – unrein" als Barriere zwischen Juden und Heiden im Sinne der kultisch geprägten Reinheitsvorstellung aufhebt und an dessen Stelle eine ethische Neudeutung des Verhältnisses von „rein und unrein" setzt. Damit ist der Boden für den Übergang des Heils zu den Heiden bereitet. Im Streitgespräch Jesu mit der Syrophönizierin und der anschließenden Heilung (7,24–30) wird dies konkret vollzogen. Der erste Hauptteil klingt aus in erneuten Auseinandersetzungen mit den → Pharisäern: Ablehnung der Zeichenforderung (8,11–13) und Warnung vor dem „Sauerteig" (8,14–21).

2.2.5 Der Weg ins Leiden und die Kreuzesnachfolge der Jünger (8,27–10,52)

Der folgende Abschnitt schildert den Weg Jesu nach Jerusalem als Weg ins Leiden (8,27–10,52). Auch geographisch ist dieser Zug von den Jordanquellen bei Cäsarea Philippi über Galiläa, die Jordansenke und Jericho bis vor die Tore Jerusalems zu verfolgen. Strukturiert ist dieser Abschnitt durch die drei Leidensweissagungen (8,31; 9,31; 10,33f), denen jeweils eine unverständige Reaktion der Jünger folgt, die dann für Jesus zum Anlass einer Korrektur durch die Nachfolgeworte wird.

Charakteristisch für Markus ist, dass auf die erste Leidensweissagung (8,31) die himmlische Verklärung Jesu und seine Bestätigung durch Gott erfolgt (9,2ff). In diesem schroffen Nebeneinander von Niedrigkeit und Hoheit wird der Doppelaspekt der Passion sichtbar, der auch die weitere Darstellung des Evangeliums bestimmt: Auf der einen Seite ist das Kreuz das durch keine Erbaulichkeit abgemilderte Zerbrechen Jesu am Widerstand der Welt, sein Scheitern, – und auf der anderen Seite wird gerade dieses zum Weg der Zuwendung Gottes zu der verlorenen Welt (vgl. Mk 10,45).

2.2.6 Die Zuspitzung der Auseinandersetzungen in Jerusalem (11,1–12,44)

Das letzte Auftreten Jesu in Jerusalem führt die Eskalation der Auseinandersetzung zwischen Jesus und den jüdischen Autoritäten vor Augen. Eröffnet wird dies durch den provokativen Einzug in Jerusalem mit der Proklamation Jesu als Davidssohn (11,1–11), der in der Tempelreinigung gipfelt (11,15–17)[39]. Diese Provokation bleibt nicht ohne Folge: Nach einem ersten Todesbeschluss in Jerusalem (11,18) tritt die „Inquisition" auf den Plan: Die Abgesandten des → Synhedriums (des „Hohen Rates") fragen nach der „Vollmacht" Jesu (11,27–33). Jesus kontert durch die Rückfrage nach dem Täufer, und als seine Befrager passen, geht er in der Parabel von den bösen Winzern zum Gegenangriff über, indem er sich (wenn auch hervorgehoben als „Sohn") in eine Reihe mit den prophetischen Gottesboten stellt, während seine Gegner den Part des halsstarrigen, auf Gottes Ruf mit

39 Vertieft wird die Kritik noch durch die prophetische Zeichenhandlung der Verfluchung des Feigenbaumes (11,12–14.20f).

Ablehnung reagierenden Volkes zugewiesen bekommen (12,1–11). Erneut beschließen die Abgesandten des Synhedriums Jesu Tod und versuchen, seiner habhaft zu werden (12,12). Es folgen noch drei Streit- bzw. Schulgespräche, in denen Jesus zu zentralen theologischen Streitpunkten zwischen den jüdischen Gruppierungen der damaligen Zeit (Kaisersteuer, Auferstehung, höchstes Gebot) Stellung bezieht, sodann Jesu Belehrung über den Davidssohn und zuletzt das „Scherflein der Witwe“.

2.2.7 **Jesu Vermächtnis – die eschatologische Rede (13)**

Zwischen diese Auseinandersetzungen und die Passion ist eine letzte Rede Jesu eingeschoben, die so genannte Endzeitrede, gehalten gegenüber dem Tempelberg vor vier ausgewählten Jüngern. Diese hat deutlich drei Ziele: 1. Sie will aufzeigen, dass die hereinbrechenden Katastrophen erst der Anfang des Endes der Welt sind. 2. Sie will die Jünger trösten und ihnen Mut machen. 3. Sie will aber auch warnen und mahnen.

Unter Aufnahme alttestamentlicher Weissagungen (vor allem aus dem Danielbuch) werden zunächst die kommenden Schrecken angekündigt, die sich von kriegerischen Auseinandersetzungen (13,7f) und deren Folgen (vgl. 13,14–20) bis hin zur Auflösung der kosmischen Ordnung steigern (13,24f). Das endzeitliche Geschehen gipfelt im Kommen des Menschensohnes (13,26f). Diese Schrecken betreffen besonders die Christen in Form von Verfolgungen (vgl. 13,9–13) und Verführungen (13,5f.21–23). Neben die Warnungen tritt auch der Zuspruch des göttlichen Beistandes für seine bedrohte Gemeinde (13,11.20). Den Schlusspunkt bilden die Aufforderungen zur Aufmerksamkeit (13,28f) und Wachsamkeit (13,32–37).

2.2.8 **Leiden, Tod und Verkündigung der Auferstehung (14,1–16,8)**

Mit einer erneuten Beratung, wie man Jesus töten könne (14,1f), beginnt die eigentliche Passion. Dabei schildert Mk 14 die Geschehnisse bis zur Verhaftung und dem Verhör vor dem Hohen Rat. Der eine Höhepunkt dieser Hinführung zur Passion ist die Abendmahlsszene, in der Jesus seinen Tod als Hingabe für „die vielen“ und als (neuen) Bund zwischen Gott und den Menschen (14,22.24) interpretiert. Der zweite Höhepunkt ist die Getsemaniszene, die in der Anfechtung Jesu sozusagen die Innenseite der Passion als Verwerfung durch Gott und Verlassenheit durch die Menschen und damit ihren eigentlichen Schrecken vor Augen führt. Die Verlassenheit durch die Menschen zeigt sich im Schlaf der Jünger, der in Verrat, Flucht und Verleugnung seine Fortsetzung findet; die Verwerfung durch Gott zeigt sich in der Überantwortung des Menschensohnes in die Hände der Sünder, wie Jesus selbst Gottes Schweigen am Ende seines Gebetsringens deutet (14,41, vgl. 9,31). „Überantwortet werden“ ist dann auch das entscheidende Stichwort, das die gesamte folgende Passion strukturiert, denn die Preisgabe durch Gott setzt eine vernichtende Kettenreaktion im Handeln der Menschen frei: Der Verräter (wörtlich: „Preisgeber“) Judas gibt seinen Meister an die Synhedristen preis (14,43–46, vgl. 3,19; 14,10.18.21.42), diese geben ihn an Pilatus preis (15,1.10, vgl. 10,33) und dieser wiederum den Verurteilten an die Kriegsknechte (15,15).

Kap. 15 schildert die Verurteilung Jesu, Geißelung und Verspottung, Kreuzigung, Tod und Grablegung. Auch hier hält sich die durch nichts abgemilderte Härte der Gottverlassenheit Jesu durch: Der Gottessohn stirbt in der „Nacht" von Golgota mit dem Schrei: „Mein Gott, mein Gott, warum hast du mich verlassen?" (15,34). Erst nach dem Tod Jesu „reagiert" Gott: Das Licht kehrt wieder, der Vorhang des Tempels zerreißt und der Führer des Hinrichtungskommandos wird zum ersten Bekenner des Gottessohnes (15,39). Das Evangelium schließt mit der Verkündigung der Auferstehung an die Frauen durch einen Engel im Grab. Der „Schluss" Mk 16,9–20 ist in den ältesten Handschriften nicht vorhanden und sekundär hinzugefügt worden.

Das Messiasgeheimnis William Wrede[40] hatte fünf Motive zu dem Komplex des → Messiasgeheimnisses zusammengefasst: Das Jüngerunverständnis, das Verstockungsmotiv, die Schweigegebote an die Geheilten, die Schweigegebote an die Jünger, die Schweigegebote an die Dämonen. Seine Erklärung: Markus habe einen unmessianischen Stoff messianisch darstellen müssen und sich dazu dieser Konstruktion bedient. Die Voraussetzung, die Quellen des Markus hätten Jesus noch nicht als Messias verstanden, lässt sich aber bei eingehender Analyse der Texte nicht halten. Und was das Messiasgeheimnis selbst betrifft, so zeigt eine genauere Analyse, dass Wrede hier ganz heterogenes Material verbunden hat. Nur zwei Motive werden heute noch zum „Messiasgeheimnis" gezählt: Die Schweigegebote an die Dämonen und die an die Jünger. Denn nur hier geht es um Jesu einzigartige Würde, und nur sie werden auch eingehalten.

B Geschichtliche Einordnung

1. Der Verfasser und seine Adressaten

Das Evangelium verrät nichts über seinen Verfasser (vgl. o. S. 11f). Erst ein halbes Jahrhundert später identifiziert ihn der Bischof Papias von Hierapolis mit „Markus, dem Dolmetscher des Petrus", der das von Petrus Gehörte aus dem Gedächtnis geordnet habe. Gemeint ist der Jerusalemer Judenchrist Johannes Markus, der Begleiter des Paulus (Apg 12,12; 13,5.13). Auch wenn Papias sich auf einen → Presbyter namens Johannes beruft, so sind seine Aussagen etwa im Falle des Matthäusevangeliums eindeutig falsch. Daher verdient sein Zeugnis auch hier keine allzugroße Glaubwürdigkeit. Möglicherweise steht im Hintergrund dieser Zurückführung des Evangeliums auf einen Apostelschüler eine → apologetische Ab-

40 Das Messiasgeheimnis in den Evangelien, Göttingen 3. Aufl. 1963 (1. Aufl. 1901). Zur Kritik vgl. H. Räisänen, Das Messiasgeheimnis im Markusevangelium, Helsinki 1976.

sicht: In der Auseinandersetzung mit Irrlehrern, die ihrerseits behaupten, im Besitz der einzig wahren Überlieferung zu sein, mochte es gut erscheinen, das Evangelium zumindest mittelbar auf Petrus zurückzuführen. Dass es ausgerechnet Markus, also nicht einem → Apostel zugeschrieben wird, spricht wohl dafür, dass der Verfasser des Evangeliums diesen Namen trug. Doch das alles bleibt Vermutung. Offenbar tritt der Evangelist ganz bewusst hinter sein Werk zurück. Er will nicht als Schriftsteller glänzen, sondern die Jesusüberlieferung tradieren.

Weitgehende Übereinstimmung besteht in der Forschung darüber, dass das Markusevangelium für eine vorwiegend → heidenchristlich geprägte Gemeinde verfasst wurde. Genaueres lässt sich aber auch hier nicht feststellen. Es ist gut möglich, ja wahrscheinlich, dass die auffällige kreuzestheologische Konzentration des Evangeliums mit den Praxiserfahrungen des Evangelisten zu tun hat. Dafür muss man jedoch keine spezielle gegnerische Gruppe postulieren (etwa um den Apostel Petrus), die das Kreuz abgelehnt haben soll und gegen die der Evangelist schreibe[41]: „Der Rückzug vor dem Kreuz ist eine bleibende Gefahr, und die Schwere der Kreuzesnachfolge ist beständig."[42] Offenbleiben muss, ob der Verfasser selbst Heidenchrist war (wie man aufgrund der distanzierten Bemerkung über „alle Juden " in Mk 7,3 annehmen könnte) oder → Judenchrist (kam in so früher Zeit schon ein Heidenchrist als eine die Jesustradition verantwortende Autorität in Frage?).

2. Abfassungszeit und Ort

Für die Datierung des Evangeliums spielen die zeitgeschichtlichen Bezüge in Mk 13 eine entscheidende Rolle. Nach allgemeiner Ansicht bildet die Situation des → Jüdischen Krieges den aktuellen Hintergrund. Umstritten ist, ob die in 13,2 angekündigte Tempelzerstörung schon erfolgt ist, oder ob diese als logische Konsequenz der Belagerung durch ein übermächtiges Heer erwartet wird. In jedem Fall dürfte das Evangelium um das Jahr 70 herum entstanden sein. Sehr viel unsicherer ist der Entstehungsort des Evangeliums. Diskutiert werden Galiläa, die → Dekapolis, Syrien, Tyrus und Sidon sowie Rom. Bei der Rom-Hypothese wird vor allem auf die Latinismen im Evangelium verwiesen, deren auffälligster sich in 12,42 findet, wo der Gegenwert einer palästinensischen Münze durch eine römische Münze angegeben wird.

C Theologisches Profil

„Dies ist der Anfang des Evangeliums von Jesus Christus, dem Sohn Gottes." Hier werden nicht nur zentrale → christologische Würdetitel (Christus, Gottessohn,

---

41 Vor allem in der amerikanischen Forschung (W. Kelber u.a.).

42 Gnilka, Mk I, 27 (Lizenzausg.: 29).

s.u.) eingeführt, sondern vor allem wird das Folgende als → *Evangelium* qualifiziert. Markus war unseres Wissens der Erste, der Leben, Tod und Auferstehung Jesu in Form eines Evangeliums wiedergab. Dies ist auch ein wesentlicher Unterschied zu den anderen Evangelisten, die sich ja immer auf eine schon existierende Evangelienschrift beziehen und diese überarbeiten, ergänzen und auf ihre Situation hin aktualisieren, sich also im Gegenüber zu Markus profilieren.

Evangelium
Markus hat als erster Leben, Tod und Auferstehung Jesu in Form eines Evangeliums („Frohbotschaft") aufgeschrieben und so die Überlieferung vor dem Verlust bewahrt.

Demgegenüber war es zunächst einmal das vorzügliche Interesse des „Markus", die vom Verlust bedrohte Überlieferung zu sammeln und als „Frohbotschaft" weiterzugeben. Das dokumentiert sich nicht zuletzt auch darin, dass er, soweit feststellbar, die Jesusüberlieferung relativ treu bewahrt hat, als ein „konservativer" (Pesch) bzw. „gemäßigter Redaktor" (Gnilka). Wir werden hier also mit der Annahme einer aktualisierenden Zuspitzung vorsichtiger sein müssen als bei den anderen Evangelisten, zumal die methodische Schwierigkeit hinzukommt, dass bei Markus der Vergleich mit der Vorlage ausfällt, so dass die Feststellung seiner theologischen Absichten weit hypothetischer ist als bei den → synoptischen Seitenreferenten. Markus war in erster Linie wohl Überlieferer und Interpret der Jesusüberlieferung. Mit der gebotenen Vorsicht lassen sich dennoch einige begründete Vermutungen über den Abfassungszweck anstellen und damit auch Aussagen über das theologische Profil des Evangeliums machen.

- Aufschlussreich ist schon, dass überhaupt die Jesusüberlieferung ins Zentrum der Verkündigung gerückt und in einen durchlaufenden Erzählzusammenhang gebracht wird. Man muss nicht unbedingt eine grundlegende theologische Kontroverse als historischen Hintergrund vermuten[43]; unbestreitbar bleibt in jedem Fall, dass der Evangelist mit seinem Werk in ganz neuer Weise das Jesusbild in den Mittelpunkt der Verkündigung gestellt und damit die weitere Theologie nachhaltig geprägt hat.
- Darüber hinaus ist unverkennbar, dass der Evangelist nicht nur gesammelt, sondern der Zusammenstellung auch seinen Stempel aufgedrückt hat, vor allem durch die Zuspitzung der Jesusüberlieferung auf die Passion, auf die das gesamte Evangelium von Anbeginn an zuläuft und die in den Worten über die Kreuzesnachfolge auch zum Maßstab für die Existenz der Nachfolger wird.
- Dieser Weg in die Passion ist alles andere als eindimensional. Das Evangelium wird vielmehr durch einen Spannungsbogen bestimmt, in dem Vollmacht und Ohnmacht, Niedrigkeit und Hoheit zusammengesehen werden. Es ist der Jesus der vollmächtigen „Lehre" samt seinen Wundern, der zu-

43 Dies tut etwa E. Käsemann, Sackgassen im Streit um den historischen Jesus, in: ders., Exegetische Versuche und Besinnungen, Bd. 2, Göttingen 1964, 31–68, bes. 65f.

Verschränkung von Niedrigkeit und Hoheit Jesu

Vollmacht und Ohnmacht, Niedrigkeit und Hoheit Jesu werden in einem Spannungsbogen zusammengebracht. Die Hoheit des Gottessohnes wird unter dem Kreuz sichtbar und öffentlich proklamiert.

nehmend auf Widerstand stößt und zuletzt in der Passion scheinbar scheitert. Und doch ist dieser Weg der Erniedrigung nur die Kehrseite einer Bewegung, die gerade in der Passion das gottgewollte Ziel des Lebens Jesu und damit seinen letztendlichen Sieg sieht, der den Menschen das Heil bringt (vgl. 10,45; 14,22–25). Schon die Kontrastgleichnisse der Rede Mk 4 deuten dieses „Messiasgeheimnis" der in der Niedrigkeit und Verborgenheit anbrechenden Gottesherrschaft an. Programmatisch wird dies am Beginn des zweiten Hauptteiles in der Verklärungsszene vor Augen geführt, die – bewusst nach der ersten Leidensweissagung postiert – das himmlische Wesen des in den Tod Gehenden zeigt. Die am weitesten gehende Hoheitsaussage macht Jesus über sich selbst auf dem Tiefpunkt seines Lebens (14,62), bei der Verurteilung des Gottessohnes als Gotteslästerer. Und seine erste öffentliche Proklamation als Gottessohn erfolgt – nach seinem Tod mit dem Schrei der Gottverlassenheit! – durch den Führer des Hinrichtungskommandos (15,39).

D Wirkungsgeschichtliche Hinweise

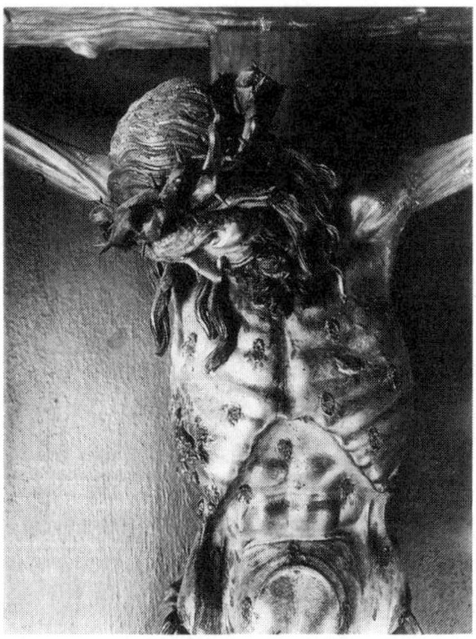

Kruzifixus, Köln, St. Georg, 14. Jh. In dieser Zeit entstanden – zumeist im Rheinland – Kruzifix-Bildwerke mit einer Aussage von erschütternder Eindringlichkeit.

Das Markusevangelium hat lange in der Kirchengeschichte ein Dasein im Schatten der Großevangelien geführt und wurde erst spät in seiner Besonderheit wahrgenommen. Seine Wirkung hat es also vor allem mittelbar, durch seinen Einfluss auf die synoptischen Seitenreferenten Matthäus und Lukas entfaltet. Schon die Tatsache, dass im Zentrum des neutestamentlichen → Kanons neben den Paulusbriefen die Evangelien stehen, die als vom Glauben geformte Lebensbeschreibungen des Gottessohnes gleichzeitig bezogen sind auf Vergangenes (Leben Jesu), Gegenwärtiges (Leben der Gemeinde) und Zukünftiges (Gottes kommendes Reich als eine durch das Gekommensein Jesu bestimmte Größe), verdanken wir Markus.

Aber auch das Spezifikum des markinischen Christuszeugnisses, die Konzentration auf die Passion, die er mit Paulus gemeinsam hat, hat das Christusbild der Kirche entscheidend geprägt. Dass ausgerechnet das Kreuz zum zentralen Symbol des christlichen Glaubens wurde, ist wohl zu einem nicht geringen Teil auf Markus zurückzuführen (wenn auch hier wiederum dieser Einfluss vor allem mittelbar, durch das ihm hier weitgehend folgende Matthäusevangelium erfolgte). Das hatte einschneidende Folgen sowohl für die Theologie wie für die Frömmigkeit. Denn schon im zweiten Jahrhundert wurde der Versuch unternommen, Jesus von der Passion loszulösen, um auf diese Weise seine „Göttlichkeit" zu bewahren. Das Bild des leidenden Christus war ein beständiger Einspruch gegen diese Gefahr, durch ein philosophisches Vorverständnis des Göttlichen das Leiden und damit die volle Menschlichkeit Jesu auszublenden (→ Apathieaxiom[44]). Die Verehrung des Gekreuzigten als Gottessohn verhinderte auch, dass Gott allein mit den Kategorien der Überlegenheit und Übermacht definiert wurde. Daher war und ist dieses markinische Christusbild ein ständiges Stimulans der → Christologie und Gotteslehre. Für die Frömmigkeit bedeutsam wurde der leidende, angefochtene Christus vor allem in Notzeiten. Besonders eindrücklich zeigen die Pestkruzifixe des Hochmittelalters oder der von Matthias Grünewald für ein Seuchenhaus geschaffene Isenheimer Altar, dass der von Markus bezeugte leidende und angefochtene Gottessohn das Gegenüber ist, bei dem sich Menschen in ihrem Schmerz und ihrer Verzweiflung bergen und so wieder zu Gott und zu sich selbst finden können.

3. Das Lukasevangelium

Reinhard Feldmeier

Literatur

Joseph A. Fitzmyer, The Gospel According to Luke, AncB 28+28a, 2 Bde., New York 1981/1985

Gerhard Schneider, Das Evangelium nach Lukas, ÖTBK 3, 2 Bde., Gütersloh 1977, 3. Aufl. 1992 (I), 2. Aufl. 1984 (II)

Eduard Schweizer, Das Evangelium nach Lukas, NTD 3, Göttingen 1982 (Berlin 1983), 3. (20.) Aufl. 1993

44 Mit diesem Begriff hat W. Elert die antike Vorstellung bezeichnet, dass das Göttliche leidensunfähig sei. Diese Vorstellung hat immer wieder die altkirchliche Christologie beeinflusst. Vgl. W. Elert, Der Ausgang der altkirchlichen Christologie. Eine Untersuchung über Theodor von Pharan und seine Zeit als Einführung in die alte Dogmengeschichte, hg. von W. Maurer/ E. Bergsträsser, Berlin 1957.

A Bibelkundliche Erschließung

1. Aufriss

Unter Berücksichtigung der geographischen Angaben, der literarischen Signale[45] sowie der untereinander durch einen durchlaufenden Erzähltaden verbundenen Komplexe (vor allem Kindheit und Passion/Ostern) ergibt sich folgende Gliederung:

1,1–4	**Prolog**		
1,5–4,13	**Die Vorgeschichte**		
1,5–2,52	Die Vorstellung des Messias und seines Vorläufers		
3,1–4,13	Das vorbereitende Wirken		
	3,1–20	I Das Auftreten des Täufers	
	3,21–4,13	II Die Vorbereitung des Messias	
4,14–19,27	**Jesu Wirksamkeit**		
4,14–9,50	Jesu Wirken in Galiläa und im jüdischen Land[46]		
	4,14–43	I Auf Galiläa begrenztes Wirken	
	4,44–9,50	II Ausgreifen des Wirkens	
9,51–19,27	Jesu Weg nach Jerusalem („Reisebericht")		
19,28–24,53	**Passion und Auferstehung**		
19,28–21,38	Eskalation und Vermächtnis		
	19,28–21,4	I Die Auseinandersetzungen in Jerusalem	
	21,5–36	II Endzeitrede	
22–24	Passion und Osterereignisse		
	22;23	I Passion	
	24	II Auferstehung und Erscheinungen	

2. Kommentierung des Aufrisses

Deutlicher als jeder andere Evangelist gibt Lukas gleich am Anfang seines Evangeliums entscheidende Hinweise auf die Absicht des Werkes und seinen kulturellen und geschichtlichen Kontext:

> Viele haben es schon unternommen, Bericht zu geben von den Geschichten, die unter uns geschehen sind, wie uns das überliefert haben, die es von

45 Vgl. den Auftakt des Reiseberichtes Lk 9,51, auf den innerhalb dieses Abschnittes immer wieder zurückverwiesen wird.

46 Zwar hält sich Jesus vorwiegend in Galiläa auf, aber sein Wirken ist nicht darauf begrenzt (vgl. schon Lk 4,44). Daher ist die genaue geographische Bezeichnung dieses Abschnittes in den Kommentaren umstritten. Die Frage kann hier offen bleiben. Unbestreitbar ist die Abgrenzung dieses Abschnittes vom folgenden Reisebericht.

Anfang an selbst gesehen haben und Diener des Worts gewesen sind. So habe auch ich's für gut gehalten, nachdem ich alles von Anfang an sorgfältig erkundet habe, es für dich, hoch geehrter Theophilus, in guter Ordnung aufzuschreiben, damit du den sicheren Grund der Lehre erfahrest, in der du unterrichtet bist. (1,1–4)

Zusammen mit der vorgestellten Gliederung[47] liefert dies bereits erste Anhaltspunkte für das Verständnis des dritten Evangeliums.

2.1 **Zum Ganzen**

Während Matthäus – bei ähnlichen Vorlagen – aus katechetischem Interesse die Überlieferung zu großen Redeblöcken zusammenstellt, in denen Jesus als der autoritative Lehrer und Verkündiger des Gotteswillens begegnet, wird bei Lukas das Leben Jesu als Erzählung entfaltet und zugleich in die Geschichte eingebunden. Diese Eigenart, die man als Historisierung bezeichnen könnte, zeigt sich nicht nur in der Bearbeitung des Überlieferungsstoffes, dem Lukas durch Verknüpfungen und Querverweise den Anschein eines fortlaufenden Berichtes gibt[48], sondern auch *in der Erweiterung des Gesamtrahmens.* So leitet er sein Evangelium mit den Geburtserzählungen ein, wie dies nur noch Matthäus tut, und er bringt als einziger Evangelist eine Erzählung aus Jesu Kindheit (2,41–52: Der zwölfjährige Jesus im Tempel). Vor allem aber gibt er dem Leben Jesu in der Apostelgeschichte eine Fortsetzung, wodurch das Evangelium zum „ersten Bericht“ (Apg 1,1) und damit auch zum „Anfang der ... Kirchengeschichte“[49] wird. Die Historisierung führt dazu, dass Lukas an entscheidenden Punkten der Geschichte immer wieder den Querverweis auf die allgemeine Geschichte bringt (vgl. 1,5; 2,1f; 3,1f)[50], d.h. die Geschichte Jesu bewusst historisch verortet. Nicht das zeitlose „Es war einmal ...“ des Märchens wird erzählt, sondern eine Begebenheit in Raum und Zeit. Allerdings ist das Besondere dieser Geschichte, dass sie sich dem Glauben als von Gott geleitet erschließt. Als „unter uns in Erfüllung gegangene Ereignisse“ (so wörtlich Lk 1,1) ist diese Geschichte eingeordnet in die *Heilsgeschichte Gottes,* die im Alten Bund begonnen hat und dann in der Apostelgeschichte als Zeit der Kirche weitergeht[51]. Der Vorwurf, hier werde die → eschatologische Einzigartigkeit Jesu relativiert, wird Lukas

47 Dass sich dieser Aufriss einer bewussten Gestaltung durch den Evangelisten verdankt, zeigt ein Blick auf die Verwendung der Quellen (s.u. S. 115).

48 Vgl. W. Radl, Das Lukas-Evangelium, EdF 261, Darmstadt 1988, 42–45.

49 Kümmel, Einleitung, 109.

50 Bekanntestes Beispiel ist der Auftakt der Weihnachtsgeschichte Lk 2,1f: „Es begab sich aber zu der Zeit, dass ein Gebot von dem Kaiser Augustus ausging, dass alle Welt geschätzt würde. Und diese Schätzung war die allererste und geschah zur Zeit, da Quirinius Statthalter in Syrien war.“

51 Charakteristisch dafür ist Lk 16,16: aus dem in Mt 11,12 vermutlich ursprünglich erhaltenen Jesuswort „Aber von den Tagen Johannes des Täufers bis heute leidet das Himmelreich Gewalt...“ wird bei Lukas: „Das Gesetz und die Propheten reichen bis zu Johannes. Von da an wird das Evangelium vom Reich Gottes gepredigt, und jedermann drängt sich mit Gewalt

nicht gerecht. Denn die Geschichte Jesu wird ja damit ihrerseits zum Zentrum der durch Gottes Geist bestimmten Geschichte; sie ist Zielpunkt des früheren Gotteshandelns sowie Grundlage und Maßstab der neuen Gemeinschaft, deren geistgeleitete Geschichte dann in der Apostelgeschichte erzählt wird. Insofern könnte man zugleich von einer der Historisierung parallelen → *Spiritualisierung* der Geschichte sprechen, da der eigentliche Gegenstand der Darstellung des Lukas die in Raum und Zeit stattfindende Gottesbegegnung durch den Geist ist, die in Jesus vollständig und unmittelbar und in der Zeit der Kirche durch ihn vermittelt geschieht[52]. Dadurch erhält die Geschichte ihre theologische Bedeutung, wird sie zur „Heilsgeschichte".

2.2 Die einzelnen Abschnitte

2.2.1 Vorgeschichte I: Die Vorstellung des Messias und seines Vorläufers in den Geburtsgeschichten (1,5–2,52)

Wie Matthäus hat das Lukasevangelium eine ausführliche Vorgeschichte, und wie bei diesem fungiert sie als theologisches Vorwort, als erzählerische Einführung des Evangelisten in sein Verständnis Jesu als des Gottessohnes. Erzählerisch grandios ist bereits der Auftakt der beiden Eingangskapitel. Im ersten Kapitel wird die Geschichte des Täufers mit der Jesu verschränkt und werden beide zugleich durch Engelreden und Loblieder als Erfüllung der „Verheißungen an die Väter" ausgewiesen. Zwar beginnt Gott mit der Schaffung Jesu aus der Jungfrau mitten in der alten Geschichte etwas ganz Neues, aber seine Offenbarung an Israel ist damit keineswegs einfach obsolet geworden[53].

---

hinein." (dies ist Ausgangspunkt für Conzelmanns These, s.u. Anm. 52). Die Geschichte Jesu wird so zum „Ursprung" *(archē)* der Geschichten, die „unter uns geschehen sind" (1,1).

52 H. Conzelmann, Die Mitte der Zeit. Studien zur Theologie des Lukas, BHTh 17, Tübingen 7. Aufl. 1993, hatte vor allem auf Grund von Lk 16,16 die These vertreten, dass Lk die Geschichte Jesu als „Mitte der Zeit" schildere, der die Zeit des Gesetzes und der Propheten vorangehe und die Zeit der Kirche folge. Der Grund für diese Konzeption sei das Ausbleiben der → Parusie; an die Stelle der Eschatologie trete die Heilsgeschichte. Dagegen ist zu sagen: 1. Lk 16,16 unterscheidet nur zwischen der Zeit des Gesetzes und der Propheten auf der einen und der des Täufers bis zur Parusie auf der anderen Seite. Die Zeit der Kirche versteht sich von Jesus her als ihrem Ursprung (Lk 1,1). 2. Vorsicht ist auch beim Begriff der Heilsgeschichte (als Ersatz für Eschatologie) angebracht. Zum einen ist auch die Wiedergabe der anderen Evangelien „Heilsgeschichte"; zum anderen wird auch bei Lukas Geschichte nirgends eigens zum Thema gemacht, auch wenn er – wie eben beschrieben – Jesus stärker in die Geschichte Gottes mit den Menschen einordnet als dies die anderen Evangelien tun.

53 Auch wenn Lukas, zumal in der Apostelgeschichte, von vielfältigen Spannungen zwischen Juden und Christen zu berichten weiß, so ist es doch bemerkenswert, wie sehr gerade in den Vorgeschichten des dritten Evangeliums die jüdischen Wurzeln Jesu hervorgehoben werden.

Den Höhepunkt dieses Abschnittes bildet die Weihnachtserzählung, weniger eine Geburtsgeschichte als vielmehr eine Verkündigungsgeschichte, in der von den himmlischen Scharen die Geburt des Kindes als Heil für die ganze Welt gedeutet wird. Diese Deutung wird dann bei der Darbringung im Tempel noch einmal von Hanna und Simeon als „wartenden" Gestalten des alttestamentlichen Gottesvolkes bestätigt. In diesem Menschen, so wird deutlich, wendet sich Gott dieser Welt zu und richtet sein Reich auf. Zwar klingt etwa in der Geburt außerhalb der menschlichen Behausungen schon die Heimatlosigkeit dieses Kindes an, und Simeon weist in seiner Weissagung an Maria auf die kommenden Konflikte und Leiden hin (2,34f), aber der Gesamttenor der ganzen Erzählsequenz ist doch ein jubilierender, strahlender, was gerade der Vergleich mit der so ganz anders gearteten Geburtserzählung des Matthäus (mit Kindermord und Flucht nach Ägypten) deutlich macht!

2.2.2 Vorgeschichte II: Das vorbereitende Wirken (3,1–4,13)

Im zweiten Teil der Vorgeschichte wird zunächst der Täufer als prophetischer Wegbereiter des → Messias vorgestellt. Die ausführliche Vorstellung des Umkehrpredigers Johannes bereitet auch schon die Botschaft Jesu vor, die für das Ineinander von Heilsverkündigung und Umkehrforderung bezeichnend ist. Johannes reicht dann in der Taufe den Stab an Jesus weiter, den Gott selbst als seinen Sohn proklamiert, wobei er ihn durch den herabgekommenen Geist (3,22) salbt (4,18) und mit dessen Kraft erfüllt (4,14).

Die in der Taufe geoffenbarte Gottessohnschaft bewährt sich in der Auseinandersetzung mit dem Teufel: Jesus macht deutlich, dass es keinen Sohn ohne Vater gibt, keinen Gottessohn ohne Gott. Das Wesen der Gottessohnschaft besteht nicht im eigenmächtigen Machtgebrauch, sondern im Gehorsam.

2.2.3 Jesu Wirken in Galiläa und im ganzen jüdischen Land (4,14–9,50)

Nach der Vorgeschichte wird Jesu Wirken in Galiläa geschildert, das darüber hinaus auf das ganze jüdische Land ausgreift. Während die Wunder später immer seltener werden und auch meist mit Konflikten oder doch Spannungen verbunden sind, ist *hier Jesu Wunderwirksamkeit auf ihrem Höhepunkt.* Gerade alle spektakulären Wunder (inklusive Sturmstillung, Brotvermehrung und zwei Totenerweckungen) finden sich hier. Sie *zeigen den Anbruch der neuen Wirklichkeit Gottes in Jesu Handeln,* sie zeugen davon, dass hier der ist, „der da kommen soll" (7,18–23). Oder wie es das Volk nach einer Totenauferweckung ausdrückt: „Gott hat sein Volk besucht." (7,16)

2.2.4 Jesu Reise nach Jerusalem (9,51–19,27)

Die markanteste Besonderheit beim Aufriss des Lukas ist der große *Reisebericht.* Der Evangelist hat mehr als die Hälfte des Wirkens Jesu in den Zusammenhang seines Zuges nach Jerusalem hineingestellt. Dieses Wirken ist so durch das bewusste

Wandern zum Ort des Todes und der Auferstehung gerahmt und geprägt (13,33; vgl. auch die Anfangsnotiz 9,51). Der Umfang wie die Stellung dieser Komposition vor der eigentlichen Leidensgeschichte verleihen diesem Abschnitt ein besonderes Gewicht: Er zeigt den nach Gottes Willen ins Leiden gehenden Herrn, der seine Jünger für den Auftrag der Verkündigung nach seinem Tode ausrüstet (vgl. 9,60; 10,3.16; 17,22–25). Signifikant ist schon der Auftakt: In einem → Samaritanerdorf wird dem Wandernden die Unterkunft verweigert (9,51–56). Der *Messias*, der schon bei seiner Geburt keinen Raum in der Herberge hatte, ist also auch während seiner Wirksamkeit *ein Außenseiter*, der „nichts hat, wo er sein Haupt hinlege" (9,58). An dieser Heimatlosigkeit haben dann auch die Nachfolger teil, wie die drei kurzen, sich an 9,51–56 anschließenden Nachfolgegeschichten 9,57–62 deutlich machen. Die darauf folgende Aussendung der zweiundsiebzig Jünger (10,1ff) ohne Vorrat und Absicherung unterstreicht noch einmal, dass dieses Unterwegssein Jesu zum Ort seines Leidens *auch die Vorbereitung der Jünger für ihre Wirksamkeit nach Ostern* ist. Am Reisebericht wird besonders deutlich sichtbar, wie bei Lukas die Jesusgeschichte zugleich auf die Wirklichkeit der nachösterlichen Gemeinde hin ausgelegt wird.

Zu beachten ist weiter, dass die Wunderwirksamkeit im Vergleich zu den vorhergehenden Passagen deutlich zurücktritt. Dagegen nimmt *Jesu Lehre* nun einen weit größeren Raum ein, deren radikale Weisungen im Kontext der ungesicherten Wanderexistenz Jesu selbst besonders überzeugend und verpflichtend wirken. Aber auch die bekannten und für Lukas *typischen Gleichnisse und Beispielerzählungen* finden sich hier (der bittende Freund, der reiche Kornbauer, die drei Gleichnisse vom Verlorenen, der barmherzige Samariter, der arme Lazarus und der reiche Prasser, die Witwe und der Richter, der Pharisäer und der Zöllner sowie der Oberzöllner Zachäus). In der von Lukas bevorzugten Form der Kontrasterzählung vergegenwärtigen sie auf der Reise Gottes Zuwendung zu den Verlorenen wie seine Kritik an den Reichen und Selbstgerechten, an den „Satten".

Bemerkenswert ist endlich, dass mehrere Sequenzen mit → *eschatologischen Texten* in den Reisebericht hineinverwoben sind. Diese Texte, die bei den synoptischen Seitenreferenten hauptsächlich am Ende der Wirksamkeit Jesu platziert sind und sich vor allem in deren Endzeitreden finden, wurden von Lukas bewusst nach vorne gezogen und durchsetzen jetzt seinen Reisebericht[54]. So wird die Eschatologie bei Lukas weit stärker auf die Gegenwart der Nachfolge bezogen; jetzt entscheidet sich für die Jüngerinnen und Jünger die Zukunft.

2.2.5 **Eskalation und Vermächtnis (19,28–21,38)**

Von der Wirksamkeit Jesu in Jerusalem berichtet der Evangelist wieder weitgehend in Übereinstimmung mit seiner Markusvorlage: Vom Einzug in Jerusalem

54 Vgl. Lk 12,35–48 par. Mt 24,42–51; Lk 17,22–37 par. Mt 24,23f.26f.37–39 par. Mk 13,19–23.14–16; Lk 19,11–27 par. Mt 25,14–30 (Mk 13,34); weiter Lk 13,35 par. Mt 23,38f; Lk 14,15–24 par. Mt 22,1–14.

über die Tempelreinigung, die Vollmachtsfrage und die letzten Streitgespräche zieht sich der Spannungsbogen, der in die Passion mündet. Sondergut ist nur das Weinen Jesu über Jerusalem, dessen Fall er voraussagt (19,41–44).

Wie bei Markus und Matthäus findet sich auch bei Lukas vor der Passion Jesu Vermächtnis in Form einer eschatologischen Rede. Lukas hat hier zum einen den zeitgeschichtlichen Bezug zum Geschick Jerusalems deutlicher als Mk und Mt herausgestellt (21,20–24), zum anderen hat er der obligatorischen Wachsamkeitsforderung am Ende durch die hinzugefügte Warnung vor den Sorgen um den Lebensunterhalt und den Verweis auf das Gericht des Menschensohnes (21,34–36) seinen eigenen Stempel aufgedrückt.

2.2.6 Passion und Osterereignisse (22–24)

Viel → Sondergut enthalten die Passions- und Ostergeschichten, die dadurch ein sehr eigenständiges Gepräge erhalten. In der Leidensgeschichte wird Jesus als der Heilige geschildert, der durch das Leiden seiner Erhöhung entgegengeht. Die Passion wird zum → Martyrium, bei dem der Messias im Dulden und Vergeben ein Vorbild für seine Nachfolger wird (vgl. auch die entsprechend gestalteten Passionen der Apostelgeschichte). Zugleich findet selbst ein mitgekreuzigter Räuber, sofern er bußfertig ist, bei Jesus noch Heil (23,40–43). Die Auferstehung – gedeutet in der Emmauserzählung (24,13–35) und in der Himmelfahrt mündend (24,50f; vgl. Apg 1,9f) – ist als Erhöhung des Niedrigen zur Rechten Gottes Bestätigung und Besiegelung von Jesu Verkündigung und Verhalten.

B Geschichtliche Einordnung

1. Die Quellen

Der Evangelist Lukas ist der Einzige, der in seinem → Prolog (Lk 1,1–4) explizit auf „viele" Vorgänger seines Evangeliums verweist, die er offensichtlich kennt und auch benutzt. Diese Quellen sind nach unserer Kenntnis das Markusevangelium, die → Logienquelle (Q) sowie ein nicht unbeträchtlicher Teil Sondergut verschiedener Herkunft. Die Gesamtanlage der Darstellung des Lebens Jesu folgt dabei dem Aufriss des Markus, von dessen 661 Versen er allerdings nur ca. 350 übernimmt, die er vor allem in drei Blöcken zusammenstellt (s.u. Graphik). Zwischen diese Blöcke hat der Evangelist zwei umfangreiche Einschaltungen geschoben, die (in unterschiedlicher Vermischung) aus seinem Sondergut und aus Q stammen. Gerahmt wird das Ganze noch durch die restlos dem Sondergut entstammenden Kindheitserzählungen und die Berichte von den letzten Ostererscheinungen.

Markus	Sondergut und Logienquelle		Sondergut
			1,5–2,52: Kindheitsgeschichten
3,1–6,19			
	6,20–8,3	Kleine Einschaltung	
8,4–9,50			
	9,51–18,14	Große Einschaltung	
18,15–24,11			
			24,12–53: Ostererscheinungen und Himmelfahrt

2. Der Verfasser

Der zitierte Prolog lehnt sich an die Werke griechischer und römischer Schriftsteller an[55] und hebt sich deutlich vom sonstigen Stil der Evangelien ab. Zweimal begegnet hier – in den anderen Evangelien schwer vorstellbar – das „ich" des Verfassers. Zudem wird das Werk dem „hochverehrten Theophilus", also einem individuellen Adressaten gewidmet. Auch die Sprache des Evangeliums ist bei aller Treue zur Überlieferung stilistisch weit gepflegter als in den anderen Evangelien. Der Verfasser gehört offenbar der gebildeten Schicht an, und er zeigt dies auch. Am ehesten dürfte man in ihm einen ursprünglichen „Gottesfürchtigen" zu sehen haben, d.h. einen mit der jüdischen Religion sympathisierenden Griechen.

Prolog

Mit dem Prolog will der Evangelist deutlich machen, dass sein Werk für eine brei-tere Öffentlichkeit, auch für Leser aus den

Eine weitere Identifizierung des Evangelisten scheint allerdings nicht mehr möglich. Schon der Name „Evangelium nach Lukas" ist möglicherweise sekundär[56]. Doch selbst wenn dieser Name ursprünglich sein sollte, ist die vom → Kanon Muratori vorgenommene Gleichsetzung des Evangelisten mit dem Arzt und Paulusbegleiter Lukas gerade aufgrund der Apostelgeschichte mit nicht unerheblichen historischen[57] und theologischen[58] Schwierigkeiten verbunden.

55 Nennung der Vorläufer und der eigenen Absicht, nämlich genaue Forschung aus erster Hand, vgl, Tacitus, Hist. I,1ff und Josephus, Ant. I,1ff.

56 Den Namen bezeugt als erster Irenäus um 180/190 (Adv Haer III 1,1), also ca. 100 Jahre nach der Abfassung des Evangeliums.

57 Das Paulusbild der Apostelgeschichte sowie die Darstellung einzelner Ereignisse (z.B. beim → Apostelkonzil) widersprechen in wesentlichen Punkten dem, was wir von Paulus selbst wissen.

58 Die Ferne des Lukas zur paulinischen Theologie zeigt sich unter anderem daran, dass die für Paulus zentrale Auseinandersetzung mit der → Tora in der lukanischen Darstellung keine Rolle spielt. Auch bei der Deutung des Todes Jesu bestehen gravierende Unterschiede.

3. Adressaten und Abfassungszweck

Mit den Beobachtungen zum Verfasser wurden bereits Hinweise zum Abfassungszweck der Schrift gegeben. Mit dem Prolog will der Evangelist sein Werk offensichtlich als ein literarisches Produkt vorstellen, das für eine breitere Öffentlichkeit bestimmt ist. Dazu passt die Widmung an einen hoch stehenden und wohl auch gebildeten Mann. Mag Letzteres nicht zuletzt auch ökonomische Gründe haben (Finanzierung der Abschriften!), so wird doch aus der ganzen Anlage deutlich, dass hier einer „den Griechen ein Grieche" wird. Zwar zeigt schon die Anrede an Theophilus, dass die primären Adressaten auch dieses Evangeliums Christen sind, aber zugleich dürfte der Evangelist sein Evangelium von vornherein auch als eine zur werbenden Weitergabe an Nichtchristen geeignete Schrift angelegt haben. Deshalb drängt er schon sprachlich und stilistisch bewusst aus dem „Sektenjargon" heraus, um *auch in den gehobenen Schichten das Evangelium den Gebildeten zu vermitteln*. Welche theologischen Rückwirkungen dies hat, zeigt schlaglichtartig die (zumindest in der vorliegenden Form von Lukas verfasste[59]) → Areopagrede des Paulus (Apg 17, 22–32), in der der Evangelist den Apostel nicht nur äußerlich an den → paganen Kult anknüpfen lässt, sondern ihn sogar zustimmend Elemente der paganen Gottesvorstellung aufnehmen lassen kann (bis hin zu einem Zitat aus einem Zeushymnus des Dichters Aratos). Zu beachten ist freilich, dass diese Ausrichtung auf die gehobenen Schichten bei Lukas nicht zur Anpassung und damit zur Preisgabe der Botschaft Jesu führt – im Gegenteil: Kein Evangelist hat zugleich so entschieden die Privilegierten kritisiert und für die Armen und Benachteiligten Partei ergriffen wie Lukas (s.u. S. 122–124)!

Darüber hinaus nennt der Evangelist selbst im Prolog explizit eine Absicht seines Werkes: Es geht um die *genaue* Darstellung der Überlieferung, um *Zuverlässigkeit* der Jesusüberlieferung als Grundlage des Glaubens. Warum muss diese Zuverlässigkeit so betont werden? Gibt die Verschiedenheit der Überlieferungen von Jesus Anlass zur Anfechtung? Lässt die Verzögerung seiner Wiederkunft Fragen an seiner Glaubwürdigkeit aufkommen? Gibt es innergemeindliche Gegner, die die Jesusüberlieferung in Frage stellen bzw. in ihrem Sinn neu deuten, so dass das Evangelium gegen die Verfälschung der Tradition geschrieben wäre? Alle diese Deutungen werden vertreten; besonders letztere passt ganz gut mit der Warnung des Paulus vor Irrlehrern bei der Abschiedsrede in Ephesus zusammen (Apg 20,29f).

Daneben ist die Gemeinde des Lukas auch von außen bedroht. Dazu gehört unter anderem auch die Entfremdung von der → Synagoge mit den daraus resultierenden Spannungen[60]. Allerdings ist schon aufgrund des Prologes festzustellen,

59 Dafür spricht schon die gesamte sprachliche Gestaltung und Begrifflichkeit. Zudem scheint der Paulus, den wir aus seinen Briefen kennen, weit weniger verbindlich gegenüber heidnischen Kulten und Vorstellungen gewesen zu sein.

60 Dies klingt im Evangelium immer wieder an und setzt sich in der Darstellung der Apostelgeschichte fort. Die Spannungen dürften vor allem durch die Neukonstitution des Judentums nach der Tempelzerstörung begründet sein, wie dies schon bei

dass die innere Bedrohung der Kirche Lukas mehr zu bewegen scheint als äußere Verfolgungen. Gefährlicher als die Bedrängnis von außen ist die Auflösung der Fundamente des Glaubens, und der sucht Lukas durch seine Darstellung der Geschichte Jesu, für die er alles sorgfältig erkundet hat, entgegenzuwirken.

4. Abfassungszeit und Abfassungsort

Nach heutigem Kenntnisstand ist der früheste *Zeitpunkt für die Abfassung* des Evangeliums die Zerstörung Jerusalems, auf die das Evangelium zurückblickt, wie die entsprechenden Veränderungen der Markusvorlage zeigen (Lk 21,20–24, anders Mk 13,14–20; vgl. Lk 19,43f). Der späteste Zeitpunkt ist vor allem von der Apostelgeschichte her zu bestimmen. Die dortige Darstellung des Paulus unterscheidet sich von dem Paulusbild, das uns in den eigenen Briefen des Apostels entgegentritt. Das scheint darauf hinzudeuten, dass der Evangelist noch nicht die Sammlung der Paulusbriefe kannte, die spätestens zu Beginn des zweiten Jahrhunderts (2 Petr 3,15f) bezeugt ist. Des Weiteren fällt die relativ wohl wollende Darstellung der römischen Herrschaft auf, die in der Spätzeit Domitians (seit Beginn der 90-er Jahre) mit dessen übersteigertem Herrscherkult schwerer vorstellbar ist (vgl. die radikale Romkritik der Johannesoffenbarung). Es ist daher am wahrscheinlichsten, dass Lukas sein Evangelium zwischen 80 und 90 verfasst hat.

Über den *Abfassungsort* lässt sich dem Evangelium nichts entnehmen. Unkenntnis über die geographischen Verhältnisse in → Palästina und abnehmendes Interesse an jüdischen Bräuchen machen eine Urheberschaft in Palästina unwahrscheinlich. Möglicherweise entstand das Evangelium in Griechenland oder Italien[61].

C Theologisches Profil

1. Gott

Im → *Magnifikat*, dem berühmtesten Lobgesang des ganzen Neuen Testamentes, preist eine junge Frau aus Galiläa den Gott Israels als den, der in der Annahme ihrer Niedrigkeit sein eigenes Wesen offenbart. Unter anderem heißt es dort:

Matthäus oben skizziert wurde. Allerdings ist der Ton bei Lukas nicht so unversöhnlich wie bei Matthäus. Das mag mit den äußeren Lebensumständen der Gemeinden zusammenhängen: Im Syrien des Matthäus mit seinem großen Anteil an jüdischer Bevölkerung dürfte das Problem brennender gewesen sein als in anderen Teilen des Reiches, wo die Christen sich oft schon früher von der Synagogengemeinschaft getrennt hatten.

61 Theißen, Lokalkolorit und Zeitgeschichte, 264– 270.

Und seine Barmherzigkeit währt von Geschlecht zu Geschlecht bei denen, die ihn fürchten.
Er übt Gewalt mit seinem Arm und zerstreut, die hoffärtig sind in ihres Herzens Sinn.
Er stößt die Gewaltigen vom Thron und erhebt die Niedrigen.
Die Hungrigen füllt er mit Gütern und lässt die Reichen leer ausgehen.
Er gedenkt der Barmherzigkeit und hilft seinem Diener Israel auf.
(1,50–54)

Jenes Loblied der Maria ist im Grunde eine Kurzfassung der lukanischen Theologie. Der hier gepriesene Gott, der die Ordnung dieser Wirklichkeit auf den Kopf stellt (vgl. Lk 6,20–26), ist der Gott, den der lukanische Christus verkündigt und in seinem Verhalten abbildet. Dies hat – ganz den antithetischen → Parallelismen des Magnifikat entsprechend – eine zweifache Stoßrichtung.

Ankündigung des Gerichts über die Hoffärtigen, Gewaltigen und Reichen

Gott ist für Lukas Anwalt der Opfer und Richter über lebenszerstörendes Handeln durch Hochmut, Machtgier und Habsucht.

(1) Das eine ist die *Ankündigung des Gerichts über die Hoffärtigen, Gewaltigen und Reichen*. Zwar ist Lukas – wohl wegen des ständigen Vorwurfes an die Christen, Aufrührer zu sein[62] – relativ zurückhaltend, was die direkte Kritik an den Machthabern betrifft, ja, er versucht, die Spannungen gegenüber dem Staat herunterzuspielen und dessen Vertreter in einem günstigen Licht erscheinen zu lassen[63]. Dieses Anliegen, die Christen vor politischer Verdächtigung zu schützen, bedeutet freilich keine Unbedenklichkeitserklärung für die politische Gewalt (die immerhin Jesus trotz des Wissens um seine Unschuld hinrichten lässt). Versteckt, aber deutlich, gibt das Lukasevangelium immer wieder Hinweise, dass es den *Gewaltigen* durchaus nicht unkritisch gegenübersteht. So führt Lukas durch die Hinzufügung zur Teufelsrede Lk 4,6 die weltliche Macht im Kern auf den Teufel zurück. Und im Konfliktfall gilt der Grundsatz Apg 5,29, dass man Gott mehr gehorchen muss als den Menschen. Auf seiner Wanderung warnt dann auch Jesus seine Nachfolger vor verantwortungslosem Machtmissbrauch als Weg ins Verderben (vgl. Lk 12,42–48). Was die *„Hoffärtigen in ihres Herzens Sinn“* (Lk 1,51) anlangt, so darf nicht über-

62 Neben dem Vorwurf der Gottlosigkeit und des Menschenhasses finden sich auch immer wieder politische Verdächtigungen der Christen. So wirft der mittelplatonische Philosoph Kelsos in seinem ‚Wahren Wort‘, der ersten umfassenden Widerlegung des Christentums (ca. 170 n.Chr.), den Christen immer wieder aufrührerische Gesinnung vor.

63 Das wird etwa bei der Passion Jesu deutlich, wo Pilatus ständig die Schuldlosigkeit Jesu betont (vgl. 23,4.14.15.22), für seine Freilassung plädiert (23,16.20.22) und auch Jesus nicht selbst verurteilt, sondern ihn den drängenden Juden „überlässt“ (23,25). So wird Pilatus selbst entlastet. Dasselbe zeigen auch die Auseinandersetzungen in der Apostelgeschichte, in denen die römische Obrigkeit eine positive Rolle spielt, vgl. Apg 19,31ff; 21,31ff; 22,22ff; vgl. auch Lk 22,25 mit Mk 10,42! Zweifellos steht Lukas der römischen Macht positiver gegenüber als andere neutestamentliche Schriftsteller.

sehen werden, dass so schöne Gleichnisse wie das vom verlorenen Sohn (Lk 15,11–32; bes. 25ff) oder die Beispielerzählung vom Pharisäer und Zöllner (18,9–14) zugleich massive Kritik an religiöser Selbstzufriedenheit und moralischer Überheblichkeit beinhalten (vgl. weiter 11,37–52). „Denn was hoch ist bei den Menschen, das ist ein Gräuel vor Gott." – so bringt es Lk 16,15 im Widerspruch gegen menschliche Selbstrechtfertigung auf den Begriff. Ganz besonders aber gelten immer wieder den *Reichen* die Warnungen, ja, Drohungen Jesu: Neben den Texten, die Lukas mit Markus und Matthäus gemeinsam hat (wie der Erzählung vom „reichen Jüngling" Lk 18,18–27), findet sich diese Kritik auch und gerade in markanten Sonderguttexten wie in den Weherufen der Feldrede (Lk 6,24–26) oder in den Parabeln vom reichen Mann und dem armen Lazarus (Lk 16,19–31) sowie vom reichen Kornbauern (12,16–21). Wohlgemerkt: Auch solches Gericht gehört zum Lobpreis Gottes! Gerade wenn Gott der Anwalt der Opfer ist, dann kann er nicht an der Lebenszerstörung durch Hochmut, Machtgier und Habsucht gleichgültig vorbeigehen.

Erhöhung der Niedrigen

Lukas beschreibt Gott als den, der die Niedrigen erhöht, das Verlorene retten will und denen barmherzig ist, die ihn fürchten. Mit Jesus beginnt diese Neuordnung der Welt.

(2) Doch ist dieses Gericht nur die dunkle Kehrseite des Preises über den Gott, dessen Heil und Erbarmen im Mittelpunkt des Magnifikat steht. Auch dies ist bezeichnend: Kein Evangelium spricht so oft von Erbarmen, Frieden, Heil und Gnade wie gerade das dritte, und es meint damit auch die Neuordnung der Welt durch die *Erhöhung der Niedrigen*, die mit Jesus beginnt – von der Geburt Jesu durch eine unbedeutende galiläische Frau außerhalb der menschlichen Herberge bis zur Auferweckung des von den Menschen Verworfenen. Doch auch andere nur bei Lukas begegnende Erzählungen wie die Annahme des verlorenen Sohnes (15,22ff) oder die Gerechtsprechung des demütigen Zöllners (18,13f) zeigen den Gott, der die Niedrigen erhöht und denen barmherzig ist, die ihn fürchten.

Überhaupt unterstreicht Lukas, dass Gott das Verlorene sucht (vgl. die drei Gleichnisse vom Verlorenen, Lk 15) und ein Vater ist, der die Bitten seiner Kinder erhört (Lk 11,5–13; 18,1–8). Die bedingungslose Seligpreisung gilt den Armen, Hungernden und Weinenden (6,20f), und wie der Reiche verworfen wird, so findet Lazarus[64] Ruhe in Abrahams Schoß (16,22)[65]. Dieses andere Urteilen Gottes ist freilich keineswegs nur die willkürliche und destruktive Pervertierung humaner Werte, wie dies Kritiker von Kelsos bis Nietzsche dem Christentum immer wieder vorgeworfen haben. In all den Erzählungen und Begebenheiten wird vielmehr deutlich, dass es die Gefahr der Reichen und Selbstgefälligen ist, dass sich ihre Existenz *im Selbstbezug erschöpft*. Das gilt in doppelter Hinsicht: Zum einen wird *Gott* im Daseinsentwurf entweder ganz *ausgeblendet* (12,18f), oder er wird *als Mittel der*

64 Nur der Arme hat einen Namen – der Reiche bleibt anonym!

65 Wie der Schluss des Liedes noch einmal hervorhebt, ist es der seinen Verheißungen treue Gott, der hier handelt (1,55).

Selbstbestätigung missbraucht (18,11f; vgl. auch 15,29f). Zugleich wird der *Mitmensch* in seiner Not entweder *sich selbst überlassen* (10,31f; 16,20f), oder er wird unbarmherzig *abgelehnt* (15,28–31; 18,11f) – ein Verhalten, das seinen traurigen Schluss- und Höhepunkt in der schon in Nazaret angedeuteten Verwerfung Jesu selbst findet. Ganz anders die Sünder: Ob es die „Sünderin“ (Lk 7,36–50) ist oder der umkehrende Sohn (15,17ff), ob der demütige Zöllner im Tempel (18,13), der Jesus suchende Zachäus (19,3f) oder der reuige Schächer (23,40–42) – sie alle haben gemeinsam, dass sie nichts aus sich selbst machen, sondern in der Hinwendung zu Gott bzw. Jesus alles von ihm erwarten (vgl. 15,18ff; 18,13; 23,42). Und gerade so handeln sie *menschlich*, menschlicher als ihr „gerechtes“ Pendant – von der liebenden Sünderin über den barmherzigen Samariter bis zu dem seinen Reichtum teilenden Zöllner Zachäus.

2. Der Heilige Geist

In keinem Evangelium spielt der Heilige Geist eine so entscheidende Rolle wie bei Lukas[66]: Schon die ganze Vorgeschichte ist vom Heiligen Geist bestimmt: Der von Gabriel angekündigte Johannes ist ein Mann voll des Heiligen Geistes (1,15) und tritt auf im Geist Elijas (1,17). Vom Heiligen Geist erfüllt preist Elisabet Maria (1,41–45), erfüllt vom Geist weissagt Zacharias bei der Geburt des Täufers (1,67), dass dieser bei seinem Heranwachsen stark sein wird „im Geist“ (1,80). Vor allem aber verdankt Jesus selbst seine Entstehung der unmittelbaren (schöpferischen) Wirksamkeit des göttlichen Geistes (1,35). Wie die Deutung des Neugeborenen im Tempel durch Simeon vorbereitet ist durch den Geist (2,25–27), so ist es auch weiterhin der Heilige Geist, der Jesu gesamtes Auftreten seit der Taufe (3,22) prägt[67].

„Der Geist des Herrn ist auf mir, weil er mich gesalbt hat“ – diese prophetischen Worte aus Jes 61,1f bezieht Jesus bei seiner „Antrittspredigt“ in Nazaret auf sich (4,18) und interpretiert dadurch sein ganzes → messianisches Auftreten als Erfüllung der geweissagten, endzeitlichen Geistesgegenwart. Ganz offensichtlich meint dies, dass die den Menschen je und je ergreifende und bestimmende göttliche Macht bei Jesus kontinuierlich anwesend ist, gewissermaßen als bleibende Begabung: Der Gottessohn ist „voll hei-

Geistchristologie
Jesu messianisches Auftreten wird als Erfüllung der endzeitlichen Gegenwart des Geistes gedeutet. Sie zeigt sich in seiner heilvollen Zuwendung zu den Armen, Gefangenen und Zerschlagenen.

66 Das zeigt schon ein Überblick über die Häufigkeit: Lukas spricht in seinem Evangelium dreimal so oft vom Geist wie Markus, und in Apg 1–12 wird 37mal vom Geist gesprochen – mit Abstand die größte Kumulierung im NT.

67 Dabei zeigt sich gleich am Anfang ein bezeichnender Unterschied zur Markusvorlage: Während es dort in 1,12 heißt, dass der Geist Jesus in die Wüste treibt (so wie das im AT der den Menschen überfallende Geist auch tut), ist Jesus bei Lukas offensichtlich Subjekt dieses Geistes.

ligen Geistes“ (Lk 4,1; vgl. auch Apg 10,38). So bestimmt dieser Geist Jesu Handeln (vgl. 4,14; 10,21), und ihn befiehlt er bei seinem Sterben wieder in die Hände des Vaters (23,46).

Solchermaßen geradezu „Inhaber“ des Geistes kann der Gottessohn diesen dann auch seinen Jüngern verheißen (Apg 1,8) und spenden (Apg 2,33) und so sie weiter führen und leiten, sie unterstützen und bewahren. Der Geist verbindet also die Gemeinde mit Christus, er gibt ihr ihre Einheit und leitet ihren Weg hin zur weltumspannenden Kirche. Zugleich bindet er sie zurück an die Heilsgeschichte des Alten Bundes: Immer wieder wird betont, dass das jetzt in der christlichen Gemeinde sich vollziehende Geschehen die Erfüllung dessen ist, was der Geist schon durch die alttestamentlichen Gottesmänner wie David (Apg 1,16; 4,25) oder Propheten wie Joel (Apg 2,16) und Jesaja (Apg 28,25) geweissagt hat. Dabei ist der Geist nie ein Teil des Menschen. Auch dort, wo die Verbundenheit mit ihm betont wird[68], ist er immer eine den Menschen zukommende Gotteskraft, die ihnen in kritischen Situationen beisteht und den rechten Weg zeigt, z.T. auch gegen die Absicht der Einzelnen.

3. **Die Ethik**

Zur christlichen Gemeinschaft gehören unverzichtbar die „Früchte“ (vgl. Lk 6,43–46). Was die Lebensführung der Jünger betrifft, so übernimmt Lukas hier vieles von seinen Vorlagen. Mit Markus gemeinsam ist die Betonung der Leidensnachfolge und Lebenshingabe. Der Vergleich von Lk 9,23 mit Mk 8,34 zeigt dabei eine spezifische Akzentsetzung: Die Anweisung richtet sich an *alle,* und dieses Kreuz ist *täglich* auf sich zu nehmen, d.h., diese Aufforderung Jesu wird bewusst auf die ganze Kirche ausgedehnt und mit dem alltäglichen Leben verbunden: Der wahre Jünger ist derjenige, der Jesu Kreuz „hinter ihm“ herträgt[69].

Die ethische Akzentuierung wird noch verstärkt durch das Q-Material, das Lukas wie Matthäus in sein Evangelium eingearbeitet hat. Vor allem die Betonung der Umkehrpredigt und deren Motivierung durch das kommende Gericht geht auf Q zurück. Doch während Matthäus den besonderen Schwerpunkt auf die Weisungen Jesu legt, die in den Reden schon fast die Form von Gesetzessammlungen annehmen, wird dies bei Lukas ergänzt durch die nur bei ihm vorkommenden Beispielerzählungen (10,30–37; 12,16–21; 16,19–31; 18,9–14), die narrativ die Möglichkeit eines anderen, Gott entsprechenden Verhaltens aufzeigen.

Wie bei den anderen Evangelien ist auch bei Lukas das Liebesgebot zentral (10,26f; vgl. 6,27–35), wobei Lukas dies in zweifacher Hinsicht auf seine Weise akzentuiert:

---

68 Vgl. Apg 6,3: „voll heiligen Geistes und Weisheit“; daneben Apg 11,24: „voll heiligen Geistes und Glaubens“, vgl. Apg 4,8.31; 13,9.

69 Radl, Lukasevangelium, 118, hat darauf aufmerksam gemacht, dass im Unterschied zu Mk 15,21 in Lk 23,26 Simon von Zyrene bewusst als Jünger stilisiert wird, der hinter Jesus das Kreuz trägt.

> **Gebet und Umkehr als Konkretionen des Liebesgebotes**
>
> Das Gebet spielt im Lukasevangelium eine besondere Rolle. Die Folgen für die Daseins- und Handlungsorientierung werden durch die Umkehrforderung ausgedrückt, die Lukas besonders hervorhebt.

3.1 Was die *Gottesliebe* betrifft, so ist bei Lukas *die hervorragende Rolle des Gebets für gläubiges Leben* zu nennen. Schon Jesus selbst wird in durchweg redaktionellen Zusätzen von Lukas als einer vor Augen gemalt, der ständig im Gebet den Kontakt zu seinem himmlischen Vater sucht und gerade vor den Wendepunkten seines Lebens betet – von der Taufe (3,21) über die Jüngerberufung (6,12), das Petrusbekenntnis (9,18), die Verklärung (9,28f) bis zur Passion (22,40–44) und sogar noch am Kreuz (23,34.46). So ist er Vorbild für die Christen, die immer wieder zum anhaltenden Gebet aufgefordert werden (vgl. bes. Lk 11,5–13; 18,1–8; 21,36; 22,40.46). Durch das Gebet bleiben sie mit Gott verbunden (vgl. 11,13), und so kann Gott durch sie wirken (vgl. Apg 1,14.24; 6,6; 8,15; 10,9f; 13,3). So bestehen sie auch die Gefährdungen in der sich bis zur Wiederkunft dehnenden Zeit (vgl. Lk 21,34–36; 22,39–46).

3.2 Solche Ausrichtung auf Gott hat *Folgen für die Handlungs- und Daseinsorientierung der Gläubigen.* Besonders zugespitzt wird dies im Lukasevangelium auf die Forderung der „Umkehr", „Buße", *metanoia* (wörtlich: Umdenken, Sinnesänderung). Fast die Hälfte aller neutestamentlichen Belege für diese Begrifflichkeit finden sich im lukanischen Doppelwerk[70]. Der lukanische Jesus hat diese Betonung der Umkehr mit seinem Vorläufer Johannes (und überhaupt mit der prophetischen Tradition) gemeinsam, und sie setzt sich dann auch in der apostolischen Predigt fort. Der sozialen Ausrichtung des Evangeliums entsprechend konkretisiert sich diese Umkehr nicht zuletzt im Verhältnis zum Besitz bzw. zu den Bedürftigen, wie dies schon die „Ständepredigt" des Vorläufers Johannes (Lk 3,11–14) andeutet und in Jesu eigener Verkündigung wiederholt unterstrichen wird (vgl. 6,27–35; 12,13–34; 14,12–14 u.ö.). Immer wieder betont Lukas, dass das Verhältnis des Habenden zur Habe reziprok ist; wer besitzt, wird vom Besitz besessen. „Denn wo euer Schatz ist, da wird auch euer Herz sein." (Lk 12,34) Deshalb die Mahnung vor der Illusion der Lebensgewinnung durch Besitz: „Seht zu und hütet euch vor aller Habgier; denn niemand lebt davon, dass er viele Güter hat." (12,15, vgl. 12,20f) Der ideale Jünger ist deshalb der, der alles zurücklässt (vgl. 5,11.28; 14,33). Allerdings setzt Lukas dieses radikale Ideal auch in den Alltag um: Der Zöllner Zachäus, der die Hälfte seines Besitzes hergibt, ist hierin vorbildlich, und ihm wird das Heil zugesagt (19,8f). Entscheidend ist das Teilen des Überflusses mit den Bedürftigen (vgl. 3,10–14). So unterstreicht Lukas auch in Zusätzen die Bedeutung der *Wohltätigkeit* für ein gottgefälliges Leben (3,10f; 11,41; 12,33, vgl. Apg 9,36; 10,2.4.31; 24,17). Selbst das Gebot der Feindesliebe hat bei Lukas eine ökonomische Pointe: Das (den Är-

70 Beim Substantiv finden sich von insgesamt 22 Belegen im NT elf im lukanischen Doppelwerk (davon fünf im Evangelium), beim Verb finden sich von 34 Belegen im NT 14 im Doppelwerk (davon neun im Evangelium).

meren) Geliehene soll nicht zurückgefordert werden (vgl. Lk 6,34f, anders Mt)[71]. Es sind gerade die Begüterten, denen Umkehr als konkrete Möglichkeit vor Augen geführt und so zugemutet wird (vgl. Lk 19,1–10). Ob man aber sagen kann, die mit dem Besitz sich fast von selbst einstellende Habsucht sei geradezu „die lukanische Ursünde"[72], ist fraglich; eher ist sie als eine – freilich besonders markante – Erscheinungsform des menschlichen Selbstbezuges zu verstehen, der sich auch in der Selbstgerechtigkeit des Pharisäers (Lk 18,9–14) und des zu Hause gebliebenen Sohnes (Lk 15,28–30) oder in der Gleichgültigkeit von Levit und Priester gegenüber dem Verletzten (Lk 10,31f) äußern kann, eine Selbstbezogenheit, die den anderen ausschließt und so dem Gott entsprechenden Leben aus der Beziehung widerspricht. Eine solche Daseinshaltung wird in Lk 17,33 als der zum Scheitern verurteilte Versuch qualifiziert, „sein Leben selbst zu erwerben".

4. Die Eschatologie

In mehreren Redekomplexen werden vom lukanischen Christus seit Beginn seiner Reise nach Jerusalem immer wieder → eschatologische Themen direkt (11,29–32; 12,35–59; 17,20–37; 21,5–36) oder indirekt (13,1–9.22–30.34f; 14,15–24; 16,1–9.19–31; 19,11–27 u.ö.) aufgegriffen. Dabei werden die klassischen → apokalyptischen Fragen nach dem „wann", „wo" und „wie" entweder übergangen, abgelehnt oder auf die Gegenwart hin umgebogen. Zwar hält Lukas zweifellos an der Wiederkunft Christi als an einem noch ausstehenden, entscheidenden Datum der Geschichte Gottes mit seiner Welt fest; die Spekulation aber lehnt er ab.

Die Pointe der eschatologischen Texte ist jetzt die Ermahnung, angesichts der Ungewissheit des Zeitpunktes der Wiederkunft in stetiger Bereitschaft für den Herrn zu leben[73]. Lukas *paränetisiert* also die Eschatologie. Wer sich an den von Jesus gelehrten und gelebten Maßstäben orientiert, dessen Leben entspricht jetzt schon Gottes Herrschaft und hat deshalb Zukunft. In seiner Bearbeitung der Sadduzäerfrage über die Auferstehung hat Lukas deshalb – im Unterschied zu seiner Vorlage – deutlich gemacht, dass nur diejenigen auferstehen, die dessen „gewürdigt" werden (Lk 20,35), und dass deren Dasein als Bestätigung der bleibenden Gottesbeziehung (20,35.38) zur Unsterblichkeit verwandelt wird (20,36). Umge-

Paränetisierung der Eschatologie

Die Pointe der eschatologischen Texte ist die Mahnung, angesichts der Ungewissheit des Zeitpunktes der Parusie in stetiger Bereitschaft und Wachsamkeit zu leben.

71 Dasselbe scheint auch die lukanische Fassung des Herrengebets anzusprechen, wenn es die Bereitschaft, Schulden zu erlassen, als verpflichtende Entsprechung zum Empfang der göttlichen Vergebung fordert (Lk 11,4).

72 F. Bovon, Das Evangelium nach Lukas, EKK 3, Bd. 1, Zürich u.a./ Neukirchen-Vluyn 1989, 175.

73 Entsprechend hat bei Lukas die Naherwartung ihren unmittelbar drängenden Charakter verloren. Charakteristisch ist die Ersetzung von Mk 1,15 durch Lk 4,21.

kehrt gilt, dass derjenige, der sich im Leben nicht von seiner Bindung an die irdischen Dinge lösen kann, mit ihnen zum Vergehen bestimmt ist (vgl. 17,32f). Der Verweis auf die Zukunft will so den Impuls zur Veränderung der Gegenwart geben. Vom Jenseits wird hier also nicht im Sinne einer bloßen Vertröstung gesprochen, wie dies die Religionskritik gerne unterstellt. Im Gegenteil: Die Pointe der biblischen Rede vom Jenseits ist nicht die Stabilisierung einer ungerechten Gegenwart, sondern Umkehr und damit Veränderung.

Dies hat eine deutliche *Individualisierung* der eschatologischen Vorstellungen zur Folge. So verstärkt sich das Interesse am Schicksal des einzelnen nach seinem Tod (Lk 10,20; 16,8f.25; 17,34f; 23,40–43). Aus dieser Perspektive kann dann auch relativ problemlos die Vorstellung der Wiederkunft Christi (als kollektives Ende) ergänzt werden durch den Verweis auf den Tod (als individuelles Ende und Zeitpunkt der persönlichen Lebensbilanz).

Individualisierung der Eschatologie

Die Ausrichtung auf das Handeln des Einzelnen führt zur Verstärkung des Interesses an seinem individuellen Schicksal nach dem Tod.

Unter hellenistischem Einfluss wird dabei gerade bei Lukas die vorwiegend zeitlich bestimmte Vorstellung der → Apokalyptik vom kommenden Gottesreich[74] bzw. vom gegenwärtigen und vom kommenden Zeitalter[75] ergänzt durch das räumliche Bild eines dieser Wirklichkeit parallelen Jenseits, in welchem der Mensch im Guten wie im Bösen den Lohn seines Lebens empfängt. Beide Vorstellungskomplexe stehen unvermittelt nebeneinander. Ein bruchloser Ausgleich ist angesichts der unterschiedlichen Herkunft und des verschiedenen Vorstellungsgehaltes wohl auch nicht möglich. Möglich ist allenfalls eine theologische Vermittlung: Wenn man beide Vorstellungskomplexe als Versuche betrachtet, die Gewissheit auszudrücken, dass der Gott, der sich in Jesus Christus den Gläubigen erschlossen hat, diese Welt noch richten, richtig machen wird, so wird in der Endzeit dann das vollendet, was in der Erhöhung Christi schon begonnen hat. Diese Zukunft aber ist bei Gott schon gegenwärtig und kann insofern auch im Bild der parallelen Räume (Paradies – Hades) ausgedrückt werden[76]. Zugleich wird die Gottesherrschaft entschiedener als bei den synoptischen Seitenreferenten als eine bereits die Gegenwart bestimmende, in Jesu Wirken schon gegenwärtige Größe gedeutet (11,20; 17,21).

Im Zusammenhang mit der Gerichtsankündigung (vgl. 9,24; 10,12–15; 11,31f; 12,8f; 18,6–8; 21,36) wird auch die Möglichkeit der ewigen Verdammnis angedeutet (vgl. 3,9.17; 9,24f; 12,5; 17,26f.32–35), aber diese wird bei weitem nicht so betont wie etwa bei Matthäus. Die Warnung vor der Lebensverfehlung dient vielmehr als warnende Kontrastfolie für die breiter ausgeführte Ankündigung des Heils. Besonders beliebt ist dabei das Bild des endzeitlichen Festmahles (12,35–38; 13,28f;

74 Lk 1,33; 9,27; 13,28f; 14,15; 19,11ff; 21,31; 22,16.18.

75 Lk 20,34f; vgl. auch Lk 16,8.

76 Klassisch in der Erzählung vom reichen Prasser und vom armen Lazarus Lk 16,19–31; vgl. weiter im Guten Lk 23,43 (Schächer am Kreuz), im Bösen Lk 12,16–21 (reicher Kornbauer).

14,15–24; 22,16.18.30). Andere Bildworte sind die von den ewigen Wohnungen (16,9) und vom Paradies (23,43). Häufig wird auch einfach vom ewigen Leben gesprochen (9,24; 10,25–28; 17,33; 18,18.30 vgl. 20,38).

Einer eigenen Erwähnung wert ist die Tatsache, dass die Umkehrung der irdischen Machtstrukturen auch die Gottesherrschaft selbst bestimmt: In der ersten eschatologischen Rede nimmt im Gleichnis der Herr selbst die Knechtsrolle an und wartet seinen treuen Knechten bei Tisch auf (12,37). Dies ist die Fortsetzung dessen, was der Irdische in seinem ganzen Leben verkörperte, der ja auch beim Abschiedsgespräch während des Abendmahles anlässlich eines Rangstreites unter den Jüngern die Größe innerhalb der Gemeinschaft als Dienst definiert und dabei dezidiert sein eigenes Leben – in Antithese zum „Zu-Tische-Liegen" der weltlichen Herren – mit der Kategorie des Dienens deutet (22,24–27). So wird selbst die Vorstellung von göttlicher Macht und Herrschaft durch das Leben Jesu neu definiert[77].

D Wirkungsgeschichtliche Hinweise

Kein anderes Evangelium *hat Jesus der Frömmigkeit so nahe gebracht wie Lukas*. Schon seine Kindheitsgeschichte hat maßgeblich die Weihnachtstradition geprägt, und auch der gesamte Zusammenhang der Vorgeschichte – von der Geburtsankündigung durch Gabriel bis zum zwölfjährigen Jesus im Tempel – findet sich auf zahllosen → Altarretabeln und Fresken dargestellt. Vor allem die markanten Kontrastgleichnisse und Beispielerzählungen haben ebenso die kirchliche → Paränese (barmherziger Samariter, reicher Mann – armer Lazarus usw.) wie die Gnadenverkündigung geprägt (verlorener Sohn, Zachäus) und sind wegen ihrer Eindrücklichkeit bis heute z.B. überproportional in den Lehrplänen für den Religionsunterricht vertreten. Die Vielfalt dieses Evangeliums zeigt sich auch daran, dass es ebenso als biblische Grundlage für die Marienverehrung in Anspruch genommen werden kann wie von den lateinamerikanischen Befreiungstheologen für ihre Kritik am Kapitalismus. Lukanisch ist aber auch der „Sünderheiland", und es gibt kaum eine Kreuzigungsszene, in der nicht zur Rechten Jesu der bußwillige und begnadigte Schächer hängt.

Wenig bewusst ist der enorme liturgische Einfluss des Lukasevangeliums. Die lukanischen Hymnen der Vorgeschichte prägen bis heute die Stundengebete des Mönchtums. Vor allem aber hat Lukas den Festkalender der Kirche geprägt: Neben Ostern, das auf allen vier Evangelien fußt, und Weihnachten, das auf einer Kombination von lukanischen und matthäischen Texten basiert, sind Himmelfahrt und Pfingsten die Feste, die allein in der Darstellung des lukanischen Doppelwerkes biblisch begründet sind.

77 Lk 22,29f scheint geradezu eine demokratische, zumindest aber eine gemeinschaftliche Form der Herrschaftsausübung im Reich Gottes anzunehmen.

4. Die synoptischen Evangelien – Christusbild und Gemeindeverständnis

1. Das Christusbild

1.1 Das vierfache Zeugnis

Die Unterschiedlichkeit der Evangelien und ihres Christuszeugnisses wurde dem Christentum wiederholt zum Vorwurf gemacht. In der Neuzeit war es der Orientalist Hermann Samuel Reimarus (1694–1768) mit seinen postum von Lessing herausgegebenen „Wolfenbüttler Fragmenten", der glaubte, anhand zahlreicher Unterschiede zwischen den Evangelien die Unglaubwürdigkeit des gesamten neutestamentlichen Christuszeugnisses nachweisen zu können[78]. Noch vernichtender fiel bereits 1600 Jahre vorher das Urteil des mittelplatonischen Philosophen Kelsos aus. In seiner ca. 170 n.Chr. verfassten Schrift *Alēthēs logos*[79], der ersten umfassenden Polemik gegen das Christentum, hatte er die Vierzahl der Evangelien als Ausdruck für den betrügerischen Selbstwiderspruch des Christentums gedeutet (Cels II 27).

Solche Kritik ficht an, und so gab es wiederholt Versuche, diese Unterschiede zu leugnen oder die Überlieferungen gar zu einem einzigen widerspruchsfreien Text, zu einer „Evangelienharmonie", zu synthetisieren[80]. Doch dieser Weg ist theologisch bedenklich, glaubt man doch, Gottes eigene Offenbarung im vierfachen Zeugnis der Evangelien theologisch verbessern zu müssen (und gibt gerade so den Kritikern recht!).

Ein Blick auf die Wirkungsgeschichte zeigt demgegenüber, dass diese scheinbare Schwäche für die gelebte Frömmigkeit eine beachtliche Stärke darstellte. Denn nicht das sterile Einheitsbild einer Harmonisierung, sondern die Vielfalt der Christuszeugnisse begründete und begründet die lebendige Vielfalt der kirchlichen Verkündigung. Die → *praxis pietatis* und ihre Gestaltwerdung in Liedern, Gebeten und Bildern unterstreicht dies: Wer wollte den Trost des lu-

Vielfältiges Christus-Zeugnis der Evangelien

Christus ist vorwiegend:

bei Mt der Lehrer des Gotteswillens und Weltenrichter,

bei Mk der Gottessohn im Leiden und Sterben,

bei Lk der Heiland, der die Verlorenen sucht und rettet,

bei Joh der souveräne Überwinder von Tod und Finsternis.

---

78 Er zwang damit die Theologie zu einer Neubewertung ihrer biblischen Grundlagen, aus der schließlich die historisch-kritische Methode erwuchs.

79 Der Titel ist kaum zu übersetzen. Wörtlich heißt er „wahres Wort", aber → *logos* bedeutet eben nicht nur „Wort", „Rede", „Schrift", sondern auch „Überlegung", „Vernunftgrund", „Denkvermögen", „Vernunft". Dieser ganze Assoziationshorizont muss in jedem Fall mitgehört werden: Es handelt sich um eine wahrhaftige Schrift, die auch der wahren Vernunft folgt.

80 Der unseres Wissens erste und auch bekannteste Versuch ist das „Diatessaron" des Tatian aus der zweiten Hälfte des 2. Jh.s.

kanischen „Heilandes", der bis zuletzt das Verlorene sucht und rettet, der Entschiedenheit des matthäischen Bergpredigers und Weltenrichters entgegensetzen, der mit seiner Stellungnahme für die „Geringsten" die Glaubenden immer wieder an ihre Verantwortung vor Gott und für die Nächsten erinnert? Wer wollte das an die Johannespassion erinnernde romanische Triumphkreuz, das in gewaltsamer Zeit den Christus als getrosten Überwinder von Tod und Finsternis vor Augen stellt, gegen das eher der Markuspassion entsprechende gotische Pestkruzifix ausspielen, an dem die Todgeweihten einen Gottessohn sahen, der leibhaftig an ihren Leiden und ihren Verzweiflungen teilhat und deshalb auch hier gegenwärtig ist?

Daher wird hier bewusst vom *Christusbild* gesprochen, weil in den Evangelien nicht systematisiert, sondern erzählend gemalt und so bezeugt wird. Das Bisherige hat dabei gezeigt, dass dies kein willkürlicher Vorgang ist, sondern dass dieses Vorgehen durch die das jeweilige Evangelium prägenden Traditionen bestimmt ist, durch den Bezug auf eine jeweils ganz unterschiedliche Gemeindesituation und nicht zuletzt durch die Verantwortung vor dem Christus, der eben durch das Evangelium als gegenwärtiger Herr bezeugt wird. Dabei wurde dann bewusst die Vielfalt in Kauf genommen, ja, sie war nötig, und die Kirche hat dementsprechend schon in frühester Zeit das Evangelium in vierfältiger Gestalt überliefert.

Christusbild

Die Evangelien erschließen den von von ihnen als Herrn und Heiland bezeugten Christus durch Erzählungen. Sie „malen" ihn vor Augen.

Den Reichtum dieser verschiedenen Christusbilder muss man immer wieder selbst entdecken. Als Hilfe sollen im Folgenden einige hinführende Skizzen gegeben werden, die der Deutlichkeit halber etwas überakzentuiert sind, d.h., es wird vor allem das jeweils Besondere und weniger das den Evangelien Gemeinsame hervorgehoben. Abweichend von der bisherigen Reihenfolge wird hierbei mit dem Markusevangelium als Vorlage der beiden anderen begonnen.

1.2 Markus

Das Christusbild des Markusevangeliums ist durch *eine betonte Verschränkung von Niedrigkeit und Hoheit, von Vollmacht und Ohnmacht* gekennzeichnet. Jesus tritt an mit der Verkündigung der Frohbotschaft, dass Gottes Herrschaft nahe gekommen ist. Diese Nähe ereignet sich eindrücklich in seinen Taten: In den Heilungen und → Exorzismen, in der Bannung zerstörerischer Naturmächte und in der paradiesischen Fülle der Brotvermehrungen und vor allem in der Totenauferweckung (Mk 5,21–24.35–43) wird das Heilsein der Welt schon Wirklichkeit. Die gefallene Schöpfung wird durch Jesu Auftreten wieder dem Herrschaftsbereich Gottes unterstellt, sie wird gewissermaßen „zurückerobert". Die Dynamik dieses Vorganges unterstreichen auch die → Summarien, denen zufolge sich im Wirkungskreis Jesu das Heil wie ein Lauffeuer ausbreitet:

> Aber Jesus entwich mit seinen Jüngern an den See, und eine große Menge aus Galiläa folgte ihm; auch aus Judäa und Jerusalem, aus Idumäa und von jenseits des Jordans und aus der Umgebung von Tyrus und Sidon kam eine große Menge zu ihm, die von seinen Taten gehört hatte ...
> Denn er heilte viele, so dass alle, die geplagt waren, über ihn herfielen, um ihn anzurühren. Und wenn ihn die unreinen Geister sahen, fielen sie vor ihm nieder und schrien: Du bist Gottes Sohn! (Mk 3,7f.10f)

Doch das Unheimliche besteht darin, dass dieses Heil parallel zu seiner Ausbreitung auch das Unheil in Form des menschlichen Widerstandes hervorruft. Der Ruf zur Umkehr (1,15) verhallt weitgehend ungehört, ja, Jesus erfährt zunehmend Widerstand, wobei besonders die prophetisch motivierte Kritik an religiösen und sozialen Missständen (vgl. 7,1–23) in Jerusalem zur Eskalation führt (vgl. 11,15–17; 12,1–12). Nicht zuletzt stößt auch das Verhalten Jesu, das im Umgang mit dem Gebot die dahinter stehende Intention Gottes zur Geltung bringt (vgl. 3,4) oder die Heilung umfassend versteht und auch die Sünder einschließt (vgl. 2,17), auf Ablehnung. Bereits relativ früh wird schon der erste Todesbeschluss gefasst (3,6). Dabei sind es gerade die Besten, an denen dieser Gegensatz zwischen Gott und Mensch am schärfsten aufbricht: Zum einen sind es die → Pharisäer als die exemplarisch Frommen, die sich im Namen Gottes gegen diesen Gottgesandten stellen (vgl. 2,7.24; 3,2 u.ö.). Zum anderen sind es aber auch die eigenen Jünger Jesu, die durchweg mit Unverständnis reagieren. Die Schatten des Kreuzes liegen so von Anfang an über Jesu Weg, und sie verdichten sich zunehmend. Sowohl im wachsenden Widerstand von außen wie im Unverständnis der Jünger, das zuletzt im Verrat des Judas und der Verleugnung des Petrus, im Schlaf der Drei in Getsemani und in der Flucht der Elf bei der Verhaftung kulminiert, erfährt Jesus die Verschlossenheit der Welt für seine Botschaft. Der offene Himmel, aus dem bei der Taufe Jesu Gottes Stimme erklang, bleibt in Getsemani und auf Golgota stumm. Eben dieses Schweigen wird von Jesus selbst als seine „Preisgabe“ durch den Vater gedeutet, als Verwerfung[81]. Entsprechend sehen wir Jesus in seiner Passion von Getsemani und Golgota auch als den Angefochtenen, der mit Gott ringt, ja, ihn anklagt.

Während so die Schatten der Passion den Weg Jesu immer mehr verdunkeln und zuletzt in der Nacht von Getsemani und der Finsternis auf Golgota alles Licht auslöschen, ist zugleich im ganzen Evangelium eine Gegenbewegung sichtbar: Die gerade *in der Nacht des Leidens immer deutlicher werdende Offenbarung Jesu als des Gottessohnes*. Diese Gottessohnschaft wurde Jesus bei der Taufe noch allein geoffenbart und blieb während des ersten Teils seiner Wirksamkeit verborgen; nur die Dämonen als außerirdische Mächte erkennen ihn (vgl. Mk 1,24; 5,7). Nach der ersten Leidensweissagung wird dies auf dem Berg der Verklärung den drei ausgewählten

81 „Preisgeben in die Hände“ ist die alttestamentliche Bannformel und bezeichnet das Gottesgericht. Ebenso steht die Metapher des Kelches für das Gottesgericht. Vgl. R. Feldmeier, Die Krisis des Gottessohnes. Die Gethsemaneerzählung als Schlüssel der Markuspassion, WUNT 2,21, Tübingen 1987.

Jüngern kundgetan (9,7), im Zusammenhang einer Verwandlung Jesu in eine himmlische Lichtgestalt. Doch müssen die Jünger darüber Stillschweigen bewahren. Erst unmittelbar nach seinem Tod wird Jesus das erste Mal von einem Menschen als Gottessohn bekannt (15,39). Und jetzt, mitten in der Nacht des gottverlassenen Todes, kehrt auch das Licht wieder und der Tempelvorhang zerreißt (15,38). In diesem paradox anmutenden Gegeneinander von Verwerfung und Verherrlichung, Ohnmacht und Erhöhung ist die Passion auszulegen. Der Sohn erträgt die äußerste Entfremdung vom Vater bis in den Tod, ohne seinem Auftrag untreu zu werden, und der Vater lässt es zu, dass sein „geliebter Sohn" von ihm genommen wird, ohne einzugreifen. Verstehbar ist dies nur als letzte Konsequenz der Andersartigkeit der Herrschaft Gottes:

> Ihr wisst, die als Herrscher gelten, halten ihre Völker nieder, und ihre Mächtigen tun ihnen Gewalt an. Aber so ist es unter euch nicht; sondern wer groß sein will unter euch, der soll euer Diener sein; und wer unter euch der Erste sein will, der soll aller Knecht sein. Denn auch der Menschensohn ist nicht gekommen, dass er sich dienen lasse, sondern dass er diene und sein Leben gebe als Lösegeld für viele. (Mk 10,42–45)

Nicht weil ein beleidigter Gott Genugtuung verlangt, „muss" Jesus leiden, sondern um der Menschen willen, die ihn nicht annehmen und denen dennoch sein ganzes Leben „dient". Die Passion offenbart so das Geheimnis der göttlichen Liebe zwischen Vater und Sohn, die nicht beieinander sein wollen ohne die gefallene und verstockte Welt. Wenn das Abendmahl so Jesu Tod zur Grundlage des Bundes macht, wenn nach dem Tod Jesu der Vorhang des Tempels zerreißt und durch diesen Gekreuzigten ein neuer Zugang zu Gott eröffnet wird, so ist dies der große Umbruch. Dies kann letztlich nicht mehr erklärt, sondern nur in der Sprache des Psalters als unverdientes Heilshandeln Gottes gepriesen werden:

> Der Stein, den die Bauleute verworfen haben, der ist zum Eckstein geworden. Vom Herrn ist das geschehen und ist ein Wunder vor unsern Augen. (Mk 12,10f [Ps 118,22f])

Damit ist das Entscheidende gesagt. Die Auferstehung bestätigt dies, aber diese ist offenbar für Markus nicht mehr Gegenstand einer Darstellung; auf sie wird nur noch verwiesen (16,6).

Diese Ausrichtung auf das Leiden prägt auch Jesu Lehre. Die erste Rede Jesu, die Gleichnisrede, zeigt in Kontrastgleichnissen, dass Widerstände, Misserfolg und Unscheinbarkeit nur die Kehrseite der sich zuletzt durchsetzenden Gottesherrschaft sind, die in der Niedrigkeit des Lebens Jesu schon anbricht (1,15). Der Inhalt der Gleichnisse von der Gottesherrschaft ist daher Jesus selbst, die Deutung seines Weges. Die Jüngerlehre besteht vor allem in Worten zur Leidens- und Kreuzesnachfolge, die Jesu Weg zum Kreuz als Weg der Niedrigkeit und des Dienstes auslegen und dies zur Norm für die Daseins- und Handlungsorientierung der Jünger machen.

Die Eigenart der markinischen → Christologie spiegelt sich auch in den *christologischen Hoheitstiteln*, die von Markus sehr differenziert eingesetzt werden, um Jesus als den zu deuten, bei dem gerade in seiner Niedrigkeit Gottes Herrschaft beginnt.

- *Von Menschen* wird Jesus, wenn er mit einem christologischen Hoheitstitel angesprochen wird, *als Christus* (8,29; 14,61; 15,32) bzw. *als Davidssohn* (10,47 vgl. 11,10) bezeichnet. Dass Jesus mit Beinamen Christus genannt wird, ist zu beachten. Indem der Titel zum Namen wurde, macht die frühe Christenheit nicht nur deutlich, dass dieser galiläische Zimmermann für sie der → Messias ist, sondern auch, dass bei Jesus Amt, Auftrag und Person verschmelzen. Jesus ist kein „Privatmann", sondern ist nur er selbst als Gottes Beauftragter. Innerhalb des Markusevangeliums ist bemerkenswert, dass zwar der Titel positiv verwendet wird (vgl. auch die Überschrift 1,1), dass aber Jesus selbst ihn nicht unmittelbar auf sich bezieht[82].
- *Von sich selbst* spricht Jesus als → *Menschensohn*, und nur er verwendet diesen Titel. Er ist zugleich die einzige Selbstbezeichnung Jesu. Herkunft und genaue Bedeutung sind höchst umstritten[83]. Zu beachten ist die Doppelbedeutung dieses Titels: Zum einen bedeutet er im Hebräischen und Aramäischen einfach „Mensch". Zum anderen wird damit im Danielbuch eine → apokalyptische Herrscher- und Rettergestalt bezeichnet (Dan 7,13ff, vgl. äthHen 37–71; 4 Esr 13), die bewusst menschliche Züge trägt[84]. Wenn dieser Doppelaspekt beabsichtigt sein sollte, würde er gut zur markinischen Theologie passen. Der von Jesus selbst verwendete Titel wäre als eine bewusst doppeldeutige Bezeichnung zu verstehen, welche die in der Niedrigkeit verborgene Hoheit Jesu zum Ausdruck brächte. Möglicherweise wird – wie schon in der Vision in Dan 7 – damit auch auf die humanen Implikationen des Herrseins Jesu angespielt, was der Neudefinition von Herrschaft in Mk 10,42–45 entspräche.
- Ein weiterer Titel, der bereits in der Überschrift des Evangeliums begegnet, ist *Gottessohn*. Seine jüdische Herkunft ist kaum zu bestreiten[85]. Schon das Alte Testament kann das Volk Israel, Mitglieder des himmlichen Hofstaates und den König mit diesem Titel auszeichnen, im → Frühjudentum kommt noch der Gerechte hinzu. Damit wird also nicht physische Abstammung ausgedrückt, sondern eine ganz besonders enge Zugehörigkeit zu Gott (was auch sprachlich dem semitischen Wort *ben* entspricht, das nicht nur den leiblichen Sohn bezeichnet, sondern ein breit gefächerter Zuordnungsbegriff ist). Im Markusevangelium ist Gottessohn *der eigentliche Würdename Jesu*, der allerdings zu seinen Lebzeiten verborgen

82 Mittelbar geschieht dies allerdings einmal in einer Jüngerunterweisung (9,41) sowie bei der Davidssohnfrage Mk 12,35–38, wo er die mit diesem Titel immer wieder verbundenen national-politischen Aspekte (vgl. PsSal 17) zurückweist. Ein Sonderfall ist das Verhör vor dem Hohen Rat (14,62), wo der Messiastitel ebenso wie der Gottessohntitel an Jesus herangetragen und von ihm selbst durch ein Menschensohnwort gedeutet wird.

83 Einen guten Überblick über die Diskussion bieten jetzt G. Theißen/A. Merz, Der historische Jesus, Göttingen 2. Aufl. 1997, 470–480.

84 Aufschlussreich ist die der Kontext in Dan 7: Im Unterschied zu den zerstörerischen Bestien, die die menschlichen Reiche verkörpern, ist Gottes Bevollmächtigter „wie ein Mensch" und dadurch ein Symbol humaner Herrschaft!

85 Vgl. M. Hengel, Der Sohn Gottes, Tübingen 2. Aufl. 1977.

ist; verwendet wird er *durch überirdische Mächte* (Gott, Dämonen). Erst nach Jesu Tod wird er im Bekenntnis des Hauptmannes (15,39) und somit von einem Menschen verwendet[86], der als Heide vermutlich das → Urchristentum symbolisiert. Der Titel drückt die einzigartige Beziehung Jesu zu Gott und vor allem und zuerst Gottes zu Jesus aus. So wie Markus ihn aufnimmt, ist auch schon ein Schlüssel zum Verständnis der Passion gegeben. Denn Gottessohnschaft ist schon im Alten Testament keine Privatangelegenheit, sondern bedeutet immer zugleich einen Auftrag. Erst recht gilt dies für das Evangelium, das in bezeichnender Weise durch die aufeinander bezogenen Offenbarungen von Jesu Gottessohnschaft strukturiert wird: Am Anfang wird bei der Taufe Jesus allein seine Gottessohnschaft geoffenbart, zugleich aber wird er vom Geist in die Wüste „hinausgeworfen" (so wörtlich), zur Konfrontation mit dem Satan. Schon hier wird deutlich, dass Gottessohnschaft die Auseinandersetzung mit dem Widergöttlichen in der Welt einschließt. Jesu Gottessohnschaft ist so Verheißung für die von Gott entfremdete Schöpfung. Konsequenterweise erfolgt die zweite Offenbarung der Gottessohnschaft in der Mitte des Evangeliums bei der Verklärung, wo Gott in Reaktion auf die erste Leidensweissagung die wahre Würde des ans Kreuz Gehenden offenbart (9,7). Und die letzte Identifikation Jesu als Gottessohn erfolgt dann – jetzt in der Öffentlichkeit und durch einen Menschen – nach Jesu Tod am Kreuz durch den Führer des Hinrichtungskommandos (15,39).

1.3 **Matthäus**

Das Christusbild des Matthäusevangeliums vereinigt zwei Aspekte, die zueinander in Spannung zu stehen scheinen: Zum einen verkörpert Jesus in aller Deutlichkeit den Anspruch Gottes auf den Menschen, wie schon die von Matthäus gestalteten oder überarbeiteten Redeblöcke zeigen. So wie das Wesen seiner Gottessohnschaft in seiner völligen Hinordnung auf Gott, in seiner „Gerechtigkeit" besteht (vgl. 3,13–17; 4,1–11), so wird die „Gerechtigkeit" dann auch zu einem Schlüsselwort seiner Verkündigung (vgl. 5,6.10.20; 6,1.33 u.ö.). Im Zentrum von Jesu Botschaft steht deshalb die → Paränese, die Auslegung des Gotteswillens, wie er in der → Tora grundgelegt wurde. Inhaltlich ist diese von Jesus gelehrte Tora im Doppelgebot der Liebe zusammengefasst[87], das sich nach außen vor allem in Vergeltungsverzicht und Feindesliebe (vgl. Mt 5,38–48), innergemeindlich vor allem durch die Aufforderung zur Vergebungsbereitschaft (vgl. Mt 6,14f; 18,21–35) sowie „nach unten" in der Barmherzigkeit gegenüber den Bedürftigen (vgl. Mt 25,31–46) konkretisiert[88]. Immer wieder wird daher auch die Notwendigkeit des Tuns unterstrichen,

86 Einzige Ausnahme ist der Hohepriester (14,61), der freilich Jesus nicht anerkennt, sondern mit seiner ungläubigen Frage, die zur Verurteilung führt, auf die Probe stellt.

87 Vgl. vor allem Mt 22,37–40, weiter 7,12 als Zusammenfassung der Weisungen der Bergpredigt.

88 Dabei ist es für Matthäus wichtig, dass diese Zusammenfassung keine Relativierung des Gotteswillens bedeutet. Die Erfüllung der einzelnen Gebote ist nicht in das Ermessen des Einzelnen gestellt, vielmehr bleibt die ganze Tora in Geltung (vgl. Mt 5,17–19). So bedeutet diese Interpretation des Gotteswillens eher seine Verschärfung (vgl. Mt 5,21–48).

für dessen Unterlassung keinerlei Milderungsgrund geltend gemacht werden kann:

> Es werden nicht alle, die zu mir sagen: Herr, Herr!, in das Himmelreich kommen, sondern die den Willen meines Vaters im Himmel tun.
> Es werden viele zu mir sagen an jenem Tage:
> Herr, Herr, haben wir nicht in deinem Namen geweissagt?
> Haben wir nicht in deinem Namen böse Geister ausgetrieben?
> Haben wir nicht in deinem Namen viele Wunder getan?
> Dann werde ich ihnen bekennen:
> Ich habe euch noch nie gekannt; weicht von mir, ihr Übeltäter!
> (Mt 7,21–23)

Die Autorität des Lehrers Jesus beruht dabei nicht zuletzt darauf, dass er auch der kommende Richter ist, der „jedem vergilt nach seinem Tun"[89]. Was Jesus lehrte und tat, was er vorlebte und verlangte, ist der Maßstab, nach dem die Welt von ihm gerichtet wird (Mt 25,31–46)! Es ist gerade die Unteilbarkeit der göttlichen Zuwendung (vgl. Mt 18,23–35), die die Strenge des matthäischen Christus bedingt (bis hin zu seiner häufigen Drohung mit der Verwerfung): *Es gibt kein Heil ohne das Handeln!*

Doch dies ist nur die Kehrseite der Medaille. Auch das matthäische Christuszeugnis ist zunächst und vor allem gute Nachricht, Evangelium. Schon vor seiner Geburt wird Jesus als Retter von Sünden (1,21) und Immanuel, „Gott mit uns" (1,23), angekündigt; in ihm wird Gottes gütige Zuwendung zu den Menschen Wirklichkeit. Als Lehrer verkörpert Jesus die heilsame Nähe Gottes. Eindrücklich unterstreicht dies etwa der sog. Heilandsruf:

> Kommt her zu mir, alle, die ihr mühselig und beladen seid; ich will euch erquicken. Nehmt auf euch mein Joch und lernt von mir, denn ich bin sanftmütig und von Herzen demütig; so werdet ihr Ruhe finden für eure Seelen. Denn mein Joch ist sanft, und meine Last ist leicht. (Mt 11,28–30)

Der matthäische Jesus wird denn auch nicht müde, auf *Gott als den himmlischen Vater* zu verweisen, und gerade in einem so fordernden Text wie der Bergpredigt zieht sich – von dem Zuspruch der Seligpreisungen über das Herrengebet im Zentrum bis zur Einladung zu Vertrauen und Bitten am Ende der großen Rede – wie ein roter Faden die Zusage, dass Gott als dein/euer „himmlischer Vater" seinen Kindern nahe ist, sie erhört und ihnen beisteht[90]. Die Weisungen Jesu sind Ausdruck der von ihm eröffneten Gotteskindschaft (vgl. Mt 5,9.45). Der Christus ist so vor allem Gottes leibgewordene Zuwendung, der seine Gegenwart seiner Gemeinde dort zusagt, wo zwei oder drei in seinem Namen versammelt sind (Mt 18,20).

89 Mt 16,27. Dieser Vers wurde von Matthäus in die Nachfolgeworte eingefügt.

90 15mal wird allein in der Bergpredigt auf deinen/euren himmlischen Vater oder ähnlich verwiesen, der für die Seinen sorgt, sie erhört usw. Zum Vergleich: Das gesamte Markusevangelium hat nur einen, Lukas nur zwei Belege.

Die „bessere Gerechtigkeit“ (5,20) ist daher nichts anderes als die menschliche Entsprechung zu dem nahe gekommenen Gott[91]. In seiner Darstellung der Passion lehnt sich Matthäus stark an Markus an. Dagegen setzt er in den Ostererzählungen eigene Akzente, die deutlich machen, dass Kreuz und Auferstehung zusammen Christus zum Herrn der Welt einsetzen. Das Evangelium schließt mit den Worten des Auferstandenen:

> Mir ist gegeben alle Gewalt im Himmel und auf Erden. Darum gehet hin und machet zu Jüngern alle Völker: Taufet sie auf den Namen des Vaters und des Sohnes und des heiligen Geistes und lehret sie halten alles, was ich euch befohlen habe. Und siehe, ich bin bei euch alle Tage bis an der Welt Ende. (Mt 28,18–20)

Mission im Mt

Die weltweite Mission ist bei Matthäus Konsequenz der Erhöhung des auferstandenen Christus zum universalen Herrscher der Welt (Mt 28,18–20).

Der „von Herzen Demütige“ (11,29), der „sanftmütige König“ (Mt 21,5) ist jetzt durch sein Leiden hindurch zum universalen Herrscher dieser Welt erhöht. Am Maßstab der von ihm gelehrten und gelebten Liebe muss sich nun die ganze Wirklichkeit messen lassen (25,31–46). Als Konsequenz dieser Erhöhung sind die Jünger aufgerufen, im Unterschied zur bisherigen Beschränkung auf Israel (Mt 10,6 vgl. 15,24) jetzt weltweit Mission zu treiben. Zugleich wird entschieden auf die verpflichtende Lehre des Irdischen zurückverwiesen. Den Schlussakkord aber bildet die „Liebeserklärung“ des Erhöhten an seine Anhänger, dass er, der zur Rechten Gottes Erhöhte, bis an das Ende der Welt bei seiner Gemeinde sein wird (28,20).

1.4 Lukas

„Euch ist heute der Heiland geboren“ – so verkünden die Engel den Hirten die Geburt Jesu (Lk 2,11), und sie übertragen dabei ein zentrales hellenistisches und römisches Herrscherprädikat auf Gott (vgl. 1,47) und seinen Sohn (2,11). Nur diesem gebührt der Titel wirklich, denn mit und durch Christus beginnt Gott, seine Welt heilvoll umzugestalten:

> Der Geist des Herrn ist auf mir, weil er mich gesalbt hat, zu verkündigen das Evangelium den Armen; er hat mich gesandt, zu predigen den Gefangenen, dass sie frei sein sollen, und den Blinden, dass sie sehen sollen, und den Zerschlagenen, dass sie frei und ledig sein sollen, zu verkündigen das Gnadenjahr des Herrn. (Lk 4,18f)

91 Sehr schön kann dies etwa bei einem der wichtigsten Gebote, der Feindesliebe, beobachtet werden, wo dieser Bezug gleich zweimal hergestellt wird (Mt 5,45.48).

So formuliert der lukanische Christus selbst mit den Worten von Jes 61,1f (und 58,6) sein „Programm“. Entsprechend wird auch im weiteren Verlauf des Evangeliums unterstrichen, dass in Jesu Taten die Gottesherrschaft schon anbricht (vgl. 11,20), ja, dass mit Jesu Auftreten Gottes Herrschaft schon „mitten unter euch“ ist (17,21). Jesu Taten sind Anbruch der Heilszeit, wobei diese – typisch für Lukas – sich besonders im Verhältnis zu den „Niedrigen“ konkretisiert. So ist das rahmende Leitwort in jenem „Programm“ Lk 4,18f das Wort der Entlassung und Befreiung für die Gefangenen und Gebrochenen. Hinzu kommt die ökonomische Dimension im Stichwort der Frohbotschaft an die Armen, die inklusionsartig am Ende des Textes wieder aufgenommen wird im Begriff des → „Erlassjahres“, eine Anspielung auf Lev 25,10 („Jobeljahr“), wo es den völligen Schuldenerlass bezeichnet. Das Heil hat so auch eine konkrete ökonomische Dimension, auf die Jesus in seinem Verhalten und in seiner Botschaft immer wieder zurückkommt.

Heiland (Retter)

Lukas überträgt ein zentrales hellenistisches und römisches Herrscherprädikat auf Gott und besonders auf Jesus und gibt ihm von der Schrift her eine neue Deutung.

Ein wichtiger Aspekt ist in diesem Zusammenhang auch Jesu besonderes Verhältnis zu den Außenseitern und Unterprivilegierten, wie es sich schon in der Weihnachtsgeschichte bei den Hirten angedeutet hat. So hören wir auch nur bei Lukas schon während der irdischen Wirksamkeit Jesu von Frauen als Begleiterinnen[92], und ausdrücklich wird die Frau auch als zuhörende Jüngerin gewürdigt (10,38–42). Bemerkenswert ist so beim lukanischen Christus die ebenfalls in der Antrittspredigt schon angedeutete Zuwendung zu den Volksfremden (4,25–27; 7,1–10). Jesus übernimmt daher auch nicht das allgemeine Urteil über die besonders verhassten und verachteten → Samaritaner (10,25–37; vgl. 17,11–19). Vor allem aber wird keiner, der umkehrt und ernsthaft Gott sucht, missachtet oder aufgegeben – ob es die „Sünderin“ ist (7,36–50), der Oberzöllner Zachäus (19,1–10) oder zuletzt noch der mitgekreuzigte Übeltäter (23,40–43). „Freund der Zöllner und Sünder“ wird Jesus denn auch von seinen Gegnern beschimpft (7,34), und er widerspricht dem nicht etwa, sondern interpretiert dies gegen Ende des Reiseberichtes geradezu resümierend als seinen gottgewollten Auftrag: „Denn der Menschensohn ist gekommen, zu suchen und selig zu machen, was verloren ist.“ (Lk 19,10)

Jesu Verhältnis zu **Außenseitern und Unterprivilegierten** ist ein wichtiges Thema im Lukasevangelium. Unterprivilegiert waren z. B. Frauen, Volksfremde, Zöllner und Aufständische („Räuber“).

Davon sind selbst die Gegner Jesu nicht ausgenommen. Auch wenn Lk 23,34 textkritisch sekundär sein sollte, fügt es sich doch nahtlos ins Gesamtbild des lukanischen Christus ein, der selbst das Ohr des ihn verhaftenden Kriegsknechtes noch

92 Lk 8,1–3; bezeichnenderweise erfahren wir bei Markus erst etwas von den Frauen, nachdem alle Männer geflohen sind (Mk 15,40f).

heilt (22,51). Als dieser „Heiland“ ist der lukanische Christus dann auch für die Frömmigkeit zentral geworden: „Jesus nimmt die Sünder an“ (EG 353)[93]. Dabei ist dieser Christus nicht nur der unersetzbare (vgl. Apg 4,12) Grund des Heils (*sacramentum*); als einer, der immer wieder im Gebet Gemeinschaft mit seinem Gott sucht und sich dann verzeihend und gütig seinen Mitmenschen zuwendet, ist dieser Christus immer auch ein Vorbild (*exemplum*) gläubiger Existenz[94].

„Gekommen, das Verlorene zu suchen und zu retten“, meint freilich alles andere als harmlose Erbaulichkeit, denn diese Zuwendung zu den Verlorenen stößt durchweg auf den Widerstand derer, die ein Recht auf exklusive Anerkennung zu haben glauben. Gerade die gelebte Gnade führt Jesus in den Widerspruch zu seiner Mitwelt. Schon die Weihnachtsgeschichte mit der Geburt außerhalb der menschlichen Herberge deutet ja an, dass dieser Heiland von Anfang an ein Fremder ist. Die Bewohner seiner Heimatstadt wollen ihn gar gleich umbringen (4,28f). Dies setzt sich über die heimatlose Wanderung des großen Reiseberichtes fort bis zu seinem Tod am Kreuz. Der Grund für diese Fremdheit liegt in Jesu Botschaft, denn die von ihm propagierte Umkehrung der Verhältnisse betrifft und trifft ja gerade auch die Selbstsicheren: Nicht die Frau, sondern der Pharisäer wird am Ende in 7,36–50 als derjenige entlarvt, der Gott ferner ist, nicht der in die Fremde gegangene, sondern der zu Hause gebliebene Sohn droht zuletzt verloren zu gehen, der hartherzige Reiche schmachtet in der Unterwelt (16,23) und der reiche Zachäus muss bekennen, dass sein Wohlstand zu einem nicht geringen Teil auf Diebstahl beruht (19,8). Durch seine ganze Existenz, durch sein Leben, Lehren und Verhalten fordert der lukanische Christus seine Mitwelt immer wieder zur Neuorientierung am wahren Willen Gottes heraus. Dabei stellt er sich bewusst in eine Reihe mit den alttestamentlichen Propheten (4,24; vgl. 24,19) und verlangt wie diese „Buße, Umkehr, Umdenken“ (*metanoia*, 5,32; 13,3; vgl. 11,32; 15,7.10; 16,30). Wer sich der Neuorientierung an Gottes Willen verweigert, weil er sich durch seine religiöse Stellung, seine Leistungen oder seinen Besitz[95] abgesichert glaubt, dem wird gerade von dem nach Jerusalem ziehenden Jesus in immer neuen Facetten das Gericht angesagt (vgl. 10,13–16; 11,29–32.37–54; 12,58f; 13,1–5.6–9.22–30 usw.). *Das „Ja“ zu den Ohnmächtigen und Armen, zu den Außenseitern und Gezeichneten impliziert so zwangsläufig ein „Nein“ zu den Satten und Selbstzufriedenen, zu den Habenden und Hartherzigen.* Entsprechend betont auch Lukas immer wieder, dass Menschen in der Begegnung mit Jesus über die eigene Gottferne erschrecken und sich entsetzen über die sich in seinem Auftreten offenbarende Größe Gottes (5,8f; 9,43; vgl. auch 5,26; 7,16;

93 Vgl. o. S. 126.

94 Dies gilt nicht nur für die Nachfolgeworte während der Reise, sondern sogar für die Passion: Schon die lukanische Getsemaniperikope ist fast völlig → paränetisiert, und die Passion Jesu ist das Vorbild für das Verhalten des Stephanus bei seiner Hinrichtung (vgl. Lk 22,69 mit Apg 7,56; Lk 23,46 mit Apg 7,59; Lk 23,34 mit Apg 7,60).

95 S.o.; vgl. auch die Rahmung des Gleichnisses vom reichen Kornbauern 12,13–15.22–34 oder die lukanische Fassung der Anweisungen zum Wiedervergelten und zur Feindesliebe in der Feldrede (6,27–35).

8,37). Vor Augen gemalt wird so auch ein kompromissloser Heiland, an dem sich die Geister scheiden und die Wege trennen[96]:

> Ich bin gekommen, ein Feuer anzuzünden auf Erden; was wollte ich lieber, als dass es schon brennte!
> Meint ihr, dass ich gekommen bin, Frieden zu bringen auf Erden? Ich sage: Nein, sondern Zwietracht! (Lk 12,49.51)

Wie Matthäus hat sich auch Lukas nähere Gedanken über die Gegenwart des Christus in seiner Gemeinde gemacht. Im Lukasevangelium ist diese vermittelt durch den Heiligen Geist, der bei ihm überhaupt eine entscheidende Rolle spielt[97].

Einen eigenen Akzent setzt Lukas auch bei seiner Deutung des Todes Jesu. Schon bei der Erzählung von Jesu Auftreten in seiner Heimatstadt besteht eine der markantesten Änderungen des Lukas darin, dass er von einem Tötungsversuch der Nazarener berichtet, der von Jesus gezielt provoziert wurde. Hier wird schon deutlich, dass Jesus in der Tradition der Propheten bewusst den Weg des zuletzt tödlich endenden Konfliktes geht (13,33f; vgl. 4,24; 11,50), um die wahren Gedanken der Menschen aufzudecken (vgl. 2,34f). Die Passion ist aus menschlicher Perspektive die Verweigerung der Umkehr und so Werk des → Satans (22,3.31). Doch auch dieser Weg mit seinem tödlichen Ausgang entspricht Gottes Willen (vgl. 24,26.46), ja, er entspricht Gottes Heilsplan, von dem Lukas (im Unterschied zu den anderen Evangelien) in diesem Zusammenhang ausdrücklich spricht (22,22; vgl. weiter 18,31; Apg 2,23; 4,28).

Erhöhung Jesu

Im Vordergrund des Lukasevangeliums steht der Gedanke der Erhöhung Jesu. Mit ihr beginnt die schon im Magnifikat angedeutete endzeitliche Erhöhung alles Niedrigen.

Dabei steht hier weniger der Gedanke der → Sühne im Vordergrund – diese ihm von der Tradition vorgegebene Vorstellung ist für Lukas eher zweitrangig[98] – sondern vielmehr derjenige der Erhöhung. Schon der Beginn des Reiseberichtes Lk 9,51 stellt den Weg in das Leiden unter das Stichwort der „Aufnahme“, *analēmpsis,* und dies wird dann auch vom Auferstandenen selbst auf dem Weg nach Emmaus den Jüngern als Sinn seines Leidens enthüllt: „Musste nicht Christus dies erleiden und in seine Herrlichkeit eingehen?“ (24,26). Folgerichtig schließt dann auch das Evangelium mit der Himmelfahrt ab: Erst jetzt, mit der Inthronisation zur Rechten Gottes (vgl. 22,69[99]; Apg 5,31), vollendet sich das Heilsgeschehen. So wird das Geschick Jesu

96 Vgl. schon die entsprechende Weissagung des greisen Simeon Lk 2,34.

97 Das zeigt schon ein Überblick über die Häufigkeit: Lukas spricht in seinem Evangelium dreimal so oft vom Geist wie Markus, und in Apg 1–12 wird 37mal vom Geist gesprochen – mit Abstand am häufigsten im NT (weiteres s.o. S. 121).

98 Im Evangelium findet sie sich nur beim Abendmahl, Lk 22,19b.20, in der Apostelgeschichte in 13,38 und 20,28 (vgl. auch 5,31). Gestrichen hat sie der Evangelist in Lk 22,27 (anders Mk 10,45).

99 Diese Aussage ersetzt die Ansage der Wiederkunft Jesu bei Markus.

zur erfüllten Verheißung: Mit seiner Erhöhung beginnt die endzeitliche Erhöhung des Niedrigen, wie sie schon im → Magnifikat anklang.

Damit hat das Geschick Jesu als Unterpfand der Erlösung Bedeutung für alle Menschen, die auf Gottes neue Welt hoffen und in der Leidensnachfolge an seiner Macht und Herrlichkeit Anteil erlangen, wie er noch einmal grundsätzlich in der lukanischen Abschiedsrede vor dem Gang zum Ölberg unterstreicht:

> Ihr aber seid's, die ihr ausgeharrt habt bei mir in meinen Anfechtungen. Und ich will euch das Reich zueignen, wie mir's mein Vater zugeeignet hat, dass ihr essen und trinken sollt an meinem Tisch in meinem Reich und sitzen auf Thronen und richten die zwölf Stämme Israels. (Lk 22,28–30)

Christus als der Erhöhte steht dafür ein und sendet den Seinen seinen Geist (Lk 24,49; Apg 1,8; 2,33). So ist er der „Urheber/Fürst des Lebens" (Apg 3,15; vgl. 5,31).

2. Jüngerschaft, Gemeinde, Kirche

2.1 Allgemein

Bei allen drei synoptischen Evangelien beginnt Jesu Tun damit, dass er die ersten Jünger beruft (Mk 1,16–20 par.), den Grundstock des Zwölferkreises, der als Symbol des erneuerten Gottesvolkes Jesus begleitet (Mk 3,16–19 par.). Diese Zwölf sind zumindest für die Evangelisten die wichtigsten Begleiter Jesu, die auch die bevorzugten Adressaten seiner Botschaft sind. Sie sendet er auch in seinem Namen aus und überträgt ihnen seine Vollmacht, die Dämonen auszutreiben (Mk 3,14f par.; 6,7ff par.).

> **Zwölferkreis**
>
> Die Zwölfzahl der Jünger, die Jesus beruft, bezieht sich auf die zwölf Stämme Israels. Sie begleiten Jesus als Symbol des erneuerten Gottesvolkes.

Durch diese Sonderrolle der Zwölf entsteht leicht der Eindruck, diese seien die einzigen Jünger gewesen. Dass dies nicht der Fall ist, wird an einzelnen Begebenheiten immer wieder deutlich. Neben Einzelpersonen, etwa Geheilten, die Jesus nachfolgen, erfahren wir auch von ganzen Gruppen, die anscheinend zur Begleitung Jesu gehört haben. Lukas berichtet neben einer Aussendung der zwölf Jünger eine solche von 72 Jüngern (Lk 10,1–12). Eine Besonderheit Jesu war, dass auch Frauen zu seinen Begleiterinnen gehört haben. So wird bei der Kreuzigung bei Markus von den drei dabeistehenden Frauen gesagt, dass sie Jesus schon in Galiläa gefolgt waren, und mit diesen „viele andere Frauen, die mit ihm hinauf nach Jerusalem gegangen waren" (Mk 15,40f). Ganz offensichtlich gehörten also auch Jüngerinnen zu Jesu Begleitern, wie von Lukas auch innerhalb seines Evangeliums mehrfach angedeutet wird (vgl. Lk 8,1–3; 10,38–42). Darüber hinaus hatte Jesus noch viele Sympathisanten im Volk, die ihn hörten und unterstützten und die er als seine „wahren Verwandten" bezeichnete (Mk 3,31–35 par.).

Die vertraute Tatsache, dass Jesus Jüngerinnen und Jünger hatte, ist von nicht unerheblicher Konsequenz. An diesem Verhalten Jesu wird deutlich, dass seine Botschaft von Anfang an auf Gemeinschaft ausgerichtet ist, ja, dass zu seinem Auftreten und Selbstverständnis die anderen dazugehören. Jesus ist gerade kein einzelner Gottsucher, sondern Gründer einer Gemeinschaft. Insofern hat Alfred Loisys Spott, dass Jesus das Reich Gottes verkündigte, stattdessen aber die Kirche kam, als Einspruch gegen eine Jesus vereinnahmende und sich selbst überschätzende Kirche zwar ein bedingtes Recht; die völlige Entgegensetzung von Jesu Botschaft und der späteren Kirche verkennt jedoch den fundamental gemeinschaftsbezogenen und gemeinschaftsstiftenden Charakter von Jesu Auftreten und Botschaft.

2.2 **Markus**

Das älteste Evangelium nimmt nirgends explizit auf die späteren Gemeinden, gar auf die Gesamtkirche, Bezug. Dennoch lassen sich in seinen Aussagen über die Jünger Bezüge zur späteren Gemeinde herstellen. Die Jünger sind zunächst in der dargestellten Weise Jesu Begleiter, die er auch in seinem Namen aussendet, mit seiner Vollmacht begabt, und die in wichtigen Angelegenheiten auch einer gesonderten Belehrung gewürdigt werden (vgl. 4,10ff; 7,17ff; 13,1–37 u.ö.). Doch vor allem sollen die Jünger nach Markus Jesus auf seinem Weg folgen, der ja ein Weg ins Leiden ist.

> Wer mir nachfolgen will, der verleugne sich selbst und nehme sein Kreuz auf sich und folge mir nach. (Mk 8,34)

Die Jünger sollen also Jesu Vollmacht wie seine Passion teilen. Umso krasser sticht die unübersehbare Spannung zwischen ihrer Vorzugsstellung und ihrem permanenten Missverständnis, zwischen dem hohen Anspruch Jesu und dem realen Verhalten der Jünger ins Auge: Immer wieder berichtet das Evangelium von ihrem Unverständnis für Jesus, das dann auch in Verrat, Verleugnung und Flucht seine traurige Bestätigung findet. Das hat sicher auch mit der Theologie des zweiten Evangeliums zu tun, das hervorhebt, dass die volle Erkenntnis Jesu als Gottessohn erst nach seinem Leben und Sterben möglich ist. Insofern muss bei Markus sicher deutlicher als bei den anderen Evangelien zwischen dem vorösterlichen Jüngerkreis und der nachösterlichen Gemeinde unterschieden werden. Dennoch wird man beides nicht völlig voneinander trennen können. Dass gerade die Jünger mit ihren ständigen Missverständnissen und ihrem Versagen den Grundstock der zukünftigen Gemeinschaft bilden, ist wohl auch ein unübersehbarer Hinweis darauf, dass die Gemeinde aus sich selbst nichts ist, sondern von der ständigen Zuwendung und Vergebung ihres Herrn lebt.

2.3 Matthäus

Im Gegensatz zu Markus wird bei Matthäus die Thematik der Gemeinde direkt verhandelt, ja, sie nimmt im ersten Evangelium eine bedeutende Stellung ein. Als Einziger gebraucht Matthäus in seinem Evangelium dreimal das Wort „Gemeinde" bzw. „Kirche", *ekklēsia*, als vorausschauende Bezeichnung für die zukünftige christliche Gemeinschaft, die zur Gemeinschaft der Jünger in eine klare Beziehung gesetzt wird (16,18; 18,17a.b). Darüber hinaus ist bei Matthäus eine ganze Rede dem Thema des Zusammenlebens der Christen in der Gemeinde gewidmet (Kap. 18).

Wie bei Markus gründet auch hier die Gemeinde auf der Berufung durch Jesus, aber sie erhält ihre besondere Note durch die zugesagte Gegenwart des zu göttlicher Macht Erhöhten in seiner Gemeinde (28,20b, vgl. 18,20). Die Zugehörigkeit zum Erhöhten verpflichtet zum Gehorsam gegenüber dem Irdischen: „Lehret sie halten alles, was ich euch befohlen habe." (28,20a) Das Wesen der christlichen Gemeinde besteht entsprechend für Matthäus auch in einer neuen ethischen Qualität, der „besseren Gerechtigkeit" (5,20). Durch ihre „guten Werke" bewährt sie sich als „Salz der Erde" und „Licht der Welt" (5,13–16). Diese bessere Gerechtigkeit wird gegenüber dem schriftgelehrt-pharisäischen Judentum gefordert; im Unterschied zu diesem besteht das Wesen der Gemeinde gerade darin, dass sie ein „anderes Volk" ist, „das deren Früchte bringt" und gerade deshalb nun Anspruch auf das „Erbe" hat (21,43). Der Zusammenfassung der → Tora im Liebesgebot entsprechend äußert sich dies nach außen im Vergeltungsverzicht und in der Feindesliebe (vgl. 5,38–48), nach innen in der Demut, Rücksicht, Sorge für die „Kleinen" und vor allem in der Vergebungsbereitschaft (Kap. 18; vgl. 6,12.14f).

Dabei ist, wie gesehen, der Evangelist nicht blind für die ethischen Mängel in seiner Gemeinde. Er blendet die unbequeme Wirklichkeit nicht auf doktrinäre Weise aus, wie dies bei religiösen Randgruppen nicht selten der Fall ist. Die real existierende Kirche besteht aus „Bösen und Guten" (22,10). Eine bessere Gerechtigkeit wird zwar gefordert, von dem neuen Gottesvolk wird das Bringen der Früchte erwartet, aber diese Aussagen stehen im Kontext von Ermahnungen. Den mit der Verifizierung seines Anspruchs auf eine größere Gerechtigkeit verbundenen Problemen begegnet der Evangelist, indem er strikt *unterscheidet zwischen der empirischen Kirche und den „Gerechten"*, wobei Letztere als die endgültig Geretteten erst nach der Scheidung des Jüngsten Gerichts bzw. im Vollzug dieser Scheidung in Erscheinung treten[100]. Jedem einzelnen Christen steht also – wie der ganzen Welt – die Beurteilung im Endgericht noch bevor, wie Matthäus nicht müde wird zu betonen (vgl. 22,11–14). Außer der Aussendungsrede endet bezeichnenderweise keine Rede im ersten Evangelium ohne diesen Ausblick auf das auch der Gemeinde noch drohend bevorstehende Endgericht. „Viele sind berufen, aber wenige sind auserwählt!" – dieses Schlusswort der Parabeltrilogie Mt 21,28–22,14 stellt das Gericht über Israel als ständig drohende Möglichkeit der Kirche dar und kann geradezu als

100 Vgl. vor allem Mt 13,43.49; 25,33ff.

Kurzformel der matthäischen → Ekklesiologie bezeichnet werden. Die Aufgabe der Gemeinde ist die Bezeugung ihres Herrn durch Wort und Tat in der weltweiten Mission (28,19).

Die drei Doppelbildworte von der engen und der weiten Pforte, vom guten und vom schlechten Baum und vom Haus auf Sand und auf Fels beschließen die Bergpredigt (7,13–28). Die Parabeln vom Fischnetz und Unkraut unter dem Weizen am Ende der Gleichnisrede Kap. 13 zeigen im Gegensatz zu ihrer ursprünglichen Bedeutung (die Parabel vom Unkraut unter dem Weizen hat ihre Pointe in der Ermahnung zur Geduld; erst Matthäus hat sie auf den Gerichtsgedanken hin ausgerichtet), dass alle dem Gericht entgegengehen, dass also auch die Zugehörigkeit zur Kirche nicht rettet. Die Parabel vom Schalksknecht beschließt die Gemeinderede in Kap. 18. Die an diese Parabeltrilogie angehängte Episode von dem geladenen Mann, der bei dem königlichen Hochzeitsmahl kein hochzeitliches Gewand trägt und dafür in die Finsternis hinausgestoßen wird (22,11–14), zielt ja gerade auf die Christen. Sie zeigt, dass das in der Parabelreihe beschriebene Gericht über Israel zugleich die ständige Möglichkeit der Kirche ist, sofern diese nicht ihre Frucht bringt, wie dies in dem redaktionellen Vers 21,43 verlangt wird. Und Jesu letzte Rede, die apokalyptische Rede in Mt 24f, besteht sogar zum größten Teil aus solchen Gerichtsgleichnissen, in denen betont immer wieder die beauftragten Knechte (24,45–51; 25,14–30) und die auf den Bräutigam wartenden Jungfrauen (25,1–13) gewarnt werden, also Christen!

2.4 **Lukas**

Von einer „Gemeinde" bzw. *„Kirche", ekklēsia*, spricht Lukas erst in der Apostelgeschichte, dort dann allerdings häufig. Dennoch gibt es auch in seinem Evangelium Entsprechungen zwischen der nachösterlichen Gemeinde und dem vorösterlichen Jüngerkreis, die der Evangelist unterstreicht. Begründet ist diese Gemeinsamkeit im Bezug zu Jesus Christus. Diese Kontinuität wird dadurch betont, dass die Bezeichnung „Jünger" auch in der Apostelgeschichte für die Gemeindeglieder beibehalten wird, so dass von vornherein damit zu rechnen ist, dass Aussagen über die Jünger im Evangelium an die Kirche adressiert sind. Neben diese Gemeinsamkeit tritt aber auch ein wesentlicher Unterschied: In der Apostelgeschichte ist es der erhöhte Herr, der seine Gemeinde durch den Geist lenkt, während die vorösterliche Jüngerschar direkt in Gemeinschaft mit Jesus steht. Diese Besonderheit spiegelt sich in der Sonderrolle der Zwölf als → Apostel, die – im Unterschied zum paulinischen Verständnis – auch nicht mehr auf andere übertragbar ist. Diese Zwölf haben deshalb auch als Träger der Jesustradition eine Autorität, die späteren Gestalten, wie bedeutend sie auch sein mögen (z.B. Paulus!), nicht mehr zukommt.

Wie bei Markus und Matthäus liegt der Akzent auf der bedingungslosen Nachfolge, wobei Lukas bezeichnenderweise noch hinzufügt, dass der Jünger „alles verlässt" (5,28, anders Mk 2,14). Und am Beginn des großen Reiseberichts wird nochmals in drei markanten Szenen deutlich gemacht, dass zur Jüngerschaft der Bruch mit allen bisherigen Bezügen gehört. Jüngerschaft meint so zunächst Unterwegssein mit Jesus, Teilhabe an dessen Fremdheit, Vollzug der Umkehr mit der ganzen Existenz. Zugleich aber finden die Nachfolgenden eine neue Familie mit Jesus als Bruder durch den Bezug zu Gottes Wort (Lk 8,21, anders Mk 3,35; zu beachten ist die Stellung nach dem Sämannsgleichnis). Diese irdische Gemeinschaft, mit dem Abschiedsmahl beendet, wird durch ein Mahl mit dem Erhöhten wieder aufgenommen. Ausgerüstet mit der „Kraft aus der Höhe" (24,49) und dem Heiligen Geist (Apg 2,1ff) ist die Kirche nichts Statisches, sondern konstituiert sich durch den im Geist begegnenden und sie führenden Herrn.

„Liebeskommunismus"

Die geistliche Gemeinschaft der Kirche wirkt sich bis ins Ökonomische hinein aus (Gütergemeinschaft in Apg 2,44f).

Dies kann bei Lukas bis ins Ökonomische hinein gehen. Aus diesem Grund können Christen auch von ihrer Mitwelt ausgeschlossen, ja, verfolgt werden. In der Nachfolge Jesu gehen sie daher den Weg der Anfeindungen und des Leidens (vgl. im Reisebericht Lk 12,4–12, in der Endzeitrede 21,12–19). Erprobt durch die Teilhabe an Jesu Anfechtungen (22,28) ist von ihnen Wachsamkeit und Treue (12,35–48; 21,19) gefordert. Zur Völkermission wird erst die nachösterliche Gemeinde vom Auferstandenen beauftragt (24,47–49); angedeutet wird das Thema aber schon im ganzen Evangelium (2,30–32; 3,6; 4,25–27; 14,15–24, anders Mt 22,1–14). Akzentuiert wird diese Mission hier vor allem als „Verkündigen der Umkehr" (24,47).

§ 5 Das Johannesevangelium

Matthias Rein

Literatur

Jürgen Becker, Das Evangelium nach Johannes, ÖTBK 4, 2 Bde., Gütersloh 1979/1981, 3. Aufl. 1991

Rudolf Bultmann, Das Evangelium des Johannes, KEK 2, Göttingen (10. Aufl.) 1941 (Berlin 1963), 21. Aufl. 1986

Rudolf Schnackenburg, Das Johannesevangelium, HThK 4, 4 Bde., Freiburg u.a. 1965–1984 (Bd. 1–3 Leipzig 1966–1976), 7. Aufl. 1992 (I), 5. Aufl. 1990 (II), 6. Aufl. 1992 (III), 3. Aufl. 1994 (IV)

Udo Schnelle, Das Evangelium nach Johannes, ThHK 4, Leipzig 1998

Ulrich Wilckens, Das Evangelium nach Johannes, NTD 4, Göttingen 1998, 2. Aufl. 2000

Jörg Frey, Die johanneische Eschatologie, 3 Bde., WUNT 96/110/117, Tübingen 1997/1998/2000

Martin Hengel, Die johanneische Frage. Ein Lösungsversuch, WUNT 67, Tübingen 1993

Klaus Wengst, Bedrängte Gemeinde und verherrlichter Christus. Ein Versuch über das Johannesevangelium, KT 114, München 4. Aufl. 1992

A Bibelkundliche Erschließung

1. Aufriss

Das Johannesevangelium berichtet von Jesu Leben, Wirken und Botschaft, seinem Tod am Kreuz und den Begegnungen mit ihm als Auferstandenen. Während im ersten Teil des Evangeliums die Orte, an denen Jesus dem vierten Evangelium zufolge gelehrt und gewirkt hat, eine Gliederung des Textes vorgeben, orientiert man sich im zweiten Teil eher an thematischen Zusammenhängen. Dabei ergibt sich folgender Aufriss[1]:

1 Das Johannesevangelium erwähnt mehrere jüdische Feste, die Jesus z.T. in Jerusalem begeht (2,13–23: das „vorsynoptische" Passa; 6,4: das Passa der Brotvermehrung; 11,55–12,1: das Todespassa; 5,1: ein unbekanntes Fest; 7,2: das Laubhüttenfest). Dieser „johanneische Festkalender" hat auch gliedernde Funktion. In diesem Punkt weicht das Johannesevangelium deutlich von der synoptischen Darstellung der Jesus-Geschichte ab und geht von einem mindestens zweijährigen Wirken Jesu aus.

1,1–18	**Prolog: Der Ursprung des Logos Jesus Christus**		
1,19–12,50	**I. Hauptteil: Jesu Wirken in Galiläa, Samaria, Judäa und Jerusalem „vor aller Welt“**		
	1,19–51	in Betanien:	Johannes der Täufer
		auf dem Weg nach Galiläa:	Jüngerberufung
	2,1–12	in Kana (Galiläa):	Hochzeit zu Kana (das erste Zeichen)
	2,13–3,21	in Jerusalem:	Tempelreinigung, Nikodemusgespräch
	3,22–36	in Judäa:	Auseinandersetzungen um die Jesus-Taufe
	4,1–54	unterwegs:	Gespräch mit der Frau am Brunnen, Heilung des königlichen Beamten (das zweite Zeichen)
	5,1–47	in Jerusalem:	Heilung des Gelähmten am Teich Betesda; Streitgespräche zwischen Jesus und den Juden
	6,1–71	in Galiläa:	wunderbare Brotvermehrung, Scheidung unter den Jüngern; Hinweis auf den Verrat, Petrus-Bekenntnis
	7,1–10,40	in Jerusalem:	Lehre und Streitgespräch mit den Juden im Tempel; Heilung des Blindgeborenen am Teich Schiloach; Hirtenrede
	11,1–12,11	in Judäa:	Auferweckung des Lazarus (Betanien); Rückzug mit den Jüngern (nach Efraim); Maria salbt Jesus (in Betanien)
	12,12–19	Jerusalem:	Einzug in Jerusalem
	12,20–36	Abschluss des I. Hauptteils mit der Ansage der Erhöhung (12,34)	
	12,37–50	Zusammenfassung und Kommentar (12,37.46)	
13,1–20,31	**II. Hauptteil: Jesu Reden vor seinen Jüngern – sein Weg zum Vater**		
	13,1–30	Vorbereitung auf die Passion (Fußwaschung, Ankündigung des Verrats)	
	13,31–16,33	Abschiedsgespräche (Reden und Dialoge) (14,31: Aufforderung an die Jünger, „von hier wegzugehen“)	
	17	Das „hohepriesterliche“ Gebet Jesu	

	18,1–19,42	Jesu Weg ans Kreuz auf Golgota
	20,1–20,31	Begegnungen mit dem Auferstandenen (erster Buchschluss)
21,1–25	**Nachtragskapitel: weitere Begegnungen mit dem Auferstandenen** (zweiter Buchschluss)	

2. Kommentierung des Aufrisses

2.1 Zum Ganzen

Dem eigentlichen Bericht von Jesu Leben, Sterben und Auferstehen stellt der vierte Evangelist einen → Prolog (Vorrede) in 1,1–18 voran, in dem er das Auftreten Jesu in einen kosmischen Zusammenhang einzeichnet: „Das Wort ward Fleisch und wohnte unter uns, und wir sahen seine Herrlichkeit." (1,14a) Im Prolog wird das folgende Geschehen bereits zusammengefasst und kommentiert, z.B. durch den Satz in 1,5: „Das Licht scheint in der Finsternis, aber die Finsternis hat's nicht ergriffen."

Das Ende des Johannesevangeliums ist durch eine Schlussbemerkung gekennzeichnet: „Noch viele andere Zeichen tat Jesus vor seinen Jüngern, die nicht aufgeschieben sind in diesem Buch. Diese aber sind aufgeschrieben ..." (20,30f). In diesem Satz wendet sich der Verfasser direkt an den Leser und gibt darüber Auskunft, wozu das Evangelium aufgeschrieben ist, nämlich „... damit ihr glaubt, dass Jesus der Christus ist". Bei Kap. 21 handelt es sich um einen Anhang. Dies zeigen der erneute Buchschluss in 21,24f, aber auch sachliche Spannungen zum Evangeliumstext[2].

Etwa in der Mitte des Evangeliums findet sich folgende zusammenfassende Notiz: „Und obwohl er solche Zeichen[3] vor ihren Augen tat, glaubten sie doch nicht an ihn." (12,37) Der Evangelist schließt den ersten Hauptteil des Evangeliums resümierend mit einem Zitat aus dem Buch des Propheten Jesaja: „Er hat ihre Augen verblendet und ihr Herz verstockt, damit sie nicht etwa mit den Augen sehen und mit dem Herzen verstehen." (12,40, vgl. Jes 6,9f).

Erster und zweiter Hauptteil unterscheiden sich darin, dass Jesus bis 12,36 öffentlich, d.h. vor aller Welt wirkt und redet. Im Abschnitt 13,1 bis 17,26 dagegen beschränkt sich sein Tun und Reden auf die Jünger, Ortsangaben spielen keine Rolle mehr. So ergibt sich als Gliederung des Evangeliums die Abfolge von Prolog (1,1–18), erstem Haupteil (1,19–12,50 – Jesu Offenbarung *vor der Welt*); zweitem

---

2 Kap. 21 trägt offensichtlich die fehlenden → Epiphanie-Geschichten in Galiläa nach, ohne 20,19–29 zu berücksichtigen. Petrus tritt in Kap. 21 in einer stark hervorgehobenen Position auf, die in Kap. 1–20 nicht auszumachen ist.

3 Gemeint sind die sieben im ersten Hauptteil erzählten Wunderberichte.

Hauptteil (13,1–20,31 – Jesu Offenbarung *vor seinen Jüngern*, Passion und Auferstehung) und Nachtragskapitel (Kap. 21).

2.2 Die einzelnen Abschnitte

2.2.1 Joh 1,1–18

Das vierte Evangelium beginnt mit einem hymnischen Prolog, der vom Anfang der Welt handelt, der auf die Erschaffung der Welt bezug nimmt und vom Licht spricht, das in die Welt kam und die Welt erleuchtet. Der Leser erwartet nach solchem hymnischen Auftakt etwas anderes als die Jesusgeschichte, die in der Kreuzigung einen Höhepunkt hat. Er erwartet die Darstellung eines → Mythos, der von Gottes heilvollem Erscheinen in der Welt und von der machtvollen Veränderung der Welt durch Gottes Erscheinen erzählt. Das Johannesevangelium beginnt auf kosmischer Ebene und erzählt dann im Kontrast dazu von dem irdischen Menschenleben, das Jesus an das Kreuz führt. Darin zeigt sich eine Speerspitze des Evangeliums. Es folgt in seiner Darstellung dem mythischen Schema vom Abstieg des Gottessohnes aus dem Himmel auf die Erde, der Ablehnung des Gottessohnes[4] und seiner Rückkehr zum Vater[5]. Es zeigt aber Christus als wahren Menschen, dessen Erhöhung paradoxerweise am Kreuz erfolgt. Damit richtet es sich gegen die → doketische Lehre von Jesu nur scheinbarem Menschsein.

Prolog und eigentliches Evangelium unterscheiden sich in ihrer Sprachgestalt (Hymnus – Erzählung) und der dargestellten Handlungsebene (kosmisches Geschehen – konkretes Geschehen in Raum und Zeit). Sie sind aber aufeinander bezogen. Der Prolog bietet einen Deuteschlüssel für das Christusgeschehen. Schlüsselworte des Hymnus (Licht, Finsternis, Leben, die Welt, die Seinen, Herrlichkeit) werden im Evangelium aufgenommen und in ihrem Bezug zum Christusgeschehen entfaltet. Prolog und Evangelium interpretieren sich gegenseitig.

Der Text des Prologs lässt sich folgendermaßen gliedern[6]:

1–5	Der *göttliche* Ursprung des Logos
1–2	Der Logos bei Gott
3–4	Schöpfungsmittlerschaft des Logos
5	„Das Licht scheint in der Finsternis."

4 „Das Wort war bei Gott." (1,1) – „Das Wort ward Fleisch." (1,14a) – „Wir sahen seine Herrlichkeit." (1,14b) – „Aber die Welt erkannte ihn nicht." (1,10).

5 Vgl. u.a. Joh 17,11–13.

6 Vgl. M. Theobald, Die Fleischwerdung des Logos, NTA 20, Münster 1988, 171ff. Allerdings folgt diese Gliederung nicht der Annahme Theobalds, V. 12d–13 gehörten nicht ursprünglich zum Text.

6–13	Der *geschichtliche* Ursprung des Logos
6–8	Der Zeuge von dem Licht (Johannes der Täufer)
9–13	Die Sendung des Lichtes in die Welt
12	Die Gotteskindschaft der Glaubenden
14–18	Der *ontische* Ursprung des Logos
14	„Das Wort wurde Fleisch – wir sahen seine Herrlichkeit."
17	Gnade und Wahrheit durch Jesus Christus
18	„Der Einziggeborene, der Gott ist, hat uns Gott verkündigt."

2.2.2 Joh 1,19–12,50

Im ersten Hauptteil erzählt der Evangelist von Jesu Wirken in Galiläa, Samaria, Judäa und Jerusalem. Prägend sind sieben Wunderberichte, die der Evangelist „Zeichen" nennt, sowie thematische Reden Jesu (z.B. die Hirtenrede, 10,1–18.26–30), ausführliche Gespräche mit einzelnen Menschen (z.B. mit dem Pharisäer Nikodemus, 3,1–12, oder der samaritanischen Frau am Brunnen, 4,1–42) sowie Streitgespräche mit den Juden (z.B. 7,14–36). Der erste Hauptteil beginnt mit dem Zeugnis Johannes des Täufers über sein Verhältnis zu Jesus (1,19–28), woran sich der Bericht von der Begegnung zwischen Jesus und Johannes am Jordan anschließt. Er endet mit dem größten „Zeichen" Jesu, der Auferweckung des toten Lazarus (11,1–45), dem Beschluss des Hohen Rates, Jesus zu töten (11,46–57) sowie dem Bericht von Jesu Einzug in Jerusalem (12,12–19)[7].

Nach Johannes hält sich Jesus drei Mal in Jerusalem auf (2,13–3,21; 5,1–47; 7,1–10,40), bevor er auf einem Esel in die Stadt einzieht, gefangen und hingerichtet wird. Jerusalem ist für den vierten Evangelisten nicht nur der Ort der Verurteilung Jesu, sondern auch Ort seines öffentlichen Wunderwirkens (5,1–15; 9,1–7), Ort heftiger Auseinandersetzung mit den Juden, der Ort, an dem viele an ihn glauben und viele ihn ablehnen (7,40–52).

Den ersten Haupteil durchzieht eine innere Logik und Spannung, die auf die dramatische Zuspitzung der Ereignisse abzielt. Jesus tritt zuerst öffentlich am Jordan bei Johannes in Erscheinung, er zieht durch das Land (nach Kana in Galiläa), kommt auf seiner Wanderung immer wieder nach Jerusalem, beendet mit Kap. 6 sein Wirken in Galiläa und hält sich dann nur noch in Jerusalem bzw. in der Umgebung der Stadt auf.

Der Evangelist zeigt, wie Menschen zum Glauben an Jesus finden: zunächst seine Jünger, dann viele Juden in Jerusalem, die fremde Frau in Samarien, der geheilte Blindgeborene, sogar viele Obere (12,42)[8]. Ebenso wächst aber das Unverständnis und die Ablehnung ihm gegenüber. Dies gipfelt im offenen Hass und dem

7 Darin entspricht der Rahmen des ersten Hauptteils grundsätzlich den Berichten der synoptischen Evangelien von Jesu Wirken vor seiner Passion.

8 Das Wort „glauben" kommt 20mal in diesem Abschnitt vor; in dieser Häufigkeit findet es sich in keinem anderen Evangelium.

Tötungsbeschluss der Oberen der Juden (11,48–57). Jesus verbirgt sich nun (11,54), die Zeit seines Wirkens vor aller Welt ist vorüber.

2.2.3 **Joh 13,1–17,26**

Der zweite Hauptteil des Evangeliums beginnt mit der Notiz in 13,1, dass nun die Stunde Jesu gekommen war, „dass er aus dieser Welt ginge zum Vater"[9]. Die folgenden Reden Jesu an die Jünger finden der Angabe in 13,1 zufolge kurz vor dem → Passafest statt. Jesus ist nun ausschließlich mit seinen wahren Jüngern zusammen, die er in 14,31 auffordert, „von hier wegzugehen". Die Jünger befolgen diese Aufforderung erst in 18,1. Den Abschiedsreden gehen in 13,1–30 Szenen voraus, die schon im Zeichen der Passion Jesu stehen. Anstelle der Einsetzung des Abendmahls, die Johannes nicht überliefert, aber voraussetzt (vgl. 6,51–58), berichtet er von der Fußwaschung Jesu an seinen Jüngern (13,1–20). Darauf folgt die Bezeichnung des Verräters (13,21–30), der dann den Jüngerkreis verlässt. In dieser Szene wird der Jünger, den Jesus lieb hatte, zum ersten Mal erwähnt (13,23–25)[10]. Die Ankündigung der Verleugnung durch Petrus (13,36–38) gehört auch zu den den Passionsbericht einleitenden Stücken.

Schon am Ende des ersten Hauptteils begegnen mit dem Todesbeschluss des Hohen Rates, der Salbung Jesu in Betanien und seinem Einzug in Jerusalem in 11,46–12,19 Erzählstücke, die in der synoptische Tradition zum Passionsbericht gehören. Auch die Tempelreiniging (Joh 2,12–22) gehört in der synoptischen Tradition dazu. Deshalb könnte man den Beginn des johanneischen Passionberichtes schon in 11,46 ansetzen. Die Abschiedsreden Joh 14–17 wären dann als Einschub in den Passionsbericht zu sehen.

In den sogenannnten Abschiedsreden[11] richtet sich der johanneische Jesus an die Jünger und damit an die johanneische Gemeinde, die mit Worten des scheidenden Herrn angesprochen, ermahnt und gestärkt wird. Das zentrale Stichwort dieses Abschnitts lautet „hinübergehen" (*hypagein*). Es charakterisiert den Abschnitt als Episode des Übergangs Jesu von seinem Wirken vor aller Welt auf den Weg ans Kreuz, auf den Weg aus dieser Welt zum Vater. Jesus kündigt sein Fortgehen zum Vater (14,1–14.28–31; 16,16–33) und seine Wiederkunft (14,3) an. Er mahnt zum Glauben an ihn und damit an Gott (14,10–12). Er verheißt das Kommen des → Parakleten für die Zeit seiner Abwesenheit (14,16f; 15,26; 16,7–11.13–15) – das Kommen des Heiligen Geistes, „der euch alles lehren und euch an alles erinnern wird, was ich gesagt habe" (14,26). Zeichen der Jüngerschaft ist die Liebe untereinander, zu der Jesus mahnt (13,34f; 15,9–17). Jesus bereitet die Jünger auf den Hass

9 Vgl. dagegen 2,4; 7,30; 8,20: „Meine Stunde ist noch nicht gekommen."

10 Von ihm ist weiter in 19,26; 20,2; 21,20 die Rede.

11 Ansätze für Abschiedsreden in den synoptischen Evangelien finden sich in Lk 22,24–38 und vielleicht in Mk 14,42f. Vgl. auch den Einschub der eschatologischen Rede Mk 13 zwischen den Streitgesprächen mit den Schriftgelehrten Mk 12,13–40 und dem Tötungsbeschluss der Hohenpriester und Schriftgelehrten Mk 14,1f.

der Welt vor, dem sie und die Gemeinde ausgesetzt sind (15,18–16,4), verheißt aber ebenso die Gabe seines Friedens, den er seiner Gemeinde gibt (14,27).

Das prägende johanneische Bild für das Verhältnis zwischen Jesus und seiner Gemeinde ist das vom Weinstock und den Reben (15,1–8). Mit Kap. 17 begegnet ein erzählerisch und thematisch geschlossener Abschnitt, in dem Jesus für seine Jünger zum Vater betet – das „hohepriesterliche Gebet" Jesu. Der Evangelist behandelt in diesem Abschnitt die Frage der Jüngerschaft nach Jesu Gang zum Vater und greift dabei zentrale Themen der Gemeinde wie das Liebesgebot, die Auseinandersetzung mit der feindlichen Umwelt, die Gegenwart des Heiligen Geistes und die Bedeutung des Glaubens auf.

2.2.4 **Joh 18,1–20,31**

Wie bei den synoptischen Evangelien mündet die johanneische Darstellung vom Leben und Wirken Jesu im Bericht von seiner Passion, gefolgt von den Berichten von der Begegnung mit dem Auferstandenen[12].

Die wichtigsten Stationen auf Jesu Weg ans Kreuz nach der Darstellung des Johannesevangeliums entsprechen der Überlieferung der synoptischen Evangelien: Jesus geht mit seinen Jüngern in einen Garten (18,1). Dort wird er, nachdem Judas ihn verraten hatte, nachts von Knechten des Hohen Rates und römischen Soldaten gefangen genommen. Petrus leistet Widerstand, wird aber von Jesus daran gehindert (18,2–11). Jesus wird in das Haus des einflussreichen (Alt-)Hohepriesters Hannas[13] geführt und dort verhört. Petrus und ein anderer Jünger, der dem Hohepriester bekannt war, folgen ihm. Petrus verleugnet ihn im Hof des Hauses (18,12–27). Hannas überstellt Jesus an den amtierenden Hohepriester Kajaphas (vgl. 11,49.51; 18,14). Dann wird er gefesselt zu Pilatus gebracht und von diesem verhört (18,28–38). Bevor Pilatus das Urteil fällt, lässt er die Juden zwischen Jesus und dem Räuber Barabbas wählen. Sie entscheiden sich für die Freiheit des Barabbas und den Tod Jesu am Kreuz (18,39f; 19,6). Dann wird Jesus von den römischen Soldaten gegeißelt und als „König der Juden" mit Dornenkrone und Purpurmantel verspottet (19,1–3). Pilatus führt ihn so den Hohenpriestern und den Knechten vor und spricht den Satz: „Seht, welch ein Mensch!"[14] Bedrängt durch die Juden und gegen seine Überzeugung, nach der Jesus unschuldig ist, verurteilt Pilatus Jesus zum Tod am Kreuz (19,6–16). Jesus trägt allein das Kreuz nach Golgota und wird dort mit zwei anderen Menschen gekreuzigt. Seine Mutter, der Lieblingsjünger,

12 Der im Vergleich zu den Synoptikern vorgezogene Bericht einzelner Teile der Passionsgeschichte unterstreicht die Ausrichtung des gesamten vierten Evangeliums auf die Passion Jesu (Tempelreinigung 2,13–22; Todesbeschluss des Hohen Rates 11,46–57, Einzug in Jerusalem 12,12–19; Ansage des Verrats durch Judas 13,21–30 u.a.).

13 Hannas hatte das Amt des Hohenpriesters von 6–15 n.Chr. inne. Fünf seiner Söhne folgten ihm in diesem Amt und auch Kajaphas, sein Schwiegersohn, den das Johannesevangelium erwähnt. Er hatte auch nach seiner Amtszeit großen Einfluss auf den Hohen Rat in Jerusalem. Vgl. auch Lk 3,2; Apg 4,6.

14 Auf lateinisch: *„Ecce homo!"*

seine Tante Maria, die Frau des Klopas, und Maria von Magdala sind dabei (19,16–37). Josef von Arimathäa bittet Pilatus ohne Wissen des Hohen Rates um die Freigabe des Leichnams Jesu und bestattet ihn unter Mithilfe des Nikodemus in einem neuen Grab (19,38–42).

Der johannesische Passionsbericht hat ein eigenes erzählerisches und theologisches Profil. Dies zeigt sich in Erzählelementen, die in den synoptischen Berichten nicht vorkommen, und in den Kürzungen, die der vierte Evangelist gegenüber den Synoptikern vorgenommen hat. Schaut man sich diese Stellen im Einzelnen an, wird die theologische Absicht deutlich, die sich mit der johanneische Darstellung verbindet:

Im johanneischen Passionsbericht fehlt die Szene des angefochtenen betenden Jesus im Garten Getsemani (vgl. Mk 14,32–42parr)[15]. Im Verhör Jesu durch Hannas und Kajaphas wird Jesus nach seiner Lehre und seinen Jüngern befragt. Aber Jesus verweist nur auf das, was er bereits gesagt hat. Es findet keine amtliche jüdische Verhandlung statt, Zeugen treten nicht auf. Der Evangelist betont damit das Gewicht des bereits ergangenen Todesbeschlusses des Hohen Rates (11,46–57) und konzentriert seine Darstellung auf das Verhör Jesu durch Pilatus (18,28–19,16), an dem die Juden aktiv beteiligt sind. Dieses Verhör stellt einen erzählerischen und theologischen Höhepunkt dar. Pilatus führt ein Gespräch mit Jesus über seine Lehre, in dem Jesus vor der römischen Weltmacht sein Sein von Gott (18,36f) bezeugt. Im Mittelpunkt steht die Frage, ob und in welcher Weise Jesus der König der Juden ist (18,33.37.39; 19,3.15)[16].

Pilatus kommt zu dem Schluss, dass Jesus unschuldig und somit freizulassen ist (19,6). Die Juden setzen nach johanneischer Darstellung alles daran, Jesus gegen den Widerstand des Pilatus ans Kreuz zu bringen. Wieder unterstreicht der Evangelist den Willen der Juden, Jesus zu töten. Aber auch Pilatus gebraucht seine Macht nicht, um den unschuldigen Jesus zu retten. Mit der Inschrift, die er gegen den Widerstand der Juden an das Kreuz heften lässt, bezeugt er, dass Jesus wirklich der König der Juden ist (19,19–22).

Weitere johanneische Besonderheiten verstärken den Eindruck, dass Jesus als hoheitlicher König den Kreuzestod erleidet: Jesus trägt sein Kreuz selbst, Simon von Zyrene wird nicht erwähnt. Jesus trinkt Essig statt Wein vor der Kreuzigung (vgl. Mk 15,23). Die Verteilung der Kleider Jesu unter den Soldaten wird erzählerisch ausgeweitet und unter Aufnahme von Ps 22,19 gedeutet. Ohne Parallele ist auch Jesu Bitte an den Lieblingsjünger vom Kreuz herab, seine Mutter als die eigene anzunehmen[17]. Der johanneische Jesus stirbt mit den Worten: „Es ist voll-

15 Charakteristisch für das Johannesevangelium ist der Umgang mit dem Kelchwort aus Mk 14,36: Während Jesus in der markinischen Darstellung den Vater bittet, diesen Kelch von ihm zu nehmen, richtet der johanneische Jesus an Petrus die Frage, ob er den Kelch etwa nicht trinken soll, den ihm sein Vater gegeben hat (Joh 18,11).

16 Auffällig ist die kunstvolle szenische Gliederung des Verhörs durch Pilatus. Gliederungssignale sind der sich durchziehende Wechsel der Orte (im → Prätorium und außerhalb) sowie der Wechsel der Personen, die miteinander sprechen (Pilatus und Jesus, Pilatus und die Juden).

17 Die johanneische Darstellung lässt die Verspottung Jesu am Kreuz, die hereinbrechende Finsternis zur Sterbestunde, den Ruf Jesu mit Ps 22,2 sowie das Bekenntnis des Hauptmanns nach Jesu Tod (vgl. Mk 15,39f) aus.

bracht!". Er stirbt als verborgener König, der bis zuletzt dem göttlichen Plan folgt, nach dem alles geschieht. Er stirbt nicht als von Gott verlassener Besiegter, sondern als Vollbringer und von Gott am Kreuz Verherrlichter. Noch bei der Abnahme des Leichnams Jesu erfüllt sich in der Schrift über ihn Bezeugtes: Seine Beine werden nicht gebrochen, anders als bei den Mithingerichteten[18].

Besonderes Augenmerk legt der vierte Evangelist auf das → Passafest: In 11,55 ist es nahe, die Salbung Jesu in Betanien findet sechs Tage vor dem Fest statt (12,1), Jesus und seine Jünger versammeln sich zum Abschiedsmahl vor dem Passafest (13,1), Jesu Verurteilung und Hinrichtung geschieht am Rüsttag des Passafestes (19,14, vgl. auch 18,28.39). Johannes zufolge starb Jesus also am Tag vor dem Passa (Freitag, den 14. → Nisan, das Fest fiel auf den 15.–21. Nisan) zur Zeit, als die Passalämmer geschlachtet wurden. Mit den Jüngern hielt er demnach kein Passamahl, sondern ein gewöhnliches Nachtmahl. Darin unterscheidet sich die johanneische Passionsdatierung von der synoptischen Darstellung. Ihr zufolge hielt Jesus mit den Jüngern am Donnerstagabend, den 14. Nisan, das Passamahl und wurde am Freitag, den 15. Nisan, gekreuzigt (vgl. Mk 14,12.14). Der johanneischen Darstellung liegt ein klares theologisches Interesse zugrunde: Jesus ist das Lamm, das unschuldig sein Blut für die Vielen gab. Schon in 1,29 bekannte Johannes der Täufer im Blick auf Jesus: „Siehe, das Lamm Gottes." Diese theologische Aussage wird durch die Gleichzeitigkeit des Todes Jesu mit dem der Passalämmer eindrücklich veranschaulicht.

In Kap. 20 erzählt der vierte Evangelist von der Entdeckung des leeren Grabes und der Begegnung Marias von Magdala und der Jünger mit dem Auferstandenen. Maria[19] geht allein an das Grab, findet es leer und berichtet Petrus und dem Jünger, den Jesus lieb hatte, von ihrer Entdeckung. Die beiden Jünger laufen um die Wette zum Grab[20] und finden es leer. Obwohl sie noch nicht verstehen, dass Jesus von den Toten auferstanden ist (20,9), glaubt der zuerst angekommene Jünger, den Jesus lieb hatte (20,8). Maria von Magdala bleibt allein am Grab zurück und begegnet nun Jesus, dem Auferstandenen, erkennt in ihm den Meister und berichtet es den Jüngern (20,11–18)[21].

In 20,19–23 folgt die Begegnung Jesu mit seinen Jüngern. Acht Tage später tritt Jesus erneut unter seine Jünger[22] und lässt den ungläubigen[23] Thomas seine Wundmale berühren (20,24–30). Im Zentrum des Kapitels steht die Begegnung

18 Jesus wird wie ein Passalamm behandelt, dem die Knochen nicht gebrochen werden (vgl. Ex 12,46; Sach 12,10), vgl. Bultmann, Joh, 525. Der Blutfluss aus Jesu Seite gilt vielen Auslegern als Anspielung auf das Abendmahl.

19 Vgl. Mk 16,9.

20 Hier ist ein Rangstreit zwischen beiden Jüngern erzählerisch angedeutet, der in Kap. 21 weiter thematisiert wird.

21 Nur Johannes erzählt von einer Begegnung mit dem Auferstandenen am leeren Grab. Bei Lukas treffen die Jünger den ihnen zunächst unbekannten Jesus auf ihrem Weg nach Emmaus (24,13–35). Matthäus berichtet von der Begegnung auf dem Weg nach Galiläa und dort auf dem Berg (28,9f.16–20). Auch Markus zufolge treffen die Jünger Jesus in Galiläa (16,7). Vgl. zum Berührungsverbot in 20,17 die Aufforderung Jesu an Thomas, seine Wundmale zu berühren 20,27. Vgl. auch Mt 28,9; Lk 24,39.

22 Nur hier werden die Jünger im Johannesevangelium als die Zwölf bezeichnet.

23 Motive des Zweifels finden sich auch in Mt 28,17; Lk 24,11.21ff.37f.41).

mit dem leiblich Auferstandenen, die Überwindung des Zweifels, den Johannes eindringlich thematisiert, und das Bekenntnis des Glaubens, das in den Worten des Thomas: „Mein Herr und mein Gott!" (20,28), seinen Ausdruck und seinen Höhepunkt findet.

Das Evangelium schließt zunächst mit 20,30f: Die Zuhörer werden direkt angesprochen, der Auswahlcharakter des Dargestellten wird betont und der Zweck des Aufschreibens dieses Buches genannt: „Damit ihr glaubt, dass Jesus der Christus ist ... und ihr das Leben habt in seinem Namen."(20,31)

2.2.5 **Kap. 21**

Im so genannten Nachtragskapitel Joh 21 steht der Auferstandene im Mittelpunkt, der seinen Jüngern begegnet. Zunächst berichtet der Evanglist von der Begegnung mit sieben Jüngern (21,2) beim Fischzug am See Tiberias in Galiläa und einem Mahl mit ihm[24]. Joh 21,15–23 bietet eine ausführliche Beauftragung des Petrus mit der Gemeindeleitung[25], der Ansage seines → Martyriums (21,18f) und dem Aufruf zur Nachfolge (21,19.22).

In 21,20–23 geht es um das Verhältnis der beiden wichtigen Jünger im Johannesevangelium: Petrus und der Jünger, den Jesus lieb hatte. Während Petrus den Märtyrertod erleidet, wodurch seine Autorität unterstrichen wird, bleibt dem anderen Jünger dies erspart, ohne dass er damit Petrus untergeordnet wird. Die Bedeutung dieses Jüngers wird in 21,24f, dem zweiten Buchschluss, unterstrichen, indem er als Garant des Evangeliums bezeichnet wird. 21,25 greift 20,30f auf und schließt mit der formelhaften Wendung: „Es sind noch viele andere Dinge, die Jesus getan hat...".

B Geschichtliche Einordnung

1. Der Autor

> Der namentlich nicht identifizerbare Verfasser war Judenchrist und beanspruchte nach Joh 21,24f die Autorität eines Augenzeugen. Weder der Apostel Johannes noch der Presbyter (2/3 Joh) sind Verfasser des vierten Evangeliums.

Schon die frühesten Textzeugen bezeichnen das vierte Evangelium als „Evangelium nach Johannes". Wer ist dieser Johannes? Lässt sich seine Identität aus dem Evangelium selbst oder aus anderen Quellen erhellen? Am Schluss des Evangeliums wird dem Jünger, „den Jesus lieb hatte" (vgl. 13,23–26; 19,26f.35; 20,3–10; 21,7.20–23f), zugeschrieben, alles bezeugt und aufgeschrieben zu haben (21,24). Allerdings trägt er keinen Namen. Der Kirchenvater Irenäus überliefert um 180 n.Chr., dass „Johannes, der

24 Die Fischzugsepisode (21,3–11) erinnert in vielem an Lk 5,1–11. Auch das anschließende Mahl findet in Lk 24,29–32 eine Variante: Wie beim lukanischen Mahl Jesu mit den Emmaus-Jüngern erkennen die Jünger Jesus beim Mahl (21,12–14).

25 Vgl. Mt 16,17–19; Lk 22,32.

Jünger des Herrn, der auch an seiner Brust gelegen hat", das Evangelium herausgab, „als er in Ephesus in Asien weilte"(Haer III 1,1). Dies soll während der Zeit des römischen Kaisers Trajan (98–117 n.Chr.) geschehen sein (Haer II, 22,5).[26] Dieser Nachricht zufolge wäre der Herausgeber ein bekannter Jünger Jesu und bedeutender Apostel der ersten Gemeinden. Warum wird aber sein Name und Titel im Evangelium nicht erwähnt? Fraglich ist auch, ob das Johannesevangelium seiner Theologie und seiner Darstellungsweise nach das Werk eines Augenzeugen des Wirkens Jesu ist. So spielt im Johannesevangelium das Brüderpaar Jakobus und Johannes, das in den synoptischen Evangelien neben Petrus im Zentrum des Jüngerkreises steht, keine Rolle. Die Darstellung der Juden, vor allem das Fehlen der wichtigen jüdischen Gruppierungen zur Zeit des Wirkens Jesu, spricht gegen die Abfassung von einem Augenzeugen[27].

Der zweite und dritte Johannesbrief erwähnen zu Beginn als Absender einen → Presbyter, einen hoch angesehenen und einflussreichen Mann, der mit den johanneischen Schriften und ihren Adressaten eng verbunden ist[28]. Ist er auch Verfasser des Johannesevangeliums? Sprachliche und theologische Verbindungen zwischen den Briefen und dem vierten Evangelium bestehen[29], beide gehören zu einer Schultradition, aber über die Person des Presbyters wissen wir nicht mehr, als dass er Autorität in den betreffenden Gemeinden besaß[30].

Um den Autor näher zu charakterisieren, bleiben nur indirekte Hinweise aus dem Evangelium. Er spricht ein einfaches Griechisch, dessen Satzbau dem semitischer Sprachen entspricht. Er hat Zugang zum → Aramäischen und übernimmt aramäische Wörter. Daraus lässt sich schlussfolgern, dass er → Judenchrist ist. Er verwendet genaue Ortsangaben und verfügt über Kenntnisse der Kultordnung im Judentum. Er erhebt den Anspruch, Jünger Jesu zu sein (21,24). Als Verfasser des vierten Evangeliums entwickelt er eine eigenständige und tief durchdachte Theologie. Er bezieht sich auf scharfe Auseinandersetzungen zwischen den Menschen, die an

26 Text bei Aland, Synopsis, 549f; Übersetzung bei Schnelle, Einleitung, 482. Irenäus beruft sich auf die Presbyter, die in Kleinasien mit dem Herrenjünger Johannes zusammenkamen, vor allem auf Polykarp und Papias (Haer V 33,4). Papias berichtet zwar von dem Apostel Johannes und dem Presbyter Johannes, erwähnt aber nicht, dass einer der beiden das vierte Evangelium verfasst hat (Euseb, Kirchengeschichte III 39,4). In den Schriften Polykarps fehlen ebenfalls Hinweise auf diesen Zusammenhang. Irenäus berichtet, dass Polykarp mit Johannes zusammen war und dieser von Jesu Leben und Wirken erzählt hat. Daraus lässt sich aber nicht zwingend folgern, dass Johannes der Verfasser des vierten Evangeliums ist.

27 Vgl. Schnackenburg, Joh I, 76–85; Schnelle, Einleitung, 484f.

28 Vgl. zu den Johannesbriefen u. S. 317–319.

29 Z.B. die Verwendung des Begriffpaares Licht-Finsternis Joh 1,5; 8,12 und 1 Joh 2,8–11 und die Rede vom „Bleiben in Gott, in Jesus, in der Wahrheit, in der Lehre" Joh 8,31; 14,10.17;15,4–10; 1 Joh 2,6.24.27. Vgl. weitere Belege bei Schnelle, Einleitung, 447–449.

30 Vgl. Schnackenburg, Joh I, 76; Becker, Joh I, 63. Schnackenburg erklärt den Zusammenhang zwischen dem Namen Johannes als Verfasser des Evangeliums und dem Zebedaiden und Apostel mit Hilfe einer Sekretärshypothese: Hinter dem Evangelium steht der Apostel Johannes als Zeuge und Garant des Evangeliums, verfasst hat es aber ein Sekretär des Apostels, vgl. ders., Joh I, 85–88.

Jesus als den Sohn Gottes glauben, und den Angehörigen der jüdischen → Synagogen (9,22; 12,42; 16,2). Er ist ein erzählerisch begabter und theologisch profilierter Mann[31], der ein „geistliches" Evangelium verfasst.

2. Die Empfänger

> Diese (Zeichen) sind geschrieben, damit *ihr* glaubt, dass Jesus der Christus ist, der Sohn Gottes, und damit *ihr* durch den Glauben das Leben habt in seinem Namen. (20,31)

Die Empfänger werden in 20,31 direkt angesprochen. Es sind **Juden- und Heidenchristen**, die harte Auseinandersetzungen mit dem Judentum erleben. Der vierte Evangelist stärkt sie mit seinem Evangelium.

Mit dieser Erklärung wendet sich der Verfasser des Johannesevangeliums direkt an die Menschen, für die er das Evangelium aufgeschrieben hat. Wer sind seine Adressaten? Direkte Informationen finden sich im Text des vierten Evangeliums nicht. Aber einiges lässt sich indirekt über die Empfänger erschließen. Der Evangelist erklärt wiederholt jüdische Sitten und Gebräuche (z.B. 2,6; 11,55; 18,20.28b; 19,40b), er übersetzt hebräische Namen (z.B. 9,7). Er rechnet also damit, dass nicht alle seine Empfänger mit jüdischen Bräuchen und Namen vertraut waren. Pauschal spricht er von „den Juden". Juden werden zwar auch positiv dargestellt (z.B. der Pharisäer Nikodemus, 3,2–11; 11,50–52; 19,39, oder die Oberen, die an Jesus glaubten, 12,42), aber hauptsächlich werden sie als Gegner Jesu und seiner Jünger beschrieben. Dominierend ist die Gruppe der → Pharisäer, weitere jüdische Gruppierungen (→ Essener, → Sadduzäer oder → Zeloten) kommen im Johannesevangelium nicht vor. Dies spricht für eine deutliche Distanz des Verfassers und seiner Adressaten zum Judentum. Betont wird dies durch die Erwähnung vom angedrohten oder vollzogenen Ausschluss von Christen aus der → Synagoge (9,22; 12,42; 16,2). Berücksichtigt man die politischen Verhältnisse in → Palästina und der jüdischen → Diaspora nach der Zerstörung des Tempels 70 n.Chr., so liegt der Schluss nahe, die Adressaten zwar in Berührung mit jüdischen Synagogen, aber nicht in Palästina zu vermuten[32].

Im Vergleich mit den synoptischen Evangelien fällt auf, dass sich der vierte Evangelist ausführlich mit den Anhängern Johannes des Täufers, der so genannten Täufergemeinde, auseinander setzt. Er berichtet von Streit um die Jesus-Taufe mit den Johannes-Jüngern (3,25). Die johanneische Darstellung betont die Vorrangstel-

31 Vgl. Schnelle, Einleitung, 484.

32 Wengst hat im Hinblick auf die behördliche Machtstellung der Juden, die im Johannesevangelium zum Ausdruck kommt, für die Entstehung im Ostjordanland im Herrschaftsbereich des Königs Agrippa II. plädiert (Gemeinde, 80.89). Nur dort, so seine Überlegung, konnten Juden solch einflussreiche Positionen bekleiden, wie sie das Johannesevangelium beschreibt. Fraglich ist, ob der Evangelist mit seiner Darstellung in diesem Punkt bestimmte historische Verhältnisse wiedergeben will.

lung Jesu gegenüber dem Täufer (1,19–34; 3,26–36). Nach Apg 19,1–7 gab es Täuferanhänger im 1. Jh. n.Chr. in Ephesus. Dieser Zusammenhang könnte neben den Angaben des Irenäus und weiteren Hinweisen in der altkirchlichen Tradition auf Ephesus deuten – möglicherweise waren hier die Christen ansässig, an die sich der Evangelist mit seinem Werk wendet[33].

Der Evangelist reagiert mit seinem Werk auf theologische Auseinandersetzungen seiner Zeit. Sein Evangelium richtet sich eher an Christen als an Außenstehende, wenn er z.B. in den Abschiedsreden Jesu die Stärkung der Glaubenden gegenüber der feindlichen Welt heraushebt. Die Christen, an die er sich wendet, sind mit der Vorstellungswelt des Alten Testaments vertraut, sie erleben harte Auseinandersetzungen mit dem zeitgenössischen Judentum. Sie beschäftigt die Frage, wer Christus gegenwärtig für sie ist, wie der erhöhte und der irdische Jesus zusammengehören, wie es dazu kommt, dass Jesus von „den Juden" strikt abgelehnt wird, wie sie in einer ihnen feindlichen Welt glauben und leben sollen. Auf diese Fragen gibt das Evangelium seine unverwechselbare Antwort. In dieser Situation will der Autor seine Zuhörer stärken.

3. Abfassungszeit und -ort

> Das vierte Evangelium entstand **90–100 n.Chr.** vor dem ersten Johannesbrief. Hinweise aus altkirchlichen Notizen legen die Entstehung in **Ephesus/Kleinasien** nahe.

Es kann als sicher gelten, dass das vierte Evangelium nach der Zerstörung Jerusalems geschrieben wurde (Joh 11,48 spielt auf dieses Ereignis an und setzt es voraus). Deutlich ist auch, dass es bereits zu harten Auseinandersetzungen mit jüdischen Synagogen, vielleicht auch in Form offizieller Ausschlüsse, gekommen war (9,22; 12,42). Früheste schriftliche Zeugnisse finden wir auf einem ägyptischen → Papyrusstück (P^{52}), das Joh 18,31–33.37f überliefert. Es stammt wahrscheinlich aus der Zeit zwischen 125 und 150 n.Chr. Nimmt man an, dass es später als der erste Johannesbrief (bezeugt durch Polykarp kaum nach 110 n.Chr.) geschrieben wurde, so liegt eine spätere Datierung nahe – um 100 bis 110 n.Chr. Ist man der Meinung, dass der erste Johannesbrief später als das Johannesevangelium entstand, ist mit einem früheren Zeitpunkt zu rechnen – ca. 90–100 n.Chr. Dies halte ich für wahrscheinlich.

In verschiedenen größeren Städten der antiken Welt außerhalb Palästinas hatten sich bedeutende christliche Gemeinden herausgebildet. Das Johannesevangelium kann überall in diesen Zentren der frühen Kirche entstanden sein[34].

> Aufgrund der Hinweise aus altkirchlicher Tradition kommen dabei das syrische Antiochien oder das kleinasiatische Ephesus in Betracht. Antiochien wird von Ephra-

33 Vgl. Schnelle, Einleitung, 488; Hengel, Frage, 21f.

34 Vgl. zur Forschungsdiskussion Hengel, Frage, bes. 21–26.113–119.288–298; Schnelle, Einleitung, 485f; ders., Joh, 6f; Becker, Joh I, 64.

em, dem Syrer, in einem Kommentar zu Tatians → Diatessaron als Aufenthaltsort des Johannes erwähnt, der das Evangelium schrieb. Diesem Ort werden viele → gnostische Quellenschriften zugeordnet. Deshalb nehmen Forscher, die einen starken Einfluss gnostischer Gedanken im Johannesevangelium erkennen, an, dass hier das Evangelium entstanden ist. Wichtige Argumente sprechen aber für Ephesus, vor allem die starke Bezeugung durch die altkirchliche Tradition. Hengel macht darauf aufmerksam, dass die Christen in Kleinasien in früher Zeit der johanneischen Datierung des Todes Jesu folgten und das Osterfest früher feierten als z.B. die römischen Christen. Diese Hinweise lassen die Entstehung des Evangeliums in Ephesus als wahrscheinlich erscheinen.

4. Die Vorlagen des Evangeliums

4.1 Eigenständige Quellen

Der vierte Evangelist verwendet **geprägte Worte** und Wortverbindungen, die ihm aus urchristlicher Tradition überliefert wurden.

Bei der Lektüre des Evangeliums stößt man auf Textpassagen, die sich von der Form her entsprechen und in dieser Form nur bei Johannes begegnen. Dazu zählen die Ich-bin-Worte (6,35a; 8,12; 10,7.11; 11,25; 14,6; 15,1), die → Paraklet-Sprüche (14,16f.26; 15,26; 16,7–11.13–15) und wahrscheinlich auch die Menschensohn-Worte[35]. Dies lässt vermuten, dass der Evangelist geprägte Worte, Wortverbindungen und Sätze verwendet, die ihm vielleicht gesammelt vorlagen.

Das Johannesevangelium bietet weiterhin sieben Wundergeschichten, von denen einige mit längeren thematischen Reden Jesu verbunden sind (so z.B. die wunderbare Brotvermehrung, 6,1–15, verbunden mit der Rede vom Lebensbrot, 6,26–58). Die wunderbare Weinvermehrung in Kana, 2,1–11, wird als „erstes Zeichen" bezeichnet und die Heilung des Sohnes des Königlichen als „zweites Zeichen Jesu in Galiläa" (4,54). Sind dies Reste einer Zählung von Wundergeschichten – ein Indiz für ihre Herkunft aus einer gemeinsamen Quelle („Zeichen-Quelle")?

Formal sind diese Geschichten (ohne die Reden) den synoptischen Wundergeschichten verwandt, einige finden sich auch in der synoptischen Tradition[36]. Die übrigen johanneischen Wundergeschichten sind dort nicht überliefert, obwohl es z.T. ähnliche Geschichten in der synoptischen Tradition gibt. Zudem entsprechen sich der Sprachstil des Evangelisten und der der Wundergeschichten. Die Bezeichnung „erstes" und „zweites Zeichen" (2,11, 4,54) ist im Textzusammenhang sinnvoll, ohne dass man eine durchgehende Zählung der Zeichen annehmen muss. Die formalen Entsprechungen im Aufbau der Wundergeschichten ergeben sich aus der Zugehörigkeit dieser Erzählungen zur Gattung der urchristlichen Wundergeschich-

35 Vgl. die Übersicht bei Schnackenburg, Joh I, 412.

36 Vgl. u.S. 157f.

ten. Die theologischen Intentionen der Wundergeschichten passen durchaus in das Darstellungskonzept des Evangelisten. Anzunehmen ist deshalb, dass der Evangelist diese Geschichten aus der synoptischen Tradition und aus eigener Überlieferung übernahm und sie in sein Evangelium integrierte. Kaum wahrscheinlich ist, dass sie unabhängig vom Johannesevangelium in einer eigenständigen Zeichen-Quelle überliefert wurden[37].

4.2 Die synoptische Tradition als Quelle des Johannesevangeliums

Das Johannesevangelium gehört zur christlichen **Erzählgattung Evangelium**. Es unterscheidet sich in einigen Grundzügen deutlich von den synoptischen Evangelien.

Zunächst fällt auf, dass das Johannesevangelium gleiche Gattungsmerkmale aufweist wie die synoptischen Evangelien, obwohl sich die Darstellungen vom Leben Jesu in vielem unterscheiden. Der vierte Evangelist verfasst einen erzählenden Bericht vom Leben und Wirken Jesu, der ihn als Sohn Gottes ausweist und seine Adressaten zum wahren Glauben an ihn führen will. Seine Darstellungsweise unterscheidet sich aber von der synoptischen Erzählweise. Er wählt keine episodische Erzählweise[38], sondern verbindet kurze Erzählungen von Jesu Wirken mit längeren Reden Jesu bzw. Dialogen, die um ein Thema kreisen. Hat der Verfasser des Johannesevangeliums eines oder mehrere der synoptischen Evangelien gekannt und deshalb das gleiche Aufbauprinzip gewählt? Oder kam er unabhängig zu derselben Gattung, die sich aus den ihm möglicherweise vorliegenden Quellen (Zeichenquelle und Passionsbericht oder Grundevangelium) folgerichtig ergab? Die zeitliche und räumliche Nähe der Entstehung der synoptischen und der johanneischen Tradition lässt ersteren Weg möglich erscheinen.

Auffällige **Berührungen mit synoptischen Texten**.

In der Diskussion über Nähe und Distanz der synoptischen Evangelien zum Johannesevangelium spielt die Beurteilung einiger auffälliger literarischer Berührungen eine wichtige Rolle. Es handelt sich gewissermaßen um Testfälle, um die Frage nach direkten literarischen Brücken zu beantworten. Solche Testfälle sind mit Blick auf den Erzählstoff:

- die Heilung des Sohnes/Knechtes des königlichen Beamten bzw. Hauptmanns von Kafarnaum (Joh 4,46–54; Mt 8,5–13par.)
- die Heilung des Gelähmten, besonders das Befehlswort an diesen (Joh 5,1–18, vgl. Mk 2,1–12)
- die Verknüpfung der Speisung der 5000 (Joh 6,1–15; Mk 6,32–44par.) mit dem Seewandel (Joh 6,16–21; Mk 6,45–52par.)
- die Antwort Jesu auf die Frage nach seiner Identität (Joh 10,24–26; Lk 22,67)
- die Salbung in Betanien (Joh 12,1–8; Mk 14,3–9; Lk 7,36–49)

37 Vgl. Hengel, Frage, 238–248; Schnelle, Einleitung,503–505; anders Becker, Joh I, 134–142.

38 Bei den Synoptikern werden erzählerisch in sich abgeschlossene Perikopen durch kurze redaktionelle Übergänge verbunden.

- das Sacharja-Zitat beim Einzug in Jerusalem (Joh 12,15, vgl. Mt 21,5)
- die Zurückweisung von Mk 14,35f in Joh 12,27 (vgl. Joh 18,11b)
- die Erwähnung des Satans in Verbindung mit Judas (Joh 13,27, Lk 22,3)
- das Schwertwort Jesu an Petrus, verknüpft mit dem Kelchwort (Joh 18,11; vgl. Mt 26,39.42.52)
- die Verbindung des Verhörs Jesu mit der Petrusverleugnung (Joh 18,18b–25a; Mk 14,54.66–67a)
- das leere Grab mit Tüchern (Joh 20,3–10; Lk 24,12)
- die Jüngerbeauftragung durch den Auferstandenen (Joh 20,19–29; Lk 24,36–43)

Hinzu kommen Berührungen im Blick auf Einzellogien, z.B.:

- vom Knecht, der nicht größer ist als sein Herr (Joh 13,13; 15,20; Mt 10,24)
- vom Aufnehmen derjenigen, die Jesus sendet (Joh 13,20; Mt 10,40)
- der Terminus Reich Gottes (Joh 3,3.5; vgl. Mk 10,15 par. Lk 18,17; Mt 18,3)

Kannte der Evangelist die von den Synoptikern überlieferten Geschichten? Kannte er alle oder einzelne der synoptischen Evangelien? Warum verfasst er ein eigenes Werk? Warum weicht er, wenn er synoptische Evangelien kannte, hinsichtlich des zeitlichen und örtlichen Rahmens und in vielen Details so stark von ihnen ab? Erwogen wird, ob der Evanglist eher Vorlagen der synoptischen Evangelien kannte, als deren Endgestalt. Diese Annahme zwingt aber zu vielen weiteren Hypothesen über Existenz, Gestalt, Umfang und Theologie solcher Vorformen. Die Frage nach der direkten literarischen Verbindung zwischen der synoptischen und der johanneischen Tradition muss derzeit als offen bezeichnet werden. Zunehmend wird aber mit der Möglichkeit einer direkten Beeinflussung gerechnet[39].

4.3 Das Alte Testament als Hintergrund des Johannesevangeliums

> Das Johannesevangelium zitiert **alttestamentliche Schriftstellen** oder spielt auf sie an. Mit Blick auf das Alte Testament zeigt der vierte Evangelist, dass Jesus der Messias ist.

Zwar hat Johannes kein vergleichbar starkes Interesse am Erfüllungsbeweis wie Matthäus, aber auch er zitiert direkt Schriftstellen oder spielt auf sie an. So nimmt Joh 1,1 Bezug auf Gen 1,1 – eine Anspielung, die jeder Jude zur Zeit der Entstehung dieses Werkes verstand. Die alttestamentlichen Zitate, die teilweise durch variierende Zitationsformeln gekennzeichnet sind, verteilen sich auf das gesamte Johannesevangelium, wobei eine Häufung in Kap. 12 und 19 festzustellen ist. Der überwiegende Teil der Zitate stammt aus dem Psalter und den prophetischen Büchern, hier vor allem aus dem Jesaja-Buch. Inhaltlich beziehen sich die Zitate auf die Identifikation Jesu als → Messias (Joh 1,45; 5,39.46; 7,42; 12,13.15; 19,36f). Sie sollen auch zeigen, dass der Unglaube und Hass vieler Menschen auf Jesus auf den

39 Vgl. Schnackenburg, Joh I, 16–23. Die aktuelle Forschung ist dokumentiert in einem Sammelband: A. Denaux (Hg.), John and the Synoptics, BEThL 101, Leuven 1992.

unergründlichen Ratschluss Gottes zurückgehen (12,38.40; 13,18; 15,25; 17,12). Das Johannesevangelium greift alttestamentliche Sprachformen und Bilder auf (z.B. Hirt und Herde, Joh 10, vgl. Ps 23; Jes 40,11; Ez 34,11; der Weinstock, Joh 15, vgl. z.B. Jes 5,1–7; 27,2–6; 60,21; Jer 2,21; 5,10; Ez 15,1–8; 17,3–10; die Ich-bin-Worte Jesu, vgl. Ex 3,14; Jes 43,10f; 45,12; Spr 1,23; 4,2.11; 8,22–30.35f). Der johanneische Jesus beruft sich auf die Erzväter Israels (Joh 5,45f). Weitere alttestamentliche Personen werden erwähnt. Bemerkenswert ist die Nähe der johanneischen → Präexistenzvorstellungen sowie des → Logos-Gedankens zu Motiven der alttestamentlichen Weisheitsliteratur[40].

Der Evangelist will mit der Einfügung alttestamentlicher Schriftstellen zeigen, dass Jesus der wahre Messias ist, dass sich allein in seiner Person und in seinen Werken das Heil ereignet, das das Alte Testament in seinen messianischen Weissagungen ankündigt. Diese Darstellungsabsicht bestimmt die Auswahl der alttestamentlichen Stellen und ihre Deutung durch den Evangelisten.

5. Brüche und Spannungen im Johannesevangelium – Wie sind sie zu erklären?

Überschaut man den Text des Johannesevangeliums im Zusammenhang, stößt man auf Ungereimtheiten. Einige Textpassagen scheinen auseinander gerissen zu sein. Warum hat der Autor diese Unebenheiten nicht geglättet? Wurde der Text vielleicht einmal oder gar öfter überarbeitet? Ist der Autor mit seinem Werk nicht fertig geworden?

- Nach 7,1 zog Jesus durch Galiläa und wollte nicht in die Nähe von Jerusalem ziehen, weil ihn die Juden verfolgten. In 7,3 fordern ihn seine Brüder auf, nach Judäa zu ziehen, damit seine Jünger die Werke sehen, die er tut. Vorausgesetzt ist, dass Jesus noch nicht in Judäa gewirkt hat. Von solchem Wirken war aber schon in 2,23ff und 5,1ff die Rede.
- Am Ende seiner Rede in Joh 5,19–47 nimmt Jesus Bezug auf Mose (5,45–47). In 7,19–23 wird dieses Thema wieder aufgenommen. Haben beide Abschnitte ursprünglich zusammengehört?
- In 10,19–21 wird von Zwietracht unter den Juden wegen der Heilung des Blindgeborenen erzählt. Die Blindenheilungserzählung endet aber mit Joh 9,41.
- In Joh 14,31 fordert Jesus seine Jünger auf, aufzustehen und von hier fortzugehen. Im nächsten Vers schließt aber nahtlos die Bildrede Jesu über den Weinstock und die Reben an. Der Aufbruch erfolgt erst in 18,1.
- Auffällig ist auch die Spannung zwischen 3,22 – dort heißt es, dass Jesus taufte – und 4,2, wo in einem Kommentar diese Aussage korrigiert wird: Jesus taufte nicht selbst, sondern seine Jünger.
- Auffallend ist der doppelte Buchschluss (20,30f; 21,25).

40 Vgl. u.a. Spr 8,22–36.

Rudolf Bultmann ging davon aus, dass ein ursprünglich sinnvoller Text in Unordnung geriet und von einem späteren Redaktor ungenügend zusammengefügt wurde. Aufgabe der Exegese sei es, den sinnvollen Urtext zu rekonstruieren. Deshalb nahm Bultmann umfangreiche Textumstellungen vor. Das Ergebnis dieser Eingriffe ist aber zum einen überaus hypothetisch, zum anderen wirft es seinerseits literarische und theologische Fragen auf. Heute geht man vorsichtiger mit dem vorliegenden Text des Evangeliums um[41]. Der Text Joh 1–20 wird, bei allen Unebenheiten und Fragen, als Einheit gesehen und bildet somit die Grundlage für die Suche nach der johanneischen Theologie.

Joh 1–20 bildet eine **Sinneinheit**, der die Arbeit des vierten Evangelisten zugrunde liegt. Joh 21 stammt von einem späteren Verfasser.

Der vierte Evangelist ist also der Verfasser von Joh 1–20. Es besteht außerdem ein relativer Konsens darin, dass Joh 21 von einem späteren Verfasser stammt, der johanneisches Material verarbeitet. Es ist nicht nachweisbar, dass der vierte Evangelist umfangreiche schriftliche Quellen aus anderer Hand verarbeitete.

C Theologisches Profil

Die johanneische Theologie, d.h. die johanneische Botschaft von Jesu Kommen und Wirken in der Welt als von Gott gesandter Sohn, kennzeichnet eine deutliche Konzentration auf Jesus Christus selbst, wie folgende Kernsätze zeigen: Durch Christus weiß die Welt, wer Gott ist: Er ist das Licht, das in die Welt scheint. Er gibt das ewige Leben. Durch ihn vollzieht sich das Gericht. Er ist die Auferstehung und das Leben. Niemand kommt zum Vater, denn durch ihn. Die Grundzüge dieser theologischen Konzeption sollen im Folgenden nachgezeichnet werden.

1. Jesus Christus – der Mann aus Nazaret

Auch wenn das Johannesevangelium die Person Jesu in betont hoheitsvollen Zügen zeichnet, spielen seine Herkunft, sein irdisches Leben und sein gewaltsamer Tod am Kreuz im Johannesevangelium eine wichtige Rolle. Ebenso wie bei Markus fehlen bei Johannes Kindheitsgeschichten Jesu. Der Ursprung des johanneischen Jesus ist ganz anders festzumachen; deshalb braucht der Evangelist diese Geschichten nicht zu erzählen. Die ersten Nachrichten über seine Person beziehen sich auf die Begegnung mit Johannes dem Täufer, auf die Sammlung von Jüngern und sein erstes Wunderwirken in Kana. Im Mittelpunkt seines Wirkens in Galiläa stehen die wunderbaren Zeichen, die er wirkt, und die Auseinandersetzungen mit den Juden.

---

41 Vgl. z.B. Hengel, Frage, 224–254. Die Brüche sind für ihn mit der langen Dauer der Entstehung des Textes zu erklären, er rechnet Joh 1–20 aber nur einem Autor zu.

Bemerkenswert ist, dass das Johannesevangelium direkt Bezug auf Jesu Herkunft aus Nazaret und seinen Vater Josef nimmt. Die Juden verstehen nicht, dass der ihnen bekannte Jesus aus Nazaret, dessen Vater und Mutter sie kennen, von sich sagen kann, er sei vom Himmel gekommen (6,42). Ihr Wissen um seine Herkunft wird für sie zum Beweis dafür, dass er eben nicht der Christus sein kann, denn dessen Herkunft wird niemand kennen (7,27).

Auf Jesu Herkunft aus Nazaret wird in den Streitgesprächen ausdrücklich Bezug genommen.

Der Jünger Philippus erzählt Natanael von Jesus aus Nazaret, Josefs Sohn, und bezeugt ihn als den, von dem Mose und die Propheten geschrieben haben. Natanael reagiert darauf mit der ironischen Frage, was denn aus Nazaret Gutes kommen kann (1,45f). Hier zeichnet sich ab, welche Sprengkraft die johanneische Botschaft in sich trägt. Denn sie behauptet, dass dieser Mann aus einfachem Elternhaus, in der Provinz aufgewachsen, der Sohn Gottes ist.

2. Jesus Christus – Gottes Sohn

Vom Anfang bis zum Ende des Evangeliumstextes wird Jesus mit hoheitlichen Aussagen in Verbindung gebracht. Dies beginnt im Prolog (1,1–18), in dem Jesus als der → Logos voller Herrlichkeit, das wahre Licht der Menschen, der Eingeborene, der Gott und in des Vaters Schoß ist, bezeichnet wird. Im Mittelpunkt steht hier sein Einssein mit Gott, seine → Präexistenz und Mittlerschaft zwischen Welt und Gott. Die johanneische Darstellung von Jesu Wirken und Reden, die Verwendung → christologischer Hoheitstitel und die Schilderung von Jesu Passion beabsichtigt, Jesus als den von Gott gesandten Sohn Gottes darzustellen, in dessen Person sich Präexistenz und kommendes Gericht, messianisches Heilswirken und Scheidung von Glauben und Nichtglauben, wahrer Gott und wahrer Mensch vereinigen. In ihm, so scheint es, sind die Grenzen der Zeit aufgehoben, in ihm ist die unendliche Distanz zwischen Gott und Mensch überwunden, in ihm ist Gott gegenwärtig.

„Christologische Hoheitstitel" verdeutlichen verschiedene Aspekte des Erlösungswirkens Jesu. Sie verbinden sich zu einem mosaikartigen Bild der johanneischen Christologie, in dessen Mittelpunkt die Hoheit Christi als Sohn Gottes steht.

In 1,17 und 17,3 verwendet der vierte Evangelist die formelhafte Bezeichnung *Jesus Christus*. In 1,41; 4,25 wird der Titel „Christus" auf den jüdischen Titel → Messias zurückgeführt und damit mit jüdischen Messiasvorstellungen verknüpft. Sie spielen im Streit der Juden um Jesu Herkunft („Niemand weiß, woher der Messias kommt." 7,26f; 7,41f), bei der Erwartung der Juden, dass Jesus Zeichen wirkt (7,31), und bei seinem Bleiben in Ewigkeit (12,34) eine wichtige Rolle und hindern viele Juden daran, an Jesus als den Christus zu glauben (10,24). Dreimal sagt Johannes der Täufer von sich, dass er nicht der Christus sei, und weist damit indirekt auf Jesus, den Christus, hin (1,20.25; 3,28). Menschen verschiedener Herkunft bezeugen dagegen Jesus als den Christus und geben damit ihrem Glauben Ausdruck: der Jünger

Andreas (1,41), die samaritanische Frau am Brunnen (4,29) und Marta, als sie auf Jesu Frage nach ihrem Glauben antwortet (11,27). Die herausragende Bedeutung dieses Titels für den vierten Evangelisten wird am Ende seines Evangeliums deutlich in der Notiz über den Zweck der Abfassung: „Diese (Zeichen) sind aufgeschrieben", so heißt es dort, „damit ihr glaubt, dass Jesus der Christus ist, der Sohn Gottes" (20,30f).

Besonders häufig begegnet die Bezeichnung *Sohn* bzw. *Sohn Gottes* für Jesus. Ihr liegt bildhaft die enge Beziehung zwischen Vater und Sohn zugrunde. Im Unterschied zum Knecht bleibt der Sohn ewig im Haus des Vaters (8,35). Die Juden behaupten im Streitgespräch mit Jesus zwar, Gott zum Vater zu haben und Gottes Kinder zu sein. Da sie aber den von Gott Gesandten, Jesus Christus, nicht lieben, so erwidert Jesus, sind sie Kinder des Teufels (8,37–45). Die Gemeinschaft von Vater und Sohn reicht so weit, dass zwischen beiden nicht zu trennen ist. So heißt es in 1,18: „Der Eingeborene, der Gott ist und in des Vaters Schoß ist, der hat ihn (d.h. Gott) uns verkündigt." Und in 10,30: „Ich und der Vater sind eins."[42] Durch Christus, durch den Sohn, ist Gott zu erkennen und ist er selbst gegenwärtig. Beide sind eins dem Wesen nach.

Dieser Sohn Gottes ist *von Gott gesandt*, von ihm gekommen, von ihm ausgegangen und in die Welt gekommen, um von Gott zu zeugen, um Gott zu offenbaren. Sein Kommen in die Welt ist Ausdruck der Liebe Gottes zur Welt, nicht um sie zu richten, sondern um sie zu retten (3,16f). Der Sohn Gottes geht wieder zum Vater (13,3; 16,27.30). Das Bild vom Gesandten, der von Gott ausgeht, Gott offenbart und wieder zum Vater zurückkehrt, steht im Zentrum der johanneischen Christus-Darstellung. Er erscheint in unüberbietbarer Nähe zu Gott und ist doch zugleich in der Welt. In ihm vereinen sich Züge des im Alten Testament verheißenen und im Judentum erwarteten Messias, des Weltenrichters und des Königs von Israel. Aber alle diese Vorstellungen werden in Jesus Christus neu interpretiert: er ist der andere König (6,15), er ist gekommen, um zu retten, nicht um zu richten (3,17). Er ist der Messias, doch anders, als erwartet (7,27.31).

Auf die *Präexistenz* Jesu wird über den Prolog hinaus in 1,30; 8,58; 17,5.24 Bezug genommen: Johannes der Täufer sagt von Jesus, dass dieser vor ihm war (1,30). Im Streitgespräch mit den Juden behauptet Jesus von sich, eher als Abraham zu sein (8,58), woraufhin die Juden ihn steinigen wollen. Im hohepriesterlichen Gebet Jesu spricht er von seinem Sein bei Gott vor der Welt (17,5.24). Mit dem Würdenamen *Lamm Gottes* (1,29.36) verbindet sich die Vorstellung vom stellvertretenden → Sühnetod Jesu *für* die Vielen. Diese Deutung begegnet ausdrücklich in 3,16, in der Hirtenrede 10,15–18, in den Abschiedsreden 15,12f, im Passionsbericht 19,33–36 und andeutungsweise in der Lebensbrot-Rede Jesu, die sich indirekt auf das Abendmahl bezieht (6,51). Der Titel *König von Israel* spielt am Ende der Erzählung 6,1–15 eine Rolle, als das Volk Jesus nach der wunderbaren Brotvermehrung ergreifen will, um ihn zum König zu machen. Der Anspruch, König der Juden zu sein, wird ihm von Pilatus während des Verhörs vorgehalten (18,33.37). Jesus reagiert auf die Frage des Pilatus mit dem Hinweis, sein Reich sei nicht von dieser Welt, er aber sei ein König (18,36f). Als König mit Dornenkrone und Purpurmantel präsen-

42 Vgl. auch 3,36; 5,19.21.23; 6,40; 14,13; 20,28.

tiert Pilatus Jesus dem Volk und lässt den Titel „König der Juden" an das Kreuz schreiben (19,14.19).

Der Titel → *Menschensohn* stellt eine Verbindung zu jüdisch- → apokalyptischen Vorstellungen her, die die kommende Herrschaft Gottes ankündigen und den Anbruch mit dem Kommen des Menschensohns und einem umfassenden Gericht verbinden. Die Anwendung dieses Titels auf den gegenwärtigen Jesus intendiert, dass der mit Vollmacht ausgestattete Menschensohn nun da ist und sich das Gericht gegenwärtig vollzieht (3,13f; 5,27). Die johanneische Deutung des Kreuzestodes Jesu als Verherrlichung Jesu (12,23.34; 13,31) sprengt dagegen den jüdischen Rahmen. Dass mit dem schmachvollen Tod Jesu der Menschensohn verherrlicht wird, kann für Juden und Nichtjuden nur paradox klingen[43].

Christi **Offenbarungs- und Erlösungswerk** zeigt sich in der Ganzheit seines Wirkens, seiner Worte und seines Weges ans Kreuz.

Die in den Hoheitstiteln anklingenden Wesenszüge Jesu finden ihren konkreten Ausdruck erstens in seinem Wirken, zweitens in seinen Worten und drittens in seinem Weg ans Kreuz.

1. Sein machtvolles *Wunderwirken* zeigt sowohl seine Hoheit und sein Vermögen, Werke zu tun, die nur Gott möglich sind (5,17f), als auch seine Zuwendung zu den Kranken, Leidenden und Menschen in Not (4,43–54; 5,2–9; 6,1–15; 9,1–7; 11,1–45). Aufgrund dieser Werke müssten eigentlich alle erkennen, wer er ist: Wenn sie ihm schon nicht glauben, dann doch wenigstens seinen Werken (10,37f)! Aber seine Werke führen nicht alle zum Glauben an ihn als den Sohn Gottes (12,37–41). Ja, sein größtes Werk, die Auferweckung des Lazarus, führt unmittelbar zum Todesbeschluss des Hohen Rates (11,46–53).

2. Während sich die Darstellung der Werke Jesu in der Welt auf den ersten Teil des Evangeliums beschränkt, verteilen sich seine *Worte, Reden und Gespräche* auf das ganze Evangelium. Herausragende Bedeutung haben dabei die *Ich-bin-Worte Jesu*, die ihn bildhaft als Offenbarer und Heiland beschreiben. Jesus bezeichnet sich als Brot des Lebens (6,35), Licht der Welt (8,12; 9,5), Tür (10,9), guter Hirte (10,11), wahrer Weinstock (15,1), Auferstehung und Leben (11,25). Diese nur im Johannesevangelium begegnende Formel zeigt einerseits Jesu hoheitsvollen Anspruch, sich selbst als Heilsbringer zu offenbaren. Andererseits werden in diesen Bildern existentiell wichtige „Lebensmittel" deutlich, die Jesus den Menschen in seiner Person zuteil werden lässt. Einige dieser Worte sind mit längeren *Offenbarungsreden* Jesu verbunden (6,26–59; 10,1–18; 15,1–8). Auch diese Reden zeigen, wer Jesus ist, woher er ist, was sein Kommen in die Welt bedeutet und von den Menschen fordert. Deutlich wird dieser Anspruch auch in den *Gesprächen*, die er mit einzelnen (3,1–11; 4,7–30; 11,20–27), aber auch mit den Juden insgesamt führt (7,14–39; 5,19–47; 8,21–59). Während die einen ihren Glauben an Jesus als Christus bekennen, lehnen die anderen Jesus ab, werfen ihm Gotteslästerung vor und wollen ihn töten (8,59).

43 Vgl. zur Verwendung des Menschensohn-Titels bei Markus o. S. 31f.

Besonders konzentriert und nachdrücklich formuliert der vierte Evangelist Jesu Sein und Anspruch auf die Welt in den *Abschiedsreden*. Hier wendet sich Jesus ausschließlich an die Jünger, die in 16,30 ihren Glauben an ihn bekennen, ohne aber tatsächlich zu erfassen, was Jesus mit seiner Erhöhung am Kreuz in der Stunde meint.

3. Jesu Wort und Wirken führt nach johanneischer Darstellung notwendig zu seiner Verurteilung und seinem Tod am Kreuz (19,11). Sein heilvolles Wirken beschränkt sich nicht darauf, an einzelnen Menschen zeichenhaft Heil geschehen zu lassen. Es geschieht durch seine Menschwerdung, die notwendigerweise sein Sterben einschließt. Mit seinem Tod am Kreuz geht Jesus gehorsam den Weg, der ihm vom Vater bestimmt ist. Gleichzeitig wird das Kreuzesgeschehen vom vierten Evangelisten als Erhöhung und Verherrlichung verstanden. Jesus treibt das Geschehen als aktiv Handelnder voran. Er geht nicht als Gedemütigter ans Kreuz, sondern als Sieger, der zum Vater zurückkehrt (13,31; 16,28; 17,5).

3. Der Gott Jesu Christi nach der Darstellung des Johannesevangeliums

Im Prolog zeigt der vierte Evangelist den Zusammenhang von Gott und → Logos bei der Erschaffung der Welt. Der Logos ist am Schöpfungsgeschehen als Schöpfungsmittler beteiligt. Alles ist durch ihn geworden, und ohne ihn wurde kein einziges Wesen, das geworden ist (1,3; vgl. 1,10). Mit diesen Aussagen steht Johannes deutlich in alttestamentlich-jüdischer Tradition. Auch wenn Schöpfungsaussagen im Folgenden keine direkte Rolle spielen, werden im Prolog Aussagen formuliert, die für das Gottesbild des Evangeliums grundlegend sind: Gott ist der Schöpfer der Welt, die Welt ist Gottes Schöpfung[44].

Gottes Verhältnis zur Welt ist zwar durch die Ablehnung der Welt beeinträchtigt (1,11), aber von Gott her durch liebende Zuwendung bestimmt:

> Denn also hat Gott die Welt geliebt, dass er seinen eingeborenen Sohn gab, damit alle, die an ihn glauben, nicht verloren werden, sondern das ewige Leben haben. (Joh 3,16)

> Gott ist der Schöpfer der Welt und wendet sich der ablehnenden Welt liebend zu. Die Welt hat in Christus, dem Sohn Gottes, **Zugang zum Vater**.

Gottes Liebe beschränkt sich nicht auf die Menschen, die in Jesus den Offenbarer erkennen und an ihn glauben. Die Liebe Gottes umfasst vielmehr die ganze Welt. Damit ist ein Dualismus zwischen dem Gott zugewandten Teil der Welt und dem von Gott abgewandten von Gott her ausgeschlossen. Allerdings versteht das Johannesevangelium die Abwendung der Menschen von Gott als Paradox, das mit dem Verlust des Heils einher-

44 Vgl. zu den johanneischen Schöpfungsaussagen Schnackenburg, Joh I, 151f. 212–217.262.268.

geht. So wie Gott Jesus, den von ihm in die Welt gesandten Sohn, liebt, liebt er alle, die an ihn glauben (3,35; 5,20; 10,17; 17,23f.26). Gottes Liebe beschränkt sich aber nicht auf diese, sondern seine Liebe zu dem in die Welt gekommenen Sohn spiegelt die Liebe Gottes zur Welt insgesamt wieder.

Im Zentrum der johanneischen Aussagen über Gott steht die Darstellung der Einheit von Gott und Christus als Vater und Sohn (10,14.30.38; 14,10f.20; 17,21–23). Zugleich liegt in der betonten Einheit ein Paradox: Gott, den niemand je gesehen hat, wird Mensch und zeigt sich als Mensch den Menschen. Damit wird die grundsätzliche Verschiedenheit von Gott und Mensch in Jesus aufgehoben. Die Einheit von Gott und Mensch in Jesus Christus hat zur Folge, dass dem Menschen der Zugang zum Vater möglich ist und dass dieser Zugang einzig in Christus möglich wurde.

4. Jesus Christus und die Menschen

Christus kam in die Welt, die Welt zu retten, indem er Glauben weckt. In der **Annahme** bzw. **Ablehnung** Christi vollzieht sich das **Gericht** über die Welt.

Das Ziel des Christusgeschehens besteht darin, die Welt zu retten und den Menschen Teilhabe am ewigen Leben zu ermöglichen (vgl. 3,16f). Die Christologie ist damit → soteriologisch ausgerichtet. Menschen sollen zum Glauben an Christus und durch ihn an Gott kommen, sie sollen die Wahrheit tun und im Licht wandeln (3,19.21). Glauben weckt Jesus durch die Wunder und Werke, die er wirkt. Joh 2,11; 4,53; 9,36; 11,27.45 erzählen von Menschen, die durch seine zeichenhaften Wunder zum Glauben kommen. Auch seine Worte und Reden bewirken solchen Glauben (4,42; 6,68). Aber Wunder und Wort treffen auch auf Unglauben, bleiben zweideutig und werden abgelehnt (5,18; 6,60.65; 7,40–43; 9,18.29.34). Mit Blick auf seine Zeichen fällt der Entschluss des Hohen Rates, Jesus zu töten (11,47–53).

Jesu Wort und Wirken, sein Weg in die Welt und sein Gehen zum Vater versteht das Johannesevangelium als umfassendes Offenbarungsgeschehen, das Menschen zum Glauben führt. Allein der Glaube ist die adäquate Haltung des Menschen zu Gott. Der Glaube gibt Anteil am ewigen Leben, er führt dazu, als Mensch Gottes Liebe zur Welt entsprechend zu leben. Das Offenbarungsgeschehen in Jesus Christus ruft zum Glauben und will Glauben schaffen.

Aber dem Offenbarungsgeschehen begegnen Menschen auch misstrauisch, verständnislos, ablehnend, ja hasserfüllt. Diese Reaktion findet sich im Johannesevangelium besonders oft bei „den Juden“, die für alle Jesus ablehnenden Menschen stehen. Sie sind schon gerichtet, heißt es in 3,18 im Hinblick auf das endgültige Gericht. Im Verhalten zu Jesu Person als dem Offenbarer geschieht dieses Gericht gegenwärtig: Der Glaubende wird nicht gerichtet, der Nichtglaubende ist bereits gerichtet (3,18; 5,25–30). Somit findet wieder die johanneische Konzentration auf die Christologie, hier als die Vorwegnahme des Weltgerichtes in seiner Person, ihren Ausdruck.

5. Jesus Christus und die Seinen

Die Bilder von Hirt und Herde, Weinstock und Reben sind Ausdruck für die **Gemeinschaft der Glaubenden** mit Christus.

Zwei eingängige Bilder beschreiben im Johannesevangelium die Verbundenheit Jesu mit denen, die an ihn glauben und damit die Gemeinde bilden. Zum einen sagt der johanneische Jesus von sich, er sei der gute Hirte, der die Seinen kennt, sie sammelt und zu einer Herde führt, der sein Leben für die Schafe gibt (10,11–17). Anders als der gemietete Arbeiter lässt dieser Hirte seine Schafe nicht im Stich. Die Schafe ihrerseits kennen seine Stimme und folgen ihm. Verbunden mit diesem Bild ist Jesu Selbstbezeichnung als die Tür, durch die der Hirte, anders als der Dieb, zu seinen Schafen hineingeht (10,2). Wer durch diese Tür in das Gehege geht, so wird das Bild auf die Gläubigen übertragen, der wird ein- und ausgehen, Weide finden und gerettet werden (10,7–9). In diesem Bild kommen die Vertrautheit zwischen Herr und Jünger, die Exklusivität Jesu als des einzig guten Hirten, die soteriologische Ausrichtung seines Tuns sowie der Gedanke der Lebenshingabe für die Seinen zum Ausdruck.

Ebenso vielschichtig beschreibt das Bild vom Weinstock und den Reben die Zusammengehörigkeit des Herrn mit den Seinen. Aus sich heraus kann die Rebe keine Frucht bringen, sie muss am Weinstock bleiben (15,4f). Reben, die nicht am Weinstock bleiben, werden weggeworfen und verbrannt (15,6). Das Bild ruft die Hörer zum Bleiben in Jesus, in seinem Wort, in seiner Liebe auf. Nur so sind sie mit dem Lebensquell Jesus verbunden. Er ist der Weinstock, Gott ist der Winzer, die Gläubigen sind die Reben (15,1f). Das formelhafte „Bleiben in Jesus" korrespondiert mit dem „Sein in Jesus" (14,19f) – einem speziellen johanneischen Ausdruck für die Verbindung zwischen dem Gläubigen und Jesus Christus. Deutlich trennt der vierte Evangelist zwischen denen, die in Christus bleiben, und solchen, die abgeschnitten werden bzw. sich selbst abschneiden. Allein das Bleiben in und Festhalten an Jesus sichert das Fruchtbringen und bewahrt vor dem Feuer.

Unmittelbar an diese Bildrede schließt die Aufforderung zur Liebe an (15,9–11). Die umfassende und allgemeine Forderung Jesu bündelt alle seine Mahnungen an die Jünger: „Bleibt in meiner Liebe!" (vgl. auch 13,34f; 1 Joh 2,7–11). Im starken Kontrast zur Liebe untereinander steht der Hass der Welt, dem Jesus und die Seinen ausgesetzt sind (7,7; 15,18–25). Hass erlebt die johanneische Gemeinde auch gegenwärtig in den Auseinandersetzungen mit der jüdischen Synagoge. Wer sich zu Christus bekennt, wird ausgeschlossen (9,22; 12,42) und gerät sogar in Lebensgefahr (16,2). Die Jünger erfahren nicht nur die Liebe

In der Gemeinde soll **Liebe** herrschen, wie Gott seinen Sohn geliebt hat. Von Seiten der Welt erfährt die Gemeinde Hass. Sie erhält Beistand durch die Gegenwart des Parakleten.

untereinander, mit der sie Jesus geliebt hat, sie erleben auch den Hass, den Jesus zu spüren bekam, wegen ihres Bekenntnisses. Als Beistand in dieser Situation verheißt Jesus den Seinen das Kommen des → Parakleten für die Zeit seiner Abwesenheit. Der Paraklet wird den Jüngern beistehen, sie erinnern und alles lehren (14,26), er wird Zeugnis geben von Christus (15,26), die Welt lehren und der Welt die Augen auftun (16,8). Durch den Paraklet ist der verherrlichte Christus mit den Seinen gegenwärtig verbunden. Er sorgt dafür, dass sie das Christusgeschehen gegenwärtig verstehen.

Das Johannesevangelium entfaltet das Christusgeschehen in der Wirkung des Geistes Jesu. Gemeinde und Evangelist sind sich der Gegenwart und Führung durch den Parakleten bewusst und bringen im vierten Evangelium ihren Glauben zum Ausdruck.

6. Probleme johanneischer Theologie

6.1 Futurische und/oder präsentische Eschatologie?

Im Johannesevangelium begegnen Aussagen über → eschatologische Ereignisse[45], die einerseits den Eintritt dieser Ereignisse als schon geschehen beschreiben (präsentische Eschatologie), andererseits diese Geschehnisse erst für die Zukunft erwarten (futurische Eschatologie). So heißt es:

> Es kommt die Stunde und ist schon jetzt, dass die Toten hören werden die Stimme des Sohnes Gottes, und die sie hören werden, die werden leben. (Joh 5,25)

Die Wendung „und ist schon jetzt" holt das für die Zukunft angekündigte Kommen der Stunde (vgl. 5,28) in die Gegenwart. Deutlich wird dies auch im Gespräch zwischen Marta und Jesus (11,23–27). Marta bringt die jüdische Auffassung von der Auferstehung der Toten am Jüngsten Tag zum Ausdruck, Jesus aber wirkt die Auferstehung ihres Bruders Lazarus schon jetzt (11,44), denn er ist die Auferstehung und das Leben; wer an ihn glaubt, der wird nicht sterben (11,25f). In 6,39f hingegen verspricht Jesus demjenigen die Auferweckung am jüngsten Tag, der den Sohn sieht und an ihn glaubt. Nach 3,3.5 ist die Teilhabe an einem zukünftigen Heilsgut, die Teilhabe am Reich Gottes, jetzt schon möglich durch die Neuschaffung des Menschen aus Wasser und Geist[46]. Der Evangelist lässt auch das für das Ende der Zeit erwartete Endgericht in die Gegenwart hineinreichen. Der Glaube an Jesus entscheidet schon jetzt über den Ausgang des Gerichts:

45 Gemeint sind die Erwartung der Auferstehung der Toten, das letzte Gericht, das Kommen des Reiches Gottes, der Tag des Herrn.

46 Eine deutliche Anspielung auf die Taufe und zugleich Aussage über die Heilszueignung durch die Taufe.

> Wer an ihn glaubt, der wird nicht gerichtet; wer aber nicht glaubt, der ist schon gerichtet, denn er glaubt nicht an den Namen des eingeborenen Sohnes Gottes. (Joh 3,18)

Jesus hat Vollmacht, jetzt schon Gericht zu halten (5,27; 8,16.26). In 12,48 wird aber ebenso vom Gericht am jüngsten Tag gesprochen. Zwiespältig ist der Befund auch im Blick auf das Kommen des Tages[47]. In 6,39.44.54; 12,48; 16,23.26 wird dieses Kommen als zukünftiges Geschehen beschrieben. In 4,23; 5,25 heißt es: „Es kommt die Stunde und ist schon jetzt ...".

> Versucht wurde, die Passagen mit präsentischen bzw. futurischen eschatologischen Aussagen verschiedenen literarischen Schichten zuzuordnen. Aber dies lässt sich stilistisch und → literarkritisch nicht nachweisen. Sowohl futurische als auch präsentische Aussagen können aus der Hand des Evangelisten stammen. Sein Satz: „Es kommt die Zeit und ist schon jetzt..." spannt beide eschatologischen Vorstellungsrahmen zusammen.

Taufe und Glaube lassen jetzt schon am **ewigen Leben** teilhaben. Die in Christus geschehene Vollendung wird erst in Zukunft für die ganze Welt zur Wirklichkeit.

Für den vierten Evangelisten ist klar, dass die Entscheidung über die Teilhabe an den eschatologischen Heilsgütern ewiges Leben, Auferstehung, Sein im Reich Gottes schon jetzt fällt. Durch das Neuwerden aus Wasser und Geist und die Teilhabe an Christus im Glauben ist der Mensch gerettet und ist endgültig über ihn entschieden. Dennoch lässt der Evangelist die Vorstellung vom kommenden Gericht, der kommenden Auferstehung der Toten, dem kommenden Heil für den, der glaubt, nicht fallen. Er legt einen starken Akzent auf die Gegenwart des Heils in Christus, ohne die Zeitstruktur des menschlichen Daseins und des göttlichen Heilsplans aufzugeben. Deutlich wird dies in 17,24: Jesus verheißt den Jüngern, am Ende dort zu sein, wo er jetzt schon ist. Damit haben sie jetzt schon in ihrer angefochtenen Gegenwart Anteil am Heil.

6.2 Doketische oder antidoketische Christologie?

Die **„Doketisten"** behaupten, Jesus sei nur scheinbar ein Mensch gewesen, sei also nicht von einer Frau geboren, habe nicht tatsächlich gelitten und wäre nicht wirklich gestorben. Diese Lehre leugnet damit u.a. die Heilsbedeutung der Passion Jesu.

Die Darstellung der Person Jesu im Johannesevangelium erweckt den Eindruck, dass Jesus zwar manchen Anfechtungen (vgl. 7,1; 8,59; 11,33.35; 12,27) ausgesetzt ist, dass ihn aber die Ablehnung der Menschen und die Aussicht auf den Tod am Kreuz eigentlich nicht berührt (vgl. 18,4.8; 19,9.11.30). Damit tendiert das Johannesevangelium zu → doketischen Lehren, nach denen Jesus als Sohn

47 Dabei finden sich verschiedene Bezeichnungen dieses Tages: letzter Tag (6,39.44.54; 12,48), der Tag (16,23), jener Tag (16,26).

Gottes nur scheinbar Mensch war. Das Kreuz, Zeichen größten menschlichen Leidens, größter Schmach und eigentlich der Niederlage Jesu, ist bei Johannes der Ort der Erhöhung (vgl. 3,14; 8,28; 12,32) und des Triumphes.

Eine Reihe von Auslegern kam aufgrund dieses Befundes und der sprachlichen Parallelen zu → gnostisch geprägten Quellen zu dem Schluss, dass das Johannesevangelium von gnostischen Gedanken beeinflusst sei.

Zum Problem: Das **Johannesevangelium und die Gnosis**

Im Johannesevangelium finden sich eine Reihe von Begriffen und Vorstellungen, die auch in der Begriffs- und Vorstellungswelt der Gnosis erscheinen, einem hellenistischen Welterklärungssystem, das im 1. Jh. n.Chr. entstand und im 2. Jh. n.Chr. in schriftlichen Quellen nachweisbar ist. Dazu gehören das Vorkommen einzelner Begriffe wie Licht, Leben, Logos, die Verwendung von Gegensatzpaaren wie Licht-Finsternis, Leben-Tod, Wahrheit-Lüge, Sein von oben und aus der Welt, Elemente der johanneischen Bildsprache sowie die Vorstellung vom Herabkommen und Aufsteigen des erlösenden Offenbarers[48]. Diese Anklänge lassen fragen, ob der Evangelist zu Menschen spricht, denen diese Vorstellungen vertraut waren, und die von einer grundsätzlichen Trennung von Welt und Gott, die sich in einem Sein von Oben oder von Unten für den Menschen auswirkt, ausgingen. Diesen doketisch ausgerichteten Christen musste die Botschaft des Johannesevangeliums vom leidenden und sterbenden Gottessohn allerdings fremd sein.

Entscheidend für die Beantwortung der Frage, inwieweit das Johannesevangelium gnostisch durchtränkt ist oder in Richtung Doketismus tendiert, bleibt, ob es zwischen Gott als Schöpfer und der Welt als Sphäre des Bösen dualistisch trennt oder aber die grundsätzliche Einheit von Schöpfer und Schöpfung aufrecht hält, wie sie im Alten Testament vorgegeben ist. Letzeres ist der Fall. Die Parallelität der Begriffspaare ist dabei zu unspezifisch, als dass von daher auf einen kosmologischen → Dualismus im Johannesevangelium, vergleichbar mit dem des Doketismus oder der gnostischen Gedankenwelt, geschlossen werden kann.

Auf der anderen Seite sehen Ausleger Jesus im Johannesevangelium durchaus als wahren Menschen dargestellt. Sie berufen sich dabei auf 1,14 und 19,35. Jesus wird bewusst und betont als historische Person beschrieben (1,45; 7,27f.52), seine Herkunft aus dem Judentum spielt eine wichtige Rolle. Auch die Darstellung seiner Wundertätigkeit dient dazu, sein Wirken in Raum und Zeit deutlich werden zu lassen. Für die Beurteilung dieser Problematik bleibt entscheidend, ob der vierte Evangelist die Welt als einheitlich von Gott geschaffen ansieht oder sie dualistisch in eine widergöttliche und göttliche Sphäre aufteilt. Auch Joh 1,14 ist in seiner Tragweite für das gesamte Evangelium und für das rechte Verstehen des johanneischen Christus zu beurteilen. Die Zuwendung Gottes in Christus zur Welt und damit die positive Sicht auf den Kosmos als Schöpfung Gottes findet sich u.a. in 3,16f; 5,24; 6,35[49].

48 Vgl. Schnackenburg, Joh I, 120–124.

49 Vgl. dazu Schnelle, Joh, 76f.

6.3 „Die Juden" im Johannesevangelium

Überaus häufig ist im Johannesevangelium von „den Juden" (*hoi Ioudaioi*) die Rede[50]. Umstritten ist, welche Personen mit diesem Terminus bezeichnet werden. Zu unterscheiden ist zwischen einer neutralen und einer negativ wertenden Bedeutung, die insbesondere in den Auseinandersetzungen um und mit Jesus zum Tragen kommt. In ihnen treten die Juden nach johanneischer Darstellung Jesus äußerst feindlich gegenüber. Sie wollen ihn töten und seine Anhänger aus der Synagoge ausschließen. Umstritten ist, ob dabei nur die jüdischen Autoritäten[51] oder Autoritäten und jüdisches Volk gemeint sind[52].

Die Juden, repräsentiert durch die **Pharisäer**, sind Widerpart Jesu. Einzelne Juden bzw. Pharisäer werden aber auch positiv gezeichnet.

Anders als in den synoptischen Evangelien treten im Johannesevangelium nur die → Pharisäer als religiöse Gruppierung innerhalb des Judentums in Erscheinung. Sie stehen in enger Verbindung zu den Oberen der Juden. Dies wird durch das gemeinsame Auftreten der Pharisäer und Hohenpriester in 7,32.45; 11,46f.57; 18,3 bzw. der Pharisäer und der Oberen in 3,1; 7,48 deutlich (vgl. auch 1,19.24). In 7,32 und 11,46f bewegen die Pharisäer den Hohen Rat, gegen Jesus vorzugehen. Darüber hinaus treten die Pharisäer selbst in behördlicher Funktion auf[53]. Andeutungsweise wird aber auch von Spannungen zwischen den Oberen und den Pharisäern berichtet, denn einige Obere glaubten an Jesus, bekannten dies aber aus Angst vor den Pharisäern nicht öffentlich (12,42).

Die Pharisäer werden im Johannesevangelium als die entschiedenen und aktiven Widersacher Jesu dargestellt. Sie versuchen mit allen Mitteln, seinen Einfluss zu unterbinden, und drängen auf einen Beschluss im Hohen Rat, ihn zu töten (11,46–57). Aber selbst in ihren Reihen entstehen Zweifel, ob Jesus nicht doch von Gott ist: Nikodemus ist ein Pharisäer, der Jesus nicht von vornherein ablehnt, sondern ihn einen von Gott gekommenen Lehrer nennt, ihn befragt und für eine Anhörung Jesu durch die Pharisäer eintritt (3,1f; 7,47–52). 12,42, aber auch 7,32 und 11,47.57 belegen, dass nach Meinung des Verfassers des Johannesevangeliums die Pharisäer die einflussreichste Gruppe in der Führungsschicht des Judentums sind. Darin spiegeln sich die Gegebenheiten des Judentums nach der Tempelzerstörung im Jahr 70 n.Chr.

D Wirkungsgeschichtliche Hinweise

Die Verknüpfung des philosophisch geprägten Terminus → Logos mit dem Christusgeschehen im Prolog des Johannesevangeliums (1,1–3.14) bildet im Verlauf des

50 Eine ausführliche Darstellung der Forschungsgeschichte zum Thema „Johannesevangelium und Judentum" bietet R. Leistner, Antijudaismus im Johannesevangelium?, Theologie und Wirklichkeit 3, Bern/Frankfurt a.M. 1974, 17–67. Vgl. auch Schnelle, Joh, 163–166.

51 Vgl. 5,10.15.16; 7,13.15; 9,18.22; 18,12.14.36; 19,38; 20,19.

52 Umstritten sind dabei vor allem die Stellen 3,25; 8,31; 10,19; 11,54; 18,20; 19,20f.

53 Vgl. 1,24; 4,1; 7,32a; 9,13; 11,46.

theologischen Denkens der ersten nachchristlichen Jahrhunderte die Brücke zwischen dem philosophischen Erbe der Antike und der biblischen Überlieferung. Die auf das Christusgeschehen bezogene Logosidee wird zum Kristallisationspunkt der altkirchlichen → trinitarischen und → christologischen Dogmenbildung. Schon die → Apologeten verwenden den griechischen Logosgedanken, um das Verhältnis von Gott und Christus zu beschreiben. Es entwickelt sich die Logoschristologie, die Tertullian aufnimmt, und auf deren Grundlage er Ansätze der Trinitätslehre formuliert. Im Rahmen der christologischen Streitigkeiten um das Verhältnis der beiden Naturen Christi zueinander spielt das Verständnis des Terminus Logos eine wichtige Rolle. Er findet Eingang in das Bekenntnis von Chalcedon (451) als Bezeichnung für Christus, in dessen einer Person beide Naturen ungeteilt zusammengehen[54]. In das Glaubensbekenntnis von Nizäa-Konstantinopel und das Apostolikum wurde die johanneische Bezeichnung „eingeboren" *monogenēs* (Joh 1,14.18; 3,16.18, vgl. auch 1 Joh 4,9), aufgenommen, die das Verhältnis Logos-Vater charakterisiert.

Sowohl johanneische Szenen der Jesus-Geschichte als auch die johanneische Theologie haben die christliche Ikonographie inspiriert[55]. Die vermutlich ältesten Christus-Darstellungen in frühchristlicher Zeit zeigen Christus als Schafträger (Joh 10,1–18, vgl. auch Lk 15,4–6; Hebr 13,20), so eine Statue des guten Hirten, die Kaiser Konstantin neben einem Brunnen in Konstantinopel aufgestellt haben soll, und ein Bild des guten Hirten in der Kapelle der Lucina aus der Callixtus-→ Katakombe aus den Jahren 200/220 n.Chr. in Rom. Die Darstellung der Auferweckung des Lazarus ist eines der zwölf Festbilder, die zum klassischen liturgischen Zyklus von Bildszenen aus dem Leben Jesu in frühchristlicher Zeit gehören.

Im frühen Mittelalter treten Kreuzigungsdarstellungen in den Mittelpunkt christlicher Kunst, die nicht den leidenden, sondern den über den Tod siegenden Gott zeigen. Christus wird als Triumphator am Kreuz dargestellt, was der johanneischen Vorstellung von der Erhöhung Christi am Kreuz entspricht. Aus der Seitenwunde Jesu fließen Wasser und Blut (vgl. 19,34), was als „Blutstrahl der Gnade" gedeutet wird. Die überwiegende Zahl der Kreuzigungsbilder dieser Zeit zeigen Johannes, den Lieblingsjünger, Maria, die Mutter Jesu, Maria, die Frau des Klopas und Maria von Magdala (Joh 19,25–27)[56].

In der Kunst des 19. und 20. Jh.s entstehen unter dem Titel *„Ecce homo"* (Joh 19,5) Bilder, die den leidenden Menschen im Antlitz des gefolterten Jesus zeigen. Diese Darstellungen nehmen teilweise die johanneische Szene auf, sie können sich

54 Vgl. B. Hägglund, Geschichte der Theologie. Ein Abriss, Gütersloh 3. Aufl. 1997 (Berlin 1983), bes. 20–23.40–44.57–60.76.

55 Vgl. H. Sachs/E. Badstübner/H. Neumann, Christliche Ikonographie in Stichworten, München/Berlin 6. Aufl. 1996 (Leipzig 1988), 79f; Lexikon der christlichen Ikonographie, hg.v. Engelbert Kirschbaum SJ u.a., Rom, Freiburg, Basel, Wien, Bd. II (F-K) 1970, 290–299; G. Schiller, Ikonographie der christlichen Kunst, Gütersloh, Bd. I, 1966, 189–194.

56 Vgl. z.B. die Darstellung des Isenheimer Altars, die allerdings Christus als Schmerzensmann zeigt. Vgl. dazu o. S. 108f.

aber auch von ihr lösen und den dargestellten Leidenden in andere Szenen einfügen[57].

Eine meisterhafte und faszinierende Aufnahme hat der johanneische Passionsbericht im Roman „Der Meister und Margarita“ von Michail Bulgakow[58] gefunden. Eindrücklich schildert Bulgakow die Begegnung zwischen Pilatus und Jesus und das Gespräch über die Frage nach der Wahrheit und die Möglichkeit des Menschen, gut zu sein.

Die besondere geistliche Kraft johanneischer Jesus-Worte, vor allem der Ich-bin-Worte, zeigt sich in der Seelsorgepraxis. Logien wie 11,25; 14,1.6.27; 15,5.16 werden oft als Tauf-, Konfirmations- und Trausprüche gewählt, die ein Leben begleiten sollen. Sie finden sich vielfach auf Spruchkarten und geben Trauernden Halt und Trost[59].

---

57 Vgl. einerseits Lovis Corinth: Ecce Homo (1925), in: G. Rombold/H. Schwebel, Christus in der Kunst des 20. Jahrhunderts, Freiburg u.a. 1983, 19–21, andererseits J. Ensor, Ecce homo oder Christus und die Kritiker (1891); vgl. Rombold/Schwebel, 15–18. Otto Dix: Ecce homo I (1946); Ecce homo II mit Selbstbildnis hinter Stacheldraht (1948); Ecce homo III (1949). Vgl. F. Löffler (Hrsg.), Otto Dix. Bilder zur Bibel und zu Legenden, zu Vergänglichkeit und Tod, Berlin 1986. Weltberühmt wurde die Plastik „Das Wiedersehen“ von Ernst Barlach (1926), die die Begegnung zwischen Jesus, dem Auferstandenen, und dem ungläubigen Thomas aufgreift (Joh 20,24–29).

58 Entstanden 1928–1940, erschienen in Moskau 1973.

59 Ich danke Herrn Prof. Dr. Jörg Frey, Stuttgart/Jena, für eine Reihe von inhaltlichen und formalen Anregungen.

§ 6 Die Apostelgeschichte

Friedrich Wilhelm Horn

Literatur
Ernst Haenchen, Die Apostelgeschichte, KEK 3, Göttingen 7. (16.) Aufl. 1977
Rudolf Pesch, Die Apostelgeschichte, EKK 5, 2 Bde., Zürich u.a./Neukirchen-Vluyn 1986, 2. Aufl. 1994 (I)
Jürgen Roloff, Die Apostelgeschichte, NTD 5, Göttingen 1981 (Berlin 1988), 2. (18.) Aufl. 1988
Gerhard Schneider, Die Apostelgeschichte, HThK 5, 2 Bde., Freiburg u.a. 1980/1982
Alfons Weiser, Die Apostelgeschichte, ÖTBK 5, 2 Bde., Gütersloh/Würzburg 1981/ 1985 (Leipzig 1989), 2. Aufl. 1989 (I)

Martin Dibelius, Aufsätze zur Apostelgeschichte, hg.v. H. Greeven, FRLANT 60, Göttingen 5. Aufl. 1968
Eckhard Plümacher, Art.: Apostelgeschichte, TRE 3, 483–528
Bruce W. Winter (Hg.), The Book of Acts in its First Century Setting, 6 Bde., Grand Rapids/Carlisle 1993ff
Claus-Jürgen Thornton, Der Zeuge des Zeugen, WUNT 56, Tübingen 1991

Heike Omzu, Der Prozeß des Paulus. Eine exegetische und rechtshistorische Untersuchung der Apostelgeschichte, BZNW 115, Berlin/New York 2002

A Bibelkundliche Erschließung

1. Überblick

Die Apostelgeschichte ist in 1,1 explizit auf das Evangelium des Lukas als den ersten Bericht bezogen. Daher spricht man von dem lukanischen Doppelwerk. Das Thema des ersten Buchs wird im Prolog (Lk 1,1–4) angezeigt als umfassender Bericht über alles, was Jesus tat und lehrte. In der Apostelgeschichte geht es allerdings nicht um die Darstellung der Taten und Worte der Apostel, auch wenn der lateinische Titel → *acta apostolorum* auf einen Bericht über die Taten der Apostel hinzuweisen scheint. Vielmehr bietet der Bericht über die Verheißung des Heiligen Geistes in Apg 1,8 zugleich einen klaren Hinweis auf den Inhalt des Buches:

> ... aber ihr werdet die Kraft des heiligen Geistes empfangen ... und werdet meine Zeugen sein in Jerusalem und in ganz Judäa und Samarien und bis an das Ende der Erde.

Demnach will Lukas die Ausbreitung des Evangeliums ausgehend von Jerusalem bis in die ganze Ökumene hinein darstellen. Bei „bis an die Enden der Erde" ist Rom als Hauptstadt des Imperiums und als äußerster Punkt im Westen aus palästinischer Perspektive im Blick.

1,1–14	Proömium und Einleitung
1,15–8,3	Das Zeugnis der Apostel in *Jerusalem*
8,4–11,18	Ausbreitung des Evangeliums in *Samarien* und in den Küstengebieten
11,19–15,35	Die Gemeinde in *Antiochia* und ihre Mission
15,36–21,26	Mission des Paulus in *Kleinasien und Griechenland*
21,27–28,31	Der Weg des Paulus von Jerusalem nach *Rom*

Es gibt neben dieser geographischen Orientierung auch einen anderen, nämlich sich an Personen orientierenden Gliederungsvorschlag. Der erst im zweiten Jahrhundert bezeugte griechische Buchtitel *praxeis tōn apostolōn*, oder in der lateinischen Übersetzung *actus* bzw. → *acta apostolorum* deutet auf „Taten der Apostel". Von den zwölf → Aposteln (1,13.26), die Zeugen des Lebens Jesu von seiner Taufe an bis zu seiner Auferstehung sind (1,22), wird aber nur über Petrus, Johannes, Jakobus[1] und Philippus[2] ausführlich berichtet. Paulus, der erstmals in 7,58–8,1 erwähnt wird, der aber in Kap. 13–28 durchgehend im Mittelpunkt der Darstellung steht, wird der Titel Apostel vorenthalten (außer 14,4.14). Er ist nicht Zeuge des Lebens Jesu und seiner Worte bis zur Auferstehung. Gewiss steht Petrus in Kap. 1–12 häufig als Wortführer der Apostel im Mittelpunkt. Aber dies rechtfertigt nicht eine Gliederung der Apostelgeschichte in Petrus- (Kap. 1–12) und Paulusteil (Kap. 13–28). Immerhin finden sich in dem ersten Teil auch ausführliche Abschnitte über Stephanus (6,8–7,60), Philippus (8,4–13.26–40) und Paulus (9,1–30), ohne Petrus überhaupt nur zu erwähnen.

Die Gliederung der Apostelgeschichte muss neben dem geographischen Hinweis in 1,8 auf sachliche Akzentuierungen achten, die Lukas bewusst in seinem Werk setzt. So findet sich ein wesentlicher Einschnitt ungefähr in der Hälfte seines Werks. Das → Apostelkonzil (15,1–33) hat den Weg der gesetzesfreien Heidenmission bestätigt. Unmittelbar nach Abschluss des Konzils bricht Paulus zu seiner

1 Bei dem in Apg 1,13a; 12,2 genannten Jakobus handelt es sich um den Sohn des Zebedäus und den Bruder des Johannes (vgl. Lk 5,10; 6,14; 8,51: 9,28.54). In Apg 1,13b (vgl. Lk 6,15) begegnet daneben Jakobus, der Sohn des Alphäus. Apg 1,13c (vgl. Lk 6,16) erwähnt einen Judas (nicht der Iskariot), Sohn des Jakobus, und schließlich Apg 12,17; 15,13; 21,18 den Herrenbruder Jakobus (vgl. auch 1 Kor 15,7; Gal 1,19; 2,9).

2 Der Name Philippus begegnet einmal in Bezug auf den Jünger Jesu und das Mitglied des Zwölferkreises (Mk 3,18par; Joh 6,5ff; 12,21; 14,8–10), sodann in Bezug auf ein Glied des hellenistischen Siebenerkollegiums der Diakone in Jerusalem (Apg 6,5). Hiernach ist Philippus der Missionar und Evangelist Samarias. Er lebte mit seinen Töchtern, die durch prophetische Begabung ausgezeichnet waren, in Cäsarea (Apg 21,8). Es wird aber auch erwogen, dass es sich bei beiden um ein und dieselbe Person handelt.

zweiten Missionsreise auf (15,35)[3], die ihn nach Kleinasien und sodann erstmals nach Europa führen wird. Dies zeigt eine Schwerpunktverlagerung an: Die Zeit der Jerusalemer Urgemeinde wird auf dem Apostelkonzil durch eine Übereinkunft und durch den Beschluss des → Aposteldekrets (15,20.29) einmütig geöffnet für die Epoche der gesetzesfreien Heidenmission. Es ist der zentrale Inhalt dieses Wegs, dass die Botschaft von Jesus Christus, dem Gekreuzigten und von Gott Auferweckten, von dem Volk Israel in seiner Mehrheit im Mutterland und in der → Diaspora beständig abgelehnt wird. Dies eröffnet geradezu den Weg zu den „Gottesfürchtigen" als den dem Judentum Nahestehenden und zu den Heiden[4]. Nie aber ist es eigenmächtiges menschliches Handeln, das diesen Weg beschreitet. Vielmehr werden die Missionare durch wunderbare Ereignisse (8,26–40), → Visionen (9,3; 10,9–15), durch eine nächtliche Erscheinung (16,9–10) und durch das Eingreifen und die Leitung des Geistes Gottes geführt (13,4; 16,6; 20,28).

2. Die Ereignisgeschichte

Die Apostelgeschichte ist formal ein Geschichtsbericht[5], der durchsetzt ist mit theologischen Zielsetzungen. Beide Aspekte sind stets zu bedenken. 1,1–14 verklammert das zweite Buch mit dem Abschluss des Evangeliums, indem auf den Prolog des Evangeliums (Lk 1,1–4) und die Himmelfahrt Christi (Lk 24,50–53) nochmals eingegangen wird[6]. Mit der Nachwahl des Matthias wird die durch den Tod des Judas Iskariot entstandene Lücke im Zwölferkreis gefüllt (Apg 1,15–26). Für Lukas ist der Begriff des → Apostels an den Zwölferkreis Jesu und die Zeugenschaft gebunden, nicht hingegen wie bei Paulus an die Begegnung mit dem Auferstandenen (1 Kor 9,1).

3 Die bewusste, direkte Verklammerung von dem Ende des Apostelkonzils (Apg 15,33) und dem Beginn der Heidenmission des Paulus (Apg 15,35) wird im griechischen Text noch deutlicher, da der Vers 15,34 erst sekundär Eingang in die Textüberlieferung gefunden hat und daher nicht in der griechischen Textausgabe, sondern nur in anderen Textausgaben und Übersetzungen abgedruckt worden ist.

4 Die „Gottesfürchtigen" haben den jüdischen Glauben nicht formal durch Beschneidung und Taufe angenommen, halten sich aber zur → Synagoge und haben sich bestimmte Inhalte (etwa → Monotheismus, soziale Ethik) des jüdischen Glaubens zu Eigen gemacht; dazu B. Wander, Gottesfürchtige und Sympathisanten. Studien zum heidnischen Umfeld von Diasporasynagogen, WUNT 104, Tübingen 1998.

5 Freilich erfüllt dieser Geschichtsbericht nicht die Ansprüche, die ein moderner Historiker an ihn stellen würde. Lukas trifft aus den zurückliegenden Ereignissen eine spezifische Auswahl, die wiederum angereichert worden ist durch sechzehn, zum Teil lange Reden, durch Briefe oder durch Summarien. Die Apostelgeschichte steht formal in großer Nähe zur Gattung der „historischen Monographie", wie wir sie durch Sallusts Verschwörung des Catilina oder durch seinen Jugurthinischen Krieg kennen (Conzelmann, Apg, 6).

6 Wahrscheinlich hat Lukas Evangelium und Apostelgeschichte von vornherein als zweiteiliges Werk geplant. Wenn das → Proömium in 1,1, von dem ersten Buch (d.h. dem Evangelium) spricht, dann ist damit eine Reihenfolge der Entstehung angezeigt: Die Apostelgeschichte setzt das Evangelium fort.

2.1 Das Zeugnis der Apostel in Jerusalem (1,15–8,3)

Ein erster längerer Teil (2,1–6,7) stellt nun das Leben der Urgemeinde in Jerusalem dar. Dieser Teil wird abgeschlossen durch eine sog. Wachstumsnotiz in 6,7. Sie besagt in allgemeiner, summarischer Form, dass die Gemeinde in Jerusalem beständig wuchs[7]. Eingeleitet wird dieser Abschnitt durch die Pfingstgeschichte (2,1–13), in deren Mittelpunkt die Begabung der galiläischen Jünger mit dem Geist Gottes steht. Er ermöglicht es ihnen, in Anwesenheit der ausländischen Festpilger auf dem Erntefest (Diasporajuden) so zu predigen, dass sie deren Sprache sprechen (Sprachenwunder 2,4) bzw. ohne Übersetzer verstanden werden (Hörwunder 2,6). Das Missverständliche der Situation wird in einer ersten längeren Predigt des Petrus (Apg 2,14–36) mit Hilfe eines Schriftzitats (Joel 3,1–5) erklärt: Die Geistausgießung ist Gottes endzeitliches Handeln, und sie führt, so fügt Lukas in Apg 2,18c gegen Joel ein – vor allem zu → Prophetie, d.h. zu Predigt. Der Aufruf zur Buße (er wird noch in weiteren Missionsreden begegnen: 3,19; 8,22; 17,30; 26,20) schließt mit der Aufforderung, sich taufen zu lassen, ab. In einem ersten großen → Summarium schildert Lukas in 2,42–47 das Leben der Urgemeinde. Die *nota ecclesiae* (Zeichen der Kirche) sind Lehre der Apostel, Gemeinschaft, Herrenmahl, Gebet (2,42) sowie Ausgleich des Besitzes nach Maßgabe des jeweiligen Bedarfs (vgl. auch das zweite Summarium in 4,32–37). Die Heilung eines Gelähmten (3,1–10) bietet Petrus wieder die Möglichkeit, zwei Reden zu halten, in deren Zentrum die Verkündigung der Auferweckung Christi steht. Die kurzzeitige Gefangennahme der Apostel Petrus und Johannes zeigt einen ersten Konflikt mit jüdischen Autoritäten an. Dieser Gegensatz wird sich bis zur Gefangennahme des Paulus in 21,27ff fortsetzen. Ein erster innerer Konflikt im Leben der Urgemeinde ergibt sich durch den Versuch des Ehepaars Hananias und Saphira, durch unwahrhaftige Angaben in den Status eines Mäzens der Urgemeinde einzutreten.

Ein erneuter, durch die → Sadduzäer verursachter Gefängnisaufenthalt aller Apostel bietet wieder die Möglichkeit zu einer Missionspredigt im Gefängnis. Zwei grundsätzliche Stellungnahmen ergeben sich. Für die Apostel sagt Petrus, indem er das öffentliche Auftreten der Apostel rechtfertigt:

> Man muss Gott mehr gehorchen als den Menschen. (5,29)

Für die jüdische Seite lautet der berühmte Rat des Gamaliel:

> Ist dies Vorhaben oder dies Werk von Menschen, so wird's untergehen; ist es aber von Gott, so könnt ihr sie nicht vernichten. (5,38–39)

Das Verkündigungsverbot wird freilich sofort durchbrochen (5,41–42). Auch Stephanus, einer der sieben Armenpfleger, fällt vor allem durch seine vollmächtige

7 Vgl. auch die Wachstumsnotizen im ersten Teil: 1,15: 120 Brüder; 2,41: 3000 Menschen; 2,47: der Herr tat täglich hinzu; 4,4: 5000 Männer; 5,14: eine Menge Männer und Frauen; 6,1: Zahl der Jünger nahm zu; 6,7: Zahl der Jünger sehr groß, viele Priester kamen zum Glauben.

Predigttätigkeit auf, die ihn in Konflikte mit Diasporajuden in Jerusalem bringt, denen er selbst zugehört. Sie klagen ihn im Volk und vor dem Hohen Rat durch falsche Zeugen mit dem Vorwurf an: Stephanus rede gegen die heilige Stätte, den Tempel, und gegen das Gesetz (6,8–15). Diese Szene erinnert an den Vorwurf gleichfalls falscher Zeugen im Prozess Jesu, die behaupten, Jesus habe gesagt, er wolle den Tempel in drei Tagen abbrechen und sodann einen neuen, nicht mit Händen gemachten Tempel bauen (Mk 14,58). Stephanus antwortet auf die Vorwürfe mit einer langen Rede (7,2–53), in der er durch einen heilsgeschichtlichen Rückblick von der Erwählung Abrahams bis in die Gegenwart hinein Israel als ungehorsam darstellt und, über den eigentlichen Anlass hinausgehend, Israel des Verrates und Mordes Christi beschuldigt. Bei der anschließenden Lynchjustiz an Stephanus wird Saulus als Verfolger der christlichen Gemeinde erstmals genannt (7,54–8,3). Die Lynchjustiz an Stephanus ist der Beginn der Verfolgung der → Hellenisten unter den Christen in Jerusalem, da die Apostel (und der sich zu ihnen zählende Kreis) verschont werden (8,1). Diese Verfolgung führt zu einer Flucht der Hellenisten aus Jerusalem nach Samarien und in die Küstengebiete.

Einen inneren Konflikt in der Gemeinde versucht Lukas zu beschönigen. Innerhalb der Urgemeinde gibt es griechischsprachige und aramäischsprachige Judenchristen, Hellenisten und Hebräer genannt. Judäa war in römischer Zeit zweisprachig, und es wohnten zudem in Jerusalem sehr viele → Diasporajuden, von denen sich einige der christlichen Gemeinde angeschlossen hatten. Der Anlass des Streits – die Witwen der Hellenisten waren bei der täglichen Armenversorgung übersehen worden (6,1) – wird nur die Spitze eines Eisbergs sein, der Richtungskämpfe in der Urgemeinde anzeigt. Die Lösung des Problems scheint zwar pragmatisch. Es werden Armenpfleger für die Witwenversorgung berufen. Weshalb aber kommen die Armenpfleger ausschließlich aus dem Lager der Hellenisten, weshalb werden sie im Folgenden als Prediger und nicht als karitative → Diakone beschrieben, weshalb werden bei der nächsten Verfolgung durch die jüdischen Behörden die Apostel geschont, die Hellenisten aber aus Jerusalem vertrieben (8,1)?

Lukas übergeht in seinem Passionsbericht den Vorwurf der falschen Zeugen gegen Jesus, obwohl er sich ansonsten an den Passionsbericht des Markus anlehnt. Es ist also auf jeden Fall deutlich, dass Lukas hier eine literarische Absicht verfolgt. Will er Jesus von jedem Verdacht der Tempelkritik, auch wenn Falschzeugen ihn äußern, freihalten? Aber sowohl bei Jesus geht die Anklage der Tempelkritik als auch bei Stephanus die Anklage der Tempel- und Gesetzeskritik ins Leere, da es ja immer falsche Zeugen sind, die hier auftreten. Die Tempelkritik Jesu ist in den Evangelien in unterschiedlichen Überlieferungen bezeugt (vgl. Mk 13,2; 11,15–19; Joh 2,14–16). Gleichfalls ist für das hellenistische Christentum, das in Beziehung zu den Hellenisten in Jerusalem steht, recht früh eine Nivellierung wesentlicher Forderungen der → Tora (Speisefragen, Beschneidungsforderung) bezeugt (vgl. Gal 5,3.6; 1 Kor 7,19; 8,4).

2.2 Ausbreitung des Evangeliums in Samarien und in den Küstengebieten (8,4–11,18)

Zunächst tritt mit Philippus, einem der sieben Armenpfleger der Hellenisten, eine neue Gestalt ins Blickfeld. Er wird der Missionar Samariens. Gleichwie Stephanus überzeugt er durch Machttaten (Heilungswunder 8,7) und durch solche Predigt, die sogar einen jüdischen Zauberer Simon dem Glauben zuführt. Zugleich öffnet er das Evangelium für die sog. „Gottesfürchtigen"[8], die bestimmte Teile des jüdischen Glaubens für sich übernommen hatten, ohne zum jüdischen Glauben überzutreten. Wichtig ist sowohl bei Simon als auch bei dem Kämmerer, dass Lukas sich den Übertritt aus dem Status des Heiden oder des „Gottesfürchtigen" immer im Zusammenhang einer Taufe vorstellt (8,13.38). Auch wenn in dem Wirken des Philippus Eigenständigkeit gegenüber der Urgemeinde zu erkennen ist, betont Lukas doch wieder die heilsgeschichtliche Verbindung. Petrus und Johannes kommen als Gesandte der Jerusalemer Gemeinde zur Begutachtung des Wirkens des Philippus (8,14; vgl. zu diesem Motiv etwa auch 9,32; 11,1f; 15,1).

Zu den Berichten über Einzelbekehrungen (Simon, Kämmerer) gesellt sich nun in 9,1–30 die persönliche Wende des Saulus/Paulus, die gleich dreimal in unterschiedlichen Zusammenhängen berichtet wird (9,1–19; 22,6–21; 26,4–20). Es gibt eine gemeinsame Grundstruktur: Die Berufung/Bekehrung geschieht auf dem Weg nach Damaskus durch eine Lichterscheinung. Eine Himmelsstimme fragt: „Saulus, Saulus, weshalb verfolgst du mich?" Daraufhin fragt Saulus: „Wer bist du, Herr?" Danach die Antwort: „Ich bin Jesus, den du verfolgst." Neben diesem gemeinsamen Gerüst gibt es Unterschiede. So wird von Bericht zu Bericht deutlicher, dass Paulus zur Heidenmission berufen wird. In 9,15f wird dem Jünger Hananias mitgeteilt, dass Paulus einmal Heidenmissionar sein soll. In 22,17–21 wird Paulus die Abkehr von Jerusalem befohlen, in 26,26–28 steht Paulus kurz davor, den Römer Festus für den christlichen Glauben zu gewinnen. Auch differiert die Funktion der einzelnen Berichte im jeweiligen Kontext. Kap. 22 ist eine Apologie vor den Bürgern Jerusalems, Kap. 26 eine Apologie vor dem jüdischen König Agrippa und dem römischen Statthalter Festus. Kap. 9 hingegen deutet die Berufung des Paulus im Sinn einer Bekehrung, da Paulus sich nach der Lichterscheinung vor Damaskus taufen lässt. Taufe aber ist für Lk, wie bereits in 8,16.36.38 gezeigt, der Übertritt zum Christentum.

Den Namen Saulus nennt nur die Apostelgeschichte (7,58; 8,1.3; 9,1.8.11.22.24; 11,25.30; 12,25; 13,1.2.7.9). Paulus bezeichnet sich selbst in seinen Briefen immer nur als Paulus. Auch wissen wir nur durch Lukas über die Herkunft des Paulus aus

8 Der Kämmerer aus Äthiopien ist nach Apg 8,27 nach Jerusalem gekommen, um anzubeten. Er hatte Zugang zu dem äußeren Tempelbereich, der durch Treppen und Warntafeln von dem nächst inneren Bezirk, der nur Juden offen stand, abgetrennt war. Als „Gottesfürchtiger" ist er noch von den → Proselyten (d.h. den Übergetretenen) zu unterscheiden, die als Männer u.a. die Beschneidung zu übernehmen hatten. Im Umkreis der jüdischen Synagogen im Mittelmeerraum befinden sich weitaus mehr „Gottesfürchtige" als Proselyten.

> Tarsus (9,11). Paulus spricht in seinen Briefen nie über seine Heimatstadt. Welcher Name ist ursprünglich? Der Name Saul verweist auf den König Israels. Die Familie des Paulus (Röm 11,1; Phil 3,5) zählte sich, wie auch Saul, zum Stamm der Benjaminiten. Es war in griechisch-römischer Zeit ein häufig ausgeübter Brauch, den eigenen semitischen Namen in eine griechische oder eher noch römische Form zu transponieren (z.B. Silas zu Silvanus, Josua zu Jason). Eventuell also auch Saulus zu Paulus? Es ist eher denkbar, dass der römische Name Paulus als zweiter Name neben Saulus auf das römische Bürgerrecht hinweist. Lukas hingegen will möglicherweise den Eindruck erwecken, dass Paulus in der Begegnung mit dem zyprischen Prokonsul Sergius Paullus den Namen wechselt (Apg 13,9). Es wäre dies ein Hinweis der Ehrerbietung durch Saulus, aber auch ein literarisches Motiv für das Eindringen des Evangeliums in gehobene heidnische Schichten und umgekehrt.

Von der ersten Bekehrungsgeschichte des Paulus her ist bereits deutlich, dass Paulus der Heidenmissionar schlechthin sein wird. Bislang allerdings ist im Gang der Apostelgeschichte wohl ein gottesfürchtiger Eunuch (8,38), aber noch kein dem jüdischen Glauben völlig fern stehender Heide zum christlichen Glauben übergetreten. In 10,1–11,18 findet dieses Grundsatzproblem der christlichen Mission eine Lösung durch zwei → Visionen, die Einblick geben in Gottes Willen. Der römische Hauptmann Kornelius wird als gottesfürchtiger Mensch vorgestellt. Im Gebet erfährt er, dass seine Frömmigkeit von Gott her eine Anerkennung verdienen wird und er dazu Petrus holen lassen soll. Petrus empfängt gleichfalls eine Vision. Er ist hungrig und sieht aus dem Himmel ein Tuch, gefüllt mit unreinen Tieren, auf sich zukommen und wird dreimal aufgefordert, die Tiere zu schlachten und zu essen. Kurz danach kommt es zur Begegnung von Kornelius und Petrus. Nachdem Kornelius seine Vision erzählt hat, wird Petrus die Bedeutung seiner eigenen Vision klar:

> Nun erfahre ich in Wahrheit, dass Gott die Person nicht ansieht; sondern in jedem Volk, wer ihn fürchtet und recht tut, der ist ihm angenehm. (10,34f)

In 11,1–18 berichtet Petrus über dieses Ereignis vor der Jerusalemer Urgemeinde, indem deutlicher die Lehre der Visionen festgehalten wird: So hat Gott auch den Heiden die Umkehr gegeben, die zum Leben führt (11,18). Zum dritten Mal ereignet sich im Gang der Erzählung ein Pfingstgeschehen mit Geistausgießung: Was in 2,1–13 für Jerusalem galt, in 8,17 für Samarien, gilt jetzt in 10,45 auch für die Heiden (das „Pfingsten der Heiden"). Und gleichsam als Bestätigung der Gleichwertigkeit der Pfingstereignisse beginnen auch die Heiden in 10,46 wie die Juden in 2,4 in Zungen zu sprechen. Der Weg zur Heidenmission ist somit eröffnet, ab Kap. 13 wird Lukas den Weg des Heidenmissionars Paulus beschreiben.

2.3 Die Gemeinde in Antiochia und ihre Mission (11,19–15,35)

Die Vertreibung der Hellenisten hat Christen nach Phönizien, Zypern und Antiochia geführt. Antiochia wird das eigentliche Zentrum der christlichen Mission. Barnabas holt Saulus, der ab jetzt bis zum Beginn der zweiten Missionsreise sein Partner sein wird, in die antiochenische Gemeinde (11,26). Der Kontakt zur Jerusalemer Urgemeinde wird vor allem durch Barnabas gehalten (11,22; 12,25). Diese Urgemeinde erleidet unter Herodes Agrippa (41–44 n.Chr.), der sich innerhalb von Israel betont judenfreundlich gab, in einer Verfolgung erhebliche Verluste. Jakobus, der Jünger Jesu, wird hingerichtet (12,2). Petrus kann dem Gefängnis auf wundersame Weise entkommen (12,7), verlässt aber Jerusalem (12,17).

Barnabas, ein zypriotischer Levit, ist eine führende Gestalt in der Frühzeit des Christentums. Sein eigentlicher Name lautet Josef. Barnabas ist ein ihm von den Aposteln zugelegter Beiname, der in 4,36 als „Sohn des Trostes" übersetzt wird. Barnabas hat der Urgemeinde durch einen Ackerverkauf eine Geldspende zukommen lassen und ist so Vorbild für die Liebesgemeinschaft geworden (4,36f). Barnabas vermittelt sodann in Jerusalem den Kontakt des Paulus zur Urgemeinde (9,26f). Als deren Delegierter geht Barnabas nach Antiochia, um die dort entstandene Gemeinde zu visitieren (11,22). Er holt Paulus, der zwischenzeitlich wieder in Tarsus lebt, als Lehrer nach Antiochia (11,25f). Beide zusammen bringen eine erste Kollekte zur Jerusalemer Urgemeinde (11,29f) und gewinnen dort Johannes Markus als weiteren Mitarbeiter (12,25). Als Abgesandte der antiochenischen Gemeinde gehen sie auf die erste Missionsreise (13–14), gemeinsam zum → Apostelkonvent (Kap. 15) und anschließend wieder zurück zur antiochenischen Gemeinde (15,35). Barnabas und Paulus trennen sich vor der zweiten Missionsreise. Barnabas wird ab jetzt von Johannes Markus begleitet und geht nach Zypern (15,39), Paulus dagegen von Silas, einem angesehenen Christen der Jerusalemer Gemeinde (15,22.27–30.40; 18,5; 2 Kor 1,19; 1 Thess 1,1)[9].

13,1–14,28 berichtet über die sog. erste Missionsreise des Barnabas und des Paulus, die von dem jungen Johannes Markus kurzzeitig (13,13) begleitet werden. Die Missionare werden von der antiochenischen Gemeinde förmlich ausgesandt (13,2f)[10]. Ihr Weg führt sie von Antiochia zunächst nach Zypern (13,4–12), sodann über Perge in Pamphylien nach Antiochia in Pisidien (13,13–52), von dort nach Ikonion (14,1–7), Lystra (14,8–20) und Derbe in Lykaonien (14,20–21). Die Missionare kehren auf dem gleichen Weg, den sie gekommen sind, nach Antiochia zu-

9 Zu Barnabas jetzt B. Kollmann, Joseph Barnabas. Leben und Wirkungsgeschichte, SBS 175, Stuttgart 1998.

10 Paulus berichtet in seinen Briefen, vor allem in Gal 1,11–2,10, nicht über diese Reise. Daher ist die Historizität dieser Reise oft bestritten worden. Man kann aber den Hinweis in Gal 1,21 („danach kam ich in die Länder Syrien und Zilizien") dieser ersten Missionsreise zuordnen, zumal sich Gal 1,21 gleichfalls auf eine Reise vor dem Apostelkonvent bezieht. Allerdings erwähnt Paulus eben nicht Zypern, Pisidien, Pamphylien und Lykaonien als Landschaften bzw. Provinzen, sondern ausschließlich Syrien und Zilizien. Argumente für die Historizität dieser ersten Missionsreise bietet jetzt C. Breytenbach, Paulus und Barnabas in der Provinz Galatien. Studien zu Apostelgeschichte 13f.; 16,6; 18,23 und den Adressaten des Galaterbriefes, AGJU 38, Leiden u.a. 1996.

rück, setzen aber in jeder Stadt ihrer Mission noch Älteste zur Gemeindeleitung ein. Auf dieser Missionsreise finden Heiden zum christlichen Glauben. Diese Sachlage ist Voraussetzung für das sog. → Apostelkonzil (15), welches die Legitimität einer beschneidungsfreien Heidenmission – Heiden finden zum Glauben an den Gott Israels, ohne vorher Jude werden zu müssen – diskutiert und beschließt. Dies Apostelkonzil hat also innerhalb der Apostelgeschichte eine Scharnierstellung. Es sanktioniert die antiochenische Mission nachträglich durch einen grundsätzlichen Beschluss, der auch von der Urgemeinde getragen wird, und bietet Paulus eine Basis für seine eigene Mission.

Über die genauen Hintergründe, den Verlauf und das Ergebnis des Apostelkonzils soll hier nicht gehandelt werden. Es gibt erhebliche Differenzen zur paulinischen Darstellung in Gal 2,1–10, aber auch Paulus ist hier wahrlich kein neutraler Berichterstatter, da er den Rückblick auf das Konzil für seinen Kampfbrief an die galatischen Gemeinden einsetzt. Nach der lukanischen Darstellung kommen judäische Christen aus Jerusalem nach Antiochien mit der Forderung der Beschneidung der Heidenchristen. Paulus und Barnabas lehnen diese Forderung ab. Sie werden von der Gemeinde nach Jerusalem entsandt, um mit den Aposteln und Ältesten diesen Sachverhalt zu besprechen (Apg 15,2). In Jerusalem wird die Forderung der Beschneidung der Heidenchristen von einer Gruppierung – → Pharisäer, die mittlerweile zum christlichen Glauben gefunden hatten – erneut vorgetragen (15,5). Petrus bezieht sich in seiner Stellungnahme auf die Korneliusepisode (Kap. 10), um zu sagen, dass der Unterschied zwischen Juden und Heiden von Gott her bereits aufgehoben ist (15,9), dass eine nachträgliche Verpflichtung der Heidenchristen auf die Tora einer Versuchung Gottes gleichkommt (15,10).

Allein vier Forderungen, so die Antwort des Jakobus, sollen gegenüber den Heiden erhalten bleiben: Enthaltung von Befleckung durch Götzen, Enthaltung von Unzucht, von Ersticktem und von Blut (15,20.29; 21,25). Diese Forderungen werden → Aposteldekret genannt[11]. Sie beziehen sich auf verbotene Geschlechtsverbindungen und auf nicht rituell geschlachtetes Fleisch. Sie nehmen Forderungen aus Lev 17f auf. Es handelt sich um Minimalforderungen, die schon im → Frühjudentum in Geltung standen und einen Kontakt von Heiden zu Juden und umgekehrt möglich machten. In der jüdischen Überlieferung wurden diese Forderungen auf Noach oder Mose (vgl. Apg 15,21) zurückgeführt, was ihre universale Geltung erklärlich machen sollte. Der Apostelkonvent hält die Beschlüsse in einem Schreiben an die antiochenische Gemeinde fest (15,28f). Nach 16,4 wird Paulus die Beschlüsse auch an die kleinasiatischen Gemeinden weitergeben. Der Wortlaut und die Abfolge der vier Forderungen entsprechen schon nicht mehr ganz demjenigen von 15,20. In der Textüberlieferung halten die Veränderungen vor allem moralischer Art am Text des Aposteldekrets an. In wichtigen Textzeugen ist z.B. anstelle der Enthaltung von Ersticktem die sog. Goldene Regel eingefügt worden: „und anderen nicht das anzutun, wovon man nicht will, dass es einem selbst geschehe". Die antiochenische Gemeinde jedenfalls akzeptiert dieses Schreiben und versteht es als Zustimmung für ihren Weg (15,31).

11 Vgl. dazu J. Wehnert, Die Reinheit des „christlichen Gottesvolkes" aus Juden und Heiden. Studien zum historischen und theologischen Hintergrund des so genannten Aposteldekrets, FRLANT 173, Göttingen 1997.

Paulus erwähnt in seinen Briefen das Aposteldekret explizit nie. Er sagt im Gegenteil: „Mir haben die, die das Ansehen hatten, nichts weiter auferlegt." (Gal 2,6) „Nichts weiter" außer der Kollektensammlung in den heidenchristlichen Gemeinden für die Urgemeinde. Dies sollte eine zusätzliche Verpflichtung auf das Aposteldekret ausschließen. Der Handschlag zwischen Paulus, Barnabas und den Säulen unter den Aposteln (Jakobus, Kephas, Johannes) besiegelt dieses Übereinkommen. Die historische Rückfrage kann aber nicht einfach zwischen Lukas und Paulus alternativ entschieden werden: Der Rückblick des Paulus in Gal 2,1–14 wird wegen der aktuellen polemischen Situation in den galatischen Gemeinden nur das ansprechen, was gegenwärtig zuträglich ist.

2.4 Mission des Paulus in Kleinasien und Griechenland (15,36–21,26)

In diesem Großabschnitt sind die sog. zweite (15,26–18,22) und dritte (18,23–21,26) Missionsreise des Paulus, die beide nach Kleinasien und Griechenland führen, zusammengefasst. Der Abschluss der dritten Missionsreise endet in Jerusalem auf unvorhergesehene Weise. Paulus wird wegen einer Verletzung der Heiligkeit des Tempelbereichs angeklagt und in der Folge zum Prozess nach Rom gebracht. Wie hier also zwischen dem Abschluss der dritten Missionsreise und dem Weg nach Rom ein gleitender Übergang zu verzeichnen ist, so scheinen auch der Abschluss der zweiten Missionsreise und der Beginn der dritten Missionsreise (18,22f) kaum voneinander abgehoben.

Die zweite Missionsreise führt Paulus und Silas, nachdem man sich von Barnabas und Johannes Markus getrennt hat (15,39), zunächst auf dem Landweg in diejenigen Gemeinden, die Paulus auf der ersten Missionsreise gegründet hat, nach Derbe und Lystra, sodann aber durch Phrygien und Galatien bis nach Mysien zur Hafenstadt Troas. Im Eiltempo hat Lukas in 16,6f eine mehrwöchige Wanderung gerafft. Er scheint keine Informationen über diese Periode zu haben. Vielleicht war es auch eine Zeit des missionarischen Misserfolgs, was für Bithynien eigens festgehalten wird (16,7). Allein dass mit Timotheus in Lystra ein neuer Mitarbeiter gewonnen wird, verdient besondere Erwähnung (16,1–3).

Es ist, zumal in einer Zeit der touristischen Erschließung der biblischen Städte und Landschaften in der heutigen Türkei, interessant, nach den Bedingungen und Möglichkeiten solcher Missionstätigkeit zu fragen. Welche Wege nahm Paulus, wovon lebte er, wo übernachtete er, wie war sein Verhältnis zur örtlichen Bevölkerung, wie verständigte er sich, wie hat er die lokalen religiösen Kulte wahrgenommen, wo traf er auf Synagogen, wie konnte er sich als römischer Bürger ausweisen, weshalb hat er die großen Städte an der Westküste und die zu ihnen führenden Straßen gemieden, aber immer Städte mit hohem Anteil von römischer Bevölkerung bevorzugt usw.[12]?

---

12 Winter, Book of Acts, Bd. 2, bietet hierzu eine Vielzahl neuerer Informationen.

Timotheus ist der Sohn eines griechischen Vaters und einer jüdischen Mutter (16,1–3). Als solcher hätte er beschnitten sein müssen, da Timotheus von seiner Mutter her Jude war. Lukas berichtet nun, dass Paulus diese Beschneidung nachholt „wegen der Juden, die in jener Gegend waren; denn sie wussten alle, dass sein Vater ein Grieche war". Paulus hat, so will Lukas sagen, Timotheus aus einer missionstaktischen Maßnahme beschnitten, um Streitigkeiten mit den → Synagogen wegen des undeutlichen Standes des Timotheus (unbeschnittener Sohn einer jüdischen Mutter mit heidnischem Vater) von vornherein aus dem Weg zu gehen. Paulus lehnt in seinen Briefen die Forderung, Heidenchristen zu beschneiden, klar ab (1 Kor 7,19; Gal 5,6; 6,15). Die Familiengeschichte des Timotheus macht diesen zu einem Sonderfall, der mit Heidenchristen nicht auf eine Stufe zu stellen ist. Von daher kann die Mitteilung über die Beschneidung des Timotheus historisch zuverlässig sein. Timotheus begegnet in der paulinischen Briefliteratur in 1 Thess 3,2f; 1 Kor 4,17; 16,10f und als Mitabsender des ersten Thessalonicher- und des Philipperbriefes. Die Bedeutsamkeit seiner Person im Umkreis des Paulus wird auch durch die Tatsache unterstrichen, dass er Adressat von zwei – freilich → pseudepigraphen – Briefen des Paulus ist (1 und 2 Tim).

Der Übergang der Mission nach Europa wird nicht als bewusste Strategie dargestellt, sondern geht auf eine Vision zurück. In der Nacht sieht Paulus einen makedonischen Mann und hört seine Worte: „Komm herüber nach Makedonien und hilf uns!" (16,9) Paulus interpretiert Vision und Audition als Beauftragung Gottes zur Mission auf dem Boden Europas (16,9–10). Über Samothrake und Neapolis geht es nach Philippi. Lydia, bereits eine „Gottesfürchtige", wird die erste Konvertitin (16,14f). Im Folgenden berichtet Lukas über die Gemeindegründungen in Thessalonich und Beröa sowie über Missionserfolge und Niederlagen der Apostel. Wie bereits auf der ersten Missionsreise sind die Gegnerschaft der örtlichen Synagogen (13,50; 14,2.5.19; 17,5.13), in deren Mitte Paulus auftritt und in deren Umgebung er Konvertiten sucht, und die Nachstellungen des Volkes (14,2.5.19; 16,16–22) und der Behörden (16,22; 17,9) eine ständige Gefahr. Der Übergang von Stadt zu Stadt wird geradezu durch die Verfolgungen angetrieben. In Athen, der ersten Stadt der Alten Welt und dem religiösen Zentrum der Antike, angekommen, reserviert Lukas für Paulus ein Forum für eine Rede. Die Szenerie: Paulus ist vor der örtlichen Synagoge umgeben von Standbildern und den philosophischen Vertretern aus den Schulen der → Epikureer und → Stoiker. Er wird auf den → Areopag geführt, wo er eine grundsätzliche Rede hält, die sog. Areopagrede (17,22–31). Paulus findet in einem Altar, der die Aufschrift „dem unbekannten Gott" (17,23) trägt, einen Anknüpfungspunkt. Diesen unbekannten Gott verkündet Paulus nun als den in Jesus Christus offenbaren Gott. Ein zweiter Anknüpfungspunkt ist mit dem Zitat des Stoikers Aratus (4. Jh. v.Chr.) gegeben: „Wir sind seines Geschlechts." Die Rede führt auf dieses Zitat hin: „In ihm leben, weben und sind wir." (17,28) Mit diesem Zitat soll die Nähe des Gottes ausgedrückt werden, der keiner Götzenbilder bedarf. Daraus folgt: Die Zeit der Unwissenheit ist vorüber. Es gilt, sich dem nahen Gott zuzuwenden und Buße zu tun.

In der Forschung hat man zumeist gefragt, ob der historische Paulus diese Rede so auch hätte halten können. Nun hat Paulus nach Auskunft seiner Briefe in Athen keine Gemeinde gegründet. Von einem wirklichen Missionserfolg in Athen weiß auch Lukas trotz 17,34 nichts zu berichten. Lukas stellt in dieser Rede einen doppelten Anknüpfungspunkt her (Altaraufschrift, Dichterzitat), holt den Menschen also bei seiner natürlichen Religion ab und kann hier sogar auf ein explizites Christuszeugnis verzichten. Demgegenüber betont Paulus in seinen Briefen (vor allem 1 Kor 1,18–2,5) die Offenbarung Jesu Christi eben nicht als Fortsetzung natürlicher Religion, sondern als etwas völlig Fremdes, den menschlichen Erwartungen nicht Entsprechendes. Es gehört zur Gattung antiker Geschichtsschreibung, in entscheidenden Situationen – hier eben in der berühmten Stadt Athen – die Hauptakteure nochmals ausführlich zu Wort kommen zu lassen, auch wenn man über die historische Situation nichts weiß. So hält es Josephus in seiner Darstellung des jüdischen Kriegs und ebenso Philo in seiner Nacherzählung des Buchs Genesis. In der Areopagrede bindet Lukas Paulus sehr eng an theologische Grundüberzeugungen des hellenistischen Judentums an; vgl. z. B. folgende Motive, die auf alttestamentliche Aussagen zurückgehen, im hellenistischen Judentum aber in Verbindung mit zumeist stoischen Gedanken breit ausgebaut worden sind: Gott ist Schöpfer der Welt und von allem, was in ihr ist (V. 24a); Gott wohnt nicht in von Hand gemachten Tempeln (V. 24c), es gibt eine ursprüngliche Einheit des Menschengeschlechts (V. 26).

In Korinth trifft Paulus bereits auf Christen. Das Ehepaar Aquila und Priszilla hatte die Stadt Rom wegen der Ausweisung der Juden (und der Judenchristen) unter Kaiser Klaudius verlassen müssen und war nach Korinth gekommen. Die Missionsumstände in Korinth verdeutlichen sehr schön die Bedingungen, auf die Paulus in seiner Mission traf (18,1–17).

Paulus lebt und arbeitet gemeinsam mit Aquila und Priszilla, die wie er Lederarbeiter sind. Erst als Silas und Timotheus nach Korinth kommen, scheint Paulus freier für die Mission zu sein. Anknüpfungspunkt ist wiederum die örtliche → Synagoge. Als er dort auf Ablehnung stößt, wendet er sich demonstrativ in seiner Verkündigung an die Heiden (18,6). Paulus findet Zugang zu Titius Justus, wiederum ein „Gottesfürchtiger“ – ein Heide mit Sympathie zur Synagoge – , dessen Haus neben der Synagoge liegt. Konflikte scheinen daher vorprogrammiert. Als nun der Synagogenvorsteher Krispus sich dem christlichen Glauben anschließt (vgl. auch 1 Kor 1,14), scheint die Synagogengemeinschaft in ihren Grundfesten erschüttert. Der Übertritt des Krispus führt zu einer Vielzahl weiterer Taufen aus dem Bereich der Synagoge und aus der heidnischen Bevölkerung. Christliche Gemeinde und Synagoge stehen sich plötzlich deutlich in offener Konkurrenz gegenüber. Als mit Gallio ein neuer Statthalter in Achaja eingesetzt wird, scheinen sich in Korinth die Bedingungen für die Juden zu verbessern, gegen die christliche Gemeinde vorgehen zu können. Man klagt Paulus an, die Menschen zur Gesetzlosigkeit zu verführen. Gallio erklärt sich jedoch als nicht zuständig für diesen Anklagepunkt, da es sich für ihn um einen innerjüdischen Disput handelt. Letztlich muss der neue Synagogenvorsteher Sosthenes, Nachfolger des Krispus, die Emotionen der fehlgeschlagenen Aktion ertragen. Er wird nach dem misslungenen Anschlag von seinen eigenen Leuten verprügelt.

Aquila und Priszilla (Priska) sind durch die Ausweisung der Juden unter Kaiser Klaudius (49 n.Chr.) nach Korinth gekommen. Sie leben zusammen mit Paulus ungefähr 18 Monate in Korinth und reisen dann zusammen mit Paulus nach Ephesus (Apg 18,18f), wo sie eine Hausgemeinde gründen (1 Kor 16,9). Nach Röm 16,3–5 sind Aquila und Priszilla wieder nach Rom zurückgekehrt. Dies ist denkbar, da das Judenedikt des Klaudius im Jahr 54 n.Chr. wieder gelockert wurde. Obwohl Paulus von diesem Ehepaar als von seinen Mitarbeitern spricht, werden sie unabhängig von Paulus missionarisch tätig gewesen sein. Ein klarer Hinweis auf die hervorgehobene Stellung des Ehepaars in der Zeit der paulinischen Mission ist auch darin zu sehen, dass der Verfasser des → pseudepigraphen Schreibens in 2 Tim 4,19 dieses Ehepaar an erster Stelle in der Grußliste erwähnt.

Paulus verlässt Korinth und reist über Ephesus, Cäsarea und Jerusalem nach Antiochia. Lukas erwähnt keine Gründe für diese Rückkehr in die Heimatgemeinde (18,19–22), nennt auch keine Gründe, weshalb Paulus sodann wieder aufbricht und schon 18,24 wieder in Ephesus ist. Hier bleibt er länger als zwei Jahre, seine Mission strahlt in die ganze Provinz Asia aus (19,10). Diese sog. dritte Missionsreise führt Paulus anschließend in die makedonischen und griechischen Gemeinden, die er auf der zweiten Missionsreise besucht hatte, und wieder zurück nach Kleinasien. Dem Leser teilt Lukas vorab mit, dass Paulus nach dem Besuch dieser Gemeinden nach Jerusalem reisen will (19,21; 20,16). Lukas berichtet vor allem über spezifische Begegnungen des Paulus: mit Apollos, der nur von der Taufe des Johannes wusste und nicht von der christlichen Taufe (18,24–19,6), mit den sieben Söhnen des Skeuas, die Paulus in seinen Machttaten und Wundern nachahmen wollen (19,13–17), von dem Aufstand des Silberschmieds Demetrius gegen Paulus, weil durch dessen Verkündigung der Handel mit silbernen Dianatempeln zurückgegangen war (19,23–40). In diesen Kapiteln wird Paulus aber auch als ein großer Wundertäter vorgestellt. Seine Kleidungsstücke werden als → exorzistisches Mittel zur Dämonenaustreibung eingesetzt (19,12). Paulus erweckt den aus dem Fenster gestürzten Predigthörer Eutychus wieder zum Leben (20,6–12).

In der kleinasiatischen Hafenstadt Milet macht Paulus auf seinem Weg nach Jerusalem eine letzte längere Unterbrechung, um eine Abschiedsrede an die Ältesten von Ephesus zu halten (20,17–38). Diese Rede hat Elemente eines Testaments, und sie steht ja auch unter der Ansage des Paulus und dem Wissen der Zuhörer, dass man sich nicht mehr wiedersehen wird (20,25.38). Daher ist diese Rede, auf die im Wesentlichen nur noch die Wegbeschreibung bis nach Jerusalem (21,1–26) und die Warnung vor diesem Weg durch die Jünger (21,4) folgt, schon ein Präludium für den letzten Weg des Paulus von Jerusalem nach Rom. Im Angesicht des bevorstehenden Endes des Missionswegs lässt Lukas also Paulus testamentarisch verfügen, wie der Weg der Kirche ohne Paulus weitergehen soll. Blickt man auf die formelhaften Einleitungen (ihr wisst, und nun siehe, und nun weiß ich, und jetzt), dann ergibt sich eine recht klare Struktur der Rede. Rückblickend verweist Paulus auf seine Missionstätigkeit und empfiehlt den Ältesten die Nachahmung seines eigenen Beispiels. Der Vorausblick weiß, was die eigene Person betrifft, um die anstehende Gefängnissituation; hinsichtlich der Gemeinden nennt er u.a. Gefährdungen, die aus ihrer eigenen Mitte (→ Häresie), nicht aber nur von außen erwachsen. Abschließend empfiehlt Paulus den Ältesten nochmals die Nachahmung seines Vorbildes. So wird die Kirche ganz auf das lukanische „Modell Paulus“ fixiert.

2.5 Der Weg des Paulus von Jerusalem nach Rom (21,27–28,31)

Gleich nach der Ankunft in Jerusalem wird Paulus von den Ältesten der Urgemeinde empfohlen, durch einen in jüdischer Frömmigkeit hoch anerkannten Brauch, die Übernahme der Kosten eines → Nasiräatsgelübdes, seinen orthodoxen jüdischen Standpunkt öffentlich zu erweisen (21,15–26). Diese von Paulus auch geleistete Vorsichtsmaßnahme, die das ihm vorauslaufende Gerücht, er lebe nicht mehr nach der → Tora (21,21), entschärfen soll, reicht nicht aus. Diasporajuden aus dem paulinischen Missionsgebiet meinen, Paulus mit einem Heidenchristen im Tempel gesehen zu haben, womit die Heiligkeit des nur Juden zugänglichen Tempelbereichs verletzt worden sei.

> Diese Handlung (21,29) kann sich also nur auf denjenigen Tempelbereich beziehen, der nicht mehr Heiden, sondern nur noch Juden zugänglich ist. Der Heidenchrist Trophimus ist vom halachischen Standpunkt aus Heide. Ihm ist der Zugang zum nur Juden offen stehenden Tempelbereich bei Todesstrafe untersagt. Weshalb richtet sich der Volkszorn hier nicht gegen Trophimus, sondern gegen Paulus? Andererseits fällt auf, dass Lukas den Vorwurf – man meint, Paulus hätte ihn in den Tempel geführt – weder entschärft noch korrigiert (anders etwa der Verweis auf falsche Zeugen in 6,13 oder der Erweis der Haltlosigkeit des Vorwurfs in 21,21 durch 21,26). Erst in der zweiten Verteidigungsrede (24,10–14) stellt Paulus fest, dass der Vorwurf der Tempelentweihung nicht bewiesen werden könne.

Nur das beherzte Eintreten des römischen Kommandanten Klaudius Lysias rettet Paulus vor dem Versuch der Jerusalemer Juden, eine Lynchjustiz durchzuführen (21,27–34). Vor dem Oberst und dem anwesenden Volk hält Paulus eine erste Verteidigungsrede, in der er ausführlich zurückblickt auf seinen Lebensweg von Tarsus bis zur Missionsbeauftragung „nicht zu den Juden, sondern zu den Heiden“ (22,3–21). Nur der Verweis auf sein römisches Bürgerrecht kann Paulus vor der Strafe der Geißelung durch den Kommandanten retten (22,22–30). Um mehr über die jüdischen Vorwürfe gegen Paulus zu erfahren, lässt der Kommandant das jüdische → Synhedrium zu einem Verhör einberufen. Die Predigt des Paulus führt hier jedoch zu einer Spaltung zwischen → Sadduzäern und → Pharisäern, da eine große Nähe paulinischer Theologie zu pharisäischen, nicht aber zu sadduzäischen Lehren besteht (23,1–11). Ein weiteres Mal muss der römische Kommandant Paulus vor Lynchjustiz retten (nach 21,32 jetzt 23,10). Durch einen Eid verpflichten sich mehr als vierzig junge jüdische Männer zu einem Mordanschlag gegen Paulus (23,12–22). Zum dritten Mal muss der römische Kommandant Paulus vor den Juden beschützen. Er lässt ihn unter großer Bewachung (200 Soldaten, 70 Reiter, 200 Schützen) zum Statthalter Felix[13] nach Cäsarea bringen, wo das Verhör ordnungs-

13 Antonius Felix war von 52–58 n.Chr. römischer Prokurator von Judäa.

gemäß durchgeführt werden soll. Hier kommen der Hohepriester Hananias, einige Älteste und der ihre Interessen vertretende Anwalt Tertullus sowie Felix und Paulus zusammen, nicht aber diejenigen Juden aus der Provinz Asia, die Paulus gegenüber den Vorwurf der Tempelentweihung gemacht haben. Der Prozess schleppt sich ohne Fortgang zwei Jahre dahin und wird erst nach der Ablösung des Felix durch Festus erneut aufgenommen (24,27). Paulus hingegen beruft sich erst jetzt, ohne dass bisher ein Urteil durch ein römisches oder jüdisches Gericht formell gefällt worden ist, als römischer Bürger auf den römischen Kaiser (25,11).

Ein jüdisches Gericht kann nicht zuständig sein, da Paulus, so jedenfalls die Auskunft des Lukas, jüdische Gesetze nicht verletzt hat. Außerdem steht den Juden in römischer Zeit keine Kapitalgerichtsbarkeit zu. Falls er aber todeswürdig gehandelt haben sollte, so kann nur ein römisches Gericht und, im Fall einer Berufung auf den Kaiser, der Kaiser selbst ein Urteil bestätigen oder verwerfen. Da aber bislang weder ein Verfahren noch ein Urteil zustande gekommen ist, könnte Paulus, wie der jüdische König Agrippa zu Festus sagen wird, freigelassen werden, wenn er sich nicht auf den Kaiser berufen hätte (26,32).

Diese letzte große Begegnung zwischen Paulus, dem römischen Statthalter Festus[14], dem jüdischen König Agrippa[15] und seiner Lebensgefährtin Berenike[16] (25,13–26,32), einem wahrhaft illustren Publikum, führt nicht nur dazu, dass der jüdische König Agrippa kurz vor dem Übertritt zum Christentum steht (26,28), sondern auch formal zu einer Generalamnestie durch den jüdischen König und den römischen Statthalter: „Dieser Mensch hat nichts getan, was Tod oder Gefängnis verdient hätte." (26,31) Nach 22,1–21 und 24,10–21 ist nun 26,1–23 die dritte große Apologie des Paulus.

Wegen der Berufung auf den Kaiser tritt Paulus mit anderen Gefangenen und einem Hauptmann die Seereise nach Italien an, obwohl diese Überfahrt für die Jahreszeit bereits zu gefährlich ist (27,1–28,16). Das Schiff strandet, es überleben jedoch alle Reisenden und werden von den Einwohnern der Insel Malta freundlich aufgenommen. Nach einer längeren Unterbrechung geht es von Malta nach Puteoli südlich von Rom. Dort und auch in Rom wird Paulus von Christen freundlich aufgenommen. Bis zum Prozessbeginn, den Lukas nicht erwähnt, lebt Paulus zusammen mit einem Soldaten zwei Jahre in Rom in Freiheit und kann ungehindert predigen. Über das weitere Geschick des Paulus schweigt Lukas an dieser Stelle. Allerdings hatte die Rede vor den Ältesten von Ephesus (20,18–35) klar auf den

14 Porcius Festus war von 58–62 n.Chr. römischer Prokurator in Palästina.

15 Agrippa II., Sohn von Herodes Agrippa (Apg 12,1–23), war König über Chalkis am Libanon und über die Gaulanitis. Die Römer sahen in ihm einen Unterhändler in religiösen Fragen und ließen ihn für Fragen des Tempels und die Aushändigung des Gewandes des Hohenpriesters zuständig sein.

16 Berenike war eine der sagenumwobenen Damen der Antike. Sie war die Tochter des jüdischen Königs Herodes Agrippa I. Nach mehreren Ehen lebte sie für längere Zeit, wie ja auch Lukas voraussetzt, mit ihrem Bruder Agrippa II. zusammen. In der Zeit des ersten jüdischen Kriegs war sie die Mätresse des späteren römischen Kaisers Titus.

bevorstehenden Tod des Paulus hingewiesen. Ein letztes Mal befindet Paulus sich in 28,17–31 in Auseinandersetzung mit Juden. Mit dem Zitat aus Jes 6,9f wird belegt, was die Darstellung der Apostelgeschichte beständig aufgezeigt hat, dass nämlich die Juden in ihrer Mehrheit der christlichen Botschaft gegenüber verschlossen, ja verstockt sind und dass daher die Botschaft notwendig zu den Heiden übergeht.

B Geschichtliche Einordnung

Verfasser

Apg 1,1 nimmt Bezug auf den Prolog des Lukasevangeliums. Der Verfasser gibt sich als Autor beider Werke zu erkennen.

Das Evangelium setzt den jüdischen Krieg voraus. Die Apostelgeschichte ist nach dem Evangelium geschrieben worden; so ist die Abfassung am Ausgang des 1. Jh.s wahrscheinlich.

Die Bezugnahme auf den Prolog des Evangeliums (Lk 1,1–4) in Apg 1,1 zeigt an, dass Evangelium und Apostelgeschichte von dem gleichen Verfasser stammen. Als zweites Werk wird die Apostelgeschichte in direktem Zusammenhang mit dem Evangelium konzipiert und verfasst worden sein (vgl. hier die Ausführungen zum Evangelium des Lukas). Da ein besonderer lokaler Schwerpunkt in der Ägäis (Ephesus, Philippi, Thessalonich, Korinth u.a.) gesetzt ist und hier die Ausführungen detaillierter werden, hat man häufig auf Grund dieser Lokalkenntnisse die Abfassung der Schrift in der Ägäis oder gar die Herkunft des Verfassers aus der Ägäis vermutet. Aber auch Rom spielt in der Konzeption des Verfassers als Zielpunkt der paulinischen Mission eine wesentliche Rolle. Folgt man Apg 1,1, dann ist die Apostelgeschichte nach Abfassung des Lukasevangeliums geschrieben, dieses wiederum nach Abfassung des Markusevangeliums. Da Letzteres wohl kurz nach dem Jahr 70 abgefasst wurde, wird man die Apostelgeschichte am Ausgang des 1. Jh.s datieren müssen.

Für die Abfassung des Evangeliums standen Lukas Quellen, schriftliche Traditionen und mündliche Überlieferungen zur Verfügung, die er für sein Werk bedacht auswählte und planvoll zur Sprache kommen ließ. Er kombiniert nicht nur die Quellen, Traditionen und Überlieferungen, sondern argumentiert auch mit ihnen. Dieses Verfahren wird in der Apostelgeschichte beibehalten, auch wenn nicht durchgehende Quellen wie Markus oder die → Logienquelle wie bei der Abfassung des Evangeliums zur Verfügung standen. Viele Forscher gehen davon aus, dass Lukas in Kap. 6–15 eine „antiochenische Quelle“ verarbeitet hat. Diese These kann aber philologisch nicht bewiesen werden, da Sprache und Stil in diesem Teil nicht von der übrigen Apostelgeschichte abweichen. Man kann allein feststellen, dass in Kap. 6–15 wohl Überlieferungen und Einzeltraditionen aus der antiochenischen Gemeinde verarbeitet worden sind. In diesem Teil wiederum begegnen ausführliche Petrus-Erzählungen. Auch sie gehören zur Tradition des Lukas (3,1–10; 9,32–35; 10,1–11,18; 12,1–17). Neben Petrus ist auch an einen Erzählkranz über Philippus zu denken (8,4–40; 21,8–9). Daneben wird Lukas eine Vielzahl von Einzelüberlieferungen wie Missionslegenden (8,26–39; 9,1–19; 10,1–11,18), Personalnotizen (1,15–26; 12,20–23; in Kap. 27–28 mag Lukas auf einen Bericht des Paulusbegleiters Aristarchus zurückgreifen) und Namenslisten (1,13; 6,5; 13,1; 20,4), Wundererzählungen (3,1–10; 5,1–11; 9,36–42; 14,8–18; 12,3–17; 16,25–34), die im Lauf der Jahrzehnte erzählerisch gewachsen waren, gesammelt und in sein Werk eingebaut haben.

Ein Problem besonderer Art stellt die sog. „Wir-Quelle" dar. In Apg 16,10; 20,5.13; 21,1; 27,1 spricht Lukas plötzlich und unvermittelt in der 1. Person Plural. In 16,17f; 20,8f.15f; 21,18f; 28,16f bricht das „wir" wieder ab. Dieses „wir" legt nahe, dass Lukas hier plötzlich als Reisebegleiter und Zeuge des Missionswegs des Paulus spricht. Daher hat man bereits in altkirchlicher Exegese den in paulinischen und → deuteropaulinischen Schriften (Kol 4,14; 2 Tim 4,11; Phlm 24) genannten Lukas mit dem Verfasser dieser Wir-Stücke, ja dem Verfasser der Apostelgeschichte identifiziert. Die moderne Forschung hat hingegen bisweilen an eine verarbeitete Quelle gedacht. Aber zu deutlich spricht der Verfasser selber in einer Reihe von Stellen, in denen das „wir" begegnet (16,16f; 20,7f; 21,1a.10–14.18; 27,1f.6), was gegen die Übernahme einer Quelle spricht. Nun mutet es allerdings merkwürdig an, dass Lukas durch das „wir" Augenzeugenschaft für den Missionsweg – zumindest an einigen Stellen – für sich beanspruchen möchte, zugleich aber doch unerklärliche Unkenntnisse über den Weg und die Theologie des Paulus zu erkennen gibt. Das „wir" steht daher vorwiegend in einem literarischen Zweck. Es will dem Leser, wenn auch an gelegentlich unwichtigen Stellen, zu Bewusstsein bringen, dass der vorliegende Bericht ein verlässliches Zeugnis ist[17].

Wir-Quelle

In einigen Passagen der Erzählung wechselt der Bericht von der 3. P. Pl in die 1. P. Pl, so dass der Eindruck entsteht, der Verfasser der Apostelgeschichte sei Reisebegleiter des Paulus gewesen.

Unmittelbar verbunden mit den „Wir-Passagen" ist ein auffällig knappes Aufzählen von Reisestationen, Gastfreundschaften, Predigttätigkeit, Predigterfolg, Gemeindegründung, Konflikten, freiwilligen oder erzwungenen Abreisen (16,6–8.11–12a; 17,1.10–11b.15a.17.34; 18,1–3.7f. 11.18.19a.21b. 22f; 19,1.9b.10a; 20,1b–6.13–15; 21,1–4a.7–9.15f). Martin Dibelius hat aus diesen Notizen ein schriftliches Dokument, ein Itinerar (Reisestationenverzeichnis) erschließen wollen, auf das der Verfasser der Apostelgeschichte bei der Abfassung des Werks zurückgegriffen habe. Der praktische Zweck dieses Itinerars soll nach Dibelius gewesen sein, Informationen bereitzuhalten für eine mögliche Wiederholung der Reise.

Itinerar

Ein Reisestationenverzeichnis, auf das der Verfasser möglicherweise zurückgegriffen hat.

17 Vgl. J. Wehnert, Die Wir-Passagen der Apostelgeschichte. Ein lukanisches Stilmittel aus jüdischer Tradition, GTA 40, Göttingen 1989; Thornton, Zeuge.

Schließlich ist im Zusammenhang der Frage nach Quellen und Traditionen der Apostelgeschichte über die 24 zum Teil ausführlichen Reden (fast ein Drittel des Stoffs) nachzudenken. Die Apostelgeschichte bietet Reden des Petrus (1,16–22; 2,14–39; 3,12–26; 4,9–12.19f; 5,29–32; 10,34–43; 11,5–17; 15,7–11), des Paulus (13,16–41; 14,15–17; 17,22–31; 20,18–35; 22,1–21; 24,10–21; 26,2–27; 27,21–27; 28,17–20), des Gamaliel (5,35–39), des Stephanus (7,2–53); des Jakobus (15,13–21), des Demetrius (19,25–27), des ephesinischen Stadtschreibers (19,35–40), des Anwalts Tertullus (24,2–8), des Statthalters Festus (25,24–27). Die Reden begegnen an wesentlichen Schaltstellen der Erzählung, in denen sie die Ereignisse in den großen Zusammenhang rücken und deuten. Petrus spricht z.B. unmittelbar nach dem Pfingstereignis (2,14–36), auf dem → Apostelkonvent (15,7–11), und Paulus redet nach Abschluss seiner Mission vor den ephesinischen Ältesten (20,18–35). Diese Reden haben ihre Funktion zumeist nicht im direkten Bezug auf die Situation, in der sie stehen, sondern im Gesamtrahmen der Schrift. Sie bieten Einsicht in die übergeschichtliche Bedeutung des betreffenden geschichtlichen Augenblicks.

Reden

Ungefähr ein Drittel des Stoffs der Apostelgeschichte besteht aus z.T. längeren Reden. Sie rücken das Geschehen der Erzählung in eine heilsgeschichtliche Perspektive.

Die Authentizität dieser Reden ist bereits zu Beginn des 19. Jh.s in Frage gestellt worden. Seit den Arbeiten von Martin Dibelius ist anerkannt, dass Lukas in diesen Reden Grundregeln der antiken Historiographie folgt[18]. Die Reden stehen in einer gewissen Fremdheit zu dem sie umgebenden Rahmen, was anzeigt, dass sie mit den jeweiligen Situationen nicht in einem ursprünglichen Zusammenhang stehen. So lobt Paulus in Apg 17,22 die Athener für ihre ernsthafte Frömmigkeit wegen der Fülle der Götterbilder, die er zuvor zum Anlass äußerster Verbitterung genommen hat (17,16). Zwei weitere Beispiele: Weshalb kann Stephanus, bedroht von Lynchjustiz, noch eine ausführliche Rede halten, in der er nicht einmal auf die gegen ihn vorgebrachten Anklagen eingeht, sondern einen ausführlichen Rückblick auf die Geschichte Israels hält (7,2–53)? Und weshalb muss Paulus in seiner Abschiedsrede Selbstempfehlung und Selbstverteidigung vorbringen, obwohl er nicht angegriffen worden ist (20,18–35)?

Eine Sondergruppe der Reden sind die Missionsreden des Petrus und des Paulus (2,14–39; 3,12–26; 4,9–12; 5,29–32; 10,34–43; 13,16–41). Sie fallen zunächst durch einen nahezu gleichen Aufbau auf: a) eine Anknüpfung an die Situation und ein Schriftzitat; b) das schuldhafte Handeln der Juden am Tod

Missionsreden

Von Lukas nachempfundene Reden des Petrus und des Paulus mit nahezu gleichem Aufbau.

18 M. Dibelius, Die Reden der Apostelgeschichte und die antike Geschichtsschreibung, in: ders., Aufsätze zur Apostelgeschichte, 120–162; außerdem U. Wilckens, Die Missionsreden der Apostelgeschichte. Form- und traditionsgeschichtliche Untersuchungen, WMANT 5, Neukirchen-Vluyn 3. Aufl. 1974.

Jesu; c) die Auferweckung Jesu von den Toten durch Gottes Handeln. Dies betont den Kontrast zwischen Gottes Tat und der Kreuzigung Jesu durch Menschen; d) ein Rückbezug auf die Situation wird e) abgeschlossen durch einen Umkehrruf. Diese Missionsreden geben nicht Inhalte der Predigt aus der Gegenwart des Lukas wieder; wohl aber hat Lukas sich die apostolische Predigt in der Weise der Missionsreden vorgestellt.

C Theologische Schwerpunkte

Lukas schreibt einen Geschichtsbericht. Freilich ist deutlich geworden, dass die Gattung historische Monographie nicht im Gegensatz zu theologischen Zielsetzungen steht, vielmehr gelingt es Lukas, beides zu verbinden. Die antike Historiographie bot ihm mit der Möglichkeit der Einschaltung von Reden, Briefen, → Summarien usw. formal die Möglichkeit dazu. Die Apostelgeschichte ist ein wesentliches Zeugnis für die frühchristliche Theologie zum Ende des 1. Jh.s. Die Kirche ist im gesamten Mittelmeerraum verbreitet. Die katastrophale Erfahrung des jüdischen Kriegs ist nicht nur von Juden, sondern auch von Christen zu verarbeiten gewesen (vgl. Lk 21,20–24). Der Fall des jüdischen Tempels ist in einen direkten Zusammenhang mit der Heidenmission gebracht worden.

Als Zeugnis frühchristlicher Theologie bietet die Apostelgeschichte ein eigenes Verständnis des → Apostolats (personal exklusiv gebunden an die zwölf Apostel), der → Sakramente (Taufe als Eintritt in die christliche Kirche), der Beziehung zum heidnischen Staat (das Christentum ist nicht staatsgefährdend), der heidnischen Religion (Möglichkeit der positiven Anknüpfung). Das Hauptthema der Apostelgeschichte jedoch ist der Weg des Christuszeugnisses von Jerusalem bis nach Rom. Lukas stellt dies in einer klaren Kontinuität, vor allem in einer Personalkontinuität dar. Die zwölf Apostel, Zeugen des Lebens Jesu bis zur Auferweckung, sind die Mitte der Jerusalemer Urgemeinde. Barnabas wird von der Urgemeinde nach Antiochia geschickt (11,22) und Paulus wiederum von der Gemeinde Antiochias zur Mission in Kleinasien (13,2). Die Urgemeinde wiederum lebt in vorbildlicher jüdischer Frömmigkeit. Sie hält sich zum Tempel und zum Gesetz (Lk 24,53; Apg 2,46; 3,1; 5,12.21.42).

Apostel

Lukas reserviert den Begriff Apostel für die zwölf Jünger als Zeugen des Lebens Jesu. Paulus wird nicht Apostel genannt (Ausnahme: Apg 14,4.14).

Personalkontinuität

Ausgehend von den zwölf Aposteln, die Zeugen des Lebens Jesu sind, bietet Lukas eine durch Personen (z.B. Barnabas, Paulus) vermittelte Kontinuität.

Der Weg des Christuszeugnisses ist derjenige einer bruchlosen Kontinuität. Wesentliche Übergänge vollziehen sich einmütig durch Wahl (1,15–26) oder Beschlüsse (Kap. 15), und Gott selbst lenkt den Weg der Heilsgeschichte durch Visionen und Träume, oder er greift wie bei der Berufung des Paulus direkt in die Geschichte ein. Der Leser gewinnt schnell den Eindruck,

Heilsgeschichte

Der Weg des Christentums ist eine von Gott geplante und gelenkte Geschichte. Der heilige Geist, Visionen und Träume leiten die Kirche.

dass das Christuszeugnis durch die Juden mehrheitlich abgelehnt wird und daher folgerichtig zu den Heiden geht.

Aber was bewegt Lukas, Geschichte so zu schreiben und sie also in dieser Hinsicht gegen den faktischen Verlauf, der durchaus durch Krisen, Auseinandersetzung und Polemik gekennzeichnet war (vgl. die Paulusbriefe), darzustellen? Es gibt gewiss Nebenabsichten, die Lukas auch bewegen, ohne aber im Mittelpunkt zu stehen. Man hat gemeint, Lukas wolle Paulus, dessen Darstellung die Hälfte seines Werks einnimmt und dessen Verfolgung und Prozess ausführlich geschildert werden, verteidigen, ja die Apostelgeschichte sei geradezu eine Verteidigungsschrift für ihn. Gewiss bescheinigen die römischen Behörden die Unschuld des Paulus (23,29; 25,25). Aber hat jemals eine römische Behörde die Apostelgeschichte gelesen und sich durch sie als Verteidigungsschrift beeinflussen lassen? Dieses Argument ist ja auch hinfällig, weil Paulus zum Zeitpunkt der Abfassung der Schrift schon gestorben war, wie aus der Miletrede erschlossen werden kann. Oder will Lukas mit Hilfe des Beispiels des Paulus die Christen verteidigen, denen am Ende des ersten Jahrhunderts auch durch die zunehmenden Distanzierungen der jüdischen Synagogen deutlichere Nachstellungen durch den römischen Staat drohen? Soll gezeigt werden, dass das Christentum nicht staatsgefährdend ist?

Das Hauptthema der Apostelgeschichte ist von Ernst Haenchen wohl richtig wiedergegeben worden: Es „ringt der Historiker Lukas von der ersten bis zur letzten Seite mit dem Problem der gesetzesfreien Heidenmission“[19]. In seiner Gegenwart sind Christentum und Judentum bereits getrennte Größen. Wie hat es dazu kommen können? Wer ist verantwortlich für den Bruch und für die Existenz einer heidenchristlichen Kirche, welche die Verheißungsgeschichte Israels für sich in Anspruch nimmt, aber vom gegenwärtigen Judentum doch getrennt lebt? Es ist die Frage nach dem Selbstverständnis des Christentums der dritten Generation in seiner Stellung zwischen römischem Staat und Judentum. Lukas zeigt zunächst auf, dass das Judentum für den Bruch verantwortlich ist. Dessen Verstockung reicht weit zurück in seine eigene Geschichte (7,51–52). Sie hat sich an der Tötung Jesu und der Verfolgung der Apostel gezeigt (4,3; 5,18; 7,59; 8,1; 9,1; 12,3 usw.) und wird in den letzten Versen der Schrift eigens nochmals festgehalten (28,27f). Wo immer vor Juden gepredigt wurde, hat sich die Mehrheit dieser Predigt versagt (13,45–48; 18,5–7; 28,17–28).

Diese Verstockung führt zu einer Ausweitung der Heilsgeschichte zu den Heiden hin. Paulus wird zum Licht für die Heiden (so Apg 13,47 mit Jes 49,6) und diese bilden das neue Gottesvolk (15,14). Begriffe, die ehedem die heilsgeschichtliche Sonderstellung Israels anzeigten, werden auf die heidenchristliche Kirche und ihre Boten übertragen. Auch ist in der Person des Paulus die Abkehr von der Stadt

19 Haenchen, Apg, 110f.

Jerusalem (und der sie verkörpernden Geschichte) hin zu den Heiden bis nach Rom nachzuvollziehen. Jerusalem begegnet Paulus ausschließlich als Ort der Verfolgung (20,23; 21,4.11; 23,12; 25,3 u.ö.). An keiner anderen Person als an Paulus kann Lukas den heilsgeschichtlichen Übergang eindrücklicher darstellen. Die Grundfrage, ob diese heidenchristliche Kirche wirklich ein legitimer Teil des Gottesvolks sein kann, wird also aufgrund der Verstockung Israels und der bruchlosen Kontinuität der Kirche über die Apostel zu Israel eindeutig bejaht[20]. Das → Judenchristentum ist die schmale personale Brücke. Die heilsgeschichtliche Darstellung dient also der Legitimation der → heidenchristlichen Kirche.

Heidenmission

Die gesetzesfreie Heidenmission hat sich nach der Apostelgeschichte nicht durch menschliche Entscheidungen ergeben, sondern entspricht Gottes Willen (Apg 10; 15). Die heidenchristliche Kirche ist für Lukas ein legitimer Teil des Gottesvolkes. Die Apostel und das Judenchristentum stellen die Brücke zu Israel dar.

D Wirkungsgeschichtliche Hinweise

Der Ablauf des Kirchenjahrs differiert seit der altkirchlichen Zeit innerhalb der unterschiedlichen Kirchen bis heute, lehnt sich aber in gewichtigen Teilen stark an die lukanischen Vorgaben an. Zunächst unterteilt Lukas die Auferweckung Christi zeitlich in eine Auferweckung zu einer zeitlich begrenzten irdischen Existenzweise (Lk 24,13–49; Apg 1,3) und zu einer davon zu unterscheidenden Erhöhung, der Himmelfahrt (Lk 24,51; Apg 1,9). Für Paulus fallen beide Ereignisse zusammen (Röm 1,4: 8,34). Nach Apg 1,3 jedoch war Jesus nach seiner Auferweckung noch 40 Tage bei seinen Jüngern, um nach Ablauf dieser Frist in der Himmelfahrt in leiblicher Existenzweise zu Gott entrückt zu werden (Lk 24,50–53; Apg 1,9–12)[21]. Wie also nur Lukas über die Himmelfahrt an einem klar zeitlich definierten Tag berichtet, so schreibt ebenfalls nur er über die Ausgießung des Heiligen Geistes 50 Tage nach Ostern am Pfingstfest, das mit dem jüdischen Wochenfest zusammenfällt (Apg 2,1–13). Innerhalb der jüdischen Interpretation des Wochenfestes als Bundeserneuerungsfest lagen wohl für Lukas die Vorgaben, die ihn dazu führten, die Geistaussendung mit diesem Wochenfest zu kombinieren. Auch hierin unterschei-

20 Natürlich steht für die Kirche der dritten Generation die Naherwartung nicht mehr bestimmend im Vordergrund. Auch in den → Pastoralbriefen ist diese Verschiebung von → eschatologischer Ausrichtung zu einer auf Dauer angelegten Bewältigung der Alltagsfragen nachzuvollziehen. Der heilsgeschichtliche Entwurf ist aber nicht einfach ein Ersatz für das Ausbleiben der → Parusie und ein Beleg für die Aufgabe der Parusieerwartung. Die Parusieerwartung wird nicht aufgegeben, aber von zeitlichen Spekulationen abgelöst (Apg 1,7).

21 Die Zahl vierzig will als „runde Zahl" eine ganz bestimmte Frist andeuten, nicht aber als genaue Zeitangabe verstanden sein. Es ist die Frist einer geschenkten Gegenwart des Auferstandenen bei seiner Gemeinde. Vgl. die Zahl 40 auch in Mt 4,2; Lk 4,2; Apg 7,42; Hebr 3,10.17 und öfter.

det sich Lukas von den anderen neutestamentlichen Schriftstellern, die entweder die Geistsendung zeitlich nicht präzise eingrenzen oder aber wie Johannes 20,19–23 die Geistsendung stärker mit Ostern zusammenbringen (Jesus übergibt den Jüngern den Geist am Osterabend). Im Kirchenjahr der westlichen Kirchen ist die lukanische Periodisierung so aufgenommen worden, dass im Anschluss an die Osterzeit eine fünfzigtägige Freudenzeit beginnt, deren letzter Tag mit dem Pfingstfest zusammenfällt.

Die Beschreibung des Pfingstfestes war das Urbild für Pfingstbewegungen, für die nicht Lehraussagen, sondern Glaubensfrüchte, die Frömmigkeitspraxis und ekstatische Befähigungen wie → Glossolalie entscheidend waren. Während aber für Lukas der Geist an Pfingsten den Glaubenden unvorbereitet gegeben wurde und somit grundsätzlich Zeichen der Kirche ist, bleibt er in der Pfingstbewegung beständiger Gegenstand der Erwartung. In einzelnen Gruppierungen kann dann die Glossolalie auch als Erkennungszeichen der Geisttaufe oder der Geistbegabung verstanden werden.

> Glossolalie heißt wörtlich übersetzt „in Zungen reden" und meint ein von der vernünftigen Sprache zu unterscheidendes, unverständliches Reden, Murmeln, Stöhnen, das die Zunge gleichsam nur als Werkzeug benutzt, aber nicht von der Vernunft, sondern von überirdischen Mächten gesteuert ist. Es kann auch nur von Glossolalen verstanden werden. Der nicht zur Glossalie Befähigte ist auf einen Übersetzer angewiesen. Das Phänomen ist in unterschiedlichen Kulturen und Religionen bekannt. Es ist in hellenistischer Zeit gedeutet worden als ekstatische Anteilhabe an der himmlischen Welt, die eben darin zum Ausdruck kommt, dass man – für die irdische Welt unverständlich – die himmlische Sprache spricht bzw. die himmlische Welt im Glossolalen zum unverständlichen Ausbruch kommt. Lukas spricht in Apg 2,4 davon, dass die Apostel in „anderen" Sprachen sprechen. Hierbei denkt er nicht mehr an Glossolalie, sondern an Fremdsprachen, in denen die auf dem Wochenfest anwesenden Diasporajuden angeredet werden.

Eine urbildhafte Funktion haben in unterschiedlichen Zeiten der Kirchengeschichte auch immer wieder die → Summarien der Apostelgeschichte eingenommen (2,42–47; 4,32–37). In ihnen beschreibt Lukas einen Idealzustand der Urgemeinde. Die bestimmenden Motive sind „Gemeinschaft" (2,42), „alles gemeinsam" (2,44; 4,32), „einmütig" (2,46), „ein Herz und eine Seele" (4,32), „keiner hatte Mangel" (4,34). Im 19. Jh. haben sich die Sozialisten, Kommunisten und Utopisten mit dem lukanischen Bild der Urgemeinde beschäftigt und in ihm einen Beleg für eine frühchristliche, kommunistische Organisation gefunden. Daher ist bis heute der Begriff des urchristlichen Kommunismus geblieben, auch wenn er anachron ist. Lukas beschreibt in der Tat in diesen Summarien den Zustand der Urgemeinde als idealen. In den genannten Motiven schließt er sich klassischen Utopien der griechisch-hellenistischen Literatur an, die solche Motive entweder zur Beschreibung einer idealen Urzeit oder einer idealen Endzeit verwendet hatten. Es handelt sich also um ein literarisches Motiv, nicht um einen historisch zu lesenden Bericht. Lukas legt besonderen Nachdruck darauf, dass im Bedarfsfall den Notleidenden Unterstützung gewährt wurde (Apg 2,45; 4,35). Das von Lukas gezeichnete Bild kann nicht einfach pragmatisch umgesetzt werden. Es bleiben die ökonomischen Fragen ungeklärt. Aber es erhebt einen sozialethischen Anspruch und erwartet eine zeitgemäße Umsetzung im Sinne einer Bedarfsgemeinschaft[22].

Lukas ist *der* Paulus-Biograph geworden. Man hat von seinem Werk als von einer Paulus-Geschichte mit ausführlicher Einleitung gesprochen. Viele Informationen über Paulus verdanken wir nur seinem Werk. Freilich ist dieses Paulus-Bild in einem nicht unerheblichen geschichtlichen Abstand zum historischen Paulus entstanden. Die Gewichte im Vergleich zu den paulinischen Briefen sind verschoben. Es dominiert der Blick auf den missionarischen Weg des Paulus, hingegen findet seine Theologie kaum Erwähnung und wenn, dann in der Form, wie Lukas sie sich vorgestellt hat. Der Verfasser der Apostelgeschichte war wohl kein Begleiter des Paulus. Er steht in der Paulus-Schule, die sich in der Ägäis bildet, für die Paulus die entscheidende Autorität kirchlicher Lehrbildung ist und aus der auch die → deuteropaulinischen Schriften (2 Thess, Kol, Eph, 1/2 Tim, Tit) kommen. Wirkungsgeschichtlich hat das Paulus-Bild der Apostelgeschichte die Literatur, bildende Kunst und Musik bestimmt[23], hat doch Lukas Paulus bereits in eindrücklichen Szenen und Dialogen dargestellt. Die Bekehrung des Paulus wurde bereits im Mittelalter festlich am 25. Januar begangen. Literarisch haben sich mit der *Conversio* bedeutende Dramen in der Barock- und in der Neuzeit beschäftigt: A. Strindberg 1898; F. Werfel 1926; R. Henz 1954; S. Asch 1943; G. Ellert 1951. In der bildenden Kunst erscheint Paulus häufig in der Weise, wie ihn der frühchristliche Roman *Acta Pauli et Theclae* schildert: kahler Kopf, kleiner Körperwuchs, im Mittelalter mit einem langen Bart und einem länglichen Gesicht. Die Themen in der bildenden Kunst lehnen sich überwiegend an die Vorgaben der Apostelgeschichte an und sind Bekehrung, Taufe, Predigt, Flucht aus Damaskus, Verzückung und das Opfer in Lystra. Oft wird Paulus zusammen mit Petrus dargestellt[24]. Felix Mendelssohn-Bartholdy (1809–1847) folgt in seinem Oratorium „Paulus" (op. 36) ganz wesentlich dem Paulusbild der Apostelgeschichte, das er sich zusammen mit seinem theologischen Freund Julius Schubring (Hauslehrer der Kinder Schleiermachers), aber auch in eigenen theologischen Studien zur Geschichte des Urchristentums erarbeitet hat.

22 Pesch, Apg I, 188–194, zeigt wirkungsgeschichtliche Impulse des lukanischen Bildes in der Kirchengeschichte auf. Nicht nur in der Alten Kirche (Verwirklichung des Ideals der Urgemeinde in den klösterlichen Gemeinschaften), sondern auch nachreformatorisch gingen von den lukanischen Summarien Anstöße etwa auf die Mennoniten, Hutterer und Wiedertäufer aus.

23 Vgl. P. Emrich, Paulus im Drama, 1934; E. von Dobschütz, Der Apostel Paulus II. Seine Stellung in der Kunst, Halle 1928.

24 Vgl. H. Sachs/E. Badstübner/H. Neumann, Christliche Ikonographie in Stichworten, München/Berlin 6. Aufl. 1996 (Leipzig 1988), 278f.

§ 7 Die Paulusbriefsammlung

Karl-Wilhelm Niebuhr

Literatur zu Paulus

Jürgen Becker, Paulus. Der Apostel der Völker, Tübingen 2. Aufl. 1992 (UTB 2014, 3. Aufl. 1998)
Günther Bornkamm, Paulus, Stuttgart 7. Aufl. 1993
Joachim Gnilka, Paulus von Tarsus. Apostel und Zeuge, Freiburg u.a. 1996
Eduard Lohse, Paulus. Eine Biographie, München 1996
E. P. Sanders, Paulus. Eine Einführung, RUB 9365, Stuttgart 1995

Winfried Elliger, Paulus in Griechenland. Philippi, Thessaloniki, Athen, Korinth, Stuttgart 2. Aufl. 1990
Klaus Haacker, Paulus. Der Werdegang eines Apostels, SBS 171, Stuttgart 1997
Rainer Riesner, Die Frühzeit des Apostels Paulus. Studien zur Chronologie, Missionsstrategie und Theologie, WUNT 71, Tübingen 1994

Dietrich-Alex Koch, Die Schrift als Zeuge des Evangeliums. Untersuchungen zur Verwendung und zum Verständnis der Schrift bei Paulus, BHTh 69, Tübingen 1986
Martin Hengel/Anna Maria Schwemer, Paulus zwischen Damaskus und Antiochien. Die unbekannten Jahre des Apostels, WUNT 108, Tübingen 1998
Ed Parish Sanders, Paulus und das palästinische Judentum. Ein Vergleich zweier Religionsstrukturen, StUNT 17, Göttingen 1985
Udo Schnelle, Paulus. Leben und Denken, Berlin/New York 2003

1. Das *Corpus Paulinum*

Literatur

Schnelle, Einleitung, 362–377
Klauck, Briefliteratur, 248–250

David Trobisch, Die Entstehung der Paulusbriefsammlung. Studien zu den Anfängen christlicher Publizistik, NTOA 10, Freiburg (Schweiz)/Göttingen 1989

Die Paulusbriefe begegnen uns im Neuen Testament in Gestalt einer Briefsammlung, nicht als Einzeltexte. Das hat Konsequenzen für ihr Verständnis, die wir uns von vornherein bewusst machen müssen. Obgleich jeder der Paulusbriefe sich einer konkreten Entstehungssituation verdankt, sind sie uns alle doch nur losgelöst von dieser Ursprungssituation zugänglich. Die expliziten und impliziten Hinweise in den einzelnen Briefen auf konkrete Gegebenheiten und Situationen bei den jeweiligen Adressaten bleiben uns daher oft verschlossen. Andererseits können wir Briefe, die ursprünglich an ganz unterschiedliche Adressaten geschickt worden sind, nacheinander und im Zusammenhang lesen. Dadurch sind wir, anders als die ursprünglichen Adressaten, in der Lage, Hinweise und Aussagen aus verschiedenen Briefen miteinander in Beziehung setzen, so dass sie sich möglicherweise gegenseitig erschließen. Vor allem aber unterscheidet sich die Erwartungshaltung des Lesers gegenüber dem Text, je nachdem, ob er einen einzelnen, an ihn persönlich adressierten Brief vor sich hat oder eine Briefsammlung mit ganz verschiedenen Adressaten. Das gilt hinsichtlich der Paulusbriefe umso mehr, da sie uns als Teil der christlichen Bibel begegnen. Paulus, der Autor der Briefe, wird dabei von einem persönlich bekannten, möglicherweise verehrten, aber auch umstrittenen Gründer und Organisator einer konkreten Gemeinde zu einer unumstrittenen theologischen Autorität für die ganze Kirche zu jeder Zeit!

Freilich ist dies erst das Ergebnis eines längeren Weges, dessen erste Etappen wir nur in groben Zügen erkennen können. Ansätze zur Sammlung von Paulusbriefen lassen sich immerhin schon im Neuen Testament selbst beobachten. In Kol 4,16 fordert der Autor die Gemeinde auf, ihren Brief auch der Nachbargemeinde in Laodizea zur Kenntnis zu geben und umgekehrt auch den nach Laodizea geschickten Paulusbrief zu lesen. In 2 Thess 2,1f ist vorausgesetzt, dass offenbar von außen kommende Agitatoren sich in Thessalonich auf einen Brief des Paulus berufen, und in 3,17 nennt der Autor als Erkennungszeichen *aller* seiner Briefe einen mit eigener Hand zugefügten Gruß. Der Schreiber des zweiten Petrusbriefes schließlich erinnert die Empfänger seines Briefes an das, was Paulus ihnen über die geduldige Erwartung der Wiederkunft Christi geschrieben hat, und verweist zusätzlich darauf, dass er in *allen* Briefen davon redet, in welchen allerdings einige Dinge schwer zu verstehen sind (3,15f). Zwar wissen wir weder, wo die Adressaten des zweiten Petrusbriefes lebten, noch welche anderen Paulusbriefe sein Autor kannte. Klar ist aber, dass er Kenntnis von mehreren Paulusbriefen hatte, die doch wohl an verschiedene Gemeinden gerichtet waren, und dass er bei seinen Adressaten Einverständnis darüber voraussetzen konnte, dass diese Paulusbriefe auch für sie von Bedeutung sind. Bereits zur Entstehungszeit dieser neutestamentlichen Schriften muss es also Paulusbriefsammlungen gegeben haben, die mehr als die an eine Einzelgemeinde gerichteten Schreiben enthalten haben[1].

Das Anordnungsprinzip der Paulusbriefsammlung im Neuen Testament lässt sich leicht erkennen. Offenbar sind die Briefe weder chronologisch noch nach inhaltlichen Gesichtspunkten geordnet, sondern in erster Linie nach den Adressaten und in zweiter der Länge nach. Am Beginn stehen die Briefe an Gemeinden in

1 Das wird bestätigt durch außerbiblische Schriften. Der gegen Ende des 1. Jh.s vom Bischof der römischen Gemeinde nach Korinth geschriebene erste Clemensbrief kennt offenbar nicht nur den Römerbrief (aus dem er in 35,5f zitiert), sondern auch einen nach Korinth geschriebenen „Brief des seligen Apostels Paulus“ (47,1). Auch Ignatius von Antiochien (Anfang des 2. Jh.s) kennt offenbar mehrere Paulusbriefe und kann die Adressaten seiner eigenen Briefe an sie erinnern (IgnEph 12,2).

jeweils der Länge entsprechender Reihenfolge: Römer-, erster und zweiter Korinther-, Galater-, Epheser-, Philipper-, Kolosser-, erster und zweiter Thessalonicherbrief[2]. Es folgen die Briefe an Einzelpersonen, wiederum entsprechend ihrer Länge: erster und zweiter Timotheus-, Titus- und Philemonbrief. Dieses Anordnungsprinzip finden wir schon in der ältesten griechischen Handschrift der Paulusbriefe, einer → Papyrushandschrift aus der Zeit um 200 n.Chr. (P^{46}), ebenso in den frühesten Handschriften der gesamten Bibel, den Pergamentkodizes aus dem 4. und 5. Jahrhundert[3].

Ein Sonderfall ist der Hebräerbrief. Obwohl der Text keine Absenderangabe enthält, gehört er in den griechischen Handschriften immer zur Paulusbriefsammlung. Im P^{46} ist er in etwa der Länge entsprechend eingeordnet (zwischen Röm und 1 Kor). In den alten → Kodizes steht er zwischen den Gemeindebriefen und den Briefen an Einzelpersonen, in späteren Handschriften wie auch in den meisten modernen Bibelausgaben am Ende der Paulusbriefsammlung. Nur in der Lutherbibel ist er, zusammen mit dem Jakobus- und dem Judasbrief, an das Ende des Neuen Testaments gerückt worden, unmittelbar vor das letzte Buch der Bibel, die Offenbarung. Darin wird seine theologische und historische Beurteilung durch Luther sichtbar.

Eine ganz andere Einteilung der paulinischen Briefe hat sich aufgrund der Ergebnisse der Bibelwissenschaft ergeben. Danach werden Gruppen von Briefen entsprechend der Beurteilung ihrer Entstehungsverhältnisse unterschieden. Die Briefe, bei denen die Verfasserschaft des Paulus heute unbestritten ist, nennt man → Homologumena (von griech. *homologein*, „zugestehen"). Dies sind der Römerbrief, die Korintherbriefe, der Galater-, der Philipper-, der erste Thessalonicher- und der Philemonbrief. Briefe, bei denen die paulinische Verfasserschaft angezweifelt wird, werden als → Antilegomena bezeichnet (von *antilegein*, „widersprechen"), nämlich der Epheser-, der Kolosser- und der zweite Thessalonicherbrief. Die drei Briefe an Timotheus und Titus werden mit Bezug auf ihren Inhalt und ihre Intention → Pastoralbriefe (Hirtenbriefe) genannt. Der Hebräerbrief wird überhaupt nicht zu den Paulusbriefen gerechnet. Alle Briefe, deren paulinische Autorschaft von der exegetischen Forschung bestritten wird, kann man auch unter der Bezeichnung → deuteropaulinisch zusammenfassen.

2 Einzige Ausnahme ist der Galaterbrief, der, obwohl ein wenig kürzer als der Epheserbrief, diesem vorangeht. Dass die jeweils zwei Briefe nach Korinth und Thessalonich aufeinander folgen, ergibt sich natürlich aus der gleichen Adresse, entspricht aber auch genau ihrer Länge.

3 Zur handschriftlichen Überlieferung des Neuen Testaments findet man alle nötigen Informationen bei K. und B. Aland, Der Text des Neuen Testaments. Zur Paulusbriefsammlung in den Handschriften vgl. auch D. Trobisch, Die Paulusbriefe und die Anfänge der christlichen Publizistik, KT 135, München 1994.

2. Zur Form der Paulusbriefe

Literatur

Schnelle, Einleitung, 48–57
Klauck, Briefliteratur, 35–54.148–180
Strecker, Literaturgeschichte, 66–95

Markus Müller, Vom Schluss zum Ganzen. Zur Bedeutung des paulinischen Briefkorpusabschlusses, FRLANT 172, Göttingen 1997
Hermann Probst, Paulus und der Brief. Die Rhetorik des antiken Briefes als Form der paulinischen Korintherkorrespondenz (1 Kor 8–10), WUNT 2,45, Tübingen 1991

Die Grundform der Paulusbriefe entspricht in groben Zügen den Konventionen, die sich aus den Anforderungen an jeden Brief ergeben. Der Briefkopf (→ Präskript) benennt Absender und Adressaten und spricht letztere mit einer Grußformel an. Der Hauptteil (→ Briefkorpus) bringt das oder die Briefanliegen zur Sprache. Den Briefschluss (→ Postskript) bilden in der Regel Grüße.

Im griechischen Brief steht im Präskript die Absenderangabe im Nominativ voran *(superscriptio)*. Es folgt im Dativ die Adressatenangabe *(adscriptio)*. Den Abschluss bildet der Gruß, in der Regel als Imperativ oder Infinitiv *(salutatio)*. Alle drei Elemente zusammen genommen bilden so einen einzigen, syntaktisch freilich unvollständigen Satz. Man hat sich den Briefüberbringer als Sprecher beim Verlesen des Briefes vor dem oder den Adressaten hinzuzudenken: „(So schreibt) Absender X an euch Adressaten Y: Seid gegrüßt!". Zwischen Präskript und Briefkorpus werden im antiken Brief gern Übergangswendungen eingefügt (→ Proömium), die die persönliche Beziehung zwischen Absender und Adressaten zur Sprache bringen, zum Beispiel gute Wünsche oder persönliche Mitteilungen, einen Dank an Gott (bzw. die Götter) für das Wohlergehen der Briefempfänger oder einen kurzen Gebetswunsch. Das Briefkorpus ist je nach Inhalt und Mitteilungsabsicht gegliedert, ohne dass man dafür feste Regeln oder Wendungen angeben kann. Bei längeren Briefen finden sich allerdings Gliederungssignale besonders am Beginn und am Schluss des Korpus, und zwischendurch werden der oder die Adressaten gelegentlich durch kurze brieftypische Wendungen direkt angeredet. Auch der Briefschluss ist formal nicht so festgelegt wie das Präskript. Ihm können Ermahnungen an die Briefempfänger oder persönliche Mitteilungen vorangehen. Grüße und Wünsche können sprachlich verschieden gestaltet werden. Eine namentliche Unterschrift gibt es im Unterschied zu unserer heutigen Praxis im antiken Brief nicht.

Vergleicht man die Paulusbriefe mit konventionellen antiken Briefen, so fällt zuerst ihre Länge auf. Lediglich der Philemonbrief entspricht dem üblichen Maß antiker Privatbriefe. In den Präskripten der Paulusbriefe können wir einerseits die konventionellen Elemente Absender, Adressaten und Gruß wieder finden, andererseits fallen auch hier z.T. erhebliche Erweiterungen auf. Als Absender nennt

Paulus neben sich oft noch Mitarbeiter[4]. Sich selbst charakterisiert er mit Blick auf seinen Autoritätsanspruch als → Apostel und auf den Inhalt seiner Verkündigung, besonders ausführlich im Römerbrief (1,1–6!) und im Galaterbrief. Auch die Briefempfänger kann er schon im Präskript mit qualifizierenden Wendungen anreden, so besonders im Römer- und in den Korintherbriefen, während bezeichnenderweise im Galaterbrief eine solche Erweiterung fehlt. Im Unterschied zum konventionellen Gruß, der als Imperativ oder Infinitiv den Schluss des Präskripts bildet, formuliert Paulus diesen Gruß als eigenständigen Satz aus. Dabei macht er aus dem formelhaften griechischen Grußwort *chaire*, „grüß dich“, einen durch die biblische Sprache und Überlieferung gefüllten Segenswunsch: „Gnade (griech. *charis*) sei mit euch und Friede von Gott, unserm Vater, und dem Herrn (Jesus) Christus!“[5].

Für die Gliederung des Briefkorpus gibt es keine strengen Regeln. Sie richtet sich primär nach der Wirkabsicht des Briefschreibers, die wiederum allein aus den sprachlichen und inhaltlichen Merkmalen des jeweiligen Briefes erschlossen werden kann. Freilich haben sich auch hierbei gewisse Konventionen herausgebildet. Schulmäßig fixiert und überliefert wurden sie in der antiken → Rhetorik, die einen Grundbestandteil antiker Bildung ausmachte. Die wichtigsten rhetorischen Regeln, die auch für das Briefeschreiben von Bedeutung sind, betreffen zum einen die Wahl der Redegattung und zum anderen den Aufbau der Rede. Die antike Schulrhetorik unterschied drei Redegattungen. Sie waren ursprünglich einmal aus den Anforderungen des öffentlichen Lebens der griechischen → Polis entstanden. In hellenistisch-römischer Zeit erinnerten daran nur noch ihre Namen, während sie politische Relevanz weitgehend verloren hatten. Die Gerichtsrede diente ursprünglich dazu, in Anklage oder Verteidigung einen Tatbestand so darzustellen, dass die Gerichtsinstanz ein Urteil im Sinne des Klienten spricht. Sie hat also primär die Vergangenheit zum Gegenstand, freilich mit Blick auf deren Beurteilung in der Gegenwart. Sie muss vor allem überreden und überzeugen. Die Mahnrede sollte die Ratsversammlung der Polis durch Zu- oder Abraten im Blick auf künftig zu treffende Entscheidungen beeinflussen. Ihr geht es folglich vorwiegend um die Folgen gegenwärtiger Entscheidungen oder Verhaltensweisen für die Zukunft. Die Staatsrede schließlich sollte in der Bürgerversammlung durch Lob oder Tadel die Qualitäten bzw. Mängel einer Person, eines Gemeinwesens oder einer Institution öffentlich herausstellen. Ihr Aspekt ist folglich vornehmlich die Gegenwart. Schon die antiken Lehrer der Rhetorik wussten freilich, dass solche Klassifizierungen sich in der Praxis der Rede nicht streng durchhalten lassen. Das gilt umso mehr, wenn rhetorische Kategorien auf das Verfassen von Briefen übertragen wurden.

---

4 Vgl. 1 Kor (Sosthenes), 2 Kor, Phil, Kol, 1/2 Thess, Phlm (Timotheus), 1/2 Thess (Silvanus).

5 So wortgleich in Röm, 1/2 Kor, Gal, Eph, Phil, 2 Thess, Phlm, verkürzt in Kol und 1 Thess, anders nur in den Pastoralbriefen.

Die antiken Redegattungen im Überblick[6]:

Gattung	ursprünglicher Sitz im Leben	griechische Bezeichnung	lateinische Bezeichnung
Gerichtsrede	Volksversammlung	dikanisch	*genus iudiciale*
Mahnrede	Ratsversammlung	symbuleutisch	*genus deliberativum*
Staatsrede	Fest- oder Trauerversammlung	epideiktisch	*genus demonstrativum*

Für den schulmäßigen Aufbau einer Rede waren folgende Strukturelemente vorgegeben:

	lateinische Bezeichnung
Einleitung	*exordium*
Darlegung des Tatbestandes	*narratio*
These	*propositio*
Beweisführung	*probatio*
Schluss	*peroratio*

Variationen waren je nach Redegattung (und nach den Vorlieben des jeweiligen Rhetoriklehrers) möglich. Auch hier gilt, dass sich die Gestaltung einer konkreten Rede und umso mehr eines Briefes in erster Linie nach den Erfordernissen der Situation und des Themas zu richten hat, nicht nach überlieferten Schulregeln.

Lassen sich die genannten Redegattungen und Strukturelemente prinzipiell auf jeden absichtsvoll gestalteten Text übertragen, so gelten für Briefe darüber hinaus weitere spezifische Klassifizierungen. Allerdings kann die Vielfalt der antiken Briefformen kaum in klar voneinander abgegrenzte Gattungen eingeordnet werden. Zur groben Orientierung bietet sich die Unterscheidung in nichtliterarische, literarische und diplomatisch-politische Briefe an[7]. Während die nichtliterarischen Briefe sich allein an die im Präskript genannten Adressaten wenden, sind die literarischen von vornherein für ein weiteres Lesepublikum bestimmt. Die diplomatisch-politischen Briefe nehmen eine Zwischenstellung ein, sofern sie oft den Adressaten als Repräsentanten einer Gruppe oder Institution ansprechen. Sie können dementsprechend auch öffentlich bekannt gemacht werden, etwa durch Verlesung oder durch eine öffentlich angebrachte Inschrift. Jeder dieser drei Gruppen lassen sich wiederum Untergruppen zuordnen. Zu den nichtliterarischen Briefen etwa kann man Privatbriefe, amtliche Briefe und Geschäftsbriefe rechnen. Die Privatbriefe kann man noch weiter unterteilen in Familienbriefe, Freundschaftsbriefe, Empfehlungsbriefe, Vorstellungsbriefe, Bittbriefe, Trostbriefe oder Mahnbriefe.

6 Vgl. H. Hommel, Art.: Rhetorik, LAW 3, 2611–2627 (ders., Art. Rhetorik, KP 4, 1396–1414).

7 So in Anlehnung an Klauck, Briefliteratur, 72f.

Fragen wir, wo sich die Paulusbriefe in solcher Vielfalt antiker Brieftypen einordnen lassen, so ist keine einfache Antwort möglich. Erstens ist deutlich, dass schon innerhalb des *Corpus Paulinum* durchaus unterschiedliche Briefformen begegnen. Man vergleiche nur den Römerbrief mit dem Philemonbrief! Zweitens lassen sich auch die antiken Briefformen nicht eindeutig voneinander abgrenzen. So sind die Übergänge zwischen einem nichtliterarischen amtlichen Brief und einem offiziellen politischen Brief fließend. Drittens aber müssen wir vor allem die besondere Eigenart berücksichtigen, die sich aus den geistig-religiösen Voraussetzungen des Briefautors Paulus und seiner Adressaten ergibt. Die spezifischen Inhalte und Ziele der Paulusbriefe, also das auf die jeweilige Situation bezogene Bemühen, der Christusbotschaft in der Gemeinde der Briefadressaten Ausdruck zu verschaffen, haben auch die Form dieser Schreiben geprägt. Dabei sind, wie sich z.B. an der schon erwähnten Erweiterung des Präskripts zeigen lässt, insbesondere Einwirkungen der biblisch-jüdischen Überlieferung zu beobachten. Der autoritative Anspruch, mit dem Paulus den Adressaten seiner Briefe gegenüber tritt, lässt sich am besten auf dem Hintergrund offizieller Schreiben von Jerusalemer Autoritäten an Gemeinschaften der jüdischen → Diaspora verstehen[8].

3. Der Römerbrief – ein Christuszeuge stellt sich vor

Literatur

Ulrich Wilckens, Der Brief an die Römer, 3 Bde., EKK 6, Zürich u.a./Neukirchen-Vluyn 1978–1982, 3. Aufl. 1997 (I), 3. Aufl. 1993 (II), 2. Aufl. 1989 (III)

Peter Stuhlmacher, Der Brief an die Römer, NTD 6, Göttingen 1989, 2. (15.) Aufl. 1998

Dieter Zeller, Der Brief an die Römer, RNT, Regensburg 1985

Klaus Haacker, Der Brief des Paulus an die Römer, ThHK 6, Leipzig 1999

Wolfgang Kraus, Das Volk Gottes. Zur Grundlegung der Ekklesiologie bei Paulus, WUNT 85, Tübingen 1996, 269–333

Dieter Sänger, Die Verkündigung des Gekreuzigten und Israel. Studien zum Verhältnis von Kirche und Israel bei Paulus und im frühen Christentum, WUNT 75, Tübingen 1994, 80–197

Peter Stuhlmacher, Gerechtigkeit Gottes bei Paulus, FRLANT 87, Göttingen 2. Aufl. 1966

Absender: Paulus stellt sich der Gemeinde in Rom als Christusapostel vor, indem er sein Evangelium entfaltet und rechtfertigt.
Adressaten: Die römische Gemeinde ist nicht von Paulus gegründet worden; sie besteht aus mehreren Gruppen, zu denen Juden und Nichtjuden gehören.

8 Vgl. dazu I. Taatz, Frühjüdische Briefe. Die paulinischen Briefe im Rahmen der offiziellen religiösen Briefe des Frühjudentums, NTOA 16, Freiburg (Schweiz)/Göttingen 1991.

Thema: Das Evangelium von der heilsamen Gerechtigkeit Gottes im Christusgeschehen gilt allen Menschen, Juden wie Heiden.
Ziel: Die Briefempfänger sollen für das paulinische Evangelium gewonnen werden und sein missionarisches Werk mit Fürbitte und materiellen Hilfen unterstützen.

A Bibelkundliche Erschließung

1. Der Aufbau im Überblick

Der Römerbrief ist weitaus länger als übliche antike Briefe. Auch unter den neutestamentlichen Briefen ist er der längste. Dennoch bestimmen die Konventionen antiker Briefstellerei seinen Aufbau, wenn auch mit charakteristischen Modifikationen. Das zeigt sich schon beim Briefformular (Prä- und Postskript), das den äußeren Rahmen des Briefes bildet.

Im → *Präskript (1,1–7)* ist die Absenderangabe geradezu überdimensional erweitert. Sie nennt außer dem Namen des Briefschreibers noch seine Aufgabe und die von ihm beanspruchte Autorität (V. 1) sowie den Inhalt seines → Evangeliums (V. 2–4): Es ist von Gott zuvor verheißen durch seine Propheten in heiligen Schriften. Es zeugt von Jesus Christus, der aus der Nachkommenschaft Davids entstammt und aufgrund seiner Auferstehung von den Toten zum Sohn Gottes erhoben worden ist. Es wendet sich durch die Verkündigung des Apostels an alle Völker, um sie zum Glaubensgehorsam zu führen. Auch die Adressaten werden nicht bloß namentlich genannt (V. 6), sondern mit Blick auf das Evangelium charakterisiert (V. 7a). Ebenso ist die Grußformel von den Inhalten der urchristlichen Verkündigung her ausformuliert (V. 7b). Das gesamte umfangreiche Präskript besteht im Griechischen aus einem einzigen Satzgefüge.

Auch das → *Postskript (Kap. 16)* sprengt den üblichen Rahmen. Auf die Empfehlung einer Mitarbeiterin (V. 1f) folgt eine Liste mit Grüßen an 26 namentlich genannte Personen und z.T. deren Angehörige (V. 3–16). Es schließt sich eine polemische Warnung vor Irrlehrern an (V. 17–19), bevor der Brief mit Grüßen aus dem Mitarbeiterkreis des Paulus (V. 20–23) und einem Segenswunsch, der in einen Lobpreis Gottes mündet, zu Ende geht (V. 25–27).

Einen *inneren Rahmen* bilden die beiden Abschnitte, die dem Präskript unmittelbar folgen *(1,8–15)* bzw. dem Postskript unmittelbar vorangehen *(15,14–33)*. In ihnen kommen die speziellen Anliegen des Paulus und die besondere Beziehung zwischen ihm und den Adressaten zur Sprache. Im Blick stehen hier vor allem drei Gesichtspunkte: der gegenwärtige Stand des Glaubens der römischen Christen (1,8–10; 15,14–16), die Vergangenheit, Gegenwart und Zukunft des paulinischen Missionswerkes (1,9f.13f; 15,17–21.25–33) sowie der Plan eines Besuches in Rom (1,11–15; 15,22–24).

Das → *Briefkorpus (1,16–15,13)* lässt sich in zwei Hauptteile gliedern: Der erste umfasst die Kap. 1–11 und besteht zum größten Teil aus argumentativen Darlegungen. Der zweite (Kap. 12–15,13) enthält vorwiegend Anweisungen und Ermahnungen. In 12,1–13,14 beziehen sie sich zumeist auf das Verhalten der Christen überhaupt, in 14,1–15,13 richten sie sich deutlicher auf die speziellen Verhältnisse in Rom. Man kann somit den ersten Hauptteil der darstellenden Redegattung zuordnen *(genus demonstrativum)* und den zweiten der beratenden *(genus deliberativum)*. Allerdings enthält auch der erste Hauptteil ermahnende Passagen (bes. in Kap. 6 und 8) wie ebenso der zweite argumentierende (bes. in Kap. 13 und 15).

In 1,16f bestimmt Paulus das Thema der Ausführungen des Briefkorpus. Der „Einbruch" Gottes in die erfahrbare Lebenswelt der Menschen im Christusgeschehen („Gottes Gerechtigkeit wird in ihm offenbart", V. 17) ist ihm Beweis dafür, dass nun die → eschatologische Heilszeit begonnen hat. Paulus will im Folgenden darlegen, dass *erstens* im Evangelium Gott erfahrbar wirksam geworden ist (1,18–5,21), dass *zweitens* sich dieses Wirken Gottes für die Menschen, die glauben, heilsam auswirkt (6,1–8,39), und dass *drittens* dies im Besonderen für Juden und Nichtjuden gilt (9,1–11,36). In Kap 1–5 beschreibt Paulus im Rückblick das Christusgeschehen und seine Folgen für den Stand der Menschen in Gottes Augen. Kap. 6–8 zieht die Konsequenzen daraus für das gegenwärtige Leben derer, die an Christus glauben. Kap. 9–11 behandelt das künftige Geschick des Gottesvolkes Israel. Die hier angedeuteten Aspekte Vergangenheit, Gegenwart und Zukunft des Christusgeschehens lassen sich aber nicht streng trennen und sind in allen drei Teilen mehr oder weniger im Blick.

2. Themen und Schaltstellen der Argumentation

Den inneren Zusammenhang der Argumentationsteile kann man sich verdeutlichen, wenn man auf die *Schaltstellen* achtet, die die Teile der Argumentation miteinander verknüpfen. Unter Schaltstellen verstehen wir Textabschnitte, die sprachlich und thematisch sowohl mit den vorangehenden als auch mit den folgenden Ausführungen verbunden sind. Von ihnen aus wollen wir jetzt jeweils im Rückblick auf das Vorangehende und im Vorblick auf das Folgende den Gedankengang des Römerbriefes skizzieren.

Schon *1,16f* kann als eine solche Schaltstelle verstanden werden. Die beiden Sätze verbinden den persönlich gehaltenen Briefeingang („ich schäme mich nicht") mit dem umfassend argumentierenden Briefkorpus („für jeden, der glaubt"). Hier werden schon thesenartig die entscheidenden Stichwörter der folgenden Darlegungen eingeführt (Rettung, Glaube, Juden und Griechen, Gerechtigkeit Gottes). Der erste Gedankengang geht aus vom Christusgeschehen als Offenbarung Gottes und besteht aus zwei Schritten: Blickt man vom Evangelium her auf die Menschen, wie sie ohne das Evangelium sind, dann findet man bei ihnen nur Sünde, bei Nichtjuden ebenso wie bei Juden, wie schon die Schrift sagt (1,18–3,20). Im Glauben an das Christusgeschehen werden aber diese Sünder zu Gerechten, und zwar wiederum Juden und Nichtjuden, wie auch dies schon an der Schrift abzulesen ist (3,21–4,25).

Die Schaltstelle zwischen dem ersten und dem zweiten Argumentationsgang bildet das gesamte *Kap. 5* [9]. In V. 1 zieht Paulus die Schlussfolgerung aus dem Christusgeschehen für das Leben der Glaubenden:

> Da wir nun gerecht geworden sind durch den Glauben, haben wir Frieden mit Gott durch unsern Herrn Jesus Christus.

Die Stichworte „gerecht geworden" und „Glauben" greifen auf die These von 1,16f zurück. Kap. 5 deutet aber auch schon die Folgen aus diesem Geschehen für das Leben der Glaubenden an: Frieden mit Gott, Zugang zur Gnade, Hoffnung auf Gottes Herrlichkeit, Geduld in Bedrängnissen, Erfahrung des heiligen Geistes (5,1–5). Entfaltet werden diese Gedanken in den folgenden Kapiteln. Sie haben das neue Leben der Glaubenden zum Thema, ein Leben in Freiheit von Sünde und Tod (Kap. 6), Freiheit von der verurteilenden Macht des Gesetzes (Kap. 7) und Freiheit zum Leben aus der Kraft des Geistes Gottes (Kap. 8).

> Durch ihre Taufe haben die Christen Anteil bekommen am Geschick Jesu, seinem Kreuzestod und seiner Auferweckung. Sie sind dadurch zu einem neuen Leben in Gerechtigkeit befreit worden, das nicht mehr von der Macht der Sünde beherrscht wird (6,1–23). Den Zusammenhang von Sünde, Gesetz, das den Sünder verurteilt, und dem Tod, der für ihn daraus zwangsläufig folgt, hat Gott selbst im Christusgeschehen durchbrochen (7,1–8,11). Er sandte als Sühnopfer für die Sünde der Menschen seinen eigenen Sohn. Weil Jesus, der doch sündlos war, sterben musste, kann sein Tod nicht als Verurteilung eines Sünders durch Gott verstanden werden. In diesem Geschehen vollzieht vielmehr Gott selbst das Todesurteil über die Sünde (8,3). Damit aber ist der Weg frei für ein Leben, das vom Geist Gottes bestimmt wird, der Jesus von den Toten auferweckt hat (8,12–39). Es ist geprägt durch Taten der Gerechtigkeit, wie sie schon das Gesetz fordert, durch ein Verhältnis zu Gott wie zu einem Vater und durch die Hoffnung auf eine vollkommene und unverbrüchliche Gemeinschaft der Glaubenden und der gesamten Schöpfung mit Gott.

Der Abschnitt *8,31–9,5* kann als die nächste Schaltstelle verstanden werden. Hier folgen hart aufeinander ein hymnischer Lobpreis (8,31–39) und eine emotionsreiche Klage (9,1–5). Grund zum Lobpreis ist die Gottesgemeinschaft der Glaubenden im Christusgeschehen. Grund zur Klage ist die für Paulus kaum erträgliche Spannung zwischen den gültigen Heilszusagen Gottes an Israel auf der einen Seite und der Ablehnung Jesu durch Glieder des Volkes Israel auf der anderen Seite. Diese

9 Die V. 5,6–11 blicken noch einmal auf das Todesgeschick Jesu in seiner Bedeutung für die Glaubenden zurück (vgl. 3,25f), und 5,12–21 bringt an der Gegenüberstellung von Adam und Christus nochmals den Gegensatz zwischen dem Menschen, wie er von sich aus ist und wie er im Christusgeschehen von Gott her wird, zur Sprache. Vgl. bes. die Stichwörter Sünde und Verfehlung (neun- bzw. einmal in 1,16–4,25 und elf- bzw. sechsmal in Kap. 5) und Wörter vom Stamm gerecht (31mal in 1,16–4,25 und neunmal in Kap. 5).

Spannung führt ihn zu einer Art Selbstverfluchung „weg von Christus für meine Brüder, meine Stammverwandten dem Fleisch nach“ (9,3), die angesichts der gerade vorher so eindrucksvoll ausgesprochenen Gemeinschaft der Glaubenden mit Christus geradezu absurd wirken muss.

Daraus ergeben sich zwei Fragen: Was bleibt von der Sonderstellung Israels als dem von Gott erwählten Volk? Und wird Gott selbst fragwürdig, seine Treue zu seinem Wort[10] gar hinfällig, wenn sich „alle Menschen“, Juden und Nichtjuden, seinem Willen widersetzen? Paulus entfaltet in den Kap. 9–11 seine Antwort auf diese Fragen in einem großen argumentativen Bogen[11]. Tragende Pfeiler dieses Bogens sind Aussagen über die unerschütterliche Treue Gottes gegenüber seinen Verheißungen an Israel[12]. Spannung ergibt sich durch die Abwendung eines Teils des Volkes Israel von seinem Gott angesichts des Christusgeschehens bei gleichzeitiger Zuwendung von Nichtjuden zu ihm[13]. Entscheidenden Halt gewinnt die paulinische Argumentation an dem Gedanken, dass Gott seinen Heilswillen gegenüber Israel dennoch souverän durchsetzen wird. Sogar der gegenwärtige Unglaube eines Teils aus Israel wird schließlich zu einem Mittel Gottes bei der Verwirklichung seiner Heilszusage (11,7–24). Am Ende wird gerade auf diesem Wege *ganz* Israel gerettet werden, wenn der Retter vom → Zion kommen und alle Gottlosigkeit von seinem Volk abwenden wird (11,25–32).

Der hymnische Abschluss dieser Argumentation in *11,33–36* kann wiederum als Schaltstelle angesehen werden, die das Vorangehende mit dem Folgenden verbindet. Rückblickend fasst ein Lobpreis die unerforschlichen Wege Gottes mit seinem Volk zusammen, denen Paulus dennoch zuvor argumentativ nachgegangen war[14]. Das Gotteslob dient gleichzeitig aber auch als Ausgangspunkt für die folgenden ermahnenden Briefteile. Vor allen Einzelmahnungen steht in 12,1f der Verweis auf das Erbarmen Gottes und die Aufforderung, sich als durch Christus erneuerte Menschen Gott ganz zur Verfügung zu stellen[15]. Für das Gemeindeleben, das sich auf dieser Grundlage entwickeln soll, gibt Paulus eine Reihe von Anweisungen, die sich zunächst auf den Umgang der Gemeindeglieder untereinander beziehen (12,3–21), sodann auf ihr Verhalten gegenüber den politischen Autoritäten (13,1–7). Die Ermahnung zur Nächstenliebe als Erfüllung des Gesetzes und der Hinweis auf die durch Jesus Christus heraufgeführte eschatologische Heilszeit lenken den Blick erneut zurück auf die Basis des christlichen Lebens (13,8–14).

Die folgenden Weisungen beziehen sich auf konkrete Auseinandersetzungen um Speisen und Fastentage, die im Zusammenleben von Juden und Nichtjuden in

10 D.h., seine Gerechtigkeit, vgl. 1,17; 3,21f!

11 Schon im ersten Argumentationsteil hatte er das Thema gestreift, vgl. 3,1–8.

12 Vgl. 9,6a; 11,1f; 11,11; 11,29.

13 Vgl. 9,6b; 9,22–10,21; 11,7–10.

14 Zusammen mit dem Abschnitt 9,1–5, der ebenfalls in eine → Doxologie mündet, bildet der Lobpreis in 11,33–36 die Klammer um die „Israelkapitel“ 9–11.

15 Die enge Verknüpfung zwischen brieflicher Argumentation und Ermahnung kann man sich auch verdeutlichen, wenn man mit Hilfe einer Konkordanz die Belege für „Liebe/lieben/geliebt“ im Römerbrief nachschlägt.

den römischen Gemeinden entstanden sind (14,1–15,6). Sie werden in der letzten Schaltstelle, *15,7–13,* mit dem Thema der Argumentation und dem Anliegen des Briefes insgesamt verbunden. Die Forderung an die miteinander konkurrierenden Gruppen, einander anzunehmen, begründet Paulus mit dem Verweis auf Christus:

> Nehmt einander an, wie Christus euch angenommen hat zu Gottes Lob. Denn ich sage: Christus ist ein Diener der Juden geworden um der Wahrhaftigkeit Gottes willen, um die Verheißungen zu bestätigen, die den Vätern gegeben sind; die Heiden aber sollen Gott loben um der Barmherzigkeit willen. (15,7–9)

Damit münden die brieflichen Ermahnungen im Grundgedanken von Kap. 9–11, dass Gott seine Heilszusage an Israel und den Heiden gemeinsam zum Zuge bringt. Gleichzeitig leiten sie über zum Dienst des Paulus als Apostel der Völker, aus dem sich Anlass und Anliegen des Römerbriefes insgesamt ergeben haben (vgl. bes. 15,15f).

Themen und Schaltstellen im argumentierenden Hauptteil

Das Christusgeschehen 1,16–5,21		Das neue Leben 6,1–8,39			Gott und Israel 9,1–11,36		
Sünde bei Heiden wie bei Juden 1,18–3,20	Gerechtigkeit für Heiden und Juden 3,21–4,25	Freiheit von der Sünde 6,1–23	Freiheit vom Gesetz 7,1–8,11	Leben aus dem Geist 8,12–30	Gott beruft sein Volk 9,6–29	Israel fern von Christus 9,30–10,21	ganz Israel wird gerettet 11,1–32
1,16f	5,1–21			8,31–9,5			11,33–36

B Geschichtliche Einordnung

Anlass und Ziel des Römerbriefes

Die wesentlichen Informationen über Anlass und Ziel des Römerbriefes finden wir in den Abschnitten, die das Briefkorpus einrahmen (1,1–15; 15,14–16,27)[16]. Daraus ergibt sich, dass Paulus noch nie in Rom war, nun aber seinen ersten Besuch

16 Die Zugehörigkeit von Kap. 16 oder von Teilen daraus zum Römerbrief ist in der wissenschaftlichen Exegese oft in Frage gestellt worden, u.a. aufgrund von Differenzen in den griechischen Handschriften. Demgegenüber kann m.E. mit Ausnahme von V. 24 das ganze Kapitel als Teil des ursprünglichen Briefes nach Rom verständlich gemacht werden. Über den aktuellen Stand der Diskussion informieren Schnelle, Einleitung, 131–134, und Stuhlmacher, Röm, 215f.

dort plant (1,9–15; 15,22–24). Dass er sich zum Zeitpunkt der Abfassung des Briefes in Korinth aufhält, können wir aus dem Namen seines Gastgebers Gaius erschließen[17]. Von hier aus überblickt Paulus seinen bisher zurückgelegten Missionsweg „von Jerusalem aus ringsum bis nach Illyrien" (15,19), also praktisch in der gesamten östlichen Hälfte des römischen Weltreiches. Gleichzeitig blickt er voraus auf sein künftiges Wirken in Spanien, für das er sich bei den römischen Christen Hilfe erhofft (15,22f.28). Dies macht verständlich, dass er sich mit seinem Brief den ihm noch nicht persönlich bekannten Gemeinden in Rom vorstellt und ihnen seine Sicht des Christusevangeliums ausführlich und wohl geordnet darlegt. Damit ist das erste Ziel seines Briefes nach Rom benannt.

1. Ziel:
Vorstellung des paulinischen Evangeliums

Bevor Paulus seinen Spanienplan verwirklichen kann, steht ihm aber noch ein anderer Weg bevor: Er will nach Jerusalem reisen, um die inzwischen abgeschlossene Geldsammlung aus seinen Missionsgemeinden für die Urgemeinde zu übergeben (15,25–29)[18]. Der unmittelbar anschließende Abschnitt lässt erkennen, dass Paulus in Jerusalem mit Widerständen zu rechnen hat, sowohl von Seiten der Urgemeinde als auch – vor allem – von Seiten der nicht zu ihr gehörenden Juden (15,30–33). Die Bitte an die Briefempfänger, ihn in dieser Situation durch ihre Gebete zu stärken, ist ein zweiter Anlass seines Schreibens.

2. Ziel:
Bitte um Unterstützung für künftige Vorhaben

Zur Vorgeschichte der römischen Gemeinde im Zusammenhang der Synagogen Roms

Damit kommen Gegebenheiten der paulinischen Mission in den Blick, die aus dem Römerbrief allein nicht ausreichend zu erschließen sind, die aber doch in ihm durchgängig ihre Spuren hinterlassen haben. An einer Stelle geht Paulus ausdrücklich auf Einwände ein, die seinem Verständnis des Christusgeschehens entgegengebracht worden sind (3,8). Wir können aber annehmen, dass er auch an anderen Stellen solche Einwände im Blick hat, wenn er seine Argumente in lebendiger Rede und Gegenrede gestaltet[19]. Zum Verständnis der Auseinandersetzungen um die paulinische Mission müssen wir uns vor Augen halten, dass Paulus als frühester Zeuge der urchrist-

17 Vgl. 16,23; 1 Kor 1,14; Apg 20,4. S.a. die in 16,1 erwähnte Phöbe aus Kenchreä bei Korinth. Ordnet man die aus dem Römerbrief zu erhebenden Daten in die paulinische Chronologie ein, dann kommt als Abfassungszeit etwa das Jahr 56 n.Chr. in Frage. Alle Datumsangaben zum Wirken des Paulus beruhen aber auf Kombinationen der spärlichen und zufälligen Angaben der Paulusbriefe und der Apostelgeschichte und z.T. komplizierten Schlussfolgerungen aus ihnen. Vgl. dazu umfassend Riesner, Frühzeit, 1–203, überblicksartig Becker, Paulus, 17–33; Conzelmann/Lindemann, Arbeitsbuch, 503–505.

18 Sie wird mehrfach in den Paulusbriefen erwähnt, vgl. Gal 2,10; 1 Kor 16,1f; 2 Kor 8–9.

19 Vgl. bes. 2,1–5.17–24; 3,1–18; 3,27–4,2; 9,14–33; 10,18–11,24. Es ist aber zu beachten, dass die Gestaltung von Argumentationen in Dialogform zu den Stilmitteln antiker unterweisender Literatur gehörte, also keineswegs immer auf tatsächlich so vertretene Gegenpositionen zurückschließen lässt.

lichen Verkündigung in eine Situation spricht, in der die Gemeinschaften der Jesusanhänger noch ganz und gar von den Glaubensüberlieferungen Israels bestimmt waren. Das gilt nicht nur für die Jerusalemer Urgemeinde, die wohl ausschließlich aus Juden bestand, sondern ebenso für die paulinischen, so genannten „heidenchristlichen“ Missionsgemeinden. Auch die meisten ihrer Mitglieder waren schon vor ihrer Zuwendung zum Christusglauben in Berührung mit der Verkündigung und den Lebensformen jüdischer → Synagogengemeinschaften in der → Diaspora gekommen, ohne freilich die Beschneidung anzunehmen und damit Juden zu werden. Es ist kaum wahrscheinlich, dass sie mit ihrer Taufe sofort jeglichen Kontakt zu Juden ihrer Umgebung abgebrochen haben. Die zahlreichen Auseinandersetzungen, von denen die Paulusbriefe zeugen[20], sind vielmehr Belege für andauernde Kontakte und Konflikte zwischen beiden Gruppen.

Ein Blick auf die römischen Gemeinden, soweit sie aus dem Römerbrief kenntlich werden, bestätigt dies[21]. An mehreren Stellen redet Paulus seine Adressaten als Heiden an[22]. Andererseits grüßt er in Kap. 16 auch eine ganze Reihe von Juden. Und in 7,1 bezeichnet er die Angeredeten insgesamt als solche, die das Gesetz kennen. Berücksichtigt man weitere neutestamentliche und außerbiblische Quellen, so wird wahrscheinlich, dass die ersten Jesusanhänger von Rom sich im Lebensbereich der römischen Judenschaft zusammenfanden. Wichtigster Hinweis dafür ist eine mehrfach in antiken Quellen belegte Ausweisung von Juden aus Rom unter Kaiser Claudius (41–54 n.Chr.) wegen Unruhen, die durch einen gewissen „Chrestos“ ausgelöst worden waren[23]. Zu den Ausgewiesenen gehörten nach Apg 18,2 auch Aquila und Priszilla, die uns in der Grußliste des Römerbriefes als Mitarbeiter des Paulus in Rom wiederbegegnen (16,3f). Dieses Ehepaar verkörpert somit die Brücke zwischen der „vorpaulinischen“ Gruppe von Jesusanhängern innerhalb der Synagogen Roms und den Gruppen, an die sich der Brief wendet.

Von diesen Zusammenhängen her lassen sich wenigstens für zwei Themenkreise des Römerbriefes konkrete geschichtliche Hintergründe ausmachen. Die Argumentation der Kap. 9–11 wendet sich an Adressatengruppen, die die Berufung von Juden und Nichtjuden zu dem einen endzeitlichen Gottesvolk (vgl. 9,24!) in ihrem eigenen Lebensbereich erfahren haben. Von daher mussten ihnen auch die von Paulus in diesem Zusammenhang zur Sprache gebrachten Spannungen gegenwärtig sein (vgl. bes. 11,13–24!), ohne dass wir aus der Argumentation des Römerbriefes sicher erschließen könnten, wie sie mit diesen Spannungen umgegangen sind. Der ermahnende Briefteil 14,1–15,13 bringt dagegen ausdrücklich Positionen zur Sprache, die unter den Christen in Rom vertreten wurden. Die konkreten Streitfragen (Speisevorschriften und Fastentage) werden nur von der → Torapraxis jüdischer Gemeinschaften in nichtjüdischer Umwelt her verständlich, die offenbar

20 Z.B. 1 Thess 2,14f; 2 Kor 11,24ff; Gal 5,11; Phil 1,29f. Vgl. auch die entsprechenden Darstellungen der Apostelgeschichte, z.B. 14,1–7; 16,16–22; 17,5–14; 18,12–17.

21 Vgl. dazu P. Lampe, Die stadtrömischen Christen in den ersten beiden Jahrhunderten. Eine Untersuchung zur Sozialgeschichte (WUNT 2,18), Tübingen 2. Aufl. 1989, 1–9.53–67.124–153.

22 1,5f.13ff; 11,13; 15,15f.18.

23 Zu den Einzelheiten vgl. Riesner, Frühzeit, 139–180.

auch für das Zusammenleben von Juden und Nichtjuden in der einen Gemeinde Jesu Christi Folgen hatte[24].

3. Ziel:

Verteidigung der paulinischen Position gegenüber Einwänden in Rom und Jerusalem

Gibt es also durchaus thematische Verbindungen zwischen den konkreten römischen Gemeindeverhältnissen und der theologischen Argumentation und Ermahnung des Paulus, so lässt sich doch nicht sicher sagen, inwieweit auch die in Kap. 1–8 entfalteten Grundzüge des paulinischen Evangeliumsverständnisses auf *in Rom* erhobene Einwände zugeschnitten sind. Jedenfalls sind sie nicht exklusiv an die römischen Verhältnisse gebunden und setzen offenbar schon Auseinandersetzungen in früheren Etappen der paulinischen Mission voraus[25]. Es ist aber in jedem Fall für das Verständnis des Römerbriefes von Bedeutung, dass Paulus seinen spezifischen Auftrag, den *Heiden* das Evangelium zu verkünden, im Brief nicht bloß immer wieder betont[26], sondern dass er ihn auch zu einem wesentlichen Bestandteil seiner theologischen Argumentation macht. Von ihm her erst erhält das paulinische Evangelium seine geschichtlichen Konturen. Dass das Christusgeschehen für Juden und Nichtjuden gleichermaßen heilvoll ist (1,16f), dass ohne das Evangelium beide gleichermaßen unter dem Zorn Gottes stehen (1,18–3,20), dass für beide der Zugang zur endzeitlichen Gottesgemeinschaft über den Glauben an Jesus Christus führt, nicht über die Einhaltung der → Tora (3,21–31; 9,30–33), dies erforderte eingehende Begründungen. Die paulinische Position war zudem Missverständnissen und Überinterpretationen ausgesetzt, die er bei seinen Darlegungen in Rechnung zu stellen hatte. Die Verteidigung seiner Sicht des Evangeliums gegenüber Einwänden und die Korrektur möglicher Missverständnisse ist daher ein weiterer Grund und Anlass seines Schreibens.

C Theologische Schwerpunkte

1. Das Evangelium von der Gerechtigkeit Gottes

Das paulinische → Evangelium von der Gerechtigkeit Gottes ist Basis der gesamten Argumentation des Römerbriefes und gleichzeitig Mitte der paulinischen Theologie. Bei ihrer Erschließung haben wir vor allem folgende Aussagezusammenhänge zu berücksichtigen: Die inhaltliche Kurzbeschreibung des Evangeliums im Prä-

24 Die Jesusanhänger in Rom bildeten zur Zeit des Römerbriefes zwar offenbar keine organisatorische Einheit (vgl. die verschiedenen „Häuser“ in der Grußliste Kap. 16). Paulus redet sie aber in seinem Brief dennoch als die eine endzeitliche Gemeinschaft aus Juden und Heiden an. Zudem lassen sich die in Röm 16 erwähnten Hausgemeinden weder auf „Judenchristen“ und „Heidenchristen“ verteilen, noch mit den Konfliktgruppen von Kap. 14f identifizieren.

25 Auf sie soll bei der Behandlung des Galaterbriefes eingegangen werden.

26 Vgl. bes. 1,5.13; 11,13; 15,16.

skript (1,2–4), die Zielbestimmung des Evangeliums innerhalb der Themaangabe für das Briefkorpus (1,16f) sowie seine Grundlegung im Geschehen von Tod und Auferweckung Jesu im Zusammenhang des ersten Argumentationsganges (3,21–31; 4,24f).

1.1 Jesus Christus als Inhalt

In 1,2–4 bestimmt Paulus den Inhalt seines Evangeliums, das Gott

> zuvor verheißen hat durch seine Propheten in der heiligen Schrift,
> von seinem Sohn Jesus Christus, unserm Herrn[27],
> der geboren ist aus dem Geschlecht Davids nach dem Fleisch,
> und nach dem Geist, der heiligt, eingesetzt ist als Sohn Gottes in Kraft durch die Auferstehung von den Toten.

Diese Anordnung der Aussagen ist charakteristisch dafür, wie Paulus den Zusammenhang zwischen Evangelium, Christusgeschehen und Schrift bestimmt. An erster Stelle steht der Verweis auf Gottes Verheißung, die in der Glaubensüberlieferung Israels gegenwärtig ist[28]. Das bedeutet aber nicht, dass man die Botschaft von Jesus Christus unmittelbar aus dem Wortlaut der Schrift ablesen könnte. Vielmehr eröffnet sich *dieser* Sinn der Schrift erst und nur dem, der sie vom Evangelium und vom Christusbekenntnis her liest.

Schrift und Evangelium

Die Schrift für sich genommen kann nicht Ursprung des Evangeliums sein. Dass Jesus der von ihr verheißene → Messias ist, kann nur erkennen und verkünden, wer von Gott dazu berufen ist[29]. Dem entspricht es, wenn Paulus dem Hinweis auf das Christuszeugnis der Schrift seine Selbstvorstellung als „Sklave Christi Jesu, (von Gott) berufen zum Apostel und ausgesondert, zu predigen das Evangelium Gottes" voranstellt (1,1) und ihm eine Explikation durch das Christusgeschehen folgen lässt (V. 3f). Die Schrift wird aber zum Zeugen des Evangeliums, wenn sie im Licht des Christusgeschehens gelesen wird. Freilich beleuchten sich Schrift und Christusgeschehen auch gegenseitig: Das Christusgeschehen wird von der Schrift her erkennbar als Auswirkung des heilsamen Handelns Gottes an seinem erwählten Volk Israel. Und die Heilsverheißungen der Schrift für Israel werden durch das Christusgeschehen und seine Auswirkungen für Juden und Heiden „endgültig" definiert. Das Recht zu solchem Lesen der Schrift findet Paulus darin, dass

27 Im griechischen Text bilden die beiden Bekenntnisaussagen zu Jesus als „sein Sohn" und als „unser Herr" eine Klammer um die Aussagen über die beiden Seiten des Christusgeschehens, seine Geburt aus der Nachkommenschaft Davids und seine Auferweckung von den Toten. Die zitierte Wortstellung der revidierten Lutherübersetzung verdeckt das.

28 Er klingt für jeden, der mit der Schrift vertraut ist, schon in dem Wort Evangelium an, das im Lebenszusammenhang der Jesusbewegung auf die Heilsankündigungen des Jesajabuches bezogen wurde. Vgl. Jes 40,9; 52,7; 61,1; im NT Lk 4,16–21; Mt 11,2–6 par Lk 7,18–23.

29 Vgl. Röm 9,6–29; 11,2–7.28f.

er – wie die urchristlichen Gemeinden insgesamt[30] – im Christusgeschehen denselben Gott am Werk sieht, der in der Schrift zu Israel spricht[31]. Dies gehört zum Kern des christlichen Bekenntnisses von Beginn an und ist der theologische Grund für den unaufgebbaren Platz des Alten Testaments in der christlichen Bibel. Wer nicht von diesem Bekenntnis herkommt, wird freilich die Schrift auch nicht in diesem Sinn lesen können[32].

1,3f, ein vorgegebenes Bekenntnis: Jesus ist **Davidssohn** und **Gottessohn**

Was wir bisher mit dem Begriff Christusgeschehen bezeichnet haben, entfaltet Paulus mit dem Verweis auf die Christus*geschichte*, wie sie sich der nachösterlichen Gemeinde darstellt: Jesus, der Gottessohn, entstammt als Mensch der Nachkommenschaft Davids und wurde durch Gott von den Toten auferweckt. Das Bekenntnis zur Auferweckung Jesu impliziert sein Todesgeschick, das Paulus häufig zusammen mit der Auferweckung als zentralen Bestandteil der Christusgeschichte hervorhebt[33].

Paulus erwähnt den Tod Jesu hier nicht ausdrücklich, weil er vermutlich ein ihm vorgegebenes Bekenntnis verarbeitet hat. Dafür sprechen neben sprachlichen Gesichtspunkten auch sachliche Differenzen zu anderen → christologischen Aussagen im Römerbrief. Es fällt auf, dass Jesus in 1,2–4 zweimal in unterschiedlicher Perspektive als Gottessohn bezeichnet wird, zuerst umfassend im Blick auf das Evangelium (V. 3a), dann eingegrenzt auf seine Auferstehung von den Toten (V. 4a). Demnach wäre Jesus erst seit seiner Auferweckung als Sohn Gottes eingesetzt worden, während er im Blick auf seine Herkunft „nur“ der Nachkommenschaft Davids zugeordnet würde. In 5,10 und 8,32 ist dagegen mit Blick auf seinen Tod von Jesus als Gottessohn die Rede, und in 8,3 ist vorausgesetzt, dass er schon Sohn Gottes war, als er in die menschliche Existenzweise gesandt wurde[34].

Offenbar hat aber Paulus hier keinen Widerspruch empfunden, sondern wollte wohl eher einen besonderen Akzent setzen. Die begrenztere Gottessohnaussage des übernommenen Bekenntnisses darf deshalb nicht gegen die einleitende umfassendere ausgespielt werden, sondern beide erhalten voneinander her ihre besondere Note. In dem übernommenen Bekenntnis wird durch die Herausstellung der davidischen Abstammung Jesu seine Bedeutung als Sohn Gottes nicht eingeschränkt. Vielmehr bildet sie die entscheidende Brücke vom urchristlichen Osterglauben zu einer Gestalt frühjüdischer Messiaserwartung, wie sie auch im Urchristentum gegenwärtig war und von der Christuserfahrung her gedeutet wurde[35]. Jesus ist als der Messias der endzeitliche Repräsentant Gottes auf dem Thron Davids. Auf den

30 Vgl. hierzu innerhalb der Paulusbriefe vor allem 1 Kor 15,1–11 sowie darüber hinaus besonders Lk 24,13–35.44–47; Apg 8,26–40.

31 Dies wird besonders in den von Schriftzitaten und -verweisen ganz und gar durchzogenen Kap. 9–11 deutlich.

32 Vgl. zu diesen Zusammenhängen o., S. 28–31.

33 Vgl. im Römerbrief 3,25; 4,25; 5,6–11; 6,3–11; 7,4; 8,32.34; 10,6f; 14,9.

34 So auch in Gal 4,4; vgl. noch 2 Kor 8,9; Phil 2,6–11.

35 Vgl. im AT 2 Sam 7,12–14, Ps 2,6f, im NT Mt 1,1.20–23; Lk 1,32; 2,4.11; Joh 7,42; 2 Tim 2,8. Eine detaillierte Untersuchung zur Messiasvorstellung im Frühjudentum und im Neuen Testament bietet M. Karrer, Der Gesalbte. Die Grundlagen des Christustitels, FRLANT 151, Göttingen 1991.

> Aspekt der irdischen Herkunft Jesu kam es Paulus in dem Zusammenhang, in welchem er gerade auf das Zeugnis der Propheten in den heiligen Schriften verwiesen hatte, offenbar besonders an, während er ihn sonst kaum betont[36].

Dass Jesus von seiner Auferstehung her als Gottessohn zu bekennen und zu verkünden ist, entspricht der Erfahrung und dem Auftrag des Paulus, der ja selbst von dem Auferstandenen Gnade und Apostelamt empfangen hat, Gehorsam des Glaubens aufzurichten unter allen Völkern für seinen Namen (V. 5)[37]. Auch dieser Gedanke passt zur unmittelbaren Aussageabsicht des Briefpräskripts (vgl. V. 1). Somit erklärt sich die innere Spannung der Aussagen über Jesus als Gottessohn aus dem Bestreben des Paulus, auf der Grundlage des urchristlichen Christusbekenntnisses die Beziehungen zwischen dem Christusgeschehen, dem Zeugnis der Schrift und seinem eigenen Verkündigungsauftrag zu umreißen.

1.2 Gerechtigkeit Gottes

Um die heilvolle Auswirkung des Christusgeschehens für alle Menschen, Juden und Nichtjuden, zur Sprache zu bringen, verwendet Paulus im Römerbrief besonders häufig den Ausdruck „Gerechtigkeit Gottes"[38]. Mit diesem Ausdruck macht Paulus zwei Aussagen gleichzeitig, eine über Gott und eine über die Menschen. Beide werden miteinander verbunden durch das Stichwort Glaube. In 1,16f führt Paulus den Gedanken von seiner eigenen Verkündigung über deren heilsame Wirkung hin zu ihrem Grund und Ursprung.

> Denn ich schäme mich des Evangeliums nicht; denn es ist eine Kraft Gottes, die selig macht alle, die daran glauben, die Juden zuerst und ebenso die Griechen. Denn darin wird offenbart die Gerechtigkeit, die vor Gott gilt, welche kommt aus Glauben in Glauben; wie geschrieben steht: Der Gerechte wird aus Glauben leben.

Das Evangelium wird so zum erfahrbaren Ort des Wirkens Gottes, wie es von den Verheißungen an Israel her zu erwarten und für die eschatologische Heilszeit gültig ist. Die Folge davon ist Leben, vermittelt durch den Glauben. Dies gilt „für den Juden zuerst, aber auch für den Griechen" und ist bezeugt in der Schrift (vgl. Hab 2,4).

In 3,21–26 greift Paulus diese Aussage auf und spitzt sie auf die Frage zu, *wie* die Gerechtigkeit Gottes dem Menschen zugute kommt, nämlich „ohne Gesetz ... durch Glauben" (V. 21f). Damit zieht er die Schlussfolgerung aus der bisherigen Argumentation, die sich auf die Wirklichkeit der Menschen, vom Evangelium aus gesehen, richtete. Endzeitliches Heil können sie nur erfahren, wenn sie „gerechtfertigt werden", d.h., im → eschatologischen Gericht von Gott freigesprochen wer-

36 Vgl. aber 9,5!
37 Vgl. Gal 1,15f; 2 Kor 4,5f.
38 1,17; 3,5.21–26; 10,3; sonst nur noch 2 Kor 5,21; vgl. auch Phil 3,9. Zur Gerechtigkeit bei Matthäus vgl. o. S. 95f.

den. Das kann nicht aufgrund von „Werken des Gesetzes" geschehen, weil sich am Maßstab der Tora alle als Sünder erwiesen haben (V. 23, vgl. V. 20). In dieser Situation wird das Christusgeschehen zur Erlösung, weil es allen Glaubenden umsonst kraft der Gnade Gottes Rechtfertigung zukommen lässt (V. 24).

3,24f:
Jesu Tod als **Sühnegeschehen**

Den Erlösungsvorgang erklärt Paulus mit Hilfe des biblischen → Sühnegedankens: Gott hat Jesus als „Sühnmal"[39] für die Glaubenden eingesetzt. In seinem Tod am Kreuz hat Jesus die Sünden der Glaubenden auf sich genommen. Gott selbst bewirkte auf diese Weise den Sündern Sühne. Darin hat er seine Gerechtigkeit erwiesen (V. 25)[40]. Der letzte Satz des Abschnitts (V. 26) kann als Schlüssel dafür gelten, wie Paulus Gerechtigkeit Gottes im Blick auf Gott selbst, im Blick auf den Menschen und im Blick auf den Glauben versteht: Gott erweist seine Gerechtigkeit in der Jetzt-Zeit (d.h., im eschatologisch gedeuteten Christusgeschehen), indem er selbst gerecht *ist* und den gerecht *macht*, der an Jesus *glaubt* (V. 26).

In Kap. 4 begründet Paulus diesen Zusammenhang mit Hilfe einer Interpretation der biblischen Abrahamerzählung. In der Schrift ist vom Glauben Abrahams und seiner Rechtfertigung schon die Rede, bevor von seiner Beschneidung erzählt wird[41]. Dies versteht Paulus als Hinweis darauf, dass Abraham nicht nur Stammvater Israels, sondern Vater *aller* Glaubenden, Juden wie Nichtjuden ist (V. 16f). So wie einst Abraham wird daher jetzt denen, die im Tod und in der Auferweckung Jesu Gott am Werk sehen, ihr Glaube „zugerechnet werden". Grund dafür ist (wie schon in 3,25f) der Tod Jesu als Sühne „für unsere Übertretungen" (V. 24f).

Gerechtigkeit Gottes = **Verheißungstreue**

Die Aussagen des Paulus über die Gerechtigkeit Gottes erhalten ihr besonderes Profil auf dem Hintergrund biblisch-jüdischer Überlieferungen[42]. An frühjüdisches Gottesverständnis konnte Paulus anknüpfen, wenn er das Christusgeschehen als Erweis der Treue Gottes zu seinen Verheißungen an Israel erkannte. Gerechtigkeit Gottes meint bei ihm wie im Alten Testament und im → Frühjudentum Gottes Bundes- bzw. Gemeinschaftstreue. Gott erweist seine Gerechtigkeit an den Menschen nicht im Strafvollzug für Vergehen, sondern in der Herstellung und Erhaltung einer heilsamen Lebensordnung. Gerechtigkeit ist also nicht eine Eigenschaft, sondern ein Tun Gottes, und zwar zum Heil für die Menschen[43]. Auch die Ausrichtung auf die eschatologische Heilszeit, in der sich Gottes Gerechtigkeit in

39 Vgl. hierzu den Sühneritus der Tora, Ex 25, 17–22; Lev 16,12–16.

40 Für den biblischen Sühnegedanken ist entscheidend, dass Gott Subjekt des Vorgangs ist, also Sühne schafft, nicht der Sünder!

41 Vgl. Gen 15,1–6; 17,10–14. In Röm 4,3 (vgl. auch 4,9) zitiert Paulus Gen 15,6, in 4,18 Gen 15,5. Aus Gen 17 zitiert er in Röm 4 nur den Hinweis auf Abraham als „Vater vieler Völker" (vgl. Röm 4,17 mit Gen 17,5).

42 Zum vertieften Studium dieser Zusammenhänge empfehlen sich die einschlägigen Exkurse in den Kommentaren von Wilckens und Stuhlmacher. Vgl. außerdem Stuhlmacher, Theologie I, 311–348.

43 Vgl. z.B. Dtn 33,21; Ri 5,11; Ps 36,7; Jes 45,24f; Mi 6,5, jeweils in ihrem Zusammenhang.

seinem Gericht über die Taten der Menschen erweist, verbindet Paulus mit biblischen und frühjüdischen Aussagen. Ebenso finden wir dort eindrückliche Zeugnisse für die Einsicht in die Sündhaftigkeit der Menschen und ihre Angewiesenheit auf Gottes Barmherzigkeit[44].

2. Juden und Nichtjuden als Adressaten des Evangeliums

Auf dieser Basis lassen sich die besonderen Akzente erkennen, die Paulus nach dem Zeugnis des Römerbriefes in die Christusbotschaft einbringt. Sie stehen jeweils in Beziehung zu seinem Auftrag, *den Heiden* das Evangelium zu verkünden[45]. Von diesem Auftrag her versteht Paulus das Christusgeschehen als Heilsgeschehen für alle Menschen, und das bedeutet konkret: für Juden und Nichtjuden gemeinsam und gleichermaßen.

paulinische Akzente
- Platz für Nichtjuden in der Gemeinde
- Sicherung der Verheißungstreue Gottes gegenüber Israel

Für die ersten Jesusanhänger war die Ausrichtung der Christusbotschaft auf Israel wohl fraglos, weil sie selbst aus dem Gottesvolk stammten und sich ihm weiter zugehörig ansahen. Für Paulus als Israelit und Heidenapostel[46] hingegen ergab sich aus seinem spezifischen Auftrag die Notwendigkeit, den Platz der Nichtjuden im Christusgeschehen zu bestimmen, ohne dabei den biblischen Grundgedanken von der Erwählung Israels aufzugeben. Die Rechtfertigungslehre, wie sie im Römerbrief Gestalt gefunden hat, verdankt sich also der theologischen Reflexion einer missionarischen Aufgabe. Kapitel 9–11 haben in diesem Zusammenhang die Funktion, an der Gerechtigkeit Gottes im Christusgeschehen festzuhalten auch angesichts des Unglaubens eines Teils aus Israel (vgl. bes. 9,30–10,13). Im Blick auf Israel als ganzes kann Paulus daher noch nicht vom Erweis der Gerechtigkeit Gottes in der Gegenwart sprechen, wie er es vorher im Blick auf die glaubenden Juden und Nichtjuden getan hat (vgl. 3,21–31). Vielmehr hat (der nicht glaubende Teil aus) Israel Anstoß genommen an Jesus Christus, hat in ihm nicht einen Gerechtigkeitserweis Gottes erkannt, sondern ihm seine eigene Gerechtigkeit, die Tora, entgegengestellt (9,32; 10,3). Dadurch ist aber die Zukunftsperspektive der Rettung Israels nicht ausgeschlossen. Paulus entfaltet sie, indem er die gegenwärtige Heilsferne von Israeliten als Folge ihrer Verhärtung durch Gott und Schritt auf dem Wege zur Rettung von Nichtjuden deutet sowie die künftige Errettung ganz Israels durch den vom → Zion kommenden Christus ankündigt (11,7–27).

Im Kontext jüdischer Erwartungen für die Endzeit, der für das Urchristentum zunächst bestimmend war, erscheint die paulinische Sicht der Dinge zwar nicht un-

44 Z.B. Ps 51,3–6; Dan 9,16–18. Auf frühjüdische Texte geht Wilckens, Röm I, 212–220, ein.

45 Röm 1,5.13f; 11,13; 15,16; vgl. Gal 1,15f.

46 Vgl. Röm 11,1.13f.

denkbar, aber auch nicht selbstverständlich. Innerhalb der großen Vielfalt jüdischer Endzeiterwartungen gibt es sowohl Zeugnisse für ein positives Geschick der nichtjüdischen Völker als auch solche, die ihnen nur das Gericht anzukündigen haben[47]. Die paulinische Position, dass in der schon als Gegenwart erfahrenen Endzeit Juden und Nichtjuden auf gleichem Wege vor dem göttlichen Gerichtszorn gerettet werden, nämlich über den Glauben an Jesus Christus, lässt sich jedenfalls nicht unmittelbar aus den biblischen und frühjüdischen Zeugnissen ableiten. Sie verdankt sich seiner ureigenen Christuserfahrung und der theologischen Reflexion des mit ihr verbundenen Auftrags auf der Grundlage der Schrift.

3. Glaube und Gesetz

Von hier aus erklärt sich auch die für Paulus typische Gegenüberstellung von Glaube und Gesetz im Rechtfertigungsgeschehen. Wenn das Christusgeschehen für Juden und Nichtjuden gemeinsam und gleichermaßen Heilsgeschehen sein soll, dann braucht es auch auf Seiten der Menschen einen gemeinsamen Bezugspunkt. Der kann freilich nicht das Gesetz sein, weil die Tora nach biblischem Zeugnis nur für Juden, nicht aber für Heiden gilt. Paulus findet zunächst vom Christusevangelium her einen gemeinsamen „Anlaufpunkt" bei Juden und Heiden in ihrer totalen Verfallenheit an die Sünde (1,18–3,20). In dieser Hinsicht kann die Tora auch für Nichtjuden eine Funktion haben: Sie macht (im Licht des Evangeliums!) die Sünde erkennbar (3,20). Aber damit ist noch kein Bezugspunkt für das Christusgeschehen als *Heils*geschehen gefunden, denn die Sünde aller Menschen unterliegt ja nach biblischem Zeugnis wie nach dem des Paulus dem *Zorn* Gottes (vgl. 1,18).

Als Bindeglied einerseits zwischen Gott und den Menschen und andererseits zwischen Juden und Nichtjuden entdeckt Paulus den Glauben:

> So halten wir nun dafür, dass der Mensch gerecht wird ohne des Gesetzes Werke, allein durch den Glauben. (3,28)

Glaube als Geschenk rückhaltlosen Vertrauens auf Gottes Verheißung ist in Abraham vorgebildet: Er „glaubte an Gott als den, der die Toten lebendig macht und das Nichtseiende ins Sein ruft" (4,17). Mit ihrem Glauben an den Gott, der Jesus von den Toten auferweckt hat, treten die Heiden ein in die Glaubensgeschichte Israels (4,24). So kann Paulus den Segen an Abraham für „alle Geschlechter der Erde" (Gen 12,3; 17,4f) als Hinweis auf die Teilhabe der Völker am endzeitlichen Heilsgeschehen verstehen, die er als Heidenapostel verkündigt.

47 Schon im Alten Testament finden wir beides nebeneinander, vgl. z.B. einerseits Jes 56,3–8; 66,18–24; Sach 14,16, andererseits Jes 60,10ff; 63,1–4; Sach 2,12f.

D Wirkungsgeschichtliche Hinweise

Der Römerbrief ist in einzigartiger Weise für die christliche Theologiegeschichte prägend geworden. Dies soll hier lediglich an drei Beispielen angedeutet werden. In der Zeit der Alten Kirche war es Augustinus von Hippo (354–430)[48], der durch das Lesen eines Abschnitts aus dem Römerbrief zu einer Lebenswende geführt wurde. In den *Confessiones,* einer autobiographisch-psychologisch-religiösen Selbstdarstellung (geschrieben 397/98), beschreibt er seine lange unbefriedigte Suche nach geistiger, beruflicher und materieller Erfüllung. Da hörte er in einem Garten eine Kinderstimme singen: „Nimm es, lies es! Nimm es, lies es!". Er verstand das als Hinweis Gottes und schlug daraufhin eine Schriftrolle mit den Paulusbriefen auf:

> Ich ergriff es, schlug es auf und las still für mich den Abschnitt, auf den zuerst mein Auge fiel: „Nicht in Schmausereien und Trinkgelagen, nicht in Schlafkammern und Unzucht, nicht in Zank und Neid, vielmehr ziehet an den Herrn Jesus Christus und pfleget nicht des Fleisches in seinen Lüsten." (Röm 13,13f). Weiter wollte ich nicht lesen, und weiter war es auch nicht nötig. Denn kaum war dieser Satz zu Ende, strömte mir Gewissheit als ein Licht ins kummervolle Herz, dass alle Nacht des Zweifelns hin und her verschwand. (8,12)[49]

Augustin fühlte sich auf seine individuellen Nöte angesprochen. Konsequenz seiner Bibellektüre war, dass er seinen Lebenswandel änderte, seine berufliche Karriere abbrach, sich taufen ließ und sein künftiges Leben ganz in den Dienst der Kirche stellte. Auch in seinem Wirken als Bischof und Theologe bezog er die biblische Botschaft auf die individuelle Situation des Einzelnen vor Gott. Diese charakteristisch neue Art des Umgangs mit dem Römerbrief schlug sich besonders in seiner Sünden- und Gnadenlehre nieder. Dabei hat Augustin auch zu einem neuen Verständnis der Ich-Rede des Paulus in Röm 7 gefunden. In dem Ich des Paulus sah er die ganze Menschheit seit Adams Zeiten und jeden einzelnen Menschen von Adam her persönlich mit dem Willen Gottes konfrontiert, vor dem er nur versagen kann („Erbsünde"). Allein durch die Gnade Gottes, die in der Kirche zugänglich wird, kann der Mensch aus seiner rettungslosen Verfallenheit an die sündlichen Begierden befreit werden. Später bezog Augustin dieses Urteil über den Menschen nicht nur auf die Lage vor seiner Bekehrung zu Christus, sondern auf jeden Menschen, auch den getauften Christen[50].

Diese Interpretation wurde maßgeblich für die abendländische Theologiegeschichte und bildete auch für den theologischen Neuansatz Martin Luthers (1483–1547) die Ausgangsposition[51]. Dieser lässt sich wiederum anhand eines Selbstzeug-

48 Vgl. zu ihm G. Haendler, Die abendländische Kirche im Zeitalter der Völkerwanderung, KGE I/5, Berlin 1980, 41–65.

49 Zit. nach Augustinus, *Confessiones*/Bekenntnisse. Lateinisch und deutsch, eingel., übers. u. erl. v. J. Bernhart, München 4. Aufl. 1980, 417.

50 Zur Auslegung von Röm 7 durch Augustin vgl. genauer Wilckens, Röm II, 101–107.

51 Zu Luthers Auslegung von Röm 7 vgl. Wilckens, Röm II, 107–110.

nisses des Reformators über das Lesen eines Abschnitts aus dem Römerbrief illustrieren. In der Vorrede zur Ausgabe seiner lateinischen Schriften schreibt Luther im Jahr 1545 rückblickend auf die frühen Jahre seiner reformatorischen Schriftauslegung:

> Mit außerordentlicher Leidenschaft war ich davon besessen, Paulus im Brief an die Römer kennen zu lernen. ... ein einziges Wort im ersten Kapitel (V. 17) war mir bisher dabei im Wege: „Die Gerechtigkeit Gottes wird darin (im Evangelium) offenbart." Ich hasste nämlich dieses Wort „Gerechtigkeit Gottes", weil ich durch den Brauch und die Gewohnheit aller Lehrer unterwiesen war, es philosophisch von der formalen oder aktiven Gerechtigkeit (wie sie es nennen) zu verstehen, nach welcher Gott gerecht ist und die Sünder und Ungerechten straft.
>
> Ich konnte den gerechten, die Sünder strafenden Gott nicht lieben, im Gegenteil, ich hasste ihn sogar. Wenn ich auch als Mönch untadelig lebte, fühlte ich mich vor Gott doch als Sünder, und mein Gewissen quälte mich sehr. Ich wagte nicht zu hoffen, dass ich Gott durch meine Genugtuung versöhnen könnte ... Als ob es noch nicht genug wäre, dass die elenden und durch die Erbsünde ewig verlorenen Sünder durch das Gesetz des Dekalogs mit jeder Art von Unglück beladen sind — musste denn Gott auch noch durch das Evangelium Jammer auf Jammer häufen und uns auch durch das Evangelium seine Gerechtigkeit und seinen Zorn androhen? So wütete ich wild und mit verwirrtem Gewissen, jedoch klopfte ich rücksichtslos bei Paulus an dieser Stelle an, ich dürstete glühend zu wissen, was Paulus wollte.
>
> Da erbarmte sich Gott meiner. Tag und Nacht war ich in tiefe Gedanken versunken, bis ich endlich den Zusammenhang der Worte beachtete: „Die Gerechtigkeit Gottes wird in ihm (im Evangelium) offenbart, wie geschrieben steht: Der Gerechte lebt aus Glauben." Da fing ich an, die Gerechtigkeit Gottes als eine solche zu verstehen, durch welche der Gerechte als durch Gottes Gabe lebt, nämlich aus dem Glauben. Ich fing an zu begreifen, dass dies der Sinn sei: durch das Evangelium wird die Gerechtigkeit Gottes offenbart, nämlich die passive, durch welche uns der barmherzige Gott durch den Glauben rechtfertigt, wie geschrieben steht: „Der Gerechte lebt aus Glauben." Da fühlte ich mich wie ganz und gar neu geboren, und durch offene Tore trat ich in das Paradies selbst ein. Da zeigte mir die ganze Schrift ein völlig anderes Gesicht. Ich ging die Schrift durch, soweit ich sie im Gedächtnis hatte, und fand auch bei anderen Worten das Gleiche ...[52].

Die aus persönlicher Gewissens- und Verstehensnot herrührende Pauluslektüre führte Luther zu einem neuen Gottesverständnis: Gott ist gerecht gerade darin, dass er dem Menschen seine Gerechtigkeit zukommen lässt, und zwar im Christusgeschehen, und ihn dadurch heil macht. Von diesem neuen Gottesverständnis her kann er das Christusgeschehen als Ausdruck der Barmherzigkeit Gottes verstehen, einer Liebe zum Menschen, die, während sie im Blick auf den Menschen ganz und gar grundlos ist, ihren Grund allein in Gott hat.

Schließlich soll auf einen Theologen des 20. Jahrhunderts verwiesen werden, Karl Barth (1886–1968), der ebenfalls im Zuge der Lektüre und Auslegung des

52 Zitiert nach Luther Deutsch. Die Werke Martin Luthers in neuer Auswahl für die Gegenwart, hg. v. K. Aland, Bd. 2, Stuttgart 1962, 19f.

Römerbriefes zu Erkenntnissen gekommen ist, die für die Entfaltung seiner Theologie grundlegend waren. Im Vorwort zur ersten Auflage seines Römerbriefkommentars (1918) bekennt Barth, die kräftige Stimme des Paulus sei ihm neu gewesen, und es sei ihm, sie müsste auch manchen andern neu sein[53]. Im ausführlicheren Vorwort zur zweiten, stark überarbeiteten Auflage dieses Kommentars (1921) charakterisiert er seine Auslegungsweise folgendermaßen:

> Aber was meine ich, wenn ich die innere Dialektik der Sache und ihre Erkenntnis im Wortlaut des Textes den entscheidenden Faktor des Verständnisses und der Erklärung nenne? ... Wenn ich ein „System" habe, so besteht es darin, dass ich das, was Kierkegaard den „unendlichen qualitativen Unterschied" von Zeit und Ewigkeit genannt hat, in seiner negativen und positiven Bedeutung möglichst beharrlich im Auge behalte. „Gott ist im Himmel und du auf Erden". Die Beziehung dieses Gottes zu diesem Menschen, die Beziehung dieses Menschen zu diesem Gott ist für mich das Thema der Bibel und die Summe der Philosophie in Einem. Die Philosophen nennen diese Krisis des menschlichen Erkennens den Ursprung. Die Bibel sieht an diesem Kreuzweg Jesus Christus.[54]

Barth hat sich mit solcher Grundhaltung gegenüber dem Text kritisch abgesetzt vom methodischen Vorgehen seiner theologisch-exegetischen Lehrer und Zeitgenossen. Insbesondere wollte er einer in der Zeit des Liberalismus und Historismus primär historisch ausgerichteten Auslegung mit einer theologischen Interpretation entgegentreten. „Kritischer müssten mir die Historisch-Kritischen sein!"[55], hält er ihnen im zweiten Vorwort entgegen und greift damit die Grundintention auf, die er schon im ersten herausgestellt hatte.

Die Römerbriefauslegung von Karl Barth wurde als Signal für einen theologischen und → hermeneutischen Neuansatz empfunden und hat sich in Teilen der protestantischen Theologie des 20. Jh.s auch als solcher erwiesen[56]. Freilich hat die schon von Barth selbst gesehene problematische Alternative zwischen einer historischen und einer theologischen Auslegung auch die Grenzen dieses Ansatzes deutlich werden lassen[57]. Wenn gegenwärtig die beiden großen Kirchen des Abendlandes, die lutherische und die römisch-katholische, sich um ein neues gemeinsames Verständnis der Rechtfertigungslehre mühen, dann kann solches Bemühen nur Aussicht auf Erfolg haben, wenn es verbunden ist mit dem gemeinsamen Lesen der paulinischen Zentralaussagen zur Rechtfertigung unter Berücksichtigung ihrer geschichtlichen Ursprungszusammenhänge und mit Blick auf die Herausforderungen der christlichen Gemeinden unserer Zeit.

53 K. Barth, Der Römerbrief, 2. Aufl. München 1923, Vf. Zur „Römerbrieferfahrung" Barths vgl. E. Busch, Karl Barths Lebenslauf. Nach seinen Briefen und autobiographischen Texten, Gütersloh 5. Aufl., 1993, 109–138 (= Berlin 1979, 92–119).

54 A. a. O., XIV.

55 A. a. O., XII.

56 Vgl. dazu Stuhlmacher, Verstehen, 175–186.

57 Vgl. zur kritischen Wertung Stuhlmacher, a.a.O., 185f.

4. Die Korintherbriefe – der Apostel und seine Gemeinde

Literatur

Wolfgang Schrage, Der erste Brief an die Korinther, EKK 7, 4 Bde., Zürich u.a./ Neukirchen-Vluyn 1991, 1995, 1998, 2001
Christian Wolff, Der erste Brief des Paulus an die Korinther, ThHK 7, Leipzig 1996
Christian Wolff, Der zweite Brief des Paulus an die Korinther, ThHK 8, Berlin 1989
Hans-Josef Klauck, 1. Korintherbrief. 2. Korintherbrief, NEB.NT, Würzburg 1984, 1986 (Leipzig 1990), 3. Aufl. 1992/1994

Friedrich Wilhelm Horn, Das Angeld des Geistes. Studien zur paulinischen Pneumatologie, FRLANT 154, Göttingen 1992, 160–301
Hans-Josef Klauck, Hausgemeinde und Hauskirche im frühen Christentum, SBS 103, Stuttgart 1981
Wayne A. Meeks, Urchristentum und Stadtkultur. Die soziale Welt der paulinischen Gemeinden, Gütersloh 1993
Hans Weder, Das Kreuz Jesu bei Paulus. Ein Versuch, über den Geschichtsbezug des christlichen Glaubens nachzudenken, FRLANT 125, Göttingen 1981

Absender: Paulus beansprucht maßgebliche Autorität in seiner Gemeinde, muss aber um ihre Durchsetzung und seine Anerkennung kämpfen.
Adressaten: Die korinthische Gemeinde ist ein wichtiger Stützpunkt der paulinischen Mission. In ihr herrscht reges geistliches Leben, das noch wenig geordnet ist.
Thema: Paulus greift Streitfragen des Glaubens und Lebens der Gemeinde auf und versucht, sie mit theologischen Argumentationen zu klären.
Ziel: Die Gemeinde soll so wie der Apostel selbst in ihrer Gestalt und ihrem Verhalten dem Christusgeschehen entsprechen, dem sie ihre Existenz verdankt.

A Bibelkundliche Erschließung

1. Der erste Korintherbrief

Der erste Korintherbrief hat zwar keinen geschlossenen Gedankengang im Sinne von thematisch miteinander verbundenen und logisch aufeinander folgenden Ausführungen. Er ist aber dennoch klar gegliedert. Das liegt vor allem daran, dass er stärker als alle anderen Paulusbriefe Bezug nimmt auf konkrete Probleme und Anfragen der Gemeinde, an die Paulus schreibt[58]. Dennoch erschöpft sich darin seine Bedeutung nicht. Vielmehr zeigt sich gerade an diesem Brief, wie Paulus

58 Vgl. 1 Kor 7,1; 8,1; 12,1; s.a. 1,11; 5,1; 11,18; 15,12.

Herausforderungen aus dem Alltagsleben einer seiner Gemeinden mit grundlegenden theologischen Argumentationen verknüpft.

In den brieflichen Rahmen (→ Präskript 1,1–3; → Postskript 16,19–24) sind eine ganze Reihe von korinthischen Gemeindeproblemen bzw. Anfragen eingespannt, die Paulus nacheinander „abarbeitet". Man kann sich deren Reihenfolge zunächst einprägen, wenn man sie auf die Lebensbereiche einer jeden christlichen Gemeinde bezieht: Ihr A und O, Anfang und Ende, bilden *Kreuz* und *Auferstehung* Jesu (vgl. 1,18–25; 15,1–11). Gestalt gewinnen soll sie vorwiegend im privaten Bereich (Sexualität und Ehe, vgl. Kap. 5–7), im öffentlichen Bereich (Götzenopfermahlzeiten, vgl. Kap. 8–10) und im innergemeindlichen Bereich (Gottesdienstfragen, vgl. Kap. 11–14).

Strukturübersicht

<table>
<tr><td>Brief-
eingang
1,1–9</td><td colspan="5">Streit in der Gemeinde</td><td>Brief-
schluss
16</td></tr>
<tr><td></td><td>um das
Kreuz
1–4</td><td colspan="3">um das
Gemeindeleben
5–14</td><td>um die
Auf-
erstehung
15</td><td></td></tr>
<tr><td></td><td></td><td>Sexualität
5–7</td><td>Götzenmahl
8–10</td><td>Gottesdienst
11–14</td><td></td><td></td></tr>
</table>

Der erste Abschnitt *(1,10–4,21)*, in dem die Verkündigung des Kreuzes Christi zentrale Bedeutung erhält, ist veranlasst durch Auseinandersetzungen zwischen verschiedenen Gruppen in der Gemeinde („Parteien"), von denen Paulus durch Abgesandte aus Korinth erfahren hat (1,10ff). Über die Themen, um die es ging, hören wir so gut wie nichts[59]. Wir erfahren lediglich die Namen der Autoritäten, auf die sich die Gruppen berufen: Paulus, Apollos, Kephas, Christus (1,12; 3,4ff.22f). Schon diese Namenreihe lässt erkennen, dass Paulus nicht theologische Differenzen zwischen den Gruppen diskutieren will, sondern sich gegen das Phänomen der Gruppenbildung als solches wendet. Ihr stellt er das Kreuz Christi als ein Geschehen entgegen, das die Einheit der Gemeinde begründet, und leitet davon weiterführende Gedanken ab: Im „Wort vom Kreuz" setzt sich Gottes Wille zum Guten durch, seine Kraft und Weisheit, allerdings in para-doxer Weise, d.h., gegen den Augenschein und entgegen jedem menschlichem Verständnis von Weisheit.

59 Lediglich das Stichwort „Weisheit", das in diesem Abschnitt besonders häufig begegnet, könnte auf einen Streitgegenstand hinweisen.

Denn das Wort vom Kreuz ist eine Torheit denen, die verloren werden; uns aber, die wir selig werden, ist's eine Gotteskraft. (1,18)

Am Kreuz Jesu wird Torheit in den Augen der Menschen zur Weisheit Gottes und menschliche Weisheit zur Torheit in den Augen Gottes (1,18–25). Solche Umkehrung der Verhältnisse zeigt sich in der sozialen Zusammensetzung der korinthischen Gemeinde (1,26–31) wie auch an dem äußerlich schwach erscheinenden Auftreten des Paulus in Korinth (2,1–16). Auch das Wirken der Apostel verdankt sich ihrer Begabung durch Gott und dient dem Aufbau der Gemeinde (3,1–23). Gerade in seiner äußerlichen Schwachheit lässt der Aposteldienst die Grundzüge des Christusevangeliums erkennen (4,1–21).

Im zweiten Abschnitt *(Kap. 5–7)* geht es um eine Reihe konkreter Verhaltensweisen vorwiegend aus dem Bereich der Sexualethik und der Ehe. Die Weisungen, Ratschläge und Argumente des Paulus lassen seine Höherbewertung von Ehelosigkeit und sexueller Enthaltsamkeit erkennen (7,1.7.8.26.37f.40), erweisen sich aber auf diesem Hintergrund als durchaus flexibel und pragmatisch. Einerseits unterstreicht er die mit der Sexualität verbundenen Gefährdungen (7,28.32ff), andererseits sieht er in der ehelichen Sexualität ein Mittel gegen solche Gefährdungen (7,2.5.9.36). Als Orientierungsgrößen für das konkrete Verhalten[60] treten dabei die Heiligkeit der Gemeinde (7,14ff.32ff) und das bevorstehende Endgericht (7,16.29ff) hervor.

Der nächste Abschnitt *(Kap. 8–10)* wird bestimmt von der Abgrenzung gegenüber heidnischer Religion: Wie sollen sich Gemeindeglieder verhalten, wenn sie von Nichtglaubenden zu Mahlgemeinschaften eingeladen werden, bei denen Speisen angeboten werden, die mit heidnischen Opferkulten in Verbindung stehen („Götzenopferfleisch"). Paulus weiß sich mit den Korinthern darin einig, dass die heidnischen Götter gegenüber dem einen Gott Israels letztlich nichtig sind, die Glaubensgewissheit der Gemeinde also nicht durch das Essen bestimmter Speisen gefährdet werden kann (8,1–6). Aber Glaubensgewissheit kann zur Gefahr werden für Gemeindeglieder, die sich noch nicht völlig von den gewohnten Vollzügen heidnischer Religion gelöst haben (8,7–12). Daraus zieht Paulus die Schlussfolgerung: Wenn meine Glaubensgewissheit den Glauben eines Bruders gefährden kann, dann verzichte ich lieber darauf, sie auszuleben (8,13).

Den Gedanken des Verzichts illustriert Paulus in Kap. 9 an seiner Lebensweise als Apostel: Um sein Evangelium nicht missgünstigen Deutungen auszusetzen, hat er auf materielle Unterstützung durch die Gemeinden und auf eine Ehefrau verzichtet (9,1–14). In der Gestaltung seines Verkündigungsdienstes hat er sich allen anderen angepasst, um möglichst viele für das Evangelium zu gewinnen (9,15–27). Die negative Seite des Arguments entfaltet Paulus in Kap. 10 mit Hilfe einer biblischen Analogie: Obwohl die Israeliten bei ihrem Zug durch die Wüste[61] mit den Geistesga-

60 Ihnen ordnet Paulus seine persönlichen Präferenzen ausdrücklich unter, vgl. 7,8f.36ff.

61 Vgl. Ex 13–17; 32–34; Num 10–25.

Eschatologie Parusie

ben des Gottesvolkes ausgerüstet waren (wie jetzt die Gemeinde durch Taufe und Herrenmahl), waren sie nicht vor Götzendienst gefeit (10,1–14). Damit ist Paulus wieder bei dem aktuellen Problem. Die Gemeinschaft mit Christus im Herrenmahl schließt jede Beteiligung an heidnischer Religion aus (10,15–22). Freiheit und Verantwortung der Gemeinde sollen sich deshalb so realisieren, dass man nur so lange an Gastmählern teilnehmen kann, wie der Bezug der Speisen zur heidnischen Religion nicht ausdrücklich erkennbar geworden ist (10,23–28). So wird dem einen und einzigen Gott die Ehre gegeben und gleichzeitig Anstoß erregende Missdeutung vermieden (10,29–11,1).

Im folgenden Abschnitt *(Kap. 11–14)* geht Paulus auf Fragen aus dem gottesdienstlichen Leben ein. Dabei wird ein sehr lebendiges, aber noch wenig geordnetes geistliches Leben in der Gemeinde sichtbar.

Zuerst geht es um ein Detail im Erscheinungsbild der Frauen bei Gebet und Prophetie in der Gemeindeversammlung, ihre Kopfbedeckung (11,2–16). Anschließend rügt Paulus einen Missstand bei der Herrenmahlfeier (11,17–34). Bei der Herrenmahlfeier wurden die Besitzlosen der Gemeinde dadurch herabgesetzt, dass die Besitzenden ihre reiche Mahlzeit in der Gemeindeversammlung schon vorweg und für sich einnahmen. Paulus ermahnt nun nicht etwa die Besitzenden zum Teilen mit den Besitzlosen, sondern dazu, sich zu Hause satt zu essen, um dann in der Gemeinde gemeinsam das Herrenmahl beginnen zu können. Den theologischen Grund für diese Regelung findet er in der Überlieferung vom letzten Mahl Jesu mit seinen Jüngern. Durch den Bezug auf den unmittelbar bevorstehenden Tod Jesu und sein erwartetes Wiederkommen zum Gericht ist dieses Urbild der Herrenmahlfeier prinzipiell von jeder gewöhnlichen Sättigungsmahlzeit unterschieden. In der Gemeinschaft der Glaubenden beim Herrenmahl vollzieht sich ihre Gemeinschaft mit Christus, der für sie gestorben ist. Sie ist für ihr Geschick im eschatologischen Gericht entscheidend.

Die Kap. 12–14 behandeln geistliche Begabungen, die sich in der Gemeindeversammlung äußern. Paulus stellt ihre Vielfalt heraus, ordnet sie aber der Einheit des Geistes bzw. Gottes unter (12,1–11). Im Bild von dem einen „Leib Christi" mit vielen „Gliedern" versucht er die vielfältigen, untereinander gleichberechtigten Betätigungsmöglichkeiten in der Gemeinde einander zuzuordnen (12,12–31). Leitkriterium aller ihrer Lebensäußerungen soll die Liebe sein (Kap. 13). Schließlich wendet Paulus diese Grundlinien auf eine wohl in Korinth besonders aktuelle Frage an: die Bedeutung der Rede in „Zungen" (→ Glossolalie), d.h., in ekstatischen, unverständlichen Lauten, im Verhältnis zur prophetischen Rede beim Aufbau der Gemeinde (14,1–33).

Der fünfte Abschnitt *(Kap. 15)* betrifft die Auferstehung. Anlass ist wieder eine in Korinth aufgekommene Frage. Einige dort sagen: Totenauferweckung gibt es nicht (V. 12). Paulus argumentiert zunächst mit dem Bekenntnis von der Auferweckung *Jesu*, in dem die Korinther mit ihm und allen übrigen urchristlichen Verkündigern übereinstimmen (15,1–34). Die Auferweckung Jesu setzt die Geschehnisse der Endzeit in Gang. Am Ende wird Christus den Tod überwinden, alle, die zu ihm gehören, lebendig machen und schließlich seine Herrschaft über die Welt an Gott zurückgeben.

> Nun aber ist Christus auferstanden von den Toten als Erstling unter denen, die entschlafen sind. (V. 20)

Anschließend legt Paulus dar, *wie* sich die Totenauferweckung vollziehen wird (15,35–58). Zunächst beschreibt er bildlich die Gestalt (den „Leib") der Auferweckten: Wie die Ähre aus dem Korn hervorgeht, mit ihm also identisch ist und ihm doch nicht gleicht, so verhält sich die Gestalt der Auferstandenen zu der der Verstorbenen (V. 35–49). Dann schildert er die Vorgänge bei der endzeitlichen Totenauferweckung: Die noch Lebenden werden wie die Verstorbenen von einer vergänglichen in eine unvergängliche Gestalt übergehen. Der Tod wird für immer besiegt durch Christus (V. 50–58).

Der Aufbau des ersten Korintherbriefes ergibt sich somit aus der Reihenfolge, in der Paulus konkrete Gemeindeprobleme in Korinth aufgreift. Der Inhalt seiner Argumentationen geht aber weit über die Anfragen aus Korinth hinaus. Dadurch kommen grundlegende Züge des Glaubens und Lebens einer jeden christlichen Gemeinde zur Sprache: die Verkündigung des Kreuzestodes Jesu und seiner Auferweckung (Kap. 1 und 15), das Abendmahl (Kap. 10 und 11), der Gottesdienst, in dem der Geist Gottes erfahrbar ist (Kap. 11–14), der Glaube an den Gott Israels und Schöpfer der Welt (Kap. 8–10) und die Hoffnung auf die Vollendung seiner Schöpfung (Kap. 15), die Liebe, und zwar nicht nur die in der Gemeinde (Kap. 13), sondern auch die zwischen Mann und Frau (Kap. 7), ebenso aber auch ihre Gefährdung durch Missbrauch, in der Gemeinde wie zwischen Mann und Frau.

2. Der zweite Korintherbrief

Während im ersten Korintherbrief Probleme *innerhalb* der korinthischen Gemeinde im Mittelpunkt stehen, spiegeln sich im zweiten vor allem Differenzen *zwischen* Paulus und der Gemeinde. In beiden Briefen aber nimmt Paulus die konkreten Auseinandersetzungen zum Anlass für grundlegende Darlegungen. Diese betreffen im zweiten Korintherbrief seinen Dienst als → Apostel und sein Verhältnis zur Gemeinde. Hierin besteht die innere Einheit des Briefes. Zwei große „Verteidigungsreden" des paulinischen Apostolats prägen seinen Aufbau. Die erste (2,14–

Strukturübersicht

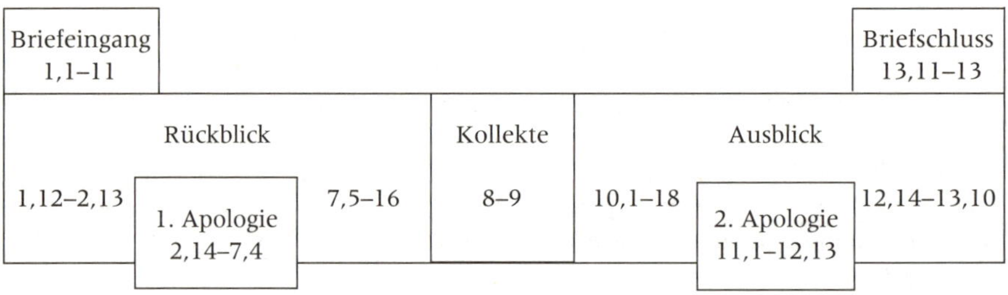

7,4) geht aus von *zurückliegenden* Kontakten zwischen Paulus und der Gemeinde (1,12–2,13; 7,5–16), die zweite (11,1–12,13) dient der Klärung ihrer *künftigen* Beziehungen, speziell der Vorbereitung eines bevorstehenden Besuches (10,1–18; 12,14–13,10). Dazwischen stehen Anweisungen, Ermahnungen und Informationen zu einem konkreten *gegenwärtigen* Projekt, der Geldsammlung für die Jerusalemer Urgemeinde (Kap. 8–9).

Schon der Lobspruch, der auf das → Präskript folgt (1,3–11), benennt einen charakteristischen Zug seines Aposteldienstes, seine Prägung durch Bedrängnis und Leid. Die erste Verteidigungsrede leitet Paulus ein mit einer Rechtfertigung seines bisherigen Verhaltens gegenüber den Adressaten (1,12–2,13). In 2,14 verlässt er aber diesen Erzählfaden und leitet mit einem Dank an Gott zu einer umfangreichen Darstellung und Verteidigung seines Aposteldienstes über *(2,14–7,4)*.

Die Leitfrage dabei ist: Wer ist für solchen Dienst geeignet, und wie zeigt sich seine Eignung (vgl. 2,16; 3,5f)? Paulus antwortet darauf zunächst, dass ihm seine Befähigung zum Apostelclienst von Gott zugeteilt wurde und dass sie sich in den Geisterfahrungen der korinthischen Gemeinde erwiesen hat (3,1–18). In der täglichen Not und Bedrängnis der Apostel wird ihre Bindung an das Leidensgeschick Jesu erkennbar, die ihnen die Gewissheit gibt, auch an seiner Auferweckung und an der künftigen, eschatologischen Vollendung teilzuhaben (4,1–5,10)[62]. Weil die endzeitliche Vollendung aber nicht nur den Apostel, sondern auch seine Adressaten betrifft, wendet sich Paulus dem Inhalt seiner Verkündigung zu, dem Zeugnis vom heilvollen Sterben Jesu für alle (5,11–21)[63]. In diesem Geschehen hat sich Gott aus eigener Initiative mit den Menschen versöhnt, indem er sie nicht nach ihren Verfehlungen bewertet und behandelt, sondern nach dem, was Christus für sie tat. Der Apostel hat diese Botschaft bekannt zu machen und zu ihrer Annahme aufzurufen. Er hat sie nicht nur auszurichten, sondern unter den bedrängenden Umständen, die Paulus in langer Reihe aufzählt, geradezu zu verkörpern (6,1–10). Damit lenkt Paulus den Blick von den Grundzügen seines Aposteldienstes zurück zu seinem persönlichen Verhältnis zur korinthischen Gemeinde.

In *Kap. 8 und 9* bespricht Paulus in zwei Anläufen das Projekt der Geldsammlung für Jerusalem. Die Sammlung soll ein Gemeinschaftswerk sein, bei dem sich die verschiedenen Gemeinden gegenseitig anspornen (8,1–6; 9,1f). Sie ist sichtbarer Ausdruck ihres Glaubens, ihrer gegenseitigen Liebe und der im Christusgeschehen empfangenen Gnade Gottes (8,7–15; 9,6–11). Sie dient dem materiellen Ausgleich und macht dankbar vor Gott (8,13–15; 9,11–15). Sie stellt vor organisatorische Aufgaben, die durch Mitarbeiter des Paulus und Abgesandte der Gemeinden gelöst werden sollen (8,16–24; 9,3ff).

62 Den Gegensatz zwischen dem gegenwärtigen Erscheinungsbild seines Dienstes und seiner wahren Qualität, die erst künftig sichtbar werden wird, bringt Paulus in 4,16–5,10 in verschiedenen Wendungen (äußerer – innerer Mensch, Sichtbares – Unsichtbares) und Bildern (irdisches Haus – himmlisches Haus, nackt – bekleidet, Heimat – Fremde) zur Sprache.

63 Den Übergang bildet 5,10: „Alle zusammen müssen wir offenbar werden vor dem Richterstuhl Christi."

Mit dem letzten Teil des Briefes *(Kap. 10–13)* kündigt Paulus seinen bevorstehenden Besuch in Korinth an und bereitet die Gemeinde auf sein vollmächtiges Auftreten vor (10,1–18; 12,14–13,11).

Im Zentrum dieses Briefteils steht die zweite Verteidigungsrede (11,1–12,13). Vor der Gemeinde rechtfertigt sich Paulus gegenüber Vorwürfen, die von außen in sie hineingetragen worden sind. Die Auseinandersetzung mit seinen Gegnern erfolgt indirekt. Durch eine plan- und stilvoll gestaltete Rede *an* die Gemeinde mit polemischen Ausfällen *über* die Eindringlinge (vgl. 11,13–15) versucht er, die Korinther für sich zurückzugewinnen. So kann er gegenüber den Vorzügen der Gegner seine eigenen zur Geltung bringen: Hinsichtlich seiner Herkunft aus dem Volk Israel steht er ihnen nicht nach, hinsichtlich der Christusverkündigung aber übertrifft er sie bei weitem. Das zeigt sich freilich nicht in äußerlich eindrucksvoller Rede oder materiellen Ansprüchen an die Gemeinde, sondern in den Nöten und Leiden, denen er bei seinem Dienst ausgesetzt ist. Sie sind Zeichen seiner Autorität und Identität als Apostel Jesu Christi, denn sie entsprechen dem Geschick Jesu, in dem Gottes Kraft offenbar geworden ist.

B Geschichtliche Einordnung

Die korinthische Korrespondenz und die paulinische Mission

In den Korintherbriefen kommen exemplarisch *Kontakte, Konflikte* und *Konzepte* zur Sprache, die für das frühe Christentum zumindest im Bereich der paulinischen Mission prägend geworden sind. Die Korintherbriefe vermitteln damit einen einzigartigen Einblick in geschichtliche Vorgänge, Herausforderungen und Spannungen im → Urchristentum.

1. Kontakte

Korinth war offenbar – neben Ephesus – der wichtigste Stützpunkt der paulinischen Mission[64]. Das ergibt sich sowohl aus den z.T. impliziten Informationen der Paulusbriefe als auch aus der expliziten Erzählung in der Apostelgeschichte (Apg 18–20). Paulus selbst war demnach mindestens zweimal, wahrscheinlich aber noch ein drittes Mal in Korinth. Im Zuge seiner Mission in Städten Kleinasiens und Griechenlands hatte er die Gemeinde gegründet und ihren Aufbau eine Zeit lang

64 Vgl. dazu Becker, Paulus, Kap. 6 und 7 (132–197). Hilfreich ist seine Übersicht über den „Ablauf der ephesinischen Ereignisse" (172f) mit chronologischer Einordnung und Stellenangaben. Zu chronologischen und missionsstrategischen Fragen s. a. Riesner, Frühzeit, 180–195.248–267, sowie seine chronologische Synthese der Informationen aus den Paulusbriefen und der Apostelgeschichte (282–290). Zur Stadt Korinth in der Antike vgl. Elliger, Paulus in Griechenland, 200–251.

begleitet („Gründungsaufenthalt")[65]. Von Ephesus aus, wo er sich anschließend etwa drei Jahre lang aufhielt[66], hatte er offenbar einen zweiten Gemeindebesuch unternommen, der aber einen für ihn unerfreulichen Verlauf nahm („Zwischenbesuch")[67]. Der zweite Korintherbrief dient der Vorbereitung seines dritten Besuchs, bei dem er u.a. die Geldsammlung für Jerusalem abschließen will („Kollektenreise")[68].

Auch bei räumlicher Trennung blieb Paulus in Verbindung mit der korinthischen Gemeinde. Drei Wege standen ihm dafür zur Verfügung: die Sendung von Mitarbeitern[69], der Empfang von Abgesandten der Gemeinde[70] und die briefliche Kommunikation. *In* Korinth hat Paulus vermutlich den ersten Thessalonicherbrief und den Römerbrief geschrieben, den ersten kurz nach der Gründung der Gemeinde (vgl. 1 Thess 1,1; 3,1–8; Apg 18,5), den zweiten während seines letzten Aufenthalts. *Nach* Korinth hat er außer den beiden neutestamentlichen Korintherbriefen noch mindestens zwei weitere geschrieben (vgl. 1 Kor 5,9.11; 2 Kor 2,4.9). *Aus* Korinth hat er mindestens einen Brief empfangen; das ergibt sich aus seiner Antwort auf die Anfragen zur Ehe (1 Kor 7,1).

Die vielen Namen[71], Orte und Reisen, von denen wir in den Korintherbriefen hören, belegen, wie mobil Paulus, seine Mitarbeiter und seine Gemeinden waren. Sie weisen darüber hinaus darauf hin, dass Paulus keine „einsame Größe" im Urchristentum darstellt. Vielmehr zeigen gerade die Korintherbriefe, dass er seine eigene Verkündigung in das gemeinsame Zeugnis der Christusapostel einordnete[72] und die Gemeinden aktiv in seine Unternehmungen einbezog[73]. Die durch Reisen, Mitarbeiter und Briefe geschaffene „Infrastruktur" der paulinischen Mission, die in

65 Vgl. Apg 18,1–18; 1 Kor 2,1–4; 2 Kor 1,19; 10,13f; 11,2f.7ff; 12,11ff. Nach Apg 18,11 dauerte der „Gründungsaufenthalt" anderthalb Jahre. Die sog. „2. Missionsreise" des Paulus nach Apg 15,36–18,22 fasst die mehrjährige Phase seines Wirkens in Kleinasien und Griechenland als selbständiger Missionar nach der Trennung von der Gemeinde in Antiochia zusammen (ca. 48/49 bis 51/52, nimmt man den Aufenthalt in Ephesus hinzu, bis ca. 55 n.Chr.). Dass es sich dabei nicht um einen chronologisch vollständigen und exakten Reisebericht handelt, wird u.a. daran deutlich, dass manche Stationen sehr ausführlich dargestellt werden, während ganze Regionen nur beiläufig aufgezählt werden (z.B. 16,6–8).

66 Apg 18,19ff; 19,1–20,1, vgl. auch 1 Kor 15,32; 16,8.

67 Das wird in 2 Kor 2,1–4 mehr angedeutet als erhellt.

68 Besuchspläne für Korinth kommen in 1 Kor 11,34; 16,1–7; 2 Kor 1,15f; 9,4f; 10,2.11; 12,14.20f; 13,1f.10 zur Sprache.

69 Vgl. Timotheus in 1 Kor 4,17; 16,10f, Titus in 2 Kor 2,12f; 7,5f.13ff; 8,6 (8,16–9,5 zusammen mit zwei weiteren nicht namentlich genannten Brüdern); 12,17f.

70 Vgl. Stephanas, Fortunatus und Archaikus in 1 Kor 16,17, die „Leute der Chloë" in 1 Kor 1,11.

71 Hinzu kommen noch die in dem in Korinth geschriebenen Römerbrief genannten Personen, vgl. 16,1.21–23.

72 Vgl. 1 Kor 1,12f; 3,4–9.21ff; 11,23; 15,1–11.

73 Das geschah offenbar zum einen durch materielle Unterstützung der Reisen und Aufenthalte des Paulus und seiner Mitarbeiter (vgl. 1 Kor 16,5–18; 2 Kor 1,16; 7,13ff, implizit auch 1 Kor 9,4–18; 2 Kor 11,7–12; 12,13–18), zum anderen durch Beteiligung an der gemeindeübergreifenden Geldsammlung für Jerusalem (vgl. 1 Kor 16,1–4; 2 Kor 8f).

ihrem religiösen und historischen Kontext analogielos ist, hat entscheidend zur Ausbreitung der urchristlichen Bewegung und ihrer Christusbotschaft beigetragen.

Briefteilungshypothesen

Die Zahl von „Korintherbriefen" wird noch erheblich größer, wenn die beiden neutestamentlichen Briefe als Endprodukt einer gezielten Sammlung und redaktionellen Umgestaltung der tatsächlichen Korrespondenz des Paulus mit Korinth anzusehen sind. Die wichtigsten Argumente, die dafür vor allem mit Blick auf den zweiten Korintherbrief angeführt werden, sind Folgende: 1. Während Kap. 1–9 von Versöhnungsbemühungen des Paulus mit der korinthischen Gemeinde bestimmt sind, herrscht in Kap. 10–13 ein polemischer, z.T. aggressiver Ton vor, der auf eine veränderte Situation in der Gemeinde verweisen könnte (vgl. bes. 7,2–16 mit 10,1–11; 13,2). 2. Kap. 8 und 9 wirken wie zwei selbständige, z.T. parallele oder gar miteinander konkurrierende Behandlungen desselben Themas, der Geldsammlung für Jerusalem. 3. In 2,14 wird der erzählende Rückblick unvorbereitet unterbrochen durch die ausführliche Verteidigungsrede, in 7,5 aber wieder aufgenommen und scheinbar bruchlos zu Ende geführt.

Viele Exegeten ziehen aus diesen und weiteren Beobachtungen den Schluss, dass zumindest Kap. 1–9 und 10–13 ursprünglich selbständige Briefe waren, womöglich auch 1,1–2,13+7,5–16 und 2,14–7,4 sowie Kap. 8 und 9[74]. Allerdings ziehen solche Annahmen zwangsläufig weitere Fragen nach sich. Teile der ursprünglichen Paulusbriefe müssten bei ihrer Zusammenstellung zu den → kanonischen „Briefkompositionen" ausgeschieden worden sein. Wer könnte dafür in den wenigen Jahrzehnten, bevor die handschriftliche Überlieferung der neutestamentlichen Paulusbriefe einsetzt, die Verantwortung übernommen haben? Neue, nicht von Paulus selbst stammende Textpassagen könnten hinzugekommen sein. Aber welche, wann und durch wen? In welcher Reihenfolge, aus welchem Anlass und mit welcher Absicht sind die paulinischen Brieffragmente miteinander verbunden worden? Lassen sie sich in ihrer ursprünglichen Gestalt etwa mit den in 1 Kor 5,9 oder 2 Kor 2,4 erwähnten Briefen identifizieren[75]?

Die neutestamentliche Forschung hat bisher auf diese Fragen keine Antworten gefunden, die allgemeine Zustimmung erlangt haben. Andererseits ist es ihr aber ebenso wenig gelungen, das auffällige literarische Erscheinungsbild besonders des zweiten Korintherbriefes in seiner kanonischen Gestalt befriedigend zu erklären. Aus diesem Befund ergibt sich als Konsequenz: 1. Wir erkennen, wie viel über die Entstehungsgeschichte des Neuen Testaments wir *nicht* wissen. 2. Ob die Briefe in ihrer ursprünglichen Gestalt überliefert worden sind oder Briefkompositionen darstellen, in jedem Fall haben sie ihren Ursprung in den geschichtlichen und theologischen Gegebenheiten der paulinischen Mission. 3. Legen wir unserer Rekonstruktion der geschichtlichen Vorgänge eine Teilungshypothese zugrunde, müssen

74 Überblicke zu literarkritischen Rekonstruktionsvorschlägen bei Schnelle, Einleitung, 76–79.92–100.104; Conzelmann/Lindemann, Arbeitsbuch, 257–259.268–272, sowie in den betreffenden Einleitungskapiteln der Kommentare.

75 2 Kor 10–13 wird öfters als Teil des in 2,4 erwähnten Briefes angesehen und deshalb als „Tränenbrief" bezeichnet. Das würde bedeuten, dass diese Kapitel früher als Kap. 1–9 abgefasst sein müssten.

wir im Blick behalten, dass die Briefe so in keiner einzigen Handschrift belegt sind; legen wir unserer theologischen Interpretation die kanonische Endgestalt der Briefe zugrunde, müssen wir uns vergegenwärtigen, dass diese erst in erheblichem Abstand zum Ursprung der Briefe bezeugt ist. 4. Die Wirkung der Briefe in der Theologie- und Kirchengeschichte ist von ihrer kanonischen Textgestalt ausgegangen[76]. Sie theologisch *und* geschichtlich zu erklären, ist daher unverzichtbar.

2. Konflikte

Der erste Korintherbrief lässt vor allem Probleme auf der innergemeindlichen Ebene erkennen, im zweiten Korintherbrief treten zusätzlich Auseinandersetzungen mit Gruppen in den Blick, die von außen versuchen, auf die Gemeinde und ihr Verhältnis zu Paulus Einfluss zu nehmen. In beiden Briefen reagiert Paulus auf solche Konflikte, indem er die Eigenart seiner Verkündigung und seine Autorität als Apostel in den Mittelpunkt stellt.

In 1 Kor 1–4 setzt sich Paulus mit Gruppen auseinander, die unter Berufung auf je eine „Führungsperson" untereinander konkurrieren. Die Art und Weise, wie er argumentiert, lässt erkennen, dass er gezielt gegen theologische Positionen vorgeht, die in Korinth offenbar populär waren und nach seinem Urteil die Ursache der dortigen Auseinandersetzungen bilden.

Weisheit als Schlagwort in Korinth

Paulus benutzt hier auffällig oft die Stichworte Weisheit und Geist, interpretiert sie aber neu vom Geschehen der Kreuzigung Jesu her. Dies deutet darauf hin, dass in der Gemeinde das Streben nach Weisheit und die Berufung auf den Besitz des Geistes überbewertet worden sind, wogegen körperliche oder soziale Unvollkommenheiten als Ausdruck mangelnder geistlicher Autorität galten. Damit könnte im Zusammenhang stehen, dass sich Paulus in 1 Kor 12–14 gegen die Überbewertung bestimmter ekstatischer Äußerungen wie der → Glossolalie wendet. Möglicherweise erklärt sich auch die Bestreitung der Totenauferstehung (vgl. 15,12) aus dem Bewusstsein schon erlangter geistlicher Vollendung. Bei anderen konkreten Problemen, auf die Paulus eingeht, scheint sich eine Geringschätzung „irdischer" Dinge wie Sexualität, Ehe oder Essen und Trinken in der Gemeinde widerzuspiegeln (vgl. 6,12–20; 7,1–7; 8,1–13). Die genannten Phänomene reichen nicht aus, um die theologische Position zu rekonstruieren, mit der sich Paulus im ersten Korintherbrief auseinandersetzt. Dazu sind sie einerseits zu bruchstückhaft, andererseits zu komplex. Immerhin werden mit der Betonung von Weisheit und Geistbesitz Gesichtspunkte erkennbar, die ihm offenbar als Probleme in der korinthischen Gemeinde entgegentraten[77].

76 Das gilt auch für zwei kürzere Abschnitte, die von vielen Exegeten als nachträgliche Einschübe (→ Interpolationen) in den Paulustext angesehen werden: 1 Kor 14, 33b–36 (Frauen sollen in der Gemeindeversammlung schweigen) und 2 Kor 6,14–7,1 (die Gläubigen sollen keine Gemeinschaft mit Ungläubigen haben); vgl. dazu die ausgewogene Diskussion bei Wolff, 1 Kor, 341–345; 2 Kor, 146–149.

77 Zu den methodischen Problemen, die mit der Frage nach in Korinth vertretenen Anschauungen verbunden sind, und zu vorsichtigen Antworten darauf vgl. ausführlich Schrage, 1 Kor I, 38–63.

In 2 Kor 10–13 bemüht sich Paulus, die Gemeinde gegen seiner Ansicht nach schädliche Einflüsse von außen abzusichern. Die Schärfe der Polemik (vgl. bes. 11,1–6.13ff) deutet darauf hin, dass seine Autorität in Korinth schon ernsthaft gefährdet ist. Die Rhetorik und Ironie seiner Ausführungen macht es wiederum unmöglich, die theologischen Argumente seiner Gegner ausreichend deutlich zu erkennen. Klar ist nur, dass es sich um konkurrierende Christusverkündiger handelt (11,4.13ff.23), die gesteigerten Wert auf ihre jüdische Herkunft legen (11,22) und in der korinthischen Gemeinde Autorität beanspruchen (11,18ff). Auch in dieser Situation argumentiert Paulus mit dem Christusgeschehen, insbesondere mit dem Leidensgeschick Jesu, das seinen Apostedienst charakteristisch prägt (vgl. bes. 11,23–30).

In beiden Briefen schließlich ist auffällig oft von Geld die Rede, und zwar gerade im Zusammenhang mit Konflikten. Auf soziale Unterschiede in der Gemeinde verweist Paulus schon bei seiner Auseinandersetzung mit den korinthischen Gruppen (1 Kor 1,26–31). Auch die Missstände bei der Herrenmahlfeier hängen mit Unterschieden zwischen arm und reich in der Gemeinde zusammen (11,20ff)[78]. Die Frage, ob Paulus als Apostel materielle Unterstützung von der Gemeinde verlangen darf oder gar soll, steht in beiden Briefen zur Debatte (vgl. 1 Kor 9,4–18; 2 Kor 11,7–12; 12,13–18). Auch im Zusammenhang mit der Sammlung für Jerusalem achtet Paulus besonders darauf, Verdächtigungen auszuschließen (2 Kor 8,20ff). Offenbar gehörten Geldangelegenheiten zu den Problemen, die das Verhältnis zwischen Paulus und der korinthischen Gemeinde belasten konnten.

3. Konzepte

Der Dienst des Apostels entspricht seiner Botschaft.

Die maßgeblichen Kriterien für seinen Dienst als Apostel leitet Paulus unmittelbar aus der Christusbotschaft ab[79]. Seinem Selbstverständnis nach verkörpert er die Botschaft, die er auszurichten hat: Äußerlich erscheint er schwach, ungeschickt, Misserfolgen, Bedrängnissen und Leiden ausgesetzt. Aber darin verbirgt sich die Kraft Gottes, die im Geschehen von Kreuz und Auferweckung Jesu wie auch in der Auferbauung der Gemeinde wirksam ist. Im Lichte dieses Geschehens betrachtet, wird am Apostel der Lichtglanz Gottes sichtbar (2 Kor 4,6).

Auch für das Leben der Gemeinde ist dieses Erscheinungsbild prägend[80]. In ihr sammeln sich vorwiegend die Schwachen nach Herkunft, Sozialstatus und Intellekt. Gerade sie erfahren in der Gemeindeversammlung den Geist Gottes, endzeit-

78 Vgl. zu sozialgeschichtlichen und soziologischen Fragen im Blick auf die Korintherbriefe insgesamt G. Theißen, Studien zur Soziologie des Urchristentums, WUNT 19, Tübingen 3. Aufl. 1989, 201–317.

79 Vgl. bes. 1 Kor 2; 2 Kor 2,14–4,18; 11,23–12,10.

80 Vgl. bes. 1 Kor 1,10–17.18–31; 6,12–20; 10,14–22; 11,17–34; 12,1–31.

liche Gemeinschaft mit Gott, die im Christusgeschehen gegenwärtig geworden ist. Dieser Wirklichkeit hat die Gemeinde in ihrem Verhalten Ausdruck zu geben. Wenn jeder in gleicher Weise durch Taufe und Herrenmahl in das Christusgeschehen einbezogen ist, dann ist allen Spaltungen und sozialen Trennungen in der Gemeinde der Grund entzogen. Auch die Gemeinde verkörpert Christus, ist „Leib Christi"; deshalb soll sich das Bekenntnis zu Christus in der Gemeindeversammlung so entfalten, dass jeder mit seinen besonderen Gaben und Grenzen zu Wort kommen kann.

Der Apostel repräsentiert den gekreuzigten Christus.

Die Inhalte seiner Verkündigung entfaltet Paulus ebenfalls mit Bezug auf die Gemeindesituation in Korinth[81]. Das Wort vom Kreuz ist Ausdruck der Weisheit und Kraft Gottes. An ihm zerbricht alles Pochen auf menschliche Wortweisheit. Das Bekenntnis zur Auferweckung Jesu von den Toten verbindet alle Apostel und Gemeinden. Es bildet die Basis, von der aus eine Antwort auf die Frage nach der endzeitlichen Auferweckung der Toten gesucht werden kann. Der Gemeinde tritt Paulus als Botschafter für Christus und Mitarbeiter Gottes gegenüber. In seiner Verkündigung repräsentiert er Christus selbst, der in die Versöhnung mit Gott ruft und durch seinen Tod für alle neues Leben in Gemeinschaft mit Gott ermöglicht hat.

C Theologische Schwerpunkte

1. Der alte und der neue Bund (2 Kor 3–4)

Im Zusammenhang der ersten Apologie des Briefes dient der Abschnitt 2 Kor 2,14–4,6 dem Aufweis der Würdigkeit des Paulus zum Apostelдienst. Der erste Grund, auf den Paulus seine Verteidigung stützt, ist die Gemeinde in Korinth. Sie ist seine beste Empfehlung, weil in ihr der Geist des lebendigen Gottes offenkundig wirkt, also die von den Propheten verheißene → eschatologische Heilszeit[82] Gegenwart geworden ist (3,2f). Einen zweiten Grund für sein apostolisches Selbstverständnis findet Paulus in seiner Berufung. Gott hat ihn dazu befähigt, „Diener des neuen Bundes" zu sein, der durch den lebenschaffenden Geist Gottes, das Signal der eschatologischen Heilszeit, bestimmt ist (3,5f)[83].

Von hier aus kann Paulus seinen eigenen Verkündigungsdienst dem des Mose gegenüberstellen (3,7–18)[84]. Nach seiner Überzeugung wird im Christusgeschehen

81 Vgl. bes. 1 Kor 1,17–25; 15,1–19; 2 Kor 5,11–21.

82 Vgl. Ez 36,26f.

83 Auch hier stehen prophetische Verheißungen im Hintergrund (vgl. Ez 11,19ff; Jer 31,31–34). Die Wendung „neuer Bund" ist darüber hinaus auch mit der Überlieferung vom letzten Mahl Jesu verbunden, die Paulus in 1 Kor 11,25 wiedergibt.

84 Der Kontext der Aussagen über den alten und den neuen Bund in 2 Kor 3,6.14 ist geprägt von antithetischen Gegenüberstel-

den Glaubenden heilvolles Leben vermittelt (3,6.8f). Weil die → Tora diese endzeitliche, Leben vermittelnde Funktion nicht erfüllen kann, bezeichnet Paulus den Dienst des Mose als Dienst des Todes bzw. der Verurteilung (3,7.9). Gegenüber dem Geist, der Leben schafft, wird die Tora zum Buchstaben, der tötet (3,3.6). Zwar wurde auch Mose durch eine Begegnung mit Gott zu seinem Dienst befähigt. Insofern kam auch seinem „Dienst", der auf steinerne Tafeln geschriebenen Tora, göttliche Herrlichkeit zu (3,7). Aber diese Herrlichkeit war gebunden an den Weg Israels, der durch die Tora bestimmt wird. Insofern ist sie „vergängliche" Herrlichkeit, die überstrahlt wird von der endzeitlichen Herrlichkeit des Christusgeschehens (3,8–11).

Die biblische Erzählung vom Bundesschluss am Sinai nach Ex 33f und ihre Verarbeitung durch Paulus in 2 Kor 3f.

Die biblische Redeweise von Gott, insbesondere die Erzählung von Mose am Berg Sinai in Ex 33f, bietet den Schlüssel zum Verständnis des ganzen Textabschnitts. Vor dem Aufbruch des Volkes Israel in das verheißene Land begehrt Mose, Gottes Herrlichkeit zu sehen, erhält aber von Gott zur Antwort: „Mein Angesicht kannst du nicht sehen; denn kein Mensch wird leben, der mich sieht." Er wird aber von Gott eingeladen, seinen Namen zu vernehmen und seine Herrlichkeit wenigstens im Vorübergehen, von hinten zu sehen (33,18–23). Bevor das geschieht, soll Mose zwei Tafeln aus Stein hauen, auf die Gottes Gebote geschrieben werden (34,1–4). Dann steigt er auf den Sinai, und Gott zieht an ihm vorüber. Dabei wird der Name Gottes ausgerufen. Er besteht aus einer langen Reihe von Prädikaten, in denen vor allem seine Barmherzigkeit und Treue zu Israel, aber auch sein Gericht über die Sünder zum Ausdruck kommt (34,5–9). Anschließend schließt Gott einen Bund mit Mose. Er besteht in der Zusage, Israel seine Wundertaten erfahren zu lassen, und in der Verpflichtung des Volkes zur Treue gegenüber seinem Gott (34,10–28). Als Mose nach vierzig Tagen und Nächten mit den Steintafeln vom Berg herabsteigt, strahlt sein Angesicht den Lichtglanz Gottes aus. Nachdem er den Israeliten von seiner Gottesbegegnung berichtet hat, verdeckt er sein Gesicht. Immer wenn er künftig wieder Gott begegnen will (offenbar in einem Heiligtum), nimmt er die Bedeckung ab, so dass auch die Israeliten immer wieder den Lichtglanz sehen können, der von seinem Antlitz ausgeht (34,29–35).

Paulus setzt die Kenntnis dieser Erzählung bei seinen Adressaten voraus. In 3,12–18 spielt er speziell mit dem Motiv der Decke auf dem Angesicht des Mose. Nach 3,13 hat Mose sein Angesicht verhüllt, damit die Israeliten nicht die Vergänglichkeit des Lichtglanzes auf seinem Angesicht bemerkten. Nach 3,14 liegt die Decke auf dem „alten Bund", der im Gottesdienst gelesen wird (also auf den Torarollen), und verbirgt, dass seine Herrlichkeit vergeht; erst in Christus wird sie weggenommen. Nach 3,15 liegt sie auf den Herzen derer, die die Tora lesen. Nach 3,16 wird sie

lungen, vgl. 3,3: „steinerne Tafeln" — „fleischerne Herzen"; 3,6ff: „Geist" — „Buchstabe"; 3,9: „Verurteilung" — „Gerechtigkeit"; 3,11: „vergehende Herrlichkeit" — „bleibende Herrlichkeit". Ausführliche Auslegungen bieten E. Gräßer, Der Alte Bund im Neuen. Eine exegetische Vorlesung, in: ders., Der Alte Bund im Neuen. Exegetische Studien zur Israelfrage im Neuen Testament, WUNT 35, Tübingen 1985, 1–134 (bes. 77–95); O. Hofius, Gesetz und Evangelium nach 2. Korinther 3, in: ders., Paulusstudien, WUNT 51, Tübingen 1989, 75–120.

(nun wieder vom Angesicht des Mose!) abgenommen, wenn er sich dem Herrn zuwendet. Nach 3,18 schließlich ist das Angesicht der Glaubenden unbedeckt, so dass sie die Herrlichkeit des Herrn erkennen können. Leitgedanke bleibt auch hier, dass der neue Bund bestimmt ist vom Geist Gottes und von der uneingeschränkten Gottesgemeinschaft der Glaubenden (3,18). Nur sie haben wie Paulus Zugang zur endzeitlichen Herrlichkeit Gottes. Bei Mose, in der Tora und bei den Israeliten, die sie nicht von Christus her lesen, bleibt die Herrlichkeit dagegen verborgen. In diesem Sinne repräsentiert die Tora des Mose den „alten Bund" (3,14).

Paulus bietet also keine Auslegung des Bibeltextes, sondern greift nur einige Motive heraus, um sie von seiner Christuserfahrung her völlig neu und im Sinne der Argumentation seines Briefes zu deuten. Die Art und Weise, in der er auf den Bibeltext Bezug nimmt, ist aber keineswegs willkürlich, sondern entspricht den Methoden und Prinzipien des Umgangs mit der Schrift im → Frühjudentum. Neu und in frühjüdischen Texten ohne Vorbild ist natürlich die Ausgangsbasis, die das paulinische Verständnis der biblischen Überlieferung entscheidend bestimmt.

Der neue Bund, in dessen Dienst Paulus als Apostel von seiner Berufung her steht, ist also die heilvolle Beziehung zwischen Gott und Menschen, die von den biblischen Propheten dem Volk Israel für die Endzeit verheißen ist. Die Erfüllung dieser Verheißung findet Paulus bestätigt in der Auferweckung des gekreuzigten Jesus, in seiner Beauftragung zur Christusverkündigung und in den Geisterfahrungen der Gemeinde[85]. Von hier aus erklären sich die Gegensatzpaare, die wir oben zusammengestellt haben. Sie sind Ausdruck für den grundlegenden Unterschied zwischen Zeit und Endzeit. Vom neuen Bund her, von der Erfahrung der Gegenwart des eschatologischen Heils im Christusgeschehen, wird die Tora des Mose zum alten Bund. Aber nur vom alten Bund her, von der Erfahrung der Begegnung Gottes mit Israel und Mose als dessen Repräsentant, kann der neue Bund als das wahrgenommen werden, was er ist: die uneingeschränkte, endgültige Gemeinschaft Gottes mit den Menschen.

2. Die Auferstehung der Toten (1 Kor 15; 2 Kor 5)

Die Korintherbriefe zeigen, dass das Zeugnis von der Auferweckung Jesu von den Toten und die sich darauf gründende christliche Auferstehungshoffnung umstritten waren, seit es sie gibt. Ohne die umfangreichen Textzusammenhänge fortlaufend auslegen zu können, soll hier der Versuch gemacht werden, die Grundzüge, die den neutestamentlichen Auferstehungsglauben bestimmen, anhand der Aussagen in 1 Kor 15 und 2 Kor 5 in ihrem inneren Zusammenhang verständlich zu machen.

Den Ausgangspunkt dafür bildet das biblische Bekenntnis zu dem Gott, der Leben schafft. In ihm wurzelt nicht nur der Schöpfungsglaube, sondern ebenso die Gottes-

85 Auf seine Berufung als Geschehen, in welchem ihm Gott in einer Vision den auferstandenen Christus zu erkennen gegeben hat, verweist Paulus auch in 2 Kor 4,6.

erfahrung des Volkes Israel (vgl. Gen 2,7; 1 Sam 2,6; Hos 6,1f). Schon im Zusammenhang biblisch-frühjüdischen Gottesglaubens gehört die Auferweckung der Toten zu den Heilserwartungen für die Endzeit. Ansatzpunkte dafür boten prophetische Texte aus nachexilischer Zeit, in denen die Wiederherstellung des am Boden liegenden Gottesvolkes metaphorisch als Wiederbelebung Toter und Sieg Gottes über den Tod beschrieben wurde (vgl. Ez 37,1–14; Jes 24–26). In manchen Psalmen und im Hiobbuch wurde solche Erwartung in der Ich-Form formuliert (vgl. Ps 73,24–26; Hi 19,25–27), so dass sich hieran auch Hoffnungen des Einzelnen über seinen Tod hinaus anschließen konnten. In frühjüdischen Kreisen, die bis zum Einsatz ihres Lebens für den Glauben an den Gott Israels und den Gehorsam gegenüber seiner Tora eintraten, entwickelte sich die Anschauung, dass Gott am Ende der Zeit den jüdischen Märtyrern ewiges Leben schenken, ihre Feinde aber der ewigen Vernichtung preisgeben werde (vgl. Dan 12,1–3; 2 Makk 7; Weish 2,21–3,12; 4,7–5,23). Zur Zeit Jesu galt die Hoffnung auf die Totenauferweckung als charakteristisches Merkmal bestimmter frühjüdischer Gruppen wie etwa der → Pharisäer, im Unterschied zu anderen wie z.B. der → Sadduzäer (vgl. Mk 12,18–27; Apg 23,6–10).

biblische Anknüpfungspunkte für die Auferstehungsvorstellung

Im Neuen Testament wird das Bekenntnis zu dem Gott, der Leben schafft, mit dem Zeugnis von der Auferweckung *Jesu* von den Toten verbunden und von ihm her neu gefüllt. Paulus stimmt nach 1 Kor 15,1–11 darin sowohl mit den übrigen Autoritäten der Jesusbewegung überein als auch mit denen, an die er schreibt[86]. Mit diesem Bekenntnis verbunden ist die Erfahrung, dass der Geist Gottes, den die biblischen Propheten für die Endzeit verheißen haben, in seiner Christusverkündigung wirksam ist (1 Kor 15,1f.14f.17; 2 Kor 4,12ff). Durch das Hören des Evangeliums ist dieser Glaube in der Gemeinde lebendig geworden und mit ihm die Gewissheit, dass Gott seine Zusagen für die eschatologische Heilszeit hat Gegenwart werden lassen[87].

Die Auferstehungshoffnung der Gemeinde umfasst somit den Menschen im Rahmen von Schöpfung und Vollendung, die Zeit im Rahmen von Urzeit und Endzeit.[88] Deshalb ist für Paulus der Rückblick auf die Auferweckung *Jesu* von den Toten untrennbar verbunden mit dem Ausblick auf die Auferweckung der *Christen* bei seiner Wiederkunft (1 Kor 15,23)[89]. Diese wiederum ist Teil der Vollendung der ganzen *Schöpfung*. Sie findet ihr Ziel dort, wo sie ihren Ursprung hat: in Gott, „damit Gott sei alles in allem" (15,21–28).

86 Vgl. auch Röm 4,24; 8,11; 10,9; 1 Kor 6,14; Eph 1,20; 1 Thess 1,10; Hebr 13,20; 1 Petr 1,21; Lk 24,34.

87 Den Beginn der erfahrbaren Wirkungen des Geistes in den Gemeinden verknüpft Paulus mit seiner Christusverkündigung bei ihrer Gründung oder mit der Taufe, vgl. Röm 5,5; 1 Kor 12,13; 2 Kor 1,22; Gal 3,1–5; 1 Thess 1,5f.

88 In 15,21f nimmt Paulus auf die Erschaffung des ersten Menschen, Adam, und seinen „Fall" Bezug (vgl. Gen 2,15ff; 3,17ff), in 15,26f auf den „letzten Menschen", Christus, als „Krone der Schöpfung" (vgl. Ps 8,6f; 110,1).

89 Vgl. auch 2 Kor 4,14. Auch in Röm 8,11 bildet der Geist Gottes das Bindeglied zwischen der Auferweckung Jesu, dem gegenwärtigen Glauben der Christen und ihrer künftigen Auferweckung.

Zu einem lebendigen Auferstehungs*glauben* gehört auch eine *Vorstellung* von der Auferweckung der Toten. Wohl wissend, dass sich die Wirklichkeit göttlichen Handelns nicht in menschliche Vorstellungen von Raum und Zeit einfangen lässt, entfaltet Paulus dennoch solche Vorstellungen in Bildern und Vergleichen.

In 1 Kor 15,35–58 sind sie bestimmt von der Frage, wie die Identität des Glaubenden bei der künftigen Vollendung der Schöpfung bewahrt bleiben kann. Paulus leitet hierzu aus der ersten, „alten" Schöpfung ein Grundmuster ab für die zweite, „neue". Jedes Geschöpf hat seine eigene, individuelle Gestalt (seinen „Leib"), obwohl seine Identität nicht daran gebunden ist, dass diese Gestalt in immer gleicher Weise wahrnehmbar ist. So ist es auch mit der Auferstehung: Auch bei der Auferstehung der Toten behält jedes Geschöpf seinen „Leib". Er wird dann aber die Züge der neuen Schöpfung tragen: Unvergänglichkeit, Herrlichkeit, Kraft, Geist. Auferweckung der Toten bedeutet also Verwandlung aus einer Gestalt des Menschen, die durch den Tod gezeichnet ist, in eine Gestalt, die durch den lebenschaffenden Geist Gottes, des Schöpfers, für ihn bestimmt ist[90].

In 2 Kor 4,16–5,10 beziehen sich die Aussagen im Rahmen der Apologie des Paulus zunächst auf den Apostel. Die wahrnehmbare Gestalt seines Dienstes entspricht der Leidensgestalt Jesu. Aus seinem Glauben bezieht er die Gewissheit, dass er auch an der Auferweckung Jesu teilhaben wird (4,13f). In 5,1–10 entfaltet er diese Gewissheit in der Hoffnung, nach seinem Tode (bzw. bei der Wiederkunft Christi) von Gott eine neue Gestalt („Bau", „Haus", „Bekleidung") zu empfangen, die der Herrlichkeit und Unvergänglichkeit des auferstandenen Christus entspricht. Die Differenz zwischen dieser künftigen, erhofften und der gegenwärtig wahrnehmbaren Gestalt kann er aushalten, weil er schon jetzt den Geist als „Anzahlung" auf die eschatologische Vollendung empfangen hat (5,5).

Darüber hinaus richtet Paulus hier den Blick auf das endzeitliche Gericht entsprechend der Taten, eine Perspektive, in die er alle Glaubenden einbezieht (5,9f; vgl. 4,14). Das individuelle Tun der Menschen wird von Gott bei der Vollendung der Schöpfung nicht übergangen, sondern vor ihm offenbar. Im Gedanken vom Endgericht ist der Zusammenhang hergestellt zwischen der Hoffnung auf die Auferstehung und dem Glauben an das heilvolle Sterben Jesu. Deshalb ist es geradezu notwendig, dass Paulus hier auf den zentralen Inhalt seines Evangeliums zu sprechen kommt, die Versöhnung Gottes im Christusgeschehen (5,11–21)[91]. Gott hat im Kreuzestod Jesu die Sünden von den Menschen weggenommen und auf Jesus übertragen. Damit hat er von sich aus Versöhnung vollzogen. Die Botschaft vom Sterben und von der Auferweckung Jesu ist der Ruf Gottes, die Versöhnung anzunehmen. Auf diese Weise bekommen die Glaubenden Anteil an der Vollendung der Schöpfung (5,17).

90 In 15,45ff verweist Paulus erneut auf die Erschaffung des ersten, „psychischen", d.h., vom Tode bedrohten Menschen (vgl. Gen 2,7) und stellt ihm den „letzten", „pneumatischen", d.h., vom Geist Gottes bestimmten gegenüber.

91 Auch am Ende von 1 Kor 15 rückt Paulus diesen Zusammenhang schlaglichtartig in den Blick (vgl. 15,56f). Zu Inhalt, Ziel und Grund des paulinischen Evangeliums vgl. die Ausführungen zum Römerbrief, o. S. 210–215.

Der Gedanke des eschatologischen Gerichts entsprechend der Taten des Menschen ist eine Konsequenz des biblischen Menschenbildes, das im Schöpfungsglauben verwurzelt ist. Die Würde des Menschen beruht darauf, dass Gott ihm Leben schenkt, dass er dieses Leben aber auch vor Gott zu verantworten hat. Erzählerisch ausgestaltet ist dieses Menschenbild im biblischen Schöpfungsbericht (vgl. bes. Gen 3), auf den Punkt gebracht ist es in dem staunenden Ausruf in Ps 8,5: „Was ist der Mensch, dass du seiner gedenkst!".

Auferweckung der Toten und Rettung im eschatologischen Gericht

Die christliche Hoffnung auf die Auferstehung der Toten darf nach dem Zeugnis des Paulus nicht verabsolutiert und vom Ganzen seiner Verkündigung und vom biblischen Gottesglauben insgesamt isoliert werden. Ohne den Schöpfungsglauben fehlt ihr die Grundlage, ohne das Bekenntnis zur Auferweckung Jesu die Wahrhaftigkeit, ohne die Erfahrung des Geistes in der Gemeinde die Gewissheit. Das heißt aber auch: Die Hoffnung auf die Auferstehung der Toten kann nicht aus dem Gesamtzusammenhang des christlichen Glaubens herausgenommen werden, ohne dass dieser dabei zerstört wird.

D Wirkungsgeschichtliche Hinweise

Die Einsetzungsworte zum Abendmahl

Zu den biblischen Texten, die bis heute einen festen Platz im Gottesdienst der Gemeinde haben, gehört auch ein Abschnitt aus dem ersten Korintherbrief. Es sind die Worte Jesu, die Paulus in 1 Kor 11,23–25 zitiert. Dort, wo Paulus auf Missstände im gottesdienstlichen Leben der Gemeinde in Korinth einwirken will, kann er auf eine gottesdienstliche Praxis zurückgreifen, die bereits in der frühesten Zeit des → Urchristentums Gestalt gewonnen hat, die Herrenmahlfeier. Er beruft sich nämlich auf eine Überlieferung, die er „vom Herrn empfangen" und schon bei früherer Gelegenheit an die korinthische Gemeinde weitergegeben habe.

Der Hinweis auf „die Nacht, da er verraten ward" lässt darauf schließen, dass die deutenden Worte Jesu zu Brot und Kelch schon in dieser von Paulus aufgegriffenen Überlieferung in einen erzählenden Zusammenhang gehörten, die Erzählung vom letzten Mahl Jesu mit seinen Jüngern am Abend vor seiner Hinrichtung. Möglicherweise war solche Erinnerung an den Tod Jesu auch schon Teil der regelmäßigen urchristlichen Herrenmahlfeier. Ausführlicher erzählen davon die Passionsgeschichten der synoptischen Evangelien. Auch sie geben im Zusammenhang der letzten Mahlfeier Jesu mit seinen Jüngern deutende Worte Jesu über Brot und Kelch wieder, freilich in z.T. erheblich abweichendem Wortlaut[92].

92 Vgl. Mt 26,26–28; Mk 14,22–25; Lk 22,15–20. Zu den Varianten der neutestamentlichen Einsetzungsworte und der Frage, ob man aus ihnen eine ursprüngliche Fassung im Munde Jesu rekonstruieren kann, vgl. Roloff, Neues Testament, § 16 (15); Wolff, 1 Kor, 265–273; P. Stuhlmacher, Das neutestamentliche Zeugnis vom Herrenmahl, in: ders., Jesus von Nazareth – Christus des Glaubens, Stuttgart 1988, 65–105.

Vergleichen wir die biblischen Fassungen der Einsetzungsworte[93] mit derjenigen, die für die Gottesdienste der evangelischen Kirchen in Deutschland durch das „Evangelische Gottesdienstbuch" vorgegeben wird[94], dann ergibt sich: 1. Die agendarische Fassung stimmt mit keiner der biblischen wörtlich überein. 2. Vom Aufbau her besteht die größte Übereinstimmung mit der paulinischen Fassung (vgl. besonders Anfang und Schluss). 3. Die agendarische Fassung ist durch Auffüllung der paulinischen mit Elementen der matthäischen Fassung entstanden (vgl. besonders die Aufforderungen an die Jünger und die Wendung „zur Vergebung der Sünden").

Die Einsetzungsworte zum Abendmahl im Gottesdienst sind also nicht Zitat eines biblischen Textes. Sie geben vielmehr Jesu Worte so wieder, wie sie die Gemeinde aus dem Gesamtzeugnis der Schrift als lebendiges, gegenwärtiges Gotteswort vernimmt. Zu diesem Gesamtzeugnis gehört die erzählende Erinnerung an das Todesgeschick Jesu ebenso wie das Osterbekenntnis. Christen kommen zur Herrenmahlfeier zusammen, um als Gemeinde Gemeinschaft mit dem am Kreuz gestorbenen und von den Toten auferweckten Christus zu erfahren. Wenn sie Abendmahl feiern und dabei die Einsetzungsworte Jesu jeweils neu zur Sprache bringen, begeben sie sich in eine Gemeinschaft, die von Jesus Christus begründet worden ist. So kommen sie mit seinem Sterben und Auferstehen leibhaftig und heilsam in Berührung und erhalten einen „Vorgeschmack" dessen, was ihnen in Vollendung bevorsteht[95].

Synopse der Einsetzungsworte zum Abendmahl

1 Kor 11,23–25	Evangelisches Gottesdienstbuch	Mt 26,26–28
Der Herr Jesus Christus,	Unser Herr Jesus Christus,	
in der Nacht, da er verraten ward,	in der Nacht, da er verraten ward,	Als sie aber aßen,
nahm er das Brot, dankte und brach's	nahm er das Brot, dankte und brach's und gab's seinen Jüngern	nahm Jesus das Brot, dankte und brach's und gab's den Jüngern
und sprach:	und sprach:	und sprach:
	Nehmet hin und esset.	Nehmet, esset;
Das ist mein Leib,	Das ist mein Leib,	das ist mein Leib.
der für euch gegeben wird;	der für euch gegeben wird.	
das tut zu meinem Gedächtnis.	Solches tut zu meinem Gedächtnis.	

93 Die matthäische Fassung ist Erweiterung der Fassung bei Markus. Die lukanische steht im Wortlaut 1 Kor 11,23ff näher, ist aber in einen stark von den übrigen Synoptikern abweichenden erzählerischen Aufbau eingeordnet.

94 Evangelisches Gottesdienstbuch. Agende für die Evangelische Kirche der Union und für die Vereinigte Evangelisch-Lutherische Kirche Deutschlands, Hannover 2000, 80.

95 Viele neutestamentliche Herrenmahltexte enthalten einen Ausblick auf die endzeitliche Vollendung (vgl. 1 Kor 11,26; Mt 26,29; Mk 14,25; Lk 22,16.18), der in die oben zitierte agendarische Fassung nicht aufgenommen worden ist, aber heute in viele freier formulierte Abendmahlsliturgien Eingang gefunden hat.

Desgleichen nahm er auch den Kelch	Desgleichen nahm er auch den Kelch	Und er nahm den Kelch
nach dem Mahl	nach dem Abendmahl,	
	dankte und gab ihnen den	und dankte, gab ihnen den
und sprach:	und sprach:	und sprach:
	Nehmet hin und trinket alle daraus;	Trinket alle daraus;
Dieser Kelch ist	dieser Kelch ist	das ist
der neue Bund in meinem Blut;	das neue Testament in meinem Blut,	mein Blut des Bundes,
	das für euch vergossen wird	das vergossen wird für viele
	zur Vergebung der Sünden.	zur Vergebung der Sünden.
das tut, sooft ihr daraus trinkt,	Solches tut, so oft ihr's trinket,	
zu meinem Gedächtnis.	zu meinem Gedächtnis.	

5. Der Galaterbrief – Kampf um das Evangelium

Literatur

Hans Dieter Betz, Der Galaterbrief. Ein Kommentar zum Brief des Apostels Paulus an die Gemeinden in Galatien, München 1988

Jürgen Becker, Der Brief an die Galater, in: Jürgen Becker/Ulrich Luz, Die Briefe an die Galater, Epheser und Kolosser, NTD 8/1, Göttingen 1998, 9–103

Michael Bachmann, Sünder oder Übertreter. Studien zur Argumentation in Gal 2,15ff., WUNT 59, Tübingen 1992

Cilliers Breytenbach, Paulus und Barnabas in der Provinz Galatien. Studien zu Apostelgeschichte 13f.; 16,6; 18,23 und den Adressaten des Galaterbriefes, AGJU 38, Leiden 1996

Absender: Der frühere Verfolger und jetzige Verkündiger der Christusbotschaft kämpft um sein Evangelium und seine Gemeinden.
Adressaten: Die galatischen Christen sind in Gefahr, durch Annahme der Beschneidung die Freiheit des Evangeliums zu verspielen.
Thema: Rechtfertigung vor Gott wird allein durch Glauben an Christus zuteil, nicht durch das Gesetz.
Ziel: Paulus mahnt zum Festhalten an der Wahrheit des Evangeliums und zu einem Lebenswandel, der von Gottes Geist bestimmt ist.

A Bibelkundliche Erschließung

Schon im Briefeingang ist spürbar, dass Paulus mit dem Galaterbrief in einen akuten Konflikt eingreift. Anstatt wie sonst mit dem Dank an Gott für das Leben der Gemeinde zu beginnen, äußert er seine Verwunderung über die Galater. Sie stehen in Gefahr, sich zu einem „anderen Evangelium" verführen zu lassen (1,6–9). Welches konkrete Verhalten Paulus dabei im Blick hat, wird erst am Ende des Briefes klar: Die Galater stehen in Gefahr, sich von anderen Christusverkündigern zur Beschneidung und damit zum Übertritt in das jüdische Volk überreden zu lassen (5,2–12; 6,11–17). Warum sie das nicht tun sollen, will Paulus durch seinen Brief verständlich machen. Dazu benötigt er vier argumentative Anläufe. Der erste (1,10–2,21) ist in Form eines autobiographischen Rechenschaftsberichts gehalten, in den beiden folgenden (3,1–4,7 und 4,8–5,1) beruft sich Paulus auf die Schrift, der letzte (5,2–6,17) wendet sich als Mahnrede an die Adressaten.

Die entscheidende Frage, wie Paulus sie sieht, steht zwischen dem ersten und dem zweiten Argumentationsteil *(2,15–21)*. Paulus zitiert sich selbst, wie er um der Wahrheit des Evangeliums willen in Antiochia dem berühmten Kephas entgegengetreten sei:

> Wir sind von Geburt Juden und nicht Sünder aus den Heiden. Doch weil wir wissen, dass der Mensch durch Werke des Gesetzes nicht gerecht wird, sondern durch den Glauben an Christus, sind auch wir zum Glauben an Christus Jesus gekommen, damit wir gerecht werden durch den Glauben an Christus und nicht durch Werke des Gesetzes; denn durch Werke des Gesetzes wird kein Mensch gerecht.
> Ich werfe nicht weg die Gnade Gottes; denn wenn die Gerechtigkeit durch das Gesetz kommt, so ist Christus vergeblich gestorben. (2,15f.21)

Wer von denen, die Rettung allein durch Glauben an Christus erfahren haben, noch zusätzlich „Werke des Gesetzes" verlangt, macht das Evangelium als Leben schaffende Kraft und sich selbst als dessen Verkündiger unglaubwürdig.

Im ersten, vorwiegend erzählenden Argumentationsteil *(1,10–2,21)* will Paulus den Ursprung seines Evangeliums darstellen. Es ist nicht von menschlicher Art, sondern beruht auf einer „Offenbarung Jesu Christi" an ihn durch Gott (1,10–16). Auch nachträglich hat er sich nicht um Anerkennung durch menschliche Autoritäten bemüht. Vielmehr hat er in Jerusalem wie in Antiochia konsequent sein Evangelium verteidigt (1,16–2,14).

Im zweiten Argumentationsteil *(3,1–4,7)* begründet Paulus mit Hilfe der Schrift, warum die Galater sich nicht auf „Gesetzeswerke" verlassen dürfen. Zunächst erinnert er sie an ihre Bekehrung, bei der sie den Geist Gottes empfangen haben, und zwar nicht durch „Gesetzeswerke", sondern durch die Predigt vom gekreuzigten Christus (3,1–5). Dann verweist er auf Abraham, auf dessen Glauben sich die Heilshoffnung der Völker stützen kann, im Unterschied zum Gesetz (3,6–18). Dass das Gesetz dennoch eine positive, wenn auch begrenzte Funktion im Heilsplan Gottes hat, stellt Paulus abschließend heraus. Gerade dadurch, dass es gegenüber der Sünde der Menschen machtlos ist, weist es den Weg auf Christus hin (3,19–4,7)[96].

96 Mit dem Hinweis auf den Geist, der in der Gemeinde erfahrbar ist, schlägt Paulus die Brücke zurück zum Beginn dieses Argumentationsteils, vgl. 4,6 mit 3,1–5.

Nach dieser biblisch fundierten Argumentation wendet sich Paulus im folgenden Argumentationsteil *(4,8–5,1)* wieder der Situation der Galater zu. Obwohl sie sich bei ihrer Bekehrung von heidnischer Religion ab- und dem lebendigen Gott Israels zugewandt hatten, stehen sie jetzt im Begriff, sich erneut versklavenden Mächten zu unterwerfen (4,8–11)[97]. Damit würden sie aber Paulus untreu, dem sie doch ihre Befreiung von solchen Mächten verdanken (4,12–20). Gleichzeitig würden sie sich damit aus den Verheißungen der Schrift ausschließen. An den beiden Frauen Abrahams, Hagar und Sara, und ihren Söhnen Ismael und Isaak ist nach Paulus schon in der Schrift der Konflikt vorabgebildet, in dem die Galater gegenwärtig hin und hergerissen sind (4,21–5,1; vgl. Gen 16; 21).

Im abschließenden Argumentationsteil *(5,2–6,17)* kommt Paulus endlich direkt auf die Beschneidung zu sprechen. Wer aus der Gemeinde sich beschneiden lässt, stellt sich nicht nur gegen Paulus, sondern gegen Christus selbst. Denn auf ihm und nicht auf dem Gesetz beruht die Heilshoffnung der Galater (5,2–12). Freiheit vom Gesetz im Blick auf die Heilshoffnung darf aber nicht missverstanden werden als Beliebigkeit im Blick auf das alltägliche Verhalten. Der Geist Gottes, der den Glaubenden seit ihrer Bekehrung die Teilhabe am künftigen Heil verbürgt, soll auch ihre Lebensweise prägen (5,13–6,10). Am Ende steht noch einmal die Mahnung, dem Ansinnen der Beschneidungsprediger zu widerstehen (6,11–17). Sich jetzt noch beschneiden zu lassen, würde bedeuten, den gekreuzigten Christus als Grundlage der Heilshoffnung zu verleugnen.

Strukturübersicht

Briefformular	1,1–9	These: 2,15–21				6,18
Argumentationen		**Evangelium und Gesetz 1,10–2,21**	**Verheißung und Gesetz 3,1–4,7**	**Freiheit und Gesetz 4,8–5,1**	**Geist und Gesetz 5,2–6,17**	
Konflikt in Galatien	1,6–9		3,1–5	4,8–11 4,17–20	5,2–12 6,11–17	
narrative Teile		Autobiographie 1,13–2,14		Gemeindebesuch 4,13–16		
Schriftauslegung			Abraham 3,6–18	Sara/Hagar 4,21–31		
Mahnungen				4,12 5,1	5,13–6,10	

97 Wieder spannt sich ein Bogen vom Beginn zum Ende dieses Teils, diesmal signalisiert durch den Gedanken der Befreiung von Sklaverei, vgl. 4,8f mit 5,1.

B Geschichtliche Einordnung

1. Der Weg des Paulus und die Eigenart seiner Mission

autobiographischer Rechenschaftsbericht

Leitthema: Paulus und Jerusalem

Eine einzigartige Quelle für die Rekonstruktion der paulinischen Mission ist der autobiographische Rechenschaftsbericht in 1,13–2,14. Er ist im Blick auf den Konflikt in Galatien gestaltet, bietet aber dennoch eine ganze Reihe von Informationen über das Wirken des Paulus[98]. Ihn, den exemplarischen Vertreter des „Judaismus" und Verfolger der Jesusanhänger, traf der Ruf in den Aposteldienst (1,13–16). Auch nach seiner Berufung hatte er nur in Abständen und für kurze Zeit Kontakt gehabt zu den Jerusalemer Aposteln, einmal für vierzehn Tage mit Kephas (= Petrus) und Jakobus, dem Bruder Jesu (1,18f), ein weiteres Mal als Mitglied einer Delegation der Gemeinde von Antiochia mit Jakobus, Kephas und Johannes (2,1–10), schließlich noch einmal mit Kephas in Antiochia (2,11–14).

Daraus ergibt sich: 1. Paulus ist nicht der einzige Missionar im → Urchristentum und schon gar nicht der erste (vgl. 2,7f.9b!). Er gehörte weder zu den Jüngern Jesu noch zu den ersten seiner Anhänger nach Ostern[99]. 2. Neben Paulus werden zwei weitere Gruppen in der Jerusalemer Urgemeinde erkennbar, die einen überregionalen Autoritätsanspruch erheben: die Gruppe um Kephas, Jakobus und Johannes und eine von ihr zu unterscheidende, die Paulus polemisch als „heimlich eingedrungene Falschbrüder" charakterisiert (2,4f). Zumindest Kephas sowie einige Abgesandte des Jakobus sind später auch in Antiochia aktiv (vgl. 2,11–14). 3. Schon in dem kurzen Abschnitt Gal 1,13–2,14, der maximal 15–17 Jahre umfasst, wird die rasante geographische Ausbreitung der Jesusbewegung deutlich, signalisiert durch die Ortsbezeichnungen Jerusalem, Judäa, Arabien, Damaskus, Syrien und Zilizien sowie Antiochia[100]. 4. Der besondere Auftrag des Paulus bestand in der Mission der Völker (1,16). Das zeigt sich an der Erwähnung des unbeschnittenen Mitarbeiters Titus, der zur Delegation der antiochenischen Gemeinde nach Jerusalem gehörte (2,2f), vor allem aber an der Abmachung mit den Jerusa-

98 Dass die von Paulus angeführten biographischen Informationen die „Vorgeschichte" des aktuellen Konflikts in Galatien bilden, entspricht, wie der Übergang vom Bericht zur Argumentation in 2,14–21 zeigt, der paulinischen Argumentationsstrategie. Diese kann nicht unbesehen mit der geschichtlichen Wirklichkeit identifiziert werden. Vgl. dazu ausführlich K.-W. Niebuhr, Heidenapostel aus Israel. Die jüdische Identität des Paulus nach ihrer Darstellung in seinen Briefen, WUNT 62, Tübingen 1992, 4–78.

99 Das geht auch aus seinen Selbstzeugnissen in 1 Kor 15,9 und Phil 3,6 hervor.

100 Mit Arabien ist das von Nichtjuden bewohnte Gebiet östlich bzw. südöstlich des Toten Meeres gemeint. Syrien und Zilizien bildeten zur Zeit des Paulus eine römische Doppelprovinz (mit der Hauptstadt Antiochia am Orontes), zu der auch Tarsus gehörte, der Geburtsort des Paulus (vgl. Apg 22,3). Vgl. dazu Riesner, Frühzeit, 204–248.

lemer Autoritäten: „wir zu den Heiden, sie zur Beschneidung" (2,9, vgl. 2,7f). 5. Mit der Einbeziehung von Nichtjuden in die paulinischen Gemeinden waren Konflikte verbunden. Als Streitfragen werden in Gal 1f zum einen die Beschneidung, zum andern die Tischgemeinschaft von Juden und Nichtjuden in einer Gemeinde erkennbar.

2. Der Entstehungszusammenhang der paulinischen Rechtfertigungslehre

In Galatien stand die Frage zur Debatte, ob Nichtjuden, die schon zur Gemeinde gehörten, sich noch beschneiden lassen sollten. Wir haben zu fragen, wie es zu einem solchen Konflikt kommen konnte, wie die unterschiedlichen Positionen möglicherweise begründbar waren und welche Konsequenzen sich daraus für die paulinische Mission ergaben.

Wesentlich für das Verständnis des galatischen Konfliktes ist zunächst die Einsicht, dass die paulinische Mission sich in einem Milieu entfaltete, das von Traditionen und Lebensformen des Judentums der → Diaspora bestimmt war. Im Umfeld von → Synagogengemeinschaften konnten sich Kreise nichtjüdischer Sympathisanten bilden, die in abgestufter Weise am Synagogenleben partizipierten, ohne dass sie als Mitglieder der Synagogengemeinschaft angesehen wurden. Auch die „Heidenchristen" in den paulinischen Gemeinden werden in der Regel aus solchen Sympathisantenkreisen der Synagogen hervorgegangen sein[101]. In den paulinischen Gemeinden war aber die Grenze zwischen Juden und Nichtjuden prinzipiell aufgehoben worden, sofern es um die Stellung vor Gott ging, die für die Teilhabe am endzeitlichen Heil entscheidend ist. Das wurde konkret erfahrbar insbesondere bei der Herrenmahlfeier.

Die paulinische **„Heidenmission"** ohne Beschneidung vollzog sich im Kontext der jüdischen Diasporagemeinschaften.

Die gegensätzliche Haltung gegenüber der Beschneidung im galatischen Konflikt lässt sich also einordnen in den größeren Zusammenhang der Beziehungen zwischen Juden und Nichtjuden in der Diaspora. Nach Überzeugung des Paulus hatten Juden und Heiden im Glauben an den auferweckten Jesus eine ganz neuartige, endzeitliche Gemeinschaft vor Gott erfahren. Die Grenze zwischen ihnen war hinfällig geworden, ohne dass die Unterschiede zwischen ihnen aufgehoben worden wären. Auch die Gegner des Paulus bestritten wohl nicht, dass der Christusglaube heilvolle Auswirkungen für Nichtjuden hat. Sie wollten aber zuvor mit Hilfe der Beschneidung den Unterschied zwischen Juden und Nichtjuden aufheben. Damit hielten sie freilich gerade an der Grenze zwischen beiden in der Gemeinde fest.

101 In der Apostelgeschichte werden sie als „Gott Fürchtende" bzw. „Gott Verehrende" bezeichnet, vgl. Apg 10,2; 13,16.26; 16,14; 18,7.

Paulus führt im Galaterbrief die Grundentscheidung seiner missionarischen Praxis auf seine Berufung zurück (1,16) und begründet sie mit dem Verweis auf den Tod Jesu am Kreuz (3,10–14). Allerdings formuliert er hier im Rückblick auf seinen gesamten bisherigen Weg und schon mit Blick auf die aktuelle Streitfrage in Galatien. Wir müssen daher fragen, inwieweit seine gegenwärtige Sicht der Dinge die Darstellung der Anfänge seiner Mission gewissermaßen nachträglich prägt. Jedenfalls begegnet seine Argumentation von der Rechtfertigung des Menschen allein aus Glauben an Jesus Christus und nicht aus „Werken des Gesetzes" zum ersten Mal im Galaterbrief[102]. Das könnte dafür sprechen, dass Paulus sie auch im Blick auf die Situation in Galatien zum ersten Mal reflektiert und entfaltet hat. Sie wäre dann die paulinische Antwort auf die Beschneidungsforderung seiner Gegner in den galatischen Gemeinden.

3. Ursprung und Entfaltung der paulinischen Theologie

Im Zuge der paulinischen Mission kam es aber nicht erst in Galatien zu Konflikten um die Stellung von Nichtjuden in den christlichen Gemeinden. Das belegen die Vorgänge in Jerusalem und Antiochia, von denen in Gal 1f die Rede ist. Man wird deshalb die Auseinandersetzung um die Beschneidung in Galatien kaum als Wendepunkt der paulinischen Mission ansehen können, wohl aber als eine wesentliche Entwicklungsphase, in der richtungweisende Entscheidungen für den künftigen Weg der urchristlichen Bewegung gefallen sind.

Der entscheidende Wendepunkt für Paulus war seine Berufung zum Christusapostel für die Völker (vgl. 1,15f). Die wesentlichen Inhalte seiner Verkündigung lagen seither unumkehrbar fest: das Bekenntnis zu dem gekreuzigten Jesus, den Gott von den Toten erweckt hatte; die Einsicht, dass Gott in diesem Geschehen das in der Schrift verheißene endzeitliche Heil hat Wirklichkeit werden lassen; die Gewissheit, dass in diese Heilsverwirklichung nicht nur Israel, sondern auch die Völker zu gleichen Bedingungen einbezogen werden. Bei Damaskus war Paulus aber erst aufgebrochen auf seinen Weg. Es ist kaum anzunehmen, dass er schon im Voraus über alle seine Kurven und Schlaglöcher, Abzweigungen und Umleitungen Bescheid wusste. Die Krise in Galatien hat ihn veranlasst, die bisher zurückgelegte Wegstrecke zu bedenken, die eingeschlagene Richtung zu überprüfen und die künftigen Schritte festzulegen. Der Römerbrief lässt erkennen,

> Das **paulinische Evangelium** seit „Damaskus":
> – Bekenntnis zum gekreuzigten und von Gott auferweckten Jesus
> – Erfahrung der Gegenwart als eschatologische Heilszeit
> – Einbeziehung der Völker in das endzeitliche Gottesvolk

102 Im Römerbrief wird sie erneut aufgegriffen und weiterentwickelt (vgl. o. S. 214), in den Korintherbriefen und im Philipperbrief taucht sie dagegen nur am Rande auf (vgl. 1 Kor 15,56; 2 Kor 5,21; Phil 3,9), in den Thessalonicherbriefen finden sich gar keine Spuren von ihr.

dass unter veränderten Umständen erneut Anlass zu solchen Überlegungen bestand.

Im Galaterbrief liegt uns somit das in Sprache gefasste Ergebnis der Reflexion geschichtlicher Herausforderungen vor. Man wird kaum von einer konsequenten, geradlinigen Entwicklung des paulinischen Denkens sprechen können, allein schon wegen der allzu bruchstückhaften Überlieferung der Textzeugnisse. Man wird aber sagen können, dass die geschichtliche und die theologische Bedeutung des Paulus gerade darin besteht, Grundorientierungen über das heilvolle Handeln Gottes im Christusgeschehen, die ihm bei seiner Berufung zugekommen waren, in immer neuen Situationen auf jeweils neue Weise zur Sprache gebracht zu haben.

C Theologische Schwerpunkte

1. „Werke des Gesetzes"

Die Wendung **„Werke des Gesetzes"** kommt sechsmal im Galaterbrief vor.

Im Römerbrief finden wir häufiger die Kurzformen „aus Werken" bzw. „ohne Werke (des Gesetzes)".

Erst in jüngster Zeit wurde eine vergleichbare hebräische Wendung in einem jüdischen Text entdeckt, dem sogenannten „halachischen Brief" aus Qumran.

Was wir bisher mit Blick auf das Wirken des Paulus vor seiner Berufung als Grenze zwischen Israel und den Völkern bezeichnet haben, nennt Paulus im Galaterbrief „Werke des Gesetzes"[103]. Im Zusammenhang der Auseinandersetzungen in Galatien ist damit in erster Linie die Beschneidungsforderung der Gegner des Paulus gemeint. Auf sie ist die ganze Argumentation zugeschnitten, und die Beschneidung ist eben auch die entscheidende, bei Männern sogar sichtbare Markierung dieser Grenze. Die Pointe der paulinischen Argumentation besteht nun darin, dass er sein eigenes Widerfahrnis, seine Bekehrung zu Christus und seine Berufung zum Heidenapostel, auf die Situation in Galatien überträgt und zum Grundprinzip der Evangeliumspredigt macht (2,15–21). Nicht er allein, sondern „wir" (also im Textzusammenhang zunächst Kephas und Paulus gemeinsam mit allen Glaubenden aus Israel) „sind von Geburt Juden und nicht Sünder aus den Heiden" (2,15). Aber so wie „wir" zum Glauben an Christus gekommen sind, wird auch „der Mensch" (also jeder, ob Jude oder Heide) durch den Glauben an Christus gerettet und nicht durch Werke des Gesetzes, denn „durch Werke des Gesetzes wird kein Mensch gerecht" (2,16).

103 Die Wendung kommt dreimal in 2,15–21 und dreimal in 3,1–10 vor, außerdem bei Paulus nur noch in Röm 3,20. Vgl. die Kurzformen „aus Werken" (Röm 4,2; 9,12.32; 11,6) bzw. „ohne Werke (des Gesetzes)" (Röm 3,28; 4,6). Erst in jüngster Zeit wurde in dem sogenannten „halachischen Brief" aus Qumran (4QMMT) eine vergleichbare hebräische Wendung in einem jüdischen Text entdeckt (vgl. Maier, Texte, Bd. 2, 361–376).

Im Blick auf die galatische Streitfrage ist die Konsequenz daraus klar: Wer die von Gott selbst abgebrochene Grenze wieder aufrichtet, stellt sich gegen Gott (2,18). Paulus argumentiert noch weit grundsätzlicher und formuliert Konsequenzen für das Gesetz als Ganzes:

> Denn ich bin durchs Gesetz dem Gesetz gestorben, damit ich Gott lebe. Ich bin mit Christus gekreuzigt. Ich lebe, doch nun nicht ich, sondern Christus lebt in mir. (2,19f)
> Denn ihr alle, die ihr auf Christus getauft seid, habt Christus angezogen. Hier ist nicht Jude noch Grieche, hier ist nicht Sklave noch Freier, hier ist nicht Mann noch Frau; denn ihr seid allesamt einer in Christus Jesus. (3,27f)

Was Paulus hier als These über das Gesetz mit Blick auf den Kreuzestod Jesu und über die Grenze zwischen Juden und Heiden mit Blick auf die Taufe der Christen formuliert, begründet und entfaltet er in der Argumentation, die durch diese Spitzensätze eingerahmt wird (3,1–4,7). Leitgedanke ist dabei die Frage: Wie kann der Mensch Leben erlangen, das vor Gott Bestand hat[104]? Die Antwort, die Paulus immer wieder in den unterschiedlichsten Varianten formuliert, lautet: nicht durch das Gesetz, sondern durch den Glauben an Christus.

2. Befreiung im Christusgeschehen

zum Verhältnis von **Glaube und Gesetz**

Der Grund dafür liegt im Sterben Jesu am Kreuz. Im Zusammenhang der These von 2,15–21 verweist Paulus auf Christus, den Sohn Gottes, „der mich geliebt hat und sich selbst für mich dahingegeben hat" (2,20). Für die Argumentation zum Thema Verheißung und Gesetz wird das urchristliche Bekenntnis vom heilvollen Sterben Jesu zum entscheidenden Argument (3,10–14). Vom Glauben her zeigt sich, dass das Gesetz nicht das Leben vermitteln kann, das die Schrift dem Glaubenden verheißt. Vielmehr stellt es denjenigen unter den göttlichen Fluch, der seine Forderungen nicht erfüllt. Genau dort aber tritt Christus für ihn ein, nimmt den tödlichen Fluch auf sich, lässt so das Gesetz zu seinem Recht kommen und hebt gerade damit seinen todbringenden Fluch auf:

> Christus aber hat uns erlöst von dem Fluch des Gesetzes, da er zum Fluch wurde für uns; denn es steht geschrieben: „Verflucht ist jeder, der am Holz hängt". (3,13)

Leben, das vor Gott Bestand hat, wird dort zugänglich, wo der Tod in seiner brutalsten Gestalt zugeschlagen hat: am Kreuz Jesu. Der Glaubende kann dort den Gott

104 Das ist eine mögliche Umschreibung der paulinischen Wendung „Gerechtigkeit Gottes". Vgl. Gal 2,21; 3,6.21; 5,5. Zur Wendung im Römerbrief s. o. S. 213–215.

finden, der Jesus von den Toten auferweckt hat und der ihm selbst in diesem Geschehen Leben und Freiheit schenkt. Die Geschichte des Handelns Gottes erschließt sich also von ihrem Ende her. Nicht die „Unfähigkeit" des Gesetzes, Leben zu vermitteln, hat – gewissermaßen als Ersatzlösung – den Glauben zur Folge, sondern im Licht des Glaubens zeigt sich, wie Gott Leben schafft und schenkt.

ein Beispiel paulinischer Schriftinterpretation: der **Glaube Abrahams**

Dass Paulus auch bei solchen weitreichenden Aussagen und Schlussfolgerungen die Situation in Galatien im Blick behält, zeigt sich daran, wie er die Schrift liest und deutet. Aus der Abrahamerzählung rückt er genau diejenigen Züge in den Blick, die sich als Hinweise auf die gegenwärtige Situation insbesondere der nichtjüdischen Glieder seiner Gemeinden verstehen lassen. Paulus rückt den Glauben Abrahams in den Mittelpunkt (3,6f; vgl. Gen 15,6), während die Bibel und die → frühjüdische Auslegung an ihm die Beschneidung als Bundeszeichen Israels illustrieren und exemplarisch von seinem Toragehorsam sprechen (vgl. Gen 17; 22; Sir 44,20; Weish 10,5; Hebr 11,17–19; Jak 2,21–23). Aus den Verheißungen an Abraham greift Paulus den Segen für alle Völker heraus (3,8; vgl. Gen 12,3), übergeht aber die Zusagen die seine Nachkommenschaft betreffen (vgl. Gen 12,1–9; 15; 17,1–8). Die Verheißung, das Land zu besitzen, deutet Paulus als Vorverweis der Schrift auf Christus, wofür ihm der Ausdruck für Nachkommenschaft *(sperma)*, der in der Bibel im Singular steht, als Anhaltspunkt dient (3,16; vgl. Gen 12,7; 13,15; 17,8; 24,7).

D Wirkungsgeschichtliche Hinweise

„Judentum" und „Christentum"

Dienten die paulinischen Aussagen zur Freiheit gegenüber dem Gesetz ursprünglich dazu, die Stellung der Nichtjuden gegenüber den Ansprüchen jüdischer Jesusanhänger zu sichern, so wurden sie später in Gemeinden, die nur noch aus Nichtjuden bestanden, zunehmend als Abgrenzungsmarkierungen gegenüber den Juden insgesamt verstanden. Dabei bildete sich Schritt für Schritt eine eigenständige christliche Identität heraus, und zwar im Gegenüber zur jüdischen Identität, die ebenfalls im Begriff war, ihre Grenzen eindeutig zu bestimmen. Im Zuge solcher Identitätsfindung hat sich auch erst der Sprachgebrauch herausgebildet, der Judentum und Christentum als zwei verschiedene Religionsgemeinschaften gegenüberstellt. Der Galaterbrief bietet einen Ansatzpunkt für diese begriffliche Neuprägung.

In 1,13f bezeichnet Paulus seinen früheren Wandel als Verfolger der Jesusanhänger zweimal mit dem Wort „Judaismus" *(ioudaïsmos)*. Sowohl der Zusammenhang als auch der Sprachgebrauch zur Zeit des Paulus zeigen, dass „Judaismus" hier nicht Name einer Religion ist, sondern eine Lebensweise bezeichnet, die Haltung unbedingter Treue zur → Tora insbesondere in Auseinandersetzungen mit ihren Gegnern[105]. Im Gegenüber zum „Christianismus" *(christianismos)* erscheint das Wort erstmals bei Ignatius von Antiochien, einem syrischen Bischof am Anfang des 2. Jh.s n.Chr. Er bildete aus beiden Stichwörtern einen einprägsamen Gegensatz zwischen „Christianismus" und „Judaismus", obwohl auch er dabei noch nicht an zwei verschiedene Religionen dachte[106]. Der heute übliche Sprachgebrauch bürgerte sich erst bei Kirchenschriftstellern des 3. und 4. Jh.s ein. Hier wird das Judentum als Religionsgemeinschaft zum Gegenüber des Christentums. Dass solche Gegenüberstellung theologische Gründe hat, nämlich in der unterschiedlichen Bewertung des Christusgeschehens und seiner Konsequenzen für den Glauben an den Gott Israels wurzelt, zeigen im Rückblick auch Aussagen des Galaterbriefes. Aber zur begrifflichen Ausprägung dieses Gegensatzes kam es erst viel später. War sie freilich gefunden, so konnte der Galaterbrief umso mehr zur Untermauerung des Bruchs zwischen Christentum und Judentum dienen.

6. Der Epheserbrief – die Einheit der Kirche

Literatur

Rudolf Schnackenburg, Der Brief an die Epheser, EKK 10, Zürich u.a./Neukirchen-Vluyn 1982
Petr Pokorný, Der Brief des Paulus an die Epheser, ThHK 10/II, Leipzig 1992
Ulrich Luz, Der Brief an die Epheser, in: Jürgen Becker/Ulrich Luz, Die Briefe an die Galater, Epheser und Kolosser, NTD 8/1, Göttingen 1998, 107–180

Eberhard Faust, Pax Christi et Pax Caesaris. Religionsgeschichtliche, traditionsgeschichtliche und sozialgeschichtliche Studien zum Epheserbrief, NTOA 24, Fribourg/Göttingen 1993
Michael Gese, Das Vermächtnis des Apostels. Die Rezeption der paulinischen Theologie im Epheserbrief, WUNT II/99, Tübingen 1997

Absender: Der Apostel Paulus ist der exemplarische Vermittler des Evangeliums, in dem die Einheit der Gemeinde aus Juden und Heiden ihren Grund hat.
Adressaten: Hinter ihnen liegt die Wende von einer „finsteren" Lebensweise in das Licht des Christusglaubens, vor ihnen die Aufgabe, ihr Leben entsprechend der empfangenen Gnade zu gestalten.
Thema: Die eine Kirche und Christus, ihr „Haupt".

105 Einige Belege für diesen Wortgebrauch gibt es in der → Septuaginta (2 Makk 2,21; 8,1; 14,38; 4 Makk 4,26).

106 Brief nach Magnesia 8,1; 10,1–3; Brief nach Philadelphia 6,1 (Text und Übersetzung: Lindemann/Paulsen, Väter, 190–199. 218–225).Vermutlich wollte Ignatius in Auseinandersetzungen zwischen verschiedenen Gruppen kleinasiatischer Gemeinden eingreifen, in denen es um unterschiedliche Grade der Befolgung von Toravorschriften ging.

Ziel: Die Gemeinde soll ihre eigene Gestalt gewinnen nach dem Vorbild Gottes und als Repräsentant Jesu Christi. Darin ist sie „das von Gott gesetzte sichtbare Zeichen der Einheit der Menschheit" (F. Mußner).

A Bibelkundliche Erschließung

Der Epheserbrief wird in der heutigen Exegese weithin als das Schreiben eines Paulusschülers angesehen, der den Namen des Paulus benutzt, um seinem Brief größere Autorität bei seinen Adressaten zu verschaffen. Diese Interpretation wird auch in diesem Beitrag vertreten. Bei der bibelkundlichen Erschließung haben wir aber zunächst von der überlieferten Textgestalt des Briefes auszugehen, die ihn als Schreiben des Apostels Paulus an die „Heiligen in Ephesus" erscheinen lässt.

Der Brief ist klar aufgebaut. Zwischen dem → Präskript (1,1f) und dem → Postskript (6,23f) stehen ein brieflicher Rahmen (1,3–23; 6,21f) und die thematischen Ausführungen (2,1–6,20). Der Briefeingang besteht aus zwei → Proömien. Das erste ist ein feierlicher Lobpreis („Eulogie"). Er bringt das heilvolle Handeln Gottes an den Glaubenden zur Sprache (1,3–14). Das zweite drückt den Dank an Gott für den Glauben der Briefadressaten und die Fürbitte des Apostels für sie aus (1,15–23). In beiden Proömien verweist Paulus auf Grundzüge des Christusgeschehens. Der Briefeingang endet mit einer ersten Aussage über Christus als Haupt der Kirche (V. 22f). Damit ist das Thema des Briefes erreicht.

Die thematischen Ausführungen bestehen wiederum aus zwei Teilen. Der erste *(2,1–3,21)* bringt vorwiegend das zurückliegende Christusgeschehen und die Befreiung der Glaubenden von ihrem früheren Lebenswandel zur Sprache (Erinnerung), der zweite (4,1–6,20) richtet sich vorwiegend auf ihren gegenwärtigen Zustand und ihr künftiges Verhalten (Ermahnung). Beide Teile sind aber darin verbunden, dass das zurückliegende Christusgeschehen für das gegenwärtige und künftige Verhalten der Gemeinde prägend sein soll.

Im ersten Hauptteil erinnert Paulus die Adressaten zunächst an ihren früheren, gottwidrigen Lebenswandel. Aus ihm sind sie durch die Gnade und Güte Gottes in Jesus Christus befreit worden (2,1–10). Dann (2,11–22) erinnert er sie an ihre frühere Identität als Heiden im Gegensatz zum Gottesvolk Israel. Aus dieser Ferne zu Gott sind sie durch Christus hereingeholt worden in das eine Haus Gottes, die Kirche aus Juden und Heiden. Anschließend (3,1–13) verweist Paulus auf seine eigene Funktion als Apostel für die Heiden. Sie bestand darin, das Geheimnis der Teilhabe der Heiden an der Heilsverheißung für Israel, die in Gottes Plan schon immer feststand, bekannt zu machen. Mit einer Fürbitte um die rechte Christuserkenntnis der Gemeinde und einem erneuten Lobpreis Gottes (3,14–21) schließt er den erinnernden Hauptteil ab und leitet schon über zum ermahnenden.

Der Neueinsatz des ermahnenden Hauptteils ist deutlich markiert und doch gleichzeitig auf den vorangehenden Teil bezogen (4,1). Thema ist jetzt der neue Lebenswandel der Glaubenden: in der Einheit des „Leibes Christi" (4,1–16), im

Gegenüber zur heidnischen Welt (4,17–5,20) und in der Gestaltung des häuslichen Lebens (5,21–6,9). Das Grundbekenntnis zu dem einen Gott Israels wird entfaltet zu einem Gestaltungsprinzip des Glaubens und Lebens der Gemeinde:

> *Ein* Leib und *ein* Geist, wie ihr auch berufen seid zu *einer* Hoffnung eurer Berufung; *ein* Herr, *ein* Glaube, *eine* Taufe; *ein* Gott und Vater aller, der da ist über alle und durch alle und in allen. (4,4f)[107]

Mit Christus eins geworden, bildet die Gemeinde seinen „Leib" und er ihr „Haupt" (4,13–16). Mit einem anderen Bild, dem Wechseln der Kleider, beschreibt Paulus den Kontrast zwischen der früheren Lebensweise der Adressaten und ihrem neuen Wandel (4,24)[108]. Anschließend entfaltet er die grundsätzliche Ermahnung durch Aufzählungen konkreter Verhaltensweisen, wobei die negativen dominieren (4,25–32; 5,3–6).

Das geordnete Leben des christlichen Hauses (5,21–6,9) wird dagegen vorwiegend durch positive Haltungen und Verhaltensweisen dargestellt. Das Grundgerüst bildet ein einfaches Schema, nach welchem jeweils paarweise die am Leben eines antiken Haushaltes beteiligten Personen in ihrem Verhalten zueinander beschrieben werden (→ „Haustafel"): Männer und Frauen, Kinder und Eltern, Sklaven und Herren. Das Schema ist aber im Epheserbrief stark erweitert, ja, geradezu gesprengt durch ausführliche Einschübe. In ihnen erscheint das Verhältnis zwischen Christus und der Kirche als Modell für das Verhalten im christlichen Haus. Den Abschluss bildet eine Ermahnung zur Glaubensstärke (6,10–17). Mit dem Bild einer Waffenrüstung wird der Abwehrkampf der Glaubenden gegen die Mächte des Bösen dargestellt. Mit der Aufforderung zu Gebet und Fürbitte endet der Brief (6,18–20).

Strukturübersicht

Briefformular	1,1f							6,23f
brieflicher Rahmen	1,3–14 1,15–23							6,21f
thematische Ausführungen	1. Hauptteil: Erinnerung				2. Hauptteil: Ermahnung			
	2,1–10	2,11–22	3,1–13	3,14–21	4,1–16	4,17–5,20	5,21–6,9	6,10–20

107 Vgl. 1 Kor 8,6, wo Paulus in anderem Zusammenhang und anderer Intention ebenfalls das Bekenntnis zu dem einen Gott christologisch entfaltet.

108 Den gleichen Kontrast bringt er wenig später mit einem weiteren bildhaften Gegensatz zur Sprache, dem zwischen Licht und Finsternis (5,8f). Dabei wird das Bild aber gesprengt durch die Wendung „Frucht des Lichts".

B Geschichtliche Einordnung

1. Das Verhältnis zum Kolosserbrief

„Haustafel"

Ermahnung an die Personen, die einen antiken Haushalt bilden: Männer – Frauen, Eltern – Kinder, Herren – Sklaven

Ein Vergleich mit dem Kolosserbrief zeigt auf den ersten Blick, dass beide Briefe nicht unabhängig voneinander entstanden sein können. Zahlreiche Aussagen stimmen bis in den Wortlaut ganzer Sätze hinein exakt überein[109]. Vergleicht man die → „Haustafel" in Eph 5,21–6,9 mit der in Kol 3,18–4,1, dann ergibt sich, dass die knappe, schematische Gegenüberstellung der Paare im Kolosserbrief durch umfangreiche Einschübe im Epheserbrief erweitert und dadurch letztlich gesprengt worden ist. Es ist also wahrscheinlich, dass der Epheserbrief in Kenntnis des Kolosserbriefes geschrieben worden ist.

Nun ist freilich auch die geschichtliche Einordnung des Kolosserbriefes mit Schwierigkeiten behaftet[110]. Zudem sind gerade solche Aussagen des Kolosserbriefes, die auf konkrete Situationen oder Probleme der Adressatengemeinde hinweisen, im Epheserbrief nicht übernommen worden. Überhaupt lassen sich dem Epheserbrief – im Unterschied zum Kolosserbrief und allen übrigen Paulusbriefen – kaum Hinweise auf persönliche Bekanntschaft zwischen Absender und Adressaten entnehmen[111]. Das ist um so auffälliger, als gerade Ephesus ein wichtiger Stützpunkt der paulinischen Mission war[112].

> Die einzige Ausnahme, die Erwähnung der Sendung des Mitarbeiters Tychikus (6,21f), ist weitgehend identisch mit der entsprechenden Notiz im Kolosserbrief (vgl. Kol 4,7)! Man könnte dies natürlich damit erklären, dass beide Briefe fast gleichzeitig von demselben Verfasser geschrieben bzw. diktiert worden sind und sich an Gemeinden wenden, die Tychikus nacheinander besuchen soll. Allerdings bleiben auch bei einer solchen Vermutung gravierende inhaltliche und sprachliche Differenzen, einerseits zwischen dem Epheser- und dem Kolosserbrief und andererseits auch zu den übrigen Paulusbriefen, unübersehbar[113].

---

109 Vgl. z.B. Eph 1,7 mit Kol 1,14, Eph 1,15 mit Kol 1,4, Eph 1,19f mit Kol 2,12, Eph 4,16 mit Kol 2,19, Eph 6, 21f mit Kol 4,7.

110 Vgl. dazu u. S. 265–267.

111 Sollte im Präskript die Angabe „in Ephesus" im Original gefehlt haben, wäre er von Anfang an als ein Rundschreiben an eine unbestimmte Anzahl von Gemeinden im paulinischen Missionsbereich zu verstehen. Ausführlich informiert dazu Pokorný, Eph, 34–37.

112 Vgl. 1 Kor 15,32; 16,8; 2 Kor 1,8; Apg 18,19–22; 19f. Dazu M. Günther, Die Frühgeschichte des Christentums in Ephesus, Arbeiten zur Religion und Geschichte des Urchristentums 1, Frankfurt a. M. u.a. 1995; W. Thiessen, Christen in Ephesus. Die historische und theologische Situation in vorpaulinischer und paulinischer Zeit und zur Zeit der Apostelgeschichte und der Pastoralbriefe, TANZ 12, Tübingen 1995.

113 Sie werden in Handbüchern und Kommentaren zusammengestellt (vgl. etwa Schnelle, Einleitung, 316–318; Schnackenburg, Eph, 20–26), können aber je

2. Die im Brief vorausgesetzte Situation als Ergebnis der paulinischen Mission

Der offenkundigste Unterschied zeigt sich gerade in den Abschnitten, die vom Thema her den im Galater- und im Römerbrief behandelten Fragen am nächsten zu stehen scheinen, besonders in 2,11–3,13. Der Verfasser erinnert hier die Adressaten an ihre Vergangenheit als Heiden. Als Unbeschnittene hatten sie keinen Zugang zum Gottesvolk und seinen Verheißungen. Im Christusgeschehen ist ihnen dieser Zugang eröffnet worden:

> Denn er ist unser Friede, der aus beiden eines gemacht hat und den Zaun abgebrochen hat, der dazwischen war, nämlich die Feindschaft. (2,14)

das Problem im Galaterbrief:
Zugang der Nichtjuden zur Gemeinde

das Problem im Epheserbrief:
Umgang von Nichtjuden mit Juden in der Gemeinde

Nun geht es auch Paulus im Galaterbrief um den Platz der Heiden in der Christusgemeinde. Dort freilich stehen sie in der Gefahr, sich diesen Platz selbst sichern zu wollen, indem sie sich – auf entsprechenden Druck jüdischer Jesusanhänger hin – beschneiden lassen. Die Pointe der paulinischen Argumentation im Galaterbrief besteht darin, den Unterschied zwischen Juden und Nichtjuden, den die Tora definiert, gerade nicht in Frage zu stellen, die Grenze zwischen beiden in der einen Christusgemeinde aber bewusst fallen zu lassen. Im Epheserbrief dagegen ist von einer Beschneidungsforderung nichts mehr zu spüren. Nicht mehr der *Zu*gang von Heiden zum Gottesvolk der Heilszeit ist das Problem, sondern der *Um*gang von Juden und Heiden miteinander in der einen Kirche. Die Kirche ist nicht mehr die eine Gemeinde aus Juden und Heiden, die gemeinsam an Christus glauben und das Herrenmahl feiern. Sie ist ein „neues Geschöpf", erschaffen aus beiden zu dem einen Leib Christi.

Folgerichtig bekommt im Epheserbrief auch Paulus selbst eine andere Funktion als die, die er sich im Galaterbrief zuschreibt. Im Galaterbrief ist Inhalt seiner Verkündigung für die Völker das Christusgeschehen, die Auferweckung und Erhöhung Jesu zum Sohn Gottes. Im Epheserbrief dagegen besteht das Geheimnis, das ihm offenbart wurde, darin, „dass die Heiden Miterben sind und mit zu seinem Leib gehören und Mitgenossen der Verheißung in Christus Jesus sind durch das Evangelium" (3,6). Was sich in den scharfen Auseinandersetzungen in Galatien allenfalls als Ziel der paulinischen Position andeutete, die eine Gemeinde aus Juden und Heiden, ist hier bereits als Ergebnis vorausgesetzt. Paulus ist zum Kirchengründer geworden. Inhalt des Evangeliums, dem er dient, ist jetzt die Kirche selbst,

für sich betrachtet die paulinische Verfasserschaft des Briefes nicht sicher ausschließen.

„erbaut auf dem Grund der Apostel und Propheten, da Jesus Christus der Eckstein ist, auf welchem der ganze Bau ineinander gefügt wächst zu einem heiligen Tempel in dem Herrn" (2,20f).

3. Zur Funktion der Paulus-Pseudepigraphie

Pseudepigraphie

der im Text genannte Autor ist nicht der tatsächliche Verfasser (griech.: *pseudos* – Lüge)

Diese Differenzen in der theologischen Argumentation und der vorausgesetzten Situation, zusammen mit den bereits genannten Beobachtungen, lassen es als unwahrscheinlich erscheinen, dass Paulus der Verfasser des Epheserbriefes ist. Damit stehen wir vor dem literarischen Phänomen der → Pseudepigraphie, das uns mehrfach im Neuen Testament und darüber hinaus in antiker jüdischer und nichtjüdischer Literatur in großer Vielfalt begegnet[114]. Im Unterschied zu jüdischen religiösen Schriften, die unter den Namen berühmter Gestalten der biblischen Geschichte wie Henoch, Noach, Abraham, Mose, Jeremia, Esra u.a. verfasst wurden, trägt aber der Epheserbrief den Namen einer bekannten Persönlichkeit der unmittelbar zurückliegenden Vergangenheit. Darin wäre er eher mit der antiken Pseudepistolographie (Briefe mit falschen Absendernamen) zu vergleichen. Aber der Epheserbrief lässt sich seinem Inhalt nach kaum auf eine Ebene mit den zahlreich überlieferten gefälschten Philosophen- oder Literatenbriefen der Antike stellen.

Ziel des Briefes ist, wie wir sahen, die Begründung, Stärkung und Sicherung der Identität der einen Kirche Jesu Christi. Die „Apostel und Propheten", also die ersten Zeugen der Christusbotschaft, erlangen dabei eine tragende Funktion (vgl. 2,20). Der Verfasser des Briefes, der sich im → Präskript als „Paulus, ein Apostel Christi Jesu durch den Willen Gottes" vorgestellt hat, reiht sich damit unmerklich ein in die tragenden Kräfte der Kirche. Hier liegt der Schlüssel zum Verständnis der Pseudepigraphie im Epheserbrief. Die Autorität des Paulus als Christusverkündiger und Gemeindegründer soll in der Gegenwart hörbar bleiben und zur Orientierung dienen, obwohl und gerade weil der Apostel selbst schon zu einem „grundlegenden" Phänomen der Vergangenheit geworden ist.

Im Blick auf den Epheserbrief müssen wir also von einem pseudepigraphen Text sprechen, bei dem die Differenz zwischen tatsächlichem und fiktivem Autor gezielt als Gestaltungsmittel eingesetzt worden ist. Das wird offenkundig an der fiktiven brieflichen Information am Schluss (6,21f). Wenn wir annehmen können, dass das Erbe des Paulus in einer Schultradition lebendig gehalten und gepflegt worden ist, dann wird auch der Epheserbrief aus dieser Schule stammen. In diesem Fall besteht der Anspruch, das Anliegen des Paulus in veränderter Situation neu zur Spra-

114 Vgl. dazu Klauck, Briefliteratur, 301–305; Schnelle, Einleitung, 293–297.

che zu bringen, durchaus zu einem gewissen Recht. Zugleich kann er aber auch im Vergleich mit den überlieferten Briefen des Paulus kritisch überprüft werden.

C Theologische Schwerpunkte

Die Kirche als „Leib Christi"

Thema des Epheserbriefes ist die Einheit der Kirche als Leib Christi[115]. Dabei meint Kirche im Epheserbrief nicht eine konkrete Einzelgemeinde mit ihren spezifischen Problemen und Begabungen, sondern die universale Gemeinschaft aller Gemeinden an jedem denkbaren Ort, die sich auf Jesus Christus gründen. Die Einheit der Kirche entspricht dem Vorbild des einen Gottes, des Schöpfers der Welt (4,6; 3,14f). Der Einheit Gottes, des Schöpfers der Welt, entspricht es, dass er von allem Anfang an den Willen hatte, „dass alles zusammengefasst würde in Christus, was im Himmel und auf Erden ist" (1,10). Diesen Willen hat er jetzt in die Tat umgesetzt. Im Christusgeschehen hat er einen „neuen Menschen" erschaffen (2,15). Die Menschheit ist nun nicht mehr charakteristisch bestimmt durch den Gegensatz Juden – Heiden, sondern entspricht in ihrer Einheit der Einheit des Schöpfers. Die Einheit der Kirche ist also eine in doppelter Weise abgeleitete Einheit: abgeleitet von der Einheit Gottes, des Schöpfers, und abgeleitet von der Einheit der Menschheit als dem Geschöpf des einen Gottes. Solche doppelt abgeleitete Einheit der Kirche schlägt durch bis in ihre äußerlich erkennbare Gestalt und ihr Bekenntnis. Geisterfahrung, Taufpraxis, Glaubensbekenntnis und Zukunftserwartung der Kirche, aber ebenso Organisationsformen und Aufgabenverteilung tragen allesamt das „Markenzeichen" der Einheit Gottes (vgl. 4,4f.11–13).

Solche Einheit der Kirche nach dem Vorbild Gottes ist nun nicht statisch, ein unveränderlicher Zustand, sondern dynamisch, eine zu erfüllende Aufgabe. Deshalb prägt der Gedanke der Einheit Gottes auch den ermahnenden Teil des Epheserbriefes. Gerechtigkeit und Heiligkeit sind die Züge Gottes, die seiner Einheit Gestalt verleihen, eine Gestalt, die für die Glaubenden im Christusgeschehen als Gottes Liebe wahrnehmbar geworden ist. Deshalb können sie unmittelbar zur „Nachahmung" Gottes aufgefordert werden:

> So folgt nun Gottes Beispiel als die geliebten Kinder und lebt in der Liebe, wie auch Christus uns geliebt hat. (5,1f)

Der Leitgedanke von der Einheit der Kirche ist eng verknüpft mit dem von der Einheit Gottes mit Christus (vgl. bes. 1,15–23). Gott hat Jesus auferweckt und zu

115 Vgl. dazu J. Roloff, Die Kirche im Neuen Testament, GNT 10, Göttingen 1993, 231–249; Schnackenburg, Eph, 299–319. Vgl. zum Stichwort Einheit 2,14–18; 4,3–6.13, zum Stichwort Leib Christi 1,22f; 2,16; 3,14–19; 4,12.15f; 5,23.30.

sich erhöht. Damit hat er ihm Anteil gegeben an seiner Herrschaft über die Schöpfung und ihn zum „Haupt“ der Gemeinde eingesetzt (1,20–23). Der auferstandene und erhöhte Christus ist also kein anderer als der eine und einzige Gott. Vielmehr repräsentiert er diesen einen Gott, den Schöpfer des Alls, wie er sich den Menschen gegenüber erschließt. Auch die Identität der Kirche als „Leib Christi“, als Verkörperung des Evangeliums auf Erden, ist dynamisch, nicht statisch zu verstehen. Im Christusgeschehen hat Gott verwirklicht, was er von allem Anfang an wollte (1,9f). Durch seinen Tod am Kreuz hat er den Menschen Frieden und Versöhnung gebracht, ja, aus Juden und Heiden „einen neuen Menschen“ geschaffen und beide zu „einem Leib“ verbunden (2,14–16). Die Kirche soll wachsen an der Aufgabe, das Christusmodell zu verwirklichen (2,21). Der Apostel betet, dass sie stark werde durch Gottes Geist, „dass Christus durch den Glauben in euren Herzen wohne und ihr in der Liebe eingewurzelt und gegründet seid“ (3,16f). Die Gemeinde soll durch Apostel, Propheten, Evangelisten, Hirten und Lehrer zugerüstet und „erbaut werden, bis wir alle hingelangen zur Einheit des Glaubens und der Erkenntnis des Sohnes Gottes“ (4,11–13).

D Wirkungsgeschichtliche Hinweise

Die Aussagen über die Kirche im Epheserbrief sind in einer Sprache und im Rahmen einer Vorstellungswelt formuliert, die dazu verführen kann, ihr gegenwärtiges Erscheinungsbild aus dem Blick zu verlieren. Wer sich bemüht, die Einheit Gottes als theologischen Gehalt und Grund der → Ekklesiologie des Epheserbriefes wahrzunehmen, kann aber über die Uneinigkeiten und Spaltungen der Kirche heute nicht hinwegsehen. Spannungen und Spaltungen zwischen Christen sind freilich nicht erst Ergebnis späterer kirchengeschichtlicher Entwicklungen, sondern begegnen uns schon in den Schriften des Neuen Testaments, nicht zuletzt auch im → *Corpus Paulinum*. Die Lebensformen der Gemeinden in neutestamentlicher Zeit sind so vielfältig, dass man aus ihnen kein historisch ursprüngliches Einheitsmodell rekonstruieren kann. Besinnung auf die ursprüngliche Einheit der Kirche ist also nicht als Rückkehr zu ihren geschichtlichen Anfängen verstehbar, sondern als theologische Zielbestimmung.

Die ökumenische Bewegung im 20. Jh. hat versucht, durch Dialoge zwischen den Kirchen, durch gemeinsame Besinnung auf das Zeugnis der Bibel und durch das Zusammenkommen von Christen aus verschiedenen Kirchen in Gebet, Gottesdienst und Bezeugung des Glaubens durch Wort und Tat zur Einheit der Kirche zu finden. Dabei hat sich allerdings gezeigt, dass das Stichwort „Einheit“ keine eindeutigen Richtlinien enthält, nach denen heute die Gemeinschaft der Kirchen untereinander erreicht werden könnte. Vielmehr stellt die Reflexion und Diskussion um Formen und Modelle von Kirchengemeinschaft selbst einen wesentlichen Bestandteil der ökumenischen Dialoge dar. So wurde z.B. im Rahmen des Dialogs zwischen dem Lutherischen Weltbund und der Römisch-katholischen Kirche das Dokument „Einheit vor uns“ erarbeitet, in dessen erstem Teil verschiedene Modelle der Einigung dargestellt werden[116]. Trotz notwendiger Differenzierungen und mancher Enttäuschungen im Verlauf der ökumenischen Dialoge darf das Ziel der Einheit der Kirche nicht leichtfertig beiseite geschoben werden[117].

7. Der Philipperbrief – Freude im Leiden

Literatur

Ulrich B. Müller, Der Brief des Paulus an die Philipper, ThHK 11/I, Leipzig 1993
Nikolaus Walter, Der Brief an die Philipper, in: Nikolaus Walter/Eckart Reinmuth/ Peter Lampe, Die Briefe an die Philipper, Thessalonicher und an Philemon, NTD 8/ 2, Göttingen 1998, 11–101

Markus Müller, Vom Schluss zum Ganzen. Zur Bedeutung des paulinischen Briefkorpusabschlusses, FRLANT 172, Göttingen 1997, 131–205
Peter Pilhofer, Philippi: Band 1: Die erste christliche Gemeinde Europas, WUNT 87, Tübingen 1995
Peter Wick, Der Philipperbrief. Der formale Aufbau des Briefs als Schlüssel zum Verständnis seines Inhalts, BWANT 135, Stuttgart 1994

Absender: Paulus als Christuszeuge in Bedrängnis ist Vorbild für die bedrängte Gemeinde in Philippi.
Adressaten: Die Gemeinde in Philippi steht Paulus besonders nahe, aber Agitatoren für die Beschneidung gefährden ihren Glauben.
Thema: Freude in Bedrängnis ist begründet im Evangelium und richtet sich aus auf die künftige vollkommene Christusgemeinschaft.
Ziel: Paulus ermahnt die Gemeinde zur Einheit und ermutigt sie zum Festhalten am Glauben nach dem Vorbild des Apostels.

116 Einheit vor uns. Modelle, Formen und Phasen katholisch/lutherischer Kirchengemeinschaft, Paderborn/Frankfurt a.M. 1985; wieder abgedruckt in: H. Meyer u.a. (Hgg.), Dokumente wachsender Übereinstimmung. Sämtliche Berichte und Konsenstexte interkonfessioneller Gespräche auf Weltebene, Bd. 2: 1982–1990, Paderborn 1992, 451–506; M. Ulrich (Hg.), Auf den Wegen zur Einheit 1965–1985, Leipzig 1987, 169–224.

117 Zu biblischen Grundlagen vgl.: Die Einheit des Volkes Gottes und der Kirche nach dem Zeugnis der Schrift, in: H. J. Urban/H. Wagner (Hgg.), Handbuch der Ökumenik, Bd. 1, Paderborn 37–87 (J. Gamberoni, Altes Testament, 37–50; F. G. Untergaßmair, Die Einheit der Kirche im Neuen Testament, 51–87). Zu Modellen und Vorstellungen von Einheit im ökumenischen Dialog vgl. H. Meyer, Ökumenische Zielvorstellungen, BenshH 78, Göttingen 1996.

A Bibelkundliche Erschließung

Inhalt und Aufbau des Philipperbriefes erschließen sich am besten, wenn wir von seinem zentralen Anliegen ausgehen und versuchen, die übrigen Teile des Briefes von ihm her zu verstehen. Anlass und Anliegen werden am deutlichsten in Kap. 3 erkennbar. Paulus setzt sich hier in schärfster Polemik mit Leuten auseinander, die die Glieder seiner Gemeinde in Philippi bedrängen, sich beschneiden zu lassen (3,2f). Er ermahnt die Philipper, darauf zu vertrauen, dass sie schon jetzt durch ihre Zuwendung zu Christus zur Gemeinschaft der von Gott Geretteten gehören. Wenn sie sich beschneiden lassen würden, käme dies dem Eingeständnis gleich, dass nicht der Glaube an Christus, sondern erst der Übertritt zum Judentum den Weg zur endzeitlichen Heilsgemeinschaft ebnet.

Die Danksagung *(1,3–11)* hat im Philipperbrief besonderes Gewicht. Paulus umfasst mit ihr den Glaubensweg der Philipper von ihrer Bekehrung über ihren gegenwärtigen Glauben bis hin zu ihrer Errettung am „Tag Jesu Christi". Darüber hinaus deutet er seine gegenwärtige Lage an: Er hat sich als Gefangener vor Gericht zu verantworten (V. 7). Damit schlägt er bereits das zentrale Briefthema an: Bewährung des Glaubens in Bedrängnissen. Im ersten Abschnitt *(1,12–26)* entfaltet Paulus dieses Thema zunächst mit Blick auf seine eigene Lage. Weder der Prozess, der ihm bevorsteht (V. 12f), noch die Unzuverlässigkeit mancher seiner Mitarbeiter (V. 15–17) können es verhindern, tragen vielmehr gerade dazu bei, dass das Evangelium bekannt und verbreitet wird. Selbst das → Martyrium, das ihm vor Augen steht, betrachtet er als Gewinn, würde es doch zur Verherrlichung Christi beitragen (V. 20f)[118].

> Denn Christus ist mein Leben, und Sterben ist mein Gewinn. (1,21)

Aber wichtiger als sein Martyrium ist seine Aufgabe gegenüber der Gemeinde, sind ihr Wachstum und ihr Glaube. Damit leitet Paulus zur brieflichen Ermahnung über (V. 25f).

Im ersten ermahnenden Hauptteil *(1,27–2,18)* fordert Paulus die Gemeinde zum Festhalten am Glauben in Bedrängnissen auf. Durch Verweis auf seine eigene Haltung im Leiden will er die Briefadressaten für die auch ihnen bevorstehenden Leidenserfahrungen zurüsten und stärken (1,29f). Ein zweites, von Paulus noch stärker betontes Argument ist der Verweis auf Jesus (2,5–11). Seinen gehorsamen Weg aus der Gemeinschaft mit Gott in die Erniedrigung der Sklavengestalt, der tiefsten Stufe menschlicher Existenz, in das Leiden, das am Kreuz sein Ende fand, diesen Weg hat Gott umgekehrt (2,8f). So wie für Christus ist auch für die Gemeinde der Weg ins Leiden der Weg, auf dem Gott rettet (2,12f).

118 Hier, also gerade im Zusammenhang mit einer konkreten Leidenserfahrung, begegnet zum ersten Mal das Stichwort „Freude" (1,18), das Paulus im Brief dann immer wieder in verwandten Zusammenhängen aufgreift (vgl. 1,18; 2,2.17f.28f; 3,1; 4,4.10).

Auch der zweite Abschnitt mit persönlichen Informationen *(2,19–30)* hat eine Funktion innerhalb der Argumentation des Briefes. Trotz räumlicher Trennung sind Autor und Adressaten einander nahe, durch Boten, durch Aneinanderdenken und Voneinanderwissen (V. 19.22), durch Mitfühlen und Mitleiden (V. 26–28). Paulus braucht diese enge persönliche Beziehung, um die Gemeinde im Entscheidenden für sich zu gewinnen.

Im entscheidenden zweiten Argumentationsgang des Briefes *(3,1–4,9)* setzt Paulus ein mit der Mahnung, die Gewissheit der Heilsteilhabe nicht durch die Beschneidung aufs Spiel zu setzen. Was die Beschneidungsprediger anbieten: Zugehörigkeit zum Gottesvolk durch Übertritt zum Judentum, das haben die Philipper durch ihre Zuwendung zu Christus längst erlangt (3,1–3). In der folgenden Ich-Rede (V. 4–14) macht Paulus sich selbst zum Paradigma für den Weg in das Gottesvolk der Heilszeit. Von seiner Begegnung mit dem auferstandenen Christus her erscheint ihm alles, worauf er früher seine Hoffnung gegründet hatte, als unzureichend, geradezu als „Mist" (V. 7f). Auch wenn er die eschatologische Vollendung jetzt noch nicht erlangt hat, ist er doch seither auf dem einzig gangbaren Weg zu diesem Ziel (V. 12–15). Darin sollen ihm die Philipper nacheifern, indem sie das Ansinnen der Beschneidungsprediger zurückweisen (V. 17–21).

So wie Paulus vor diesem Argumentationsteil seine enge Beziehung zur Gemeinde durch Erwähnung gemeinsamer Bekannter in den Vordergrund gerückt hatte, stellt er sie auch anschließend wieder her (4,2f). Die Ermahnungen in 4,2–9 bilden das Gegenstück zu dem ersten ermahnenden Abschnitt in 1,27–2,18. Mit dem Dank für eine materielle Gabe *(4,10–20)*, überbracht von Epaphroditus, kommt Paulus noch einmal auf seine eigene Lage zu sprechen. Grüße und ein Segenswunsch beschließen den Brief (4,21–23).

Strukturübersicht

Briefformular	1,1f					4,21–23
persönliche Beziehung zur Gemeinde	Danksagung 1,3–11	Gefangenschaft des Paulus 1,12–26		Sendung von Mitarbeitern 2,19–30		Dank für Hilfe 4,10–20
aktuelle Ermahnung der Gemeinde			Ermahnung und Zuspruch 1,27–2,18		Warnung vor Beschneidung 3,1–4,9	

B Geschichtliche Einordnung

1. Die Beziehung des Paulus zur Gemeinde in Philippi

ein antiker **Freundschaftsbrief**

Die zahlreichen persönlichen Angaben und der herzliche, die Gefühlswelt ansprechende Ton vieler Passagen erlauben es, den Brief nach antiken Kategorien als „Freundschaftsbrief" zu klassifizieren. Die Gemeinde in Philippi steht seit ihrer Gründung (vgl. Apg 16,11–15) in einer besonders engen Partnerschaft zu Paulus. Sie kann es sich als Privileg anrechnen, dass er von ihr materielle Unterstützung annimmt (4,15–18)[119]. Für die Zukunft hofft Paulus auf einen erneuten Besuch in Philippi und schickt seine Mitarbeiter schon voraus (1,26; 2,19–30). Auch als Gefangener genießt er soviel Freizügigkeit, dass er mit seinen Mitarbeitern in Verbindung stehen, Briefe und Boten senden und empfangen und Pläne für künftige Reisen machen kann[120]. Ort, Zeit, Grund und Ausgang dieser Gefangenschaft lassen sich nicht sicher bestimmen[121]. Für das Verständnis des Briefes ist das freilich nicht entscheidend, denn die Situation des Paulus ist Paradigma für die Situation der Briefadressaten, argumentatives Mittel, um sie auf die ihnen bevorstehenden Bedrängnisse vorzubereiten.

Der Philipperbrief kann als **literarisch einheitliches Schreiben** verstanden werden.

Trotz der Vielfalt der Argumente, der rhetorischen Mittel und des Stils kann der Brief, sofern man die jeweilige Intention der Abschnitte beachtet, als in sich einheitlicher Text verstanden werden[122]. Dort, wo Paulus auf die Gegner zielt (vgl. 3,2.18f), schreibt er scharf polemisch, während er einen eindringlich mahnenden und zuredenden Ton wählt, wenn er sich an die Briefadressaten wendet (vgl. 3,1.15f.17; 4,1). Wenn wir diese „Schreibart" des Paulus und ihren in Kap. 3 sichtbar werdenden Anlass berücksichtigen, dann erhalten die vorangehenden und folgenden Abschnitte des Briefes eine klare Funktion im Briefganzen.

119 Sonst legt Paulus Wert darauf, seine Mission durch eigener Hände Arbeit zu finanzieren, vgl. 2 Kor 11,7–10.

120 Vgl. 1,7.13f.19f.26; 2,19–30; 4,14.18.

121 Im Rahmen der uns bekannten Paulus-Biographie kommen Ephesus (vgl. 1 Kor 15,32; 2 Kor 1,8–11), Cäsarea (vgl. Apg 23,23–26,32) oder Rom (vgl. Apg 28,16–31) in Frage. Paulus selbst erwähnt in 2 Kor 11,23, also schon vor den in Apg 21–28 erzählten Ereignissen, mehrere Gefangenschaften. Zur Diskussion vgl. Müller, Phil, 15–21; Walter, Phil, 15–17.

122 Solange dies möglich ist, kann auf Briefteilungshypothesen verzichtet werden. Sie werden dennoch diskutiert, vgl. einerseits Müller, Phil, 4–14, andererseits Walter, Phil, 17–20.

2. Die Gemeindesituation in Philippi

Ein genaues Bild von der Gemeindesituation in Philippi zu gewinnen, ist überaus schwierig[123]. Ausgangspunkt eines Rekonstruktionsversuchs ist die einzige konkrete Information, die wir Kap. 3 entnehmen können: In Philippi sind Agitatoren im Begriff, Glieder der Gemeinde zur Beschneidung zu überreden (3,2f). Ihre Motive, ihr Vorgehen, ihr Erfolg in der Gemeinde lassen sich nicht mehr erkennen. Es wird nicht einmal klar, ob zu ihrer Verkündigung auch die Christusbotschaft gehörte, geschweige denn, in welchem Verhältnis zueinander ihrer Meinung nach Evangelium und Beschneidung stehen sollten.

Wir müssen zudem in Rechnung stellen, dass Paulus kein objektives Bild von seinen Gegnern zeichnet, sondern offenkundig scharf gegen sie polemisiert (3,18f). Fragen wir danach, welche Argumentationsstrategie er gegenüber der Gemeinde anwendet, dann fällt auf, dass er sie auf Einschüchterungen und Leiderfahrungen vorbereiten will (1,27–30). Offenbar haben sie mit Bedrängnissen zu rechnen, wenn sie sich nicht beschneiden lassen. Umgekehrt scheint mit dem Eingehen auf die Beschneidungsforderung die Möglichkeit verbunden zu sein, solche Bedrängnisse zu vermeiden.

Die Ermahnungen zum Feststehen im Christusglauben (4,1; vgl. 1,27; 2,16; 3,16), zur inneren Geschlossenheit der Gemeinde (1,27; 2,2f; 4,2f), zu Gewissheit und Zuversicht in Bedrängnissen (2,1.14; 3,1; 4,6) erhalten von einer solchen Gemeindesituation her ihr spezifisches Profil. Wenn Paulus am Ende seiner Argumentation in Kap. 3 der Gemeinde zuspricht: „Unser Gemeinwesen[124] ist im Himmel!" (3,20), dann weist er ihr die Heimat zu, die sie in einem irdischen Gemeinwesen, sei es die → hellenistische → Polis oder die jüdische → Synagoge, nicht finden kann und seiner Meinung nach auch gar nicht suchen darf. Denn die für ihren Glauben maßgebliche „Sozialisation" ist die Gemeinschaft mit dem gekreuzigten und auferstandenen Christus. Sie allein sichert ihr den Platz im Gottesvolk der eschatologischen Heilszeit.

123 Vgl. zum Folgenden K.-W. Niebuhr, Heidenapostel aus Israel. Die jüdische Identität des Paulus nach ihrer Darstellung in seinen Briefen, WUNT 62, Tübingen 1992, 79–111.

124 Das griechische Wort *politeuma* kann für jüdische → Diasporagemeinschaften mit privilegiertem Rechtsstatus innerhalb einer Polis gebraucht werden. Die Luther-Übersetzung „Bürgerrecht" ist missverständlich, weil der Status eines Politeuma das Bürgerrecht gerade nicht einschließt. Das gleiche Wort verwendet Paulus als Verb in 1,27. Auch der Friede Gottes, den er in 1,2; 4,7.9 der Gemeinde zuspricht, gehört zur in diesem Sinne „politischen" Terminologie.

C Theologische Schwerpunkte

Christus als Vorbild der Gemeinde

Der einheitlichen Intention des Philipperbriefes, die Gemeinde zum Festhalten am Evangelium in Bedrängnissen zu ermahnen und zu ermutigen, entspricht ein einheitlicher theologischer Grundgedanke: Die Gemeinde verdankt ihren Ursprung, ihre gegenwärtige Gestalt und ihre künftige Vollendung dem Christusgeschehen. Zentrales theologisches Thema des Briefes ist also die Christusbeziehung der Gemeinde, ihre „Teilhabe am Evangelium" (1,5). Paulus stellt diese Beziehung modellhaft dar, indem er zunächst seine eigene gegenwärtige Christusbeziehung beschreibt (1,18–26), dann die Gemeinde ermahnt, ihre Beziehung zu Christus in analoger Weise zu gestalten (1,27–2,18), und schließlich auf seine Berufung als Ursprung seiner Christusbeziehung verweist (3,4–11). Das Verbindende dieser drei Abschnitte liegt darin, dass sie jeweils das spezifische Geschick Jesu, seinen Tod und seine Auferstehung, anklingen lassen[125].

Von dieser spezifischen Gestalt des Christusgeschehens her erhält auch die Ermahnung ihren theologischen Sinn. Die Aufforderung: „Wandelt nur würdig des Evangeliums Christi!" (1,27), wird in 2,6–11 entfaltet in einem Hymnus, der umfassend den Weg Christi beschreibt. Er führt aus der Welt Gottes in die irdisch-menschliche Existenz, bis hin zum Tod am Kreuz, dann aber wieder zurück in die himmlisch-göttliche Welt. Dieser Hymnus ist gerahmt durch Aufforderungen an die Gemeinde (vgl. V. 5.12). Aus dem Weg Christi soll sie Konsequenzen für ihren eigenen Glaubensweg ziehen. Der Weg Jesu wird damit zum Modell für die Bewältigung von Leidenserfahrungen. Gerade auf der tiefsten Stufe menschlicher Existenz, als Sklave am Kreuz (V. 7f), ist Jesus von Gott gerettet und erhöht worden. Wenn die Gemeinde in solcher Haltung zum Leiden ihren Weg geht, hat auch sie die Verheißung, dass Gott sie errettet und zu sich erhöht.

> Phil 2,6–11 ein **frühes Zeugnis** der Christusverehrung

Die poetische Sprache, die klar strukturierte Aussagenfolge im → *Parallelismus membrorum* und manche ungewöhnlichen Wendungen deuten darauf hin, dass Paulus in V. 6–11 einen Christushymnus verarbeitet hat, der ihm vorgegeben war. Thema dieses Hymnus, für sich betrachtet, sind der Weg und das Wesen Jesu: sein göttlicher Ursprung, der freiwillige Verzicht auf seine göttliche Gestalt, seine Erniedrigung in die menschliche Existenzweise bis hin zu ihrer letzten Konsequenz, dem Tod, seine Erhöhung durch Gott, seine Verehrung durch alle Wesen der Schöpfung sowie die Verleihung des Namens Gottes an ihn[126]. Der Wendepunkt liegt in V. 9, wo Gott eingreift, der Höhepunkt am Schluss, beim Bekenntnis „Herr ist Jesus Christus". Anfang und Schluss thematisie-

125 Vgl. die Stichwörter Leben und Tod bzw. Sterben in 1,20f, Tod am Kreuz und Erhöhung durch Gott in 2,8f sowie Auferstehung und Leiden bzw. Tod in 3,10f.

126 Das Wort *kyrios*, „Herr", wird im griechischen Alten Testament zur Wiedergabe des Gottesnamens verwendet.

ren die göttliche Würde Jesu. Der Text ist damit eines der frühesten Zeugnisse urchristlicher Christusverehrung. Paulus hat, indem er den Hymnus in seine Ermahnung an die Philipper eingeordnet und durch zwei an sie gerichtete Imperative eingerahmt hat, den → christologischen Akzent ergänzt durch eine paradigmatische Deutung des Christusgeschehens. Durch Hervorhebung des Todes Jesu am Kreuz (V. 8c)[127] hat er aber gleichzeitig die Einmaligkeit und Einzigartigkeit des Weges Jesu gegenüber jedem anderen menschlichen Leidensweg betont.

Zwei Konsequenzen lassen sich aus diesen theologischen Zusammenhängen ableiten: 1. Das Christusgeschehen ist nach dem Zeugnis des Philipperbriefes Modell für den Weg und die Gestalt der Gemeinde, gleichzeitig aber auch der unverwechselbar einmalige geschichtliche Ort, an dem ihre Existenz und ihre Hoffnung begründet sind. 2. Festhalten am Glauben nach dem Vorbild Jesu führt in Bedrängnis und Leiden, trägt aber in sich die Verheißung neuen, unvergänglichen Lebens in der Gemeinschaft mit Gott.

D Wirkungsgeschichtliche Hinweise

Während der → paränetische Zusammenhang des Christushymnus in Phil 2 in seiner Wirkungsgeschichte wenig Resonanz fand, hatte das Motiv der Erniedrigung des Gottessohnes bis zur Sklavengestalt starke Auswirkungen nicht nur auf die christologische Reflexion sondern auch auf die Frömmigkeit der Kirche. Dies kann exemplarisch an einem Beispiel der Kirchenlieddichtung gezeigt werden. Dem Weihnachtslied „Lobt Gott, ihr Christen alle gleich"[128] liegt in den Strophen 3–5 offenkundig der erste Teil des Hymnus (Phil 2,6–8) zu Grunde. Im Vergleich zum Paulustext wird dabei der → soteriologische Akzent der Aussage deutlich verstärkt. Der Gedanke der Erniedrigung und Erhöhung des Gottessohnes wird weitergeführt zum Motiv des Tausches zwischen Gott und Mensch.

> Er äußert sich all seiner G'walt, wird niedrig und gering
> und nimmt an eines Knechts Gestalt, der Schöpfer aller Ding.
>
> Er wechselt mit uns wunderlich: Fleisch und Blut nimmt er an
> und gibt uns in seins Vaters Reich die klare Gottheit dran.
>
> Er wird ein Knecht und ich ein Herr; das mag ein Wechsel sein!
> Wie könnt es doch sein freundlicher, das herze Jesulein!

Der Dichter des Liedes aus der Reformationszeit, Nikolaus Herman (1500–1561), hat sich dabei offenbar nicht allein vom Bibeltext anregen lassen, sondern eine Auslegungstradition aufgegriffen, die wir über Martin Luther bis hin zu dem latei-

127 Die Wendung „zum Tode am Kreuz" (V. 8c) hat vermutlich erst Paulus dem vorgegebenen Hymnus hinzugefügt. Einen guten Einblick in die Exegese zum Christushymnus in Phil 2 bietet Müller, Phil, 89–113.

128 Evangelisches Gesangbuch (EG), Nr. 27.

nischen Kirchendichter Sedulius (5. Jh.) verfolgen können. Seinen Hymnus *A solis ortus cardine* hatte Luther zu einem eigenen Weihnachtslied umgedichtet („Christum wir sollen loben schon"). Während dessen übrige Strophen vorwiegend die Weihnachtsgeschichte nach Lukas aufgreifen, nimmt die zweite Strophe deutlich Motive aus Phil 2 auf[129]:

Sedulius	Luther
Beatus auctor saeculi	Der selig Schöpfer aller Ding
servile corpus induit,	zog an eins Knechtes Leib gering,
ut carne carnem liberans,	dass er das Fleisch durchs Fleisch erwörb
ne perderet quos condidit.	und sein Geschöpf nicht alls verdörb.

Das Lutherlied wiederum hat Johann Sebastian Bach in einer Kantate zum zweiten Weihnachtstag vertont (BWV 121). Zwar hat er dabei die zweite Strophe nicht als Choral komponiert, aber in Arie und Rezitativ werden deren Aussagen, in Verbindung mit der wunderhaften Geburt Jesu, im Geist und in der Sprache barocker Frömmigkeit betrachtend entfaltet:

> O du von Gott erhöhte Kreatur, begreife nicht, nein, nein, bewundre nur:
> Gott will durch Fleisch des Fleisches Heil erwerben.
> Wie groß ist doch der Schöpfer aller Dinge, und wie bist du verachtet und geringe,
> um dich dadurch zu retten vom Verderben.
>
> Der Gnade unermeßlichs Wesen hat sich den Himmel nicht zur Wohnstatt auserlesen,
> weil keine Grenze sie umschließt.
> Was Wunder, dass allhier Verstand und Witz gebricht, ein solch Geheimnis zu ergründen,
> wenn sie sich in ein keusches Herze gießt.
> Gott wählet sich den reinen Leib zum Tempel seiner Ehren,
> um zu den Menschen sich mit wundervoller Art zu kehren.

8. Der Kolosserbrief – Jesus Christus, das Haupt der Gemeinde

Literatur

Ulrich Luz, Der Brief an die Kolosser, in: Jürgen Becker/Ulrich Luz, Die Briefe an die Galater, Epheser und Kolosser, NTD 8/1, Göttingen 1998, 181–244

Michael Wolter, Der Brief an die Kolosser. Der Brief an Philemon, ÖTBK 12, Gütersloh/Würzburg 1993

Eduard Schweizer, Der Brief an die Kolosser, EKK 12, Zürich u.a./Neukirchen-Vluyn 1976 (Berlin 1979), 3. Aufl. 1989

129 Luthers Lied steht nicht im EG und war auch im Evangelischen Kirchengesangbuch (EKG) lediglich im Anhang der Ausgaben für die Evangelische Kirche der Union in Auswahl enthalten (Nr. 404). Wir zitieren hier beide Texte nach R. Köhler, Die biblischen Quellen der Lieder, HEKG I/2, Berlin 1964, 47.

Marlies Gielen, Tradition und Theologie neutestamentlicher Haustafelethik. Ein Beitrag zur Frage einer christlichen Auseinandersetzung mit gesellschaftlichen Normen, BBB 75, Meisenheim 1995
Rudolf Hoppe, Der Triumph des Kreuzes. Studien zum Verhältnis des Kolosserbriefs zur paulinischen Kreuzestheologie, SBB 24, Stuttgart 1994

Absender: Der Apostel macht als leidender Verkündiger Christus als das Geheimnis Gottes offenbar.
Adressaten: Die Gemeinde lebt aus der heilvollen Beziehung zum Christusgeschehen, benötigt aber theologische Wegweisung und ethische Orientierung.
Thema: Christus als „Bild" Gottes und „Haupt" der Gemeinde soll ihren Glauben und ihre Lebensweise prägen.
Ziel: Der Briefschreiber gibt Weisungen zur Abgrenzung gegenüber irreführenden Lehrern, verfehlten Ordnungen und überholten Verhaltensweisen.

A Bibelkundliche Erschließung

Der Kolosserbrief hat einen gut erkennbaren Aufbau im Großen, zeigt aber eine weniger klar strukturierte Gedankenfolge im Einzelnen. Das → Präskript, eine ausführliche Danksagung und eine briefliche Selbstempfehlung bilden den Briefeingang (1,1–2,5). Das Briefkorpus besteht aus einer polemischen Auseinandersetzung mit Gegnern (2,6–3,4) und einer ethischen Ermahnung (3,5–4,1). Eine kurze Schlussmahnung sowie briefliche Mitteilungen und eine lange Liste von Grüßen beschließen den Brief (4,2–18).

Auf das Präskript (1,1f) folgt die lange Danksagung *(1,3–23)*. Sie besteht im Griechischen aus nur drei Sätzen (V. 3–8.9–20.21–23), die freilich durch immer wieder neu anhebende Nebensätze (vor allem Partizipial- und Relativsätze) sowie zahlreiche Appositionen, Adjektive, Genitivverbindungen und viele Wortwiederholungen „aufgefüllt" sind. Diese Sprachgestalt ist charakteristisch für den ganzen Brief. Eingefügt in diese Danksagung ist ein hymnisch gestalteter Lobpreis Christi (V. 15–20). Auf sie folgt die Selbstvorstellung des Briefautors gegenüber der Gemeinde (1,24–2,5).

Der erste Hauptteil des Briefkorpus *(2,6–3,4)* ist eine scharf polemische Auseinandersetzung mit Gegnern, die den Glauben und das durch Christus bestimmte Leben der Gemeinde gefährden. Der Apostel ermahnt die Gemeinde zum Festhalten am Christusglauben (2,6–8) und verweist sie auf das Christusgeschehen, das seit der Taufe ihre Identität prägt (2,9–15). Erst danach folgt die Polemik gegen die Irrlehrer (2,16–23). Sie ist weiter als Anrede an die Gemeinde formuliert. Über die Gegner erfahren wir immerhin, dass sie der Gemeinde Verhaltensanweisungen erteilen in Bezug auf Essen und Trinken, Feiertage und den → Sabbat (V. 16, vgl. V. 20f). Eine erneute Erinnerung daran, dass die Gemeinde schon in das Christusgeschehen und dessen heilvolle Auswirkungen einbezogen worden ist (3,1–4), leitet zum Folgenden über.

Der zweite, ermahnende Hauptteil *(3,5–4,1)* besteht wiederum aus zwei Teilen. Der erste Abschnitt (3,5–17) wird geprägt durch drei katalogartige Aufzählungen zu jeweils fünf Gliedern. Die ersten beiden von ihnen (V. 5.8) stellen negative Verhaltensweisen bzw. Haltungen zusammen („Lasterkataloge"), die dritte (V. 12) positive („Tugendkatalog"). Eingebunden sind diese Kataloge in die umfassende Mahnung zu einem neuen Lebenswandel, der aus der Lebenswende bei der Taufe resultiert. Charakteristisch hierfür ist die metaphorische Rede vom „Ausziehen" des alten und vom „Anziehen" des neuen Menschen (V. 8–10.12). Der zweite Abschnitt (3,18–4,1) besteht aus einer → Haustafel, einer paarweise und nach dem Prinzip der Gegenseitigkeit angeordneten Mahnungsreihe, gerichtet an die Personengruppen bzw. sozialen „Rollen", die einen antiken Haushalt prägen (Frauen/Männer, Kinder/Eltern, Sklaven/Herren)[130]. Dabei werden die untergeordneten Partner jeweils zuerst angesprochen und zum Gehorsam ermahnt, die sozial höherstehenden Partner werden dagegen zu liebevollem und großmütigem Verhalten gegenüber den untergeordneten aufgefordert. Im Unterschied zur stark erweiterten Gestalt des Haustafelschemas im Epheserbrief (vgl. Eph 5,21–6,9) ist die Haustafel im Kolosserbrief nur an einer Stelle, bei der Ermahnung an die Sklaven, ausführlicher entfaltet (3,22–25). Die abschließende Ermahnung zum Gebet und zum weisen Verhalten und Reden gegenüber Außenstehenden (4,2–6) leitet über zum Briefschluss (4,7–18).

Strukturübersicht

Briefeingang			Briefschluss
Präskript	1,1f		
Danksagung	1,3–23	4,2–6	Schlussmahnung
Selbstempfehlung	1,24–2,5	4,7–18	Mitteilungen, Grüße

Briefkorpus	
Auseinandersetzung mit Gegnern 2,6–3,4	ethische Ermahnung 3,5–4,1

130 Vgl. zum Haustafelschema o., S. 250.

B Geschichtliche Einordnung

1. Die Verfasserfrage

Die **Sprache** des Kolosserbriefes unterscheidet sich von der des Paulus.

Dass Paulus selbst den Kolosserbrief geschrieben hat, wird in der exegetischen Forschung zunehmend in Frage gestellt[131]. Der entscheidende Grund dafür liegt in der Sprachgestalt. Der Stil des Kolosserbriefes (Satzbau, Wortfügungen, Vorzugswörter, Verwendung von Präpositionen, Konjunktionen, Partikeln) unterscheidet sich charakteristisch von dem der übrigen Paulusbriefe, mit Ausnahme des Epheserbriefes. Wenn wir es also aufgrund der Sprache des Kolosserbriefes für unwahrscheinlich halten, dass Paulus sein Verfasser ist, so verhält es sich mit der Autorschaft dieses Briefes doch anders als beim Epheserbrief[132]. Anders als dieser richtet sich der Kolosserbrief in eine relativ deutlich erkennbare konkrete Gemeindesituation (vgl. 1,7f; 2,4f.8–23; 4,7–18). Diese weist zwar bestimmte Eigenheiten auf, die sich aber – wiederum anders als beim Epheserbrief – nicht als Ergebnis längerer Entwicklungen in der Folge der paulinischen Mission verständlich machen lassen.

Auffällig sind neben der Verwandtschaft mit dem Epheserbrief, die sich unseres Erachtens daraus erklärt, dass dieser den Kolosserbrief gekannt und benutzt hat[133], die Übereinstimmungen bei der Nennung der grüßenden Mitarbeiter mit den Grüßenden im Philemonbrief (vgl. Kol 4,10–14 mit Phlm 23f). Sie lassen sich entweder als literarische Fiktion unter Benutzung des Philemonbriefes erklären oder aber durch die Annahme, der Kolosserbrief sei tatsächlich in unmittelbarer Nähe zum Philemonbrief verfasst worden. Das gleiche gilt für die Erwähnung der Nachbargemeinde von Laodizea und den Hinweis auf einen Paulusbrief an sie: Entweder handelt es sich um fiktive Angaben, die dem Kolosserbrief den Anschein von Echtheit verleihen sollen, oder aber um geschichtlich zutreffende Informationen aus der Situation der paulinischen Mission. Rechnet man mit literarischer Fiktion, dann muss man annehmen, ein in zeitlichem Abstand zu Paulus schreibender Autor habe gerade den unbedeutendsten Paulusbrief gewählt, um seinem Schreiben den Anschein paulinischer Verfasserschaft zu geben, und er habe gerade eine der unbekanntesten, nicht einmal von Paulus selbst gegründeten Gemeinden als fiktiven Adressaten ausgewählt für einen Brief, den er in Wirklichkeit doch an die ganze Christenheit gerichtet wissen wollte. Das wäre nicht nur unwahrscheinlich, sondern auch ziemlich ungeschickt.

Wir stehen also vor einem historischen Dilemma: Die Sprachgestalt des Kolosserbriefes macht Paulus als Verfasser unwahrscheinlich, die konkreten Situationsbezüge und Personenangaben machen eine → pseudepigraphe Entstehung des Briefes ebenso unwahrscheinlich. Ist der Brief also weder paulinisch noch nach-

131 Vgl. Schnelle, Einleitung, 298–304.
132 Vgl. dazu o. S. 252f.
133 Zum literarischen Verhältnis zwischen dem Kolosser- und dem Epheserbrief s.o. S. 250.

paulinisch? Genau dies scheint die Antwort zu sein, die zumindest am wenigsten unwahrscheinlich ist[134]. Man kann nämlich mit aller Vorsicht vermuten, dass ein Paulus-Mitarbeiter, vielleicht sogar der als Mitabsender genannte Timotheus, der tatsächliche Verfasser des Briefes ist. Das könnte den von Paulus unterscheidbaren Sprachstil ebenso erklären wie die situative Nähe zu ihm. Timotheus hätte in diesem Fall den Brief im Namen des Paulus (vgl. 1,23!), aber in eigenen Worten geschrieben und ihn dem Apostel abschließend zur Unterschrift vorgelegt (vgl. 4,18).

2. Die Auseinandersetzung mit Irrlehrern

Wenn wir davon ausgehen, dass der Kolosserbrief dem missionarischen und gemeindeleitenden Wirken des Paulus entspringt, dann müssen wir auch versuchen, die Auseinandersetzung mit Gegnern in 2,6–3,4 in die Geschichte der paulinischen Mission einzuordnen. Die polemischen Aussagen in 2,16 und 2,20f lassen erkennen, dass ein Gegenstand der Auseinandersetzungen die Haltung der Gemeinde zu Geboten und religiösen Bräuchen der → Tora war. Die Gegner erwarteten offenbar von der Gemeinde die Einhaltung bestimmter Speise-, Reinheits- und Festbestimmungen. Die Erwähnung des Neumonds und der → Sabbate (V. 16) zeigt, dass es dabei um jüdische Vorschriften ging. Die übrigen Wendungen („Essen und Trinken", „Festtag", „anfassen", „kosten", „berühren") lassen sich weniger eindeutig identifizieren. Das zweite erkennbare Merkmal der Gegner ist ihre Frömmigkeit, speziell ihre „Verehrung von Engeln" (2,18.23). Sie ist offenbar verbunden mit einer asketischen Lebensweise. Schließlich könnte die Wendung „sich dessen rühmen (wörtlich: „eintreten in das"), was man geschaut hat" ein Hinweis auf visionäre Erfahrungen sein, die für die Gegner von besonderer Bedeutung waren.

Anders als Paulus im Galaterbrief führt der Verfasser des Kolosserbriefes diesen Konflikt aber nicht auf die Grundsatzfrage der Haltung getaufter Gemeindeglieder zur Tora zurück[135] (vgl. 2,17!). Stattdessen bezeichnet er die Lehre der Gegner abwertend als „Philosophie" und „leere Täuschung", die „menschlicher Überlieferung" und den „Weltelementen" entspricht (V. 8), ihre Frömmigkeit als vorgetäuschte Demut, Aufgeblasenheit und fleischliche Gesinnung (V. 18) sowie als „selbst gemachte Verehrung" (V. 23).

Ein genaues Bild von den Anschauungen, Überzeugungen und Verhaltensweisen der Gegner können wir uns aus diesen wenigen Andeutungen sicher nicht machen. Die Einordnung ihrer Frömmigkeit in religionsgeschichtliche Hintergründe der antiken Welt bleibt ebenso undeutlich. Auch ihre Bezeichnung als „Philoso-

134 Sie wird auch, nach abgewogener Darstellung der Problematik, in den Kommentaren von E. Schweizer und U. Luz vertreten, vgl. Schweizer, Kol, 20–27; Luz, Kol, 185–190.

135 Das Wort „Gesetz" kommt im ganzen Brief nicht vor!

phie“ und die Erwähnung der „Weltelemente“[136] in 2,8.20 ist zu unspezifisch und zudem offenbar ironisch gemeint. Sicher ist nur, dass die Gegner von jüdischen Vorstellungen und religiösen Praktiken geprägt waren. Dies schließt aber keineswegs Einflüsse aus der hellenistisch-heidnischen Kultur und Religion auf ihre spezifischen Anschauungen und Verhaltensweisen aus. Das → Diasporajudentum war seit Jahrhunderten ein Ort der Begegnung und des Austauschs zwischen spezifisch jüdischen und allgemein hellenistischen Überlieferungen. Die jüdischen Gemeinschaften der Diasporasynagogen mit ihrem Umfeld in hellenistisch-römisch geprägten Städten der antiken Mittelmeerwelt bilden somit den geschichtlichen Kontext, in dem wir sowohl die Gegner des Kolosserbriefes als auch die Adressatengemeinde selbst ansiedeln können.

Die **„kolossische Philosophie“** – eine jüdisch-hellenistische Frömmigkeitsbewegung?

C Theologische Schwerpunkte

Christus, das „Bild“ Gottes

Einen Zugang zur theologischen Bedeutung des Kolosserbriefes gewinnen wir, wenn wir von seiner sprachlichen Eigenart ausgehen. Der Verfasser des Kolosserbriefes schreibt eine weniger argumentative, vielmehr eher betrachtende, assoziative Sprache. Anstatt diese Sprachgestalt an der des Paulus zu messen, sollten wir uns auf ihren Duktus einlassen. Nur so können wir die Aussageabsicht des Verfassers wahrnehmen. Wir wollen dies im Folgenden am Beispiel des Christus-Lobpreises verdeutlichen, den der Verfasser in seine Danksagung eingebaut hat (1,15–20). Aller Wahrscheinlichkeit nach hat er dabei auf einen bereits in der Gemeindeüberlieferung vorformulierten Text zurückgegriffen[137]. Aber Sprache und Inhalt dieses Traditionsstückes haben auch sein eigenes theologisches Denken und Formulieren geprägt[138].

Im Zusammenhang geht es um den Dank an Gott für die Rettung der Gemeinde und jeden an Christus Glaubenden (1,13f). Der Lobpreis selbst beschreibt daran anknüpfend Christus, den Gottessohn, und sein Geschick als Grund dieses Rettungsgeschehens. Zunächst wird Jesus Gott, dem Schöpfer, an die Seite gestellt, ja, mit ihm geradezu identifiziert:

---

136 Zu möglichen philosophie- und religionsgeschichtlichen Hintergründen vgl. den Exkurs bei Schweizer, Kol, 100–104.

137 Die Wendungen „nämlich der Gemeinde“ (V. 18) und „durch das Blut seines Kreuzes“ (V. 20) erweisen sich aus formalen und inhaltlichen Gründen als nachträgliche Hinzufügungen zum ursprünglichen Lobpreis. Vgl. zur Analyse Schweizer, Kol, 50–56; Luz, Kol, 199–201.

138 Das belegen zahlreiche verwandte Aussagen den ganzen Brief hindurch, vgl. z.B. 1,22; 2,9f.15.19.

> Er ist ... der Erstgeborene vor aller Schöpfung. Denn in ihm ist alles geschaffen, was im Himmel und auf Erden ist, das Sichtbare und das Unsichtbare, es seien Throne oder Herrschaften oder Mächte oder Gewalten; es ist alles durch ihn und zu ihm geschaffen.

Die Bezeichnung „Erstgeborener" lässt zwar noch eine Differenzierung zwischen Gott, dem Vater, und Jesus, dem Sohn erkennen. Hinsichtlich des Schöpfungsvorgangs und gegenüber allem Geschaffenen bilden aber beide eine Einheit. Wie sich die Welt Gott, dem Schöpfer, verdankt, so verdankt sie sich Christus. Durch solche Aussagen über Christus wird aber die Einheit und Einzigkeit Gottes, des Schöpfers, wie sie für die ganze Bibel, Altes und Neues Testament, bestimmend ist, nicht in Frage gestellt. Gott und Christus stehen nicht als zwei nebeneinander, sondern fallen in ihrem Wirken für die Glaubenden in eins.

Personifizierung der Weisheit:

Spr 8,22–31
Ijob 28,25–28
Sir 24,1–7
Weish 7,21–8,1

Voraussetzungen für ein solches Verständnis von Gott und Christus konnten die ersten Christen schon in der Bibel selbst, unserem Alten Testament, und in ihrer zeitgenössischen jüdischen Auslegung und Entfaltung finden. So konnte man sich z.B. die Weisheit als ein mit personalen Eigenschaften versehenes Wesen vorstellen, das schon vor der Schöpfung bei Gott war und an ihr mitwirkte[139]. Man spricht dann von einer Hypostase, einer bedingten und begrenzten Verselbständigung einer göttlichen Eigenschaft zu einer personifizierten Figur. In unserem Lobpreis sind allerdings solche Aussagen nicht mehr mit einer metaphorischen Figur verbunden, sondern mit einer namentlich bekannten, unmittelbar zeitgenössischen Person.

Die zweite Aussagengruppe stellt die Bedeutung Christi für den Bestand und die Erhaltung der Welt heraus:

> Und er ist vor allem, und es besteht alles in ihm. Und er ist das Haupt des Leibes.

Nach dem Bekenntnis der Christen findet die Welt ihren Halt von Christus her. Damit ist er jedem Glaubenden allgegenwärtig und bestimmt die Machtverhältnisse der Welt. Gerade auf dem Verstehenshintergrund antiker kosmologischer Vorstellungen ist es wichtig, festzuhalten, dass dieser die Welt erhaltende und durchdringende Christus kein anderer ist als der Mensch Jesus mit seinem spezifischen Wirken und seinem Geschick.

Dies stellt die dritte Aussagengruppe heraus:

> Er ist der Anfang, der Erstgeborene von den Toten, damit er in allem der Erste sei. Denn es hat Gott wohlgefallen, dass in ihm alle Fülle wohnen sollte und er durch ihn alles mit sich versöhnte, es sei auf Erden oder im Himmel, indem er Frieden machte.

139 Vgl. etwa Spr 8,22–31; Ijob 28,25–28; Sir 24,1–7; Weish 7,21–8,1.

„Anfang" und „Erstgeborener" beziehen sich nun nicht mehr auf den Ursprung der Schöpfung, sondern auf das endzeitliche Heilsgeschehen, das mit der Auferweckung Jesu von den Toten anhebt. Mit der Jesus-Christus-Geschichte ist die für die Heilszeit verheißene Totenerweckung durch Gott in Gang gesetzt worden, und damit neues Leben, eine neue Schöpfung. In ihr wurzelt die Hoffnung der Glaubenden über ihren eigenen Tod hinaus. Abschließend werden die heilsamen Wirkungen dieses Geschehens benannt. Für das theologische Verständnis der Versöhnungsaussage ist entscheidend, dass Gott Subjekt des Geschehens ist und die Menschen bzw. die Welt diejenigen sind, denen es zugute kommt. Nicht nur die Menschen, auch die ganze Schöpfung findet im Christusgeschehen Frieden. So schlägt der Lobpreis einen großen Bogen vom Ursprung der Schöpfung zu ihrem Ziel, das durch Versöhnung und Frieden bestimmt ist.

Einen Schlüssel zur sachgemäßen Wahrnehmung der Aussagen über Christus bietet die einleitende Prädikation Christi als „Bild des unsichtbaren Gottes". Das griechische Wort für „Bild", *eikōn*, darf nicht im einschränkenden Sinn verstanden werden (bloß ein Bild, im Unterschied zur Sache selbst). Seine Bedeutung können wir uns eher an dem verwandten Wort „Ikone" verdeutlichen, wenn wir dabei an die religiöse Funktion der Ikone in der Frömmigkeit orthodoxer Kirchen denken. An der Ikone nimmt der glaubende Betrachter – im Unterschied zum Kunsthistoriker oder zum Antiquitätensammler – das seinem Wesen nach Unsichtbare, das unsichtbar Wesentliche der Welt Gottes wahr. Ihm gilt seine Anbetung, nicht der abgebildeten Person oder gar dem Bild selbst. In vergleichbarer Weise soll der Christus-Lobpreis das unsichtbar Wesentliche am Christusgeschehen, die Identität Jesu und das heilsame Wirken Gottes in ihm, zur Sprache bringen. Wahrnehmbar ist es nur für den Glaubenden, nur in der Haltung und der Sprache der Anbetung oder des Gesangs.

Ein solcher Text hat seinen Ort eher im Gottesdienst, in der Liturgie, als in systematisch-theologischer Lehre oder Argumentation. Vermutlich entstammt er auch einem solchen Kontext. Dieser gottesdienstliche Lebenszusammenhang eröffnet Freiräume für die Wahrnehmung seiner Aussagen. Wir können sie auf uns einwirken lassen, ohne sie durch die Grenzen unseres Verstehens einengen zu müssen. Wir können sie nachsprechen und meditieren, ohne alle ihre Voraussetzungen und Konsequenzen gedanklich nachvollziehen zu müssen. Im Neuen Testament, selbst innerhalb der Paulusbriefsammlung, hat neben der theologischen Argumentation auch der hymnische Lobpreis seinen Platz.

D Wirkungsgeschichtliche Hinweise

Die christliche „Haustafel"

Der Kolosserbrief enthält in seinem ermahnenden Teil eine Reihe von knappen Weisungen zur gegenseitigen Unterordnung, die an die typischen Personengruppen eines antiken Hausstandes gerichtet sind (3,18–4,1: Frauen/Männer, Kinder/

Eltern, Sklaven/Herren). Hier begegnet uns zum ersten Mal im Urchristentum ein Modell christlicher → Paränese, in das offenbar Elemente aus verschiedenen popularphilosophischen, ethischen und religiösen Überlieferungen der hellenistisch-römischen Zeit eingegangen sind, ohne dass sich dort unmittelbare Vor-bilder oder Parallelen belegen lassen[140]. Der Autor des Epheserbriefes hat das → Haustafelschema aus dem Kolosserbrief übernommen (vgl. Eph 5,21–6,9). Auch in einigen Abschnitten der Pastoralbriefe (vgl. 1 Tim 2,8–15: Männer und Frauen; 5,1f: Alte und Junge; 6,1f: Sklaven und Herren; Tit 2,1–10: alte Männer, alte Frauen, junge Frauen, junge Männer, Sklaven und Herren) und im ersten Petrusbrief (vgl. 2,13–3,7) finden sich vergleichbare Mahnungen.

Den Namen „Haustafel" haben die hier genannten neutestamentlichen Texte in Anlehnung an den Kleinen → Katechismus von Martin Luther erhalten[141]. Luther hat dort „einige Sprüche für allerlei heilige Orden (Ordnungen) und Stände" zusammengestellt, „wodurch diese gleichsam durch eine ihnen eigentümliche Lektion in ihrem Amt und Dienst ermahnt werden". Abgesehen von dieser Einleitung hat er den zitierten neutestamentlichen Sätzen lediglich Überschriften vorangestellt. Diese Überschriften zeigen freilich, dass hier nicht mehr die Gegebenheiten eines antiken Haushalts Auswahl und Anordnung der zitierten Weisungen bestimmen, sondern die der spätmittelalterlichen Ständegesellschaft, in der die Kirche mit ihrer institutionalisierten Gestalt einen festen Platz einnimmt. Als Teil einer der Bekenntnisschriften der lutherischen Kirchen, aber mehr noch durch ihre Verwendung im christlichen Unterricht für alle Volksschichten sind diese Textzusammenstellungen in den von der Reformation geprägten Gesellschaften der Neuzeit in Europa und Nordamerika von überaus großer Bedeutung gewesen:

Den Bischöfen, Pfarrherrn und Predigern	1 Tim 3,2–6
Was die Christen ihren Lehrern und Seelsorgern zu tun schuldig sind	Lk 10,7; 1 Kor 9,14; Gal 6,6f; 1 Tim 5,17f; 1 Thess 5,12f; Hebr 13,17
Von weltlicher Obrigkeit	Röm 13,1f.4
Den Ehemännern	1 Petr 3,7; Kol 3,19
Den Ehefrauen	Eph 5,22; 1 Petr 3,6
Den Eltern	Eph 6,4; vgl. Kol 3,21
Den Kindern	Eph 6,1–3
Den Knechten, Mägden, Tagelöhnern und Arbeitern	Eph 6,5–8
Den Hausherren und Hausfrauen	Eph 6,9
Der Jugend allgemein	1 Petr 5,5f
Den Witwen	1 Tim 5,5f
Der Gemeinde (oder Allen)	Röm 13,9; 1 Tim 2,1

140 Zum religionsgeschichtlichen und soziologischen Hintergrund vgl. Gielen, Haustafelethik, 24–103.

141 Text in: Unser Glaube. Die Bekenntnisschriften der evangelisch-lutherischen Kirche. Ausgabe für die Gemeinde, bearb. v. H. G. Pöhlmann, Gütersloh, 1986, 531–578. Zum Verständnis vgl. A. Peters, Kommentar zu Luthers Katechismen, Bd. 5: Die Beichte. Die Haustafel. Das Traubüchlein. Das Taufbüchlein, hg. v. G. Seebaß, Göttingen 1994, 95–118.

Den Schluss bildet der Zweizeiler:

> Ein jeder lern sein Lektion
> So wird es wohl im Hause stohn.

9. Die Thessalonicherbriefe – Hoffnungen und Nöte einer jungen Gemeinde

Literatur

Eckart Reinmuth, Der erste Brief an die Thessalonicher. Der zweite Brief an die Thessalonicher, in: Nikolaus Walter/Eckart Reinmuth/Peter Lampe, Die Briefe an die Philipper, Thessalonicher und an Philemon, NTD 8/2, Göttingen 1998, 105–202

Traugott Holtz, Der erste Brief an die Thessalonicher, EKK 13, Zürich u.a./Neukirchen-Vluyn 1986, 3. Aufl. 1998

Wolfgang Trilling, Der zweite Brief an die Thessalonicher, EKK 14, Zürich u.a./Neukirchen-Vluyn 1980

Rainer Riesner, Die Frühzeit des Apostels Paulus. Studien zur Chronologie, Missionsstrategie und Theologie, WUNT 71, Tübingen 1994, 297–365

Hans-Josef Klauck, Die antike Briefliteratur und das Neue Testament. Ein Lehr- und Arbeitsbuch (UTB 2022), Paderborn u.a. 1998, 267–306

Absender: Paulus, der Gemeindegründer, ist gleichzeitig ihr erster „Seelsorger“.
Adressaten: Die Gemeinde erlebt die Freuden und Nöte des Anfangs.
Thema: Nachdem das Christusevangelium durch die Predigt des Paulus in der Gemeinde angekommen ist, erwartet sie das Wiederkommen des auferstandenen Christus selbst.
Ziel: Trost und Stärkung in inneren und äußeren Bedrängnissen.

A Bibelkundliche Erschließung

1. Der erste Thessalonicherbrief

Der Brief beginnt mit einem kurzen → Präskript (1,1), an das sich eine überaus lange Danksagung anschließt *(1,2–10)*. Der Dank an Gott für das Leben und den Glauben der Gemeinde bildet damit selbst schon einen Gegenstand der Darlegungen des Briefes. Die Danksagung schließt die Fürbitte für die Gemeinde ein (V. 2f), enthält einen ersten Rückblick auf die Gemeindegründung und ihre Ausstrahlung auf die nahe und ferne Umgebung (V. 5–8) und lässt am Ende schon die beiden Briefthemen, die Bekehrung durch die paulinische Predigt und das Wiederkommen des Herrn, anklingen (V. 9f).

Das Briefkorpus reicht von 2,1–5,22 und besteht aus vier Abschnitten, von denen jeweils zwei thematisch enger zusammenhängen[142]. Dem Thema „Ankunft des Evangeliums" lassen sich die beiden ersten zuordnen. *2,1–12* ist eine briefliche Selbstempfehlung des Apostels, in der er sein Wirken als Missionar, zunächst in Philippi, dann in Thessalonich, ins rechte Licht rückt und gegenüber missgünstigen Deutungen abgrenzt. Eindrucksvoll sind hier die Metaphern aus dem Bereich inniger Familienbeziehungen, mit denen Paulus sein Verhältnis zur Gemeinde beschreibt (vgl. V. 7f.11).

In *2,13–3,13* folgen Ausführungen zum Weg und Geschick der Gemeinde seit ihrer Gründung und zu den Kontakten, die der Apostel seither zu ihr gesucht und gehalten hat. Paulus stellt ihren Weg in Parallele zu dem der Gemeinden in Judäa, die unter nicht glaubenden Juden zu leiden haben (2,13f). Daran schließt er eine überaus scharfe Polemik gegen diese judäischen Juden an, offenbar weil er auch hinter den Leidenserfahrungen der Gemeinde in Thessalonich Juden als Urheber sieht oder vermutet, und jedenfalls weil er in seiner eigenen Missionstätigkeit an Nichtjuden durch Juden behindert wird (2,15f). In 2,17–3,13 folgt ein Rückblick auf die Ereignisse zwischen der Abreise des Paulus aus Thessalonich und der Rückkehr des dorthin gesandten Timotheus zu ihm. Dieser Rückblick bietet aber nicht nur briefliche Mitteilungen, sondern trägt zum thematischen Anliegen des Briefes bei. Die persönliche Beziehung zwischen Apostel und Gemeinde, die bei ihrer Gründung durch die paulinische Predigt aufgebaut wurde und bis jetzt Bestand hat, ist eingebunden und aufgehoben in einer viel umfassenderen Beziehung zwischen Gott und den Glaubenden. Der Abschnitt 3,11–13 leitet in Form eines indirekten Gebetswunsches über zum zweiten Thema, indem er eine Reihe von Stichworten anklingen lässt, die nun entfaltet werden sollen (gegenseitige Liebe, Heiligung, Kommen Jesu).

Im Blick auf das Wiederkommen Jesu gibt der Apostel im zweiten Teil des Briefkorpus zunächst Weisungen für den Lebenswandel und Rat in Glaubensfragen *(4,1–5,11)*. 4,1–12 skizziert durch zentrale ethische Mahnungen, insbesondere aus dem Bereich der Sexualität, der sozialen Gerechtigkeit und des Gemeinschaftsethos, den Lebenswandel nach dem Willen Gottes. Das Leitwort „Heiligkeit" (V. 3.4.7) und der Verweis auf Gott, den Richter (V. 6–8), zeigen, dass dieser Abschnitt der Vorbereitung der Gemeinde auf das Wiederkommen des Herrn dient[143]. 4,13–18 geben seelsorgerlichen Rat und Trost angesichts von Todesfällen unter den Gemeindegliedern. Im Glauben, dass Jesus gestorben und auferstanden ist, liegt für die Gestorbenen wie für die Lebenden die Hoffnung auf endgültig-dauerhafte

142 Es gibt eine Vielzahl voneinander abweichender Gliederungsvorschläge, die jeweils gute Gründe für sich haben und belegen, dass Paulus seine Briefe nicht kühl am Reißbrett entworfen, sondern mit innerem Engagement vermutlich aus dem Kopf einem Schreiber diktiert hat. Beispiele bieten Schnelle, Einleitung, 60f, und Klauck, Briefliteratur, 286–289 (Klaucks eigene, sehr detaillierte Analyse a.a.O., 268–281).

143 Klauck, Briefliteratur, 277, überschreibt den gesamten Briefteil 4,1–5,11 zutreffend mit „Leben vor dem Ende".

Gemeinschaft mit Christus. 5,1–11 wendet sich der Frage zu, wann der Herr wiederkommt. Die Antwort lautet zunächst: „Das weiß niemand." (V. 2–4)[144], sodann: „Seid wachsam!" (V. 5–8)[145]. Eine Reihe verschiedener Mahnungen, die nicht mehr unmittelbar auf die → Parusie Bezug nehmen, schließen das Briefkorpus ab *(5,12–22)*. Am Ende des Briefes stehen Segenswünsche (V. 23f.28), die Bitte um Fürbitte für den Apostel (V. 25), Grüße (V. 26) und die Anweisung, den Brief in der Gemeindeversammlung zu verlesen (V. 27).

Strukturübersicht

<table>
<tr><td>Briefeingang
1,1–10</td><td colspan="2"></td><td>Briefschluss
5,23–28</td></tr>
<tr><td colspan="4">Briefkorpus
2,1–5,22</td></tr>
<tr><td colspan="2">Ankunft des Evangeliums in der Gemeinde</td><td colspan="2">Wiederkunft Christi am Ende der Zeit</td></tr>
<tr><td>Selbstempfehlung
2,1–12</td><td>Rückblick
2,13–3,13</td><td>Leben vor dem Ende
4,1–5,11</td><td>Einzelmahnungen
5,12–22</td></tr>
</table>

2. Der zweite Thessalonicherbrief

Der deutlich kürzere zweite Brief setzt wie der erste nach dem Präskript (1,1f) mit einer ausführlichen Danksagung ein (1,3–12). In ihr kommen neben dem Dank an Gott (V. 3) und der Fürbitte für die Gemeinde (V. 11f) bereits die aktuelle Gemeindesituation und das Anliegen des Briefautors zur Sprache: Die Gemeinde hat Verfolgung zu erdulden (V. 4f). Der Apostel spricht ihr Trost zu, indem er ihren Bedrängern das Strafgericht Gottes, den Glaubenden aber → eschatologische Errettung ankündigt (V. 6–10).

Im Briefkorpus (2,1–3,13) entfaltet Paulus zunächst diese Ankündigung des eschatologischen Gerichts beim Wiederkommen Christi *(2,1–12)*. Gegenüber der Losung: „Der Tag des Herrn ist schon da." (2,2), betont Paulus, dass dem bevorstehenden Wiederkommen des Herrn noch eine Reihe von Geschehnissen vorangehen muss, vor allem das Kommen eines Widersachers Gottes, an dessen verführerischen Anschlägen sich der Glaube der Gemeinde zu bewähren habe. An diese Ankündigung bevorstehender Endzeitereignisse knüpft er die Ermahnung zur Standhaftigkeit im Glauben, spricht ihr Trost zu und bittet sie um Fürbitte für seinen missionarischen Dienst *(2,13–3,5)*. Ermahnungen zu einem ordentlichen, ar-

144 Das wird veranschaulicht an der Metapher des Diebes in der Nacht und der Wehen einer Schwangeren.

145 Die Glaubenden werden hier „Kinder des Lichts" bzw. „des Tages" genannt.

beitsamen Lebenswandel, auch angesichts des bevorstehenden Endes, bilden den dritten Teil des Briefkorpus *(3,6–13)*. Der Brief schließt mit einer Anweisung zum Umgang mit solchen, die ihn nicht akzeptieren wollen (3,14f), Friedens- und Segenswünschen (3,16.18) sowie einem eigenhändigen Gruß des Paulus, den er ausdrücklich als Echtheitszeichen qualifiziert (3,17).

Strukturübersicht

Briefeingang 1,1–12		Briefschluss 3,14–18
	Briefkorpus 2,1–3,13	
Wiederkunft Christi 2,1–12	Trost und Ermahnung 2,13–3,5	ordentlicher Lebenswandel 3,6–13

B Geschichtliche Einordnung

Das Verhältnis der beiden Thessalonicherbriefe zueinander

Paulus hat den ersten Thessalonicherbrief offenbar kurze Zeit nach der Gründung der Gemeinde geschrieben (vgl. Apg 17,1–9; 1 Thess 1,5f.9; 2,1f.9–12; 4,1f). Nach seinem Weggang aus Thessalonich hatte er versucht, mit der Gemeinde in Verbindung zu bleiben (2,17–19). Da er selbst an einem zweiten Besuch gehindert war, hatte er seinen Mitarbeiter Timotheus geschickt (3,1–13). Seine Berichte geben Paulus Anlass, der Gemeinde zu schreiben. Die beiden zentralen Themen des ersten Thessalonicherbriefes, das Ankommen des Evangeliums in Thessalonich durch die paulinische Predigt und das Wiederkommen des auferstandenen Christus zu seiner Gemeinde am Ende aller Zeit, gehören also in den Lebenszusammenhang einer ganz am Anfang stehenden Glaubensgemeinschaft.

Die Herkunft des zweiten Thessalonicherbriefes von Paulus unterliegt in der heutigen Exegese starken Zweifeln. Die Annahme, er sei ein → pseudepigraphes Schreiben, stützt sich vor allem auf die Beobachtung von Übereinstimmungen zwischen beiden Briefen in Wortlaut und Reihenfolge der Ausführungen sowie hinsichtlich des Hauptthemas der Wiederkunft Christi[146]. Für sich genommen können solche Übereinstimmungen freilich noch nicht die Pseudepigraphie eines der beiden Briefe erweisen, sondern sprechen lediglich dafür, dass der eine in Kenntnis

146 Übersichten der Parallelen geben Schnelle, Einleitung, 335f, und Klauck, Briefliteratur, 299.

des anderen geschrieben ist. Das wäre auch der Fall, wenn beide von demselben Autor stammen, sofern die Zeit zwischen der Abfassung beider nicht zu lang ist.

Andererseits stehen den Übereinstimmungen auch erhebliche Unterschiede gegenüber: Während Paulus im ersten Brief Anlass zu einer ausführlichen Selbstempfehlung und -verteidigung hat, fehlt dieses Thema im zweiten völlig. Die Ausführungen über das Wiederkommen Christi unterscheiden sich darin, dass im ersten Brief sein baldiges, aber nicht vorausberechenbares Kommen angekündigt wird, während im zweiten die Betonung auf den Geschehnissen liegt, die diesem Wiederkommen noch vorausgehen müssen (vgl. 1 Thess 5,1–4 mit 2 Thess 2,3–12). Geht es im ersten Brief vor allem um das Geschick der vor der Wiederkunft verstorbenen Gemeindeglieder im Verhältnis zu dem der dann noch lebenden, so im zweiten primär um das Geschick der Bedränger im Gegenüber zu dem der Glaubenden (vgl. 1 Thess 4,13–18 mit 2 Thess 1,6–10).

2 Thess pseudepigraph?

Die Hypothese von der Pseudepigraphie des zweiten Thessalonicherbriefes geht nun davon aus, dass dieser im zeitlichen Abstand zum ersten unter dessen Benutzung von einem anderen Verfasser geschrieben wurde. Dieser hätte demnach unter Inanspruchnahme des Namens und der Autorität des Paulus mit Hilfe eines fiktiven „neuen" Thessalonicherbriefes den „alten" authentischen ersetzen, korrigieren oder wenigstens ergänzen wollen. Spuren seiner Fiktion wären neben dem Präskript auch die Erwähnung eines Paulusbriefes, auf den sich die von ihm bekämpften Agitatoren beriefen (2,2), sowie die Bekräftigung der Echtheit des Briefes am Schluss (3,17).

pro

Man muss in diesem Fall aber fragen: Warum hat der Autor einerseits den Namen, die Autorität und sogar einen ganzen Brief des Paulus für seinen pseudepigraphen Brief in Anspruch genommen, andererseits aber Person und Wirken des Paulus viel weniger betont als dieser und gerade die paulinische Selbstempfehlung dabei ausgelassen? Konnte er sich Erfolgsaussichten ausrechnen für sein Vorhaben, mit Hilfe seines fiktiven Paulusbriefes sich gegenüber dem authentischen durchzusetzen, zu einem Zeitpunkt, da „echte" Paulusbriefe schon weithin verbreitet und bekannt geworden waren? Nimmt man an, dass der Anlass des zweiten Thessalonicherbriefes in den Ausführungen des ersten über das nahe Wiederkommen Christi zu suchen sei, die in einer veränderten Situation der Gemeinde korrigiert und ergänzt werden sollten, dann wird schwer verständlich, warum gerade das auffälligste Kennzeichen der „Naherwartung" des ersten Briefes, nämlich die Gewissheit des Paulus, bei der bevorstehenden → Parusie noch zu den Lebenden zu gehören (vgl. 1 Thess 4,15), nicht dem Gang der Ereignisse entsprechend interpretiert worden ist.

contra

Wir kommen nach Abwägung der Argumente zu dem Urteil, dass der zweite Thessalonicherbrief eher als ein Schreiben des Paulus verständlich wird denn als ein pseudepigrapher Brief eines Späteren[147]. Die Übereinstimmungen lassen sich da-

147 Eine dezidiert andere Meinung vertritt und begründet in diesem Buch F. W. Horn, vgl. u. S. 376f. Auch Reinmuth, 1/2 Thess, 159–163, und Klauck, Briefliteratur, 292–306, gehen von einem pseudepigraphen Schreiben aus.

durch erklären, dass dem Apostel manche Aussagen und Wendungen noch aus dem kurz zuvor geschriebenen ersten Brief vertraut sind. Die Unterschiede in den Ausführungen zum Wiederkommen Christi erklären sich daraus, dass die Agitatoren, auf die Paulus in 2 Thess 2,2f Bezug nimmt, erst aufgetreten bzw. ihm bekannt geworden sind, nachdem er den ersten Brief abgesandt hatte. Der zweite Brief ist somit als Ergänzung und Präzisierung des ersten angesichts neu aufgetretener Probleme in Thessalonich zu verstehen. Stärker noch als im ersten Brief greift Paulus im zweiten auf Vorstellungen → frühjüdischer Endzeiterwartungen zurück, um das Missverständnis (das möglicherweise durch ihn selbst hervorgerufen worden war) auszuschließen, die in naher Zukunft bevorstehende Wiederkehr des Herrn sei schon da.

C Theologische Schwerpunkte

Christliche Endzeithoffnungen

Die paulinischen Aussagen über die Endzeit in den beiden Thessalonicherbriefen sollen hier als Bestandteil des neutestamentlichen Zeugnisses etwas näher betrachtet werden, weil sie heutigem Nachvollzug schwer zugänglich sind und daher – abgesehen von besonders auf solche Endzeittexte fixierten religiösen Sondergemeinschaften – gern bewusst oder unbewusst verschwiegen werden. Dabei wird sich ergeben, dass Paulus kein in sich geschlossenes System von Endzeiterwartungen im Sinne eines → „apokalyptischen Fahrplanes" vertritt, sondern darum bemüht ist, angesichts von Rückfragen in der Folge seiner Christusverkündigung der Gemeinde Orientierung, Halt und Trost auf der Grundlage ihres Christusbekenntnisses zu vermitteln.

das Problem im 1 Thess: Todesfälle in der Gemeinde

Nach 1 Thess 1,9f gehört zum Erstbekenntnis der Gemeinde die Erwartung des Gottessohnes, des auferstandenen Christus als Retter im Endgericht vom Himmel her[148]. Dass damit hinsichtlich der Zukunftserwartung der Glaubenden noch nicht alles gesagt war, stellte sich in Thessalonich alsbald heraus, als die ersten Todesfälle in der Gemeinde eintraten (4,13). In 4,13–18 wendet sich Paulus dem Problem zu: Kann der Tod von Gliedern der Gemeinde die Gewissheit ihrer endzeitlichen Rettung gefährden, ja, sie gar wieder zurück in ihre frühere Hoffnungslosigkeit stürzen? Seine Antwort geht aus vom Bekenntnis zu Jesus, dem Gestorbenen und Auferweckten, und führt hin zur Gewissheit, dass auch die verstorbenen Glaubenden von Gott in dieses Geschehen einbezogen werden. Unter Berufung auf ein „Wort des Herrn" erklärt er, dass diejenigen, die bei seiner Wiederkunft noch leben werden, gegenüber den schon Gestorbenen keinen Vorteil haben werden. Wie selbstverständlich

148 Vgl. auch Röm 11,26f; Phil 3,20f.

rechnet er dabei sich selbst zu den dann noch Lebenden. In den folgenden Sätzen entfaltet er diesen Grundsatz, indem er die Vorgänge bei der Wiederkunft Jesu beschreibt. Seine geradezu detaillierte Anschauung eines derartig den Rahmen des irdisch Erfahrbaren sprengenden Geschehens mag uns eher verständlich erscheinen, wenn wir erkennen, dass Paulus hier auf Vorstellungen und Sprachformen zurückgreifen kann, die in der jüdischen Überlieferung und auch in den frühen christlichen Gemeinden lebendig gehalten wurden. Ziel seiner Beschreibung ist die am Ende zum Ausdruck gebrachte Gewissheit: „wir werden bei dem Herrn sein allezeit".

das Problem im 2 Thess:
„Der Tag des Herrn ist schon da."

Im zweiten Thessalonicherbrief zeigt sich ein anders gelagertes Problem. Nach 2 Thess 2,2 sind Agitatoren aufgetreten, die behaupten, der von allen erwartete „Tag des Herrn" sei schon da. Dass eine solche These in der Gemeinde Zustimmung finden konnte, wird verständlich vor dem Hintergrund biblischer Verheißungen für die eschatologische Heilszeit, welche die Ausgießung des Geistes auf die Menschen, geistbegabtes Reden sowie wunderbare Machttaten Gottes ankündigen (vgl. Joel 3,1–3). Die Gewissheit in der Gemeinde, dass alles endzeitlich Entscheidende schon passiert sei, erscheint von solchen Zusammenhängen her also gar nicht so fern liegend.

Dennoch bezeichnet sie Paulus als Täuschung, als bewusste Irreführung durch die Agitatoren (2,1–3a). Zwar hält er an der Gewissheit des Wiederkommens Jesu und der heilvollen Gemeinschaft der Glaubenden mit ihm fest (V. 1), weist aber darauf hin, dass diese endgültig-dauerhafte Gemeinschaft in der Zukunft liegt, während die Zeit bis dahin noch von ganz anderen Mächten geprägt ist. Dabei greift er wiederum auf Vorstellungen aus dem Milieu frühjüdischer und urchristlicher Endzeiterwartungen zurück, so etwa die eines großen Widersachers Gottes (V. 3f.9), des Kampfes zwischen diesem und einem Repräsentanten Gottes (V. 8), der Verzögerung des Endes durch eine „hinhaltende" Macht (V. 6f) sowie einer letzten Bewährungszeit für die Frommen (V. 10–12). Ziel dieser detaillierten und farbigen Ereignisschilderungen, die freilich kaum untereinander systematisierbar sind und schon gar nicht einen „Fahrplan" der Endzeitereignisse bieten, ist wie im ersten Brief der Trost der Gemeinde, ihre Vergewisserung im Glauben an Christus und ihre Ermutigung zum Festhalten an der Hoffnung auf endgültig-dauerhafte Gemeinschaft mit dem auferstandenen Christus (vgl. 2,13–17).

das Verbindende zwischen beiden Briefen:
das Wiederkommen Christi als heilvolles Handeln Gottes

Betrachten wir die Ausführungen der beiden Thessalonicherbriefe über die Zukunftserwartungen der Gemeinde im Zusammenhang, dann ergeben sich hinsichtlich der einzelnen Vorstellungen und Erwartungen, Unterschiede und Widersprüche. Eine grundlegende Gemeinsamkeit zwischen beiden Briefen besteht andererseits in der gewissen Erwartung des Wiederkommens Christi im Zusammenhang eines für die Glaubenden heilvollen Geschehens. Ihr entspricht zum einen das Wissen und die Erfahrung, dass die Gegenwart der Gemeinde noch von Leid verdunkelt und durch Zweifel und Irrtum gefährdet ist, zum andern aber auch die Ermahnung der Gemeinde zum Festhalten am Glauben und ihr Trost mit Blick auf das Christusgeschehen.

Die theologische Frage, die sich uns aus diesen Texten stellt, kann also nicht heißen: Was geschieht in der Endzeit? Sie lautet vielmehr: Wer bestimmt Anfang und Ende unseres Lebens und der Welt? Die Antwort, die Paulus der Gemeinde in Thessalonich gibt, weist in beiden Briefen auf Gott, den Schöpfer, in seinem Sohn, dem auferstandenen Christus.

D Wirkungsgeschichtliche Hinweise

Zum Umgang mit einem „antijüdischen" Text im Neuen Testament[149]

In 1 Thess 2,15f formuliert Paulus in einem Seitenblick auf die Situation der judäischen Gemeinden heftigste Anklagen gegen die Juden:

> Die haben den Herrn Jesus getötet und die Propheten und haben uns verfolgt und gefallen Gott nicht und sind allen Menschen feind. Und um das Maß ihrer Sünden allewege voll zu machen, wehren sie uns, den Heiden zu predigen zu ihrem Heil. Aber der Zorn Gottes ist schon in vollem Maß über sie gekommen.

Diese in ihrer Schärfe und Pauschalität aus heutiger Perspektive nur schwer erträglichen Anwürfe und Unterstellungen müssen zunächst in ihrem Aussagezusammenhang verstanden werden. Dieser ist zum einen bestimmt durch die Konflikte zwischen Gemeinschaften von Jesusanhängern bzw. Paulus selbst und nicht an Christus glaubenden Juden. Dabei hatten die Jesusanhänger zunächst – im Unterschied zu späteren Jahrhunderten – in der Regel die Position des Schwächeren. Zum zweiten sind die Sprache und der theologische Gehalt prophetischer Gerichtsankündigungen in der Bibel als Hintergrund in Anschlag zu bringen, zumal sie denselben Gott als Richter zur Sprache bringen, dem auch Paulus seine Verkündigung verdankt. Zum dritten kann die Erinnerung an das Todesgeschick Jesu, an dem ohne Zweifel auch judäische Juden beteiligt gewesen sind, wenngleich die politische und juristische Verantwortung dafür wahrscheinlich nicht bei ihnen lag, nicht aus unserem Aussagezusammenhang ausgeblendet werden. Zum vierten schließlich übernimmt Paulus offenkundig auch teilweise die Sprache verbreiteter antiker Judenfeindschaft.

Ein zweiter für den Umgang mit einem solchen Text notwendiger Schritt ist der Blick auf seine Wirkungsgeschichte und die Bedingungen seiner Wahrnehmung in der Gegenwart. Dass dieser spezielle Textabschnitt unmittelbare Auswirkungen

149 Vgl. auch die Ausführungen zu vergleichbaren Texten im Matthäus- und Johannesevangelium, o. S. 90–92. 170.

auf konkrete Akte der Judenfeindschaft von Christen gehabt hätte, ist nicht ersichtlich. Andererseits gehören solche beschämenden Akte fraglos zu den unauslöschbaren Seiten der Kirchengeschichte bis in unsere Gegenwart. Sie können bei der Rezeption und theologischen Beurteilung des betreffenden Paulustextes nicht ausgeblendet werden. Das uns heute vor Augen stehende Leid, das Juden durch Christen erfahren haben, lässt uns beim Lesen dieses Abschnitts aus dem ersten Thessalonicherbrief erschrecken, führt uns über dieses Erschrecken aber auch hinaus zu einer neuen Sensibilität im Blick auf die Sprache christlicher Theologie und Frömmigkeit. Wir jedenfalls dürfen das Christusgeschehen nicht mehr in solcher Weise zur Sprache bringen.

Ein dritter Schritt, den ich bei einem verantwortlichen Umgang mit diesem Text für unerlässlich halte, besteht darin, ihn von anderen Aussagen des biblischen Zeugnisses her theologisch in Frage zu stellen. Hier bieten sich zuerst Aussagen des Paulus selbst an, insbesondere aus dem Römerbrief. Auch dort lässt Paulus keinen Zweifel daran, dass nach seinem Urteil diejenigen, die sich gegen Gottes heilvolles Wirken im Christusgeschehen entscheiden, unter seinem Gericht stehen (vgl. Röm 9,1–3.31–33; 10,3). Dieses Urteil ist aber Teil eines übergreifenden theologischen Argumentationszusammenhangs, für den die Treue Gottes zu seinen Verheißungen an Israel bestimmend ist. Dass Gott seine Verheißungstreue durchsetzen wird, gerade auch gegenüber denen aus Israel, die nicht an Jesus Christus glauben, ist Höhepunkt und Ziel seiner Argumentation (vgl. 11,25–32). Die Verheißungstreue Gottes gegenüber seinem Volk, die schon im Alten Testament, aber ebenso in der Verkündigung Jesu verankert ist, wird im ersten Thessalonicherbrief nicht zur Sprache gebracht. Wir können entsprechende Aussagen aus einem anderen Paulusbrief auch nicht in den ersten Thessalonicherbrief hineinlesen, dürfen aber beide nebeneinander stellen und fragen, ob und in welcher Weise sie heute als das eine, zutreffende und ansprechende Gotteswort vernommen werden können.

10. Die Briefe an Timotheus und Titus – Gemeindeleitung nach dem Vorbild des Apostels

Literatur

Helmut Merkel, Die Pastoralbriefe, NTD 9/1, Göttingen 1991

Lorenz Oberlinner, Die Pastoralbriefe, 3 Bde., HThK 11, Freiburg i.Br. 1994–1996

Jürgen Roloff, Der erste Brief an Timotheus, EKK 15, Zürich u.a./Neukirchen-Vluyn 1988

Jürgen Roloff, Gottes geordnetes Hauswesen: Die Pastoralbriefe, in: ders., Die Kirche im Neuen Testament, GNT 10, Göttingen 1993, 250–267

Michael Wolter, Die Pastoralbriefe als Paulustradition, FRLANT 146, Göttingen 1988

Absender: Paulus schreibt als maßgeblicher Lehrer und vorbildlicher Christuszeuge.
Adressaten: Timotheus und Titus, zwei der engsten Mitarbeiter des Paulus, erscheinen in den Briefen als exemplarische Gemeindeleiter in der Nachfolge des Apostels.
Thema: Die rechte Ordnung des Gemeindelebens in Lehre, Lebensweise und Organisationsformen.
Ziel: Der Apostel mahnt zur Treue gegenüber der überlieferten Lehre und gibt Weisungen für die Gemeindeleitung und -organisation.

A Bibelkundliche Erschließung

Die Briefe an Timotheus und Titus sind untereinander gerade in denjenigen Punkten eng verwandt, in denen sie sich von allen übrigen Briefen der Paulusbriefsammlung charakteristisch unterscheiden. Sie sind an Einzelpersonen geschrieben, genauer: an zwei der wichtigsten Mitarbeiter des Paulus, die nun aber als selbständige Gemeindeleiter angesprochen werden[150], im Unterschied zu den Gemeindebriefen des Paulus (der Philemonbrief ist als „Privatbrief" ein Sonderfall). Während die übrigen Paulusbriefe viel stärker auf die Gemeinde als ganze und in ihren Gruppen ausgerichtet sind, geht es in den Briefen an Timotheus und Titus über weite Strecken um die Leitung der Gemeinde durch einzelne Funktionsträger, deren Aufgaben und Qualitäten definiert werden. Aus diesem Grund haben sie in der Exegese den Namen → Pastoralbriefe (Hirtenbriefe) bekommen. Schließlich unterscheiden sich auch Sprache und Stil der drei Briefe deutlich von den anderen. Diese Gründe rechtfertigen es, die Briefe an Timotheus und Titus im Zusammenhang darzustellen.

1. Der erste Timotheusbrief

Das → Präskript (1,1f) nennt Timotheus als Empfänger des Briefes des Paulus „rechtmäßiges Kind im Glauben". Die Brieféinleitung (1,3–20) erstellt die für den ganzen folgenden Brief geltende Konstellation zwischen Briefautor und -empfänger: Timotheus wird an den Auftrag erinnert, den Paulus ihm einst persönlich erteilt hat, nämlich, auch während der Abwesenheit des Apostels die Gemeinde zu führen und sie vor Irrlehrern und -lehren zu bewahren (V. 3f). Erst nachdem er

150 Vgl. zu Timotheus Röm 16,21; 1 Kor 4,17; 16,10; 2 Kor 1,19; Phil 2,19; 1 Thess 3,2.6; Apg 16,1–3; 17,14f; 18,5; 19,22; 20,4f sowie die Präskripte im zweiten Korinther-, Philipper-, Kolosser-, ersten und zweiten Thessalonicher- und Philemonbrief, die ihn als Mitabsender nennen. Zu Titus vgl. 2 Kor 2,12f; 7,5–16; 8,6.16–24; 12,18; Gal 2,1–3.

solche Irrlehren mit reichlich Polemik bedacht hat (V. 5–11), bringt der Verfasser seinen Dank zum Ausdruck. Dieser bezieht sich aber nicht auf den Glaubensstand oder die Bewährung des Adressaten, sondern auf den Briefautor, seine Lebenswende vom Verfolger der Gemeinde zum Apostel, in welcher sich Gottes Gnade in Jesus Christus an ihm persönlich erwiesen hat (V. 12–17). Paulus ist somit das Paradebeispiel des geretteten Sünders (V. 15).

Das Briefkorpus lässt sich in zwei Hauptteile gliedern. Im ersten gibt der Apostel grundsätzliche Richtlinien für die ganze Gemeinde *(2,1–3,16)*[151]. Im zweiten gibt er in direkter Anrede an Timotheus Weisungen zur Gemeindeleitung *(4,1–6,2)*. Am Beginn der Weisungen für die Gemeinde steht die Aufforderung zum Gebet für alle Menschen und in Sonderheit für die politischen Autoritäten (2,1–7). Das Thema Gebet wird anschließend auf das Verhalten von Männern und Frauen im Gottesdienst bezogen (2,8–15). Die Frauen werden zu sittlicher Strenge im Äußeren, Zurückhaltung in der Gemeinde und prinzipieller Unterordnung unter den Mann aufgefordert. Begründet wird dies mit einer Auslegung der Schöpfungsgeschichte, nach der Eva nicht nur später als Adam erschaffen wurde, sondern auch allein für die Folgen der Verführung durch die Schlange verantwortlich gemacht wird. Ihr Heil liegt im Kindergebären, wenn es in Glaube, Liebe und sittlicher Heiligung geschieht (V. 9–15). Als drittes Thema im ersten Hauptteil bespricht der Apostel die Leitungsämter in der Gemeinde (3,1–13). Dabei stellt er vor allem die hohen sittlichen Maßstäbe zusammen, denen ein Bischof bzw. → Diakon, zusammen mit seinem Hausstand, gerecht zu werden hat. In einer abschließenden Mahnung (3,14–16) bezeichnet der Apostel die Gemeinde als „Haus Gottes", „Pfeiler und Grundfeste der Wahrheit", für die das Christusbekenntnis das Fundament bildet.

Im zweiten Hauptteil *(4,1–6,2)* stehen die Aufgaben und Herausforderungen des Timotheus als Gemeindeleiter im Mittelpunkt. An erster Stelle steht die Bewahrung der Gemeinde vor Irrlehrern bzw. -lehren (4,1–11). Eine Reihe von Ermahnungen zum Verhalten und den Aufgaben eines Gemeindeleiters (4,12–5,2) schließt sich hieran an. Dann folgen zwei konkrete Gemeindeprobleme: Die Witwen in der Gemeinde (5,3–16) erscheinen als besondere Gemeindegruppe mit spezifischen Funktionen und Privilegien. Zu ihnen soll aber nicht jede Frau, deren Mann verstorben ist, gehören, sondern nur die frommen, sittlich anständigen und nicht mehr heiratsfähigen. Die Gemeindeältesten (5,17–22) werden für ihren Dienst bezahlt und durch Handauflegung „ordiniert" (V. 17f.22), sind aber auch Widerständen in der Gemeinde ausgesetzt. Schließlich folgt noch eine Ermahnung an die Sklaven (6,1f).

Der Briefschluss (6,3–19) wendet sich wieder – wie der Briefeingang – ganz der Beziehung zwischen Absender und Empfänger zu. Paulus erinnert Timotheus

151 In diesem Abschnitt fehlt die direkte Anrede an Timotheus, und die Weisungen sind in der dritten Person formuliert. 3,14f fasst sie in der erneuten Hinwendung zum Briefempfänger zusammen und leitet damit zum zweiten Hauptteil über.

noch einmal an seine Berufung zum vorbildlichen Gemeindeleiter und an sein Bekenntnis zu Christus. In seine Mahnung zur Treue gegenüber diesem Christusbekenntnis fügt er liturgische Wendungen ein, die in einer → Doxologie (einem Lobpreis) an Gott gipfeln (V. 15f). Nach einer Ermahnung der Reichen zum Gutes Tun (V. 17–19) geht der Brief mit einer das Anliegen des Briefes zusammenfassenden Mahnung und einem kurzen Segenswunsch zu Ende (6,20f).

Strukturübersicht

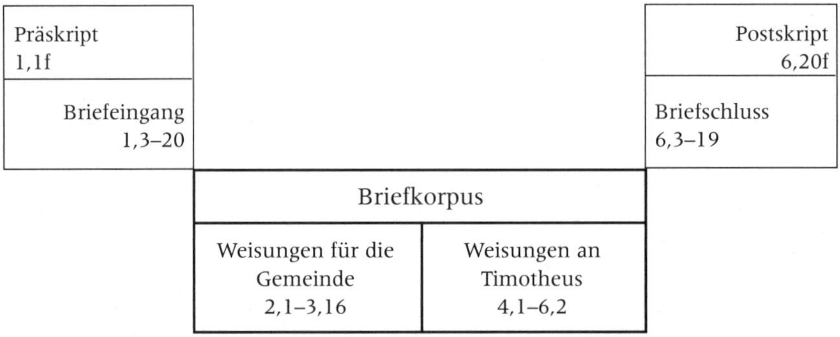

2. Der zweite Timotheusbrief

Inhalt und Gestaltung des zweiten Timotheusbriefes erschließen sich aus der Situation des Absenders, die er schon im Briefeingang andeutet (vgl. 1,8.12.15–17) und im Briefschluss klar zu erkennen gibt (4,6–18): Paulus erscheint als Gefangener in Rom (vgl. 1,17), von fast allen Mitarbeitern verlassen, und erwartet als Ziel seines Weges als Christusapostel das → Martyrium in der Nachfolge Jesu (vgl. 2,8–10!). Der Brief ist somit das Vermächtnis des Apostels, seine letzte Ermahnung, die schon das künftige Geschick des Adressaten, seiner Gemeinde und des ganzen paulinischen Werkes nach seinem Tod im Blick hat.

Im Präskript (1,1f) wird Timotheus wie im ersten Brief als „geliebtes Kind" des Apostels angesprochen. Die Danksagung (1,3–5) erinnert an seinen und seiner Vorfahren vorbildlichen Glauben. Das Briefkorpus (1,6–4,8) beginnt mit einer Selbstempfehlung des Paulus (1,6–14) als des vorbildlichen, für das Christusevangelium kämpfenden und leidenden Apostels. Die Selbstaussagen des Paulus sind aber gerahmt und durchsetzt mit Aufforderungen an Timotheus, dem Vorbild des Paulus zu folgen, und „aufgefüllt" mit bekenntnisartigen Aussagen über das Christusgeschehen (V. 10). Es folgt eine kurze Notiz über die gegenwärtige Lage des Paulus (1,15–18). Das Thema der Leidensnachfolge nach dem Vorbild des Paulus wird anschließend entfaltet als Leidensnachfolge nach dem Vorbild Jesu (2,1–13).

Der Apostel übergibt seine Lehre von Christus an den Gemeindeleiter, damit der seine Gemeinde auf Dauer an ihr ausrichten kann (V. 2.10).

Der zweite Teil des Briefkorpus ist durch die Mahnung zur Treue gegenüber der rechten Lehre und zum Kampf gegen die Irrlehrer geprägt. Zuerst erhält Timotheus Richtlinien für die Gemeindebelehrung (2,14–26). Dann beschreibt der Apostel in Form einer Belehrung über die Endzeit (3,1–9) das Auftreten der Irrlehrer und charakterisiert mit Hilfe eines sehr langen Lasterkatalogs ihre sittliche Verdorbenheit. Anschließend lobt er Timotheus wegen seiner vorbildlichen Paulusnachfolge in Lehre und Lebensführung (3,10–17), insbesondere in Verfolgungen, und fordert ihn auf, bei dieser Haltung auch künftig zu bleiben.

Der abschließende Teil des Briefkorpus (4,1–8) ist im Sinne letzter Verfügungen des Apostels an seinen Nachfolger gestaltet. Vor dem Forum des richtenden Gottes und des wiederkommenden Christus und im Blick auf sein bevorstehendes Martyrium ermahnt Paulus Timotheus noch einmal zur beständigen Verkündigung der „gesunden Lehre“, insbesondere angesichts des zu erwartenden Zuspruchs, den die Irrlehre auch in seiner Gemeinde finden wird. Es folgen noch eine Reihe persönlicher Bitten und Mitteilungen (4,9–18.20f), die die Situation des Absenders als eines einsamen, aber zuversichtlichen Christuszeugen näher beleuchten. Mit Grüßen und Segenswünschen (4,21f) schließt der Brief.

Strukturübersicht

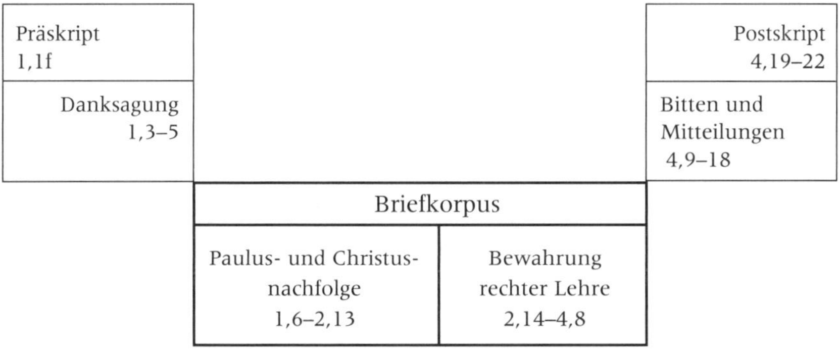

3. Der Titusbrief

Der Titusbrief enthält wie der erste Timotheusbrief vorwiegend Weisungen an den Paulusmitarbeiter zur Gemeindeordnung und zur Abwehr von Irrlehrern. Das Präskript (1,1–4) ist bei der Charakterisierung des Absenders Paulus stark ausgeweitet. Es bringt nicht nur dessen Funktion als „Knecht Gottes und Apostel Jesu Christi"[152], sondern auch die Grundlage seines Aposteldienstes zur Sprache, das von Gott vor ewigen Zeiten verheißene heilvolle Wort, das in der Christusverkündigung des Paulus offenbar geworden ist.

Das Briefkorpus beginnt mit einer Erinnerung an den Auftrag an Titus, in den Gemeinden auf Kreta → Presbyter einzusetzen (1,5), geht dann aber sofort über zu allgemein geltenden Richtlinien für den Gemeindeleiter (1,6–9). Daran schließt sich eine Polemik gegen Irrlehrer (1,10–16). Über deren Identität geben die pauschalen Vorwürfe sittlichen Fehlverhaltens kaum Aufschluss, wohl aber die Bezeichnung ihrer Herkunft „aus der Beschneidung" (V. 10) und die Charakterisierung ihrer Lehre als „jüdische → Mythen" und „Satzungen von Menschen" (V. 14).

Den längsten zusammenhängenden Abschnitt im Briefkorpus bildet eine → Ständetafel (2,1–15), eine Zusammenstellung der sittlichen Maßstäbe für die verschiedenen sozialen Gruppen in der Gemeinde (V. 2–10)[153], die einleitend als „gesunde Lehre" überschrieben (V. 1) und anschließend mit einem Verweis auf das Christusgeschehen und seine heilvolle Bedeutung für alle Menschen begründet wird (V. 11–15). Es folgt eine Reihe von Mahnungen für alle Gemeindeglieder (3,1–7), die wiederum begründet wird mit einer Erinnerung an das Christusgeschehen als Wende von einem unheilvollen Lebenswandel hin zur Teilhabe an der heilvollen Gemeinschaft mit Gott. Den Briefschluss (3,8–15) bilden ein zusammenfassender Appell an Titus zu rechter Lehre und Abwehr der Irrlehre, persönliche Mitteilungen und Aufträge sowie Grüße und ein Segenswunsch.

Strukturübersicht

Präskript 1,1–4					Postskript 3,15
Briefkorpus				Briefschluss	
Richtlinien für Gemeindeleiter 1,5–9	Irrlehrerpolemik 1,10–16	Ständetafel 2,1–15	Mahnungen für die Gemeinde 3,1–7	zusammenfassender Appell 3,8–11	Mitteilungen und Aufträge 3,12–14

152 Vgl. Röm 1,1!

153 Der Reihe nach werden mit Mahnungen bedacht alte Männer, alte Frauen, junge Männer und Sklaven.

B Geschichtliche Einordnung

1. Die in den Briefen vorausgesetzte Gemeindesituation

Die persönlichen Mitteilungen und Aufträge des Paulus an Timotheus und Titus erwecken den Eindruck, aus ganz konkreten Lebenssituationen des Paulus heraus und in ebenso konkrete Situationen seiner beiden Mitarbeiter hinein formuliert zu sein. Überblickt man jedoch diese Situationsangaben[154], so lässt sich aus ihnen keine klar konturierte Gemeindesituation bei den Briefadressaten rekonstruieren. Lediglich auf Seiten des Briefautors wird die Situation des gefangenen Apostels sichtbar, der seinen Prozess und das Martyrium erwartet. Auf Seiten der Adressaten dagegen tragen die zahlreichen Details und Namen von Personen zwar zu einem farbigen Bild von der engen persönlichen Beziehung zwischen Apostel und Mitarbeitern bei, bleiben aber hinsichtlich der aktuellen Verhältnisse in den Gemeinden sehr unbestimmt.

Gemeindesituation
- institutionalisierte Funktionsträger
- Gefährdung durch Irrlehrer
- Bewahrung der „gesunden Lehre"

Für die Situation der Adressatengemeinde viel aussagekräftiger sind dagegen die impliziten Informationen, die wir aus den Mahnungen und Warnungen des Apostels ableiten können. Danach lassen sich wenigstens drei charakteristische Gegebenheiten erkennen: 1. In der Gemeinde gibt es eine Reihe von Funktionsträgern, die bereits institutionalisierte Aufgaben und Rechte haben[155]. 2. Eine der vornehmsten Aufgaben des Timotheus und Titus besteht nach Ausweis der Briefe in der Abwehr von Irrlehrern[156]. 3. Der wichtigste Auftrag an Timotheus und Titus und gleichzeitig das zentrale Anliegen des Verfassers der Briefe besteht angesichts dieser Lage im Festhalten und in der Weitergabe der „gesunden Lehre"[157].

Timotheus und Titus, bisher bekannt als mit Paulus umherreisende Missionsmitarbeiter, erscheinen nach den Pastoralbriefen eher wie ortsansässige Gemeindeleiter. Als erste Empfänger der paulinischen Lehrtradition werden sie gleichzeitig zu Vorbildern für jeden folgenden Gemeindeleiter und zu Vermittlern des paulinischen Erbes. Lehre und Leben des Paulus werden damit zur grundlegenden Norm für die Gemeinde, ganz unabhängig von ihrer konkreten Situation.

154 Vgl. 1 Tim 1,3.20; 3,14f; 4,13; 5,23; 2 Tim 1,15–18; 4,9–21; Tit 1,5; 3,12–15.

155 Vgl. zu Presbytern 1 Tim 4,14; 5,17–22, zu Bischöfen 1 Tim 3,1–7; Tit 1,7–9, zu Diakonen 1 Tim 3,8–13 (s. dazu u. D).

156 Vgl. 1 Tim 1,3–11.18–20; 4,1–11; 6,3–10.20f; 2 Tim 2,14–26; 3,1–9; 4,1–5; Tit 1,10–16; 3,8–11.

157 Vgl. 1 Tim 1,10; 2 Tim 4,3; Tit 1,9; 2,1; vgl. 1 Tim 4,6; 6,3; 2 Tim 1,13.

2. Die Verfasserfrage

Die gegenüber den übrigen Paulusbriefen deutlich veränderte Gemeindesituation ist das stärkste Argument gegen die Annahme, Paulus sei ihr Verfasser[158]. Die Unterschiede betreffen vor allem die Gemeindestruktur. Eine Gemeindeordnung mit institutionalisierten Leitungsgremien und Amtsträgern hatte sich in der relativ kurzen Zeit der Wirksamkeit des Paulus nach dem Zeugnis seiner Briefe offensichtlich noch nicht herausgebildet, während sie in den Pastoralbriefen schon fest verankert erscheint. Obwohl die drei Briefe an unterschiedliche Adressaten in verschiedenen Gemeinden adressiert sind, lassen sie keinerlei Unterschiede hinsichtlich der vorausgesetzten Gemeindesituation erkennen. Auch die scheinbar so konkreten Details in den persönlichen Mitteilungen und Aufträgen des Paulus an Timotheus und Titus erhalten ihren Sinn erst im Zusammenhang mit der Gesamtintention der Briefe. Sie sollen die grundlegenden und allgemein gültigen Ermahnungen für jede rechte Gemeindeleitung am Beispiel des persönlich engen Verhältnisses zwischen Paulus und seinen Mitarbeitern lebendig illustrieren.

Wir müssen also davon ausgehen, dass die Absender- und Adressatenangaben der drei Briefe ein Mittel literarischer Fiktion darstellen, und mit ihnen sämtliche konkreten auf Paulus und die Briefempfänger bezogenen Situationsangaben. Ein unbekannter Verfasser hat dieses Mittel gewählt, um die Gemeinden seiner Gegenwart in Kontinuität zu den Anfängen der Verkündigung der Christusbotschaft durch Paulus zu stellen. Dazu gestaltete er ein Paulusbild, das in Lehre und Lebensweise bis hin zum Leidensgeschick die Christusbotschaft selbst verkörperte. Er griff schließlich auf die Autorität des Paulus als des maßgeblichen Apostels zurück, die zu seiner Zeit und in seiner Gemeinde offenbar unumstritten war, um mit ihrer Hilfe eine Norm für die aktuellen Auseinandersetzungen in seiner Gemeinde zu gewinnen.

Unter dieser Voraussetzung lassen sich die Pastoralbriefe als eine einheitlich konzipierte Briefsammlung verstehen, an deren Spitze vermutlich ursprünglich der Titusbrief stand. Er hat das längste Präskript mit einer ausführlichen Vorstellung des paulinischen Apostolats. Im Zentrum stand der erste Timotheusbrief, der die Anliegen der Briefsammlung am deutlichsten und ausführlichsten zur Sprache bringt. Den Schluss bildete der zweite Timotheusbrief als literarisches „Testament" des Paulus. Erst im Zuge der Zusammenstellung der Paulusbriefsammlung, bei der schließlich die Briefe, getrennt nach Gemeindebriefen und Briefen an Einzelpersonen, jeweils der Länge nach angeordnet wurden, ergab sich die jetzige Reihenfolge der Pastoralbriefe.

Damit fällt noch einmal Licht auf das Phänomen der → Pseudepigraphie innerhalb der Paulusbriefsammlung[159]. Dabei haben sich durchaus unterschiedlich gelagerte

158 Weitere Argumente werden zusammengestellt und diskutiert bei Schnelle, Einleitung, 342–346; Roloff, 1 Tim, 23–39; Merkel, Past, 5–16.

159 Vgl. dazu o. S. 250–253.265f.274–276.

Fälle ergeben. Beim zweiten Thessalonicherbrief haben wir nach Abwägung der Argumente die These der Pseudepigraphie abgelehnt. Den Kolosserbrief betrachten wir als Schreiben eines Paulusmitarbeiters zu Lebzeiten des Apostels in dessen Namen, das durch Paulus selbst per Unterschrift bestätigt worden ist. Im Epheserbrief sehen wir dagegen einen pseudepigraphen Text, der in einer sich auf Paulus zurückführenden Schultradition entstanden ist und das Anliegen paulinischer Theologie in veränderter Situation zur Sprache bringen will. Das Hauptanliegen der Pseudepigraphie in den Pastoralbriefen schließlich besteht darin, durch Rückbezug auf die Autorität und das Lebensvorbild des Apostels Paulus Kontinuität zu den Anfängen der Gemeinde und eine überzeugende Norm für die gegenwärtigen identitätsbedrohenden Konflikte zu gewinnen.

Pseudepigraphie
im Corpus Paulinum

Die Frage nach Wahrhaftigkeit stellt sich bei allen hier aufgezählten Formen von Pseudepigraphie, besonders aber im Blick auf die Pastoralbriefe. Denn hier hat ein Autor die paulinische Verfasserschaft mit Hilfe zahlreicher fiktiver Angaben bewusst vorgetäuscht, um seinem Werk größere Autorität zu verleihen. Will man nicht allein moralische Kategorien heranziehen, so wird man bei ihrer Beantwortung die Situation und das Anliegen des Verfassers in Rechnung zu stellen haben. Die Pastoralbriefe entstanden offenbar in einer Zeit, in der die persönliche Kontinuität zu den Anfängen der Jesusbewegung abgebrochen war, ein allgemein anerkanntes System von verbindlichen Strukturen und Normen christlicher Gemeinden sich aber noch nicht herausgebildet hatte. Die scharfe Abgrenzung von Irrlehrern in den Pastoralbriefen scheint ein Indiz für die Verunsicherung zu sein, die für die Gemeinden in einer solchen „Zwischenzeit" entstanden war. Wie die Wirkungsgeschichte belegt, haben die Pastoralbriefe jedenfalls auf längere Sicht zur Überwindung solcher Verunsicherung beigetragen und wesentliche Gemeindestrukturen der sich stabilisierenden Kirche maßgeblich geprägt.

C Theologische Schwerpunkte

Christusbekenntnis und Gemeindeordnung

Gemeindeordnung und rechte Lehre bilden die Grundpfeiler, auf denen der Bau der Gemeinde nach den Pastoralbriefen ruht. Bei der Formulierung seines Christusbekenntnisses stützt sich der Verfasser auf Überlieferungen, die in der Gemeinde, vermutlich vor allem in ihren Gottesdiensten, lebendig waren, und unterstellt sie der theologischen Autorität des Apostels Paulus. Ein charakteristisches Beispiel dafür ist der Christushymnus in 1 Tim 3,16[160]. Er ist eingeordnet in eine Weisung darüber, „wie man sich verhalten soll im Hause Gottes, das ist die Gemeinde des lebendigen Gottes, ein Pfeiler und eine Grundfeste der Wahrheit" (V. 15). Das

160 Weitere Bekenntnissätze finden sich in 1 Tim 2,5; 6,13.15f; 2 Tim 2,8.11–13; 4,1.

rechte Verhalten in der Kirche wird ausgerichtet auf ihr Christusbekenntnis, das „Geheimnis des Glaubens“:

I	Er (Christus) ist offenbart im Fleisch	a
	gerechtfertigt im Geist,	b
II	erschienen den Engeln,	b
	gepredigt den Heiden,	a
III	geglaubt in der Welt,	a
	aufgenommen in die Herrlichkeit.	b

Chiasmus

a: irdische Welt
b: himmlische Welt

Das Christusgeschehen wird in diesem Hymnus nach seinem irdischen und seinem himmlischen Aspekt hin entfaltet. Die irdische Seite des Geschehens benennen die erste, die vierte und die fünfte Zeile: die Menschwerdung des Gottessohnes auf Erden, seine Bekanntmachung durch die Mission (wobei ein Bezug auf den spezifischen Missionsauftrag des Paulus, die Verkündigung an die nichtjüdischen Völker, aufklingt) und seine weltweite Anerkennung durch den Glauben. Das Christusgeschehen als himmlisches Ereignis kommt in der zweiten, dritten und letzten Zeile zur Sprache: Der Geist ist die Sphäre der göttlichen Welt. „Rechtfertigung“ meint hier die Bestätigung der Gottessohnschaft Jesu durch Gott selbst, und zwar gerade angesichts seiner Menschwerdung, die, wie jeder, der den Hymnus singt, weiß, mit seinem Tod am Kreuz endete. Wenn auch Kreuz und Auferstehung Jesu im Hymnus nicht ausdrücklich genannt werden, sind sie doch auf diese Weise gewissermaßen in ihn „eingewoben“. Der Bekanntmachung Christi auf Erden durch die Mission entspricht seine Proklamation im Himmel gegenüber den Engeln. So wie er auf Erden Anerkennung durch Glauben findet, kommt ihm Anerkennung im Himmel dadurch zu, dass er in die Herrscherstellung Gottes, seine „Herrlichkeit“, aufgenommen wird. Wenngleich wir also die Zeilen des Hymnus auf die irdische und die himmlische Seite des Geschehens verteilen können, so besteht seine Gesamtaussage gerade in der Verbindung, ja, Verschachtelung beider Seiten, und damit auch der beiden Wesenszüge Jesu Christi: wahrer Mensch und wahrer Gott.

D Wirkungsgeschichtliche Hinweise

Gemeindeleitung durch Funktionsträger

In den Pastoralbriefen begegnet uns eine Gemeindeordnung mit institutionalisierten Leitungsgremien und Amtsträgern. Ihr besonderes Anliegen bestand ja gerade darin, angesichts ihrer Gefährdung durch Irrlehrer solche Leitungsstrukturen bzw. -funktionen zu festigen. Dabei können wir zwischen einem Gremium von „Ältesten“ (→ Presbytern) sowie den Leitungsämtern des Bischofs und der → Diakone unterscheiden. Das Ältestenamt ist in den Pastoralbriefen eher als bekannt vorausgesetzt, als dass es näher beschrieben würde (vgl. Tit 1,5; 1 Tim 4,14; 5,17–25). Sehr viel klarer erscheint das Bild des Bischofs, nicht zuletzt deshalb, weil auch die Briefadressaten Timotheus und Titus nach ihm gezeichnet werden (vgl. 1 Tim 4,6f; 2 Tim 2,1f.14–16.23–26; 4,1f; Tit 2,1; 3,8–11). Der Bischof ist „Haushalter Gottes" (Tit 1,7). Nach dem Vorbild eines guten Hausvorstands soll er für die inneren Verhältnisse in der Gemeinde Gottes Sorge tragen (1 Tim 3,5). Zu seinen Aufgaben gehört es darüber hinaus, die rechte Lehre zu vertreten und zu verteidigen (Tit 1,9; vgl. 2 Tim 2,23–26) sowie die Gemeinde nach außen würdig zu repräsentieren (1 Tim 3,7). Neben dem Bischof stehen die Diakone (1 Tim 3,8–13), für deren Auswahl ähnlich strenge sittliche Maßstäbe angelegt werden. Über ihre spezifischen Aufgaben erfahren wir in den Pastoralbriefen nichts. Im ersten Timotheusbrief sind sie aber wie schon im Präskript des Philipperbriefes dem Bischof zu- und nachgeordnet. Damit deutet sich eine abgestufte Autorität zwischen verschiedenen Funktionen und Funktionsträgern in der Gemeindeleitung an. Der Verfasser der Pastoralbriefe scheint darüber hinaus um einen Ausgleich der Kompetenzen dieser beiden Funktionsträger mit denen des Kollegiums der Presbyter bemüht zu sein (1 Tim 5,17–22; Tit 1,5–9).

Schon am Beginn des 2. Jh.s n.Chr. begegnet uns bei Ignatius von Antiochien eine Ämterstruktur, nach welcher dem einen Bischof in der Gemeinde in deutlich hierarchischer Abstufung Presbyter (danach unser Wort „Priester") und Diakone an die Seite gestellt sind. Damit ist eine dreigliedrig-hierarchische Konzeption des Amtes vorgebildet, die in der Zeit der Alten Kirche weite Verbreitung fand. Während sich allerdings das Bischofs- und das Priesteramt als die beiden auf Dauer vermittelten Weihegrade des Amtes durchsetzten, verlor das Diakonenamt zunehmend an Bedeutung, so dass es im Mittelalter zu einer „Durchgangsstation" auf dem Weg zum geweihten Priester verkümmerte.

In den lutherischen Kirchen der Reformation wurde neben der Betonung des „allgemeinen Priestertums aller Gläubigen" bewusst auch an einem besonderen Amt der öffentlichen Wortverkündigung und der Verwaltung der → Sakramente (Taufe und Abendmahl) festgehalten[161]. Dieses Amt wird aber theologisch nicht aus dem Presbyter- (= Priester-) Amt abgeleitet, sondern aus dem Bischofsamt. Als „Predigtamt" ist es auf die Verkündigung des Evangeliums ausgerichtet, also im Apostelamt der Jünger Jesu und des Paulus verankert. Der Amtsträger wird nach lutherischem Verständnis durch Ordination zu seinem Dienst in einer Ortsgemeinde beauftragt[162], nicht durch Weihe in einen besonderen persönlichen Status versetzt. Daneben gibt es auch zahlreiche reformatorische Kirchen, die ganz auf ein solches durch Ordination herausgehobenes Amt verzichten.

161 Vgl. den Artikel 14 der *Confessio Augustana*, in: Unser Glaube. Die Bekenntnisschriften der evangelisch-lutherischen Kirche. Ausgabe für die Gemeinde, bearb. v. H. G. Pöhlmann, Gütersloh, 1986, 69f. Vgl. auch die Artikel 5 (Vom Predigtamt), 7 (Von der Kirche) und 8 (Was die Kirche sei?).

162 Dies begründet Luther z.B. durch Verweis auf 1 Tim 3,2 und Tit 1,6, vgl. Roloff, 1 Tim, 185.

Die Frage der Gestaltung von Leitungsfunktionen in der Gemeinde und der Beauftragung von Amtsträgern der Kirche gehört heute zu den wichtigsten und schwierigsten Problemen der Ökumene. Dabei kommen auch in den Pastoralbriefen wurzelnde Ansätze zur Geltung. So ist im so genannten „Lima-Dokument"[163] die Aufgliederung des ordinierten Amtes der Kirche in die drei Funktionsträger Bischöfe, Presbyter und Diakone betont aufgenommen worden. Im Abschnitt über „Formen des ordinierten Amtes" heißt es:

> Obwohl es keine einheitliche neutestamentliche Struktur gibt, ... könnte dennoch das dreifache Amt des Bischofs, Presbyters und Diakons heute als ein Ausdruck der Einheit, die wir suchen, und auch als ein Mittel, diese zu erreichen, dienen.[164]

Freilich hat gerade dieser Teil der Lima-Erklärung insbesondere bei den reformatorischen Kirchen Kritik hervorgerufen[165].

11. Der Brief an Philemon – Konflikt in einer christlichen Hausgemeinde

Literatur

Peter Lampe, Der Brief an Philemon, in: Nikolaus Walter/Eckart Reinmuth/Peter Lampe, Die Briefe an die Philipper, Thessalonicher und an Philemon, NTD 8/2, Göttingen 1998, 205–232

Peter Stuhlmacher, Der Brief an Philemon, EKK 18, Zürich u.a./Neukirchen-Vluyn 1975, 3. Aufl. 1989

Wolf-Henning Ollrog, Paulus und seine Mitarbeiter. Untersuchungen zu Theorie und Praxis der paulinischen Mission, WMANT 50, Neukirchen-Vluyn 1979

Absender: Paulus ist in Gefangenschaft und erscheint als Bittsteller für einen Sklaven.
Adressaten: Philemon ist Mitarbeiter des Paulus, Vorsteher einer Hausgemeinde in Kolossä und Herr dieses Sklaven.

163 Vgl. Taufe – Eucharistie – Amt. Konvergenzerklärungen der Kommission für Glauben und Kirchenverfassung des Ökumenischen Rates der Kirchen mit einem Vorwort von W. H. Lazareth und N. Nissiotis, Paderborn/Frankfurt, M. 1982; wieder abgedruckt in: H. Meyer u.a. (Hgg.), Dokumente wachsender Übereinstimmung. Sämtliche Berichte und Konsenstexte interkonfessioneller Gespräche auf Weltebene, Bd. 1: 1931–1982, Paderborn 1983, 545–585; M. Ulrich (Hg.), Auf den Wegen zur Einheit 1965–1985, Leipzig 1987, 318–360.

164 Meyer, a.a.O., 575; Ulrich, a. a. O., 350.

165 Vgl. zu den Reaktionen der Kirchen des lutherischen Weltbundes M. Seils, Lutherische Konvergenz? Analyse der lutherischen Stellungnahmen zu den Konvergenzerklärungen „Taufe, Eucharistie und Amt" der Kommission für Glauben und Kirchenverfassung des Ökumenischen Rates der Kirchen, LWB-Report 25, Stuttgart 1988, 116–123, zu den Reaktionen der evangelischen Landeskirchen in Deutschland F. Lülf, Die Lima-Erklärungen über Eucharistie und Amt und deren Rezeption durch die evangelischen Landeskirchen in Deutschland, MThA 26, Altenberge 1993, 301–311.

Thema: Die Herrschaftsverhältnisse im Haus des Philemon werden verändert durch die Herrschaftsverhältnisse in der christlichen Gemeinde.
Ziel: Durch Fürsprache des Paulus soll der Konflikt in Philemons Haus beigelegt werden.

A Bibelkundliche Erschließung

Strukturübersicht

Briefeinleitung
1–7

Briefkorpus
8–19

Briefschluss
20–25

Briefeingang und Briefschluss machen im Philemonbrief etwa die Hälfte des Gesamtumfangs aus. Im → Präskript (1–3) bezeichnet Paulus sich als Gefangenen und nennt Timotheus als Mitabsender. Den Adressaten Philemon spricht er als Mitarbeiter und Vorsteher einer Hausgemeinde an, zusammen mit weiteren Gemeindegliedern. Das → Proömium dieses kurzen Briefes (4–7) ist nicht weniger sorgfältig und ausführlich formuliert als das der „großen" Paulusbriefe. Es bringt wie diese den Dank an Gott für die in Christus gründende neue Gemeinschaft der Glaubenden über alle räumliche Entfernung hinweg zur Sprache.

Das Briefkorpus (8–19) dient einem einzigen, speziellen Anliegen: der Rücksendung des Sklaven Onesimus, der sich an Paulus um Fürsprache vor Philemon gewendet hatte und von diesem zum Christusglauben bekehrt worden war, an seinen Herrn. Zur Begründung dieses Anliegens wendet Paulus freilich eine ganze Reihe von Argumenten und rhetorischen Mitteln auf: den Verweis auf seinen eigenen Autoritätsverzicht gegenüber Philemon (8f), den neuen Status des Sklaven aufgrund seiner Bekehrung und die inzwischen enge persönliche Beziehung des Paulus zu ihm (10–12), den Appell an das Einverständnis des Philemon (13f), das neue Verhältnis zwischen Herr und Sklave als Brüder in einer Gemeinde (15–17), die Bereitschaft zur Übernahme von Schadenersatz (18f). Ein erneuter Appell an den Briefempfänger als Bruder (20f; vgl. 7) leitet den Briefschluss ein (22–25). Er besteht aus der Ankündigung eines Besuchs bei Philemon, Grüßen von Mitarbeitern und einem Segenswunsch.

B Geschichtliche Einordnung

Der Philemonbrief ist besonders ergiebig, wenn wir uns ein Bild von dem paulinischen Mitarbeiterstab machen wollen. Insgesamt neun Mitarbeiter werden namentlich genannt, sechs von ihnen am Ort des Absenders (Timotheus, Epaphras, Markus, Aristarch, Demas, Lukas) und drei bei den Adressaten (Philemon, Aphia, Archippus). Darin zeigt sich besonders am Philemonbrief, dass entgegen dem ersten Anschein aufgrund seiner Briefe Paulus keineswegs die isolierte Einzelgestalt in der Geschichte des → Urchristentums war. Vielmehr hatte er eine ganze Reihe von Mitarbeitern um sich, die entweder in seinem Auftrag oder im Auftrag einer seiner Gemeinden, aber wohl auch eigenständig, am Missionswerk beteiligt waren, sei es, als Gründer neuer Gemeinden, als Organisatoren des Gemeindelebens vor Ort oder als Überbringer von Nachrichten zwischen Paulus und den Gemeinden. Dass Paulus in der Situation der Haft auf die Unterstützung seiner Mitarbeiterschaft angewiesen war und sie auch bekam, ist Ausdruck dessen, dass er die Christusverkündigung trotz seines herausgehobenen Selbstverständnisses als Apostel doch als Gemeinschaftswerk ansah und betrieb.

Die in der Grußliste in Phlm 23f genannten Mitarbeiter begegnen uns zum großen Teil auch am Schluss des Kolosserbriefes (Kol 4,10–17)[166]. Auch das spezielle Anliegen des Briefes, die Fürsprache für den Sklaven Onesimus, verbindet Paulus mit dem Hinweis, in ihm einen Mitarbeiter gewonnen zu haben (Phlm 10f.13f). Im Kolosserbrief nennt der Briefschreiber diesen Onesimus als Mitgesandten nach Kolossä, von wo her er auch stamme (Kol 4,9). Seine Bitte an Philemon hatte also letztlich Erfolg. Da auch Archippus (Phlm 1) nach Kol 4,17 als Paulusmitarbeiter in Kolossä lebt, können wir davon ausgehen, dass die im Philemonbrief angeschriebene Hausgemeinde, mit ihr somit auch Aphia, in dieser Stadt zu Hause ist. Das ist insofern von Bedeutung, als die Gemeinde in Kolossä offenbar gar nicht von Paulus gegründet worden war, sondern wohl von dem aus der Stadt selbst stammenden Epaphras (vgl. Kol 1,7f), der als Mitgefangener des Paulus zu den Grüßenden im Philemonbrief gehört (23).

C Theologische Schwerpunkte

Bruder bzw. **Schwester** kommen viermal im Brief vor (1.7.16.20), das Stichwort **Liebe** fünfmal (1.5.7.9.16).

Ausdruck der Gemeinschaftsarbeit am Evangelium ist die „Bruder-“ bzw. „Schwesternschaft“ zwischen Paulus, seinen Mitarbeitern und seinen Gemeinden. Von Anfang bis Ende des kurzen Briefes lässt Paulus immer wieder dieses persönliche Gemeinschaftsverhältnis anklingen. Auch Philemon wird nicht als Privatmann angesprochen, sondern als Mitarbeiter (1), Vorsteher einer christlichen Hausgemeinde (2) und Bruder (7.20). Die neuartige, geschwisterliche Beziehung zwischen den verschiedenen Personen, die in der Briefeinleitung begegnen, ist bestimmt durch die ihnen gemeinsame Beziehung zu Gott und Jesus Christus. Die beiden Leitbegriffe „Teilhabe“ und „das Gute“, die in der Briefeinleitung anklingen (vgl. 6), begegnen genau dort erneut, wo es um das konkrete Briefanliegen geht:

166 Zum Verhältnis zwischen diesen beiden Briefen vgl. o. S. 263; zu den Paulusmitarbeitern im einzelnen vgl. Ollrog, Mitarbeiter, 42–50.101–106. Vielleicht verbirgt sich hinter der Wendung „in Christus Jesus“ (Phlm 23) der in Kol 4,11 erwähnte Jesus Justus (so Ollrog, a.a.O., 49). Dann wären sämtliche Grüßenden des Kolosserbriefes auch im Philemonbrief genannt.

Das Gute, das sich Paulus von Philemon wünscht, ist die Freistellung des Sklaven Onesimus zur Mitarbeit in der paulinischen Mission (13f). Philemon soll als Teilhaber des Paulus (gemeint ist wie in V. 6 die gemeinsame Teilhabe am Glauben) ihn wenigstens wieder als Sklaven aufnehmen, und zwar so, als wäre es Paulus selbst (17; vgl. 12).

Teilhabe am Glauben im Sinne des Paulus führt also zu völlig neuartigen Gemeinschaftsverhältnissen. Soziale und rechtliche Statusunterschiede werden nicht aufgehoben, bestimmen aber nicht mehr die Beziehungen untereinander. Realisieren lässt sich solche neuartige Gemeinschaft nur durch Verzicht auf Vorrechte, die aus Statusunterschieden herrühren. Darin stellt sich Paulus Philemon gegenüber als Vorbild dar, um auf diese Weise dem schwächsten in der Statuspyramide, dem Sklaven, etwas Gutes zukommen zu lassen.

D Wirkungsgeschichtliche Hinweise

Wirkungsgeschichtlich war freilich weniger das neue Gemeinschaftsverhältnis prägend, das Paulus im Philemonbrief entwickelt, als vielmehr das Problem des Umgangs mit der Institution der Sklaverei. Da aus dem Wortlaut des Philemonbriefes nicht eindeutig hervorgeht, ob Philemon Onesimus aus dem Sklavenstand zum Freigelassenen erheben soll, konnte der Brief in der Kirchengeschichte sowohl für als auch gegen eine solche Forderung herangezogen werden[167]. Hilfreich für den Umgang mit diesem neutestamentlichen Text heute kann vielleicht die Überlegung sein, dass schon Paulus dem Adressaten seines Briefes nicht mit einer eindeutigen Weisung gegenübertritt, sondern erwartet, dass er selbst eine Entscheidung sucht, die seiner „Teilhabe“ am Christusglauben entspricht.

---

167 Über entsprechende Positionen in der Auslegungsgeschichte informiert ausführlich Stuhlmacher, Phlm, 58–66. Vgl. auch H. Gülzow, Christentum und Sklaverei in den ersten drei Jahrhunderten, Bonn 1969.

§ 8 Der Hebräerbrief

Michael Bachmann

Literatur

Harold W. Attridge, The Epistle to the Hebrews. A Commentary on the Epistle to the Hebrews, Hermeneia, Philadelphia 1989

Erich Gräßer, An die Hebräer, EKK 17,1–3, Zürich/Neukirchen-Vluyn 1990–1997

Harald Hegermann, Der Brief an die Hebräer, ThHK 16, Berlin 1988

Martin Karrer, Der Brief an die Hebräer, ÖTBK 20,1(–2), Gütersloh/Würzburg 2002(ff)

August Strobel, Der Brief an die Hebräer, NTD 9,2, Göttingen 4. (13.) Aufl. 1991

Hans-Friedrich Weiß, Der Brief an die Hebräer. Übersetzt und erklärt, KEK 13, Göttingen 1991

Helmut Feld, Der Hebräerbrief, EdF 228, Darmstadt 1985

Knut Backhaus, Der Neue Bund und das Werden der Kirche. Die Diotheke-Deutung des Hebräerbriefs im Rahmen der frühchristlichen Theologiegeschichte, NTA NF 29, Münster 1996

A Bibelkundliche Erschließung

Wer den Hebräerbrief in einer Ausgabe der sog. Einheitsübersetzung sucht, findet ihn hinter dem Philemonbrief; in den Luther-Bibeln folgt er hingegen auf den dritten Johannesbrief. Die Abweichung geht unmittelbar auf den Reformator zurück, der unser Schreiben schon im sog. Septembertestament von 1522 zusammen mit dem Jakobusbrief weiter hinten einordnete und beide, wie die unverändert am Schluss stehenden Schriften Judasbrief und Johannesoffenbarung, ohne die ansonsten verwandte Nummerierung ließ. Dafür waren primär theologische Vorbehalte gegenüber diesem Schreiben verantwortlich, zumal gegenüber dessen Ablehnung einer nochmaligen, einer zweiten Buße (6,4–8; 10,26–30; vgl. bes. 12,15–17). In Verbindung damit spielten aber auch Zweifel an der Abfassung durch Paulus eine Rolle[1].

Hingegen deutet die Einordnung des Schreibens hinter dem Philemonbrief wie die in den griechischen Handschriften ebenfalls häufige Platzierung hinter dem zweiten Thessalonicherbrief, erst recht die im ältesten Textzeugen, dem Papyrus mit der Ordnungsnummer 46 (ca. 200 n.Chr.), gegebene Stellung zwischen Römer- und erstem Korintherbrief die Auffassung an, der Hebräerbrief habe den Apostel Paulus zum Autor. U.a. dies wird offenkundig auch durch die bereits in p^{46} belegte, aber

1 S. bes. WA.DB 7,344. Vgl. A. Vanhoye, Art. Hebräerbrief, TRE 14 (1985), 494–505: 495.

fraglos sekundäre Überschrift (*superscriptio*) „An (die) Hebräer" zum Ausdruck gebracht, die ihre Entsprechung ja bei den paulinischen Gemeindebriefen („An [die] Römer" usw.) findet, nicht aber bei den im Neuen Testament gewöhnlich hinten stehenden (nicht-paulinischen) Schriften (s. dazu u. S. 301–305).

1. Brief oder Predigt?

Mit „An (die) Hebräer" soll das Dokument als *Brief* charakterisiert werden. Das ist nicht unproblematisch. Zwar findet das Schreiben mit 13,22–25 fraglos einen brieflichen Abschluss. Aber ein → Präskript in der Art von Apg 23,26 oder Röm 1,1–7 fehlt. Obwohl sich (z.B.) der erste Johannesbrief als eine gewisse Parallele für diese Auffälligkeit anführen lässt, gestattet der Vergleich nicht, unser weit umfangreicheres Dokument nun doch einfach für einen Brief zu halten. So ist zu beachten, dass bereits in 1 Joh 1,4 auf die Schriftlichkeit der Kommunikation Bezug genommen wird, während sich im Hebräerbrief eine entsprechende Notiz erst in 13,22 findet. Sozusagen deren Stelle nehmen zuvor einige Bemerkungen ein, die den stattfindenden Akt des Redens (2,5; 5,11; 6,9; 8,1; 9,5; vgl. 7,7.9; 12,25; 13,6) und das ihm entsprechende Hören (5,11; vgl. 4,1f) betreffen. Die Situation eines Vortrags wird dabei nicht zuletzt durch Formulierungen heraufbeschworen, in denen der Autor auf die Knappheit der für seine Äußerungen zur Verfügung stehenden Zeit anspielt (9,5; 11,32; vgl. 13,22). Schon von daher liegt es nahe, den Hebräerbrief zu begreifen als „eine Predigt ..., an die ein kurzes Begleitschreiben angeschlossen" wurde[2] – das dann mindestens die Verse 13,22–25 umfasst haben muss. Sie geben, wenn sie im Blick auf das Vorangegangene vom *logos tēs paraklēseōs*, vom „Wort der Ermahnung", sprechen, ein weiteres Argument an die Hand, den Hebräerbrief als Predigt zu charakterisieren. Denn jener griechische Ausdruck wird bemerkenswerterweise auch in Apg 13,15 (vgl. 2 Makk 7,24; 15,11) hinsichtlich einer (synagogalen) Ansprache verwandt.

Umstritten ist freilich, wie kurz das Begleitschreiben der *Predigt* ist[3] bzw. wo sie endet. Auch dafür ist die Rede Apg 13,16–41 von Interesse[4]. Denn dazu, dass nach V. 40f eine auf die Schrift zurückgehende Warnung die synagogale Ansprache beschließt, würde ein Schnitt hinter dem recht ähnlich auslaufenden Kapitel Hebr 12 gut passen, viel besser als ein solcher hinter 13,21. Wichtiger indes sind die – in

2 Vanhoye, Hebräerbrief, 497, der im übrigen zutreffend formuliert: „immer deutlicher zeichnet sich eine Übereinstimmung darin ab". Andere Möglichkeiten (wie: Schreiben nach Analogie von 1 Joh; sekundärer Wegfall eines Briefpräskripts) verlieren demgegenüber an Boden.

3 Nach Vanhoye, Hebräerbrief, 497, umfasst es lediglich 13,22–25, während häufig Kap. 13 als zusammengehörige Einheit betrachtet wird (so z.B. bei Hegermann, Hebr, 6), allerdings nur vergleichsweise selten als von einem anderen Autor stammend (s. dazu nur Gräßer, Hebr I, 18 samt Anm. 38; Gräßer selbst, ebd., 17f, hält 13,1–21 für den Abschluss der Mahnrede, 13,22–25 hingegen trotz der einhelligen textlichen Überlieferung für „ein Postskript von fremder Hand" [18]).

4 Vgl. ferner z.B. Apg 13,26.32f mit Hebr 4,2f und Apg 13,38f mit Hebr 9,15.

dieselbe Richtung weisenden – Indizien des Hebräerbriefs selbst: So setzt mit 13,1 eine Kette knapper Ermahnungen ein, wie sie sich in dem Schreiben sonst nicht findet. Wenn in 13,1–9 die 2. *pers. plur.* ohne Wechsel mit der 1. *pers. plur.* verwandt wird, spricht auch das für eine gegenüber Kap. 1–12 (vgl. hier bes. 3,1–6; 12,18–28) andere Textsorte. Dazu fügt sich überdies, dass nun – bei durchaus vorhandenem Rückgriff auf die voranstehende Rede (vgl. nur 13,9 mit 9,10) – die theologische Diktion weniger durch die übergreifende Argumentation gebunden, insofern freier erscheint[5]. Insbesondere kommt nun erstmals die Auferweckung Jesu „von (den) Toten" terminologisch unmissverständlich zur Sprache (13,20; vgl. 1,3f; 2,10; 6,2). Man wird darum hinsichtlich der Struktur des Hebräerbriefs zunächst festhalten dürfen:

A. Kap. 1–12 Predigt („Homilie") B. Kap. 13 Begleitschreiben

2. Gliederungstableau

Was eine etwas differenziertere Gliederung angeht, so besteht in der exegetischen Literatur nicht eben viel Einigkeit. Das lässt immerhin auf *einen* für den Hebräerbrief wichtigen Zug aufmerken: Das Dokument bietet innerhalb des Neuen Testaments das gewählteste Griechisch, und der Autor erweist sich als rhetorisch so gewandt, dass seiner Steuerung der Hörer bzw. Leser nicht immer leicht auf die Schliche zu kommen ist[6]. Überdies kommt es im Hebräerbrief, ähnlich wie auch sonst in Predigten, zu einer engen Verzahnung von theologischer Darlegung (D) und → paränetischen Ausführungen (P), wobei des Öfteren recht klar zwischen Abschnitten der einen (z.B. 1,4–14) und der anderen Art (z.B. 10,19–25) unterschieden werden kann (anders z.B. 2,1–4). Zu beachten ist ferner, dass der Verfasser verschiedentlich einen Terminus recht beiläufig einführt und ihn erst später ins Zentrum des Interesses rückt[7]. Nimmt man zu den genannten Gesichtspunkten noch hinzu, dass nur an wenigen Stellen die Adressaten als „Brüder" *(adelphoi)* angesprochen werden und zugleich in einigermaßen folgernder Weise zu einem neuen, paränetisch ausgerichteten Abschnitt übergegangen wird[8], dann lässt sich das folgende Gliederungstableau wohl rechtfertigen:

5 Gerade auch dieses souveräne Verhältnis zum Vorangehenden spricht m.E. gegen die Annahmen (vgl. o. Anm. 3), Kap. 13 oder doch die abschließenden Verse stammten von einem anderen Verfasser.

6 Fraglich scheint freilich, ob man bei einer Predigt, die sich offenkundig recht eng mit jüdisch-hellenistischen und von dort her geprägten christlichen → Homilien berührt, zugleich eine recht strikte Orientierung an Vorschriften annehmen darf, wie sie in antiken Rhetorik-Handbüchern zusammengestellt sind (vgl. indes Attridge, Hebr, bes. 14).

7 Im nachfolgenden Tableau (vgl. zu ihm nur Vanhoye, Hebräerbrief, 498f; Karrer, Hebr I, 72–74 [mit Hinweis auf W. Nauck, 1960]) wird auf solche terminologischen Bezugnahmen außer durch Kursivdruck noch durch Pfeile aufmerksam gemacht.

8 Unter den vier in anredender Funktion begegnenden Brüder-Belegen (3,1.12; 10,19; 13,22) fehlt lediglich bei dem von 3,12 eine Partikel, welche eine derartige Fortführung andeutet. Zu 12,1 vgl. 10,19.

A. Homilie

I. 1,1–4,13: Das uns geltende **Reden Gottes** ***(1,1)***
- 1. 1,1–2,18 (D) *2,1* (vgl. 1,2)
- 2. 3,1(„Brüder")–4,13 (P): Hören (z.B. *3,7*)! — *3,1 Bekenntnis*
- – endend mit 3,7–4,11 und 4,12f

II. 4,14–10,31: Das festzuhaltende **Bekenntnis** ***(4,14)*** — *4,14*
- 1. 4,14–10,18 (D) *4,16*
- 2. 10,19(„Brüder")–31 (P): Hinzutreten (z.B. *10,22*)! — *10,22 Glaube*
- – endend mit 10,26–30 und 10,31

III. 10,32–12,29: Der zu bewährende **Glaube** ***(10,38f)*** — *10,38f*
- 1. 10,32–11,40 (D) *10,36*
- 2. 12,1(„Wir")–29 (P): Ausharren (z.B. *12,1*)!
- – endend mit 12,18–28 und 12,29

B. Begleitschreiben
- 1. 13,1–21: Unterschiedliche Ermahnungen
- 2. 13,22(„Brüder")–25: Brieflicher Abschluss

Über dieses Tableau hinaus ist noch hervorzuheben, dass der Autor zunächst die Hoheit Jesu (1,1–14), dann seine Niedrigkeit (2,5–18) vor Augen stellt, während danach umgekehrt, ausgehend vom irdischen Hohenpriesteramt (s. bes. 5,1–4), das himmlische Hohepriestertum Jesu (s. bes. 9,11–27; vgl. 12,22–24) betrachtet wird. Außerdem ist zu betonen, dass die Rede es nicht allgemein mit „dem" Bekenntnis zu tun hat, sondern in der mit ihm verknüpften Vorstellung vom Hohenpriestertum Jesu ihr thematisches Zentrum findet. Sie lässt sich insofern als Predigt (zumal) über den Vers Ps 110,4 auffassen, der zuerst in 5,6 zitiert wird[9]: „Du (bist) Priester in Ewigkeit nach der Ordnung Melchisedeks." Andererseits tritt bei dem Tableau gut hervor, wie sich im Hebräerbrief ein Bogen vom Reden Gottes in der „Heilsgeschichte" und gerade auch im Christusgeschehen (s. bes. 1,1) zum sich daraus ergebenden christlichen Bekenntnis – zu Jesus, dem „Sohn Gottes" (4,14), dem „Apostel und Hohenpriester unseres Bekenntnisses" (3,1) – und zur von beidem abhängigen Praxis des Glaubenslebens spannt.

Fraglos wird eben um dieser Praxis willen gesprochen. Das erhellt schon aus dem Miteinander darstellender und paränetischer Züge, ferner speziell daraus, dass die stärker paränetisch ausgerichteten Partien I.2, II.2 und III.2 mit einer kurzen, prägnanten Warnung (4,12f; 10,31; 12,29) enden und davor jeweils in einen Erfahrungen Israels mit Gegenwart und Zukunft verbindenden Passus münden, der ebenfalls der Mahnung dient und dazu den (auch im Judentum breit belegten) Schluss → *a minore ad maius* (d.h. vom Kleineren aufs Größere) benutzt (3,7–4,11; 10,26–30;

9 Vgl. ferner 5,10; 6,20; 7,3.11.15.17 und vor allem 7,21. Der Verfasser kann bei seiner Akzentuierung dieses Verses daran anknüpfen, dass Ps 110,1 – schon in 1,13 zitiert (vgl. 1,3; 8,1; 10,12f; 12,2) – in der frühen Gemeinde für die Christologie von ganz erheblicher Bedeutung war (s. nur Mk 12,35–37parr.; Apg 2,34–36; 1 Kor 15,24–28).

12,18–28). Aber gerade der Zusammenhang von „Heilsgeschichte“, Theologie und praktischen Konsequenzen ist zugleich ein Indiz dafür, dass die oft gestellte Frage ihrem Gegenstand nicht sonderlich angemessen ist, ob denn im Hebräerbrief auf den stärker darlegenden oder eher auf den primär paränetischen Abschnitten der Ton liege.

3. **Einzelübersicht**

Teil I der Homilie setzt in 1,1–4 mit einer sorgfältig formulierten Periode ein, die zunächst Gottes Reden „in den Propheten“ zu seinem endzeitlichen Sprechen „im Sohn“ in Beziehung setzt (V. 1–2a) und sodann dessen erhabene Stellung charakterisiert (V. 2b–4), die bemerkenswerterweise gerade mit dem Akt der „Reinigung von den Sünden“ (V. 3c) verbunden wird. Es schließt sich in 1,4–14 eine Reihe von Schriftzitaten an, mit welchen die besondere Position des Sohnes im Vergleich zu der der Engel herausgestellt wird, denen indes ebenfalls eine positive Aufgabe im Blick auf die Heilsteilhabe zukomme (V. 14). Daran knüpft der erste Passus an, der sich des Schlusses → *a minore ad maius* in paränetischer Absicht bedient, nämlich 2,1–4. Hier wird argumentiert: Wenn schon jede Missachtung des – bei der Gesetzgebung (vgl. nur Ps 68,18; Apg 7,38.53; Gal 3,19) – von Engeln gesprochenen Wortes ihre negative Konsequenz gefunden habe (V. 1–2), treffe dies selbstverständlich erst recht hinsichtlich des „in Bezug auf uns“ gültigen Heilswortes zu (V. 3–4). In 2,5–18 wird zum Ausdruck gebracht, dass Jesus, der „Sohn“, gerade insofern „Urheber des Heils“ (V. 10) zu nennen sei, als er das irdische, wesentlich durch den Tod (V. 14f) bestimmte Schicksal der „Brüder“ (V. 11f.17) geteilt habe. Das führt in V. 17 zum erstmaligen Gebrauch des Titels „Hoherpriester“. In 3,1–6 können die nun als „Brüder“ und auf ihre „Berufung“ hin angesprochenen Adressaten deshalb an „den Apostel und Hohenpriester unseres Bekenntnisses“ (V. 1) gewiesen werden, und Jesu Verlässlichkeit wird durch den Vergleich mit dem ebenfalls „treuen“ Mose (V. 2) noch akzentuiert, welcher bereits dem „Haus“, der Gemeinschaft der Berufenen, zugeordnet war und Zeugnis gab „von den Dingen, die geredet werden sollen“ (V. 5; vgl. 1,1; 4,7; 7,28). Ein solches späteres Wort, nämlich Ps 95,7–11, bestimmt den hiermit einsetzenden paränetischen Abschnitt 3,7–4,11, dem in 4,12f ein nachdrücklicher Hinweis auf das Gericht folgt. Der Verfasser des Hebräerbriefs parallelisiert den in dem Psalm-Wort genannten „Tag ... in der Wüste“ (s. bes. Num 14) mit der Lage seiner christlichen Adressaten, und so kann er dringlich dazu mahnen, nicht wie die vor der Landnahme umgekommenen Wüsten-Wanderer ebenfalls das Eingehen in den „Ruheort“ aufs Spiel zu setzen, demgemäß das später (s. nochmals 4,7) vom Psalm-Dichter benannte „Heute“ als Chance nicht zu verfehlen, sondern wahrzunehmen.

Im *Zentrum der Homilie* steht *Teil II*, der nun das Thema des Hohenpriestertums Jesu entfaltet. In 4,14–16 wird auf die Bekenntnis-Terminologie und auf die Jesu Niedrigkeit betreffenden Aussagen zurückgegriffen, so dass es heißen kann:

Nicht ... haben wir einen Hohenpriester, der mit unseren Schwachheiten nicht Mitgefühl haben könnte.

Wenn dann in 5,1–10 das aaronitische Hohepriesteramt (V. 1–4) mit dem Christi (V. 5–10) verglichen wird, so begegnet bei den (→ chiastisch) aufeinander bezogenen Merkmalen gerade auch dieser Zug der Zugehörigkeit zu den Leidenden (V. 2f.7f), deren Sünden wegen der Dienst vor Gott nötig ist (V. 1.9f), in den Gott selbst den Hohenpriester einsetzt (V. 4.5f) – und zwar Jesus mit den Worten von Ps 110,4 (V. 6; vgl. V. 10). Das hier nur anklingende Moment von der überbietenden Qualität des Hohenpriestertums Jesu wird erst ab 7,1 bestimmend. Zuvor kommt in 5,11–6,12 erneut die als nicht unproblematisch eingeschätzte, mit Warnung und Zuspruch erinnerte Lage der Angeredeten zur Sprache, die trotz ihres schon länger währenden Christseins eigentlich eher noch einmal mit grundlegender Lehre (5,12f; vgl. 6,1f) als mit einem so anspruchsvollen Thema wie dem hohenpriesterlichen (vgl. 5,11.14) zu konfrontieren wären. Dennoch geht der Verfasser eben auf dieses zu (vgl. 6,1.3). Er greift dazu in 6,13–20 auf die traditionell mit dem Verheißungsmotiv verknüpfte Abraham-Gestalt zurück, und dabei erlaubt ihm der göttliche Eid von Gen 22,16f(f) für die endzeitlichen „Erben der Verheißung" (V. 17) hervorzuheben, wie sicher die Zusage Gottes sei, die nämlich durch ein zur Verheißung hinzutretendes Zweites (V. 18) zusätzlich abgesichert werde. Gemeint ist wahrscheinlich (s. V. [19–]20)[10] der dann in 7,21 zitierte Schwur von Ps 110,4, der dort, in 7,20–22, für die Überlegenheit des Hohenpriestertums nach der Ordnung Melchisedeks geltend gemacht wird.

Die Überlegenheit dieser Ordnung kommt in zwei Argumentationsblöcken zur Darstellung (7,1–28; 8,1–10,18). In Kap. 7 wird zunächst die Begegnung Melchisedeks und Abrahams aus Gen 14,17–20 bedacht und werden der Segen seitens des Ersteren sowie die Entrichtung des Zehnten durch den Letzteren als Hinweise auf die Unterlegenheit der levitischen Nachkommen Abrahams ausgewertet; in V. 11–28 geht es sodann um eine gegenüber dem den levitischen Priesterdienst regelnden (mosaischen) Gesetz andere Ordnung, um die Ordnung Melchisedeks, der entsprechend jemand, Jesus, „in Ewigkeit" – und nicht bloß für eine kurze Spanne – Hoherpriester ist. Dass dabei von Jesu einmaligem Selbstopfer (V. 27) gesprochen und er als „eines besseren Bundes Bürge" (V. 22) bezeichnet wird, weist bereits auf die Ausführungen von 8,1–10,18 hin. Zu Beginn dieses zweiten Argumentationsganges (V. 1–5) kommt, unter Anspielung auf das Sitzen zur Rechten Gottes gemäß Ps 110,1, noch die Vorstellung vom himmlischen Heiligtum hinzu, welches Urbild des insofern unterlegenen irdischen ist (V. 5: Ex 25,40). Die hiermit eingeführten drei Motive bestimmen das Nachfolgende: das des besseren, zweiten, neuen Bundes (8,6–13, unter Rückgriff auf Jer 31,31–34), das der Vorläufigkeit des irdischen Heiligtums (bes. 9,1–10), schließlich das des Selbstopfers Jesu, der darum seinen Platz im himmlischen Heiligtum habe (bes. 9,11–10,18). Erst damit kommt

10 Vgl. M. Bachmann, „... gesprochen durch den Herrn" (Hebr 2,3). Erwägungen zum Reden Gottes und Jesu im Hebräerbrief, Bib. 71, 1990, 365–394: 391f.

der Verfasser wieder zur in den vorangehenden Kapiteln ganz in den Hintergrund getretenen → Paränese.

Der Abschnitt 10,19ff, der zusammen mit 5,11ff die zentralen theologischen Ausführungen umgreift, bietet in 10,19–25 die Aufforderung, der Aussicht „auf den Zugang zum (himmlischen) Heiligtum" (V. 19) durch das „Hinzutreten" und durch das Festhalten am „Bekenntnis der Hoffnung" (V. 23) zu entsprechen, ehe sich in 10,26–30 erneut eine drohende Passage bekräftigend anschließt, welche die Missachtung des „Blutes des (besseren) Bundes" (V. 29) mit der Übertretung des mosaischen Gesetzes vergleicht. Es folgt mit 10,31 wieder ein knappes Wort warnender Art.

Teil III der Rede setzt mit dem Passus 10,32–39 ein, der unter Rückbezug auf eine bestandene leidvolle Phase in der gemeindlichen Geschichte zur „Zuversicht" und zur Geduld, zur Glaubensbewährung in der noch ausstehenden Frist aufruft. Dazu soll offenkundig auch das berühmte Kap. 11 (V. 1–40) beitragen, das geradezu hymnisch vom Glauben (*pistis*) spricht. Er wird zunächst umrissen als das Wirklich- und Sichersein der erhofften und unsichtbaren Dinge. Weil sich die „Ältesten" (vgl. 1,1), wie von der Schrift bzw. von Gott bezeugt, davon bestimmen ließen, kann der Verfasser nun an einer Kette von alttestamentlichen Aussagen und Gestalten[11] – mit einer „Wolke von Zeugen" (12,1) – bewährten Glauben vor Augen führen (11,3–40), wobei Abraham (und Sara) sowie Mose besonders hervorgehoben und am Schluss (V. 39f) die → eschatologische Vollendung als noch ausstehend charakterisiert wird, zu der es „nicht ohne uns" kommen solle. Erst der sich in 12,1–3 anschließende Appell zur Ausdauer in dem zu bestehenden Kampf lässt deutlich werden, dass Glaube es auch für den Hebräerbrief (vgl. z.B. Gal 2,16) zentral mit Jesus zu tun hat (doch s. schon 11,25f), dem „Anfänger und Vollender des Glaubens", der „Kreuz", „Schande" und „Widerspruch von den Sündern" ertrug und nun „zur Rechten des Thrones Gottes" seinen Platz hat. Von hier aus kommt in 12,4–17 erneut die Situation der Angeredeten in den Blick. Zum weiteren Widerstand „gegen die Sünde" (vgl. V. 1) wird mit dem vergleichenden Hinweis auf den positiven Zweck der „Züchtigung" bzw. einer Strafmittel gebrauchenden „Erziehung" (*paideia*) angehalten (vgl. Spr 3,11f), und um die unverzichtbare „Heiligung" (*hagiasmos*) geht es danach (V. 12–17). Wieder wird in 12,18–28 ermahnend vom Kleineren aufs Größere geschlossen, und zwar mit einer eindrucksvollen Gegenüberstellung von Sinai und → Zion, der zufolge Gott gegenüber „Dankbarkeit" sowie „Scheu und Furcht" angemessen seien. „Denn", so das Schlusswort der Predigt, „unser Gott (ist) ein verzehrendes Feuer" (12,29; vgl. Dtn 4,24; 9,3)!

Das *Begleitschreiben* lässt sich schneller lesen als zusammenfassen. In 13,1–6 werden eher Fragen berührt, die gemeindliche Abläufe nicht direkt betreffen, so Probleme im Umgang mit der Sexualität und mit Besitz bzw. Nicht-Besitz. Gemeindliches wird dann jedoch in 13,7–17 ins Auge gefasst, u.a. „Wohltätigkeit" und

---

11 Vgl. Sir 44,1–50,26, ferner z.B. Jak 2,21–25; Apg 13,16–41.

„Gemeinschaft"; als zu respektieren werden die „Vorsteher" (*hēgoumenoi*) genannt, und erwähnt wird Gefährdung durch bestimmte „Lehren", bei denen offenkundig auch die Einhaltung von Speisevorschriften empfohlen wird (s. V. 9). Das durch die gegenwärtig noch bestehende räumliche Trennung gehinderte und durch beiderseitiges Gebet geförderte Miteinander von Verfasser und Adressaten bestimmt 13,18–21. Im brieflichen Abschluss 13,22–25 wird, wie angesprochen, das nun versandte „Wort der Ermahnung" den Empfängern ans Herz gelegt, ferner die Freilassung des Timotheus mitgeteilt, mit dem zusammen der auch seitens derer „aus Italien" grüßende Autor demnächst zu den Angesprochenen kommen will; am Ende heißt es (ähnlich wie z.B. am Ausgang von Paulusbriefen [vgl. bes. Tit 3,15]): „Die Gnade (sei) mit euch allen!"

B Geschichtliche Einordnung

Wenn man zu Beginn eines Hebräerbrief-Kommentars liest: „Hebrews is a delight for the person who enjoys puzzles"[12], so kann man sich dem nur anschließen. Jedenfalls ließ schon die Beschäftigung mit der Frage, ob das Dokument wirklich gemäß der *superscriptio* „An (die) Hebräer" für einen Brief zu halten sei, erkennen, wie schwer hier zu einem sicheren Urteil zu kommen ist. Das gilt kaum weniger für die ebenfalls mit der Überschrift verbundenen Thesen, welche die Umstände betreffen, die das Schreiben veranlassen.

1. Der Autor

Im Blick auf die Verfasserschaft ist man sich seit einigen Jahrzehnten immerhin in der Ablehnung derjenigen Ansicht weithin einig, welche zumal durch die Überschrift und durch die Zuordnung zum → *Corpus Paulinum* in frühen Handschriften zum Ausdruck gebracht wird (s.o. S. 294f), dass nämlich der Apostel Paulus Autor des Schreibens sei.

> Verfasser ist nicht Paulus; dennoch gewisse **Nähe zu Paulus**

Gegen Paulus als Autor spricht schon, dass dann unter den erhaltenen paulinischen Schreiben allein der Hebräerbrief diesen Verfasser nicht nennen würde. Dass diesem Dokument mit dem → Briefpräskript dasjenige Element fehlt, in dem der Absender sich vorzustellen pflegt, ist kein schlagendes Gegenargument. Denn die umfangreicheren Schriften des *Corpus Paulinum* nennen Paulus auch darüber hinaus (s. nur 1 Kor 1,12; 2 Kor 10,1; Gal 5,2; Eph 3,1) oder verweisen doch auf die apostolische Autorität des Verfassers (s. nur Röm 11,13), während das im Hebräerbrief gerade nicht der Fall ist, der Apostel-Titel hier vielmehr für Jesus (3,1) reser-

12 W. L. Lane, Hebrews 1–8, Word Biblical Commentary 47A, Dallas, Texas, 1991, xlvii.

viert bleibt. Nicht nur diese Zurückhaltung passt schlecht zum „Völkerapostel", sondern auch die hier begegnende gewählte, abwägende Sprache. Theologisch lässt sich außer auf die → Apostolatsbegrifflichkeit darauf verweisen, dass im *Corpus Paulinum* der für den Hebräerbrief zentrale Jesus-Titel „Hoherpriester" (sonst) nicht ein einziges Mal vorkommt (vgl. ferner 3,6; 4,7; 7,28 mit Gal 3,17). Andererseits: Eine gewisse Nähe zu Paulus besteht. Darauf deutet etwa die Erwähnung von „Bruder Timotheus" (vgl. z.B. 2 Kor 1,1) hin, dem Begleiter (s. nur Apg 16,1–3) und Mitarbeiter des Apostels (s. nur Apg 19,22; Röm 16,21). Dazu kommen mannigfache theologische Berührungen. So findet die Vorstellung vom hohenpriesterlichen Selbstopfer Jesu – trotz des Fehlens des Terminus „Hoherpriester" (*archhiereus*) – z.B. in Röm 3,25 und Gal 2,20 sachliche Entsprechungen (vgl. ferner 7,25; 9,24 mit Röm 8,34).

Berührungen mit **anderen neutestamentlichen Texten**

Darüber hinaus weist unser Dokument auch Berührungen mit anderen neutestamentlichen Bereichen auf, und zwar keineswegs nur bei dem das → Urchristentum weithin bestimmenden Evangelium vom Tod Jesu „für uns" (s. nur 2,9; 1 Kor 15,3b): In 13,2f begegnet offenkundig Jesuanisches (s. Mt 25,35f); die heilsgeschichtlichen Ausführungen z.B. in der Passage 3,7–4,14 (vgl. z.B. 2,1–4; 11,32–39) – und die Kennzeichnung der Predigt in 13,22 – lassen an Apg 7,2–53; 13,16–41 denken; die Aussage von Hebr 1,3 hinsichtlich der Bedeutung Jesu hat in Kol 1,15–20 eine enge Parallele; die Idee von einem → eschatologisch bedeutsamen himmlischen Heiligtum und einem, wie es in 12,22 heißt, „himmlischen Jerusalem" findet zumal in der Johannesoffenbarung Entsprechungen (s. nur Offb 3,12; 21,2–22,5; vgl. Gal 4,26–5,1); schließlich bestehen zahlreiche Kontaktpunkte mit dem ersten Petrusbrief[13].

Der Autor des Hebräerbriefs dürfte (darum) jemand sein, der Paulus' weiterem Umkreis zuzurechnen ist, ohne doch allein durch den Apostel geprägt zu sein. Gerade die Verbindung der → apokalyptischen Vorstellung von einer für die Zukunft zu erwartende Endvollendung (s. nur 9,26–28) mit dem Konzept eines Gegenübers von „unten" und „oben" (s. nur 9,23–25), das besonders für das → hellenistische Judentum kennzeichnend ist[14], macht es sehr wahrscheinlich, dass der schriftgelehrte Verfasser Judenchrist, genauer: gebildeter, griechischsprachiger → Judenchrist ist, dem auch palästinische Traditionen zugänglich sind.

Berührungen mit **Qumran-Schriften**

Was diese angeht, so ist insbesondere darauf zu verweisen, dass über die Rolle Melchisedeks und über den himmlischen Gottesdienst auch in den → Qumran-Schriften nachgedacht wird[15]. Ferner erinnert z.B. die Vorstellung von einem Vorhang vor dem Thron Gottes (6,19f; 10,19f)

13 Vgl. z.B. 1 Petr 1,3–5.19; 2,22–24; 3,18.21f; 4,13; 5,9f.

14 Da wiederum zumal für Philo von Alexandrien (ca. 20 v.–50. n.Chr.), mit dessen Theologie und Exegese auch darüber hinaus auffällige Berührungen bestehen. Vgl. Feld, Hebräerbrief, 38–42.

15 Insbesondere sind zu nennen: ein sehr fragmentarischer, Melchisedek als himmlische Erlöser-Gestalt charakterisierender eschatologischer Text aus Höhle 11 (11QMelch bzw. 11Q13) und die sog. Sabbatopfer-Gesänge aus Höhle 4 (4QShirShabb bzw. 4Q400–407). Vgl. Feld, ebd., 35–38.

an die zumal an den Thronwagen Gottes von Ez 1 (vgl. Ez 10) anknüpfende, sich im → rabbinischen Judentum entwickelnde sog. → Merkaba-Mystik[16].

Man hat nicht zuletzt unter denjenigen der uns bekannten frühen Christen nach dem Verfasser – und/oder der Verfasserin[17] – gesucht, die aus dem → Diaspora-Judentum stammen. Aus der Reihe der Vorgeschlagenen[18] sei, da Paulus selbst ja ausfällt[19], von seinen „Mitarbeitern" zum einen der aus Zypern gebürtige Levit Barnabas[20] (Apg 4,36; vgl. Apg 9,27; 15,2) erwähnt, obwohl zu 9,9f und 13,9 nicht eben gut passt, dass es nach Gal 2,12–14 gerade auch wegen seiner Respektierung der Speisegesetze in einer juden- *und* → heidenchristlichen Gemeinde zum sog. antiochenischen Streit gekommen ist (vgl. Apg 15,37–39). Zum anderen ist der erstmals von Luther für den Verfasser gehaltene Apollos zu nennen[21], der als aus dem Alexandrien Philos stammender, wortgewandter und in den (alttestamentlichen) Schriften versierter Mann (Apg 18,24.28) dafür in der Tat einen besonders guten Kandidaten abgibt. Auch der nicht eben enge Konnex mit Paulus (vgl. nur Apg 18,24–19,7; 1 Kor 3,4–6; 16,12) würde sich ausgezeichnet zum paulinisch-nichtpaulinischen Charakter des Schreibens fügen. Ebenso passt die in Apg 18,26 angesprochene (vgl. 1 Kor 16,12.19) Beziehung zu den mit Rom verbundenen Judenchristen Aquila und Priska/Priszilla (Apg 18,2; Röm 16,3f; vgl. 2 Tim 4,19) bestens zu der Grußausrichtung in 13,24[22]. Indes, über Hypothesen ist hier nicht hinauszukommen[23].

Namentlich bekannte(r) Verfasser(in)?

16 Vgl. dazu O. Hofius, Der Vorhang vor dem Thron Gottes. Eine exegetisch-religionsgeschichtliche Untersuchung zu Hebr 6,19 f. und 10,19 f., WUNT 14, Tübingen 1972, 4–27.95. Gegenüber der u.a. von E. Käsemann, Das wandernde Gottesvolk. Eine Untersuchung zum Hebräerbrief, FRLANT 55, 2. Aufl., Göttingen 1957, bes. 125–151, vertretenen Ableitung christologischer Aussagen des Hebräerbriefs aus der → Gnosis wird man schon deshalb vorsichtig sein müssen (vgl. zur Frage Hegermann, Hebr, 12; Weiß, Hebr, 96–114, bes. 103–107).

17 A. v. Harnack dachte angesichts des Wechsels von Wir und Ich in 13,18–23 an Aquila und vor allem an Priska/Priszilla (deren Name dem ihres Mannes in Apg 18,26; Röm 16,3; 2 Tim 4,19 voransteht); sie wird auch von R. Hoppin für die Verfasserin gehalten (während J. M. Ford dafür gar Maria, die Mutter Jesu, geltend macht!). Attridge, Hebr, 4.347, verweist jedoch zu Recht auf das *maskuline* Partizip von „erzählen" in 11,32.

18 S. dazu Vanhoye, Hebräerbrief, 494–496; Attridge, Hebr, 1–6; Gräßer, Hebr I, 19–21.

19 Ihn trotz der erheblichen Unterschiede gegenüber dem paulinischen Schrifttum doch als Verfasser festzuhalten, versuchen die großen alexandrinischen Exegeten (Ende des 2., erste Hälfte des 3. Jh.s): „Clemens hält ... Lukas für den griechischen Übersetzer des ursprünglich hebräisch geschriebenen Paulusbriefes, während Origenes Clemens Romanus oder Lukas als mögliche Übersetzer nennt" (Gräßer, Hebr I, 19).

20 Zuerst von Tertullian (ca. 155–220 n.Chr.) ins Gespräch gebracht. Vgl. o. (bei) Anm. 4.

21 S. dazu. Attridge, Hebr, 4 Anm. 27. An Apollos denken gegenwärtig z.B. A. Strobel, H. Hegermann und H. W. Attridge.

22 Und dass Timotheus in 13,23 erwähnt wird, erklärt sich dann auch recht problemlos, sofern er nicht anders als Apollos bei der sog. Dritten Missionsreise involviert ist (s. nur Apg 19,1.21f; 20,3f; 1 Kor 16,10–12).

23 Da den Adressaten das Dokument unter Nennung des Absenders überbracht worden sein wird (und angesichts der konkreten Angaben von Kap. 13), kann die Annahme, es sei „die Anonymität vom Hebräerbriefautor gewollt" (Gräßer, Hebr I, 17, unter Verweis auf 2,3), nicht sonderlich überzeugen.

2. Zum Adressatenkreis und zur Abfassungszeit

Etwas zuversichtlicher kann man wohl hinsichtlich des geographischen Bereichs sein, in dem die *Adressaten* zu lokalisieren sein werden[24]. Denn die eben nochmals angesprochene Formulierung, nach der „die aus Italien" grüßen lassen, dürfte, wie insbesondere die ganz ähnliche Wendung in Apg 2,5 (vgl. z.B. Apg 6,9) nahe legt, nicht derzeit dort Wohnhafte, sondern solche Personen bezeichnen, die aus Italien stammen. Dann aber müsste das Begleitschreiben seitens solcher Leute grüßen, die sich – wie die „Römer" von Apg 2,20 – jenseits der italischen Heimat (und im Umkreis des Verfassers) befinden, und es müsste nach Italien bzw. Rom gehen[25].

Der Brief wurde nicht von Italien aus, sondern **nach Italien/Rom** geschrieben.

Diese Sicht der Dinge wird durch eine Reihe von Indizien gestützt (und sie ihrerseits stützt die Vermutung, Apollos könnte der Verfasser sein, der sich hier dann sozusagen an die Heimatgemeinde Aquilas und Priskas/Priszillas richtete): Der erste Clemensbrief, der unser frühestes kirchengeschichtliches Zeugnis für die Aufnahme von Formulierungen des Hebräerbriefs sein wird (vgl. 1 Clem 17,1; 36,2–5 mit Hebr 1,3–5.7.13; 11,39), wurde in Rom verfasst, ebenfalls der erste Petrusbrief (1 Petr 5,13: „Babylon" als Deckname für Rom), der, wie wir sahen, innerhalb des Neuen Testaments auffällig viele Berührungspunkte mit unserem Dokument aufweist; die zurückliegende Bedrängniszeit, von der in 10,32–34 die Rede ist, wäre speziell bei einem römischen Adressatenkreis besonders gut vorstellbar, ob man dabei nun an das Claudius-Edikt und seine Konsequenzen (s. bes. Apg 18,2) oder an die neronische Verfolgung denkt[26]; dass von „(allen) euren Vorstehern" (13,7.17.24) gesprochen wird, würde zu den römischen Verhältnissen passen, in denen fraglos mehrere „Hausgemeinden" nebeneinander bestanden (s. nur Röm 16,5a.10b.11b.14.15)[27].

Wiederum weniger deutlich ist die *Abfassungszeit* des Dokuments. Einen Rahmen dafür kann man jedoch immerhin angeben. Sofern Timotheus in 13,23 genannt wird, markiert die sog. Zweite Missionsreise die untere Grenze (s. Apg 16,1–3), und der offenkundig unser Dokument voraussetzende erste Clemensbrief bildet die obere.

---

24 S. zu den weit auseinanderliegenden Hypothesen bes. Attridge, Hebr, 9f.

25 Diese Lokalisierung wurde erst 1752, und zwar von J. J. Wettstein, vorgeschlagen, erfreut sich jedoch zunehmender Beliebtheit. Die alternative Verständnismöglichkeit, der gemäß Italiener nach auswärts grüßen lassen, hat freilich das höhere Alter für sich und wird derzeit z.B. von Karrer, Hebr I, 94–96, vorgezogen.

26 Für das bei Sueton (Claudius 25,4) mit einem „Chrestus" verknüpfte Edikt wird zumeist das Jahr 49 angenommen, und der Brand Roms, der ernstere Christenverfolgungen auslöste, ist auf das Jahr 64 zu datieren.

27 Außerdem: Die Ermahnungen von 13,2–4 lassen am ehesten an großstädtische Verhältnisse denken; der eben erwähnte pluralische Terminus „Vorsteher" begegnet im frühchristlichen Schrifttum „particularly in documents connected with Rome" (Attridge, Hebr, 391 [samt Anm. 18]), so in 1 Clem 1,3; 21,60; die o. S. 294 angesprochene Einordnung des Hebräerbriefs in p^{46} hinter dem Römerbrief ist bei italischen Adressaten unseres Dokuments gut verständlich.

Das hilft bei dessen unsicherer Datierung (zwischen 70 und 140, näherhin wohl zwischen 90 und 120 n.Chr.) freilich nicht sehr viel weiter. Auch die Bezugnahmen des Hebräerbriefs auf den jüdischen Kultus bringen keine letzte Klarheit. Zwar passte das dafür verschiedentlich verwandte Präsens (s. bes. 10,1–3; 13,10f) gut zu einer Datierung vor der Tempelzerstörung des Jahres 70 n.Chr., zumal auf sie nirgends Bezug genommen wird, auch nicht in 8,13 und 10,9 (vgl. hingegen Offb 11,2; Barn 16,4). Aber andererseits verwendet der Verfasser – anders als z.B. das Matthäusevangelium (s. nur 4,5; 23,35) – nicht die für den Tempel in Jerusalem übliche Begrifflichkeit, insbesondere weder *hieron* („Tempelareal") noch *naos* („Tempelgebäude"), vielmehr das gerade auch für das Wüstenheiligtum gebräuchliche Vokabular (u.a.: *skēnē*, „Zelt" [s. z.B. 8,5]). Und so sicher ihm das gestattet, die Zeit des Wüstenzuges mit der des (Ersten und Zweiten) jerusalemischen Tempels zusammenzufassen, so wenig kann dabei angesichts dessen, dass in 9,8f Kultisches als Gleichnis für den „gegenwärtigen → Äon" verstanden wird, ein Bezug auch auf ein Judentum nach dem Jahre 70 ausgeschlossen werden. Ein frühes Datum ist jedoch nicht unmöglich[28]. Da die zurückliegende Bedrängnissituation in 10,32–34 als eine solche charakterisiert wird, die nicht alle Christen vor Ort in gleicher Weise getroffen hat, läge es in diesem Fall nahe, hierbei an die mit dem gegen römische Juden gerichteten Claudius-Edikt verbundenen Geschehnisse zu denken. Für die noch tiefergreifenden Konflikte, die nach 12,4 noch zu erwarten sind, wären dann die späteren Jahre der Regierungszeit Neros (54–68 n.Chr.) in Betracht zu ziehen[29].

3. Zur Situation

Ermutigung angesichts sozialer Stigmatisierung

Wichtiger scheint im Blick auf die Situation der Adressaten, worin der – von ihnen getrennte, ihnen aber bekannte und umgekehrt mit ihnen vertraute (s. nur 13,19.23) – Verfasser die Gefährdungen sieht, denen er mittels des Hebräerbriefs zu begegnen sucht. Deutlich ist, dass die Angesprochenen schon seit längerem Christen sind (s. 5,12–6,2; 10,22.32–34; 13,7f). Mit der sich erstreckenden Zeit hängen indes offenkundig auch die im Dokument angesprochenen Probleme zusammen. In einem positiven Licht erscheinen die „früheren Tage", als im Angesicht der Öffentlichkeit Leiden zu durchstehen, Hilfeleistungen zu erbringen und Enteignung des Besitzes zu verarbeiten waren (10,32–34; vgl. 6,10). Aber nun muss – für die verbleibende kurze Zeitspanne (10,37) – zum Tun des Gotteswillens (10,36; 13,21) und zur „Geduld" (10,36; 12,1; vgl. 12,7) aufgefordert werden. Dazu fügt sich das Bild von „den erschlafften

28 „Die neueren deutschsprachigen Einleitungen und Kommentare entscheiden sich in der überwiegenden Mehrzahl für eine Spätdatierung" (Feld, Hebräerbrief, 15); ausgeglichener ist das Verhältnis in der internationalen Forschung (s. nur ebd., 15–18).

29 Vgl. Lane, Hebrews 1–8, lxvf (und zur Datierung des ersten Clemensbriefes nur Attridge, Hebr, 7f). Es bleibt indes ebenfalls durchaus möglich, für Kap. 10 an das Jahr 64 (neronische Verfolgung) und für Kap 12 an die neunziger Jahre (Domitian) zu denken (s. Gräßer, Hebr I, 25).

Händen und den ermüdeten Knien" (12,12; vgl. Jes 35,3). Nicht nur das Verhalten nach außen hin und die Bereitschaft, mit von dort ausgehender sozialer Stigmatisierung zu leben (s. 11,26; 12,1–3) oder auf von dort her drohende Gefahren zu reagieren (s. 12,4), wird durch Abnutzungserscheinungen in Mitleidenschaft gezogen worden sein (vgl. 13,13f)[30]. Entsprechendes gilt wohl auch für das innergemeindliche Leben.

Probleme in der Gemeinde

Teilnahme an den Versammlungen, Vorsteher, Speisen

Einige nehmen an den „Versammlungen" nicht mehr regelmäßig teil (10,25; vgl. 13,16), und das Verhältnis zu (bestimmten) „Vorstehern" scheint nicht unbelastet zu sein (s. 13,17). Nur eben angesprochen wird in 13,9, dass dabei gewisse abweichende „Lehren" eine Rolle spielen, und der damit verknüpfte Hinweis auf einen von „Speisen" fälschlich erhofften Effekt lässt mit einer gewissen Tendenz zur Aufnahme jüdischer Gebräuche rechnen. Verstärkt wird dieser Eindruck durch die nachfolgenden Anspielungen auf den jüdischen Kultus (13,9b–13) und durch frühere Bemerkungen über dessen mangelnden Nutzen (s. nur 7,18; 9,9f), insbesondere durch den dortigen Bezug auf „Speisen und Getränke" (9,10).

Die Adressaten waren wohl **Heidenchristen** mit Kontakt zum Judentum.

Von daher liegt im Übrigen die Vermutung nahe, dass es sich bei der Mehrzahl der Adressaten um gebürtige Nicht-Juden handelt. (Auffälligerweise fehlt der Terminus „Heiden" völlig.) Sie müssten dann allerdings mit Judenchristen in enger Verbindung leben und auch sonst Kontakt zum Judentum haben, vielleicht weil sie teils schon vor ihrer Taufe zu den „Gottesfürchtigen" (oder gar zu den → Proselyten) gehörten (vgl. nur Apg 13,26.43.50). Dazu würde Rom als Wohnort der Angesprochenen bestens passen (vgl. nur Röm 16,3–15, bes. V. 3f.6f.11a). Ein solches Nah-Verhältnis zum Juden- und → Judenchristentum würde auch begreiflich machen, warum der Verfasser die Zuordnung von Juden(christen)tum und → Heiden(christen)tum nicht thematisiert (z.B. an der Abrahamgestalt [7,1–11; 11,8–19]) und warum er meint, mit seiner so kunstvoll auf das Alte Testament und auf jüdische Traditionen zurückgreifenden Predigt (s. nur 3,7–4,11) bei den Angesprochenen auch Gehör finden zu können (s. nur 13,22).

Die Homilie spricht häufig in allgemeiner Weise von einer grundlegend(er)en Gefährdung der Gemeinde[31]: So wird die Möglichkeit des Unglaubens (s. 3,12.19), des

30 Anders M. Rissi, Die Theologie des Hebräerbriefs. Ihre Verankerung in der Situation des Verfassers und seiner Leser, WUNT 41, Tübingen 1987, bes. 22: Der Leser „Hände sind erschlafft und ihre Knie ermüdet, nicht weil sie ein resignierendes ... Christentum vertreten, sondern weil sie eines quietistischen Glaubens leben, der mit sich selbst und seinen großen Erlebnissen beschäftigt ist".

31 Ähnlich verfährt Paulus im Galaterbrief, wo die judaisierenden Bestrebungen (s. Gal 5,2f; 6,12f) weniger stark thematisiert werden als die Gefahr des Bruchs mit dem Christusgeschehen und mit dem Evangelium (s. nur Gal 1,6–9). – Sicher ausgeschlossen werden freilich kann ein primär oder rein judenchristlicher Adressatenkreis nicht, wie er bei der *superscriptio* offenkundig im Blick ist und früher zumeist behauptet wurde, aber auch heute noch verschiedentlich angenommen wird (z.B. von Strobel, Hebr, 10f). Der oft als Insruktion für Nicht-Juden angeführte „Katechismus" 6,1f ist so eindeutig keineswegs (s. nur Attridge, Hebr, 12 Anm. 101). Deutlicher scheint mir indes eben 13,9f.

Ungehorsams (s. bes. 4,11), des Abfalls (s. 6,6), der vorsätzlichen Sünde (s. 10,26), des Konflikts mit dem, was einen seit der Bekehrung bestimmt (s. 2,3f; 6,4–6; 10,29), und der Abwendung von Gott (s. 12,25; vgl. 3,12) heraufbeschworen. Selbstverständlich ist dabei vorausgesetzt, dass die Adressaten zum „Haus Gottes" gehören (s. 10,21; vgl. 3,6); auch nimmt der Prediger gelegentlich die zugespitzten Warnungen und Mahnungen in rhetorischer Manier zurück (s. 6,9f; vgl. 12,28a). Sein „Wort der Ermahnung" setzt der Gefahr jedoch nicht allein Warnungen entgegen, sondern vor allem Ermutigungen. Er stellt den Angesprochenen die Verheißungen und Zusagen des verlässlichen Gottes vor Augen (s. bes. 1,1f; 6,17f; vgl. 3,5), ebenso den schon zum himmlischen Heiligtum gelangten und dort „für uns" eintretenden Hohenpriester Jesus (s. bes. 6,19f; 7,25; 8,1; 9,24f) und das von ihm und anderen gegebene Beispiel eines den Widrigkeiten standhaltenden hoffenden Glaubens (s. bes. 6,12; 11,1–12,2; 13,7). Der Autor knüpft dabei an das an, was die Adressaten als Christen von Anfang an bestimmt hat (s. bes. 1,2; 3,1; 4,2) und darum weiter bestimmen soll (s. bes. 4,14; 10,22f; vgl. 12,22–28).

C Theologische Schwerpunkte

Auch bei der Frage nach der im Hebräerbrief entfalteten Theologie geht es einem kaum anders als einem Puzzle-Spieler, der über fragmentarische Gebilde nicht hinauskommt. Auf zwei wichtige Zusammenhänge soll hier noch etwas näher eingegangen werden.

1. Zum Reden und Handeln Gottes

Im Blick auf Gottes Reden und Handeln liegt es nahe, bei der den Hebräerbrief einleitenden Periode 1,1–4 einzusetzen und von ihr aus das Schreiben zu betrachten.

Ein *Erstes*, das da auffällt, ist eben das Nebeneinander des Vokabulars, welches Gottes Reden (V. 1.2a) und welches sein – durch den Sohn bewerkstelligtes – Schöpfungshandeln (V. 2b) betrifft. Beides gehört zusammen, und wenn man die Aussage von 11,3 vergleicht, nach der „die Äonen durch ein Wort *Gottes*" geschaffen worden sind, ist das noch deutlicher. Der Verfasser teilt danach die alttestamentliche Auffassung (s. bes. Jes 55,1; vgl. Gen 1,3) von der Wirkmacht, von der Wirksamkeit göttlichen Sprechens (vgl. noch Hebr 4,12f; 6,5), das gerade auch geschichtliche Daten setzt (s. z.B. 3,9f; 4,8). Insofern ist Gottes Reden einerseits an der Geschichte ablesbar, andererseits an der Schrift.

Das lässt sich gerade auch an den in V. 1 genannten → „Propheten" exemplifizieren: An der einzigen anderen Stelle des Schreibens, an welcher der Terminus begegnet, in 11,32(–38), geht es nämlich um die geschichtliche Bewährung (zumal) dieser Männer. Auf der anderen Seite wurden sie, 11,39 zufolge, „als Glaubenszeugen ...

von Gott in der Schrift ... *bestätigt*"[32], und das Reden „in den Propheten" (1,1) ist überdies, wie 4,7 (vgl. 11,32) zeigt, eben in der Schrift aufgezeichnet.

Geschichte und Schrift

Der Schrift kommt denn auch in dem „Wort der Ermahnung", das sich ja, wie gesagt, bezeichnenderweise als Predigt über Ps 110,4 charakterisieren lässt, enorme Bedeutung zu. Ca. 35-mal wird auf sie angespielt, und aus ihr wird etwa gleich oft zitiert (und zwar in aller Regel unter Aufnahme des → Septuaginta-Wortlauts). Freilich wird sie dabei nicht ein einziges Mal als „Schrift" bezeichnet, auch nicht mit vergleichbaren Ausdrücken. Aufschlussreich ist das Verhältnis der soeben angesprochenen Stelle 4,7 zu 3,7: Ein und dieselbe alttestamentliche Formulierung (Ps 95,7[ff]) wird als Sprechen Davids (4,7) und auch als Äußerung des Heiligen Geistes (3,7; vgl. 9,8; 10,15) ausgegeben. Ähnlich werden in 10,15f der „Heilige Geist" und Gott („der Herr") verbunden. Sofern in den alttestamentlichen Schriften nach dem Verfasser des Hebräerbriefs Gott selbst zu Worte kommt (vgl. nur 1,6.7), sind die näheren Umstände der Äußerungen (anders als bei 4,7) keineswegs durchweg zu berücksichtigen (s. nur 2,6!). Jedenfalls ist der alttestamentliche Text für unseren Prediger ein besonders wichtiges Mittel zur Deutung der Geschichte, gerade auch des Redens Gottes in der Geschichte[33].

In Bezug auf die Geschichte verlangt *zweitens* die Parallelität von V. 1 und V. 2a Aufmerksamkeit: Dem vielfältigen früheren (a) göttlichen Reden (b) „zu den Vätern" (c) und „in den Propheten" (d) wird gegenübergestellt: „am Ende dieser Tage (a') hat er geredet (b') zu uns (c') im Sohn (d')". Dabei fällt nicht nur die Entsprechung der beiden Ketten von Formulierungen auf, sondern es werden auch Differenzen deutlich, die jedenfalls beim ersten und letzten Glied die stärkere Gewichtung der zweiten Reihe erkennen lassen: Im endzeitlichen Christusgeschehen kommt Gottes Reden zu seinem Ziel. Dies Miteinander der Momente der Entsprechung, der Verschiedenheit und der Überbietung[34] bestimmt den Hebräerbrief in „heilsgeschichtlicher" Hinsicht durchweg.

Zwei Bündnisse, Priester und Heiligtümer

Das ist insbesondere dort der Fall, wo der mosaische „erste" Bund mit dem „neuen", „ewigen", „besseren" verglichen wird (s. bes. 7,22; 8,6–13; 9,15–20; 12,24; 13,20), das aaronitische Priestertum mit dem nach Melchisedek-Art (s. nur Kap. 7) und das irdische Heiligtum mit dem himmlischen (s. nur Kap. 9). Selbstverständlich ist dabei, dass Christusgeschehen (s. 1,2a) und Christusbekenntnis (s. nur 3,1) den Blick auf die alttestamentlichen Schriften bestimmen und ihre Lektüre steuern. Aber es sind auch umgekehrt – trotz der Relativierung, ja, der Aufhebung älterer Regelungen durch das Christusgeschehen (s. bes. 7,12.18f; 8,13;

32 Gräßer, Hebr III, 218.

33 Dabei kann sich der Verfasser der damals im jüdisch-hellenistischen Judentum üblichen Auslegungstraditionen und -methoden bedienen (vgl. dazu Hegermann, Hebr, 57–61, bes. 59f). Dazu gehört z.B., dass in 3,7–4,11 zwei alttestamentliche Stellen verknüpft werden, in welchen derselbe Ausdruck „Ruhe" vorkommt (Gen 2,2; Ps 95,11), der in unserem Schreiben überdies nicht „wörtlich", sondern „allegorisierend" begriffen wird. Ähnlich verhält es sich z.B. in Kap. 7 (Gen 14,17ff *und* Ps 110,4; hier Gen 14 eher „typologisch" verstanden).

34 S. dazu bes. F. J. Schierse, Verheißung und Heilsvollendung. Zur theologischen Grundfrage des Hebräerbriefes, MThS.H 9, München 1955, 40f (u.ö.).

10,9) – eben diese Schriften, von denen her eine Erhellung von Geschichte, von Jesusgeschehen und auch von gemeindlicher Situation erwartet wird.

Als *Drittes* sei bedacht, dass in V. 1–2a die Propheten und Jesus nacheinander angesprochen und dass in V. 1 eben gerade die Propheten genannt werden. Das lässt zunächst einen gewissen geschichtlichen Sinn des Verfassers erkennen. Darauf deutet auch das Nebeneinander von 3,7 und 4,7 (und die fast durchweg korrekte Aufeinanderfolge in Kap. 11 [doch s. 11,32]). Denn da wird David weit von der mosaischen Wüstenzeit abgerückt, wie denn nach 7,28 auch der Eidschwur von Ps 110,4 von der Gesetzgebung zeitlich abzuheben ist. Dieses Insistieren auf *nach*mosaischen Zusagen (vgl. noch 8,7–13; 10,15–17) unterscheidet den Hebräerbrief insbesondere vom paulinischen Schrifttum, in dem ausschließlich die zeitliche *Vor*ordnung der Abraham-Verheißung betont wird (vgl. Röm 4; Gal 3, bes. V. 17), ein Moment, um das auch unser Autor weiß (s. 11,8–29; vgl. 2,16; 6,11ff).

Aufnahme der biblisch-frühjüdischen Tradition vom **„gewaltsamen Geschick der Propheten"** und der damit verbundenen Geschichtsauffassung

Zieht man überdies in Betracht, dass in 11,32ff vom „gewaltsamen Geschick (zumal) der Propheten" und vom Nicht-Erlangen der Verheißung (V. 39) die Rede ist, so wirft das neues Licht auf die Nennung dieser Personengruppe in 1,1. Man wird darin nämlich einen Hinweis auf eine Geschichtsauffassung zu sehen haben, wie sie z.B. auch in der Stephanus-Rede (Apg 7,2–53; bes. V. 52f) zum Ausdruck kommt und wie sie im Judentum der vorangehenden Jahrhunderte Verbreitung gefunden hat (vgl. nur 2 Kön 17,7–23; Neh 9)[35]: Danach hat das Volk Gottes die ihm seit alters geltende Zusage (vgl. 1,1; 4,2–4) zuerst durch Nicht-Respektierung der → Tora (vgl. 2,2; 10,28), sodann durch Nicht-Respektierung der Propheten missachtet (vgl. 11,35–38; auch 2,3f[36]); geschichtliche Katastrophen waren die Folge (vgl. 3,7ff, bes. 4,8, auch 11,39), und es gilt angesichts des für die Gegenwart erneuerten Heilsangebotes (vgl. 2,3f; 6,18–20; 7,19–21; 10,15–17), nun die richtige Entscheidung zu treffen (s. nur 4,1f.11; 12,25). Eine solche Geschichtssicht bestimmt offenkundig auch den Hebräerbrief, der natürlich das → eschatologische Heil mit dem – jüdischen – Christusgeschehen verknüpft, auf das gerade auch die Propheten hinwiesen (vgl. dazu z.B. 1 Petr 1,10–12). Insofern als er ein jüdisches Konzept von Heils- und Unheilsgeschichte aufnimmt, wird der (jüdische) Autor darin schwerlich einen Affront gegen das Judentum gesehen haben.

35 S. dazu bes. O. H. Steck, Israel und das gewaltsame Geschick der Propheten. Untersuchungen zur Überlieferung des deuteronomistischen Geschichtsbildes im Alten Testament, Spätjudentum und Urchristentum, WMANT 23, Neukirchen-Vluyn 1967.

36 Dazu, dass man hier beim Reden seitens des „Herrn" an Gottes, nicht an Jesu Sprechen zu denken haben wird, s. Bachmann, „... gesprochen durch den Herrn" (vgl. Gräßer, Hebr II, 95 Anm. 162). Anders z.B. Karrer, Hebr I, 154f. Indes: Im Hebräerbrief heißt Jesus, wo es sich nicht um Zitate handelt, wohl „unser Herr" (7,14) bzw. „unser Herr Jesus" (13,20), nicht aber zusatzlos „Herr". Diese Ausdrucksweise ist vielmehr (jenseits von Zitaten) Gott vorbehalten (12,14; vgl. 8,2; ferner 9mal in Zitaten), und in 12,14f folgen dabei nicht anders als in 2,3f die Termini „Herr" und „Gott" nahe aufeinander.

2. Zu Soteriologie und Christologie

Im Blick auf → Soteriologie und → Christologie klang soeben bereits an, dass sich die Aussagen des Hebräerbriefs über Jesus als Hohenpriester nicht zuletzt unter dem skizzierten heilsgeschichtlichen Aspekt verstehen lassen: Das dem mosaischen Gesetz entsprechende aaronitische Hohepriestertum (s. 9,28a) wird durch das mit dem später formulierten Eidschwur von Ps 110,4 angekündigte Hohepriestertum nach Melchisedek-Art überboten (s. 9,28b; vgl. V. 20f). Erst durch die endzeitliche Erfüllung dieser und ähnlicher Ansagen – „besserer Verheißungen" (8,6) – im Christusgeschehen, in Christi einmaligem, ein für alle Mal (vgl. 7,27; 9,7.12.27; 10,10) erfolgtem Opfer (s. 9,26), kann es zum Empfang des seit alters (s. 4,1; 7,6; 11,9.13.17.39) Verheißenen kommen (s. bes. 9,15; vgl. 4,1; 10,36; 11,39).

Sofern die Kategorie des Hohenpriestertums dazu verwandt wird, das „eine ... Opfer für die Sünden" (10,12) als Selbstopfer des (Blutes des) endzeitlichen Hohenpriesters zum Ausdruck zu bringen (s. nur 9,14), knüpft der Hebräerbrief an urchristliche Deutungen des Todes Jesu an, nach denen dieses Sterben „für uns" erfolgte (vgl. nur 1 Kor 15,3b)[37]. Die Bildlichkeit hat also die Vorzüge, die „heilsgeschichtliche" Überbietung und den Tod Jesu „für uns" sozusagen anschaulich werden zu lassen. Sie erweist sich darüber hinaus noch in doppelter Hinsicht als für die schwierige Situation der Adressaten hilfreich.

Zum einen wird ihnen ein Hoffnungsbild vor Augen gestellt. Der Blick wird nach oben (s. bes. 12,22–25) und nach vorn (s. bes. 9,28; 13,14) gerichtet. Dass Jesus bereits als „Vorläufer" (6,20) in das himmlische Heiligtum eingegangen ist (vgl. 6,20; 9,12.24), macht die Hoffnung fest, verankert sie (s. 6,19f; 10,19–22). Das damit signalisierte Schon des Heils und die ebenfalls kultisch klingende Aufforderung, nun „hinzuzutreten" (4,16; 10,22; vgl. 10,1) – nämlich zu dem, wohin man schon gekommen ist (s. 12,18.22) –, soll dem Leben im Noch-Nicht und in den Widrigkeiten des Alltags zugute kommen (2,8).

Zum anderen nun ist das Hohepriester-Bild eine Hilfe dazu, gerade diese Widrigkeiten des Alltags ernst nehmen zu können. Das ist der entscheidende Vorzug dieses Titels gegenüber dem den Adressaten aus Bekenntnis-Formulierungen vertrauten anderen Begriff „Sohn (Gottes)". Mit ihm setzt der Verfasser ein (1,2.5.8; 2,10), ehe er von 2,17 an auch den dann insgesamt dominierenden Ausdruck „Hoherpriester" benutzt; in 4,14f und 5,5–10 kombiniert er beide Termini[38]. Der Soh-

37 Dabei wird die → Sühne – ohne dass das unumgänglich wäre (vgl. z.B. 2 Kor 5,14–6,2, bes. 5,19f: „Versöhnung" zwischen zwei verfeindeten Parteien) – im Sinne des kultischen Opfers gedeutet. Da das in einer Zeit geschieht, in der, wie gerade auch 13,14 erkennen lässt, Opfervorstellungen ohnehin „spiritualisiert" werden, und da in unserem Dokument überdies vom himmlischen Kult gesprochen wird (s. nur 9,23–26; vgl. z.B. Offb 8,2–4), wird man diese Redeweise in bildlichem Sinne zu begreifen haben.

38 Zu diesem Verhältnis der beiden gegeneinander verschobenen Aussage-Reihen fügt sich auch die in 3,1 mit „Jesus" und in 4,14 mit „Jesus, der Sohn Gottes" gegebene Andeutung dessen, dass zwar vom „Hohenpriester unseres Bekenntnisses" geredet werden kann (3,1), er aber nicht *als* „Ho-

nestitel akzentuiert ja – aufgrund seiner Vorgeschichte – die Hoheit Jesu (vgl. nur Ps 2,7; Röm 1,4; Mk 1,11par.). So wird der Begriff auch von 1,2–4 an bis hin zu 10,29 benutzt (doch vgl. 2,6). Und in 5,(7–)8 wird zudem eine Spannung zwischen Jesu Sohn-Sein und seinem Leidensgeschick angedeutet. Zwar gelingt in 2,10ff die Vermittlung mit der irdischen Existenz insofern, als nun dem „Sohn" die „Brüder" (V. 11f.17) und die „Kinder" (V. 13f) assoziiert werden. Aber es ist kennzeichnend, dass am Ende der Passage dann nicht mehr vom „Sohn", sondern vom „Hohenpriester" die Rede ist (V. 17). Voraussetzung ist dabei nach dem Kontext (s. nur 2,9), dass auch hier nicht von Jesu Hoheit abgesehen wird (vgl. 5,5f.9f)[39]. Wenn indes in 2,17f nicht nur von der → sühnenden Aufgabe Jesu gesprochen wird (V. 17; vgl. V. 9), sondern auch davon, dass „er den Brüdern in allem gleich werden musste" (V. 17), und wenn er als selbst „Versuchter" zu ihnen als „Versuchten" in Parallele gesetzt wird (V. 18), dann tritt ein Moment der Vorstellung vom Hohenpriester hervor, das in der Tat → paränetisch von erheblicher Relevanz ist. Wie der Passus 5,2f (vgl. V. 7f) erkennen lässt, meint der Verfasser des Hebräerbriefs bei diesem Merkmal einer vergleichbaren Situation von Hohempriester und Mitmenschen an einen Zug des alttestamentlich-jüdischen Hohenpriester-Bildes anknüpfen zu können (vgl. dazu 2 Makk 3,17.21). Dieses Moment erlaubt es, Jesus als mitfühlend (4,15) und hilfsbereit (vgl. 2,18) zu zeichnen – und als so auch jetzt für die Seinen eintretend (s. 9,24; vgl. 2,18). Das gilt gerade auch den Adressaten, die auf einen „Kampf der Leiden" zurückschauen (10,32) und sich nun in ähnlichen Schwierigkeiten zu bewähren haben (s. nur 12,4). Da ihr Hoherpriester durch solche Leiden bis hin zum Todesleiden (2,9) hindurchgegangen ist (2,9f.18; 5,7f), lässt sich von seinem Lernen des Gehorsams (s. 5,7) Gehorsam lernen (vgl. 5,9). Dabei ist noch besonders aufschlussreich, worin der Autor des Hebräerbriefs die eigentliche Gefährdung des Menschen sieht, nämlich darin, lebenslang und immer wieder gebannt zu sein von der Furcht vor dem Tod (2,15; vgl. 5,7). Mit der Begrenztheit des Lebens nicht fertig zu werden, führt zur Meidung des Leidens und zu Fehlverhalten um doch schnell vergehenden „Genusses" willen (vgl. 11,25f; 12,1, auch 3,13) – und das wiederum ermächtigt Tod und Teufel (s. 2,14f; vgl. Weish 1f, bes. 2,24). Diesen „Teufelskreis" gilt es zu durchbrechen, und im Hebräerbrief beleuchtet gerade der Begriff des Hohenpriesters, inwiefern das gelingen kann: Mit dem Tod des Sündlosen (4,15; vgl. 7,26) kommt es zu wirksamer Sühne

herpriester" in eben diesem Bekenntnis benannt zu werden pflegt. Während der Titel „Sohn" fraglos schon sehr früh in christlichen Bekenntnis-Formulierungen seinen Platz hatte (s. nur Röm 1,3f, ferner Apg 8,37), gibt es für den auf Jesus angewandten Begriff „Hoherpriester" nur Belege, die jünger als der Hebräerbrief sind (z.B. 1 Clem 61,3).

39 Umstritten ist, ob die Titel „Sohn" und „Hoherpriester" klar der Präexistenz Jesu (s. 1,3), seinem irdischen Leben (s. nur 5,7f) oder seiner „Postexistenz" (s. nur 1,4) zuzuordnen sind (s. Feld, Hebräerbrief, 66–82). Jedenfalls betreffen beide Termini auch die Hoheit des „Postexistenten" (s. nur 1,4; 6,20), der nach 5,9f erst mit der Erhöhung von Gott „Hoherpriester" genannt wird. Von diesem Status des „Postexistenten" aus wirft der Sohnestitel Licht auf die Präexistenz (s. 1,3), der des Hohenpriesters auf das irdische Leben Jesu (s. nur 5,7f).

(s. nur 2,10.18; 13,12) und insofern zur Entmachtung widergöttlicher Mächte (s. nur 2,14; 9,15; 10,13). Das Bild des solidarisch für die Versuchten bei Gott Eintretenden, der sich selbst in den Leiden dieser Welt bewährt hat, kann auf diesem Hintergrund Furchtlosigkeit (vgl. 11,23.27) im zu bestehenden (Wett-)Kampf vermitteln (s. nur 12,1–3).

D Wirkungsgeschichtliche Hinweise

Auffälligerweise ist das für den Hebräerbrief so zentrale Motiv des Hohenpriestertums Jesu in der *christlichen Kunst* nur spät (ab dem 11. Jh.) und fast ausschließlich im ostkirchlichen Bereich bezeugt. Hingegen haben einzelne Elemente des Bildfelds sich offenkundig kunstgeschichtlich ausgewirkt: Wenn Melchisedek im Abraham-Zyklus von Santa Maria Maggiore (5. Jh.) schräg unter dem → nimbierten himmlischen Christus seinen Platz hat (und auf das Herrenmahl bezogen wird), steht offenkundig gerade auch Hebr 7 im Hintergrund. Dass der zum Himmel fahrende Christus seit dem Beginn des 5. Jh.s auch ausschreitend (und von Engeln umgeben) dargestellt wird, dürfte nicht zuletzt auf Hebr 4,14 und 9,11f.24–28 (sowie auf Hebr 1,4[ff] und 12,22–24) beruhen. Das in christlichen Darstellungen vom 3. Jh. an begegnende – ältere – Hoffnungssymbol des Ankers findet innerhalb des Neuen Testaments seine Entsprechung in Hebr 6,18–20 (bes. V. 19).

Kunstgeschichtliche Karriere gemacht hat im Übrigen wohl auch die eher abseits jener Bildlichkeit liegende und an eine Fülle anderer Schriftstellen anklingende Wendung von 13,20 (vgl. Jes 63,11 LXX])[40]. Nach ihr hat Gott „den großen Hirten der Schafe ..., unsern Herrn Jesus Christus, aus den Toten heraufgeführt", und damit „den Anfänger des Heils" (Hebr 2,10). Jedenfalls hilft diese Formulierung, die sehr frühe und breite Übernahme des schon auf heidnischen Sarkophagen belegten Motivs vom „Guten Hirten", richtiger: vom Schafträger, zunächst in der christlichen Grabkunst (u.a. → Katakomben) besser zu verstehen. Auf der Platte, die ein Beratius Nikatoras im 3. oder 4. Jh. für das Grab von Familienangehörigen anfertigen ließ, ist so über dem liegenden

40 Vgl. noch Ex 3,1; Ps 23; Ez 34,23; Lk 15,3–6par.; Joh 10; Eph 4,11; 1 Petr 2,25; 5,4; Offb 7,17.

Anker (der genauer die Gestalt des Ankerkreuzes hat) eben der „Gute Hirte" dargestellt, und zwar zwischen zwei Kreuzen (*crux monogrammatica*) sowie zwischen einem einen Mann im Rachen haltenden Seeungeheuer (wohl: Jona und der Fisch) und einem Löwen (vgl. 2 Tim 4,17; Hebr 11,33; Offb 5,5)[41].

Was für die christliche Kunst gilt, steht im Bereich der *Kirche* nicht isoliert da. So wurde der Hebräerbrief zum einen fraglos für die Entwicklung der Vorstellungen vom Messopfer und von dem für dessen Zelebration nötigen Priesterstand (und für die Kritik von beidem [s. nur Hebr 7,18.28; 15,15]!) von besonderer Relevanz (s. nur Hebr 7,25–27; 13,10; vgl. 1 Petr 2,5.9; Offb 1,6). Dementsprechend spielt er auch in der Liturgie und in den Ordnungen der im Gottesdienst zu verlesenden Texte eine wichtige Rolle. Zum anderen sind vor allem diejenigen Motive aufgegriffen worden, die es mit der beschwerlichen „Pilgerschaft" auf dieser Erde, mit der Hoffnung und letztlich mit dem Heil, zumal dem individuellen Heil, zu tun haben; das lässt sich beispielsweise an den evangelischen Gesangbüchern ablesen[42].

Nicht nur die Frömmigkeit ist durch unser Dokument ganz erheblich geprägt worden, sondern auch die *Theologie*. Schon dass sie sich auf begriffliche und philosophische Mittel einzulassen wagt, wird man hier geltend machen können (vgl. z.B. Hebr 1,3; 11,1.3). Natürlich kam den Aussagen über die Niedrigkeit und die Hoheit Jesu eine wichtige Rolle in den → trinitarischen und christologischen Streitigkeiten sowie in dabei entstandenen Bekenntnisformulierungen zu (s. nur einerseits Hebr 2,9–18, andererseits Hebr 1,2–4). Die schon im 4. Jh. begegnende Auffassung vom dreifachen Amt Christi, nämlich dem prophetischen, priesterlichen und königlichen, die dann vor allem für die reformierte Theologie wichtig wurde (s. Heidelberger Katechismus, Frage 31), ist ohne die Aussagen des Hebräerbriefs zum Hohenpriestertum Jesu kaum vorstellbar. Auch andere kontroverstheologische Fragen (Messopfer oder Gedächtnismahl; Möglichkeit oder Unmöglichkeit einer zweiten Buße bzw. ethische Großzügigkeit oder Strenge) wurden gerade auch mit Formulierungen dieses Schreibens diskutiert. Zu einer klaren Entscheidung gibt der Verfasser indes wohl auch hier nicht genügend Puzzle–Steine an die Hand

41 Th. Klauser, Der Schafträger auf der Grabplatte des Beratius Nikatoras und auf anderen römischen Grabsteinen, JAC 10, 1967, 111–116 (bes. 112) samt Tafel 11.

42 Vgl. Gräßer, Hebr I, 38: „Für rund 200 Liedstrophen des EKG ist der Hebr biblische Quelle. ‚Nebenassoziationen' liefert er für ca. 80 Strophen, ‚Hauptassoziationen' für ca. 130, und ‚biblische Mitte' ist er für die folgenden Lieder: EKG 72 (Hebr 1; 2); 81 (9,15); 317 (11,13f. 16); 44; 272; 274; 303; 326 (jeweils 11,13–16)." Zwei von den letztgenannten (303; 317) sind nicht ins EG aufgenommen worden (in denen die übrigen nun als Nr. 92; 108; 63; 393; 391 und 529 [Paul Gerhardt: Ich bin ein Gast auf Erden ...] geführt werden). Ebd. III, 388, heißt es: Während „die Individualisierung der Eschatologie ... im Neuen Testament nur ansatzweise vorhanden ist" (s. bes. Lk 12,16–21; 23,43; Phil 1,21–24), ist – vor allem „der Hebr mit seinen Eschatologumena ... ein breites Einfallstor, durch das die ... Vorstellung von der Rückkehr der unsterblichen Seele aus der Entfremdung in die himmlische Welt der Erlösung" breiter in das Christentum hineingelangen konnte und kann (s. bes. Hebr 11,14.16; 12,23; 13,14 [vgl. EG 63,3]).

(und er will das vielleicht auch nicht). Das gilt möglicherweise auch für die Frage, ob der Hebräerbrief z.B. angesichts seines Hinweises auf die Vorläufigkeit der mosaischen Regelungen (s. nur 7,12) „antijudaistisch" zu lesen sei – was auch immer das genauer bedeuten mag – oder etwa wegen seiner Argumentation mit Gottes Reden im „Alten Testament" (s. nur 1,1[–14]; 8,7–13) gerade nicht. Jedenfalls ist nach dem Holocaust sorgfältig auf hier lauernde Gefahren zu achten, und dabei ist der Brief zunächst als das Schreiben eines Judenchristen zu begreifen.

§ 9 Die Katholischen Briefe

1. Die Johannesbriefe

Friedrich Wilhelm Horn

Literatur
Hans-Josef Klauck, Der erste Johannesbrief, EKK 23/1, Zürich u.a./Neukirchen-Vluyn 1991
ders., Der zweite und dritte Johannesbrief, EKK 23/2, Zürich u.a./Neukirchen-Vluyn 1992
ders., Die Johannesbriefe, EdF 276, Darmstadt 1991
Georg Strecker, Die Johannesbriefe, KEK 14, Göttingen 1989

Klaus Wengst, Häresie und Orthodoxie im Spiegel des ersten Johannesbriefes, Gütersloh 1976

Absender: Der Verfasser stellt sich im zweiten und dritten Brief als Presbyter vor; er war eine maßgebliche Gestalt aus den Anfängen der „johanneischen Schule".
Adressaten: Die Briefempfänger haben eine Gemeindespaltung erfahren und stehen gegenwärtig in Auseinandersetzungen mit den Dissidenten.
Thema: Gegenstand der Auseinandersetzungen ist die Bedeutung Jesu, des himmlischen Christus, der Mensch geworden ist.
Ziel: Der Briefschreiber bemüht sich, die Gemeinschaft des johanneischen Kreises zu bewahren und in Auseinandersetzung mit den Lehren der Dissidenten durchzusetzen.

A Bibelkundliche Erschließung

Eine Gliederung des *ersten Johannesbriefs* fällt außerordentlich schwer. Orientiert man sich an inhaltlichen Gesichtspunkten, so ist unverkennbar, dass wesentliche Themen wie Liebe, Sünde, Bleiben, Licht und Finsternis immer wieder begegnen. Man hat daher schon oft von einem „Denken in Kreisbewegung" gesprochen. Eine rhetorische Analyse, wie sie bei antiken Reden und Briefen in der Regel angewandt werden kann, lässt sich bei dem ersten Johannesbrief nur schwer durchführen[1]. Wenn man von dem Einleitungsabschnitt 1,1–4, dem sog. Prolog, und dem Schlussabschnitt 5,13–21, dem Epilog, absieht, so fällt auf, dass der Verfasser in bestimmten Abschnitten eher dogmatisch argumentiert, in anderen ihnen folgenden oder voraufgehenden hingegen eher → paränetisch. Beides ist jedoch engstens aufeinander bezogen. Was über die Liebe im dogmatischen Teil begründend gesagt wird, kommt zuvor im paränetischen Teil als einheitliches Thema „in Anwendung" zur Sprache: die Gemeinschaft mit Gott bzw. Christus und die Gemeinschaft der Bruderliebe in der Kirche.

Da ein durchgehendes, formales Aufbauprinzip des ersten Johannesbriefs sich nicht unmittelbar aufdrängt, divergiert die exegetische Literatur in ihren Einteilungsvorschlägen. Dennoch zeichnen sich unter inhaltlichen Gesichtspunkten drei große, nicht scharf voneinander zu trennende Blöcke ab. a) In *1,5–2,17* zeigt der Verfasser, dass die Gemeinschaft mit Gott sich in Freiheit von der Sünde und in Bruderliebe verwirklichen muss. Die Bruderliebe erscheint in 2,9–11 geradezu als Gradmesser, ob man „im Licht" bzw. „in der Finsternis" steht. Das Liebesgebot ist die wesentliche, ja einzige Weisung, die der Verfasser weitergibt. Es erscheint nicht als Teil des alttestamentlichen Gesetzes, sondern kann in 3,11 sogar „Botschaft" genannt werden. b) *2,18–3,24* geht von der traumatischen Erfahrung aus, dass es zur Gemeindespaltung gekommen ist (2,19). Der Abschnitt lässt zunächst die Dissidenten und ihre Lehre zu Wort kommen. Sie leugnen, „dass Jesus der Christus ist" (2,22). Der Verfasser ordnet den dogmatischen Gegensatz, dem anscheinend auch ein sozialer Konflikt parallel geht (3,17), in größter Schärfe als endzeitlichen Konflikt ein. Es stehen sich Teufelskinder und Gotteskinder gegenüber (3,9f). Die rechtmäßige Gruppe, zu der der Verfasser sich, aber auch die Adressaten zählt, darf darauf hoffen, bei der → Parusie Christi anerkannt zu werden. c) Der dritte Abschnitt *4,1–5,12* setzt abermals mit der dogmatischen Position der Dissidenten, die kurz als „Nichtbekennen des Jesus" (4,2) skizziert wird, ein. Der Schlussteil präzisiert: Sie bekennen, dass Jesus Christus (ausschließlich) im Wasser gekommen ist (5,6). Der folgende Abschnitt wird versuchen, die Position dieser Dissidenten zu verdeutlichen. Im Mittelpunkt des Abschnittes steht jedoch eine grundsätzliche Besinnung auf das Wesen der Liebe. Ausgehend von der im Neuen Testament einzigartigen Formulierung „Gott ist Liebe" (4,8.16) wird eine Bewegung nachgezeichnet, welche die Erkennbarkeit dieser Liebe in der Dahingabe des Sohnes (4,9f) – sie ist die Erscheinung der Liebe Gottes unter uns (4,9) – und in der Bruderliebe beschreibt.

Neben diesen drei thematischen Hauptteilen ist ein gesonderter Blick auf den Prolog und auf den Epilog zu richten. Im Prolog 1,1–4 stellt der Verfasser sich als umfassenden und verlässlichen Augenzeugen des Lebens Jesu vor. Er hat gehört, gesehen, betrachtet und betastet (1,1). Er schreibt als Zeuge der Tradition, zu der er Zugang hatte, und sein Zeugnis eröffnet die Möglichkeit ewigen Lebens. Der Epilog

1 Vgl. aber die ausführlichen rhetorischen Analysen zu allen drei Johannesbriefen in den beiden Kommentaren von Klauck, hier jeweils in den Einleitungsabschnitten (1 Joh, 24–29; 2 Joh, 14–17). Außerdem: Klauck, Briefliteratur, 29–54.257–259.

(5,13–21), in dem der Briefschreiber sich erstmals nach dem Prolog wieder persönlich einbringt, bietet im Wesentlichen Ausführungen zur Macht des Gebets.

Strukturübersicht zum ersten Johannesbrief

1,1–4	Prolog	
	1,5–2,17	Gemeinschaft mit Gott in Freiheit von der Sünde und Bruderliebe
	2,18–3,24	Auseinandersetzung mit gegnerischer Lehre
	4,1–5,12	Besinnung auf das Wesen der Liebe
5,13–21	Epilog	

Gegenüber dem ersten Johannesbrief, der wie ein Traktat oder eine → Homilie, aber eben nicht als Brief erscheint, stellen der *zweite und dritte Johannesbrief* formal wirkliche Briefe dar. Sie bieten neben dem eigentlichen Briefkorpus ein einleitendes → Präskript (2 Joh 1–3; 3 Joh 1) und ein → Proömium (2 Joh 4; 3 Joh 2–4), in dem sich der Absender vorstellt und seine Adressaten nennt, und abschließend Besuchspläne, Friedenswunsch und Schlussgrüße. Beide Schreiben sind sog. Ein-Kapitel-Briefe. Diese Kürze zeigt auch an, dass sie im Wesentlichen nur ein einziges spezifisches Anliegen zur Sprache bringen wollen.

Der zweite Johannesbrief stellt in den Mittelpunkt seines Schreibens eine Warnung vor Verführern, die „nicht bekennen, dass Jesus Christus in das Fleisch kommt" (V. 7). Der Verfasser unterstreicht den Stellenwert der christologischen Differenz. Wer nicht in der durch ihn, den Verfasser, vermittelten Lehre bleibt, der hat die Gottesgemeinschaft verloren, dem ist folglich auch die Gemeinschaft der Kirche zu verweigern (V. 7–11). Zugleich erinnert der Verfasser an das Liebesgebot (V. 4–6), das zu den von Anfang an vermittelten Grundüberzeugungen gehört und daher Ausweis des rechtgläubigen Standortes ist.

Der dritte Johannesbrief thematisiert ein konkretes kirchliches Problem. Der → Presbyter, der Verfasser des Schreibens, hat Wandermissionare ausgeschickt. Während es von Gaius, dem Adressaten des Schreibens, heißt, er lebe in der Wahrheit (V. 3), was sich daran zeigt, dass er solche Boten wohl aufnehmen wird (V. 6), hat demgegenüber Diotrephes die Aufnahme der Wandermissionare verhindert, sie aus der Gemeindeversammlung ausgeschlossen und schlecht über die Boten gesprochen (V. 9–11).

B Geschichtliche Einordnung

Die Johannesbriefe und das Johannesevangelium sind durch eine Vielzahl von sprachlichen und theologischen Übereinstimmungen gekennzeichnet, die so in anderen neutestamentlichen Schriften wiederum nicht begegnen. Man muss darin den Ausdruck einer gemeinsamen Schultradition erkennen. Sachliche Beispiele:

Schultradition

Die sprachlichen und theologischen Übereinstimmungen zwischen dem Evangelium und den Briefen des Johannes legen nahe, dass diese Schreiben aus einer gemeinsamen Schultradition hervorgegangen sind.

die Betonung der Einheit von Vater und Sohn (2 Joh 9; 1 Joh 1,3; Joh 5,20 u.ö.) und der Fleischwerdung Jesu Christi (2 Joh 7; 1 Joh 4,2; Joh 1,14); der häufig angesprochene Gegensatz von Gott und Welt (2 Joh 7; 1 Joh 2,15–17; Joh 14–17); die Betonung des „Bleibens" (2 Joh 2; 1 Joh 2,6; Joh 8,31 u.ö.); die zentrale Stellung des Liebesgebots (2 Joh 4–6; 1 Joh 2,7f; 3,11; Joh 13,34f). Neben solchen theologischen Übereinstimmungen führt die Gemeinsamkeit in der Sprache auf einen spezifischen → Soziolekt hin, der durch einen maßgeblichen Lehrer geprägt worden ist. Beispiele für Vorzugsworte sind: Wahrheit, Welt, gezeugt sein aus, erkennen, bezeugen, hassen, Gebot, glauben u.a.

Presbyter

Der Verfasser der beiden kleinen Johannesbriefe nennt sich „der Presbyter". Man identifiziert ihn oft mit dem von Euseb von Caesarea erwähnten Presbyter Johannes.

Nur im zweiten und dritten Johannesbrief tritt im Präskript (2 Joh 1; 3 Joh 1) ein Verfasser mit Titel auf: „der Presbyter". Dies deutet als Würdebezeichnung auf eine Autoritätsstellung, möglicherweise aber auch – damit verbunden – auf ein hohes Lebensalter. Dieser Presbyter der kleinen Johannesbriefe wird häufig mit dem Presbyter Johannes identifiziert, den Euseb von Caesarea (geb. ca. 260–265 n.Chr.) in seiner Kirchengeschichte erwähnt (III 39,4). Euseb zitiert hier das von Papias von Hierapolis ca. 130 n.Chr. verfasste, aber verschollene Werk, die „Erklärungen von Herrenworten". Es heißt hier: „Wenn einer kam, der den Presbytern gefolgt war, fragte ich nach den Lehrern der Presbyter: Was Andreas oder Petrus sagten, was Philippus, was Thomas oder Jakobus, was Johannes oder Matthäus oder irgendein anderer von den Jüngern des Herrn, was Aristion und der Presbyter Johannes, auch Jünger des Herrn, sagen." Der Presbyter Johannes ist deutlich von dem Jünger Johannes, dem Zebedaiden, unterschieden.

Viele vermuten, dass in **Ephesus** der **Sitz der johanneischen Schule** war. Hier soll Johannes im Alter gelebt haben, aber auch die Johannesoffenbarung wendet sich in dem Sendschreiben an die Gemeinde in Ephesus.

Man kann in ihm eine maßgebliche Gestalt aus den Anfängen der johanneischen Schule sehen[2]. Seine beiden Briefe führen allerdings bereits in eine Situation, in der seine Autorität nicht mehr von allen, die zum johanneischen Kreis gehören, anerkannt wird. Insofern aber gebührt den beiden kleinen Johannesbriefen besondere Aufmerksamkeit, da sie wohl die ältesten schriftlichen Dokumente des johanneischen Kreises sind. Weitere Schriften der johanneischen Schule sind sodann der erste Johannesbrief und das Johannes-

2 Strecker, 1–3 Joh, 316, hält es für „sehr wohl möglich, dass der von Papias erwähnte Presbyter Johannes mit dem ‚Presbyter' des 2 und 3 Joh identisch ist." Gegen diese historische Identifzierung argumentiert Klauck, 2/3 Joh, 19–22.

evangelium. In diesen beiden Schriften wird die Auseinandersetzung mit den in den kleinen Briefen angesprochenen Dissidenten grundsätzlich verarbeitet. Ein Vergleich von 1 Joh 1,1–4 und Joh 1,1–4 einerseits und 1 Joh 5,13 und Joh 20,31 andererseits zeigt zudem, dass beide Schriften in einem klaren Bezug zueinander stehen. Klauck hat das Verhältnis beider Schriften zueinander dahingehend bestimmt, dass 1 Joh als Lesehilfe für das Johannesevangelium gedacht war. Aber auch die Offenbarung des Johannes steht in einer Verwandtschaft zu dieser Schule. Die altkirchliche Tradition legt nahe, dass die johanneische Schule in den kleinasiatischen Raum mit Zentrum Ephesus gehört. Die kleinen Johannesbriefe werden dort am Ende des 1. Jh.s abgefasst worden sein[3].

C Theologische Schwerpunkte

Bei den beiden kleinen Johannesbriefen steht die Auseinandersetzung mit den Dissidenten fraglos im Mittelpunkt, sie war der eigentliche Anlass der Schreiben. Im ersten Johannesbrief hingegen ist diese Auseinandersetzung eingeordnet in eine grundsätzliche theologische Abhandlung, so dass dieses Schreiben nicht alleine aus der polemischen Situation zu verstehen ist. Es ist bislang der Ausdruck „Irrlehrer" für diese Dissidenten mit Bedacht vermieden worden. Nach 1 Joh 2,19 haben die Dissidenten einmal demjenigen Gemeindeverband angehört, dem der Schreiber des Briefes sich zurechnet. Es hat aber zu einem zurückliegenden Zeitpunkt eine Gemeindespaltung gegeben. Dies bedeutet: auch wenn der Schreiber jetzt nachträglich erklärt, dass die Dissidenten in seiner Perspektive nie zur eigentlichen Gemeinde gehört haben, so entspricht dies nicht den faktischen Gegebenheiten.

Dissidenten

Die vom Briefschreiber „Irrlehrer" genannten Dissidenten haben aus dogmatischen Erwägungen die Gemeinschaft verlassen.

Diese Dissidenten haben aus dogmatischen Erwägungen einen Bruch vollzogen, sie stellen aber nach wie vor auch einen Teil der johanneischen Schule dar, die sich demnach in unterschiedliche Richtungen entwickelt hat. Dass die Dissidenten in ihrer Perspektive die Lehre des Briefschreibers und diejenige des Presbyters gleichfalls als Abweichen oder als „wenig fortschrittlich" (2 Joh 9) betrachtet haben, ist wahrscheinlich, da den Boten des Presbyters der Zugang zur Gemeinde verweigert wird und sie sich verbalen Angriffen ausgesetzt sehen. Es haben folgerichtig in der Auslegung des dritten Johannesbriefs unterschiedliche Zuweisungen

3 Wenn wir den Presbyter aus den beiden kleinen Briefen mit dem von Papias genannten Presbyter identifizieren dürfen, dann deutet sich ein Sitz der johanneischen Schule im westlichen Kleinasien an. Auch die älteste patristische Bezeugung der Johannesbriefe, nämlich die Bezugnahme von Polykarp von Smyrna 7,1 auf 1 Joh 4,2f, kann dem zugeordnet werden. Auch für Klauck, 2/3 Joh, 23, deutet die Frage nach dem Abfassungsort auf Ephesus, obwohl Klauck nicht wie Strecker mit der Presbytertradition argumentiert.

von „Rechtgläubigkeit und Ketzerei“ stattgefunden. War für Walter Bauer[4] Diotrephes ein Ketzerhaupt und der Presbyter Zeuge der Rechtgläubigkeit, so hat Ernst Käsemann[5] das Verhältnis umgedreht. Diotrephes ist für ihn rechtmäßiger monarchischer Bischof und der Presbyter ein christlicher → Gnostiker. Es sind zunächst einmal alle Etikettierungen zurückzustellen, um die Frage zu beantworten, wo die Differenz zwischen den Dissidenten und den Briefschreibern liegt. Hierbei gehen wir von einer relativen Einheitlichkeit der Position der Dissidenten in allen drei Briefen aus.

Nach 2 Joh 7 bekennen die Dissidenten nicht, dass Jesus Christus in das Fleisch kommt. Im griechischen Text steht das Verb „kommen“ als Partizip Präsens. Wie aber kann ein gegenwärtiges Kommen Jesu Christi verstanden werden? Manche Ausleger deuten auf das gegenwärtige Kommen Jesu Christi im → Sakrament, andere interpretieren das Verb der Bewegung futurisch und denken an die → Parusie Jesu Christi (so Strecker). Überwiegend nimmt man jedoch diese Aussage mit derjenigen aus 1 Joh 4,2 zusammen, wo es nun positiv heißt: „ein jeder ..., der bekennt, dass Jesus Christus in das Fleisch gekommen ist“.

Christologie

Die Dissidenten lehren eine doketische → Christologie, welche eine klare Trennung zwischen dem Menschen Jesus und dem Geistwesen Christus vollzieht.

Der Differenzpunkt zu den Dissidenten liegt also in jedem Fall in der → Christologie. Diese erkennen nach 4,3 den irdischen, den menschlichen Jesus nicht an, sondern allein und ausschließlich den himmlischen Christus. Nach 1 Joh 2,22 leugnen die Dissidenten, dass Jesus der Christus ist. Diese Position muss, wenn sie konsequent gelehrt wird, der Inkarnation und dem Kreuzestod, und damit unlöslich verbunden dem Sakrament des Herrenmahls, jegliche Relevanz absprechen. Es gibt im frühen Christentum eine gewisse Parallele zur vermuteten Position der Dissidenten. Irenäus berichtet in seiner Schrift *Adversus haereses* über Kerinth, der zu Beginn des 2. Jh.s eine ähnliche Trennungschristologie vertreten hat: Das himmlische Geistwesen Christus verbindet sich in der Taufe mit dem Menschen Jesus für begrenzte Zeit bis vor die Kreuzigung (I 26,3). Solch eine Position ist als → doketisch einzustufen, da nur eine scheinbare, keine wesensmäßige Verbindung zwischen dem himmlischen Christus und dem irdischen Jesus besteht. In Wahrheit aber kann nach doketischer Anschauung eine → Inkarnation, nach der sich das Himmlische und das Irdische verbinden, nicht nachvollzogen werden.

Demgegenüber tritt der Autor des ersten Johannesbriefs als Vermittler der überkommenen Tradition (1,1–4) auf, und er empfindet den Weg der Dissidenten als ein Verlassen der Tradition (1 Joh 2,19). Nach 2 Joh 9 gehen die Dissidenten als Neuerer über die bislang bestimmende gemeinsame Lehre hinaus. Wir wissen

4 W. Bauer, Rechtgläubigkeit und Ketzerei im ältesten Christentum, 2. Aufl. mit einem Nachtrag hg.v. G. Strecker, BHTh 10, Tübingen 1964, 96f.

5 E. Käsemann, Ketzer und Zeuge. Zum johanneischen Verfasserproblem, in: ders., Exegetische Versuche und Besinnungen I, Göttingen 6. Aufl. 1970, 168–187.

nicht, was den Schritt der Dissidenten angeregt oder begünstigt hat. Da aber noch das Johannesevangelium massiv einer doketischen Position entgegentritt (Joh 1,14: das Wort wurde Fleisch), werden christologische Auseinandersetzungen innerhalb der johanneischen Schule stattgefunden haben, wohl auch, weil die Traditionen des johanneischen Kreises auch eine doketische Position möglich sein ließen.

Dies kann am → Sakramentsverständnis, wo sich die christologische Differenz geradezu wiederholt, nachgezeichnet werden. Nach 1 Joh 5,6 haben die Dissidenten eine Verbindung von Jesus und Christus allein im Wasser (d.h. in der Taufe) behauptet. Wie in einer Korrektur fügt 1 Joh 5,6 hinzu: nicht im Wasser allein, sondern auch im Blut. Diese Korrektur geht dem „im Fleisch" (2 Joh 7; 1 Joh 4,2) parallel und will sagen: Die Verbindung hat eine physische, nicht nur eine scheinbare Realität. Aber haben die Dissidenten nicht die Taufe Jesu, wie sie in Joh 1,32–34 berichtet wird, ganz richtig interpretiert? Erst in der Taufe kommt der Geist auf Jesus von Nazaret. Dieser Geist ist der → präexistente Christus, der → Logos.

> **Taufe Jesu**
>
> Die Dissidenten lehren eine Verbindung von Jesus und Christus allein im Wasser, da hier in der Taufe die geistige Verbindung hergestellt wird. Der Verfasser betont hingegen mit „im Blut" die physische Verbindung.

Die Taufe ist demnach in der Sicht der Dissidenten für Jesus, aber auch für die Glaubenden, der entscheidende Akt, weil hier die irdische Existenz in der Begegnung mit dem himmlischen Geist verwandelt wird. Der Autor des ersten Johannesbriefes scheint an etlichen Stellen zitatähnliche Grundüberzeugungen der Dissidenten wiederzugeben, die problemlos als Folge des neuen pneumatischen Bewusstseins erklärbar sind: Wir haben Gemeinschaft mit Gott (1,6), wir haben keine Sünde (1,8), wir haben nicht gesündigt (1,10), ich kenne Jesus Christus (2,4), ich bleibe in ihm (2,6), ich bin im Licht (2,9). Mit diesen Positionen setzt er sich in diesem Brief ausführlich auseinander, obwohl es für ihn außer Frage steht, dass die Lehre der Dissidenten Lüge (2,4) und Verführung (3,7) darstellt, von der Welt ist (4,5) und den Geist des Antichristen repräsentiert (4,3). Es ist dies ja bezeichnend für seine Einschätzung der Lehre der Dissidenten, dass er nicht mehr einen Schulstreit in ihrem Auftreten erkennen kann, sondern die geschichtliche Vergegenwärtigung der apokalyptischen Gestalt eines Lügenpropheten.

Es gehört zum Wissen der Gemeinde, dass in der Endzeit ein Gegenspieler Jesu Christi, ein Antichrist kommen soll. Diese mythische Gestalt wird ausgeweitet auf eine Gruppe, sie wird jetzt personifiziert durch die Dissidenten (1 Joh 2,18; 4,3). War das Kommen eines endzeitlichen Gegenspielers in der Erwartung der jüdischen und christlichen → Apokalyptik den letzten Tagen vor dem Kommen des → Messias vorbehalten, so ist dieser Zeitpunkt nun im Auftreten der Dissidenten gekommen. Er impliziert die Gefahr der Verführung (1 Joh 1,8; 2,26; 3,7; 2 Joh 7).

> **Antichrist**
>
> Der Verfasser erkennt in der Gruppe der Dissidenten die in der endzeitlichen Erwartung auftretende feindliche Einzelgestalt des Antichristen.

Die Botschaft des Autors des ersten Johannesbriefs ist durch das Auftreten der Irrlehrer mitbestimmt, aber nicht allein davon abhängig. Er entfaltet Grundüberzeugungen der johanneischen Schule in spezifischen Zuspitzungen. Schon der Briefprolog erscheint wie eine Lektüreanweisung. In der Situation möglicher Verführung durch die Verkündigung der Dissidenten tritt der Autor als der verlässliche Zeuge auf. Er ist einerseits Vermittler derjenigen Tradition, die den irdischen Jesus gehört und gesehen, zugleich aber den auferstandenen Christus berührt (vgl. dieses Verb auch in Lk 24,39) hat (1 Joh 1,1)[6]. Sein Zeugnis stiftet, wo es gehört und angenommen wird, Gemeinschaft (*koinōnia*) nicht nur mit dem Autor, sondern darüber hinaus mit dem Vater und dem Sohn. Dieses im Prolog bereits zum Ausdruck kommende Bemühen um das Festhalten der Gemeinschaft zeigt auch an, dass sie innerhalb des johanneischen Kreises zu zerbrechen droht bzw. in der Abspaltung der Dissidenten ja bereits zerbrochen ist. Die gleich im ersten Satz des Prologs betonte → Inkarnations-Christologie wird in dem Brief mehrfach wieder aufgenommen (2,22f; 4,2f; 5,6–8), wiewohl hier keine Argumente beigebracht werden, weshalb dem → doketischen Ansatz zu widersprechen ist. Hingegen wird das andere Thema des Prologs, die Stiftung der Gemeinschaft, durchgehend in den Briefen angesprochen.

Schon die sprachliche Ausdrucksweise dieser Gemeinschaft der Glaubenden mit dem Sohn und dem Vater verlangt besondere Beachtung. Eine Durchsicht durch den ersten Johannesbrief zeigt folgende Varianten: unsere Gemeinschaft mit dem Vater und seinem Sohn Jesus Christus (1,3), Gemeinschaft mit Gott (1,6), im Licht wandeln (1,7; vgl. 4,8.16: Gott ist Liebe), in ihm sein (2,6), in ihm bleiben (2,6.27f; 3,6.24; 4,13.15), im Licht sein (2,9), im Licht bleiben (2,10), in dem Sohn und in dem Vater bleiben (2,24), Gottes Kinder heißen (3,1f.10), aus Gott geboren sein (3,9; 4,7; 5,1.4.18), aus der Wahrheit sein (3,19), von Gott sein (4,4.6), durch Jesus Christus leben (4,9), Gott bleibt in uns (4,12.15), den Sohn haben (5,12), aus Gott sein (5,19), in Jesus Christus sein (5,20). Hinzu kommen folgende Ausdrücke aus den beiden kleinen Briefen: den Vater und den Sohn haben (2 Joh 9), in der Wahrheit leben (3 Joh 4), von Gott sein (3 Joh 11).

Immanenzvorstellung

Die christliche Gemeinschaft mit dem Vater und dem Sohn wird in reziproker Weise als In-Sein des Christen in Gott und Gottes im Christen beschrieben.

Das Charakteristische dieser Sprache sind die → Immanenzaussagen[7], die vor allem durch die Präposition „in“ gebildet werden. In ihnen erscheint die Gemeinschaft mit dem Vater und dem Sohn gleich wie ein Raum, in den man aufgenommen wird, in dem man sich bewegen kann. Eine Besonderheit besteht nun aber darin, dass der erste Johannesbrief eine doppelte Immanenz ausspricht: „... der bleibt in

6 Das griechische Wort für „berühren“ ist hier nicht metaphorisch aufzunehmen. Vielmehr will es gerade die leibhaftige Begegnung mit dem Auferstandenen anzeigen.

7 Vgl. hierzu den Exkurs „Die Sprache der Immanenz im 1Joh“ bei Klauck, 1 Joh, 264–268; außerdem K. Scholtissek, Kinder Gottes und Freunde Jesu. Betrachtungen zur johanneischen Ekklesiologie, in:

Gott und Gott in ihm" (3,24); „... dass wir in ihm bleiben und er in uns" (4,13). Auch das Evangelium des Johannes bezeugt diese reziproke Immanenzvorstellung, wenngleich sie hier stärker auf das Verhältnis vom Sohn zum Vater und vom Vater zum Sohn bezogen ist (Joh 14,11.20). Während hier allerdings das Verhältnis von Vater und Sohn als absolute Einheit beschrieben wird (Joh 10,30: „Ich und der Vater sind eins."), ist die Einheit der Glaubenden mit dem Vater und dem Sohn immer als Einheit in der Liebe verstanden (1 Joh 3,23f; 4,12f). Hier gewinnt die unanschauliche Redeweise der Immanenz einerseits eine Konkretion, andererseits aber auch eine Bedingung.

Bruderliebe

Die Gemeinschaft von Gott, dem Sohn und den Glaubenden ist eine Gemeinschaft in der Liebe. Die Bruderliebe ist daher ein Kennzeichen der Kirche.

Die Einheit mit dem Vater und dem Sohn gewinnt für die Glaubenden Gestalt in der Liebe, die sich dem Bruder zuwendet. Es sind jeweils unterschiedliche Perspektiven, aus denen das Wesen der Liebe beleuchtet wird, die sich jedoch wie eine Kreisbewegung wieder zusammenfügen. In 1 Joh 4,7–21, von Klauck das „johanneische Hohelied der Liebe" genannt, geht der Gedankengang von der Priorität der Liebe Gottes aus (4,19: „Lasst uns lieben, denn er hat uns zuerst geliebt."). Offenbar geworden ist die Liebe Gottes im Sühnetod Jesu Christi (4,9f), der Vergebung der Sünden schenkt und den Kosmos insgesamt anspricht (2,2). Was über die Liebe ausgesagt werden kann, das ist mit Blick auf die Dahingabe des Christus erlernt worden. Daher darf auch der Satz „Gott ist Liebe." (4,8.16) nicht ohne diesen Kontext interpretiert werden. Der Satz hat eine christologische Voraussetzung, und er zielt auf eine Gestaltwerdung in der Kirche (3,16). Die Bruderliebe kann von daher als Wesensäußerung des Bleibens und Seins im Vater und im Sohn beschrieben werden, ja als Übergang vom Tod ins Leben (3,14)[8].

Gleichwohl weiß auch der erste Johannesbrief um die Möglichkeit der Sünde, wie sie im Bruderhass konkret wird. Die Bruderliebe ist also kein magischer Ausfluss aus der Gottesliebe. Sie bleibt innerhalb der Kirche eine Forderung, die als Gebot weitergegeben wird (2,7–11; 3,23f; 4,7–21; 2 Joh 4–6). Das Liebesgebot wird zudem dasjenige Gebot genannt, das von Anfang an zum Wesen der Kirche gehörte (2,7; 3,11;. 2 Joh 6). Seine Betonung ist sicher auch nachvollziehbar auf dem Hintergrund der Gemeindespaltung (1 Joh 2,19), der Abweisung der Wandermissionare (3 Joh 10) und der sozialen Schichtung innerhalb des johanneischen Kreises (1 Joh 3,17f).

Die reziproken Immanenzaussagen haben eine größte Nähe von Vater, Sohn und Glaubenden verkündet. Wer sich dieser durch Liebe bestimmten Gemeinschaft versagt, lebt in der Finsternis (1,6; 2,9.11), in der Lüge (1,6; 2,4.21), in der

R. Kampling/T. Söding (Hgg.), Ekklesiologie des Neuen Testaments (FS K. Kertelge), Freiburg u.a. 1996, S. 184–211.

8 Vgl. zum Liebesgebot J. Augenstein, Das Liebesgebot im Johannesevangelium und in den Johannesbriefen, BWANT 14, Stuttgart 1993.

Sünde

Innerhalb des johanneischen Kreises ist strittig, ob die Christen von der Sünde völlig befreit sind, ja auch das aktive Sündigen unmöglich geworden ist.

Furcht (4,17), im Tod (3,14), ist ein Kind des Teufels (3,8–10). Die Verweigerung der Bruderliebe ist die eigentliche Gestalt der Sünde. Andere Möglichkeiten konkreter Verfehlungen kommen nur ganz am Rand und unspezifisch in den Blick (2,16; 3,17f; 5,21). Gleichwohl setzt der erste Johannesbrief Diskussionen darüber voraus, ob Sündigen noch eine Möglichkeit für den Glaubenden ist und wie im konkreten Fall mit Sünde umzugehen ist. Es scheint eine Überzeugung der Dissidenten gewesen zu sein, keine Sünde zu haben (1,8).

Nachvollziehbar ist solch eine Position bei einer magisch sakramentalen Taufinterpretation, in der sich ohne jeden Vorbehalt ein Ortswechsel aus dieser irdischen in die himmlische Welt vollzieht – eine Position, die der Verfasser des Schreibens ablehnt (3,2). Gewichtiger ist aber sein christologischer Vorbehalt. Wer behauptet, sündlos zu sein, macht den Tod Christi, der Sündenvergebung schenkt und von Ungerechtigkeit reinigt (1,8f), überflüssig. Er macht Christus zum Lügner (1,10). Thetisch stellt 2,1f klar: „Und wenn jemand sündigt, so haben wir einen Fürsprecher bei dem Vater, Jesus Christus, der gerecht ist. Und er ist die Versöhnung für unsere Sünden, nicht allein aber für die unseren, sondern auch für die der ganzen Welt".

Daneben allerdings bietet der 1 Joh eine weitere, mit der soeben zitierten Position nicht auszugleichende Stellungnahme, die gerade diejenige Haltung, die zunächst abgewiesen werden soll, sich zu Eigen macht. Es heißt in 3,6: „Wer in ihm bleibt, der sündigt nicht; wer sündigt, der hat ihn nicht gesehen und nicht erkannt". In 3,8f sodann: „Wer Sünde tut, der ist vom Teufel; denn der Teufel sündigt von Anfang an ... Wer aus Gott geboren ist, der tut keine Sünde; denn Gottes Kinder bleiben in ihm und können nicht sündigen; denn sie sind von Gott geboren". In diesem letzten Satzteil ist das Sündenverständnis nochmals radikalisiert. Es geht nicht mehr um das „nicht sündigen" (= *non peccare*), sondern um das „nicht sündigen können" (= *non posse peccare*). Der Gegensatz zwischen 1,8 und 3,9 ist logisch nicht auszugleichen. Er ist vielleicht nachvollziehbar in der jeweiligen übergeordneten Argumentation. 1,8 zielt auf die Bedeutung des Sühnetodes Jesu Christi. 3,9 ist einzuordnen in die Beschreibung der Glaubenden als Gottes Kinder, die eine Verwandlung zur Gottgleichheit erwartet (3,2). Dieser zukünftige Stand setzt gegenwärtig Sündenfreiheit voraus, die nicht allein sakramental, sondern ethisch begründet ist.

Der Autor des 1 Joh geht in seinem Schreiben noch ein drittes Mal auf die Sündenproblematik ein, und dies an prononcierter Stelle im Epilog (5,15–17), als wollte er noch einen Aspekt nachschieben, der bislang keine Erwähnung gefunden hat. Er unterscheidet hier zwei unterschiedliche Sünden: einerseits eine Sünde, die nicht zum Tod führt, andererseits eine Sünde, die zum Tod führt. Nur für jemanden, der eine Sünde nicht zum Tod begangen hat, darf die Gemeinde ein fürbittendes Gebet sprechen, dem sich Gottes Gnade nicht verweigern wird. Im Falle einer Todsünde soll die Gemeinde nicht für den Bruder bitten. Der Begriff der „Sünde zum Tode“ begegnet im Neuen Testament nur hier. Er greift zurück auf alttestamentlich-jüdische Rechtssätze, die den physischen Tod im Falle einer schweren Übertretung beinhalten (vgl. Num 15,30f; 18,22; Jes 22,14). Solche Jurisdiktion liegt hier außerhalb des Blickwinkels. Der erste Johannesbrief lehrt, dass der Übergang zum Leben oder zum Tod im → eschatologischen Sinn sich mitten im Leben vollzieht (vgl. 1 Joh 2,6.17; 3,14; 5,4). Ob der Verfasser mit dem Begriff Todsünde konkret an eine bestimmte Tat denkt und wenn, an welche, das bleibt offen. Auf jeden Fall ist mit dieser letzten Ausführung zum Thema Sünde für die Gemeinde eine Grenze angezeigt. Die Freiheit von der Sünde als Folge des aus-Gott-gezeugtsein ist keinesfalls ein unverlierbarer Besitz.

D Wirkungsgeschichtliche Hinweise

„Gott ist die Liebe.“ (1 Joh 4,8.16) – gewiss ein theologischer Spitzensatz innerhalb des ersten Johannesbriefs, zugleich aber auch innerhalb der Auslegungsgeschichte ein dankbarer Ausgangspunkt für spekulative Erwägungen. Kann der Satz umgedreht werden, so dass es heißt: „Die Liebe ist Gott!“? So jedenfalls lautet der Vorschlag von Ludwig Feuerbach (1804–1872), der in seinem berühmten Buch „Das Wesen des Christentums“ (Erstauflage 1841) gemeint hat, die Menschen hätten ihre Erfahrungen mit Liebe transzendiert auf eine höhere Macht der Liebe, die sie Gott nennen. Dann wäre es wohl auch möglich, Gott als eine Formel für Erfahrungen von Liebe einzusetzen[9].

Der erste Johannesbrief hat demgegenüber vom Wortlaut her klar unterschieden zwischen dem Subjekt „Gott“ und dem Prädikatsnomen „die Liebe“ (1 Joh 4,8.16). Verwandt sind die weiteren Definitionssätze „Gott ist Licht.“ (1 Joh 1,5) und „Gott ist Geist.“ (Joh 4,24)[10]. Es steht außer Zweifel, dass die Prädikate „Liebe“ und „Licht“ hier wie auch in anderen Religionen dem menschlichen Erfahrungsbereich entnommen sind und nun auf Gott bezogen werden. Jedoch ist dies zu unterscheiden von der Vermutung Feuerbachs, es sei menschliche Erfahrung nicht mehr als Analogie, sondern als Projektion gebraucht worden. Der erste Johannesbrief spekuliert nicht über das Wesen der Liebe an sich. Der Kontext von 1 Joh 4,8–10 zeigt klar, dass Gottes Liebe darin zum Ausdruck kommt, dass Gott seinen Sohn zur → Sühne für die Sünden gesandt hat. Der Begriff Liebe greift also auf ein konkretes

9 L. Feuerbach, Das Wesen des Christentums, mit einem Nachwort von K. Löwith, RUB 4571–77, Stuttgart 1971, fragt. „Ist Gott noch etwas *außer der Liebe*?“ (105). „Solange die Liebe nicht zur Substanz, zum Wesen selbst erhoben wird, so lange lauert im Hintergrunde der Liebe ein Subjekt, das *auch ohne Liebe noch etwas für sich* ist, ein *liebloses Ungeheuer, ... das Phantom des religiösen Fanatismus*!“ (105f). Schließlich: „denn *opfern wir nicht Gott der Liebe auf, so opfern wir die Liebe Gott auf*, und wir haben trotz des Prädikats der Liebe den Gott, das böse Wesen des religiösen Fanatismus“ (107).

10 Zum metaphorischen Sprachgebrauch: O. Schwankl, Licht und Finsternis. Ein metaphorisches Paradigma in den johanneischen Schriften, HBS 5, Freiburg 1995.

Verhalten Gottes zurück, auf die Sendung des Sohnes. Er wird hier anschaulich beschrieben als Eintreten für die Menschen.

2. Der erste Petrusbrief

Reinhard Feldmeier

Literatur

Norbert Brox, Der erste Petrusbrief, EKK 21, Zürich u.a./Neukirchen-Vluyn 1979, 4. Aufl. 1993
Leonhard Goppelt, Der erste Petrusbrief, KEK 12/1, Göttingen 1978

Reinhard Feldmeier, Die Christen als Fremde. Die Metapher der Fremde in der antiken Welt, im Urchristentum und im 1. Petrusbrief, WUNT 64, Tübingen 1992

Absender: Ein unbekannter Verfasser bedient sich gegen Ende des 1. Jh.s der Autorität des Petrus.
Adressaten: Die Gemeinde ist Anfeindungen durch die pagane Gesellschaft ausgesetzt.
Thema: Die theologische Grundlegung der christlichen Existenz durch ihren Bezug auf Gottes bereits anbrechende Zukunft.
Ziel: Zuspruch von Glaubensgewissheit in Bedrängnis und Aufforderung zu einem verantwortungsvollen Verhalten in sozialen Konfliktbereichen.

A Bibelkundliche Erschließung

1. Aufbau

1,1f	**Präskript**		
1,3–2,10	**Grundlegung: Die neue Existenz als Wiedergeborene**		
	1,3–12	Die neue Perspektive	
	1,13–2,3	Das andere Leben	
	2,4–10	Die von Gott gestiftete Gemeinschaft	
2,11–5,11	**Hauptteil: Mahnung und Trost**		
	2,11f	Der Wandel als Fremdlinge	
	2,13–4,6	Die Bewährung in der Gesellschaft	
		2,13–3,12	Unterordnung unter die Gewalt als Zeugnis
		3,13–4,6	Anfeindungen der Mitwelt als Herausforderung

	4,7–11	Ermahnungen zur Liebe untereinander
	4,12–19	Leiden als Gemeinschaft mit Christus
	5,1–5	Herrschaft und Dienst innerhalb der Gemeinde
	5,6–11	Abschließende Ermahnung und Tröstung
5,12–14	**Briefschluss**	

2. Kommentierung des Aufbaus

Der Versuch, für den ersten Petrusbrief eine klare Disposition zu finden, ist schwierig. Immer wieder wechseln grundlegende theologische Ausführungen mit → paränetischen Anweisungen. Schon Gesagtes wird variiert, wieder aufgenommen, kein Thema definitiv abgeschlossen. Ein zwingender Gedankenfortschritt wird nicht erkennbar. Trotz dieser Schwierigkeiten lassen sich jedoch Schwerpunkte ausmachen, die eine Aufteilung des Briefes erlauben.

Der erste Teil (1,3–2,10) und der darauf hinführende Briefeingang (1,1f) kreisen um das (in der Taufe geschenkte) neue Sein der Christen, um ihre Hoffnung und das Ineinander von Heil, Heiligkeit und Heiligung. Entsprechend dominiert eine Begrifflichkeit, die das eröffnete Heil und das daraus resultierende neue Sein und den neuen Status der Christen darstellt. *Es geht um die theologische Grundlegung der christlichen Existenz durch ihren Bezug auf Gottes bereits anbrechende Zukunft.*

2,11 setzt der Verfasser von neuem an. Er setzt sich nun eingehend mit der bedrohten Situation der Christen auseinander und gibt ausführliche Anweisungen für das Verhalten einzelner Gruppen wie der Gemeinde insgesamt. Grundlegende theologische Ausführungen (vgl. 2,21–25) sind als Begründungen un-tergeordnet. 1 Petr 2,11–5,11 lässt sich daher als der Hauptteil dieses Schrei- bens bezeichnen, bestimmt durch die zentralen Themen der Paränese und des Leidens.

Auch wenn in 4,12 durch die erneute Anrede ein Neuansatz erkennbar wird und, aufs Ganze gesehen, das Leidensthema gegen Ende des Briefes stärker in den Mittelpunkt rückt, so klingt es doch vorher schon deutlich an, wie umgekehrt die in 2,11–4,11 dominierende Paränese in 5,1–5 (bzw. 5,1–9) wiederkehrt. Daher scheint es nicht angemessen, in 4,12 einen eigenen Hauptteil beginnen zu lassen.

B Geschichtliche Einordnung

1. Verfasser

Trotz der eindeutigen Absenderangabe wird seit Beginn des 19. Jh.s die petrinische Verfasserschaft zunehmend bestritten. Die wichtigsten Gegenargumente sind: (1) Der Brief ist in gehobenem Griechisch verfasst – ungewöhnlich für einen galiläi-

Verfasser

Gegen Petrus als Verfasser sprechen die Sprache und zeitgeschichtliche Hinweise im Text. Vermutlich beruft sich hier ein unbekannter Verfasser auf die Autorität des Petrus, um die bedrängten Gemeinden zu stärken und ihnen den Weg zu weisen.

schen Fischer, der auch nach biblischem Zeugnis ungelehrt ist (Apg 4,13). (2) Das Alte Tetament wird ausschließlich in der Übersetzung der → Septuaginta zitiert, während man bei einem palästinischen Juden zumindest einen Einfluss seiner Kenntnis der hebräischen Bibel erwarten sollte. (3) Wenn die Ortsangabe Babylon am Ende des Briefes sich auf Rom bezieht, spricht dies deutlich für eine Datierung nach 70, und d.h., nach dem vermutlichen Tod des Petrus, denn diese Übertragung ist erst seit der Tempelzerstörung (Parallele zwischen den Babyloniern und den Römern) belegt. (4) Die Adressatenangabe setzt voraus, dass das Christentum über ganz Kleinasien verbreitet ist. Das aber ist „seit der Mitte der 60er Jahre denkbar, um 80 aber sicher“[11]. (5) Die im Brief vorausgesetzte, stark angespannte Beziehung der Gemeinden zur Mitbevölkerung ist zu einer Dauersituation geworden, und zwar offensichtlich für alle Gläubigen im römischen Reich (vgl. 5,9). Das aber passt zum Ende des 1. Jh.s, als die Christen schon so weit verbreitet und zahlreich geworden waren, dass man in größerem Maße auf sie aufmerksam wurde. (6) Sollte in 4,12ff auf behördliches Vorgehen gegen die Christen allein aufgrund der Zugehörigkeit zum Christentum angespielt sein, so ist dies vor der neronischen Verfolgung schwer denkbar.

Auch wenn keines dieser Argumente so eindeutig und zwingend ist, wie immer wieder vorgegeben wird, spricht doch die Gesamtheit der Einwände mit deutlich größerer Wahrscheinlichkeit gegen den Apostel Petrus als Verfasser dieses Schreibens[12]. So bleibt festzuhalten, dass sich hier vermutlich ein unbekannter Verfasser des Petrus bedient, um mit → apostolischer Autorität die angefochtenen Gemeinden zu stärken und ihnen einen Weg zu weisen.

Was die Situation der Christen betrifft, so bezeugt Tacitus (Ann 15,44,2) zumindest für Rom, dass dort bereits zu Lebzeiten des Petrus eine relativ große Gemeinde bestand und eine entsprechend massive Ablehnung gegen diese seitens der Bevölkerung herrschte. Das gute Beherrschen einer fremden Sprache ist keineswegs so unmöglich, wie gerne behauptet wird, zumal auch die Zweisprachigkeit → Palästinas zu dieser Zeit in Rechnung zu stellen ist. Die ausschließliche Benutzung der Septuaginta könnte Rücksicht auf die Traditionen der Adressaten des Briefes sein. Das Argument mit Babylon setzt voraus, dass wirklich Rom damit gemeint ist und nicht nur ein (zum Thema der Fremde passendes) Symbol für die → Diaspora. Erschwerend kommt noch hinzu, dass wir im Unterschied zu den Paulusbriefen kein mit Sicherheit originales Schreiben des Petrus besitzen, mit dem ein Vergleich möglich wäre. Offen bleiben auch Fragen wie die, warum ausgerechnet in 1 Petr 5,12

11 Vgl. Goppelt, 1 Petr, 29; Brox, 1 Petr, 27.

12 Wie bei den Paulusbriefen zu sehen, war die → Pseudepigraphie im frühen Christentum auch sonst verbreitet. S. dazu o. S. 286f.

der Paulusmitarbeiter Silvanus genannt wird, oder wie die Verbreitung des pseudepigraphischen Schreibens in eben dem Raum zu denken ist, in den es gerichtet ist.

2. Abfassungszeit

Die genannten Indizien machen die Abfassung nach 70 wahrscheinlich. Die Bezeugung des ersten Petrusbriefes im Polykarpbrief (um 120) sowie dessen Benutzung als autoritatives Schreiben durch Papias[13] und den zweiten Petrusbrief sprechen andererseits dafür, dass der erste Petrusbrief kaum nach dem Ende des 1. Jh.s verfasst wurde. Für eine genauere Datierung fehlen Anhaltspunkte. Allerdings könnten die positive Sicht der Obrigkeit und der fehlende Bezug auf → Martyrien darauf hinweisen, dass der Brief eher in der Frühzeit Domitians (zwischen 81 und 90) entstanden ist (während es scheint, dass die Situation in späterer Zeit schwieriger wurde und es sogar zu Martyrien kam, vgl. Offb 2,13; 6,9–11; 17,6).

Abfassungszeit
wahrscheinlich nach 70 n.Chr., aber noch vor der Jahrhundertwende, vermutlich in den frühen Regierungsjahren Domitians

3. Adressaten und Situation

> Ihr Lieben, lasst euch durch die Hitze nicht befremden, die euch widerfährt zu eurer Versuchung. (1 Petr 4,12a)

Keine neutestamentliche Schrift spricht im Verhältnis zu ihrer Länge so häufig und vielfältig vom *Leiden* wie der erste Petrusbrief. Gemeint sind die Anfeindungen der christlichen Gemeinde durch die → pagane Gesellschaft[14]. Schwierigkeiten haben die Christen dabei vor allem mit ihrer unmittelbaren Umgebung, die über das neue Verhalten ihrer bisherigen Mitbürger „befremdet" ist (4,4) und deshalb die christliche Gemeinde ausgrenzt und diffamiert, ja, anfeindet und denunziert (2,12.23; 3,14–17; 4,4.14–16). Hinzu kommt, dass auch von den Behörden im Konfliktfall die Schuld den Christen zugeschrieben wird – das Christentum wird kriminalisiert.

Situation
Die Gemeinde erfährt Ausgrenzung, Diffamierung, Anfeindung bis hin zu pogromartigen Übergriffen.

13 Nach Euseb, Kirchengeschichte III 39,17.

14 Wenn der Statthalter Plinius in seinem Bericht an Kaiser Trajan über die Christenprozesse die „dem Namen [Christen] anhaftenden Schandtaten" (ep X, 96) schon als zureichenden Verurteilungsgrund erwägt, so ist der Name „Christ" bereits zum Synonym für Verbrecher geworden – eine Situation, wie sie schon in 1 Petr 4,12ff (bes. 4,14) angedeutet ist!

C Theologische Schwerpunkte

Wenn der Verfasser des ersten Petrusbriefes die Christen gleich zu Beginn als „Fremde in der Diaspora" anspricht, so bringt er damit ihre gesellschaftliche Situation auf den Begriff: Sie sind Außenseiter, Gezeichnete, Fremdkörper.

> Petrus, ein Apostel Jesu Christi, an die auserwählten Fremdlinge, die verstreut wohnen in Pontus, Galatien, Kappadozien, der Provinz Asien und Bithynien, die Gott, der Vater, ausersehen hat durch die Heiligung des Geistes zum Gehorsam und zur Besprengung mit dem Blut Jesu Christi: Gott gebe euch viel Gnade und Frieden! (1 Petr 1,1f)

Christen als Fremde

Die Bezeichnung als Fremde deutet die Situation der Christen als Zeichen ihres Erwähltseins durch Gott. Damit wird eine in der alttestamentlich-jüdischen Tradition eher marginale Kategorie zum Schlüsselbegriff für die gläubige Existenz in der Gesellschaft.

Doch ist diese Anrede nicht nur *situationsbeschreibend,* sondern auch *situationsdeutend.* Denn mit jener Begrifflichkeit greift der Verfasser auf eine schmale alttestamentlich-jüdische Tradition zurück[15], die (vor allem bei den „Erzvätern") das an sich negative Fremdsein als gesellschaftliche Kehrseite der Erwählung deutete[16]. Diese in der alttestamentlich-jüdischen Tradition eher marginale Kategorie wird im ersten Petrusbrief zum Schlüsselbegriff für die gläubige Existenz in der Gesellschaft. Der gesellschaftliche Makel wird hier zu einem entscheidenden Moment gläubiger Identität; das Fremdsein gründet in der Entsprechung zu Gott und der Zugehörigkeit zu seiner neuen Gemeinschaft, zu seinem Volk. So führt diese Selbstbezeichnung nicht zu einer sektiererischen Abkehr von der Wirklichkeit, sondern erschließt vielmehr einen neuen Zugang zur Mitwelt.

Die Christen, so die Botschaft des Briefes, sind Fremde in dieser Gesellschaft – und eben dies sollen sie sein, dadurch sollen sie ihrer Berufung entsprechen:

> Liebe Brüder, ich ermahne euch als Fremdlinge und Pilger: Enthaltet euch von fleischlichen Begierden, die gegen die Seele streiten, und führt ein rechtschaffenes Leben unter den Heiden, damit die, die euch verleumden als Übeltäter, eure guten Werke sehen und Gott preisen am Tag der Heimsuchung. (2,11f)

Eine weitere Besonderheit der Anrede als Fremde ist im Zusammenhang des Briefes[17] auch deren deutlich → eschatologische Zuspitzung: „Fremdlinge" sind die Christen, weil sie wieder geboren sind (so 1,3.23; 2,2). Aus der nichtigen Lebens-

---

15 Ausführlich dargestellt ist dies bei Feldmeier, Fremde, bes. 39–74.

16 Dies gilt sowohl für das ganze Volk (vgl. 1 Chr 29,10ff; Lev 25,23) wie für den einzelnen Frommen (vgl. Ps 39,13; 119,19.54).

17 Angedeutet ist dieses Motiv noch im Hebräerbrief, vgl. 11,8f.13 sowie ferner 11,14–16.37f; 13,14.

weise ihrer Väter erlöst und in einen neuen Lebenszusammenhang gestellt (vgl. 1,18), haben sie eine über diese vergehende Welt hinausreichende[18] Zukunft. Christliches Leben ist so als Existenz aus der „lebendigen Hoffnung" (1,3) vom Selbstverständnis der Mitwelt radikal unterschieden; die Fremdlingschaft hat ihren eigentlichen Grund darin, dass die christliche Gemeinde auf Gottes Zukunft zugeht[19]. So verstanden verlieren die Fremdheitserfahrungen ihre zerstörerische Macht. Im Gegenteil: Die Gläubigen können sich sogar darüber freuen, weil die Leiden die Kehrseite der Zugehörigkeit zu Gott sind.

> Ihr Lieben, lasst euch durch die Hitze nicht befremden, die euch widerfährt zu eurer Versuchung, als widerführe euch etwas Fremdes, sondern freut euch, dass ihr mit Christus leidet, damit ihr auch zur Zeit der Offenbarung seiner Herrlichkeit Freude und Wonne haben mögt. (1 Petr 4,12f)

Christologische Begründung des Leidens

Verworfensein durch Menschen und Erwähltsein durch Gott sind Kennzeichen der Nachfolge Christi. In der Sklavenparänese wird die Leidensnachfolge unmittelbar mit der Passion Christi verbunden.

Der Zustand der gesellschaftlichen Ausgrenzung und Nachstellung kann so positiv gedeutet und damit angenommen werden. Dies wird durch den ganzen Brief hindurch auf verschiedene Weise auch → christologisch begründet. Bereits 1,11 stellt einen Zusammenhang her zwischen dem Leiden Christi und seiner darauf folgenden Herrlichkeit. 1,18–21 zeigt, wie die Erlösten durch Christi Lebenshingabe in ein kritisches Verhältnis zu ihrem bisherigen Lebenszusammenhang gesetzt sind. In 2,4–6 ist die gleichzeitige Verwerfung durch die Menschen und die Erwählung durch Gott geradezu das Kennzeichen des „lebendigen Steines" Christus (2,4.6), in dessen Nachfolge[20] die Gläubigen ihrerseits zu solchen „lebendigen Steinen" werden (2,5). 2,21–25 malt den leidenden Christus vor Augen, der gerade im Ertragen der stellvertretend auf sich genommenen Leiden „... euch ein Vorbild hinterlassen (hat), dass ihr sollt nachfolgen seinen Fußtapfen" (2,21).

In dieser bewussten Annahme des Fremdseins und seiner Konsequenzen wird die gesellschaftliche Ausgrenzung so in die christliche Identität integriert, dass die bisher anfechtenden und den Glauben bedrohenden Erfahrungen (vgl. 1,6; 4,12) nun zu einem Moment der Glaubensgewissheit werden, sie erhalten als Ausdruck christlicher Besonderheit einen positiven, ja elitären Beiklang[21]. Dadurch will der Brief die Christen auch von der Fixierung auf die gesellschaftliche Ausgrenzung

18 Vgl. die drei negativen Adjektive, mit denen in 1,4 der überirdische Charakter des christlichen „Erbes in den Himmeln" unterstrichen wird.

19 Vgl. Goppelt, 1 Petr, 155: „Fremde zu sein, ist das Signum der Christen in der Gesellschaft; denn es ist soziologischer Ausdruck für den eschatologischen Charakter ihrer Existenz."

20 Vgl. 2,4a: „Zu ihm kommt ...".

21 Dies unterstreicht auch das Adjektiv „erwählt" in 1 Petr 1,1, das die positive Kehrseite der Fremde im Sinn des 1 Petr betont.

befreien und ihnen damit die Freiheit zu einem offenen, verantwortungsvollen Verhalten in den sozialen Konfliktbereichen eröffnen. Dem dienen nicht zuletzt die so oft missverstandenen Ermahnungen zur Unterordnung (1 Petr 2,13–3,7), die den Adressaten im Umgang mit der ihnen feindlichen Mitwelt wie mit den daraus resultierenden Leiden eine erneuerte Daseins- und Handlungsorientierung ermöglichen wollen.

D Wirkungsgeschichtliche Hinweise

Einen kaum zu unterschätzenden Einfluss auf das christliche Selbstverständnis hat der erste Petrusbrief durch seine Anrede der Christen als „Fremde" ausgeübt. Bereits die frühchristlichen Gemeinden haben sich als *paroikia* bezeichnet, als Verbund der in der Fremde Lebenden, wovon sich unser Wort Pfarrei bzw. Pfarrer ableitet. Wie im Brief selbst wurde dies in zwei Richtungen entfaltet: Zum einen dient es als Trost und Vergewisserung für die angefochtenen Gläubigen. In diesem Sinn wird das Motiv der Fremde und „Pilgerschaft" auch in zahlreichen Liedern und Gebeten aufgenommen[22], aber auch in der Erbauungsliteratur seit John Bunyans *„Pilgrim's Progress"*. Zum anderen ist die Fremde aber auch eine kritische Kategorie, die eine an die Welt angepasste Kirche an ihre Bestimmung erinnert. In diesem Sinne hat schon Augustin das Wesen der „Bürgerschaft Gottes" (*Civitas Dei*) durch die → *peregrinatio* definiert, ihr Fremdsein. Nicht zufällig hat das Fremdsein für das Mönchtum immer eine besondere Rolle gespielt, das dieses Anderssein durch seine Lebensform zu verwirklichen suchte und so innerhalb der Kirche immer wieder ein heilsam beunruhigendes Moment bildete[23]. In unserem Jahrhundert ist zum einen an Dietrich Bonhoeffer zu erinnern, der in der Zeit des Kirchenkampfes das Wesen und die Aufgabe der Jünger Jesu gerade durch ihr Anderssein, ihre Fremdheit bestimmt hat[24]. Auf andere Weise hat Papst Johannes XXIII. in der Konstitution des Zweiten Vatikanischen Konzils über die Kirche (*Lumen Gentium*) gegenüber einer einseitigen Betonung des Seins der Kirche wieder deren Unterwegssein, die *peregrinatio*, herausgestellt.

---

22 Manche Lieder sind ganz diesem Thema gewidmet, wie „Ich bin ein Gast auf Erden" von Paul Gerhardt (Evangelisches Gesangbuch, Nr. 529) und „Kommt Kinder lasst uns gehen" von Gerhard Tersteegen (EG 393).

23 Dabei spannt sich ein Bogen von den frühen Einsiedlern wie Ephräm dem Syrer über die iroschottischen Mönche bis zu Franz von Assisi und Luther.

24 Vgl. D. Bonhoeffer, Nachfolge, hg. v. M. Kuske und I. Tödt, Dietrich Bonhoeffer Werke Bd. 4, München 1989, 83f: „Die Welt feiert und sie stehen abseits; die Welt schreit: freut euch des Lebens, und sie trauern. Sie sehen, dass das Schiff, auf dem festlicher Jubel ist, schon leck ist. Die Welt phantasiert von Fortschritt, Kraft, Zukunft, die Jünger wissen um das Ende, das Gericht und die Ankunft des Himmelreiches, für das die Welt so gar nicht geschickt ist. Darum sind die Jünger Fremdlinge in der Welt, lästige Gäste, Friedensstörer, die verworfen werden ... Sie stehen als Fremdlinge in der Kraft dessen, der der Welt so fremd war, dass sie ihn kreuzigte".

3. Der zweite Petrusbrief

Reinhard Feldmeier

Literatur

Henning Paulsen, Der zweite Petrusbrief und der Judasbrief, KEK 12/2, Göttingen 1992

Karl Hermann Schelkle, Die Petrusbriefe. Der Judasbrief, HThK 13/2, Freiburg u.a. 1961, 6. Aufl. 1988

Wolfgang Schrage, Der zweite Petrusbrief, in: Horst Balz/Wolfgang Schrage, Die „Katholischen" Briefe. Die Briefe des Jakobus, Petrus, Johannes und Judas, NTD 10, Göttingen 1973 (Berlin 1982), 14. Aufl. 1993, 122–155

Absender: Der Verfasser stellt sich als Jünger Jesu und Augenzeuge bei der Verklärung vor, der angesichts seines bevorstehenden Todes sein Vermächtnis hinterlassen will.
Adressaten: Bei den Briefadressaten werden ethische Mängel und Schwierigkeiten mit der Erwartung des Wiederkommens Christi erkennbar.
Thema: Verteidigung der christlichen Zukunftshoffnung und Betonung der Inspiriertheit von Prophetie und Auslegung.
Ziel: Abgrenzung von Irrlehrern durch autoritative Absicherung der Lehre sowie Verurteilung ethischer Mängel.

A Bibelkundliche Erschließung

1. Aufbau

1,1f	**Anschrift und Gruß**	
1,3–21	**Grundlegung**	
	1,3f	Der Zuspruch der göttlichen Kraft
	1,5–11	Der Anspruch eines der Erwählung entsprechenden Verhaltens
	1,12–21	Die apostolische Absicherung der Parusieverheißung
2,1–3,13	**Abgrenzung**	
	2,1–22	Polemik gegen die „Irrlehrer"
	3,1–13	Auseinandersetzung mit der Parusieleugnung
3,14–18	**Schlussermahnung**	

2. Kommentierung des Aufbaus

Das Schreiben ist klar zweigeteilt. Nach Anschrift und Friedensgruß (1,1f) wird der erste Teil eröffnet durch ein eigenwilliges Resümee der christlichen Heilsbotschaft. Daraufhin werden die Adressaten angehalten zu einem ihrer Berufung und Erwählung entsprechenden Verhalten, welches die Bedingung für den „Eingang in das ewige Reich unseres Herrn und Heilands Jesus Christus" (1,11) ist. Dem folgt – als Vermächtnis des Apostels kurz vor seinem Tod eingeführt – eine Verteidigung der → Parusieverheißung durch die „Augenzeugenschaft" des Verfassers bei der „Verklärung" Jesu (1,16–18) sowie die Betonung der grundsätzlichen Inspiriertheit von Prophetie und Auslegung (1,19–21). Diese Apologie leitet über zu dem zweiten Abschnitt, der sich mit den „falschen Propheten" und „falschen Lehrern" (2,1) befasst[25], wobei Kap. 2 gegen die moralischen Mängel polemisiert, deren Ursache der Verfasser im Missbrauch der christlichen Freiheit sieht (2,19), während 3,1–13 sich mit dem „Spott" auseinander setzt, der aufgrund der Verzögerung der Wiederkunft prinzipiell jede Veränderung der Welt bestreitet (3,4). Durchweg wird betont, dass Gott sein Gericht über das Böse durchführen wird (2,1.3.4–7.12ff.17; 3,7.9–12).

B Geschichtliche Einordnung

1. Verfasser

Verfasser

Die Verfasserangabe „Simon Petrus" ist eine Fiktion. Dies zeigen Differenzen in Stil und Sprache sowie theologische Unterschiede gegenüber dem ersten Petrusbrief. Vom zeitgeschichtlichen Kontext des ersten Briefes ist im zweiten nichts zu bemerken.

Der Verfasser nennt sich Simon Petrus, er verweist auf seine Augenzeugenschaft bei der „Verklärung" und bezieht sich ausdrücklich auf einen „ersten Brief" zurück, eben den ersten Petrusbrief, den er voraussetzt (3,1). Allerdings lässt gerade dieser Bezug auf den ersten Petrusbrief die Verfasserangabe als Fiktion erscheinen. Neben Differenzen in Stil und Sprache fallen vor allem erhebliche theologische Unterschiede auf, die das Schreiben als → Pseudepigraphon ausweisen.

Der erste Petrusbrief steht der paulinischen Theologie nahe, während der zweite davon nichts erkennen lässt und von Paulus nur noch zu sagen weiß, dass vieles in seinen Briefen schwer verständlich sei (2 Petr 3,15f). Im ersten Petrusbrief ist Christus Bezugspunkt christlicher Hoffnung und Lebensgestaltung, im zweiten nur Erkenntnisgegenstand (1,2f). Die im ersten Brief noch unzweifelhafte Erwartung der Parusie (dort: „Offenba-

25 Die Parallelität der Vorwürfe in 2,10.18 und 3,3 (Lästerung/Spott in Kombination mit einem Leben nach den eigenen Begierden) wird in der Regel als Hinweis darauf verstanden, dass es sich jeweils um dieselben Gegner handelt.

rung", *apokalypsis*) ist im zweiten (dort: „Ankunft", *parousia*) fraglich und muss verteidigt werden. Von den Spannungen zwischen den christlichen Gemeinden und der Mitwelt, die den Hintergrund des ersten Briefes bilden, ist im zweiten nichts mehr zu bemerken; stattdessen stehen jetzt innergemeindliche Probleme im Vordergrund.

2. Abfassungszeit

Der Brief gibt selbst keine klaren Hinweise zu seiner Abfassungszeit. Da er den Judasbrief weitgehend ausschreibt[26], den ersten Petrusbrief bereits als autoritatives Schreiben voraussetzt, und der Tod der „Väter" (d.h. der ersten Generation) ein Faktum ist (3,4), kann er kaum vor der Jahrhundertwende entstanden sein. Wahrscheinlich ist seine Entstehung sogar deutlich später anzusetzen[27].

Abfassungszeit

Da der zweite Petrusbrief den Judasbrief und den ersten Petrusbrief voraussetzt, ist er nicht vor der Jahrhundertwende entstanden.

3. Adressaten und Situation

Das Übergewicht von Apologetik und Polemik, die bereits die Einführung mitbestimmen (vgl. 1,8f.16.21) und den größten Teil des Briefes (Kap. 2 und 3) einnehmen, weist deutlich auf die Probleme in der Christenheit des frühen 2. Jh.s hin. Im zweiten Petrusbrief ist dies vor allem die Parusieverzögerung, die bei vielen Christen zu Zweifeln und zur Preisgabe der urchristlichen Erwartung der Wiederkunft Jesu Christi geführt hat. Vermutlich als Folge davon gab es auch Probleme mit der Verbindlichkeit des christlichen Ethos[28]. Wenn man die Aussagen des Judasbriefes, den der zweite Petrusbrief offensichtlich benutzt hat, hinzuzieht,

Situation

Im Vordergrund des zweiten Petrusbriefes stehen innergemeindliche Probleme, wie am Übergewicht von Apologetik und Polemik deutlich wird. Dazu zählt besonders die Preisgabe der Parusieerwartung bei Christen, gegen die sich der Brief wendet.

26 Der größte Teil des Judasbriefes ist rezipiert, wenn auch mit „rechtgläubigen" Korrekturen. So tilgt er die expliziten Bezüge auf nichtkanonische Schriften, vgl. den Verweis auf Henoch in Jud 14f oder den Kampf Michaels mit dem Teufel um den Leichnam des Mose in Jud 9. Dies ist ein deutliches Indiz für das beginnende Ringen um einen neutestamentlichen → Kanon.

27 Nach Roloff, Einführung, 222, haben wir es beim 2 Petr „zweifellos mit der am spätesten entstandenen neutestamentlichen Schrift zu tun", die zwischen 125 und 130 abgefasst worden sei.

28 Wenn sich die beiden Kapitel gegen dieselben Leute richten (s.o. Anm. 25), so dürfte die Annahme der Spötter, dass die Schöpfung sowieso immer sich gleichbleibt, zumindest ein auf die Überwindung der Welt zielendes Ethos (vgl. 1,4; 2,20) unterminiert haben, wenn es nicht überhaupt das Bewusstsein der Verantwortlichkeit abschwächte.

so deutet einiges darauf hin, dass es sich bei den abgelehnten „Irrlehrern" um Vertreter einer Frühform der → Gnosis handelt (s.u. zum Judasbrief).

C Theologische Schwerpunkte

An geistiger Kraft und theologischer Tiefe kann sich der zweite Petrusbrief bei weitem nicht mit dem ersten oder den Paulusbriefen messen. Neben den Abgrenzungen und Verurteilungen, die den größten Teil des Briefes einnehmen, dominieren autoritative Absicherungen der Lehre. Selbst Christus ist in erster Linie Erkenntnisgegenstand und Garant der apostolischen Autorität. Das einzige Mal, wo der Verfasser mit eigenen Worten zusammenfasst, worin für ihn das Heil besteht, tut er dies in Worten, die deutlich an die → pagane Religiosität anklingen:

> Alles, was zum Leben und zur Frömmigkeit dient, hat uns seine göttliche Kraft geschenkt durch die Erkenntnis dessen, der uns berufen hat durch seine Herrlichkeit und Kraft. Durch sie sind uns die teuren und allergrößten Verheißungen geschenkt, damit ihr dadurch Anteil bekommt an der göttlichen Natur, die ihr entronnen seid der verderblichen Begierde in der Welt. (1,3f)

Durch diese Übersetzung der christlichen Heilsbotschaft in den Kontext der hellenistisch-römischen Welt (die sich auch in der Ethik deutlich fortsetzt[29]) wird der christliche Glaube als Erlösungsreligion profiliert, welche die „Flucht" aus dem „Verderben in der Welt" und dem „Unrat der Welt" ermöglicht (so 1,4; 2,20). Andererseits hält der zweite Petrusbrief gegenüber den Versuchen einer Neudeutung der → Eschatologie entschieden an der urchristlichen Naherwartung fest und verteidigt diese gegen Kritiker. Dies ist wohl die bedeutendste Leistung dieses frühchristlichen Schreibens, dass es in einer damals zeitgemäßen Sprache und Begrifflichkeit sowie durch eine Kombination verschiedener Argumente die biblische Eschatologie verteidigt. So hält es gegen den Trend zur metaphysischen Umdeutung des Heils in eine rein jenseitige Größe fest an der urchristlichen Hoffnung auf eine Erneuerung der Wirklichkeit durch Gott als Schöpfer und Richter:

Teilhabe an der göttlichen Natur

2 Petr 1,4 ist die einzige Stelle in der Bibel, die – in Anlehnung an philosophisch-religiöse Terminologie der hellenistisch-römischen Welt – von der Teilhabe der Glaubenden an der göttlichen Natur spricht.

> Wir warten aber auf einen neuen Himmel und eine neue Erde nach seiner Verheißung, in denen Gerechtigkeit wohnt. (2 Petr 3,13)

29 Leitbegriffe sind die auch in der philosophischen Ethik geschätzten Werte wie „Tugend" (1,3.5), „Selbstbeherrschung" (1,6a.b), „Frömmigkeit" (1,3.6.7; 3,11) und „Bruderliebe" (1,7a.b), verbunden mit einer fortgesetzten Polemik gegen die „Begierde(n)" (1,4; 2,10.18; 3,3).

Zugleich bilden nicht zufällig Ermahnungen den Eingang und den Schluss des Briefes (1,5–11; 3,17f). Die mit der Eschatologie festgehaltene Gewissheit eines gerechten Gerichtes begründet auch die ethische Ermahnung.

D Wirkungsgeschichtliche Hinweise

Kirchengeschichtlich wirksam wurde die (allerdings nicht auf den zweiten Petrusbrief beschränkte) Zusammenstellung von „Peter und Paul" als den beiden für die Tradition der Kirche wichtigsten apostolischen Garanten. Wirkungsgeschichtlich am bedeutendsten aber war zweifellos die in 3,8 gegebene Antwort des Schreibens auf das Problem der Parusieverzögerung. Die Relativierung der menschlichen Zeitvorstellung durch die aus der Psalmenexegese gewonnene Aussage, dass vor Gott tausend Jahre wie ein Tag sind, ist ein in der christlichen Apologetik bis heute beliebtes Argument, um die Erfahrung einer sich immer mehr dehnenden Zeit mit der biblischen Erwartung des wiederkommenden Christus in Einklang bringen zu können. Als einzige neutestamentliche Schrift hat der zweite Petrusbrief auch die → stoische Weltbrandlehre rezipiert (3,10.12) und so die Vorstellung vom Jüngsten Tag als gewaltsames Verbrennen und „Schmelzen" des Kosmos im Feuer geprägt[30].

Im Vergleich mit den meisten anderen neutestamentlichen Schriften führte dieser Brief (nicht ganz zu Unrecht) ein Schattendasein, ja, es war lange umstritten, ob er überhaupt Aufnahme in den neutestamentlichen → Kanon finden sollte. In der Alten Kirche spielt er so gut wie keine Rolle. Der Erste, der ihn überhaupt bezeugt, ist Origenes (185–254), und der zählt ihn zu den umstrittenen Schriften! Euseb hält ihn – mit anderen – für unecht (Kirchengeschichte III 3,4). Hieronymus (um 347–419/20) bemerkt, dass der Brief von den meisten abgelehnt wird. Noch im 5. Jh. bestreiten so angesehene Theologen wie Johannes Chrysostomus und Theodor von Mopsuestia seine Echtheit. Beim Abschluss der Kanonbildung in der zweiten Hälfte des 4. Jh.s wird er jedoch in das Verzeichnis der kanonischen Schriften (39. Osterfestbrief des Athanasius) aufgenommen. Doch auch dann spielt der Brief kaum eine Rolle. Lediglich einzelne Worte wie 3,13 oder – in jüngerer Zeit – auch 1,20 finden etwas mehr Beachtung.

30 Bezeichnend dafür sind etwa die berühmten Verse aus der lateinischen Totenmesse: *dies irae, dies illa, solvet saeculum in favilla* („Jener Tag, der Tag des Zornes, der das Weltall in Glut und Asche auflöst ...").

4. Der Jakobusbrief

Reinhard Feldmeier

Literatur
Hubert Frankemölle, Der Brief des Jakobus, ÖTBK 17, 2 Bde., Gütersloh/Würzburg 1994
Franz Mußner, Der Jakobusbrief, HThK 13/1, Freiburg u.a. 1963 (Leipzig 1976), 5. Aufl. 1987
Wolfgang Schrage, Der Jakobusbrief, in: Horst Balz/Wolfgang Schrage, Die „Katholischen" Briefe. Die Briefe des Jakobus, Petrus, Johannes und Judas, NTD 10, Göttingen 1973 (Berlin 1982), 14. Aufl. 1993, 5–59

Absender: Der Briefschreiber stellt sich als Jakobus vor und beansprucht damit die Autorität des Herrenbruders, der als Leiter der Jerusalemer Urgemeinde eine führende Gestalt im Urchristentum war.
Adressaten: Die Briefempfänger werden als „zwölf Stämme in der Zerstreuung" angeredet, die unter Bedrängnissen von außen und inneren Spannungen zwischen Arm und Reich leiden.
Thema: Die Lebenspraxis der Gemeinde muss mit ihrem Glauben in Einklang stehen.
Ziel: Zuspruch des Vertrauens auf Gott und Ermahnung zum Tun seines Willens.

A Bibelkundliche Erschließung

1. Aufbau

1,1	Anschrift und Gruß
1,2–18	Anfechtungen als Anlass zur Bewährung
1,19–27	Der Zusammenhang von Hören und Tun
2,1–13	Kein Ansehen der Person
2,14–26	Der unlösbare Zusammenhang von Glaube und Werken
3,1–12	Die Macht der Zunge
3,13–18	Die wahre Weisheit
4,1–12	Gegen die Streitsucht und Verleumdung
4,13–17	Gegen die Selbstmächtigkeit
5,1–6	Gerichtsankündigung gegen die Reichen
5,7–12	Mahnungen zur Geduld, Warnung vor dem Schwören
5,13–18	Kraft des Gebetes angesichts von Krankheit und Sünde
5,19–20	Verantwortung für die Irregehenden

2. Kommentierung

Der vorgestellte Aufbau ist weniger eine Gliederung als eine verkürzte Inhaltsangabe. Dies liegt in der Eigenart dieses Schreibens, das in lockerer Aneinanderreihung verschiedene, überwiegend ethische Themenkreise behandelt, wobei bestimmte Themen wie die „Vollkommenheit" als Ziel christlicher Existenz, der unauflösliche Zusammenhang von Glauben und Handeln, die „Armenfrömmigkeit" und das Bild von dem die Niedrigen erhöhenden Gott sich wiederholen und vom Verfasser des Briefes aufeinander bezogen werden, so dass man in ihnen die Hauptanliegen des Schreibens sehen kann (s.u. C).

B Geschichtliche Einordnung

1. Verfasser

Der Autor des Briefes nennt sich Jakobus. Da Jakobus, Sohn des Zebedäus, bereits vor 44 n.Chr. das → Martyrium erlitten hat und der Jakobusbrief eine spätere historische Situation voraussetzt, kann nur der Herrenbruder Jakobus, der Leiter der Jerusalemer Urgemeinde, als anerkannte urchristliche Autorität gemeint sein, der hier in Anknüpfung an jüdische → Diasporabriefe den „verstreuten Stämmen" Rat und Weisung gibt. Auch die Korrektur der paulinischen Abrahamdeutung (Röm 4) in 2,14–26, die Betonung des unlöslichen Zusammenhangs von Glauben und Handeln sowie die vielen Anklänge an die Jesusüberlieferung im Jakobusbrief[31] könnten für eine Abfassung durch den Herrenbruder Jakobus sprechen. Plausibler ist es jedoch, 2,14–26 vor dem Hintergrund einer bereits bestehenden Diskussion um die paulinische Verkündigung zu erklären, da Paulus selbst keine Alternative zwischen Glauben und Werken aufwirft. Die Interpretation der paulinischen Ablehnung der „Gesetzeswerke" als Ablehnung der „Werke" weist in nachpaulinische Zeit (vgl. den Epheserbrief). Weiter spielen für das → Judenchristentum zentrale Themen wie die Frage der Beschneidung, die Reinheitsgebote, der Sabbat, der Tempel, das Volk Israel sowie das Verhältnis zum → Heidenchristentum im Jakobusbrief keine Rolle. Der Jakobusbrief erlangt auch erst spät → kanonisches Ansehen. Eine Abfassung durch den Herrenbruder Jakobus ist daher weniger wahrscheinlich[32].

> **Verfasser und Abfassungszeit**
>
> Verfasser des Jakobusbriefes ist ein uns nicht näher bekannter christlicher Autor des 1. Jh.s n.Chr., der den Brief unter dem Namen und der Autorität des Herrenbruders Jakobus schreibt.

31 Vgl. dazu die Übersicht bei Mußner, Jak, 48–50.

32 Eine ausführliche Darstellung der Argumente für und wider die Authentizität des Jakobusbriefes findet sich bei Schnelle, Einleitung, 398–401.

2. Abfassungszeit

Unter der Voraussetzung, dass der Jakobusbrief ein → Pseudepigraphon ist, ist er wahrscheinlich am Ende des 1. Jh.s n. Chr. entstanden. Die sich verschärfenden sozialen Konflikte zwischen Armen und Begüterten in den christlichen Gemeinden rücken den Jakobusbrief in die zeitliche Nähe zum lukanischen Schrifttum, zu den → Pastoralbriefen und der Offenbarung des Johannes[33]. Dafür spricht auch die Auseinandersetzung mit einem Missverständnis der paulinischen Theologie in 2,14–26 (s.o.). Liegt in Jud 1 eine Bezugnahme auf Jak 1,1 vor, was freilich ungewiss ist, so ist der Jakobusbrief noch vor dem Judasbrief entstanden, also noch vor der Wende zum 2. Jh.

3. Adressaten und Situation

Das Schreiben ist an die „zwölf Stämme in der Zerstreuung" gerichtet. Dabei ist, ähnlich wie im ersten Petrusbrief, an das Gottesvolk als die Gemeinschaft der Fremden in der Gesellschaft gedacht. Die Behandlung der „Anfechtungen" am Anfang des Briefes nimmt darauf Bezug, allerdings findet keine durchgängige Thematisierung dieser Situation statt. Weit mehr richtet sich das Augenmerk dieses Rundschreibens auf die Gefahr, in den Gemeinden den Reichen zu viel Einfluss einzuräumen und die Armen zu verachten. Offensichtlich sind die Adressaten Angehörige verschiedener sozialer Schichten: Tagelöhner, Kaufleute und Grundbesitzer.

C Theologische Schwerpunkte

Da das Schreiben vor allem aufeinanderfolgende Spruchgruppen mit weisheitlichen Ermahnungen und Belehrungen enthält und die → christologische und → soteriologische Verkündigung des Urchristentums ausgeblendet bleibt[34], hat man dem Jakobusbrief gerne theologische Dürftigkeit vorgeworfen (s.u. D). In neuerer Zeit hat der Jakobusbrief eine freundlichere Behandlung erfahren; oft sieht man sein Hauptanliegen aufgrund seiner Nähe zur Weisheit vor allem in der theologischen Reflexion der Lebenspraxis. In der Tat tragen viele Passagen des Schreibens ein deutlich weisheitliches Gepräge, etwa der Abschnitt über die Gefährlichkeit der Zunge, 3,1–12. Auch die wenig systematische Aneinanderreihung verschiedener Themen wird auf diesem Hintergrund verständlicher. Einen Hinweis auf die zentralen theologischen Anliegen des Briefes geben die Wiederholungen bestimmter

33 Vgl. z. B. Apg 5,1–11; 1 Tim 6,6ff.17–19; Offb 3,17–19; vgl. auch Lk 12,16–21; 16,19–31.

34 Jesus Christus begegnet namentlich nur in der Grußüberschrift 1,1 und in der Näherbestimmung des Glaubens, der vom Ansehen der Person freizuhalten ist (2,1).

Themen. Da ist als Erstes die Betonung des unlösbaren Zusammenhanges von Glaube und Werk:

> Denn wie der Leib ohne Geist tot ist, so ist auch der Glaube ohne Werke tot. (2,26; vgl. 1,19–27; 2,14–26; 3,13–18)

Die engen Bezugnahmen auf das paulinische Verständnis der Rechtfertigung allein aus Glauben machen es wahrscheinlich, dass sich Jakobus hier bewusst von Paulus abgrenzt. Es ist aber umstritten, ob er sich gegen den Heidenapostel selbst wendet oder gegen eine zeitgenössische Paulusdeutung, das heißt gegen Christen, die unter Berufung auf Paulus einen Glauben ohne Werke praktizieren. Die Polemik des Jakobusbriefes trifft jedenfalls Paulus selbst nicht, der keinen vom Handeln abgelösten Glauben kennt (vgl. z. B. Gal 5,6; Röm 13,8–10) und sich immer wieder gegen eine entsprechende Fehlinterpretation seiner Botschaft wendet. Allerdings sind bei Paulus die Werke immer nur Folge des Glaubens und der durch diesen zugeeigneten Rechtfertigung. Für den Verfasser des Jakobusbriefes ist dagegen der Glaube, anders als für Paulus, nicht von vornherein ein existenzbestimmendes Beziehungsgeschehen, sondern kann auf ein bloßes Fürwahrhalten reduziert werden (2,19). Erst in Verbindung mit den Werken ist der Glaube vollkommen (2,22). Entscheidend ist der Gotteswille, der sowohl Kriterium für das menschliche Handeln als auch Maßstab des göttlichen Gerichts (2,12f; 3,1; 4,12, 5,1.9) ist. In seinem Zentrum steht das Liebesgebot:

Zusammenhang von Glaube und Werk

Erst in Verbindung mit den Werken ist der Glaube vollkommen. In der Erfüllung des „Gesetzes der Freiheit“, d.h. des Gebotes der Nächstenliebe, sieht der Autor das Ziel christlicher Existenz.

> Wenn ihr das königliche Gesetz erfüllt nach der Schrift (Lev 19,18): „Liebe deinen Nächsten wie dich selbst“, so tut ihr recht.
> Redet so und handelt so wie Leute, die durchs Gesetz der Freiheit gerichtet werden sollen. Denn es wird ein unbarmherziges Gericht über den ergehen, der nicht Barmherzigkeit getan hat; Barmherzigkeit aber triumphiert über das Gericht. (2,8.12f)

Ohne die Verwirklichung des Glaubens in der Erfüllung des Gebotes der Nächstenliebe (2,8) bzw. des „Gesetzes der Freiheit“ (1,25), sind die Christen nicht „vollkommen“ (1,4). In dieser „Vollkommenheit“ durch die Erfüllung des Gesetzes, die durch die Gabe der Weisheit möglich wird (1,5.17; 3,13.17), sieht der Verfasser das Ziel der christlichen Existenz (1,2–5; 3,2.13–18).

Charakteristisch für den Jakobusbrief ist auch die Kritik an allem Hohen, vor allem an den Reichen, sowie eine entsprechende Wertschätzung der Niedrigkeit, Armut und Demut (1,9–11; 2,1–9; 4,6.10.13–16; 5,1–6). Manche seiner Äußerungen erinnern an eine „Armenfrömmigkeit“, wie sie auch bei Lukas zu finden ist. Letztlich gründet dies in seinem Gottesverständnis: Von Gott kommt nur Gutes[35].

35 Darin ist er von der Welt unterschieden (4,4). Folglich ist Gott auch nicht Urheber der dem Menschen begegnenden Versuchungen (1,13ff).

Diese Güte zeigt sich nicht zuletzt darin, dass er den Armen erwählt (2,5), sein Schreien hört (5,4), die Demütigen erhöht, sich aber den Hochmütigen widersetzt (4,6.10). Dazu gehört auch, dass man sich an diesen Gott im Gebet wenden kann und soll, weil er die Bitten erhört und gnädig ist (1,5; 5,13ff). Im Ganzen gesehen sind Affinitäten zu den → synoptischen Evangelien, zu Lukas und noch mehr zu Matthäus, besonders zur Bergpredigt bzw. zur Feldrede, nicht zu übersehen.

D Wirkungsgeschichtliche Hinweise

Der Jakobusbrief wurde lange Zeit nicht als → kanonisch anerkannt[36]. Auch in der lateinischen Kirche hat er sich nur zögerlich, unter dem Einfluss von Hieronymus und Augustinus, durchgesetzt und kanonisches Ansehen erlangt[37]. Besondere Ablehnung erfuhr er in der Reformationszeit durch Martin Luther. Er warf dem Jakobusbrief vor allem seinen Widerspruch gegen die paulinische Rechtfertigungsbotschaft vor und tadelte, dass er das Zentrum der christlichen Verkündigung, die Heilsbedeutung des Kreuzes Jesu und die Auferstehung Christi, missachte. Als biblischer Beleg für die vor allem in der römisch-katholischen Kirche praktizierte Krankensalbung wurde Jak 5,14 wichtig.

5. Der Judasbrief

Reinhard Feldmeier

Literatur

Henning Paulsen, Der zweite Petrusbrief und der Judasbrief, KEK 12/2, Göttingen 1992

Karl Hermann Schelkle, Die Petrusbriefe. Der Judasbrief, HThK 13/2, Freiburg u.a. 1961, 6. Aufl. 1988

Wolfgang Schrage, Der Judasbrief, in: Horst Balz/Wolfgang Schrage, Die „Katholischen" Briefe. Die Briefe des Jakobus, Petrus, Johannes und Judas, NTD 10, Göttingen 1973 (Berlin 1982), 14. Aufl. 1993, 224–240 (Lizenzausg.: 223–239)

Absender: Der Verfasser stellt sich als „Judas, ein Knecht Jesu Christi und Bruder des Jakobus" vor und beansprucht damit indirekt die Autorität eines Bruders Jesu.
Adressaten: Der Brief richtet sich an „die Berufenen", d.h. an alle Christen.

36 Zwar zitiert Origenes ihn als „Schrift", nach Euseb, Kirchengeschichte III 25,3 gehört er aber zu den → Antilegomena. Erst im Kanonverzeichnis des Athanasius ist auch der Jakobusbrief nachgewiesen (Belege bei Mußner, Jak, 38ff).

37 Vgl. Mußner, Jak, 39f.

Thema: Anlass des Schreibens ist die Gefährdung der Christen durch Irrlehrer.
Ziel: Aufforderung zur Abgrenzung von den Irrlehrern mit Hilfe von Polemik gegen sie.

A Bibelkundliche Erschließung

1. Aufbau

1f	Anschrift und Gruß
3–16	Warnung vor den Irrlehrern und Beispiele für deren Bestrafung
17–23	Mahnungen an die Gemeinde
24f	Abschließender Lobpreis

2. Kommentierung des Aufbaus

Abgesehen vom Eingangsgruß und dem abschließenden Lobpreis besteht der gesamte Brief aus Polemik gegen „Gottlose", die sich in die Gemeinde „eingeschlichen" haben und „die Gnade unseres Gottes für ihre Ausschweifungen missbrauchen" (4). Verbunden mit der Warnung sind die entsprechenden Mahnungen zur Treue zum „allerheiligsten Glauben" (20)[38].

B Geschichtliche Einordnung

1. Verfasser

Der Verfasser stellt sich vor als „Judas, ein Knecht Jesu Christi und Bruder des Jakobus". Wenn der hier als Autorität vorausgesetzte Jakobus der Leiter der Jerusalemer Urgemeinde und Herrenbruder ist – und nur bei einer bekannten Person ist diese Berufung auf das Verwandtschaftsverhältnis sinnvoll – wäre dieser Judas auch ein Bruder Jesu (vgl. Mk 6,3). Der in gutem Griechisch geschriebene Judasbrief, der sich mit Problemen der dritten Generation des → Urchristentums auseinander setzt (s.u. 3.) und auf die Zeit der Apostel zurückblickt (17), ist damit nur

Verfasser und Abfassungszeit

Der Judasbrief wurde vermutlich von einem uns nicht näher bekannten Autor um die Wende zum 2. Jh. geschrieben.

38 Allerdings ist die Trennlinie nicht ganz scharf; auch der erste Teil enthält Ermahnungen (3), der zweite Polemik (18f).

schwer in Einklang zu bringen. Daher nehmen viele Kommentatoren an, dass es sich um eine fiktive Verfasserangabe handelt.

2. Abfassungszeit

Eindeutige Hinweise für eine Datierung fehlen. Die unter 1. genannten Argumente machen eine Abfassung in nachapostolischer Zeit wahrscheinlich. Andererseits dient der Judasbrief dem zweiten Petrusbrief als Vorlage und zitiert noch → pseudepigraphische Schriften (wie das Henochbuch) als Autorität, was in späterer Zeit zumindest problematisch war[39]. Daher wird meistens eine Entstehungszeit um die Wende zum 2. Jh. angenommen.

3. Adressaten und Situation

Der Judasbrief richtet sich einfach an „die Berufenen", d.h. wohl an alle Christen. Anlass ist die Gefährdung der Christen durch Irrlehrer. Deren Position kann allerdings aus den Vorwürfen nur mit aller Vorsicht erschlossen werden, da Ketzerpolemik meist klischeehaft und verzerrt ist. Das gilt gerade für den hier am häufigsten begegnenden Vorwurf der ethischen Laxheit. Theologische Differenzen verrät die Beschuldigung, die himmlischen Mächte zu verachten und zu lästern (8.10) bzw. gegen Gott „Freches" und „stolze Worte" zu reden (15f). Jud 8 könnte man entnehmen, dass die Widersacher sich etwas auf ihre Traumgesichte eingebildet haben.

Situation

Anlaß ist die Gefährdung der christlichen Adressaten durch Irrlehrer. Möglicherweise handelte es sich bei den Gegnern um Vertreter einer Vorform der späteren Gnosis.

Dieses noch etwas dürftige Porträt wird meistens durch die Angaben aus dem zweiten Petrusbrief ergänzt, der ja ebenfalls gegen Irrlehrer polemisiert und sich dabei des Judasbriefes bedient. Demzufolge könnte zu den bisherigen Vorwürfen noch hinzugefügt werden, dass sich jene Gegner ihrer „Erkenntnis" rühmen (2 Petr 1,5f; 3,18) und ihre Sonderlehren mit einer eigenen Schriftauslegung begründen (2 Petr 1,19–21; 3,16). Dies könnte darauf hindeuten, dass wir es bei jenen Gegnern mit einer Frühform dessen zu tun haben, was man später als → Gnosis bezeichnet. Diese schillernde Bewegung nahm eine radikale → hellenistische Umdeutung des christlichen Glaubens vor, welche die geistliche, göttliche Welt der irdischen völlig entgegensetzen konnte (mit der Konsequenz der Bestreitung ihrer Geschöpflichkeit). Dass sie in der Ethik – neben einer asketischen – auch eine libertinistische Strömung her-

39 Bereits der 2 Petr korrigiert bezeichnenderweise den Bezug auf Henoch und gibt nur → „kanonische" Beispiele.

vorbrachte, könnte zu den Vorwürfen der Ausschweifung und Unzucht passen. Diese Annahme würde auch weitere Züge des Judasbriefes erhellen. So wäre der Vorwurf in Jud 19, dass jene Irrlehrer „Psychiker (so wörtlich) sind, die den Geist nicht haben", die Umkehrung dessen, was die Gnostiker denen vorwerfen, die nicht zu ihnen gehören. Auch die Betonung der Einzigartigkeit Gottes in Jud 25 könnte sich gegen die gnostische Differenzierung zwischen einem guten Gott und einem minderwertigen bis böswilligen Schöpfer dieser unvollkommenen Welt wenden. Allerdings fehlt ein klarer Hinweis auf den für die spätere Gnosis charakteristischen kosmologischen → Dualismus.

C Theologische Schwerpunkte

Die Dominanz der Polemik ohne inhaltliche Auseinandersetzung macht es schwierig, von einer „Theologie" des Judasbriefes zu sprechen. Am ehesten könnte man diese noch in seinem Bemühen finden, gegen den Missbrauch der Gnade zu betonen, dass diese durchaus kein Freibrief ist, über den der Gläubige nach Belieben verfügen kann. Schon die einleitenden grundsätzlichen Aufforderungen, für den Glauben zu kämpfen (3) und die Gnade nicht in Zügellosigkeit zu verkehren (4), machen dieses Anliegen deutlich, und die im Folgenden angeführten biblischen Beispiele zeigen, dass Gott auch dort, wo er Heilvolles bewirkt hat, durchaus nicht auf sein Gnädigsein festgelegt ist, wenn sich Menschen oder Engel seiner Gnade unwürdig erweisen.

D Wirkungsgeschichtliche Hinweise

Theologisch hat der Judasbrief kaum Wirkung gezeigt. Am bedeutsamsten war sein Einfluss auf die Volksfrömmigkeit, genauer auf die Engelvorstellung, durch seinen Verweis auf Dan 12,1, den Kampf Michaels mit dem → Satan. In der biblischen Literatur wird auch nur hier, in Jud 9, eine individuelle Gestalt als „Erzengel" bezeichnet.

§ 10 Die Johannesoffenbarung

Michael Bachmann

Literatur
Wilhelm Bousset, Die Offenbarung Johannis, KEK 16, Göttingen 2. (6.) Aufl. 1906 (= Göttingen 1966)
Heinz Giesen, Die Offenbarung des Johannes, RNT, Regensburg 1997
Ulrich B. Müller, Die Offenbarung des Johannes, ÖTBK 19, Gütersloh/Würzburg 2. Aufl. 1995
Jürgen Roloff, Die Offenbarung des Johannes, ZBK 18, Zürich 2. Aufl. 1987

Otto Böcher, Die Johannesapokalypse, EdF 41, Darmstadt 4. Aufl. 1998
Martin Karrer, Die Johannesoffenbarung als Brief, FRLANT 140, Göttingen 1986

Frits van der Meer, Apokalypse. Die Visionen des Johannes in der europäischen Kunst, Freiburg/Basel/Wien 1978
Gertrud Schiller, Ikonographie der christlichen Kunst, Bde. 5,1–2: Die Apokalypse des Johannes, Gütersloh 1990–1991

A Bibelkundliche Erschließung

1. Allgemeine Orientierung

Die letzte der 27 Schriften des Neuen Testaments nimmt diesen Platz nicht von ungefähr ein: Sie fällt in mancherlei Hinsicht aus dem Rahmen. Zu nennen ist insbesondere erstens der hier begegnende außerordentliche Bilderreichtum, der Anlass zu der Bezeichnung „Bilderbuch“[1] gegeben hat. Zweitens handelt es sich zwar, wie z.B. bei den paulinischen Schreiben, um einen Brief, aber doch um einen von extremer Länge, der darin selbst den schon ungewöhnlich umfangreichen Römerbrief übertrifft.

Beide Auffälligkeiten bestimmen auch die das Schreiben rahmenden Teile (1,1–8; 22,6–21). Denn wenn da die Begriffe *apokalypsis*, „Offenbarung“, (wörtlich:) „Enthüllung“ (1,1), und *prophēteia*, „Prophetie“, „Weissagung“ (1,3; 22,7.10.18.19), gebraucht werden, so wird man an die urchristliche → Prophetie und die damit verbundene Gabe des Offenbarungsempfangs zu denken haben (vgl. 1 Kor 12,28f;

1 J. Wellhausen, Analyse der Offenbarung Johannis, AGWG.PH 9,4, Berlin 1907, 3.

14,6.26–32), zugleich wohl auch an Visionen und mit ihnen verknüpfte Bilder (vgl. 2 Kor 12,1.7; Gal 1,12). In 22,8 ist so vom Hören und Sehen des zuvor Geschilderten durch einen Johannes, nämlich den Verfasser dieser Schrift, die Rede (1,1.9). Sofern sie eben ein Brief sein will, stellt dieser Verfasser sich natürlich, antiker Gepflogenheit gemäß, auch im Briefkopf (→ Präskript) 1,4–8 namentlich vor (V. 4a), ehe er als Adressaten „die sieben Gemeinden in Asien" (d.h. in der römischen Provinz dieses Namens, im Westen der heutigen Türkei) nennt (V. 4b) und sie mit der Formel „Gnade (sei mit) euch und Friede" (V. 4c) grüßt. Johannes gibt dem Briefkopf Profil, indem er sagt, von wem Gnade und Friede ausgehen (V. 4d–5a), und indem er dann einen Lobpreis (→ Doxologie) Christi (V. 5b–6) anfügt, schließlich Worte über das Kommen Christi und Gottes (V. 7f). Das Präskript findet seine Entsprechung im Schlussgruß (→ Postskript) 22,21: „Die Gnade des Herrn Jesus (sei) mit allen" (o.ä.)[2]. Die rahmenden Teile der Johannesoffenbarung lassen überdies erspüren, dass es sich um einen sehr langen Brief handelt. Die hier begegnende Selbstbezeichnung des Schreibens lautet nämlich *biblion*, „Buch", „Buchrolle" (22,7.9.10.18.19, auch 1,11), und nicht etwa *epistolē*, „Brief". Außerdem ist dem Präskript mit 1,1–3 eigens eine Art Überschrift (*Incipit*) vorangestellt. Von ihr leitet sich der üblich gewordene (und nicht besonders glückliche) Ausdruck „Offenbarung des *Johannes*" her.

Die Überschrift (oder das Vorwort) 1,1–3 bewirkt darüber hinaus noch zweierlei. Sie lässt zum einen sogleich akzentuiert die Thematik des *biblion* hervortreten, das es mit dem baldigen Eintreten der entscheidenden Endereignisse zu tun hat und als „Offenbarung (seitens) *Jesu Christi*" eben durch sein Zeugnis bestimmt ist (s. V. 1f)[3]. Und die Seligpreisung des die „Worte der Prophetie" – in der Gemeindeversammlung – Vorlesenden und der Zuhörenden (V. 3) will zum anderen wohl andeuten, dass auch an christliche Adressaten außerhalb jener kleinasiatischen Gemeinden gedacht ist (vgl. Kol 4,16). Auf beides weisen auch entsprechende Formulierungen des Buchabschlusses (oder des Nachwortes) 22,6–20 hin.

Die Liste der sieben Gemeinden steht demgemäß wahrscheinlich für die gesamte Christenheit der Region – vielleicht auch noch darüber hinaus –. Dieser Eindruck wird durch die benutzte Siebenzahl bekräftigt, die auch sonst in unserem Buch hervortritt und Komplettheit signalisieren wird. Dass gerade auch die sieben Gemeinden durch die Johannesoffenbarung als Brief erreicht werden sollen, ist jedoch ernst zu nehmen[4].

Das lässt vor allem der Fortgang des Schreibens im Anschluss an das Präskript erkennen. Die unmittelbar folgende *Vision 1,9–20*, in der Johannes gerade an einem Sonntag, am „Herrentag" (V. 10[5]), einen „wie einen Menschensohn" (V. 13)

2 Prä- und Postskript weisen im Übrigen auffällige Übereinstimmungen mit Ein- und Ausgang von Paulusbriefen auf (vgl. Röm 1,7; 16,20.24; Gal 1,3b–5).

3 Vgl. 1,5a.5b–6.7.

4 An einigermaßen vergleichbaren prophetischen Briefen fehlt es denn auch nicht (s. z.B. Jer 29; syrBar 78–87, bes. Kap. 86f; ParJer 6,13–25, bes. V. 22).

5 Vgl. Apg 20,7; 1 Kor 16,2.

schaut[6], empfängt der Seher nämlich in einer gewissen räumlichen Entfernung von den Adressaten: Er befindet sich auf „der Patmos genannten Insel" (nahe der kleinasiatischen Küste), und das „um des Wortes Gottes und des Jesus-Zeugnisses willen" (V. 9); diese Begründung (s. 6,9; 20,4) und die Lokalisierung lassen durchschimmern, dass Johannes religiös-politisch angeeckt und deshalb hierhin abgeschoben worden ist (*relegatio in insulam*). Es ist denn auch mit der (Akustisches einschließenden) → Vision (V. 10f)[7] der ausdrückliche Auftrag verknüpft, das Gesehene in einem Buch niederzulegen und den erst jetzt explizit benannten sieben Gemeinden zuzusenden (V. 11; vgl. V. 19): den Gemeinden in Ephesus, Smyrna, Pergamon, Thyatira, Sardes, Philadelphia und Laodizea. In dieser Reihenfolge beschreiben die durch wichtige Straßen verbundenen Städte einen von Ephesus, dem bedeutendsten Ort Kleinasiens, nach Norden weg- und schließlich wieder von Osten hierhin zurückführenden Kranz[8].

Durch die in V. 20 gegebene Deutung der sieben Leuchter (V. 12f) und der sieben Sterne (V. 16) in der Rechten des Menschensohnähnlichen wird die Eröffnungsvision besonders eng auf die sog. Sendschreiben von Kap. 2f bezogen. Sie sind zwar ihrer Form nach nicht eigentlich Briefe, weisen aber doch zu Beginn jeweils so etwas wie eine Adressatenangabe auf und sollen eben aufgeschrieben werden. So heißt es in 2,1a: „Dem Engel der Gemeinde in Ephesus, schreibe!", wobei der Engel als im Himmel für diese Gemeinde zuständig gilt (vgl. z.B. 16,5). Hier wie bei den analogen Formulierungen 2,8a.12a.18a; 3,1a.7a.14a bringen der Imperativ und die sich anschließende Selbstvorstellung des Redenden (2,1b[9]) die Fortführung der Eröffnungsvision unmissverständlich zum Ausdruck.

Trotz dieser sehr engen Verbindung mit Kap. 2f bezieht sich 1,9–20 jedoch außerdem auch auf Kap. 4–22[10], wenn auch 4,1 keinen Zweifel daran lässt, dass hier die Schilderung einer neuen Vision beginnt. Aber gerade 4,1 greift doch mit der Wendung „was nachher geschehen muss" auf 1,19 zurück. Wenn es da heißt, der Visionär solle aufschreiben, was er gesehen habe, nämlich „was ist und was nachher geschehen soll", so ist das wohl als Signal für eine Zweiteilung der Johannesoffenbarung zu begreifen: Während es die Sendschreiben primär mit dem Ist-Zustand der Gemeinden zu tun haben, geht es danach vor allem um die Zukunft. Für den Aufbau der Schrift lässt sich darum erst einmal festhalten:

6 Zu denken ist fraglos an Christus (vgl. zu V. 13 bes. 14,14 und zu V. 14 bes. 19,15).

7 Vgl. Ez 1–3; Dan 7 (bes. V. 9–14).

8 Das Nacheinander der Städte lässt sich leicht mittels des Kunstwortes E*sper*t*hy*sa*phi*la merken.

9 „Dies sagt der die sieben Sterne in seiner Rechten Haltende, der inmitten der sieben goldenen Leuchter Wandelnde."

10 Vgl. z.B. 1,18 mit 6,8; 20,13f (und die o. Anm. 6 gegebenen Querverweise).

1,1–3	Überschrift/Vorwort
1,4–8	*Briefkopf/Präskript*
	1,9–3,22 Hauptteil I: „Was ist“
	4,1–22,5 Hauptteil II: „Was nachher geschehen soll“
22,6–20	Buchabschluss/Nachwort
22,21	*Schlussgruß/Postskript*

Allerdings darf man die abkürzende Kennzeichnung der Hauptteile I und II nicht so verstehen, als käme dort nur die Gegenwart, hier allein die Zukunft zur Darstellung. Beide Momente verhalten sich in der Johannesoffenbarung vielmehr eher wie die beiden Brennpunkte einer Ellipse. Das gegenwärtige Verhalten ist nach diesem Buch nämlich von eschatologischer Relevanz (s. z.B. 2,5), und die zu erwartenden Geschehnisse sollen die Bewährung in anstehenden Gefahren fördern (s. z.B. 6,11).

2. Strukturierende Übersicht

Unübersehbar ist die Zweipoligkeit von Gegenwart und Zukunft bei *Hauptteil I*, der ziemlich einfach strukturiert ist:

1,9–20	Eröffnungsvision
2,1–3,22	Die sieben Sendschreiben

Auch die *Sendschreiben* sind nämlich recht stereotyp gegliedert. Beim ersten Schreiben folgt da auf die (bereits o. angesprochenen) Elemente 2,1a und 2,1b in V. 2–6, beginnend mit „Ich kenne“, die Charakterisierung der Gemeinde, wobei hier Positives (V. 2f.6) wie Negatives (V. 4), zu einer Bußaufforderung (V. 5) Führendes vermerkt wird. Den Abschluss bilden die Formulierung „Wer ein Ohr hat, höre, was der Geist den Gemeinden (Plural!) sagt!“ (V. 7a) und eine dem „Siegenden“ für die Zukunft gegebene Verheißung (V. 7b). Gerade dieses letztgenannte Element nun lässt – wie V. 5 – erkennen, dass in Hauptteil I die Gegenwart unter der Perspektive der Zukunft im Blick ist.

Für die das (jeweilige) Corpus rahmenden Formelemente insgesamt hat sich als Begrifflichkeit eingebürgert[11]: Schreibbefehl – → Botenformel – *Corpus* – Weckruf – Überwinderspruch. Verfolgt man, wie die einzelnen Elemente in den Sendschreiben (1) bis (7) realisiert werden, so fällt eine symmetrische Anordnung der sieben Abschnitte auf[12], z.B. bei Weckruf und Überwinderspruch[13]. So bietet auch nur das

11 Dabei spielte die Nähe zum sog. Prophetenspruch (s. z.B. Am 2,4f) mit seiner „Botenformel“ (s. nur Am 2,4a; vgl. 2 Chr 21,12b) eine gewisse Rolle.

12 S. dazu A. Vanhoye, Homilie für haltbedürftige Christen. Struktur und Botschaft des Hebräerbriefes, Regensburg 1981, 62–67.

im Zentrum stehende Schreiben (4) im Corpus eine Charakterisierung zweier Gruppen: einer durch das Wirken „Isebels“ charakterisierten, recht negativ gesehenen (V. 18–23) und einer entschieden positiver bewerteten (V. 24f). Was zur ersten Gruppe gesagt wird, hat in (1) und (3) nahe Entsprechungen („Nikolaiten“), ebenso in den ausschließlich tadelnden Schreiben (5) und (7); die Bemerkungen zur zweiten Gruppe korrespondieren hingegen in gewisser Hinsicht den Schreiben (2) und (6), die von einem positiveren Ton gekennzeichnet sind (Fehlen des Bußrufs; „Synagoge des Satans“). Auch diese trotz vieler Detailangaben erstaunlich ausgeglichene Komposition von Kap. 2f ist ein Indiz dafür, dass die Johannesoffenbarung sich über die sieben in ihr genannten Gemeinden hinaus allgemeiner an „die Gemeinden“ (zumindest) in Kleinasien richtet.

Viel weniger direkt wird in *Hauptteil II,* der nirgends auch nur eine jener sieben Städte nennt, auf die Adressaten Bezug genommen. Dennoch ist durchweg deutlich, dass das Gesagte ihnen gilt. So werden sie sogleich durch den Imperativ „und siehe!“ (4,1.2 u.ö.) in das Visionsgeschehen einbezogen. Sie sollen sich fraglos z.B. auch dort besonders angesprochen fühlen, wo es um die Bewahrung ethischer Intaktheit oder um den Lobpreis Gottes (und Christi) geht[14]. Insgesamt sollen sie gestärkt werden, indem sie dessen gewisser gemacht werden, dass trotz aller gegenwärtigen Bedrängnis der Gemeinden sich der zurückliegende Sieg des gekreuzigten und doch lebenden Christus schließlich unübersehbar auf Erden durchsetzen wird[15] und dass Teilhabe daran möglich ist. Das wird den Adressaten in diesen Kapiteln jedoch kaum in dürren Worten gesagt[16], vielmehr in einer Fülle von Bildern, von denen das des gleichsam geschlachteten und dennoch siegreichen „Lammes“ von 5,6 an immer wiederkehrt und zuletzt in 22,3 aufgegriffen wird.

Umfang und Bilderflut machen es schwer, diese Passagen der Johannesoffenbarung zu überblicken, und es gibt dementsprechend auch eine Fülle von unterschiedlichen Gliederungsversuchen. Am einfachsten ist es wohl, sich an den drei Siebenerreihen der Siegel, der Posaunen(engel) und der Schalen(engel) zu orientieren, zumal die betreffende Begrifflichkeit von 5,1 (vgl. 4,11) an bis hin zu 21,9 (vgl. 22,1.6) begegnet. Nach der Nennung des siebten Siegels (8,1) und vor der ersten Erwähnung der sieben Schalenengel (15,1; vgl. 15,8), welche die Schalen des Gotteszorns auf die Erde zu schütten haben (s. 16,1), finden die zuerst in 8,2 erscheinenden Posaunenengel ihren Platz[17]. Da alle drei Siebenerreihen eingeführt werden, bevor das erste Element zur Darstellung kommt, und da vor dem siebten Element jeweils ein längerer Block eingeschaltet ist, der keinen unmittelbaren Bezug zum sechsten Element aufweist, ergibt sich für Hauptteil II:

13 Er wird allein bei (4) erweitert und folgt lediglich bei (1) bis (3) auf den Weckruf, dem er ansonsten vorangeht.

14 S. z.B. einerseits 12,17; 18,4f, andererseits 5,13f; 15,2–4.

15 S. bes. 5,5(f); 12,11; 17,14; 21,(5–)7.

16 Doch vgl. z.B. 5,9f und dazu 1,5f.

17 Sofern sie mit einem dreifachen „Wehe“ (9,12; vgl. 8,13) verknüpft sind: 9,12; 11,14; 12,12, bleiben sie über die explizite Nennung des siebten Posaunenengels in 11,15 hinaus bestimmend.

4,1–8,1	Die sieben Siegel	
	4,1,–5,14	„Vorspiel“
	6,1–17	Sechs Siegel
	7,1–17	„Zwischenspiel“
	8,1	Siebtes Siegel
8,2–14,20	Die sieben Posaunen	
	8,2–6	„Vorspiel“
	8,7–9,21	Sechs Posaunen
	10,1–11,14	„Zwischenspiel“
	11,15–19	Siebte Posaune
	12,1–14,20	„Nachspiel“
15,1–22,5	Die sieben Schalen	
	15,1–8	„Vorspiel“
	16,1–12	Sechs Schalen
	16,13–16	„Zwischenspiel“
	16,17–21	Siebte Schale
	17,1–22,5	„Nachspiel“

Die über die Elemente der Siebenerreihen hinausschießenden Partien sind bemerkenswerterweise recht gleichmäßig verteilt – lediglich ein auf 8,1 folgendes „Nachspiel“ könnte man vermissen –, und sie gehören auch sachlich zusammen. Während dort nämlich nahezu ausschließlich (doch s. 6,1f.9–11) von Gott veranlasste oder zugelassene Schädigungen an Kosmos und gottfeindlicher Menschheit dargestellt werden – denen die Frommen offenkundig irgendwie entnommen sind (s. bes. 9,4) –, ist hier eine ganz andere Atmosphäre gegeben: Es geht in diesen Passagen um das Gegeneinander der christlichen Gemeinde und der ihr gegenüberstehenden Gemeinschaft sowie um die – im Himmel gottesdienstlich begangene – positive Entscheidung in diesem Kampf[18]. Da hierauf das besondere Interesse ruht und insbesondere dem Passus 17,1–22,5 erheblicher Umfang und großes Gewicht zukommt, ist die (auch sonst in der Sekundärliteratur nicht selten verwandte) Redeweise von „Vor-“, „Zwischen-“ und „Nachspiel“ nicht mehr als ein Notbehelf. Sie kann leicht – sollte aber nicht – verdecken, dass die derart bezeichneten Abschnitte eher wie Pfeiler fungieren[19], welche Architekturelemente tragen, die ihrerseits stark durch eine siebenteilige Untergliederung bestimmt sind.

Das Verhältnis der Siebenerreihen zueinander ist nicht ganz leicht zu bestimmen. Dreierlei tritt indes klar hervor: Zum einen gibt es zumindest zwischen der

18 S. z.B. Kap. 12f sowie – 19,1–9 und – 20,7–10.

19 Unverkennbar ist das bei Kap. 4f, einem Passus, der für Hauptteil II eine ähnlich grundlegende Bedeutung hat wie vorher 1,9–20.

Folge der Posaunen und der der Schalen enge Berührungen[20]; das erweckt zusammen mit einigen Zahlenangaben den Eindruck einer Steigerung – übrigens auch gegenüber den Siegeln –[21]. Zweitens führen alle drei Folgen bis hin zum Gerichtstag[22], und zwar jeweils vor dem siebten Element. Drittens bietet eben dieses abschließende Element weder im Fall der Siegel (8,1) noch in dem der Posaunen (11,15–19) eine Aussage über einen von einer Schädigung betroffenen Bereich[23]. Zusammen führen diese Beobachtungen zu einer Auffassung, nach der die Siebenerreihen sozusagen wie die hölzernen russischen Matrjoschka-Puppen ineinander liegen, bei denen einem letztlich mehrfach das Gleiche dargeboten wird[24]. Allerdings: Bei Johannes kommt die kleinste Puppe am Anfang und die dickste zum Schluss, und im Detail unterscheidet sich Matrjoschka von Matrjoschka.

3. **Zur Bildwelt**

Die Bildwelt des Buches und insbesondere seines zweiten Hauptteils kann in einer knappen Darstellung natürlich nicht hinreichend erschlossen werden. Es muss hier bei einigen Hinweisen bleiben, die einen gewissen Überblick ermöglichen. Dass bei → Visionsschilderungen nicht Widerspruchsfreiheit das bestimmende Prinzip sein wird, mag einleuchten. So ist denn auch beim Menschensohnähnlichen zu beobachten, dass er nach 14,14 eine „scharfe Sichel" hält, während er nach 1,13–17 mit einem aus seinem Mund hervorgehenden „scharfen, zweischneidigen Schwert" bewaffnet ist. Und dass die Bilder durch ältere Motive zumal alttestamentlicher und jüdischer Herkunft mitgeprägt sind, sei für die Siebenerreihen und für die bei ihnen am Anfang stehenden vier Einheiten, die sog. → apokalyptischen Reiter (6,1–8), wenigstens durch die Nennung von Ex 7,14–11,10 („ägyptische Plagen") und von Sach 1,8–17 (Vision von einem Mann bzw. Reiter zwischen den Myrtenbäumen und von drei die Erde durchziehenden bunten Pferden) angesprochen. Allerdings wird man gegenüber einlinigen Erklärungsversuchen vorsichtig sein müssen[25]. Wie zahlreiche Gemälde der Kunstgeschichte vielfältige Einflüsse zu Neuem verarbeiten und bei den Betrachtern unterschiedliche Assoziationen auslösen, ist es auch bei den Bildern der Johannesoffenbarung.

Das gilt auch für die großen *Bildfelder in den „Vor-", „Zwischen-" und „Nachspielen"*. Am Anfang steht mit Kap. 4 das Bild des „auf dem (himmlischen) Thron Sit-

20 Die involvierten Bereiche sind hier wie dort ganz ähnlich angeordnet: Erde, Meer, Gewässer, Gestirne, dämonische Herrschaft, Eufrat-Region.

21 Vgl. z.B. 8,10 mit 16,3 – und 6,8 –.

22 S. 6,17 („Tag seines Zorns"); 10,7; 16,14.

23 Im Unterschied zu 16,17–21 (siebte Schale) – und zu fast allen anderen Elementen der Siebenerreihen.

24 Eine solche Sicht der Auslegung der Johannesoffenbarung pflegt man mit dem Begriff *recapitulatio*, „Wiederholung", zu belegen.

25 Z.B. findet in Sach 1 der Bogen von Offb 6,2 keine Entsprechung. Man wird deshalb möglicherweise an Gottes Bogen (s. z.B. Ps 7,13; Hab 3,9) denken sollen (oder an den des pestbringenden Apollo [s. z.B. Homer, Ilias 1,43–52]).

zenden" (V. 2 u.ö.), Gottes, dem der himmlische Lobpreis gilt. Auch Kap. 5 hat es mit dem himmlischen Thron und seiner Umgebung sowie mit dem Motiv der Würde (4,11) zu tun. Die Würde, ein siebenfach versiegeltes Buch zu öffnen (V. 2.4.9), wird nun einem nahe am Thron stehenden „(gleichsam) geschlachteten ‚Lamm'" (V. 6), Christus, mit dem Empfang dieser Schriftrolle aus der Hand des Thronenden unwiderruflich zuerkannt (V. 7) und durch himmlischen Lobpreis (V. 8–10) bekräftigt. Verknüpft und abgeschlossen werden beide Thronszenen durch 5,11–14, wo nun nicht nur die umfassende Würde des „Lammes" (V. 12) hervorgehoben wird, sondern das Lob sowohl dem Thronenden als auch dem „Lamm" gilt (V. 13).

Das „Zwischenspiel" (Kap. 7), das auf die Öffnung der ersten sechs Siegel folgt, ist ebenfalls zweigeteilt. Nachdem das fünfte Siegel die Märtyrer hatte sichtbar werden lassen, kommt nun, in V. 1–8, zunächst die Bewahrung, die Versiegelung der „Knechte unseres Gottes" (V. 3) zur Darstellung. Deren große Zahl, 144.000 (V. 4), wird durch Zwölftausend aus jedem der zwölf Stämme Israels bestimmt[26]. Danach erscheint in V. 9–17 eine riesige, unzählbare Menge von Weißgekleideten, die sich in den himmlischen Lobpreis einbringt (V. 9–12; vgl. V. 15–17). Wenn dabei auf die Herkunft dieser Personen aus „jeder Nation und Stämmen und Völkern und Zungen" hingewiesen wird, so ist wahrscheinlich eine Steigerung gegenüber der vorangehenden Szene beabsichtigt, ohne dass doch vorher ausschließlich auf → Juden(christen), jetzt allein auf → Heidenchristen bezogen werden müsste. Hervorgehoben wird durch explizite Deutung (V. 14) die Verbindung mit Christus, und das ab V. 15b verwandte Futur lässt an eine vorgreifende Darstellung der endzeitlichen Vollendung denken (vgl. V. 27 mit 21,4.7).

Auf das siebte Siegel (8,1) folgt, wie bereits erwähnt, kein „Nachspiel", vielleicht weil schon zuvor die Situation der christlichen Gemeinde gestreift wurde[27]. Vielmehr werden sogleich die vor Gott stehenden Schalenengel sichtbar. Das „Vorspiel" 8,2–6 führt damit erneut in den Bereich des himmlischen Gottesdienstes, nämlich zum dortigen Räucheraltar, auf dem die „Gebete aller Heiligen" (also zumindest auch: der bedrängten Christen auf Erden) dargebracht werden (V. 3), und das wirkt sich auf Erden aus (V. 5[f]).

Das „Zwischenspiel" 10,1–11,14 bietet zwei Stücke, die durch das Motiv der Prophetie verbunden werden. In Kap. 10 steht ein zunächst von einem Engel gehaltenes „geöffnetes Büchlein" (V. 2) im Zentrum, das Johannes verschlingen und dabei als süß wie bitter erfahren soll (V. 9f) – eine Handlung, die zum erneuten Auftrag des Prophezeiens führt (V. 11). In 11,1–14 treten zwei Propheten Gottes auf. Sie werden als solche, welche die Erdenbewohner peinigen (V. 10), von einem aus der Unterwelt hervorkommenden Tier umgebracht (V. 7) und liegen dann dreieinhalb Tage unbegraben „auf der Straße der großen Stadt, ... in der auch ihr Herr gekreu-

26 Die Aufreihung bezieht die im 6. Jh. v.Chr. verlorengegangenen Stämme ein, lässt jedoch Dan (s. nur Gen 49,17) aus, bietet dafür aber Josef *und* Manasse.

27 S. nur 6,1f.8.9–11; 7,3.14.

zigt wurde" (V. 8) – zur Freude der Menschen (V. 8–10). Allerdings führt der Rahmen der Szene vor Augen, dass es nicht bei einem Sieg widergöttlicher Kräfte bleibt: Nur die „heilige Stadt" ist „den Heiden preisgegeben", und das auch nur für „42 Monate" (V. 2), nicht der (himmlische) „Tempel Gottes" und die dort „Anbetenden" (V. 1); die Propheten werden nach dreieinhalb Tagen wieder mit Leben erfüllt und zu Gott entrückt (V. 11f); das begleitende Erdbeben bringt die Überlebenden dazu, „dem Gott des Himmels die Ehre" zu erweisen (V. 13).

Das „Nachspiel" 12,1–14,20 führt weiter, was sich beim „Tier aus der Unterwelt" von 11,7 schon andeutete: Die Gott entgegenstehenden Mächte werden durch Wesen symbolisiert, bei denen nicht einfach an menschliche Individuen zu denken ist, und ebenso kann nun auch die positive Gemeinschaft als Frauengestalt gezeichnet werden. So stehen sich in Kap. 12 gegenüber: eine mit der Sonne bekleidete und mit weiteren astralen Elementen versehene Frau, die ein Kind gebiert, und ein Drache mit sieben bekrönten Köpfen und zehn Hörnern mit seinem Anhang. Gemeint sind wohl die Heilsgemeinde mit dem → Messias (V. 10.17) einerseits, der Teufel samt seinen Engeln (V. 9) andererseits. In Kap. 13 treten zum Drachen dann noch zwei Untiere hinzu – so dass sich so etwas wie eine „teuflische → Trinität" (O. Böcher), eine Anti-Trinität ergibt –: ein aus dem Meer[28] hervorkommendes mit sieben Köpfen und zehn bekrönten Hörnern (V. 1–10) und ein ihm zugeordnetes, seine Anbetung förderndes „anderes Tier", das aus der Erde aufsteigt und „zwei Hörner wie ein ‚Lamm'" hat (V. 11[–18]). Die Gefährdung durch diese beiden Tiere wird insbesondere im auf das erste von ihnen bezogenen Kult gesehen, der selbst die alltäglichen Geschäfte bestimmt (V. 17f). Dass die Gläubigen den dämonischen Potenzen nicht erliegen müssen, wird indes ebenfalls ausdrücklich zur Darstellung gebracht: in Kap. 12 durch das Bild vom Sturz des Drachen aus dem Himmel auf die Erde, durch den damit eingetretenen Machtwechsel, und durch die Bewahrung der Sonnenfrau und ihres Sohnes vor dem nun besonders zornig agierenden → Satan (V. 6–17), in Kap. 13 zumal durch den Hinweis auf das „Lebensbuch des geschlachteten ‚Lammes'" (V. 8). Die verschiedenen Einheiten von Kap. 14 weisen ebenfalls in diese Richtung. Es handelt sich: um das Bild von den mit dem „Lamm" vereinten und nicht widergöttliche Zeichen, sondern sein und seines Vaters Namen auf der Stirn tragenden 144.000, die auf dem Berge → Zion stehen und vor dem Thron Gottes ein neues Lied singen (V. 1–5)[29]; um die mit der Seligpreisung derer, „die im Herrn sterben", endende Szene mit drei Engeln, die Gottes Verehrung einfordern, den Fall des „großen Babylon" ansagen und vom Zorn Gottes gegenüber den das erste Tier Anbetenden sprechen (V. 6–13); um die Vision des auf einer weißen Wolke sitzenden Menschensohnähnlichen mit der scharfen Sichel, die auf das Gericht (Ernte von Getreide und Wein), auf die Vollstreckung des „Zornes Gottes" hinausläuft (V. 14–20).

Das „Vorspiel" der letzten Siebenerreihe 15,1–8 hat es einerseits ebenfalls mit dem „Zorn Gottes" zu tun. Andererseits betrifft es die „Sieger ‚über' das Tier", die

28 Vgl. 11,7; 17,8: Unterwelt.

29 Vgl. bes. 7,1–8; 13,16.

im Himmel die universale Anerkennung des gerechten Handelns Gottes (V. 4) besingen.

Ausgesprochen knapp ist das „Zwischenspiel" 16,13–16 gehalten. Es spricht den Entscheidungskampf bei (?) „Harmagedon" an[30], fügt überdies ein die Frommen zur Wachsamkeit und zur Standhaftigkeit aufforderndes Wort des erhöhten Christus dazwischen (V. 15)[31].

Von erheblichem Umfang ist hingegen das letzte „Nachspiel" 17,1–22,5, dessen Grobaufbau sich gleichwohl recht gut überblicken lässt. Während in Kap. 12f der Sonnenfrau drei satanische Wesen gegenübergestellt werden, erscheint nun auch auf der negativen Seite eine Frauengestalt als Symbol für eine Gemeinschaft: die mit Purpur und Scharlach angetane „Hure Babylon". Sie reitet auf dem bereits in 13,1–10[32] vor Augen geführten Tier. Dessen sieben Köpfe und zehn Hörner werden jetzt gedeutet, und die Hure selbst (17,18) wird als „große Stadt" interpretiert. Nach der Charakterisierung von Hure und Reittier in Kap. 17 folgt in Kap. 18 ein schaurig-schönes Gemälde des Untergangs dieser Frau „Babylon"[33] und in 19,1ff der zugehörige himmlische Lobpreis dieses gerechten Gerichtes Gottes. Dabei taucht in 19,7–9 eine weitere, nun wieder positive Frauengestalt auf, die „Braut" des „Lammes"; gemeint ist fraglos die Heilsgemeinde der Endzeit. Bevor die „Hochzeit des ‚Lammes'" (19,7.9) sozusagen mit 21,1–22,5 ausgeführt wird, kommt in den dazwischenstehenden Stücken die Vernichtung der zwei Tiere (19,11–21) und ihres Anhangs, nach dem Intermezzo des Tausendjährigen Reiches (20,1–6)[34] auch die kriegerische Vernichtung des Satans und der Seinen (20,7–10) zur Darstellung. Das nun gibt Raum für die allgemeine Auferstehung und das Weltgericht, das Gericht an den einzelnen Menschen (20,11–15). Als der den Entscheidungskampf Anführende wird in 19,11ff ein Reiter auf weißem Pferd sichtbar: das „Wort Gottes" (19,13), der „König der Könige und Herr der Herren" (19,16). Christus kommt schließlich auch in 21,1–22,5 eine zentrale Position zu, wo das „neue Jerusalem", „bereitet wie eine Braut, die für ihren Mann geschmückt ist", als „heilige Stadt" (21,2) vom Himmel auf die Erde herabkommt – als positives Gegenbild zur „Hure Babylon". In dieser riesigen und kubusförmigen Stadt kommt nämlich Gott und dem „Lamm" die Funktion des Tempels zu (21,22). Hier, an diesem alle Völker betreffenden und paradiesische Züge tragenden Ort (21,24–22,2), hat der „Thron Gottes und des ‚Lammes'" seinen Platz (22,1.3). Über „seinen Knechten" wird „Gott der Herr ... leuchten, und sie werden herrschen in alle Ewigkeit" (22,5).

30 Vgl. 17,14–17; 19,11–21; 20,7–10 und 2 Kön 23,29f (samt Kontext).

31 Vgl. 22,12 und 1 Thess 5,2.

32 Vgl. 11,7 (und o. bei Anm. 28).

33 Vgl. bes. Jes 47.

34 Nach der Entmachtung des Teufels (V. 1–3) herrschen hiernach diejenigen zusammen mit Christus (V. 4), die der „ersten Auferstehung" teilhaftig werden (V. 5).

4. Strukturübersicht

1,1–3	Überschrift/Vorwort		
1,4–8	*Briefkopf/Präskript*		
1,9–3,22	**Hauptteil I: „Was ist“**		
	1,9–20	Eröffnungsvision (Menschensohnähnlicher)	
	2,1–3,22	Die sieben Sendschreiben	
4,1–22,5	**Hauptteil II: „Was später geschehen soll“**		
	4,1–8,1	Die sieben Siegel	
	4,1–5,14	„Vorspiel“	Thronender (Kap. 4), Buchrolle, Lamm (Kap. 5)
	6,1–17	Sechs Siegel	Apokalyptische Reiter (1–8), Märtyrer (9–11), Zornestag (12–17)
	7,1–17	„Zwischenspiel“	144.000 Versiegelte (1–8), Menge der Vollendeten (9–17)
	8,1	Siebtes Siegel	
	8,2–14,20	Die sieben Posaunen	
	8,2–6	„Vorspiel“	Himmlische Darbringung der „Gebete der Heiligen“
	8,7–9,21	Sechs Posaunen	
	10,1–11,14	„Zwischenspiel“	Verschlingen des Büchleins (Kap. 10), zwei Propheten in der „großen Stadt“ (11,1–14)
	11,15–19	Siebte Posaune	
	12,1–14,20	„Nachspiel“	Sonnenfrau, Kind, Drache (Kap. 12), zwei Tiere (Kap. 13), 144.000 auf dem Zion (14,1–5), drei Engel (14,6–13), Menschensohnähnlicher mit scharfer Sichel (14,14–20)
	15,1–22,5	Die sieben Schalen	
	15,1–8	„Vorspiel“	„Zorn Gottes“, Lied der „Sieger ‚über‘ das Tier“
	16,1–12	Sechs Schalen	
	16,13–16	„Zwischenspiel“	Dämonische Kräfte, Entscheidungsschlacht, Harmagedon (13f.16), Wort des Erhöhten (15)
	16,17–21	Siebte Schale	
	17,1–22,5	„Nachspiel“	Hure Babylon, Fall Babylons, himmlischer Lobpreis (17,1–19,10), Reiter auf weißem Pferd, Vernichtung der zwei Tiere (19,11–21), Tausendjähriges Reich (20,1–6), Vernichtung des Satans, Weltgericht (20,7–15), Neues Jerusalem als Braut (21,1–22,5)
22,6–20	Buchabschluss/Nachwort		
22,21	*Schlussgruß/Postskript*		

B Geschichtliche Einordnung

1. Zum Verfasser

Der **Verfasser** nennt sich Johannes und wird als „Knecht" (Prophet) bezeichnet.
Er ist nicht identisch mit dem Zebedaiden Johannes.
Er ist **Judenchrist** und setzt bei seinen Lesern die Kenntnis des Alten Testaments voraus.

Was den Verfasser des letzten Buches der Bibel anbetrifft, geben, wie wir sahen, die rahmenden Teile – und nur sie – einen Namen an (1,1b.4.9; 22,8): Johannes. Dabei weist der in 1,1b auf den Visionär angewandte Begriff „Knecht“ (griechisch: *doulos*) einerseits auf die Zugehörigkeit zum Kreis frühchristlicher → Propheten hin (s. bes. 10,7)[35], ohne doch andererseits die Mitchristen auszugrenzen (s. 1,1a; 22,6). Sie werden denn auch in 19,10 als seine „Brüder“ charakterisiert und er in 1,9 als ihr „Bruder“ und „Mitgenosse“[36]. Da für Johannes überdies im Briefkopf keinerlei Titel beansprucht wird, dürfte es sich beim Verfasser um eine in der Christenheit Kleinasiens als prophetisch begabt bekannte Person handeln, die in diesem Bereich kein festes gemeindeleitendes Amt innehat. Die gerade nicht auf Exklusivität abzielende Begrifflichkeit spricht ebenso wie die neutrale, eine unmittelbare Beteiligung nicht einmal andeutende Redeweise von den „(zwölf) Aposteln“ in 18,20 und 21,14 gegen die Auffassung[37], der Zebedaide Johannes (s. etwa Mk 1,19), also ein unmittelbarer Jünger Jesu, habe das Buch geschrieben. Allerdings weisen Sprachgebrauch und Theologie mancherlei Berührungen mit dem vierten Evangelium und den Johannesbriefen auf[38]. Das Buch wird insofern mit ihnen zusammen nicht ohne ein gewisses Recht der Gruppe der sog. johanneischen Schriften zugerechnet.

Eine Reihe von Indizien spricht dafür, dass der Autor aus dem Judentum stammt, also → Judenchrist ist. Darauf weist natürlich der jüdische Name, ebenso das einfache, semitisierende Griechisch des Buches, ferner wohl auch die beachtliche Nähe des brieflichen Rahmens zur bei Paulus begegnenden Konvention, das Präskript (und das Postskript) zu gestalten[39]. Drei wichtige Punkte kommen hinzu. Zum einen geht der Autor souverän und kenntnisreich mit der jüdischen Bibel, dem Alten Testament, um: Er spielt, ohne auch nur ein einziges als solches gekennzeichnetes Zitat zu bieten, ca. 150-mal auf diese Schriften an (s. z.B. 1,7). Sodann sind für ihn Begriffe wie „Tempel(gebäude)“ (s. nur 3,12), „(Stamm/Stämme der)

35 Vgl. nochmals 1 Kor 12,28f; 14,6.26–32, ferner z.B. Am 3,7. Obwohl, wie angesprochen, in 1,3; 22,7.10.18.19 im Blick auf die Johannesoffenbarung von „den Worten der Prophetie“ die Rede ist, nennt sich der Verfasser übrigens nirgends ausdrücklich *prophētēs*, „Prophet“ (s. 10,7; 11,10.18; 16,6; 18,20.24; 22,6.9).

36 Vgl. 6,11; 19,10; 22,9: *syndoulos*, „Mitknecht“.

37 So schon Justin, Dial 81,4.

38 Vgl. z.B. Offb 19,13 mit Joh 1,14; 1 Joh 1,1 und Offb 2,4 mit Joh 13,35; 1 Joh 2,5; 2 Joh 6; 3 Joh 6.

39 Vgl. o. Anm. 2. Anders, „römischer“, z.B. Apg 23,26.

Söhne Israels" (2,14; 7,4; 21,12) und auch „Jude" (2,9; 3,9[40]) grundsätzlich positiv besetzt. Schließlich stammen die „apokalyptischen" Schriften, mit denen die Johannesoffenbarung in wichtigen Zügen übereinstimmt, ursprünglich und für lange Zeit aus dem Bereich des Judentums, dem sich zumindest das Judenchristentum noch über Jahrzehnte verbunden weiß.

2. Johannesoffenbarung und Apokalyptik

Der Begriff → Apokalypse wird in der wissenschaftlichen Literatur seit der ersten Hälfte des 19. Jh.s (C. I. Nitzsch, 1820) im Sinne der Bezeichnung einer Gattung vergleichbarer Schriften benutzt[41], und das Milieu, in dem solche Werke entstehen, heißt dann meist Apokalyptik. Bei dieser Sprachregelung stand das erste Wort der Johannesoffenbarung Pate. Weil *apokalypsis* bis hin zu diesem Buch offener gebraucht wurde (vgl. etwa Lk 2,32; Gal 2,2) und weil überdies bis heute kein wirklicher Konsens hinsichtlich der Charakteristika einer Gattung der Apokalypsen besteht, ist es schwierig, die Johannesoffenbarung einfach hier einzuordnen. Es kommt hinzu, dass von den als apokalyptisch geltenden älteren Schriften keine als Brief gestaltet ist[42] und alle pseudonym sind (d.h. eine im modernen Sinne nicht zutreffende Verfasserangabe machen[43]). Da das letzte Buch der Bibel (wohl) in beiderlei Hinsicht jene Gattung sprengt, kann man es vorsichtig als „einen brieflichen Text der Offenbarungsliteratur"[44] bezeichnen.

Gleichwohl bestehen erhebliche Berührungen mit den typischen jüdischen Apokalypsen, denen die späten (Teile der) Propheten(-Bücher) schon vorarbeiten[45]. Die eigentlichen Apokalypsen, darunter das (in seiner jetzigen Gestalt) aus der ersten Hälfte des 2. Jh.s v.Chr. stammende alttestamentliche Daniel-Buch, entstehen erst in hellenistischer Zeit, als mit der Eroberung des Vorderen Orients durch Alexander den Großen das Judentum eine Vielzahl von wirtschaftlichen und kulturellen Einflüssen zu bewältigen hat. Belegt ist diese Literatur recht breit unter den in → Qumran gefundenen Schriften. Sie hat auch auf das Neue Testament eingewirkt: So wird in Jud 15 auf äthHen 1,9 zurückgegriffen, und so bieten

40 Der polemische Ausdruck „Synagoge des Satans" ändert gerade nichts daran, dass hier jeweils diejenigen verurteilt werden, „die sich Juden nennen und es *nicht* sind". Vgl. u. S. 362.

41 S. dazu Böcher, Johannesapokalypse, 7.

42 Doch vgl. immerhin o. Anm. 4.

43 Und zwar indem die jeweilige Schrift auf eine bedeutende religiöse Gestalt der Vergangenheit zurückgeführt wird, z.B. auf Henoch, Abraham oder Daniel. Es handelt sich um ein literarisches Mittel, mit dem u.a. erreicht wird, dass verheerende Geschehnisse der Gegenwart (z.B. das Wirken des syrischen Herrschers Antiochus IV. Epiphanes [s. etwa 1 Makk 1,10–64]) nicht bloß als katastrophal gewertet werden können, sondern als längst vorausgesagt. So wirken sie weniger schrecklich, ja, sie scheinen sinnvoll, zumal wenn außerdem noch auf eine zu erwartende positive Wende abgehoben wird (s. z.B. Dan 11,21–12,4).

44 Karrer, Johannesoffenbarung, 305.

45 S. bes. Jes 24–27; 56–66; Sach.

die ersten drei Evangelien in Mt 24; Mk 13 und Lk 21 die sog. → synoptische Apokalypse[46]. Am engsten korrespondiert die Johannesoffenbarung indes den früheren und zeitgenössischen jüdischen Apokalypsen.

Zu den Begriffen **Apokalypse** und **Apokalyptik**

Der 1979 in der Zeitschrift *Semeia* veröffentlichte Versuch, „Apokalypse" zu definieren[47], bezeichnet sie als „eine Gattung der Offenbarungsliteratur mit erzählendem Rahmen, in der eine Offenbarung durch ein höheres Wesen (otherworldly being) einem menschlichen Empfänger vermittelt wird, eine transzendente Realität enthüllend, sowohl zeitlich, sofern sie eschatologische Rettung in den Blick fasst, als auch räumlich, sofern sie eine andere, übernatürliche Welt einschließt". Dem fügt sich das letzte Buch des Neuen Testaments immerhin trotz der es von allen älteren Vergleichstexten unterscheidenden wichtigen Merkmale (Brieflichkeit; keine Pseudonymität) ein.

Zwei **Arten** von Apokalypsen:
Himmelsreisen,
historische Apokalypsen

Wenn in *Semeia* näherhin zwischen Apokalypsen *mit* Himmelsreise (otherworldly journey) einerseits (z.B.: so genanntes slavisches Henochbuch) und *ohne* Himmelsreise, den historischen Apokalypsen, andererseits unterschieden wird, so steht die Johannesoffenbarung trotz der Aufforderung von 4,1, der Visionär solle in den Himmel hinaufkommen, der erstgenannten Untergruppe nur bedingt nahe[48]; denn die Vorstellung von einer Himmelsreise (vgl. z.B. 2 Kor 12,1–4) ist doch nicht ausgeführt und bleibt für das Nachfolgende nicht bestimmend (s. z.B. 10,1; 21,2). Enger ist die Berührung mit der Untergruppe der historischen Apokalypsen, zu der neben dem Buch Daniel noch gerechnet werden: Teile des äthiopischen Henochbuches (Zehn-Wochen-Apokalypse [93,1–10; 91,12–17/19]; Traumvisionen [83–90]), Jubiläenbuch, Vierter Esra, Syrischer Baruch. So passen in diesen spezielleren Rahmen etwa die als symbolisch zu begreifenden Bilder von Kap. 12f (vgl. bes. Dan 7), das Auftreten eines Engels, der dem Visionär Interpretationen gibt (*angelus interpres*: 1,1; 17,1ff; 19,9f; 21,9ff; 22,6ff; vgl. z.B. Dan 10), das Erscheinen einer gottähnlichen Gestalt (s. 1,12ff; 19,11ff; vgl. z.B. Dan 7,13f), die Beschreibung des Gerichts (20,11–15; vgl. z.B. Dan 7,10; 12,1–4) und kosmischer Erschütterungen bzw. Umwandlung (6,12–17; 21,1–5; vgl. z.B. Jub 23,9–31), natürlich auch die für die historischen Apokalypsen besonders charakteristische Ansage kommender Ereignisse von endzeitlicher Bedeutung (bes. 17,7–17; vgl. bes. Dan 7,17–27; 8).

Mit beiden Apokalypse-Gruppen hat das letzte Buch der Bibel außer der Kennzeichnung der näheren Umstände des Offenbarungsempfangs (1,9f; vgl. Dan 9,20–

---

46 Der hier und in vielen neutestamentlichen Aussagen (z.B. 1 Kor 15,20–28) anklingende Themenbereich von Totenauferstehung und Gericht ist gerade für apokalyptische Schriften typisch (vgl. Dan 7,10; 12,1–3).

47 J. J. Collins, Towards the Morphology of a Genre, Semeia 14 (Apocalypse: The Morphology of a Genre), 1979, 1–19: 9. Vgl. F. Hahn, Frühjüdische und urchristliche Apokalyptik. Eine Einführung, BThSt 36, Neukirchen-Vluyn 1998, 1–4.

48 Zu beachten ist jedoch immerhin die himmlische Szenerie der „Vorspiele", und zu beachten sind im Zusammenhang damit auch die Siebenerreihen selbst.

23) vor allem noch zweierlei gemeinsam, das für eine geschichtliche Wertung von Bedeutung ist: die Verhaftung in einer Krisensituation, in der Stützung und Orientierung angebracht scheinen, und den Zug der Gelehrtheit.

Angesprochen wurde schon, dass eine Fülle von alttestamentlichen (und sonstigen) Motiven (z.B. Ez 1–3; Dan 7) in die Johannesoffenbarung eingegangen ist und hier zahlreiche Spuren hinterlassen hat (vgl. 1,9ff; 4,2ff; 5,1; 10,2.9; 11,7; 12,3; 13,1ff; 14,14; 17,13; 22,5). Ein Hinweis mag das weiterführen: In Dan 9,24–27 wird die Ansage einer siebzigjährigen Verbannung aus Jer 25,11; 29,10 mit einigem Aufwand auf siebzig Jahrwochen, also auf 490 Jahre, (um)gedeutet, und es wird dabei eine gegen Ende dieses Zeitraums liegende Spanne von einer halben Jahrwoche (dreieinhalb Jahre) als kritische Phase hervorgehoben (vgl. 7,25; 8,13f; 12,7). Eben diese auch sonst belegte Tradition dürfte in Offb 11,2f.9.11; 12,6.14; 13,5 aufgegriffen und (zumal bei der Umsetzung in dreieinhalb Tage [11,9.11]) weiterverarbeitet worden sein. Das Charakteristikum der *Gelehrtheit*, zu dem sich auch der überlegte Aufbau des Buches (und insbesondere der sieben Sendschreiben) fügt, schließt die „Erlebnisechtheit der Johannesoffenbarung“ (C. Schneider) schwerlich aus.

3. Zur Situation

Der Visionär präsentiert sich in 1,9 als der Adressaten „Mitgenosse in der Trübsal und im Reich [Gottes] und in der Standhaftigkeit in Jesus“. Damit liefert der Verfasser zugleich eine knappe Beschreibung der Krisensituation, in die hinein er schreibt. Mit dem Stichwort *hypomonē*, „Geduld“ (besser: „Standhaftigkeit“), lässt er zugleich anklingen, wie er sich die Bewältigung der Lage vorstellt. Die Krise ist damit gegeben, dass der Überzeugung, durch Jesus von Belastungen befreit worden zu sein und am Reich Gottes Anteil empfangen zu haben (s. bes. 1,5f; 5,9f; 12,10f), Erfahrungen ganz anderer Art gegenüberstehen und es deshalb zu *thlipsis*, „Trübsal“, kommen kann. Auch von extremen Negativerfahrungen ist die Rede (s. z.B. 1,9b). So weiß der Visionär nicht nur von bereits zurückliegenden → Martyrien (6,9f) – er nennt konkret das des Antipas in Pergamon (2,13) –, sondern rechnet überdies mit einer globalen „Versuchung“ (3,10), mit weiteren Martyrien (6,11; 20,4; vgl. 2,10).

In 20,4 wird als die entscheidende Größe, mit der die Gefahr verknüpft ist, die kultische Verehrung des „Tieres“ und seines Bildes geltend gemacht. Die (Bereitschaft zur) Teilnahme daran lässt sich insbesondere am Tragen eines Zeichens (s. 13,17; 14,11; 16,2; 19,20; 20,4) ablesen, wohl eines auf den zu Verehrenden verweisenden Abbildes. Genauer: Das Verweigern solcher Teilnahme, vor der in 14,9–11 mit einer scharfen Drohung gewarnt wird[49], bringt die Gefahr mit sich. Zu denken ist mit höchster Wahrscheinlichkeit an den → Kaiserkult, der im Osten des Römischen Reichs und damit in Kleinasien entschieden früher Bedeutung hatte als im Westen. Vermutlich sind darauf auch die Formulierungen von 2,13 zu beziehen,

---

49 Positiv wird in 14,12 (vgl. dazu 13,10) zur Standhaftigkeit aufgerufen.

denen zufolge sich in Pergamon (mit seinem Augustus-Tempel und weiteren bedeutenden heidnischen Heiligtümern) der „Thron des Satans" befindet und hier „der Satan wohnt". Die Kap. 12f, die eine Verbindung des Satans mit dem ersten Tier sowie mit dem dessen Verehrung fordernden zweiten Tier erkennen lassen (s. bes. 13,12.14.16–18), und die Kap. 17f mit dem Bild von der „Hure Babylon" führen ebenfalls auf den Kaiserkult (zweites Tier) und die hinter ihm stehenden Größen des Römischen Reichs (erstes Tier) und der (sich über sieben Hügel erstreckenden [17,9]) Stadt Rom („Hure")[50].

Hintergrund der Offenbarung: Auseinandersetzungen um den Kaiserkult in Kleinasien während der Regierungszeit Domitians („666" als verschlüsselter Hinweis auf den Kaiser [Nero])

Die bislang betrachteten Indizien – Kaiserkult und gelegentliche Übergriffe politischer Instanzen auf die christlichen Gemeinden Kleinasiens – passen recht gut zu den späteren Jahren der Regierungszeit Domitians (der von 81 bis 96 n.Chr. Kaiser war). Da wird sich die auch vor der Todesstrafe nicht zurückschreckende staatliche Verfahrensweise gegenüber Christen vorbereitet haben, von der wir aus einem 112 n.Chr. verfassten Schreiben des Statthalters von Bithynien, Plinius d.J., an den Kaiser Trajan (und aus dessen Antwort) wissen (Epistolae 10,96 [und 97]). Der gegen eine solche domitianische Datierung[51] gerichtete Einwand, in 11,1 werde noch die Existenz des im Jahre 70 durch die Römer zerstörten Tempels vorausgesetzt, ist alles andere als zwingend; denn beim „Tempel Gottes" wird wahrscheinlich an das himmlische Heiligtum gedacht sein[52].

Im übrigen könnte in 4,11, wo der Schöpfergott als „unser Herr und Gott" gepriesen wird, eine vorsichtige Polemik vorliegen gegen Domitians Anspruch, eben als *dominus et deus noster* verehrt zu werden (Sueton, Domitian 13). Von daher ist es dann wohl auch für uns (wie erst recht für die zeitgenössischen Adressaten) möglich, die merkwürdigen Hinweise von 17,8–11 (und von 13,18) aufzulösen[53]: Domitian als sechster Herrscher (der erst mit Caligula beginnenden Reihe); der Christenverfolger Nero als Inbegriff des Römischen Reichs nicht nur einer der „Könige" (nämlich der dritte), sondern mit dem Tier gleichzusetzen (dessen „Zahl" 666 deshalb vermutlich aus den Konsonanten *nrwn qsr* errechnet werden soll [50 + 200 + 6 + 50 + 100 + 60 + 200], welche die hebräische Umschrift des Ausdrucks „Nero[n]

50 Rom wird auch sonst im jüdischen und christlichen Schrifttum (z.B. syrBar 67,7; 1 Petr 5,13) mit dem Decknamen Babel, Babylon, belegt – nicht zuletzt deshalb, weil die Einnahme Jerusalems und die Zerstörung des sog. Zweiten Tempels durch die Römer im Jahre 70 n.Chr. an die entsprechenden Ereignisse des 6. Jh.s v.Chr. erinnern mussten, als die Babylonier unter Nebukadnezzar das jerusalemische Heiligtum in Flammen aufgehen ließen und als es zum babylonischen Exil kam (vgl. nur 2 Kön 25).

51 Sie wurde schon in der Alten Kirche vertreten, so vom ersten Kommentator des Buches, nämlich von Victorinus von Pettau (gest. ca. 304). Vgl. noch Irenäus, Adversus haereses 5,30,3.

52 S. dazu M. Bachmann, Himmlisch: Der ‚Tempel Gottes' von Apk 11.1, NTS 40, 1994, 474–480, und vgl. 6,9; 11,19; 14,18.

53 Vgl. A. Strobel, Art. Apokalypse des Johannes, TRE 1 (1978), 174–189: 182f.

Kaiser" bilden) und als (auch zeitgenössischen Gerüchten nach [vgl. 13,3.12–14]) noch einmal wiederkehrender, als achter Kaiser. Vereinbar mit diesen Auflösungen ist auch eine Abfassung der Johannesoffenbarung in der Regierungszeit Nervas (96–98 n.Chr.), des Domitian als siebter Herrscher nachfolgenden Kaisers.

Was von außen auf die Gemeinde zukommende Bedrohungen angeht, so gehören hierhin wohl auch die in 2,9 und 3,9 angesprochenen Gruppierungen, Leute, „die sich Juden nennen und es nicht sind"; denn der Terminus *thlipsis*, „Trübsal", dürfte sich in 2,9 auch auf die von ihnen ausgehenden Belastungen beziehen. Wir haben bei der „Synagoge des Satans" also wahrscheinlich jeweils nicht an Judenchristen, sondern an andere jüdische Kreise zu denken. Diese Gefährdungsquelle ist indes von der des Kaiserkultes und Staates schwerlich völlig zu trennen. Darauf weisen nicht nur die Begriffe „Trübsal" (vgl. bes. 1,9; 7,14) und „Satan" (vgl. bes. 2,13; 12,9; 20,7[ff]) hin; es kommt hinzu, dass in 2,10 und auch in 3,10 sich dann der Horizont jeweils in die Öffentlichkeit hinein weitet. Man wird das im Sinne eines (bedingten) Miteinanders von bestimmten → synagogalen Gemeinschaften und politischen Instanzen zu verstehen haben, wie es uns auch aus der Apostelgeschichte bekannt ist (vgl. z.B. Apg 13,45.50; 17,5–8). Die in 3,9 ausgesprochene Hoffnung, die Gegner würden dereinst der Legitimität der christlichen Gemeinde gewahr werden, wird jedoch andeuten, dass weniger Macht- als vielmehr Glaubensfragen zu der Distanzierung jüdischer Kreise von den Christen führten. Eine solche Distanzierung musste freilich gerade hinsichtlich des Kaiserkultes folgenschwer sein; denn das Judentum war ihm enthoben, das Christentum darum nur solange, wie es jenem zugerechnet werden konnte.

Die primäre äußere Front ist indes durch Kaiserkult und Römisches Reich gegeben, und sie betrifft nach dem Verfasser selbst den täglichen Handel und Wandel (vgl. 13,17). Johannes propagiert nun nicht etwa den aktiven Kampf von Christen gegen den Staat, sondern eher so etwas wie gewaltlosen, ja, leidenden Widerstand (s. bes. 2,10; 13,10). Ihm schwebt *disengagement* im Sinne der Himmelsstimme von 18,4 vor: „Ziehet aus von ihr (d.h. der „Hure Babylon"), mein Volk, damit ihr nicht teilhabt an ihren Sünden."

Das ist natürlich leichter gesagt als im praktischen Alltag und bei vorgegebenen wirtschaftlichen Verflechtungen getan. Und so spiegelt sich das Außenverhältnis denn auch in unterschiedlicher Weise in den Gemeinden wider, die zu einem Gebiet gehören, in dem einst Paulus gearbeitet hat (vgl. Eph 1,1).

Beklagt werden nicht nur die sich mit der Zeitdauer leicht einstellenden Missstände: der Verlust der „ersten Liebe" (2,4), nur scheinbare Lebendigkeit (3,1), entsprechend „Lauheit" (3,14). Wenn es in 3,17 zu einer Zurechtweisung von Reichen kommt, während in 2,9 Armut auf der positiven Seite erscheint, wird hier fraglos der Versuch getadelt, mit den politischen und sozialen Gegebenheiten Kompromisse einzugehen, die jedem nahe liegen müssen, der wirtschaftlich mithalten will.

(Fehl-)Entwicklungen, die jedenfalls in Pergamon und Thyatira auch theoretisch in der innergemeindlichen Lehre abgestützt werden (s. 2,14.20.24), sind bei den

Stichwörtern „Nikolaiten" (2,6.15; vgl. Apg 6,5), „Bileam" (2,14; vgl. Num 31,16; 2 Petr 2,15f; Jud 11) und „Isebel" (2,20; vgl. 1 Kön 16,31) im Blick. Deutlich ist dabei zweierlei: Den Gruppierungen wird der Verzehr von Götzenopferfleisch und Hurerei vorgeworfen (s. 2,14.20f), und die Isebel-Anhängerschaft begründet ihre Freiheit mit besonderer Erkenntnis (s. 2,24; vgl. 1 Kor 2,10). Ob jene beiden Vorwürfe im wörtlichen Sinne (vgl. Apg 15,28f) oder doch eher symbolisch (vgl. 17,2.5; 19,2) zu verstehen sind. In jedem Fall ist letztlich der Kontakt mit einem als illegitim geltenden – kultischen – Bereich gemeint (vgl. bes. 1 Kor 10,7–22). Und die Johannesoffenbarung geht gegen christliche Haltungen an, die in der gegebenen Krisensituation (entweder) aus pragmatischen oder aus prinzipiellen Gründen Großzügigkeit walten lassen. Dass solche Einstellungen aufgrund der Freiheitsbotschaft des Paulus (s. nur Gal 5,1) in von ihm geprägtem Gebiet entstehen können, vesteht sich nahezu von selbst (vgl. nur Röm 14,1–15,6; 1 Kor 8,1–13; Gal 5,13).

Das letzte Bibelbuch hat es mit solchen postpaulinischen Problemen zu tun und vor allem mit der – durch den zentrale Lebensvollzüge berührenden Kaiserkult zugespitzten – grundlegenden Differenzerfahrung des Christen, des befreiten und doch alles andere als unbedrängten Christen. Dem setzt es eine Vision entgegen, die mehr sieht als das Vorfindliche, nämlich die schon in Gang gekommene Entmächtigung der widergöttlichen Kräfte. So soll Standhaftigkeit gestärkt werden, sich ethisch und auch in Leiden und „Trübsal" erweisende Standhaftigkeit.

C Theologische Schwerpunkte

Im Vorangehenden wurden bereits zahlreiche Aspekte des theologischen Profils der Johannesoffenbarung angesprochen. Nur einige wenige Bereiche können nun noch etwas genauer thematisiert werden: → Eschatologie, Ethik und → Christologie.

1. Zur Eschatologie

Besondere Beachtung verdient das Anliegen, die Differenzerfahrungen des Adressatenkreises aufzugreifen und durch einen eschatologischen Entwurf „aufzuheben". Denn hier wird von den intellektuellen wie praktischen Schwierigkeiten einer christlichen Lebensführung und von dem nicht abgesehen, was pragmatische Kompromisse wie prinzipielle Freizügigkeit – „Lauheit" wie Libertinismus –, aber auch „Trübsal" bedingt. Vielmehr will der Entwurf zum Bestehen, zur Standhaftigkeit in den Konkretheiten des Alltags beitragen[54]. Insofern liegt gerade nicht Weltlosigkeit, sondern Fortführung der alttestamentlichen Überzeugung von der Welt-

54 Besonders aufschlussreich dafür sind einige kommentierende (Engel-)Worte: 13,10; 14,9–12; 16,5–7.15; 18,4.

bezogenheit des Gottes Israels vor. Die abgründigen, dämonischen Seiten z.B. der politischen Wirklichkeit (s. bes. Kap. 13; 17f) werden ja auch in keiner Weise beschönigt, und wenn in Kap. 21 vom Herabkommen des „neuen Jerusalem" gesprochen wird (V. 2), ist die „neue Erde" (V. 1) als erneuerte Erde, als Teil der erneuerten Schöpfung (vgl. 2,7; 22,1f) verstanden.

Schwierig scheint indes zum einen der bei diesem eschatologischen Entwurf verschiedentlich anklingende → Determinismus: so bei der Registrierung im „Buch des Lebens" und beim Ablauf der Ereignisse bis hin zur endzeitlichen Vollendung[55]. Allerdings spricht 3,5, genau besehen (Möglichkeit der Nichtauslöschung aus jenem Buch), und sprechen die Variationen zwischen den Siebenerreihen und in der Bildersprache[56] entschieden dagegen, den Text im Sinne eines detaillierten geschichtlich-endgeschichtlichen Fahrplans zu begreifen.

Als heikel kann zum anderen empfunden werden, wie sehr die Johannesoffenbarung Motiven der Rache und der Grausamkeit Raum gibt[57]. Aber es fragt sich doch, ob solche Momente nicht in Texten Bedrängter und in Texten für (aufs äußerste) Bedrängte nötig sind, damit die erlittene oder drohende Gewalt (s. nur 2,10; 6,9.11) verarbeitet werden kann. Außerdem wird den Adressaten ja gerade nicht persönliche Rache, sondern passiver Widerstand anempfohlen. Und in 6,10 und 19,2 handelt es sich (wie in Röm 12,19) um *Gottes* Rache[58].

2. **Zur Ethik**

Die eschatologische Konzeption der Johannesoffenbarung kann demnach als beeindruckende Antwort auf die Krisensituation der kleinasiatischen Gemeinden begriffen werden. Ein solches Urteil fällt hinsichtlich der ethischen Aussagen weniger leicht. Angesichts der Ablehnung von Kompromissen, die z.B. beim Thema der Hurerei und des Verzehrs von Götzenoperfleisch (s. dazu o. S. 363) begegnet[59], wird man fragen können, ob nicht eine stärker abwägende, weniger rigorose Stellungnahme (vgl. z.B. 1 Kor 8,1–13) in komplizierten Lebensvollzügen hilfreicher

55 S. z.B. einerseits 3,5; 20,12; 21,27 (vgl. Dan 12,1), andererseits 1,1; 4,1; 20,3 (vgl. Joh 3,14).

56 Z.B. bezieht sich sowohl das Bild von der „Sonnenfrau" (Kap. 12) als auch das andere von der „Braut" des „Lammes" (19,7–9; 21,2.9) auf die Heilsgemeinde. Vgl. u. (bei) Anm. 58.63.

57 S. bes. einerseits 6,10; 19,2, andererseits 8,2; 9,4; 16,8–11; 20,10.15. Vgl. z.B. Ps 58,7–12; 79,10–12.

58 Im eschatologischen Kampf rühren zudem die Begleiter Christi (17,14; 19,14.19) nicht auch nur den kleinen Finger. Selbst beim kämpfenden Einsatz Christi und bei seinem Sieg, den er merkwürdiger- und bezeichnenderweise mit einem nach 19,15.21 aus seinem Munde hervorkommenden Schwert erringt (17,14; 19,15.19–21; vgl. 1,16; Jes 49,2), unterbleibt die Schilderung einer von ihm vollzogenen Kampfeshandlung. Das Militärische ist offenkundig metaphorisch zu verstehen. Dazu passt, dass in 19,15 (vgl. 13,18–20; Jes 63,3) stattdessen auch das Bild der Kelter und in 20,9 die Vorstellung von herabfallendem Feuer (vgl. 2 Kön 1,10ff; Ez 38,22) benutzt wird.

59 Ein anderes Beispiel ist die Forderung nach unbedingter Respektierung des Buches (1,3; 22,7.18f; vgl. z.B. Dtn 4,2).

ist. Aber die Rigorosität nötigt doch Respekt ab – wie erst recht die Praxis und das Prinzip gewaltlosen Widerstands (s. nur 1,9; 13,10).

Im Übrigen steht Johannes, wenn er die Relevanz des Handelns mit dem Hinweis auf das Gericht nach den Werken einschärft (20,12f), im Neuen Testament selbstverständlich nicht allein da[60]. Nicht zu übersehen ist überdies, dass er hinsichtlich des christlichen Handelns abzustufen weiß (s. nur 2,14.19.24), die das Tun tragende Motivation berücksichtigt (s. 2,2f; 3,1.15) und die Möglichkeit des Christen zur Umkehr einräumt (s. nur 2,4.16.22). Vor allem jedoch verdient Beachtung, dass auch in diesem Buch der Imperativ nicht erst vom erwarteten Lohn her begründet wird (s. nur 2,7b), sondern primär und schon vom den Christen bereits bestimmenden Widerfahrnis der Rettung, also vom Indikativ her (so bereits im Präskript)[61]. Das Erwartete ist offenkundig weithin das, was sich aus der in himmlischen Sphären schon wirksam gewordenen, auf dem Jesusgeschehen beruhenden Grundentscheidung ergibt und dem Seher deshalb enthüllt werden kann (s. nur 1,1f.5–7.18f; 12,5f).

3. **Zur Christologie**

Vielleicht das Erstaunlichste am letzten Buch der Bibel ist die hier entfaltete → Christologie. Verblüffend ist schon die auf Jesus bezügliche Terminologie: Der volle Ausdruck „Jesus Christus" wird lediglich im Rahmen der Schrift gebraucht (1,1.2.5; vgl. 22,21 [abweichende → Lesart]). Bei dem ohne diese Verbindung benutzten Begriff „Christus" ist die titulare Bedeutung durchweg noch erkennbar (11,15; 12,10; 20,4.6), handelt es sich hier doch stets um den Gesalbten (Gottes) und in 20,4.6 um den königlich Herrschenden, den → Messias. Fast nur in ihn betreffenden Zusammenhängen übrigens[62] wird der sonst für Gott reservierte Titel *kyrios*, „Herr" (s. z.B. 1,8), auf Jesus angewandt (17,14; 19,16: Herr der Herren [und König der Könige]). Einmal, in 22,16, benennt Jesus sich selbst mit seinem Namen *Iēsous*, ansonsten wird er damit bezeichnet (1,9; 12,17; 14,12; 17,6; 29,10; 20,4).

Die auffällige Zurückhaltung gegenüber christologischen Titeln findet ihre Entsprechung in einem nicht eben konventionellen Umgang mit dem urchristlichen → Kerygma von Jesu Tod und Auferweckung (s. bes. Röm 1,3f; 1 Kor 15,3–5). Statt der üblichen Terminologie finden sich recht freie Umschreibungen (s. etwa 1,5f.17f) und unterschiedliche Bilder[63]: so das des Menschensohnähnlichen (zuerst

60 Vgl. 2,23; 14,13; 22,12 (und 18,6) sowie z.B. Mt 25,31ff; Joh 5,29; Röm 2,6.

61 Vgl. bes. einerseits 21,7; 22,12, andererseits 2,25; 3,3.5.11.21; 7,14; 12,11.17 (und zu den eindrucksvollen, den Indikativ akzentuierenden Vorstellungen vom „Buch des Lebens" [3,5 u.ö.] und von den aufgrund des Blutes Jesu „weißen Gewändern" [bes. 7,14] s.o. [bei] Anm. 55 und u. S. 366f).

62 Außerdem noch in geprägten Formulierungen: 11,8 (vgl. z.B. Röm 1,4); 22,20 (vgl. 1 Kor 11,26; 16,22; Did 10,6).

63 Vgl. o. (bei) Anm. 56.58.

in 1,13), des „Lammes“ (zuerst in 5,6), des himmlischen Kindes (zuerst in 12,4f), des Reiters auf weißem Pferd (s. 19,11; vgl. 6,2).

Das wichtigste dieser miteinander verwobenen, einander überschneidenden Bilder ist das des „Lammes“, das im zweiten Hauptteil der Johannesoffenbarung eine dominierende Rolle spielt. Es erfüllt mehrere Funktionen. Vor allem ist der sogleich in 5,6 begegnende Zug hervorzuheben, dass es sich um ein „(gleichsam) geschlachtetes ‚Lamm‘“[64] handelt, das da am Thron Gottes steht und einen Sieg aufzuweisen hat. Denn dieses paradoxale Miteinander – Geschlachtetsein und sieghafte Existenz – greift das urchristliche Kerygma auf und bestimmt auch viele weitere Aussagen. Einerseits ist vom „Blut des ‚Lammes‘“ (7,14; 12,11; vgl. 5,9) die Rede, in dem der Sieg nun der Seinen gründet (s. 12,11), andererseits in mehreren Schattierungen von seiner Stärke: So trägt es nach 5,6 sieben Hörner, also Symbole der Macht (vgl. nur 13,1.11)[65]. Das aufgezeigte Miteinander ermöglicht speziell eine Entsprechung zu der an Ps 110,1 anknüpfenden frühchristlichen Redeweise von Jesu Sitzen zur Rechten Gottes (vgl. nur Apg 2,34–36; Röm 8,34). Darauf läuft es nämlich hinaus, wenn dem erhaben Thronenden von Kap. 4, beginnend mit Kap. 5[66], das „Lamm“ zugesellt wird, so dass es in 22,1.3 (vgl. 3,21) schließlich heißen kann: der „Thron Gottes und des ‚Lammes‘“.

Hervorzuheben ist noch zweierlei: Erstens rückt die im Himmel thronende Gottheit, die in diesem Buch nie als „Vater“ der Gläubigen, verschiedentlich jedoch als „Vater“ Jesu[67] benannt wird, den Adressaten wegen dieser vermittelnden Instanz gewissermaßen näher (s. bes. 3,21). Zweitens ist Jesus selbst der bedrängten Gemeinde als „geschlachtetes ‚Lamm‘“ noch in ganz besonderer Weise verbunden, da er insofern sozusagen Urbild der → Märtyrer ist (s. bes. 6,9; vgl. 18,24). Über die gemeinsame Bedrängniserfahrung hinaus greift dabei natürlich die Hoffnung, dass Jesu zurückliegender Sieg (5,5) auch den jetzigen und künftigen Sieg der nun Leidenden in sich trage (12,11; 13,7; 17,14).

Die Absicht, diese zunächst Jesus charakterisierende Zweipoligkeit auszudrücken, könnte ein Grund dafür sein, dass in der Johannesoffenbarung für das „Lamm“ nicht (wie in Joh 1,29.36; Apg 8,32; 1 Petr 1,19) die Vokabel *amnos* gewählt wurde, sondern *arnion*. Dieses Wort, das in Jer 11,19 LXX das Opfertier bezeichnet, kann nämlich gerade auch das männliche Lamm, den künftigen Widder meinen (vgl. nur nochmals Jer 11,19 [und dazu Ex 12,5], ferner Ps 113[114],4.6). Der Terminus *arnion* lag, da im hellenistischen Raum die Vorstellung von einem weissagenden *arnion* existierte, auch insofern nahe, als in Kap. 5 nach jemandem gesucht wird, der ein vorne und hinten beschriebenes Buch (V. 1) öffnen kann, und dabei muss es sich nach Ez 2,9 (und Offb 6ff) eben um ein Buch mit Weissagungen handeln.

Auch der in 19,11–21 erscheinende Reiter auf weißem Pferd lässt die Spannung von zurückliegendem Leid, symbolisiert durch das blutgetränkte Gewand (V. 13; vgl. 7,14), einerseits, von Sieg andererseits erkennen. Gemeint ist offenkundig der

64 Vgl. 5,9.12; 13,8, auch 13,3.

65 Ähnlich: sieben Augen (5,6); Zorn (6,16; vgl. 14,10); Sieg (17,14). Ferner: das „Lamm“ sozusagen als Ehemann (21,9 [vgl. 19,7; 21,2]: die Gemeinde als „Braut“ bzw. „Frau des ‚Lammes‘“).

66 V. 6.7.11–14; vgl. 7,11.17; 11,15f.

67 1,6; 2,28; 3,5.21; 14,1.

sich bei Jesu Wiederkunft erweisende künftige Sieg. Dass der zu erwartende Triumph mit dem Heilsgeschehnis der Auferweckung Jesu verbunden ist, wird möglicherweise[68] schon ganz zu Beginn der Siebenerreihen, beim ersten → apokalyptischen Reiter (6,1f) tröstlich zur Sprache gebracht und vor die Augen geführt: Er kommt hervor „als Sieger und um zu siegen".

D Wirkungsgeschichtliche Hinweise

1. Reiche Folgewirkungen

Der reichen und bunten Bildwelt der Johannesoffenbarung entspricht eine mindestens ebenso reiche und bunte Wirkungsgeschichte dieses Buches, das unsere Kultur in vielerlei Weise mitgeprägt hat: so in der christlichen Antike die Bildprogramme vieler Kirchen ab der konstantinischen Zeit[69], so im Mittelalter die mannigfaltig[70] zum Ausdruck gebrachte Vorstellung vom Kirchengebäude als einer Vorwegnahme des himmlischen Jerusalem, so in der (beginnenden) Neuzeit etwa die Gestaltung des Jerusalem-Motivs in Literatur und Liedgut[71], so in jüngerer Zeit die Interpretation von Schrecklichem (z.B. in Francis Ford Coppolas Film „Apocalypse Now" [1979] zum Vietnamkrieg). Diese knappen Andeutungen dürften indes bereits erkennen lassen, dass sich bei der Rezeption der neutestamentlichen Offenbarungsschrift große Chancen bieten, aber auch erhebliche Gefahren ergeben. Letztere lauern insbesondere dort, wo man meint, konkrete Daten der Geschichte als in dieser „prophetischen" Schrift vorausgesagt behaupten zu können. Erinnert sei in diesem Zusammenhang daran, dass selbst der bedeutende Württemberger Exeget und Pietist Johann Albrecht Bengel (1687–1752) sich dem nicht versagte und z.B. das erste Tier von Kap. 13 auf das Papsttum und die Engel von 14,6.8 auf die Theologen Johann Arndt (1555–1621) und Philipp Jakob Spener (1635–1705) bezog, zudem den Beginn des Tausendjährigen Reiches auf den 18.6.1836 berechnete[72].

Angesichts der wenigstens scheinbaren Offenheit der Bildwelt für unterschiedliche Auslegungen – der Engel mit dem „ewigen Evangelium" von 14,6 beispiels-

68 Nämlich wenn die ältere Auslegungstradition (z.B. Irenäus, Adversus haereses 4,21,3) Recht hat.

69 Z.B. Apsismosaik in Santa Pudenziana (ca. 400 n.Chr.): Lamm, Thronender, vier Lebewesen, Jerusalem.

70 Z.B. mit den bunten Glasfenstern (vgl. nur 21,11f.18–21), mit der Ostung und mit den Weltgerichtsdarstellungen (am westlichen Eingang).

71 Z.B. ist dadurch das lange Zeit riesige Auflagen erzielende Erbauungsbuch „Pilgrim's Progress" (1678) von John Bunyan ebenso geprägt wie Matthäus Meyfarts Lied „Jerusalem, du hochgebaute Stadt" (1626; EG 150). Übrigens: Auch in Beerdigungsliturgien wird gerne auf tröstende Aussagen der Johannesoffenbarung zurückgegriffen (z.B. auf 7,17b bzw. 21,4a [s. Jes 25,8]).

72 Solch ein → Chiliasmus (griechisch: *chilioi*, „tausend") bestimmte und bestimmt viele christliche Gruppen (z.B. die Zeugen Jehovas, deren Auffassungen ganz besonders durch eine starre Auslegung der Johannesoffenbarung geprägt sind). In säkularisierter Form begegnet er auch in utopischen Programmen (z.B. in den Zukunftsvorstellungen des Marxismus).

weise wurde im Luthertum noch lieber als Martin Luther selbst identifiziert – und angesichts der Möglichkeit, die Aussagen von Kap. 20–22 in enthusiastischem Sinne misszuverstehen, ist die Aufnahme des Buches in das Neue Testament keineswegs selbstverständlich. Die Johannesoffenbarung wurde zwar rasch bekannt und zunächst weithin respektiert und konnte sich, da es im Westen des Römischen Reiches bei einer positiven Einschätzung blieb, als eine der Schriften des → Kanons durchsetzen. Aber im Osten war man bald dem Buch gegenüber doch vorsichtiger (und dort in der kirchlichen Kunst z.B. auch gegenüber den *symbolischen* Bildern für Christus zurückhaltend). Luther nahm im sog. Septembertestament von 1522 diese Skepsis sowohl in seiner Vorrede als auch dadurch auf, dass er die Apokalypse ohne Nummerierung ließ, also sozusagen den → Apokryphen des Neuen Testaments zurechnete[73].

2. Schwierige Auslegung

Will man eine solche Konsequenz wie die von Luther – damals – gezogene vermeiden, muss man sich um eine angemessene Interpretationslinie bemühen, die der Beliebigkeit wehrt, ohne doch das Buch damit letztlich seiner Bildersprache zu berauben. Eine solche Auslegungslinie wird zu berücksichtigen haben, dass der Verfasser angesichts einer konkreten Krisensituation kleinasiatischer Christen schreibt, die sich im Römischen Reich des (späten) 1. Jh.s mit dem → Kaiserkult und seinen Auswirkungen konfrontiert sehen, und Johannes tut das im Sinne der Orientierung und der Stärkung. Da er von der baldigen Wiederkunft Christi überzeugt ist, kann er sich dabei → apokalyptischer Sprache bedienen. D.h. das Buch ist zeit-, end- und traditionsgeschichtlich zu interpretieren. Ein unmittelbarer Bezug auf Ereignisse späterer Jahrhunderte (wie er z.B. bei Bengel behauptet wird) – kirchen- oder weltgeschichtliche Interpretation – hingegen missachtet die Absichten des Buches.

Damit ist nicht gesagt, dass die Johannesoffenbarung späteren Jahrhunderten nichts Weiterhelfendes mehr zu sagen hatte und uns nichts mehr bedeuten könnte. Eher das Gegenteil ist richtig, und dazu leistet(e) gerade die Bildhaftigkeit des Buches ihren Beitrag. So hat es auch in nachfolgenden Krisenzeiten seine tröstende Wirkung entfalten können, etwa vor der konstantinischen Wende (wie z.B. die Interpretation durch Victorinus belegt), in der Zeit muslimischer Herrschaft über weite Teile der iberischen Halbinsel (als die reich illustrierten Beatus-Apokalypsen entstehen), im Dritten Reich (während dessen z.B. Hanns Lilje einen viel gelesenen Kommentar verfasst), und in den Kampfesjahren gegen die südafrikanische Apartheid (in denen Allen Boesak sie auslegt).

Allerdings: Schwierig ist für Nachgeborene natürlich der Umgang mit den zeitgeschichtlichen Anspielungen und der eschatologischen Naherwartung[74], und

---

73 Und zwar zusammen mit dem Hebräer- und Jakobusbrief, denen der Reformator ebenfalls keine Nummer gab und die er überdies nach hinten hin, nämlich vor Judasbrief und Johannesoffenbarung rückte.

74 In der Kirchengeschichte hat man sich oft

immer schwieriger wird es offenkundig für eine nicht mehr mit der jüdischen Apokalyptik vertraute Zeit, den tröstlichen Charakter eines so martialisch daherkommenden Buches zu erspüren. Dass gerade seine Christus betreffenden Aussagen Orientierung und Trost vermitteln wollen, ist in der frühen Wirkungsgeschichte, insbesondere in der frühchristlichen Kunst, noch bestimmend. Zuerst werden da nämlich in diese Richtung weisende Züge aufgegriffen, so schon im 4. Jh. die Kennzeichnung (Gottes [1,8; 21,6] und) Jesu (22,13) mit dem ersten und dem letzten Buchstaben des griechischen Alphabets, d.h. als Alpha und Omega (und damit als Erster und Letzter, als Anfang und Ende), und so fast gleichzeitig das Motiv vom „Lamm" (auf dem Berge → Zion [von 14,1][75]).

3. „Apokalypse": positiv oder negativ?

Ganz anders pflegt die Apokalypse des Johannes in der Neuzeit und vor allem in der neuesten Zeit aufgegriffen zu werden. Der erwähnte Filmtitel „Apocalypse Now" ist dafür ebenso ein Hinweis wie dies, dass wir es gewohnt sind, nicht Tröstliches, sondern fürchterliche Geschehnisse (wie z.B. die Reaktorkatastrophe von Tschernobyl) mit dem Attribut „apokalyptisch" zu versehen. Den tief greifenden Umschwung kann man sich leicht an der kunstgeschichtlichen Entwicklung eines einzigen Motivs deutlich machen: des Motivs von den apokalyptischen Reitern (6,1–8)[76], wofür hier drei Darstellungen ausgewählt wurden.

Abb. 1

In der Beatus-Handschrift von Burgo de Osma (11. Jh.) ist der erste Reiter (fol. 85v), wie der Kreuzesnimbus erkennen lässt, als Christus aufgefasst (Abb. 1), und damit wird die diese Gestalt (im Unterschied zu den drei ihr nachfolgenden) positiv fassende alt-

mit einer „spiritualisierenden" Interpretation zu helfen gesucht (und zwar seit dem 4. Jh.: zunächst Tyconius, dann u.a. Augustinus [354–430]).

75 Vgl. dazu o. Anm. 69.

76 Vgl. dazu nur M. Bachmann, Die apokalyptischen Reiter. Dürers Holzschnitt und die Auslegungsgeschichte von Apk 6,1–8, ZThK 86, 1989, 33–58, ferner o. (bei) Anm. 68. Die Abb. 1–3 greifen die Repro

Abb. 2

kirchliche Auslegung weitergeführt. Hingegen ist dieser Reiter in der Lutherbibel von 1534 (Monogrammist MS) durch Kleidung und Krummsäbel als Türke gekennzeichnet (Abb. 2), und Luther begreift den Mann von 6,2 in der Tat seit der türkischen Belagerung Wiens im Herbst 1529 als eine von vier Plagen – wozu Dürers berühmter Holzschnitt (von 1498) mit seiner Pferdephalanx (Abb. 3) beigetragen haben wird.

Damit ist ein gravierender Wechsel in der Auffassung von „Apokalypse" erkennbar (für den es nicht sonderlich wichtig ist, wie denn der Vers 6,2 ursprünglich gemeint war). Diese Veränderung muss in Rechnung stellen, wer die auf Stärkung abzielende Johannesoffenbarung heute zu verstehen sucht.

Abb. 3

duktionen bei Ph. Schmidt, Die Illustrationen der Lutherbibel 1522–1700. Ein Stück abendländische Kultur- und Kirchengeschichte, Basel 1962, Abb. 145 (Lutherbibel von 1534), und bei Bachmann, Reiter, Abb. 2.6 (Beatus von Burgo de Osma; Dürer), auf.

§ 11 Vielfalt und Einheit der neutestamentlichen Botschaft

Friedrich Wilhelm Horn

Literatur
Christoph Dohmen/Thomas Söding (Hgg.), Eine Bibel – zwei Testamente. Positionen Biblischer Theologie, UTB 1893, Paderborn u.a. 1995
Ferdinand Hahn, Vielfalt und Einheit des Neuen Testaments. Zum Problem einer neutestamentlichen Theologie, BZ 38, 1994, 161–173
Eduard Lohse, Die Einheit des Neuen Testaments als theologisches Problem. Überlegungen zur Aufgabe einer Theologie des Neuen Testaments, in: ders., Die Vielfalt des Neuen Testaments. Exegetische Studien zur Theologie des Neuen Testaments, Göttingen 1982, 231–246
Bruce M. Metzger, Der Kanon des Neuen Testaments. Entstehung, Entwicklung, Bedeutung, Düsseldorf 1993
Wolfgang Schrage, Ethik des Neuen Testaments, GNT 4, Göttingen 1982 (Berlin 1985), 2. (5.), neubearb. u. erw. Aufl. 1989
Thomas Söding, Inmitten der Theologie des Neuen Testaments: Zu den Voraussetzungen und Zielen neutestamentlicher Exegese, NTS 42, 1996, 161–184
Gerd Theißen/Annette Merz, Der historische Jesus. Ein Lehrbuch, Göttingen 2. Aufl. 1997
William Wrede, Über Aufgabe und Methode der sogenannten Neutestamentlichen Theologie, Göttingen 1897 (S. 7–80 = in: Das Problem der Theologie des Neuen Testaments, hg. v. Georg Strecker, WdF 367, Darmstadt 1975, 81–154)

Das Neue Testament ist eine Sammlung von insgesamt 27 einzelnen und von ihrer Gattung her teilweise unterschiedlichen Schriften. Der Umfang dieser Sammlung und die Reihenfolge der einzelnen Schriften waren in den ersten Jahrhunderten zwar nicht im Kernbestand, aber doch im Hinblick auf diejenigen Schriften, die etwa keine → apostolische Verfasserschaft ausweisen konnten, strittig. Auch gab es im Osten und Westen des römischen Reiches und den dort lebenden Kirchen unterschiedliche, lokal bedingte Präferenzen für bestimmte Schriften. So finden sich in frühen → Kanonverzeichnissen etwa auch der Barnabasbrief und die Schrift Hirt des Hermas, und das Thomasevangelium hat in Syrien eine hohe Anerkennung gehabt. Wir haben eine Vielzahl von → apokryphen Evangelien, Apostelgeschichten, Briefen, → Apokalypsen, die allesamt von zeitweiliger und lokaler Kanonizität waren. Ein fester Kanon von den 27 Schriften, die wir noch heute, wenn auch in anderer Reihenfolge, im Neuen Testament wiederfinden, begegnet in dem 39. Festbrief des Athanasius von Alexandrien im Jahr 367 n.Chr., wo es unter anderem heißt[1]:

> Da es einige versucht haben, für sich selbst die so genannten Apokryphen zu verfassen und sie mit der von Gott eingegebenen Schrift zu vermengen, über die wir gemäß dem, was die ursprünglichen Augenzeugen und Diener des Wortes den Vätern überliefert haben, zu einer sicheren Überzeugung gelangt sind, deshalb habe auch ich, nachdem ich von rechten Brüdern gedrängt worden bin und die Sache von Anfang an erforscht habe, mich entschlossen, der Reihe nach die kanonisierten, überlieferten und als göttlich bestätigten Schriften darzulegen, damit ein jeder Getäuschte seine Verführer verwerfe und ein jeder unbefleckt Gebliebene sich freue, wenn er wieder daran erinnert wird.

Athanasius zählt nun im Anschluss an die alttestamentlichen auch die 27 neutestamentlichen Schriften auf. Er nennt diese Schriften die Quelle des Heils, da in ihnen allein die Lehre der Frömmigkeit verkündet sei. Zusätzlich aber erwähnt er als Lektüre für die Konvertiten und diejenigen, die in der Lehre der Frömmigkeit unterwiesen werden wollen, noch die Weisheit Salomos, die Weisheit des Sirach, Esther, Judit, Tobias, die → Didache und den Hirt des Hermas[2]. Der Begrenzung des → Kanons geht also zugleich eine qualifizierte Ausweitung parallel. Eine Grenze ist gezogen, aber sie ist doch durchlässig. Noch im Mittelalter ist der Kanon „an seinen Rändern in gewisser Weise elastisch“[3].

Die Vielfalt der neutestamentlichen Botschaft besteht in der Zuordnung gattungsmäßig unterschiedlicher Schriften von unterschiedlichen Verfassern zu einem Kanon, und sie kommt vor allem in unterschiedlichen theologischen Akzentuierungen zum Ausdruck. Diese Vielfalt begleitet als Problem das Auswahlverfahren hin zum Kanon des Neuen Testaments von den ersten Kanonverzeichnissen an. In der Festsetzung des Kanons wird die Vielfalt akzeptiert, etwa indem vier Evangelien oder in Spannung zueinander stehende Aussagen in den einzelnen Schriften nebeneinander erhalten bleiben. Gleichwohl wird durch den Ausschluss der sog. apokryphen Schriften doch der Eindruck einer relativen Einheit aufrechterhalten. Relativ, weil es sich nicht um eine vollständige Einheit in der Sache handelt, sondern eher um eine Einheit, die sich von dem Alter der Schriften und ihrer apostolischen Verfasserschaft her begründet. Dies stellt ein grundsätzliches → hermeneutisches Problem dar: Können wir bei dem Konstatieren der Vielfalt der Stimmen im Neuen Testament stehen bleiben, oder gibt es einen gemeinsamen Fluchtpunkt oder gar eine Mitte in den vielfältigen Stimmen? Sei es, dass man wie Martin Luther die einzelnen Schriften nach dem Kriterium „was Christum treibet“ befragt[4]

1 Vgl. hierzu Metzger, Kanon, Teil 2 (Bildung des Kanons), zum Osterfestbrief des Athanasius a.a.O., 203.

2 Vgl. zum Festbrief des Athanasius Schneemelcher, Apokryphen I, 39f; zur Kanongeschichte a.a.O., 1–61.

3 Metzger, Kanon, 228.

4 Martin Luther schreibt in der Vorrede zum Jakobusbrief in der Septemberbibel von 1522 (WA.DB 7, 384, zit. nach Stuhlmacher, Verstehen, 103): „Auch ist das der rechte Prüfstein, alle Bücher zu tadeln, wenn man siehet, ob sie Christum treiben oder nicht ... Was Christum nicht lehret, das ist nicht apostolisch, wenn's gleich S. Petrus oder S. Paulus lehrete. Wiederum was Christum predigt, das ist apostolisch, wenn's gleich Judas, Hannas, Pilatus und Herodes täte“; vgl. zu Luthers hermeneuti-

oder eine Hierarchie innerhalb der neutestamentlichen Schriften erstellt[5] oder sei es, dass man sich durch bestimmte Schriften primär leiten lässt und andere ihnen gegenüber vernachlässigt[6]. Es geht jeweils um einen Kanon im Kanon.

1. Die Vielfalt des Neuen Testaments

Die Vielfalt des Neuen Testaments erschließt sich dem Leser zunehmend, sofern er bereit ist, in der Vielfalt der Stimmen einen Gewinn, nicht aber von vornherein den Verlust einer erhofften Einheitlichkeit zu finden. Im Folgenden sollen zunächst in einer groben Bestandsaufnahme Beispiele für die Vielfalt zusammengestellt werden.

1.1 Bestandsaufnahme

Das Neue Testament wird schon in den frühen Kanonverzeichnissen eröffnet durch vier Evangelien. Nur die Evangelien Matthäus, Markus und Lukas haben in der Grundstruktur und in vielen einzelnen Perikopen eine weitgehende Übereinstimmung. Sie ist erklärlich, da Matthäus und Lukas das Markusevangelium zur Grundlage des Aufbaus ihrer Evangelien gemacht und daneben die → Logienquelle berücksichtigt haben[7]. Schon diese Einsicht in die literarische Abhängigkeit der Evangelien voneinander schließt nun denjenigen Weg aus, den die Forschung im 18. und frühen 19. Jh. gegangen ist, um ein Leben Jesu zu rekonstruieren: Sie fügte nämlich Aussagen der Evangelien konstruktiv und additiv zusammen, um ein abgerundetes Jesusbild zu gewinnen[8]. Gänzlich abgewiesen wurde dieser Weg

schen Grundsätzen Stuhlmacher, Verstehen, 98–102.

5 Die Debatte um den „Frühkatholizismus im Neuen Testament" hat die spätneutestamentlichen Schriften im Vergleich mit der paulinischen Briefliteratur und den Evangelien häufig abgewertet; vgl. zur Definition des Begriffs Frühkatholizismus und zur historischen und theologischen Einordnung F. Hahn, Das Problem des Frühkatholizismus, in: ders., Exegetische Beiträge zum ökumenischen Gespräch. Ges. Aufs. I, Göttingen 1986, 39–56.

6 Die reformatorischen Kirchen sind durchweg paulinisch geprägt, unter den orthodoxen Kirchen des Ostens steht unter den Evangelien das Johannesevangelium an erster Stelle. Das Matthäusevangelium, vor allem die Ethik seiner Bergpredigt, ist häufig die Maßgabe für ein politisch akzentuiertes Christentum gewesen. Das Lukasevangelium stellte seit je die *biblia pauperum* (Armenbibel) dar. Die adventistische Glaubensgemeinschaft und die Zeugen Jehovas orientieren sich wie andere eschatologisch orientierte Gruppen stark an der Apokalypse des Johannes.

7 Vgl. in diesem Band die Ausführungen von R. Feldmeier zu den synoptischen Evangelien, o. S. 83–85.

8 A. Schweitzer, Geschichte der Leben-Jesu-Forschung, Band 1, Hamburg 2. Aufl. 1972, 79–87, verweist auf die Darstellungen von Karl Friedrich Bahrdt, der in den Jahren 1784–1792 ein elfbändiges Leben Jesu mit insgesamt 3000 Seiten vorlegte, und auf Karl Heinrich Venturini, der 1800–1802 ein vierbändiges Leben Jesu mit 2700 Seiten veröffentlichte. Die Ausführungen beider Bücher erinnern stark an romanhafte Jesusliteratur dieses Jahrzehnts.

außer durch die Erkenntnis der gegenseitigen Benutzung der Evangelien auch durch die Einsicht, dass die einzelnen Überlieferungen der Evangelien stark geprägt sind durch die Interessen der frühchristlichen Gemeinden und dadurch, dass jeder Evangelist seinem Buch einen spezifischen Stempel, nämlich seine Theologie aufdrückt. Die Gegensätze in den Evangelien sind also erklärlich. Es wäre ein Rückschritt, die bestehenden Unterschiede zu nivellieren und nicht positiv auswerten zu wollen.

Diese Vielfalt ist natürlich im Blick auf die Gesamtanlage der Evangelien noch viel klarer nachzuvollziehen. Differenzen im Aufbau sind nicht zu übersehen. Dem Leser fällt sogleich die uneinheitliche Stellung Jesu zur Stadt Jerusalem auf. Markus, Matthäus und Lukas berichten ausschließlich von einem einzigen Weg Jesu während seiner öffentlichen Wirksamkeit nach Jerusalem, der sodann zur Passion führte. Nach Johannes hingegen zieht Jesus bereits zu Beginn seiner Wirksamkeit anlässlich eines Passafestes nach Jerusalem (Joh 2,13), und es werden sich weitere Besuche anschließen (Joh 5,1; 7,10). Die Tempelreinigung (Joh 2,13–25) steht bei Johannes am Anfang der Tätigkeit Jesu und nicht, wie etwa bei den anderen Evangelien (Mk 11,15–19par), am Schluss.

Zwei Beispiele, die den Gestaltungswillen der Evangelisten beleuchten: Zunächst kleinere Beobachtungen zu einer einzelnen Perikope. Matthäus und Lukas verändern den Bericht über die *Berufung des Levi* und das sich anschließende *Zöllnergastmahl* (Mk 2,13–17) folgendermaßen. Mt 9,13 fügt an das Gastmahl ein weiteres Jesuswort an: „Barmherzigkeit will ich und nicht Opfer“. Es handelt sich hierbei um ein Zitat aus Hos 6,6. Dieses Zitat passt nicht recht zum Kontext, da über Opfer nicht gesprochen worden war. Gleichfalls in der Perikope vom Ährenraufen am → Sabbat fügt Mt 12,7 gegen den Markus-Text dieses alttestamentliche Zitat ein, welches für ihn daher wohl eine besondere Bedeutung hat. Es verdeutlicht einen Grundzug matthäischer Theologie. Das Tun der Barmherzigkeit ist mehr als Opfer (vgl. auch Mt 5,20). Lukas hingegen betont gegen Mk 2,14, dass der gerade berufene Levi alles zurücklässt, um Jesus nachzufolgen (Lk 5,28). Auch in anderen Jüngerberufungen (Lk 5,11), Nachfolge- (14,33) und Aussendungsworten (Lk 9,3; 10,4) erwähnt Lukas gegen Markus oder die Logienquelle den absoluten Besitzverzicht, um seine gegenwärtige Gemeinde mit der Radikalität des Anfangs zu konfrontieren.

Als weiteres Beispiel sei hier auf die unterschiedliche *Stellung Johannes des Täufers in den Evangelien* verwiesen[9]. Wie wird über den Täufer gesprochen, wie wird sein Verhältnis zu Jesus dargestellt? Nach Mk 1,9–11par wurde Jesus von Johannes getauft. Das Johannesevangelium berichtet zwar auch über den Täufer, allerdings nicht über eine Taufe Jesu durch Johannes. Die ersten drei Evangelien wissen nichts über eine Tauftätigkeit Jesu. Allerdings hat Jesus nach Joh 3,22.26 getauft, und zwar wohl erfolgreicher als Johannes. Demgegenüber schränkt Joh 4,2 sogleich wieder ein: Nicht Jesus, sondern seine Jünger haben getauft. Die Predigt des Täufers hat bei allen Evangelisten eine unterschiedliche Ausrichtung. Nach Mk 1,7 kündigt der Täufer einen Stärkeren an, der die Geisttaufe bringt. Die Logienquelle spricht

9 Ausführlich erarbeitet das Bild des Täufers in den Evangelien: J. Ernst, Johannes der Täufer. Interpretation – Geschichte – Wirkungsgeschichte, BZNW 53, Berlin 1989.

von einer scharfen Gerichtspredigt des Täufers, der einen Feuertäufer erwartete (Lk 3,7–9.16par). Lukas betont den ethischen Aspekt der Täuferpredigt durch Einfügung der Standespredigt (Lk 3,10–14), berichtet sodann von der Gefangennahme des Täufers (Lk 3,19–20), so dass undeutlich ist, wer nach Lk 3,21 nun eigentlich Jesus getauft hat. Lukas liegt daran, die Zeit des Täufers und die Zeit Jesu stärker voneinander abzusetzen (vgl. vor allem Lk 16,16). Nach Apg 19,1–5 stellen Johannesjünger selbst im kleinasiatischen Ephesus noch eine Konkurrenz für die christliche Mission dar. Lukas betont daher eine Zuordnung, die den Täufer Johannes deutlich Jesus subordiniert. Weitaus positiver ordnet Matthäus den Täufer in ein heilsgeschichtliches Konzept ein: Johannes ist nach Mt 11,14; 17,12 der erwartete, nun wiedergekommene Elija, der Vorläufer, ohne dessen Ankunft auch der → Messias nicht auftritt. In Joh 1,29 spricht der Täufer, der Jesus erstmals sieht, von diesem als dem „Lamm Gottes, welches der Welt Sünde trägt". Der Täufer ist also der ideale Christuszeuge gleich zu Beginn des Evangeliums.

Die Vielfalt der neutestamentlichen Botschaft ist bei den Evangelien leicht erklärlich, da jedes Evangelium durch die Theologie, die Persönlichkeit eines spezifischen Autors und die Situation geprägt ist. Aber auch die Briefe des Paulus können nicht auf eine klare, geradezu dogmatische Grundform zurückgeführt werden. Es handelt sich um Gelegenheitsschreiben an urchristliche Gemeinden und, wie im Fall des Philemonbriefs, an eine Privatperson[10]. In diesen Briefen lässt Paulus sich in seinen Ausführungen in hohem Maße durch Fragestellungen und Probleme aus den Gemeinden leiten. Es ist kaum möglich, das Denken einer Person aus wenigen Briefen, die zudem von der Situation der Adressaten bestimmt sind, vollkommen zu rekonstruieren. Sie sind in jedem Fall allenfalls die Spitze des Eisbergs. In etlichen Briefen gewinnt man den Eindruck, dass der Leser von Paulus in diese Suche nach überzeugenden Antworten mit hineingenommen wird, da Paulus mehrere Argumente vorführt und diskutiert oder auch zur eigenständigen Urteilsfindung aufruft.

Hier kann als Beispiel auf *Röm 9–11* verwiesen werden[11]. Ausgangspunkt ist der Sachverhalt, dass das Evangelium unter den Heiden angenommen, von Israel, dem es doch zuerst gilt, aber mehrheitlich abgelehnt wird. Diesem Israel aber sind alle Vorzüge vor der Heidenwelt (Kindschaft, Herrlichkeit, Bund, Gesetz, Gottesdienst, Verheißungen) gegeben. Wie ist es also um die Erwählung bei Ablehnung der Botschaft bestellt? In Röm 9–11 nähert sich Paulus diesem Thema mit beständiger Be-

10 Klauck, Briefliteratur, 227–250; Strecker, Literaturgeschichte, 56–95.

11 Die Sekundärliteratur zu diesen drei Kapiteln ist fast unüberschaubar. Der Gedankengang ist in dem Kommentar von D. Zeller, Der Brief an die Römer, RNT, Regensburg 1985, gut nachgezeichnet. Über den Schriftgebrauch in diesen Kapiteln informiert H. Hübner, Gottes Ich und Israel. Zum Schriftgebrauch des Paulus in Römer 9–11, FRLANT 136, Göttingen 1984. Eine Analyse des Mysteriums (vgl. Röm 11,25) bietet D. Sänger, Die Verkündigung des Gekreuzigten und Israel. Studien zum Verhältnis von Kirche und Israel bei Paulus und im frühen Christentum, WUNT 75, Tübingen 1994, 151–197. K.-W. Niebuhr, Heidenapostel aus Israel. Die jüdische Identität des Paulus nach ihrer Darstellung in seinen Briefen, WUNT 62, Tübingen 1992, 136–178, fragt nach der Bedeutung der jüdischen Existenz des Paulus in diesem Abschnitt.

zugnahme auf das Alte Testament auf verschiedenen Ebenen. In den ersten beiden Gedankengängen werden die göttliche → Prädestination und die menschliche Verantwortung konfrontiert. Zunächst stellt er in Röm 9,6–29 fest, dass die Verheißung nicht dem empirischen Israel galt, sondern einer bestimmten Auswahl. Nicht alle, die Abrahams Nachkommen sind, sind auch seine Kinder (Röm 9,7). Gott hat die Freiheit, wie ein Töpfer den Ton einem unterschiedlichen Zweck zuzuführen (Röm 9,21). Dies bedeutet, dass Gottes Handeln mit Israel sich letztlich einer rationalen Einsicht entzieht. In Röm 9,30–10,21 führt Paulus hingegen die Verwerfung Israels auf die Schuld zurück, sich vor dem Evangelium versagt zu haben. Die Predigt ist überall erfolgt, aber – so schließt Paulus mit einer Zitatenkette aus Ps 19,5; Dtn 32,21; Jes 65,1–2 – Gottes Volk lässt sich nichts sagen und widerspricht. In Röm 11 spricht Paulus nun davon, dass die Verwerfung Israels nicht vollständig und nicht endgültig ist. Die Judenchristen repräsentieren ja schon jetzt den Rest, der durch die Annahme des Evangeliums erwählt worden ist. Zum anderen eröffnet Paulus in Röm 11,25 unvermittelt ein Mysterium, eine bislang verborgene, jetzt aber allen eröffnete Einsicht: Die Verstockung Israels ist zeitlich begrenzt bis zu dem Zeitpunkt, zu dem eine bestimmte Anzahl von Heiden den christlichen Glauben angenommen hat. Nun ist diese Aussage, betrachten wir die Chronologie der paulinischen Briefe, wohl die letzte und abschließende Ausführung zur Frage, wie sich die Verkündigung des Evangeliums und die Ablehnung der Botschaft durch Israel zueinander verhalten. Nicht in einen Ausgleich mit dieser letzten Position zu bringen sind die Bemerkungen im frühesten Paulus-Brief, dem ersten Thessalonicherbrief (vgl. 1 Thess 2,14–16)[12].

Ein eklatantes Beispiel für die Vielfalt der neutestamentlichen Botschaft muss immer da erkannt werden, wo ein Brief direkt auf einen anderen Brief Bezug nimmt, um seine Aussagen oder eine sich auf sie stützende Interpretation zu widerlegen. Als Beispiel sei hier *das Verhältnis des zweiten Thessalonicherbriefs zum ersten* genannt[13]. Beide Briefe haben den Namen Paulus als Absender im → Präskript (1 Thess 1,1; 2 Thess 1,1), beide Briefe können aber kaum von dem gleichen Verfasser geschrieben worden sein. Der erste Thessalonicherbrief hatte den Sachverhalt, dass vor der in Nähe erwarteten → Parusie des Herrn Christen verstorben waren, dahingehend erörtert, dass die Begegnung mit dem kommenden Herrn für die lebenden Christen, zu denen Paulus sich zählt, der Normalfall sein wird (1 Thess 4,13–17). Die bis zu diesem Zeitpunkt verstorbenen Christen seien demgegenüber aber nicht benachteiligt, sondern würden vor der Begegnung der lebenden Christen mit dem Herrn aus dem Tod auferweckt werden. Grundsätzlich hält der erste Thessalonicherbrief an der Naherwartung fest. Paulus rechnet sich in 1 Thess 4,17 zu denjenigen, die nicht vor der Parusie des Herrn gestorben sein werden.

Der zweite Thessalonicherbrief nimmt in 2,1 das Thema auf: „Was nun das Kommen unseres Herrn Jesus Christus angeht und unsere Vereinigung mit ihm". Allerdings fügt der Verfasser sogleich in 2,2 eine Warnung an seine Leser bei: „dass ihr

12 Vgl. dazu Niebuhr, o. S. 278f. U. Schnelle, Wandlungen im paulinischen Denken, SBS 137, Stuttgart 1989, 77–87, erkennt etwa zwischen den Aussagen in 1 Thess 2,14–16 und Röm 9–11 Wandlungen im paulinischen Denken.

13 Hierzu wiederum Klauck, Briefliteratur, 292–306 unter der Überschrift „Eine notwendige Korrektur: der zweite Thessalonicherbrief".

euch in eurem Sinn nicht so schnell wankend machen noch erschrecken lasst – weder durch eine Weissagung noch durch ein Wort oder einen Brief, die von uns sein sollen, als sei der Tag des Herrn schon da". Wer sich also in der Gemeindesituation, die der Verfasser des 2 Thess voraussetzt, auf solche paulinischen Zeugnisse wie etwa einen Brief stützt, der hat ein falsches Dokument in der Hand, da es ja nur den Anschein hat, „als sei es von uns". Es ist sehr wahrscheinlich, dass der Verfasser hierbei den 1 Thess vor Augen hat und ihn als solches falsches Dokument stigmatisieren will. Dafür spricht u.a. auch, dass der 2 Thess auf weite Strecken mit dem 1 Thess in Aufbau, Wortwahl, ja ganzen Satzteilen parallel geht. Der Leser muss darin aber nun nach dem Gesagten ein sicheres Zeichen der Fälschung erkennen. Nach seiner Meinung imitiert der Verfasser des 1 Thess den 2 Thess, um so den Anschein der Authentizität zu gewinnen. Nun hat allerdings der 1 Thess an keiner Stelle gesagt „der Tag des Herrn ist da" (2 Thess 2,2). Man kann das hier gebrauchte Perfekt aber auch futurisch verstehen: Der Tag des Herrn steht unmittelbar bevor. Da 2 Thess 2,2 davon spricht, dass man durch Weissagung, Wort oder Brief diese Naherwartung propagiert, so hat er eben nicht allein den 1 Thess als Quelle dieser Lehre im Blick, sondern eine Bewegung, die sich maßgeblich auf eine Interpretation des 1 Thess stützt. In der Sache vertritt nun der 2 Thess gegenüber dem 1 Thess folgende Abweichung in der eschatologischen Erwartung: Zunächst muss eine das Endgeschehen aufhaltende Größe beseitigt werden (2 Thess 2,6). Sodann tritt eine widergöttliche Gestalt auf (2 Thess 2,3–12). In ihrem Zusammenhang kommt es zu einem großen Abfall (2 Thess 2,3). Diese ausführlich beschriebene Gegengestalt wird in der Parusie des Herrn von ihm vernichtet werden. Da aber die Gegenwart einerseits noch bestimmt ist durch die aufhaltende Größe, die widergöttliche Macht andererseits noch nicht in Sicht ist, ist eine Naherwartung zurückgewiesen. Der → apokalyptische Fahrplan bietet so eine Orientierung über den geschichtlichen Standort.

Die Vielfalt des Neuen Testaments ist, wie hier andeutungsweise gezeigt, eine grundsätzliche Gegebenheit und ein ebenso grundsätzliches Problem. Beides bedarf einer Erklärung.

1.2 Das Neue Testament als Dokument der Selbstfindung der Kirche

Die christliche Kirche entsteht in der ersten Hälfte des 1. Jh.s. Das Bewusstsein der Zusammengehörigkeit zwischen den einzelnen Haus- und Ortsgemeinden im Mittelmeerraum findet noch keinen organisatorischen Ausdruck, es wird im Wesentlichen hergestellt durch gegenseitige Besuche und durch Briefe. Bei diesen Besuchen haben wir an die Reisetätigkeit verschiedener Apostel (Petrus, Apollos, Barnabas, Paulus, Phöbe, Wanderpropheten u.a.) zu denken, aber auch an gelegentlich unfreiwillige Reisen (z.B. in der Ausweisung von Aquila und Priszilla aus Rom) oder an Berufstätigkeit.

Natürlich lassen die Umstände im Vorfeld des → Apostelkonvents (Apg 15; Gal 2,1–10) eine gewisse Vorrangstellung der Jerusalemer Apostel, in Sonderheit der Säulen Jakobus, Kephas und Johannes (Gal 2,9), erkennen. Paulus betont in seiner Darstellung des Konfliktes um die Bedingungen der Heidenmission, dass er nicht unter einer Weisung der Säulen stand, sondern sich mit Handschlag auf einen bestimmten Weg geeinigt hat (Gal 2,1–10). Einen frühen, aber letztlich wohl gescheiterten Versuch, in einer konkreten Notlage eine Verbindung zwischen der → judenchristlichen Gemeinde Jerusalems und den → heidenchristlichen Gemeinden im paulinischen Missionsgebiet zu errichten, stellt die auf dem Apostelkonvent beschlossene Kollekte dar. Das → Aposteldekret (Apg 15,20.29; 21,25) wird wohl nicht auf eine auf dem Apostelkonvent beschlossene Regelung zurückgehen[14].

Die Briefe der Apostel, authentische und pseudonyme Schreiben, weitere uns unbekannt gebliebene Briefe (vgl. 1 Kor 5,11; Kol 4,16), Sendschreiben an die Gemeinden (Offb 2–3), ausführliche Grußschreiben (z.B. Röm 16,1–23), Gemeindebeschlüsse als Rundschreiben (Apg 15,23–29), aber auch die Schreiben der Gemeinden an die Apostel (vgl. 1 Kor 7,1), der Austausch apostolischer Briefe in den Gemeinden (Kol 4,16), das Ausstellen von Empfehlungsbriefen (2 Kor 3,1; Apg 18,27), all dies belegt die vielfältigen Kontakte der ersten Gemeinden untereinander. Außerdem wissen wir, dass den Verfassern der Evangelien nach Matthäus und Lukas, möglicherweise auch nach Johannes, bereits das Markusevangelium, Matthäus und Lukas auf jeden Fall auch die → Logienquelle vorlagen, also auch hier schon ein schriftlicher Austausch vorangegangen sein muss.

Freilich wird man nach der Basis zu fragen haben, nach einem gemeinsamen Ausgangspunkt, der den urchristlichen Schriften voraus liegt (vgl. etwa die Einführung des Bekenntnisses in 1 Kor 15,3a). Die Forschung ist gelegentlich von der These eines urchristlichen → Katechismus ausgegangen, der dann gleichsam in den neutestamentlichen Schriften entfaltet wird[15]. Allerdings ist dagegen einzuwenden, dass im Neuen Testament zu zentralen Fragen sehr unterschiedliche Konzeptionen geboten werden, so dass es sich nicht empfiehlt, solch einen etwa bei der Taufe übermittelten Katechismus zu postulieren. In unterschiedlich starker Weise beziehen sich viele neutestamentliche Schriften auf die Hebräische Bibel, zumeist wohl auf ihre griechische Übersetzung (vgl. etwa die Reflexionszitate bei Matthäus; die Durchdringung der Passionsgeschichte mit Schriftzitaten und -anspielungen, Zitatenketten wie etwa in Röm 3,9–20). Der wesentliche gemeinsame Ausgangspunkt liegt ausschließlich in der Verkündigung des gestorbenen und auferweckten Jesus Christus. Bereits die Auslegung dieser Verkündigung vollzieht sich in unterschiedlichen Nuancen.

Wir stehen also vor dem bedeutsamen Sachverhalt, dass vor jeder festen dogmatischen, organisatorischen oder institutionellen Verbindung dieser einzelnen Haus-

14 Vgl. J. Wehnert, Die Reinheit des „christlichen Gottesvolkes“ aus Juden und Heiden. Studien zum historischen und theologischen Hintergrund des sogenannten Aposteldekrets, FRLANT 173, Göttingen 1997. Das von Paulus in 1 Kor 12 erstmals verwendete Bild, Kirche als Leib mit vielen Gliedern zu verstehen, ist hier noch ganz auf die Ortsgemeinde Korinth bezogen.

15 Vgl. A. Seeberg, Der Katechismus der Urchristenheit. Mit einer Einführung von F. Hahn, TB 26, München 1966. Für die urchristliche Paränese unterstreicht jetzt W. Popkes, Paränese und Neues Testament, SBS 168, Stuttgart 1996, die Bedeutung der Taufe und ihren Ort innerhalb urchristlicher Katechese, nämlich zur Verpflichtung auf eine bestimmte Ethik.

und Ortsgemeinden die Gemeinsamkeit gesucht und gefunden wurde in der Sammlung und im Austausch von urchristlichen Schriften in jeder Gemeinde. Der Bestand war im Einzelnen natürlich von unterschiedlicher Gestalt. Nur wenige Gemeinden werden in den Besitz mehrerer Evangelien unmittelbar nach deren Abfassung gekommen sein. Paulusbriefe werden vornehmlich im Bereich der von ihm gegründeten oder geprägten Gemeinden gesammelt worden sein. Wir wissen nicht einmal mit Sicherheit, ob Lukas, der im Prolog seines Evangeliums die Kenntnis urchristlicher Schriften anzeigt (Lk 1,1–4) und die Hälfte der Apostelgeschichte einer Nacherzählung der paulinischen Mission widmet, auch Abschriften von Paulusbriefen in seinem Besitz hatte.

Das → Urchristentum ist eine Kommunikationsgemeinschaft, die ihre Einheit im Austausch und im Bedenken ihrer Schriften findet und zugleich die Freiheit hat, diese Schriften zu bearbeiten, zu erweitern und zu verändern, sie keinesfalls aber, jedenfalls in der Frühzeit, archivarisch zu pflegen. Die Rezeption der Schriften vollzieht sich nicht allein adaptiv. Schon im Neuen Testament werden, wie gezeigt, einzelne Schreiben und die sich in ihnen ausdrückende Theologie zurückgewiesen. In diesem vielfältigen Schriftgut ist der → Kanon des Neuen Testaments, der in seinen Grundzügen im 2. Jh. feststeht, dasjenige Dokument, in dem sich die Selbstfindung der Kirche am deutlichsten niedergeschlagen hat.

Die Prägung einer frühchristlichen Gemeinde war durch mehrere Faktoren bestimmt. Abgesehen von dem geistigen Umfeld, der Kultur, Politik und Religion, welches ja weiterhin als geistiges Erbe erhalten blieb[16], eben auch durch die spezifische Vermittlung christlichen Glaubens in der Gestalt derjenigen Schriften, die in dem Besitz der Gemeinden sich befanden. Diese Schriften waren aber nicht einheitlich, sondern lagen in vielfältiger Gestalt vor. Dieser Sachverhalt bedarf nun einer besonderen Erklärung.

Eine reflektierte, dogmatisch formulierte frühchristliche Theologie steht nicht am Anfang des Christentums, sondern erwächst in Auseinandersetzungen mit dem jüdischen und dem heidnischen Umfeld und den innerchristlichen Debatten ab dem 2. Jh. (vgl. die sog. → Apologeten, vor allem Justin der Märtyrer, seine beiden Apologien und seinen Dialog mit dem Juden Tryphon). Die neutestamentlichen Schriften sind Dokumente, welche dieser Theologiebildung noch vorausgehen. Die paulinischen Briefe haben den Anspruch, für konkrete Gemeinden in konkreten Situationen zu einer bestimmten Zeit geschrieben zu sein. Sie sind jedoch nicht als theologische Dokumente für eine lange Zeit der Geschichte der Kirche konzipiert worden. Aber schon Lukas stellt seinem Evangelium einen Prolog voran (Lk 1,1–4), der sich an literarische Konventionen anschließt und möglicherweise auch anzeigt, dass dieser hier zum Ausdruck kommende Anspruch seines Werkes über den Rahmen einer kleinen Ortsgemeinde hinausgeht. Wir können

16 Die Wahrnehmung der Umwelt des Neuen Testaments und der neutestamentlichen Zeitgeschichte ist daher eine unverzichtbare Bedingung des Verstehens des Neuen Testaments: Hilfreich sind Barrett/Thornton, Texte; Kippenberg/Wewers, Textbuch. Vgl. dazu auch in diesem Buch den Beitrag von R. Feldmeier, o. S. 46–74.

das Neue Testament als ein Dokument lesen, welches uns Einblick gibt in die Selbstfindung der frühen Kirche. Diese hat sich zunächst noch nicht von dem Judentum gelöst, muss aber nach dem Synagogenausschluss die Eigenständigkeit verstehen und erklären, muss die Erwartung der ausgebliebenen → Parusie Christi bewältigen, muss nach Maßstäben christlichen Lebens suchen, nachdem die vorrangige Größe der → Tora für die Heidenchristen relativiert worden ist.

Die Vielfalt der neutestamentlichen Stimmen hat in dieser Situation der Selbstfindung einerseits soziale, d.h. durch die unterschiedliche, aber nicht völlig gebrochene vorchristliche Prägung der jeweiligen Apostel und Gemeinden bedingte Gründe, andererseits aber auch individuelle, d.h. durch die Person des Verfassers einer Schrift bedingte und erklärbare eigenständige Akzentuierungen. Zu den sozialen Gründen für die Vielfalt ist zunächst die unterschiedliche Herkunft der einzelnen Verfasser zu zählen. Für die meisten, vielleicht für alle Autoren der neutestamentlichen Schriften, ist das Judentum die Basis ihrer Theologie. Aber dieses Judentum ist eine vielschichtige Größe[17]. Nur bei Paulus kennen wir einige Details seiner Herkunft. Paulus ist ein → Diasporajude aus Tarsus in Kleinasien[18]. Das Diasporajudentum stellte bei weitem die Mehrheit des jüdischen Volkes dar. Es war im gesamten Mittelmeerraum verbreitet, hielt durch Wallfahrten und Tempelabgaben den Kontakt zum Mutterland, hatte sich aber doch im Laufe der Jahrhunderte in Distanz und Annäherung zum → paganen Umfeld eigenständig entwickelt. Nun ist Paulus seiner Herkunft nach gewiss ein typischer Diasporajude, ungewöhnlich allerdings ist die von ihm betonte → pharisäische Ausbildung. Diese war wohl nur im Mutterland zu erwerben. Josephus sagt über diese Pharisäer (Bell II 162–166):

> Sie gelten für besonders kundige Erklärer des Gesetzes, machen alles von Gott und dem Schicksal abhängig und lehren, dass Recht- und Unrechttun zwar größtenteils den Menschen freistehe, dass aber bei jeder Handlung auch eine Mitwirkung des Schicksals stattfinde. Die Seelen sind nach ihrer Ansicht alle unsterblich, aber nur die der Guten gehen nach dem Tode in einen anderen Leib über, während die der Bösen ewiger Strafe anheim fallen.

Manches von dem, was Josephus nennt, kehrt in den Briefen des Paulus wieder: Die Betonung des Gesetzes, der Gerichtsgedanke, die Unsterblichkeit der Seele, d.h. die Vorstellung der Auferstehung der Toten. Wir blicken also in das auch den Christen Paulus noch prägende Judentum, auch wenn Paulus, wie am Beispiel des Gesetzesverständnisses zu sehen ist, hier eine gebrochene Kontinuität vertritt. Von keinem anderen neutestamentlichen Schriftsteller wissen wir so viel wie von Pau-

17 Eine verantwortungsvolle christliche Theologie, die nicht mit der Schablone arbeitet, das Christentum als Überwindung des Judentums zu verstehen, wird sich sorgfältig um die Gestalt des Judentums der neutestamentlichen Zeit bemühen. Hilfreich ist der Überblick von Lohse, Umwelt, 7–144. Grundlegend ist Schürer, History.

18 Vgl. zum Problemfeld „vorchristlicher Paulus“ den Aufsatz von M. Hengel, Der vorchristliche Paulus, in: ders./U. Heckel, Paulus und das antike Judentum, WUNT 58, Tübingen 1991, 177–291; außerdem Niebuhr, Heidenapostel.

lus. Da wohl alle diejenigen Schriften, die einen apostolischen Verfassernamen tragen (Jakobus, Johannes, Petrus, Judas, Matthäus), → pseudepigraphe Schriften sind, kann man über den wirklichen Autor nur aus den Schreiben heraus einige Vermutungen gewinnen. So ist etwa dem dreimaligen Erwähnen des Synagogenausschlusses in Joh 9,22; 12,42; 16,2 zu entnehmen, dass der Verfasser und seine Gemeinde einmal im Bereich einer → Synagoge gelebt haben, d.h. auch als Christen noch in der Synagogengemeinschaft verblieben waren[19]. Zwar ist auch für Lukas die biblische Heilsgeschichte und damit verbunden die Schriftauslegung eine unverzichtbare Basis seiner Theologie, doch ist es unsicher, ob Lukas geborener Jude oder, was eine größere Wahrscheinlichkeit hat, Sympathisant des Judentums war[20]. Im Umkreis einer Synagoge lebten Heiden, die bestimmte Inhalte des jüdischen Glaubens wie die → monotheistische Gottesverehrung und die soziale Ausrichtung der Ethik für sich übernommen hatten, auch im Judentum den Vorteil einer alten, also glaubwürdigen Religion sahen, allerdings vor einem Übertritt zurückschreckten.

Die Vielfalt der neutestamentlichen Aussagen ist folglich zunächst durch diese unterschiedlichen vorchristlichen Standorte seiner Verfasser innerhalb des Judentums oder zum Judentum geprägt sowie durch die Brüche zum Judentum nach dem Auseinandergehen der Wege von Judentum und Christentum. Andere Faktoren eher subjektiver Art kommen hinzu. Wir müssen uns die neutestamentlichen Schriftsteller sicher als Exponenten von konkreten Ortsgemeinden vorstellen. Dennoch sind sie individuelle Gestalten mit spezifischen Interessen, Zielsetzungen, mit eigener Theologie. Matthäus und Lukas haben unabhängig voneinander Evangelien geschrieben, indem sie das Markusevangelium wohl benutzten, aber doch in sehr unterschiedlicher Weise. Johannes schließlich, dessen Evangelium den drei älteren Vorgängern kaum noch gleicht, hat die Gattung Evangelium zwar nicht ein zweites Mal neu erfunden, aber doch nun sein Evangelium unter einer völlig eigenständigen, neuen theologischen Konzeption verfasst. Deutlicher ist der subjektive Anteil in der paulinischen Theologie zu erkennen[21]. Zwar betont Paulus in Gal 1,11f, dass sein Evangelium durch eine Offenbarung Jesu Christi vermittelt wurde und also nicht menschlicher Art ist, gleichwie er seinen → Apostolat direkt auf Gott und nicht auf Menschen zurückführt. Diese Aussage will im Kontext des Galaterbriefes primär eine Ableitung des paulinischen Evangeliums aus der Jerusalemer Urgemeinde ausschließen. Andererseits ist dieses Evangelium von der Person des Apostels Paulus nicht zu trennen. Paulus tritt als Gemeinde gründender Apostel in seinen Gemeinden so auf, dass jeglicher Einfluss solcher Apostel, die eine von sei-

19 Zum Synagogenausschluss im Johannesevangelium: U. Schnelle, Antidoketische Christologie im Johannesevangelium, FRLANT 144, Göttingen 1987, 37–48.

20 So etwa F. Bovon, Das Evangelium nach Lukas, EKK 3, Bd. 1, Zürich u.a./Neukirchen-Vluyn 1989, 22.

21 Grundsätzlich verweise ich auf die Paulus-Darstellungen von J. Becker, Paulus. Der Apostel der Völker, Tübingen 1989, und J. D. G. Dunn, The Theology of Paul the Apostle, Edinburgh 1998.

ner Theologie abweichende Position beziehen, kategorisch abgewiesen wird (so in Galatien, in Korinth, in Philippi), ja diese bisweilen als Gegner angesprochen und mit Schimpfworten bedacht werden. Zwar widersetzt er sich im ersten Korintherbrief einer Parteienbildung, die sich an den in der Gemeinde tätigen Aposteln festmacht. Andererseits lässt er keinen Zweifel daran, dass er der Vater der Gemeinde ist, und dass er die Gemeinde durch das Evangelium gezeugt hat (1 Kor 4,15). Paulus fixiert die Gemeinden auf sich; daher spricht er nicht nur von dem Evangelium, sondern auch von seinem Evangelium (1 Thess 1,5; 2 Kor 4,3), fordert auf, ihm nachzufolgen und ihn nachzuahmen (1 Kor 4,16; 11,1).

Die paulinische Perspektive verleitet den Leser leicht, in den von Paulus anvisierten Gegnern sogleich Häretiker zu sehen, ein Vorurteil, das durch die jahrelang vorherrschende Klassifizierung dieser Gegner als → Gnostiker abgestützt wurde. Ein Perspektivenwechsel lässt in den Angesprochenen aber nichts anderes als christliche Missionare erkennen, die ebenso wie Paulus frühchristliche Theologie treiben und Einfluss auf die Gemeinden auszuüben versuchen. In der paulinischen Perspektive handelt es sich um „Überapostel" (2 Kor 11,5; 12,11), um „Hunde und Verschnittene" (Phil 3,2) und „Aufhetzende" (Gal 5,12).

2. Die Einheit des Neuen Testaments

Bislang war überwiegend von der Vielfalt des Neuen Testaments die Rede und davon, welche Gestalt diese Vielfalt hat und wie sie zu erklären ist. Es ist deutlich geworden, dass das Neue Testament nicht mit einer abgeschlossenen Dogmatik verwechselt werden darf. Schon die häufig benutzte, abgekürzte Redeweise „das Neue Testament sagt" ist irreführend, weil sie den falschen Eindruck einer einheitlichen Theologie erweckt, auf die wie auf ein Gesetzeswerk Bezug genommen werden könnte. Es wird folglich auch nicht den neutestamentlichen Schriften gerecht, wenn sie als Steinbruch von Belegstellen für eine Dogmatik gebraucht werden. Hier würden einzelne biblische Aussagen geradezu als Beweise (→ *dicta probantia*) für dogmatische Entscheidungen fungieren. Da aber die Vielfalt des Neuen Testaments klar erkannt worden ist, bestünde die Gefahr, dass unterschiedliche dogmatische Einstellungen oder Entwürfe z.B. lutherischer, katholischer, reformierter, orthodoxer, freikirchlicher etc. Herkunft Einzelaussagen des Neuen Testaments zur Absicherung der eigenen Position geradezu missbrauchen und gleichzeitig weitere neutestamentliche Stellungnahmen vernachlässigen würden, ja notwendig vernachlässigen müssten. Formal sind diese Positionen wohl schriftgemäß, da sie sich auf die Schrift beziehen. Kann aber Schriftgemäßheit so formalisiert werden? Besteht sie nicht vielmehr in einem Bezug zu der Sache der Schrift[22]? Faktisch ist die

22 Grundlegend zum Schriftprinzip: G. Ebeling, Die Bedeutung der historisch-kritischen Methode für die protestantische Theologie und Kirche, in: ders., Wort und Glaube I, Tübingen 3. Aufl. 1967, 1–49; ders., Wort Gottes und Hermeneutik, ebd. 319–348.

Vielfalt der Kirchen auch eine Folge der Vielfalt des Neuen Testaments, auch wenn gewisse Präferenzen erst in geschichtlichem Abstand klar erkannt werden[23].

Ist es angesichts des beschriebenen Sachverhalts noch glaubwürdig, an der Vorstellung einer Theologie des Neuen Testaments festzuhalten? Welche Erwartungen knüpfen sich an diese Aufgabe, welche Gestalt kann diese Theologie des Neuen Testaments haben, wenn die Vielfalt im Blick bleibt? Nun wird man zunächst sehen müssen, dass die Darstellung einer *Biblischen Theologie* in der Aufklärungszeit einsetzte, und zwar zunehmend als ein kritisches Gegenüber zu einer dogmatischen Theologie[24], sodann konsequent die Neutestamentliche Theologie als ein kritisches Gegenüber zu einer Biblischen, d.h. Altes und Neues Testament zusammenfassenden Theologie[25]. Zwar ging man ursprünglich durch die Vorgabe der → Verbalinspiration der Schrift noch von einer Einheit von beiden Größen Biblische und Dogmatische Theologie aus, ferner auch von einer wesentlichen Einheit von Altem und Neuen Testament und einer Integrität des → Kanons.

Die *Bibelwissenschaft* hat allerdings durch ihre Arbeit a) den Kanon des Alten und Neuen Testaments nicht nur aus arbeitstechnischen Gründen zwei unabhängig voneinander arbeitenden Disziplinen zugewiesen, nämlich der Exegese des Alten Testaments und der Exegese des Neuen Testaments, b) die Vorstellung der Integrität des Kanons aufgeben müssen[26], da sie zunehmend die Verklammerung und Abhängigkeit der biblischen Literatur mit weiterer jüdischer, christlicher und → paganer Literatur erkannte und zudem die einzelnen Schriften in ihrer jeweiligen Eigenart profilierte, c) sich aus der Funktion, als Zulieferer biblischer Aussagen an die Dogmatik zu arbeiten und der Kirche zu dienen[27], befreit, um gerade die Fremdheit des Textes und seine Eigenständigkeit gegenüber der kirchlichen Dogmatik zu betonen. Nach gut zweihundert Jahren historisch-kritischer Bibelwissenschaft, in der die Methoden, die denen der benachbarten Disziplinen der Alter-

23 Vgl. schon den einleitenden Satz in dem Aufsatz von E. Käsemann, Begründet der neutestamentliche Kanon die Einheit der Kirche?: „Die Frage, ob der nt.liche Kanon die Einheit der Kirche begründe, muß um der Variabilität der Verkündigung im NT willen vom Historiker verneint werden." (in: ders. [Hg.], Das Neue Testament als Kanon. Dokumentation und kritische Analyse zur gegenwärtigen Diskussion, Göttingen 1970 [Berlin 1973], 124–133: 124).

24 Johann Philipp Gabler in der berühmten Antrittsrede an der Universität Altdorf am 30.3.1787 unter dem Titel: *De iusto discrimine theologiae biblicae et dogmaticae regundisque recte utriusque finibus* (Von der richtigen Unterscheidung der biblischen und der dogmatischen Theologie und der rechten Bestimmung ihrer beider Ziele).

25 So – wiederum in Altdorf – Georg Lorenz Bauer, Biblische Theologie des Neuen Testaments, Bd. I–IV, Leipzig 1800–1802. Ein profunder Überblick wird vermittelt durch W. G. Kümmel, Das Neue Testament. Geschichte der Erforschung seiner Probleme, München 1958. Außerdem O. Merk, Biblische Theologie des Neuen Testaments in ihrer Anfangszeit. Ihre methodischen Probleme bei Johann Philipp Gabler und Georg Lorenz Bauer und deren Nachwirkungen, MThSt 9, Marburg 1972.

26 Deutlich und konsequent fordert Wrede, Aufgabe, 132–135, auf, über die Grenzen des Kanons hinauszugehen und alles Material zu berücksichtigen, das in diesen Zeitabschnitt fällt.

27 Abermals Wrede, Aufgabe, 90: „Dies Motiv, daß man der Kirche dienen müsse, fällt also fort."

tumswissenschaft und Klassischen Philologie gleichen, erarbeitet und die Nähe zur Soziologie und Psychologie gesucht wurden, erkennen wir heute, dass „die Exegese als Wegbereiterin des Pluralismus einer ihrer Motoren" ist[28].

Ich mache einen Sprung, übergehe die verschiedenen Darstellungen der Theologie des Neuen Testaments im 19. und 20. Jh., und frage: Ist es eine sachgemäße Konsequenz aus dieser kritischen Geschichte der Bibelauslegung, wenn man gegenwärtig auf die Erarbeitung einer *Theologie des Neuen Testaments* und damit auf den Aspekt der Einheit des Neuen Testaments bewusst verzichtet, um, wie es prononciert Heikki Räisänen[29] vorschlägt, eine *frühchristliche Religionsgeschichte* zu erarbeiten, welche den Aspekt der Vielfalt ausarbeitet? Räisänen betont, dass die Vielfalt des Neuen Testaments nicht in herkömmliche systematisch-theologische Systeme gepresst werden darf. Wenn das Ganze der neutestamentlichen Botschaft Darstellung finden soll, dann muss die Wahl und Ordnung der Themen dem Material selbst entspringen. Er schlägt vor, dass „eine Darstellung des frühchristlichen Denkens diese Gedankenwelt als ein Ergebnis der Wechselwirkung von Tradition, Erfahrung und Interpretation analysieren sollte"[30]. Diese Darstellung ist die Folge einer rein historischen Aufgabe, die frei von aktualisierenden Interpretationen und theologischen Fragestellungen ist[31]. Räisänen folgt in seinem Konzept den programmatischen Thesen des zur Göttinger Religionsgeschichtlichen Schule zählenden William Wrede, der schon 1897 die Probleme einer neutestamentlichen Theologie klar erkannt und gefordert hatte, die historische Aufgabe von der theologischen zu trennen[32].

---

28 So U. Luz, Kann die Bibel heute noch Grundlage für die Kirche sein? Über die Aufgabe der Exegese in einer religiös-pluralistischen Gesellschaft, NTS 44, 1998, 317–339: 321: „Die moderne Exegese, die auszog, um einen stabilen und konstatierbaren Sinn ihrer Texte zu erheben, hat zugleich Grundmomente zu seiner Destabilisierung und Veränderung bereitgestellt."

29 H. Räisänen, Die frühchristliche Gedankenwelt. Eine religionswissenschaftliche Alternative zur „neutestamentlichen Theologie", in: Dohmen/Söding, Eine Bibel, 253–265; weitere Literatur von Räisänen a.a.O., 265.

30 Räisänen, Gedankenwelt, 261.

31 Während die herkömmlichen Darstellungen der Neutestamentlichen Theologie systematisierend waren durch eine spezifische Hermeneutik (Bultmann: existentiale Interpretation; Stuhlmacher: Hermeneutik des Einverständnisses) und den Graben zwischen der Zeit des frühen Christentums und der eigenen Gegenwart zu überbrücken suchten, weist Räisänen der theoretisch-kognitiven und der praktisch-homiletischen Aufgabe bewusst unterschiedliche Räume zu, indem er den akademischen Kontext vom kirchlichen abhebt. Auf die Frage nach dem Übergang von der Exegese zur Theologie formuliert Räisänen, Gedankenwelt, 265: „Im Grunde geht es darum, ob unsere Neuinterpretationen dem Leben dienen oder ihm schaden."

32 Wrede, Aufgabe. Auch Strecker, Theologie, 3, setzt sich in der Einführung seines Werks mit Wrede auseinander, betont aber kritisch gegenüber der historischen Linienführung, dass er nach den theologischen Konzeptionen fragen will, welche die neutestamentlichen Schriftsteller auf der Grundlage der Gemeindeüberlieferung vertreten. Hier ist erstmals konsequent die redaktionsgeschichtliche Methode für die Darstellung einer Theologie des Neuen Testaments fruchtbar gemacht worden (so bereits in ders., Problem, 27f, als Aufgabe formuliert). T. Söding, Inmitten, 166, setzt sich kritisch mit Räisänen (und Wrede) auseinander, um eine „Option auf eine

Auch Klaus Berger folgt in seinem voluminösen Werk im Ansatz dieser Spur und versteht seinen Entwurf „als konsequente Ausführung des von W. Wrede aufgestellten Programms“[33]. Droht aber bei Räisänen die Gefahr einer Aufsplitterung der neutestamentlichen Schriften und ihrer Botschaft, so bemüht sich Berger demgegenüber, auch wenn die Erstauflage seiner in 569 Paragraphen untergliederten Theologiegeschichte vom Äußeren her einen anderen Eindruck erwecken kann, um den Nachweis von Verbindungen in der scheinbaren Disparatheit des Materials. Berger vergleicht die neutestamentliche Theologiegeschichte mit einem Baum. Seine äußersten Verästelungen, für Berger – hier nicht mehr ganz im Bild bleibend – sozusagen die Früchte, stellen die frühchristlichen theologischen Entwürfe dar. Die Knotenpunkte, im Bild wohl die Astgabeln, repräsentieren bedeutende Zentren des Christentums, die also geographisch zu lokalisieren sind. Der Stamm wird rekonstruiert mit Hilfe aufweisbarer Gemeinsamkeiten. Mit Recht betont Berger, dass in diesem Modell „Einheit und Vielfalt der frühchristlichen Theologie auf eine nicht lediglich statische Weise erfaßbar werden“[34]. Vielmehr können die geschichtliche Entwicklung und die geographische Streuung als historische Gründe für die Ausprägung der Verschiedenheit gesehen werden, ohne einen gemeinsamen Grundbestand zu vernachlässigen. Freilich lehnt Berger es aus historischen Gründen ab, diesen Grundbestand mit dem zu identifizieren, was von Bultmann und seiner Schülerschaft → „Kerygma“ genannt wurde. Bezieht man allerdings den Begriff Kerygma nicht in einer radikalen Engführung auf die Verkündigung des Gekreuzigten und des Auferweckten, sondern hält ihn für all das offen, was Bultmann unter den Begriff in dem Abschnitt über das Kerygma der hellenistischen Gemeinde vor und neben Paulus subsumierte[35], dann wiederum liegt dies so weit von dem von Berger zur Charakterisierung des gemeinsamen Grundbestandes beschriebenen „breiten Strom von relativ variablen Traditionen in verschiedenen Gattungen“[36] nicht entfernt. Der Leser und die Leserin wird hierbei in den vielfältigen Prozess der urchristlichen Kommunikation mit hineingenommen. Er oder sie wird die Verästelungen in verdichteten Begriffen suchen und finden können (z.B. Gerechtigkeit Gottes, Reich Gottes), wird aber ebenso und vor allem auf gemeinsame Begründungsstrukturen achten.

Diese veränderte Fragestellung nach Vielfalt und Einheit sei abschließend beispielhaft bei dem Thema der *Begründung neutestamentlicher Ethik* befolgt[37]. Es geht

theologische Orientierung der neutestamentlichen Exegese anzumelden“. Seine Ansatzpunkte für eine theologische Exegese des Neuen Testaments findet er in der Kanonisierung des Neuen Testaments, seinem Anspruch, das Christusgeschehen authentisch auszulegen, und bei seinem zentralen Thema, Jesus Christus als dem Irdischen und Auferweckten (a.a.O., 171).

33 Berger, Theologiegeschichte, 3.

34 A.a.O., 5.

35 Vgl. bei Bultmann, Theologie, § 9–15.

36 Berger, Theologiegeschichte, 6.

37 Popkes, Paränese, 170, beklagt zu Recht, dass die in Lehrbüchern üblich gewordene Aufteilung in Theologie des Neuen Testaments und Ethik des Neuen Testaments problematisch ist und vom neutestamentlichen Befund her nicht zu vertreten ist. Daher sei mit diesem abschließenden Beispiel der problematischen Aufgliederung entgegengetreten.

hierbei zunächst nicht um die sog. materiale Ethik, d.h. den Sachgehalt der einzelnen ethischen Forderungen. Hier müsste zunächst wieder ausführlich angesprochen werden, was im einleitenden Teil bereits erwähnt wurde. In vielen Fragen materialer Ethik bietet das Neue Testament unterschiedliche, gelegentlich auch einander widerstreitende Aussagen. Soll der Christ sich dem heidnischen Staat unterordnen (Röm 13,1) und Steuer zahlen (Mk 12,17), sogar den König ehren (1 Petr 2,17), oder findet in dem heidnischen Staat die satanische Macht einen Ausdruck (Offb 13)? Gilt das Liebesgebot dem Nächsten (Mk 12,31 mit Lev 19,18) oder gar dem Feind (Mt 5,44), oder ist es ausschließlich auf die Brüder und Schwestern innerhalb der Gemeinde zu begrenzen (Joh 13,34; 1 Joh 4,21)? Die Besonderheit der neutestamentlichen Ethik kann nur begrenzt im Bereich materialer Ethik gefunden werden. Sowohl Jesus als auch die einzelnen Autoren der neutestamentlichen Schriften folgen auf weiten Strecken vorgegebenen Linien, wie sie etwa von jüdisch-hellenistischer Ethik, von Weisheitslehre, von → stoischer Popularphilosophie und von dem wirksamen, auch → paganen Ethos der Zeit vorgegeben sind. Das Urchristentum vollzieht zu alledem nur selten einen grundsätzlichen, radikalen Bruch. Freilich finden sich auch Neuakzentuierungen, die sich von ihrer Umwelt deutlich abheben und bis heute als spezifisch christliche Verhaltensweisen prägend geblieben sind (z.B.: Feindesliebe, Verbot der Ehescheidung).

Auf der Suche nach der Einheit der neutestamentlichen Botschaft darf der Blick nicht allein auf dieser Ebene der materialen Ethik haften bleiben. Strukturell besteht eine weitreichende Einheit hinsichtlich der Begründung der ethischen Forderung. Sie findet darin Ausdruck, dass die neutestamentliche Ethik so sehr auf die Christusverkündigung bezogen ist, dass Letztere zunehmend zur Begründung, Normierung, Motivierung und inhaltlichen Gestaltung herangezogen wird. Dies hat die Einführung der Formel von Indikativ und Imperativ nach sich gezogen, d.h. die Ethik ist auf die vorgängige Heilsverkündigung bezogen. Man erkennt dieses Verhältnis etwa darin, dass in etlichen neutestamentlichen Briefen die ethischen Ausführungen mit klarem Rückbezug auf den vorangehenden, den sog. dogmatischen Teil geboten werden (vgl. die Verklammerung beider Teile in Röm 12,1–2; Gal 5,1–12; Kol 3,1–4; Eph 4,17–24). Diese Zuordnung von Indikativ und Imperativ bestimmt zudem viele Einzelargumentationen (Mt 5,48; Lk 6,36; Röm 6,4; 8,2–4; Gal 5,25; 1 Kor 5,7; 6,9–11; Phil 2,5–11; 1 Joh 4,10f u.ö.). Hier ist nun eine zuvor angesprochene Erkenntnis wieder aufzunehmen. Das Neue Testament bietet Einblick in die Selbstfindung der Kirche, und die Kommunikation der ersten christlichen Gemeinden ist in ihm festgehalten. Es gehört zu dieser Kommunikation, dass die ethischen Konkretionen, wie sie in Bezug auf das Christusgeschehen gesucht werden, erst noch gefunden werden müssen. Gewiss gibt es in dieser Kommunikation die apostolische Norm, die sich auf Christus bezieht (1 Kor 7,25), und den Verweis auf das apostolische Vorbild (1 Kor 11,1), aber auch schriftliche Anfragen aus den Gemeinden (1 Kor 7,1) und deren Recht, gewisse Fragen selbst zu entscheiden (1 Kor 6,5). Wesentlich ist, dass die ethischen Konkretionen aus einem Bezug auf das Christusgeschehen und die in ihm zum Ausdruck kommende Liebe gewonnen werden.

Dies bedeutet für die Frage nach Vielfalt und Einheit der neutestamentlichen Botschaft: Die Exegese hat immer beides, Vielfalt und Einheit, zu sehen und anzuerkennen. Denn es kann keine Einheit konstruiert werden, welche die Vielfalt – in Wahrheit ja die Vielfalt urchristlicher Stimmen – ignoriert und den lebendigen Kommunikationsprozess missachtet. Die Vorstellung einer Einheit im Sinn einer sich durchhaltenden einheitlichen Dogmatik im Neuen Testament ist eine Fiktion. Wohl aber gibt es übergreifende Strukturen und Kriterien theologischen Denkens, welche für die neutestamentlichen Autoren leitend waren und in diesem Kommunikationsprozess eingesetzt wurden. Sie stellen keine Einheit dar, aber es zeigt sich in ihnen doch eine relative Mitte. Theologisch gesprochen liegt die Einheit des Neuen Testaments daher außerhalb seiner selbst, nämlich da, wo die Verkündigung des vielfältigen Zeugnisses des Neuen Testaments zur Bildung der einen Kirche führt[38].

38 Lohse, Einheit, 246: „Die Einheit des Neuen Testaments kann daher nicht als statische Größe bestimmt werden, sondern sie ist nur in der Vielfalt urchristlicher Verkündigung gegeben und tritt in Erscheinung im Vollzug des lebendigen Zeugnisses des Geistes ...“.

Grundlegende Literatur zum Studium des Neuen Testaments

Vorbemerkung

Das Literaturverzeichnis beschränkt sich auf die wichtigste Studienliteratur zum Neuen Testament. Literatur zu den einzelnen neutestamentlichen Schriften bzw. zu besonderen Themen und Fragestellungen ist den jeweiligen Paragraphen vorangestellt. Hier aufgeführte Literatur wird in den Anmerkungen mit Kurztiteln (im Literaturverzeichnis kursiv) zitiert. Die Abkürzungen folgen: Siegfried M. Schwertner, Internationales Abkürzungsverzeichnis für Theologie und Grenzgebiete, Berlin 2. Aufl. 1992.
Darüber hinaus sei summarisch auf die theologischen Nachschlagewerke TRE, RGG, EKL und LThK hingewiesen, die in der Regel Einzelartikel zu allen biblischen Schriften sowie zu den wichtigsten Stichworten und Personen enthalten. Solche Artikel werden in den Literaturverzeichnissen des vorliegenden Buches nicht eigens aufgeführt, sondern nur gelegentlich in den Anmerkungen genannt.

1. Textausgaben

Biblia Sacra utriusque Testamenti. Editio Hebraica et Graeca, Stuttgart o.J. (4. Druck 1997)

1.1 Altes Testament

Biblia Hebraica Stuttgartensia, hg.v. K. Elliger/W. Rudolph, Stuttgart 1967–1977

Das Alte Testament hebräisch-deutsch. Biblia Hebraica mit deutscher Übersetzung, Stuttgart 1974

R. M. Steurer, Das Alte Testament. Interlinearübersetzung Hebräisch-Deutsch und Transkription des hebräischen Grundtextes nach der Biblia Hebraica Stuttgartensia 1986, Neuhausen/Stuttgart 1986ff

Septuaginta Id est Vetus Testamentum graece iuxta LXX interpretes, hg.v. A. Rahlfs, Stuttgart 1935

1.2 Neues Testament

Nestle-Aland, Novum Testamentum Graece, hg.v. B. u. K. Aland, Stuttgart 27. Aufl. 1993 (5. korr. Druck 1998)

Das Neue Testament Griechisch und Deutsch, hg.v. B. u. K. Aland, Stuttgart 2. Aufl. 1995

E. Dietzfelbinger, Das Neue Testament. Interlinearübersetzung Griechisch-Deutsch, Neuhausen/Stuttgart 5. Aufl. 1994

1.3 Deutsche Bibeln mit Erklärungen

Die Heilige Schrift nach der Übersetzung Martin Luthers. Mit Einführungen und Erklärungen, hg.v. der Evangelischen Kirche in Deutschland, Stuttgart 1984

Die Bibel, nach der Übersetzung Martin Luthers, mit Erklärungen, hg.v. Bund der Evangelischen Kirchen in der DDR und von der Evangelischen Kirche in Deutschland, Berlin und Altenburg 1989

Neue Jerusalemer Bibel. Einheitsübersetzung mit dem Kommentar der Jerusalemer Bibel, neu

bearb. und erw. Ausg. dt. hg.v. A. Deissler und A. Vögtle in Verbindung mit J. M. Nützel, Freiburg u.a. 10. Aufl. 1998
Elberfelder Bibel, rev. Fassung, Wuppertal 4. Aufl. 1995
Das Neue Testament. Übers. u. kommentiert v. U. Wilckens, Zürich/Gütersloh 8. Aufl. 1991
Münchener Neues Testament. Studienübersetzung, hg.v. J. Hainz, Düsseldorf 4. Aufl. 1995

2. Exegetische Hilfsmittel

2.1 Konkordanzen

K. Aland (Hg.), Vollständige Konkordanz zum griechischen Neuen Testament. Unter Zugrundelegung aller modernen kritischen Textausgaben und des Textus receptus, 3 Bde., Berlin/New York 1978-1983
Konkordanz zum Novum Testamentum Graece von Nestle-Aland, 26. Aufl., und zum Greek New Testament, 3rd Edition, hg.v. Institut für Neutestamentliche Textforschung und v. Rechenzentrum der Universität Münster, Berlin/New York 3. Aufl. 1987
A. Schmoller, Handkonkordanz zum griechischen Neuen Testament. Nach dem Text des Novum Testamentum Graece von Nestle-Aland 26. Aufl. und des Greek New Testament Third Edition (Corrected) neu bearb. v. B. Köster, Stuttgart 1989
G. Lisowsky, Konkordanz zum hebräischen Alten Testament, Stuttgart 3., verb. Aufl. 1993
E. Hatch/H. A. Redpath, A Concordance to the Septuagint and the Other Greek Versions of the Old Testament (Including the Apocryphal Books), 3 Bde., Oxford 1897 (= Graz 1954)
Große Konkordanz zur Lutherbibel, Stuttgart 3. Aufl. 1993
Neue Konkordanz zur Einheitsübersetzung der Bibel, erarb. v. F. J. Schierse, neu bearb. v. W. Bader, Düsseldorf/Stuttgart 1996

2.2 Wörterbücher

W. Bauer, Griechisch-deutsches Wörterbuch zu den Schriften des Neuen Testaments und der frühchristlichen Literatur, 6., völlig neu bearb. Aufl. hg.v. K. Aland/B. Aland, Berlin/New York 1988
W. Haubeck/H. v. Siebenthal, Neuer sprachlicher Schlüssel zum griechischen Neuen Testament, 2 Bde., Gießen 1994/1997
R. Kassühlke, Kleines Wörterbuch zum Neuen Testament griechisch-deutsch, Stuttgart 1997
E. Preuschen, Griechisch-deutsches Taschenwörterbuch zum Neuen Testament, Berlin/New York 7. Aufl. 1996
F. Rehkopf, Griechisch-deutsches Wörterbuch zum Neuen Testament, Göttingen 1992

2.3 Synopsen

K. Aland (Hg.), *Synopsis* quattuor evangeliorum. Locis parallelis evangeliorum apocryphorum et patrum adhibitis, Stuttgart 15. Aufl. 1996
K. Aland (Hg.), Synopse der vier Evangelien. Griechisch-Deutsche Ausgabe der Synopsis Quattuor Evangeliorum, Stuttgart 1989
A. Huck, Synopse der drei ersten Evangelien mit Beigabe der johanneischen Parallelstellen, 13. Aufl., völlig neubearb. v. H. Greeven, Tübingen 1981
C. H. Peisker, Neue Luther Evangelien-Synopse, Wuppertal 3. Aufl. 1995
C. H. Peisker, Evangelien-Synopse der Einheitsübersetzung, Wuppertal/Stuttgart 5. Aufl. 1997
C. H. Peisker, Zürcher Evangelien-Synopse, Wuppertal 28. Aufl. 1996
J. Schmid, Synopse der drei ersten Evangelien mit Beifügung der Johannes-Parallelen, Regensburg 1992 (Berlin/Altenburg 2. Aufl. 1988)

2.4 Exegetische Nachschlagewerke

Theologisches Wörterbuch zum Neuen Testament, begr. v. G. Kittel, hg.v. G. Friedrich, 10 Bde., Stuttgart 1933-1979 (ThWNT)

Exegetisches Wörterbuch zum Neuen Testament, hg.v. H. Balz/G. Schneider, 3 Bde., Stuttgart 1980-1983 (2. Aufl. 1992) (EWNT)

Theologisches Begriffslexikon zum Neuen Testament, neubearb. Ausg. hg.v. L. Coenen/K. Haacker, 2 Bde., Wuppertal/Neukirchen-Vluyn 1997/2000 (TBLNT)

3. Methoden- und Arbeitsbücher

G. Adam/O. Kaiser/W. Kümmel/O. Merk, Einführung in die exegetischen Methoden, Gütersloh 7. Aufl. 2000

K. Aland/B. Aland, Der Text des Neuen Testaments. Einführung in die wissenschaftlichen Ausgaben sowie in Theorie und Praxis der modernen Textkritik, Stuttgart 2. Aufl. 1989

U. Becker/F. Johannsen/H. Noormann, Neutestamentliches Arbeitsbuch für Religionspädagogen, Stuttgart 2. Aufl. 1996

H. K. Berg, Grundriß der Bibeldidaktik. Konzepte – Modelle – Methoden, München/Stuttgart 1993

H. K. Berg, Ein Wort wie Feuer. Wege lebendiger Bibelauslegung, Stuttgart/München 3. Aufl. 1996

K. Berger, Exegese des Neuen Testaments, UTB 658, Heidelberg 3. Aufl. 1991

H. Conzelmann/A. Lindemann, *Arbeitsbuch* zum Neuen Testament, UTB 52, Tübingen 12. Aufl. 1998 (13. Aufl. 2000)

W. Egger, *Methodenlehre* zum Neuen Testament. Einführung in linguistische und historisch-kritische Methoden, Freiburg u.a. 1987 (Leipzig 1989)

W. Fenske, Arbeitsbuch zur Exegese des Neuen Testaments. Ein Proseminar, Gütersloh 1999

K. Haacker, Neutestamentliche *Wissenschaft*. Eine Einführung in Fragestellungen und Methoden, Wuppertal 2. Aufl. 1985

D. Lührmann, Auslegung des Neuen Testaments, Zürich 2. Aufl. 1987

M. Meiser u.a., Proseminar II. Neues Testament – Kirchengeschichte. Ein Arbeitsbuch, Stuttgart 1999

P.-G. Müller, Lexikon exegetischer Fachbegriffe, Stuttgart/Kevelaer 1985

H.-W. Neudorfer/E.J. Schnabel (Hgg.), Das Studium des Neuen Testaments, Bd. 1: Eine Einführung in die Methoden der Exegese, Wuppertal/Gießen 2. Aufl. 2000

J. Roloff, *Neues Testament*. Unter Mitarb. v. M. Müller, Neukirchen-Vluyn 7., vollst. überarb. Aufl. 1999 (= Arbeitsbuch zum Neuen Testament, Berlin 1984)

T. Söding, Wege der Schriftauslegung. Methodenbuch zum Neuen Testament. Unter Mitarb. v. C. Münch, Freiburg u.a. 1998

G. Strecker/U. Schnelle, *Einführung* in die neutestamentliche Exegese, UTB 1253, Göttingen 4. Aufl. 1994 (5. Aufl. 2000)

4. Bibelkunden und Einführungen

I. Baldermann, Einführung in die Bibel, UTB 1486, Göttingen 4. Aufl. 1993 (= Die Bibel – Buch des Lernens, Berlin 2. Aufl. 1986)

K.-H. Bieritz, Grundwissen Theologie: Die Bibel, KT 147, Gütersloh 2. Aufl. 1997

K.-M. Bull, Bibelkunde des Neuen Testaments. Die kanonischen Schriften und die Apostolischen Väter. Überblicke, Themakapitel, Glossar, Neukirchen-Vluyn 1997

W. Kirchschläger, Einführung in das Neue Testament, Stuttgart 1994

G. Kittel, Der Name über alle Namen II. Biblische Theologie/NT, Bibl.-theol. Schwerpunkte 3, Göttingen 1990

J. Kremer, Die Bibel – ein Buch für alle. Berechtigung und Grenzen „einfacher" Schriftlesung, Stuttgart 1986

B. Lang, Die Bibel. Eine kritische Einführung, UTB 1594, Paderborn 2. Aufl. 1994

G. Lohfink, Jetzt verstehe ich die Bibel, Stuttgart 1992

H. Merkel, Bibelkunde des Neuen Testaments. Ein Arbeitsbuch, Gütersloh 4. Aufl. 1992

D. Nestle, *Neues Testament* elementar. Texte der Verfolgten, Sprache der Liebe, Wort Gottes, Neukirchen-Vluyn 1980
F. Porsch, Kleine Theologie des Neuen Testaments, Stuttgart 1995
H. D. Preuß/K. Berger, Bibelkunde des Alten und Neuen Testaments. Zweiter Teil: Neues Testament, Register der biblischen Gattungen und Themen, Arbeitsfragen und Antworten, UTB 972, Heidelberg 5. Aufl. 1997
J. Roloff, *Einführung* in das Neue Testament, RUB 9413, Stuttgart 1995
G. Strecker/J. Maier, Neues Testament – Antikes Judentum, Stuttgart 1989
G. Theißen, Das Neue Testament, München 2002
C. Westermann, Abriß der Bibelkunde. Altes Testament, Neues Testament, Stuttgart 13. Aufl. 1991

5. Bibellexika

Bibel-Lexikon, hg.v. H. Haag, Zürich 3. Aufl. 1982 (Leipzig 1981) (BL)
Biblisch-historisches Handwörterbuch. Landeskunde – Geschichte – Religion – Kultur – Literatur, hg.v. B. Reicke/L. Rost, 4 Bde., Göttingen 1962-1979 (BHH)
Das große Bibellexikon, hg.v. H. Burkhardt u.a., 3 Bde., Gießen/Wuppertal 1987–1989
Neues Bibel-Lexikon, hg.v. M. Görg/B. Lang, Zürich/Düsseldorf 1991ff (NBL)
Reclams Bibellexikon, hg.v. K. Koch/E. Otto/J. Roloff/H. Schmoldt, Stuttgart 5. Aufl. 1992
W. H. Schmidt/G. Delling, *Wörterbuch* zur Bibel, Hamburg/Zürich 1971 (Berlin 1973)
The *Anchor Bible Dictionary*, hg.v. D. N. Freedman u.a., 6 Bde., New York u.a. 1992

6. Wissenschaftliche Einleitungen und Literaturgeschichten

I. Broer, Einleitung in das Neue Testament, 2 Bde., NEB.NT Erg.-Bd. 2, Würzburg 1998/2001
D. Dormeyer, Das Neue Testament im Rahmen der antiken Literaturgeschichte. Eine Einführung, Darmstadt 1993
H.-J. Klauck, Die antike *Briefliteratur* und das Neue Testament. Ein Lehr- und Arbeitsbuch, UTB 2022, Paderborn 1998
H. Köster, Einführung in das Neue Testament im Rahmen der Religionsgeschichte und Kulturgeschichte der hellenistischen und römischen Zeit, Berlin/New York 1980
W. G. Kümmel, *Einleitung* in das Neue Testament, Heidelberg 21. Aufl. 1983 (Berlin 1989)
E. Lohse, Die Entstehung des Neuen Testaments, Stuttgart 5. Aufl. 1991 (Berlin 1976)
H.-M. Schenke/K. M. Fischer, Einleitung in die Schriften des Neuen Testaments, 2 Bde., Berlin 1978/1979
U. Schnelle, *Einleitung* in das Neue Testament, UTB 1830, Göttingen 3., neubearb. Aufl. 1999 (4. Aufl. 2002)
E. Schweizer, Theologische Einleitung in das Neue Testament, GNT 2, Göttingen 1989
G. Strecker, *Literaturgeschichte* des Neuen Testaments, UTB 1682, Göttingen 1992
P. Vielhauer, Geschichte der urchristlichen Literatur. Einleitung in das Neue Testament, die Apokryphen und die Apostolischen Väter, Berlin/New York 1975

7. Theologien des Neuen Testaments und Theologiegeschichten des Urchristentums

K. Berger, *Theologiegeschichte* des Urchristentums. Theologie des Neuen Testaments, UTB.WG 8082, Tübingen 2. Aufl. 1995
R. Bultmann, *Theologie* des Neuen Testaments, durchg. u. erg. v. O. Merk, UTB 630, Tübingen 9. Aufl. 1984
H. Conzelmann, Grundriß der Theologie des Neuen Testaments, bearb. v. A. Lindemann, UTB 1446, Tübingen 6. Aufl. 1997
J. Gnilka, Theologie des Neuen Testaments, HThK.S 5, Freiburg u.a. 1994

L. Goppelt, Theologie des Neuen Testaments, hg.v. J. Roloff, UTB 850, Göttingen 1991 (Berlin 2 Bde., 1977/1978)
F. Hahn, Theologie des Neuen Testaments, 2 Bde., Tübingen 2002
H. Hübner, Biblische Theologie des Neuen Testaments, 3 Bde., Göttingen 1990, 1993, 1995
J. Jeremias, Neutestamentliche Theologie. Erster Teil: Die Verkündigung Jesu, Gütersloh 1971 (Berlin 1973)
W. G. Kümmel, Die Theologie des Neuen Testaments nach seinen Hauptzeugen Jesus, Paulus, Johannes, GNT 3, Göttingen 5. Aufl. 1987
E. Lohse, Grundriß der neutestamentlichen Theologie, Stuttgart 4. Aufl. 1989
W. Schmithals, Theologiegeschichte des Urchristentums. Eine problemgeschichtliche Darstellung, Stuttgart 1994
G. Strecker, *Theologie* des Neuen Testaments, bearb., erg. u. hg.v. F. W. Horn, Berlin/New York 1996
P. Stuhlmacher, Biblische *Theologie* des Neuen Testaments, 2 Bde., Göttingen 1992/1999
W. Thüsing, Die neutestamentlichen Theologien und Jesus Christus. Grundlegung einer Theologie des Neuen Testaments, bisher 3 Bde., Münster 2. Aufl. 1996 (I)/1998/1999
A. Weiser, Theologie des Neuen Testaments II: Die Theologie der Evangelien, Stuttgart 1993
U. Wilckens, Theologie des Neuen Testaments, bisher 2 Bde., Neukirchen-Vluyn 2002/2003

8. Nachschlagewerke zur Antike

Der neue Pauly. Enzyklopädie der Antike, hg.v. H. Cancik, Stuttgart 1996ff
Der Kleine Pauly. Lexikon der Antike, hg.v. K. Ziegler/W. Sontheimer, 5 Bde., Stuttgart/München 1964-1975 (KP)
Lexikon der Alten Welt, hg.v. C. Andresen, 3 Bde., Zürich/München 1965 (Nachdruck 1990) (LAW)
Reallexikon für Antike und Christentum. Sachwörterbuch zur Auseinandersetzung des Christentums mit der Antiken Welt, hg.v. T. Klauser/E. Dassmann, Stuttgart 1941ff (RAC)

9. Texte aus der Umwelt des Neuen Testaments

Philo von Alexandrien. Die Werke in deutscher Übersetzung, hg.v. L. Cohn/I. Heinemann/M. Adler/E. Theiler, 6(–7) Bde., Berlin 2. Aufl. 1962(–1964)
Flavius Josephus. De Bello Judaico. Der jüdische Krieg. Griechisch und Deutsch, hg.v. O. Michel/O. Bauernfeind, 3 Bde., München 1960–1969
Des Flavius Josephus jüdische Altertümer, 2 Bde.; Des Flavius Josephus kleinere Schriften, übers. v. H. Clementz, Halle a.d.Saale/Berlin o.J. (Nachdruck Wiesbaden 6. Aufl. 1985)
Flavius Josephus. Aus meinem Leben (Vita). Kritische Ausgabe, Übersetzung und Kommentar von F. Siegert u.a., Tübingen 2001
Jüdische Schriften aus hellenistisch-römischer Zeit, hg.v. W. G. Kümmel/H. Lichtenberger, 5 Bde. in Einzellieferungen, Gütersloh 1973ff
The Old Testament Pseudepigrapha, hg.v. J. H. Charlesworth, 2 Bde., London 1983/1985
Altjüdisches Schrifttum außerhalb der Bibel, übers. u. erl. v. P. Rießler, Augsburg 1928
J. Maier, Die Qumran-Essener. Die *Texte* vom Toten Meer, 3 Bde., UTB 1862/1863/1916, München/Basel 1995–1996

Neuer Wettstein. Texte zum Neuen Testament aus Griechentum und Hellenismus, Bd. 1: Texte zum Johannesevangelium; Bd. 2.: Texte zur Briefliteratur und zur Johannesapokalypse, 2 Teilbde., hg.v. G. Strecker/U. Schnelle, Berlin/New York 2001/1996
C. K. Barrett (Hg.), *Texte* zur Umwelt des Neuen Testaments. Ausgewählte Quellen. Erweiterte dt. Ausg., hg.v. C.-J. Thornton, UTB 1591, Tübingen 2. Aufl. 1991
K. Berger/C. Colpe, Religionsgeschichtliches Textbuch zum Neuen Testament, TNT 1, Göttingen 1987

H. G. Kippenberg/G. A. Wewers (Hgg.), *Textbuch* zur neutestamentlichen Zeitgeschichte, GNT 8, Göttingen 1979
J. Leipoldt/W. Grundmann (Hgg.), Umwelt des Urchristentums, Bd. 2: Texte zum neutestamentlichen Zeitalter, Berlin 7. Aufl. 1986

W. Schneemelcher (Hg.), Neutestamentliche *Apokryphen* in deutscher Übersetzung, 2 Bde., Tübingen 6. Aufl. 1999
A. Lindemann/H. Paulsen (Hgg.). Die Apostolischen *Väter*. Griechisch-deutsche Parallelausgabe auf der Grundlage der Ausgaben v. F. X. Funk/K. Bihlmeyer und M. Whittaker mit Übers. v. M. Dibelius und D.-A. Koch neu übers. u. hg., Tübingen 1992
W. Rebell, Neutestamentliche Apokryphen und Apostolische Väter, München 1992

H. L. Strack/P. Billerbeck, *Kommentar* zum Neuen Testament aus Talmud und Midrasch, 6 Bde., München 2. Aufl. 1956

10. Darstellungen zur Umwelt des Neuen Testaments

H.-J. Klauck, Die religiöse *Umwelt* des Urchristentums I: Stadt- und Hausreligion, Mysterienkulte, Volksglaube; II: Herrscher- und Kaiserkult, Philosophie, Gnosis, Stuttgart u.a. 1995/1996
J. Leipoldt/W. Grundmann (Hgg.), Umwelt des Urchristentums, Bd. 1: Darstellung des neutestamentlichen Zeitalters, Berlin 8. Aufl. 1990
E. Lohse, *Umwelt* des Neuen Testaments, GNT 1, Göttingen 9. Aufl. 1994 (10. Aufl. 2000)
J. Maier, *Zwischen den Testamenten*. Geschichte und Religion in der Zeit des zweiten Tempels, NEB.AT Erg.-Bd. 3, Würzburg 1990
B. J. Malina, Die Welt des Neuen Testaments. Kulturanthropologische Einsichten, übers. v. G. Guder/W. Stegemann, Stuttgart 1993
K. Matthiae, Chronologische Übersichten und Karten zur spätjüdischen und urchristlichen Zeit, Berlin/Stuttgart 1977
K. Matthiae/W. Thiel, Biblische Zeittafeln. Geschichtliche Abrisse, chronologische Übersichten, Überblickstafeln und Landkarten zur alt- und neutestamentlichen Zeit, Berlin/Neukirchen-Vluyn 1985
B. Reicke, Neutestamentliche Zeitgeschichte. Die biblische Welt 500 v. Chr.–100 n. Chr., Berlin/New York 3. Aufl. 1982
E. Schürer, The *History* of the Jewish People in the Age of Jesus Christ (175 B.C.-A.D. 135). A New English Version revised and edited by G. Vermes u.a., 3 Bde., Edinburgh 1973-1987
J. E. Stambaugh/D. L. Balch, Das soziale Umfeld des Neuen Testaments, übers. v. G. Lüdemann, GNT 9, Göttingen 1992
G. Stemberger, Einleitung in Talmud und Midrasch, München 8., neubearb. Aufl. 1993
M. Tilly, So lebten Jesu Zeitgenossen. Alltag und Frömmigkeit im antiken Judentum, Mainz 1997
J. C. VanderKam, Einführung in die Qumranforschung. Geschichte und Bedeutung der Schriften vom Toten Meer, übers. v. M. Müller, UTB 1998, Göttingen 1998

11. Darstellungen zur Geschichte des Urchristentums

Die Anfänge des Christentums. Alte Welt und neue Hoffnung, mit Beitr. v. J. Becker u.a., Stuttgart 1987
F. F. Bruce, Außerbiblische Zeugnisse über Jesus und das frühe Christentum, Gießen 3. Aufl. 1993
H. Conzelmann, Geschichte des Urchristentums, GNT 5, Göttingen 6. Aufl. 1989
M. Hengel, Zur urchristlichen Geschichtsschreibung, Stuttgart 2. Aufl. 1984
L. Schenke, Die Urgemeinde. Geschichtliche und theologische Entwicklung, Stuttgart 1990
W. Schneemelcher, Das Urchristentum, Stuttgart 1981
E. W. Stegemann/W. Stegemann, Urchristliche Sozialgeschichte. Die Anfänge im Judentum und die Christusgemeinden in der mediterranen Welt, Stuttgart 2. Aufl. 1997

F. Vouga, Geschichte des frühen Christentums, UTB 1733, Tübingen/Basel 1994

12. Zur Hermeneutik

K. Berger, Hermeneutik des Neuen Testaments, UTB 2035, Tübingen 1998
E. Reinmuth, Hermeneutik des Neuen Testaments. Eine Einführung in die Lektüre des Neuen Testaments, UTB 2310, Göttingen 2002
P. Stuhlmacher, Vom *Verstehen* des Neuen Testaments. Eine Hermeneutik, GNT 6, Göttingen 2. Aufl. 1986
H. Weder, Neutestamentliche Hermeneutik, Zürich 1986

13. Kommentarreihen

Kritisch-exegetischer Kommentar über das Neue Testament, Göttingen: evangelisch, detailliert wissenschaftlich, historisch-kritisch orientiert (KEK)
Evangelisch-Katholischer Kommentar zum Neuen Testament, Zürich u.a./Neukirchen-Vluyn: ökumenisch, detailliert wissenschaftlich, historisch-kritisch und wirkungsgeschichtlich orientiert (EKK)
Herders Theologischer Kommentar zum Neuen Testament, Freiburg u.a.: katholisch, detailliert wissenschaftlich, historisch-kritisch orientiert (HThK)
Ökumenischer Taschenbuchkommentar zum Neuen Testament, Gütersloh/Würzburg: ökumenisch, wissenschaftlich, historisch-kritisch orientiert (ÖTBK)
Theologischer Handkommentar zum Neuen Testament, Berlin/Leipzig: evangelisch, wissenschaftlich, historisch-kritisch orientiert (ThHK)
Handbuch zum Neuen Testament, Tübingen: evangelisch, konzentriert wissenschaftlich, histo-

Verzeichnis biblischer Personen

Die Schreibung der Namen folgt: Ökumenisches Verzeichnis der biblischen Eigennamen nach den Loccumer Richtlinien, hg.v. den katholischen Bischöfen Deutschlands, dem Rat der Evangelischen Kirche in Deutschland und der Deutschen Bibelgesellschaft – Evangelisches Bibelwerk, Stuttgart 2. Aufl. 1981. Hiernach richten sich auch die Abkürzungen biblischer Bücher.
Fettgedruckte Zahlen verweisen auf nähere Erläuterungen zum Stichwort.

Abraham, erster der drei „Erzväter" Israels, dem von Gott die Verheißungen der Nachkommenschaft, des Landbesitzes und des Segens für viele Völker zugesprochen wurden; in frühjüdischen Traditionen und nach dem NT auch Vater der Proselyten und Empfänger von Verheißungen für die Völker; der Stammbaum Jesu bei Matthäus führt auf Abraham zurück; für Paulus ist er Vorbild des Glaubens von Juden und Nichtjuden, für Jakobus Vorbild des Glaubens und gerechter Taten.	Gen 12–25; Mt 1,1f; Röm 4; Gal 3,6–18; Hebr 7,1–10; 11,8–19; Jak 2,21–23	19.38.39.77.120.162. 177.**214**.216.239.240. **246**.252.299.300.339. 358
Adam, Stammvater der Menschheit (hebr. für Mensch) mit Eva; in frühjüdischen Traditionen wird u.a. die menschliche Sünde auf ihn zurückgeführt; im NT wird ihm als dem Mensch der Urzeit Jesus als der Mensch der Endzeit gegenübergestellt; der Stammbaum Jesu bei Lukas führt auf Adam zurück.	Gen 2f; Lk 3,38; Röm 5,12–19; 1 Kor 15,22.45	205.217.234.281
Agrippa I., Marcus Iulius A., Enkel Herodes d.Gr., in Apg 12 „Herodes" genannt; zunächst Tetrarch von Galiläa, dann auch von Judäa und Samaria (41-44 n. Chr.); unter seiner Herrschaft kam es zu ersten Verfolgungen der Urgemeinde.	Apg 12	74.180.187
Agrippa II., von Rom abhängiger jüdischer König (Tetrarch) über Teilgebiete Palästinas (44–94? n. Chr.) mit Vollmachten über den Jerusalemer Tempel; Urenkel von Herodes d. Gr., Sohn von Agrip-	Apg 25f	154.178.187

Berenike, Tochter → Agrippas I., zeitweise Lebensgefährtin ihres Bruders Agrippa II., trat im Prozess gegen Paulus auf.	Apg 25,13	187
Bileam, nicht zu Israel gehörender Prophet, der Israel segnet, statt es zu verfluchen; die Segensworte Bileams konnten in frühjüdischer Zeit als Verheißung auf eine eschatologische Heilsgestalt bezogen werden; im NT nur negativ als exemplarischer Verführer der Gemeinde.	Num 22–24; 2 Petr 2,15; Jud 11; Offb 2,14	363
Chloë, Gemeindeglied und Vorsteherin eines Haushaltes in Korinth.	1 Kor 1,11	227
Claudius, Tiberius C. Nero Germanicus, römischer Kaiser (41–54 n.Chr.).	Apg 11,28; 18,2	74.184
Daniel, Prophet zur Zeit des babylonischen Exils; ihm wird ein Prophetenbuch zugeschrieben, das zum dritten Teil der hebräischen Bibel („Schriften“) gehört; in der christlichen Bibel steht es bei den „großen“ Propheten.	Dan; Mt 24,15	358
David, erster König über Juda und Israel (10. Jh. v.Chr.), stammt aus Betlehem in Juda, eroberte das zuvor nichtisraelitische Jerusalem und machte es zum Zentrum seiner Herrschaft; die prophetische Zusage einer Dynastie Davids auf dem Königsthron Israels und die Idealisierung des davidischen Königtums wurde im Frühjudentum zum Bezugspunkt endzeitlicher Erwartungen einer Heilsgestalt; außerdem galt David als herausragender Psalmendichter; im NT wird der Stammbaum Jesu auf ihn zurückgeführt und Jesus als Sohn Davids angesprochen.	1 Sam 16–1 Kön 2; Ps 132; Mt 1,1.6.17.20; Mk 10,47f; Lk 1,27.32; 2,4.11; 3,31;Joh 7,42; Röm 1,3; 2 Tim 2,8; Offb 5,5; 22,16	19.77.122.203.**212**
Demas, Begleiter und Mitarbeiter des Paulus.	Kol 4,14; Phlm 24; 2 Tim 4,10	291
Demetrius, Silberschmied in Ephesus, der einen Aufruhr gegen Paulus anzettelte.	Apg 19,23–40	185.190
Diotrephes, Gemeindeleiter, der die Aufnahme der Abgesandten des Autors der Johannesbriefe verhindert.	3 Joh 9	317.320
Elija, Prophet in Israel (9. Jh. v.Chr.), von ihm wurden Rettungs- und Strafwunder berichtet; im Frühjudentum konnten	1 Kön 17–19; 21; 2 Kön 1–2; Mal 3,23f; Sir 48,10;	121.375

Nachwahl durch Los im Zwölferkreis den Platz des Judas (1) Iskariot ein.		
Melchisedek, Priesterkönig von (Jeru-)Salem aus der biblischen Vorzeit Israels, der Abraham segnet, nachdem dieser ihm den Zehnten entrichtet hat; im Frühjudentum als himmlische und eschatologische Gestalt bekannt; im Heb auf Jesus als himmlischen Hohenpriester gedeutet.	Gen 14,17–20; Ps 110,4; Hebr 5–7	297.310
Mose, Führer Israels in und beim Auszug aus Ägypten, am Sinai Vermittler der Tora an Israel, führt das Volk vom Sinai weiter bis an die Grenze des verheißenen Landes, das er selbst aber nicht mehr betreten kann; im Frühjudentum und im NT als Gesetzgeber Israels und Prophet angesehen; Paulus stellt dem „Dienst des Mose" seinen Aposteldienst gegenüber.	Ex 1–20; 24; 32–34; Num 10–36; Dtn 29–34; Mk 10,3f; 2 Kor 3,4–18	65.76.82.159.161.181. **231–233**.252.300
Natanael, Jünger Jesu aus Kana in Galiläa.	Joh 1,45–51; 21,2	161
Nebukadnezzar, babylonischer König (605–562 v.Chr.) zur Zeit der Eroberung Jerusalems und des babylonischen Exils.	2 Kön 24,1–7; Dan 1–4	361
Nikodemus, Pharisäer und Mitglied des Synhedriums, Sympathisant Jesu.	Joh 3,1–21; 19,39	147.150.154.170
Noach, Gestalt aus der biblischen Urgeschichte; wegen seiner Frömmigkeit wurde er als einziger mit seiner Familie (und der Tierwelt) vor der Sintflut gerettet, von daher zweiter Stammvater der Menschheit nach Adam.	Gen 6–9	
Onesimus, Sklave des Philemon aus Kolossä, von Paulus bekehrt und zum Mitarbeiter gemacht.	Phlm	291.292.293
Paulus, in der Apg zunächst Saulus und erst ab 13,9 (nicht seit seiner Bekehrung!) plötzlich Paulus genannt; in einer toratreuen Familie in der jüdischen Diaspora geboren (Tarsus in Zilizien), in Jerusalem zum Schriftgelehrten ausgebildet, Mitglied der Pharisäer; während er die Bewegung der Jesusanhänger bekämpfte, wurde er durch eine Begeg-	Gal 1f; Phil 3,5–8; Apg 22,3f; 7,54–8,3; 9,1–30; 12,24f; 13–28	11.**12f**.16.25.39.50.66. 116.117.118.174.175. **177–188**.190.191.192. 193.195.197.221.**231–233**.**238–342**.294.301. 334.339.341.357.362. 376.377.380.381.382

verantwortliche römische Beamte; die Passionsberichte der Evangelien entlasten ihn zunehmend von dieser Verantwortung auf Kosten jüdischer Gruppen bis hin zum ganzen jüdischen Volk.		
Priska/Priszilla, → Aquila.		
Quirinius, Publius Sulpicius Q., römischer Legat, zu dessen Amtszeit in der Provinz Syrien nach Lk ein reichsweiter Census (Steuerveranlagung) durchgeführt wurde.	Lk 2,1f	111
Rahab, Hure in Jericho, die den Kundschaftern der Israeliten Schutz gewährt und zum Dank dafür bei der Eroberung der Stadt verschont wird; im NT ein Vorbild des Glaubens.	Jos 2; 6,22–25; Hebr 11,31; Jak 2,25	77
Rut, Frau aus Moab, die mit einem Israeliten verheiratet war, nach dessen Tod ihre Schwiegermutter in deren Heimat Betlehem begleitet, wo sie Boas, ein Verwandter ihres Mannes, heiratet, durch den sie zur Urgroßmutter Davids wird; als solche steht sie im Stammbaum Jesu.	Rut; Mt 1,5	77
Sara, Frau Abrahams, Mutter Isaaks, den sie noch in hohem Alter aufgrund göttlicher Verheißung von Abraham empfing, Herrin → Hagars, die sie zusammen mit deren Sohn von Abraham (→ Ismael) aus der Familie verstößt.	Gen 16–18; 21; Röm 4,18–22; 9,9; vgl. Gal 4,21–31	39.240.300
Saulus, → Paulus.		
Sergius Paul(l)us, römischer Prokonsul von Zypern; Barnabas und Paulus begegnen ihm dort auf ihrer „ersten Missionsreise“.	Apg 13,7	179
Silas, Mitarbeiter des Paulus auf der „zweiten Missionsreise“, identisch mit dem in den Paulusbriefen genannten Silvanus.	Apg 15,22–40; 16,18–18,11; 2 Kor 1,19; 1 Thess 1,1; 1 Petr 5,12	11.12.179.180.182.184.200.329
Silvanus, → Silas.		
Simeon, jüdischer Charismatiker in Jerusalem, der die Heilsbedeutung des Jesuskindes für Israel bei dessen Darbringung im Tempel erkennt und in einem Lobpreis *(Nunc dimittis)* zur Sprache bringt .	Lk 2,25–35	113.121.137
Simon (1), → Petrus.		

Glossar

Fettgedruckte Zahlen verweisen auf nähere Erläuterungen zum Stichwort.

Achtzehngebet, Hauptgebet des Synagogengottesdienstes, bestehend aus achtzehn Lobsprüchen (auch: Amida) 69

Acta apostolorum, lateinischer Titel der Apostelgeschichte des Lukas 173.174

Äon, Welt(zeit)alter 305

Allegorie, Allegorese, Auslegungsmethode, die den verborgenen Sinn einzelner Wörter, Wendungen oder Erzählzüge eines Textes freizulegen versucht 39.70

Altarretabel, künstlerisch gestaltete Rückwand des Altartisches 126

Amida, → Achtzehngebet

a minore ad maius, Schlußfolgerung vom Kleineren auf das Größere (z.B. Lk 23,31; Hebr 2,2f) 297

Antilegomena, Schriften, deren Aufnahme in den Kanon umstritten war 198.342

Apathieaxiom, philosophischer Grundsatz der Leidensunfähigkeit Gottes 109

Apokalypse, Apokalyptik, apokalyptisch, religiöse Vorstellungen bzw. Literaturwerke, die das Weltende betreffen bzw. beschreiben 81.124.**125**.131.163.276.302.321.352.**358–360**.368.371.377

Apokryphen, Schriften, die zur → Septuaginta, aber nicht zur hebräischen Bibel gehören; auch auf frühchristliche Schriften übertragen, die nicht zum Neuen Testament gehören 38.368.371

Apologeten, christliche Theologen seit dem 2. Jh., die den Glauben gegenüber der jüdischen und heidnischen Umwelt verteidigen 105.171.379

Apostel, Apostolat, apostolisch, griech. „Gesandter", bei Paulus: vom auferstandenen Christus berufener Verkündiger des Evangeliums, im lukanischen Doppelwerk: Augenzeuge des Wirkens Jesu 11.14.22.40.106.141.174.175.**191**.200.224.302.328.371

Aposteldekret, Verpflichtung der → Heidenchristen auf einen Minimalbestand an Geboten der Tora (vgl. Apg 15,20.29; 21,25) 175.181.378

Apostelkonzil, -konvent, Beratung in Jerusalem zwischen den Aposteln und Delegierten aus Antiochia über den Weg der Mission (vgl. Gal 2; Apg 15) 116.174.180.181.**377f**

Apparat (textkritischer), Nachweis von Lesarten verschiedener Handschriften in einer wissenschaftlichen Textausgabe 40

Aramäisch, nordwestsemitische Sprache, Muttersprache der Juden im Land Israel zur Zeit Jesu 153

Areopag, Hügel gegenüber der Akropolis in Athen, Stätte des obersten Gerichts (vgl. Apg 17,16–34) 117.183

Attaliden, Dynastie des Reiches von Pergamon (261–133 v.Chr.) 54

Birkat ha-Minim, Verfluchung verschiedener Gruppen von jüdischen Häretikern, die um 100 n.Chr. in das Achtzehngebet eingefügt wurde 69

Botenformel, Einleitung eines Prophetenspruchs („So spricht der Herr") 349

Briefkorpus, Hauptteil eines Briefes 199.204

Briefpräskript, → Präskript

Chiasmus, chiastisch, Stilfigur der sich kreuzweise entsprechenden Anordnung von Satzgliedern (A-B-B-A) 288

Chiliasmus, chiliastisch Erwartung eines tausendjährigen Reiches (vgl. Offb 20,3.7) 367

Christologie, Lehre über den Gesalbten (Christus, → Messias), im Neuen Testament auf die göttliche Bedeutung Jesu bezogen 88.93.106.109.131.161.171.212.261.310.320.363

Corpus Paulinum, Paulusbriefsammlung des Neuen Testaments, bestehend aus 13 Briefen 12.254.301

Dekapolis, Zehn-Städte-Bund im Ostjordanland (63 v.Chr. bis ca. 200 n.Chr.) 102.106

Dekurionen, Mitglieder des Stadtrates, unterste Stufe der Oberschicht im Römischen Reich 51

Determinismus, Auffassung, nach welcher alle Geschehnisse festgelegt sind 66.364

Deuterojesaja, Teil des Jesajabuches (Jes 40–55), der nicht von dem Propheten Jesaja aus dem 8. Jh. v.Chr. stammt (von griech. *deuteros* „zweiter") 33

deuteropaulinisch, Briefe, die nicht von Paulus geschrieben wurden, aber seinen Namen als Absender nennen 189.195.198

Diachronie, Untersuchung der Entstehungsgeschichte von Texten 41

Diadochen, Nachfolger Alexanders des Großen (→ Seleukiden, → Ptolemäer) 52

Diakon, Mitarbeiter einer Gemeinde, im NT Helfer des Bischofs 177.281.289

Diaspora, jüdische Gruppen außerhalb des Landes Israel bzw. das Gebiet, in dem sie leben (von griech. diaspeirein „zerstreuen") 60.**69**.83.154.175.177.202.209.**242**.259.267.303.328.339.380

Diatessaron, Kombination der vier Evangelien zu einer fortlaufenden Erzählung („Evangelienharmonie"), verfasst von dem syrischen → Apologeten Tatian (2. Hälfte des 2. Jh.s n.Chr.) 155

Dicta probantia, biblische Einzelaussagen, die eine dogmatische Entscheidung belegen sollen — 382

Didache, „Lehre (der zwölf Apostel)“, Titel einer Gemeindeordnung vom Anfang des 2. Jh.s n.Chr. — 97.372

Doketismus, doketisch, Lehre, nach der Jesus nur scheinbar Mensch war, während allein der erhöhte, göttliche Christus bedeutsam ist — 146.168.**320**.322

Doxologie, Lobpreis Gottes oder Jesu Christi, oft in liturgisch geformten Wendungen — 206.282.347

Dualismus, dualistisch, prinzipieller Gegensatz zwischen zwei Grundkräften oder Wirklichkeitsbereichen, z.B. einer göttlichen und einer widergöttlichen Sphäre — 66.169.345

Ekklesiologie, Lehre von der Kirche — 79.90.92

Epikureer, Anhänger der Philosophie Epikurs, der um 306 v.Chr. in Athen eine Schule eröffnete — 56.183

Epiphanie, Erscheinen Gottes (Theophanie), des auferstandenen Christus (Christophanie) oder von Engeln (Angelophanie) bzw. Gestalten der Vorzeit, oft verbunden mit → visionären Wahrnehmungen von übernatürlichen Erscheinungen — 145

Erlaßjahr, in der Tora vorgeschriebener Schuldenerlaß in jedem siebten Jahr (vgl. Dtn 15,1–11; Lev 25) — 135

Eschatologie, Lehre(n) bzw. Vorstellung(en) von der Endzeit (Aussprache: Es-chatologie) — 67.114.124.167.193.204.213.**231**.300.302.309.325.330.336.363

Essener, jüdische religiöse und politische Bewegung mit strengen Formen des Gemeinschaftslebens und endzeitlicher Orientierung, evtl. gehörte die Gemeinschaft von → Qumran zu ihnen — 64.**66**.154

Evangelium, wörtlich „frohe Botschaft“, Ausdruck für die grundlegende Verkündigung von Tod und Auferweckung Jesu, Bezeichnung der vier Jesuserzählungen des Neuen Testaments — 11.12.**15**.26.38.**40f**.107.203.**210f**

Exegese, exegetisch, wissenschaftliche Textauslegung — 30.36

Exorzismus, Austreibung oder Beschwörung von Dämonen — 78.101.128.185

Formgeschichte, -kritik, exegetische Methode der Untersuchung mündlicher Überlieferungsstücke — 43

Frühjudentum, frühjüdisch, Epoche der jüdischen Geschichte zwischen dem babylonischen Exil und der Durchsetzung des rabbinischen Judentums — 47.53.63.131.181.214.233.246.276

Gattung, Gruppe von Texten mit gleichen formalen Merkmalen — 18.43

Geniza, hebr. für „Schatzkammer“, Aufbewahrungsort in einer Synagoge für abgenutzte Buchrollen mit religiösem Inhalt — 69

Glossolalie, „Zungenrede“, ekstatisches Reden in einer

unverständlichen Sprache als Ausdruck der Erfahrung des göttlichen Geistes — 194.223.229

Gnosis, Gnostiker, gnostisch, frühchristliche Bewegung bzw. Lehre, die aus der Verbindung hellenistischer, frühjüdischer und urchristlicher Elemente entstand — 156.**169**.303.320.336.344

Häresie, Häretiker, häretisch, Irrlehre, Irrlehrer im Gegensatz zur Orthodoxie — 69.185

Hasmonäer, jüdische Herrscherdynastie (140–63 v.Chr.), hervorgegangen aus den → Makkabäerkämpfen — 65

Haustafel, formal geprägte Ermahnung an die Personengruppen, die einen antiken Haushalt bilden — 249.250.264.**269f**

Heidenchrist, Nichtjude, der sich zu Jesus Christus bekennt (im Unterschied zu → Judenchrist) — 106.193.303.306.339.353.378

Hellenismus, hellenistisch, ursprünglich: die griechische Sprache beherrschen; als kulturgeschichtlicher Begriff Bezeichnung für die griechische Zivilisation seit Alexander dem Großen — 46.**52**.177.259.302.344.

Hermeneutik, hermeneutisch, Kunst bzw. Lehre der Auslegung — 36.219.372.

Hexis-Lehre, philosophische Lehre vom Zustand bzw. den Zuständen, die durch Übung erreicht werden — 95

Homilie, homiletisch, Predigt, die auf einen biblischen Text oder Zusammenhänge der Bibel bezogen ist — 296.317

Homologumena, Schriften, deren Aufnahme in den Kanon unumstritten war — 198

Immanenz, Vorstellung bzw. Redeweise von der Gemeinschaft zwischen den Glaubenden und Christus bzw. Gott („In-Sein") — 322

Inkarnation, Eingehen des göttlichen → Logos in einen fleischlichen Menschen bei der Geburt Jesu — 320.322

Interpolation, nachträgliche Einfügung in Texte bzw. Handschriften — 229

Judenchrist, Jude, der sich zu Jesus Christus bekennt (im Unterschied zu → Heidenchrist) — 50.66.106.153.193.302.306.339.353.357.378

Jüdischer Krieg, Aufstand von Juden im Land Israel gegen die römische Fremdherrschaft (66–70 n.Chr.), der mit der Zerstörung Jerusalems und des Tempels endete — 106

Jupiter Capitolinus, Staatsgott des römischen Imperiums — 71

Kaiserkult, kultische Verehrung der römischen Kaiser als „Götter" — 50.71.86.360.368

Kanon, ursprünglich: Richtschnur, Liste; davon abgeleitet: Zusammenstellung verbindlicher Schriften — 28.108.228.337.339.342.344.368.371.**372.**379.383

Kanon Muratori, Liste biblischer Schriften vom Ende des 2. Jh.s n.Chr., nach ihrem Entdecker benannt — 116

Katakombe, unterirdische Begräbnisstätte, häufig im antiken Rom	171.312
Katechese, Katechet, Unterweisung, Unterrichtender	82
Katechismus, kurze Zusammenstellung der wichtigsten christlichen Lehrinhalte	270.378
Katholische Briefe, zusammenfassender Name für die Briefe an Petrus, Johannes, Jakobus und Judas	17.27
Kerygma, Verkündigung, insbesondere in Bezug auf Jesu Tod und Auferweckung in seiner heilvollen Bedeutung	365.385
Kodex, antike Handschrift, bestehend aus mehreren zusammengehefteten Papyrus- oder Pergamentseiten (im Unterschied zur Schriftrolle)	198
Kompositionskritik, Untersuchung des Aufbaus und der literarischen Gestaltung eines Textes unter Verwendung von Überlieferungen	43
Konkordanz, alphabetisches Wörterverzeichnis zu einer Schrift oder Schriftensammlung	38
Kyniker, kynisch, Kynismus, griech. Philosophenschule mit asketischem Lebensideal, die auf Diogenes von Sinope (um 450 v.Chr.) zurückgeht	56
Latifundien, Großgrundbesitz, Landgüter im Imperium Romanum mit Sklaven als Arbeitskräften	48
Lesart, Variante im Wort- oder Buchstabenbestand von Handschriften	42.365
Linguistik, Sprach- bzw. Textwissenschaft (im Unterschied zur Literaturwissenschaft)	41.42.44
Literarkritik, exegetische Methode der Untersuchung schriftlicher Überlieferungsstücke („Quellen")	**43**.168
Logienquelle, Bezeichnung der vermuteteten gemeinsamen Vorlage von Matthäus und Lukas neben Markus, die vorwiegend Sprüche Jesu enthielt (Logien), auch: Rede(n)- oder Spruchquelle genannt (Symbol: Q)	84.115.188.373.378
Logos, Grundbegriff der griechischen Philosophie; im Prolog des Johannesevangeliums Bezeichnung für den präexistenten Christus	58.127.159.161.164.170.321
Märtyrer, Martyrium, bewußte Lebenshingabe wegen eines Bekenntnisses	14.102.115.152.256.282.329.339.360.366
Magnifikat, Lobgesang der Maria (Lk 1,46–55)	118.138
Makkabäer, jüdische Aufstandsführer gegen die seleukidische Fremdherrschaft in Israel, besonders gegen Antiochus IV. in den Jahren 167–164 v.Chr. (= Makkabäeraufstand)	64
Menschensohn, im Frühjudentum eine für die Endzeit erwartete Herrschergestalt, die von Gott bevollmächtigt wird, das Gericht zu vollziehen; in den Evangelien Selbstbezeichnung Jesu	131.163
Merkaba(-mystik), (Thron-)Wagen Gottes (vgl. die Thronwa-	303

gen-Vision in Ez 1), jüdische Frömmigkeitsrichtung, die sich mit den Geheimnissen der himmlischen Umgebung Gottes befasst

Messias, messianisch, hebr. für Gesalbter; im Frühjudentum eine für die Endzeit erwartete Gestalt mit Gerichts- oder Heilsfunktionen; im Neuen Testament Würdebezeichnung für Jesus (griech.: *Christos*), — 49.67.78.113.121.**131**.158.161.211.321.354.365.375

Messiasgeheimnis, theologische Konzeption im Markusevangelium, nach welcher die wahre Identität Jesu erst unter dem Kreuz offenbar wird — 105

minor agreements, kleinere Übereinstimmungen von Matthäus und Lukas gegenüber Markus bei Texten, die alle drei überliefern — 84

Mischna, ältestes Sammelwerk rabbinischer Auslegungen zur Tora, zusammengestellt um 200 n.Chr.

Monotheismus, monotheistisch, Glaube an einen einzigen Gott (Gegenteil: → Polytheismus) — 55.60.61.175.381

Mysterien, griechische Geheimkulte, in die sich Einzelne einweihen lassen; in hellenistischer und römischer Zeit vor allem orientalischen Ursprungs — 54.60.71

Mythos, mythisch, Götter- oder Urzeiterzählung, die religiöse Grundaussagen veranschaulicht, die außerhalb geschichtlicher Wahrnehmung liegen, aber für die Wirklichkeitserfahrung bedeutsam sind — 20.146.284

Naherwartung, Erwartung des unmittelbar bevorstehenden Endes der Geschichte und des Beginns der Endzeit (z.B. der → Parusie Christi) — 275

Nasiräer, Geweihter, der sich durch ein Gelübde für eine bestimmte Zeit zu Enthaltsamkeit verpflichtet — 186

Nazoräer, syrische Bezeichnung der Christen; in Mt 2,23 ein Wortspiel, das an die Herkunft Jesu aus Nazaret erinnert und evtl. auf das → Nasiräergelübde anspielt — 83

Neuplatonismus, antike philosophisch-religiöse Schule; deren wichtigster Vertreter war Plotin (um 205–270 n.Chr.) — 60

Nimbus, Strahlenkranz („Heiligenschein"); mit Kreuz oder Christusmonogramm wird er auch bei der Darstellung Christi, Gottes bzw. des Heiligen Geistes verwandt — 312.370

Nisan, Frühlingsmonat im jüdischen Kalender, mit dem das Kalenderjahr beginnt — 151

pagan, heidnisch, d.h., nichtjüdisch oder nichtchristlich — 55.71.85.117.329.336.380.383.386

Palästina, römische Bezeichnung für das besetzte Judäa nach dem Bar-Kochba-Aufstand — 47.83.118.154.328

Papyrus, Beschreibmaterial für antike Handschriften — 155.198

Paränese, paränetisch, Mahnung, ermahnend — 126.132.136.261.270.300.311.316.327

Paraklet, „Fürsprecher", „Beistand", „Tröster"; im Johannesevangelium Bezeichnung für den heiligen Geist als Repräsentant des auferstandenen Christus; seine Gegenwart wird den Jüngern angesichts der Abwesenheit Jesu verheißen (vgl. Joh 14,16f.26; 15,26; 16,7–11) — 148.167

Parallelismus membrorum, Stilmittel der hebräischen Poesie, gebildet durch parallel angeordnete Sätze oder Satzglieder — 94.119.260

Parusie, Ankunft, im NT Ausdruck für die Wiederkunft Christi am Ende der Zeiten — 112.193.273.275.316. 320.334.376.380

Passafest, jüdisches Tempelwallfahrtsfest, beginnend in der Nacht vom 14. auf den 15. Nisan; zusammen mit dem Fest der ungesäuerten Brote (Mazzot) dauert es bis zum 21. Nisan (vgl. Ex 13,3–10) — 81.148.151

Pastoralbriefe, Hirtenbriefe (von lat. pastor „Hirte"), Sammelbezeichnung für die Briefe an Timotheus und Titus — 16.27.193.**198**.340

Pentateuch, die fünf Bücher Mose der Bibel

Peregrinatio, lat. Wanderschaft, Unterwegssein, Fremdsein — 332

Pharisäer, frühjüdische religiöse und politische Laienbewegung, die rituelle Reinheit im Alltag zu praktizieren versuchte — 51.64.**67**.79.98.103.129. 154.170.181

Platoniker, platonisch, Platonismus, Philosophenschule in der Wirkungsgeschichte Platons — 56

Polis, Stadt(-staat) in klassisch-griechischer und hellenistisch-römischer Zeit — 64.200.259

Polytheismus, polytheistisch, Verehrung einer Vielzahl von Göttern — 61

Postskript, Schlußteil eines antiken Briefes oder Literaturwerkes — 199.203.221.248.347

Prädestination, Vorherbestimmung des künftigen, insbesondere des → eschatologischen Geschicks aller Menschen nach Gottes Plan vom Beginn aller Zeit her — 376

Präexistenz, Vorstellung vom Bestehen eines Wesens vor seiner Wahrnehmung durch Menschen, insbesondere von Jesus Christus vor seiner Geburt — 159.161.321

Präskript, Eingangsteil eines antiken Briefes („Briefkopf") oder Literaturwerkes — 199.203.221.225.248. 252.263.271.280.291. 301.317.347.376

Prätorium, Residenz eines römischen Provinzgouverneurs; nach der Passionsüberlieferung fand im P. des Pontius Pilatus in Jerusalem ein Verhör Jesu statt (vgl. Mk 15,16; Joh 18,28) — 150

Pragmatik, in der Sprachwissenschaft: Untersuchung von Texten hinsichtlich ihrer Wirkabsicht — 34

Praxis pietatis, Frömmigkeitspraxis — 127

Presbyter, urchristlicher Gemeindeleiter („Ältester") — 12.13.10.153.284.288. 317

Prinzipat, römische Kaiserzeit (bzw. -herrschaft) — 48.71

Prolog, Vorrede — 115.145

Proömium, Einleitung eines antiken Briefes oder Literaturwerkes	57.175.199.248.291.317
Prophet, Mensch, der im Namen Gottes zum Volk Israel redet; im frühen Christentum: Mensch, der im Geist Gottes zur Gemeinde redet	14.29.176.346.357
Proselyt, griech. „Hinzugekommener", bes. für zum Judentum Übergetretene	77.178.306
Pseudepigraphie, Pseudepigraphon, literarische Methode, eine Schrift einer bekannten Gestalt als angeblichem Autor zu unterstellen, hinter dessen Autorität sich der tatsächliche Verfasser verbirgt	183.185.252.265.274.286.328.334.340.344.381
Ptolemäer, ägyptisches Herrschergeschlecht der hellenistischen Zeit (304–30 v.Chr.)	53.63
Quellenkritik, → Literarkritik	
Qumran, Ortslage am nordwestlichen Ufer des Toten Meeres (Chirbet Qumran), in deren Nähe seit 1947 zahlreiche Handschriften aus der frühjüdischer Zeit gefunden wurden	39.65.302.358
Rabbi, rabbinisch, jüdischer Weiser bzw. Lehrer, der für die rechtsgültige Anwendung der Tora im Alltag zuständig ist (Plural: Rabbinen)	39.61.65.82.303
Redaktionsgeschichte, -kritik, exegetische Methode, welche die Aufnahme von Überlieferungsstücken und die Komposition der Endgestalt neutestamentlicher Schriften untersucht	43
Rhetorik, Redekunst, in der Antike als Bildungsgut vermittelt und weit verbreitet	44.200
Sabbat, siebenter Tag der Woche (Samstag), jüdischer Fest- und Ruhetag	63.263.266.374
Sadduzäer, frühjüdische religiöse und politische Gruppierung, vorwiegend in der Priesterschaft und der Oberschicht	51.**64**.79.154.176.186.234
Sadokiden, auch: Zadokiden; führendes Priestergeschlecht, das sich auf Zadok, einen Oberpriester Davids, zurückführte (vgl. 2 Sam 8,17; 15,24–29) und in frühjüdischer Zeit meist das Hohepriesteramt besetzte	65
Sakrament, gottesdienstliche Zeichenhandlung, zu welcher „Elemente" (z.B. Wasser, Wein, Brot) und deutende Worte gehören, die die Handlung im Christusgeschehen verankern; insbesondere Taufe und Abendmahl (auch: „Eucharistie")	289.320
Samariter, -taner, Bewohner der Landschaft Samaria (nördl. von Judäa), Angehöriger einer ethnisch zu Israel gehörenden, religiös aber als Sondergruppe betrachteten Gemeinschaft	114.135
Satan, Name eines Widersachers Gottes und der Menschen	137.345.354
Schisma, griech. für Spaltung innerhalb der Gemeinde (Aussprache: S-chisma)	86
Scholastik, Schulwissenschaft, Bezeichnung einer theologie-	95

und philosophiegeschichtlich bedeutsamen Epoche im Mittelalter

Seleukiden, syrisches Herrschergeschlecht der hellenistischen Zeit (304–64 v.Chr.) — 53.63

Semantik, in der Sprachwissenschaft: Untersuchung der Bedeutung sprachlicher Zeichen — 34

Septuaginta, griech. Übersetzung der hebräischen biblischen Schriften für den Gebrauch in der jüdischen Diaspora (von lat. siebzig, daher als Kürzel die römische Zahl LXX) — 31.37.70.247.308.328

Sondergut, Texte, die sich nur in einem der synoptischen Evangelien finden — 115

Soteriologie, Lehre von der Heilsbedeutung des Christusgeschehens (von griech. soter „Retter") — 79.165

Soziolekt, durch Schultraditionen charakteristisch geprägte Sprache — 318

Spiritualisierung, Ersetzung realer Vorgänge durch geistige (z.B. Tieropfer durch Gebete) — 112

Ständetafel, Mahnungen an verschiedene Gruppen in der Gemeinde — 284

Stoa, Stoiker, stoisch, von Zenon gegründete antike Philosophenschule (seit 300 v.Chr.) — 54.56.183.337.386

Sühne, in der Bibel ein Geschehen (oft: eine Opferhandlung), in welchem von Gott Menschen die lebensbedrohlichen Folgen ihrer Sünde abgenommen werden bzw. Sünde beseitigt wird; im Neuen Testament auf das Sterben Jesu als Lebenshingabe zur Befreiung von Sünde bezogen — 137.162.214.310.311.325

Summarium, Zusammenfassung — 102.128.176.191.194

Synagoge, Bezeichnung für eine jüdische Gemeinde bzw. ihren Versammlungsort — 63.86.117.154.175.183.184.209.242.259.362.381

Synchronie, Untersuchung der literarischen Endgestalt von Texten — 41

Synhedrium, höchste juristische, politische und religiöse Körperschaft des Judentums im Land Israel in frühjüdischer Zeit mit Sitz in Jerusalem (auch: Sanhedrin, „Hoher Rat") — 51.65.80.103.186

Synkretismus, Religionsvermischung — 64

Synopse, Synoptiker, synoptisch, griech. für „Zusammenschau", bezogen auf die drei Evangelien Matthäus, Markus und Lukas — 38.83.107.342.359

Syntax, syntaktisch, Satzlehre bzw. -kunde — 34

Talmud, Sammlung der autoritativen Schriften des rabbinischen Judentums, bestehend aus der → Mischna und ihrer Auslegung durch die Rabbinen — 69

Textkritik, wissenschaftliche Untersuchung der handschriftlichen Überlieferung antiker Texte — 42

Textlinguistik, → Linguistik

Tora, ursprünglich hebr. für „Weisung"; die verbindliche — 28.61.88.116.132.140.

jüdische Religions- und Lebensordnung („ Gesetz"), die grundlegend fixiert wurde in den fünf Büchern Mose (→ Pentateuch) und aktuell gültig ist in situationsbezogener Interpretation — 177.186.320.232.246. 266.309.380

Traditionsgeschichte, exegetische Methode der Untersuchung von Vorstellungen und Motiven in verschiedenen Texten sowie der Wege ihrer Vermittlung — 43

Transzendenz, Vorstellungen bzw. Lehren über Gott und die himmlische Welt, welche die irdisch-menschlichen Erfahrungen überschreiten — 59

Trinität, trinitarisch, Lehre von der Einheit Gottes in drei „Personen" (Vater, Sohn, Heiliger Geist) — 171.313.354

Urchristentum, urchristlich, Bezeichnung für die Jesusbewegung in neutestamentlicher Zeit — 18.35.46.132.226.236. 241.292.302.343.379

Verbalinspiration, Lehre von der wörtlichen Eingebung des Textes der biblischen Schriften durch den heiligen Geist — 383

Vision, Schau(ung), oft verbunden mit akustischen Wahrnehmungen (Audition) — 175.179.348.352

Zadokiden, → Sadokiden

Zeloten, jüdische Aufstandsbewegung gegen die römische Fremdherrschaft im Land Israel, maßgeblich beteiligt am → Jüdischen Krieg — 49.64.**67**.154

Zensus, Ermittlung des Steueraufkommens in einer römischen Provinz — 67

Zweiter Tempel, Bezeichnung für den nach dem babylonischen Exil wiedererrichteten Tempel in Jerusalem, der 70 n.Chr. im Jüdischen Krieg zerstört wurde; auch verwendet für die Epoche jüdischer Geschichte zwischen Exil und rabbinischer Zeit (→ Frühjudentum)

Zion, Berg in Jerusalem, biblisch auch Name für die Stadt und den Tempel — 206.215.300.354

Mitarbeiterverzeichnis

Dr. Michael Bachmann, Professor für Evangelische Theologie an der Universität Gesamthochschule Siegen

Dr. Reinhard Feldmeier, Professor für Neues Testament an der Georg-August-Universität Göttingen

Dr. Friedrich Wilhelm Horn, Professor für Neues Testament an der Johannes Gutenberg-Universität Mainz

Dr. Karl-Wilhelm Niebuhr, Professor für Neues Testament an der Friedrich-Schiller-Universität Jena

Dr. Matthias Rein, Studienleiter am Theologischen Studienseminar der VELKD in Pullach

Wenn Sie weiterlesen möchten ...

Hans-Christoph Schmitt

Arbeitsbuch zum Alten Testament

Grundzüge der Geschichte Israels und der alttestamentlichen Schriften

Das Arbeitsbuch zum Alten Testament enthält zwei für sich verständliche Teile: Es setzt ein mit einer Darstellung der Geschichte Israels. Ein zweiter Teil gibt einen Überblick über die literarhistorischen und theologischen Probleme der einzelnen Schriften des Alten Testaments und behandelt zentrale Themen in Beziehung zur gesamtbiblischen Theologie. Zur Examensvorbereitung, aber auch zur studienbegleitenden Lektüre werden in diesem Studienbuch die Ergebnisse der historischen Erforschung des Alten Testaments so zusammengefasst und dargestellt, dass ihre theologische Relevanz erkenndsbar wird.

Arbeitsaufgaben, Übersichten, Landkarten und Literaturhinweise erschließen den umfangreichen Stoff und ermöglichen eine Verwendung des Buches sowohl in Examensgruppen als auch bei der Einzelvorbereitung.

»Eine konzentrierte und sehr übersichtliche Darstellung des alttestamentlichen Grundwissens.«
Martin Schreiner, TheoWeb. Zeitschrift für Religionspädagogik

»For students, this is the ideal book to start with.«
International Review of Biblical Studies

Wenn Sie weiterlesen möchten ...

Jan Christian Gertz (Hg.)

Grundinformation Altes Testament

Eine Einführung in Literatur, Religion und Geschichte des Alten Testaments

In Zusammenarbeit mit Angelika Berlejung, Konrad Schmid und Markus Witte

Das vorliegende Lehrbuch führt in die Literatur, Religion und Geschichte des Alten Testaments ein und eröffnet ein vertieftes Verständnis des Alten Testaments für Studium und Praxis. Beginnend mit der Erläuterung der Quellen des Alten Testaments und der verschiedenen Methoden ihrer Untersuchung, zeichnen die Autoren Geschichte und Religionsgeschichte des antiken Israels ausführlich nach.

Der zweite Teil des Buches widmet sich der Literatur des Alten Testaments: Die einzelnen Bücher werden bibelkundlich erschlossen, es werden literar- und forschungsgeschichtliche Probleme aufgezeigt und ihre Entstehungs- und Wirkungsgeschichte sowie ihre Theologie vorgestellt. Abschließend werden Grundfragen einer alttestamentlichen Theologie geklärt. Neben der Definition elementarer Begriffe enthält das Lehrbuch zahlreiche Tabellen, Karten, Abbildungen, ausführliche Literaturhinweise sowie ein Glossar.

Das Buch trägt den vielfältigen Umbrüchen innerhalb der Forschung in den letzten Jahren Rechnung und bemüht sich erstmals um eine Synthese neuer Forschungspositionen.

»Dies ist ein Lehrbuch mit hohem Anspruch [...] Eine kluge Einführung in das Alte Testament, aus der man auch viel über die Methodik wissenschaftlichen Arbeitens lernen kann.«
Carl Hasen, Literaturtest.de / amazon.de

Wenn Sie weiterlesen möchten ...

Udo Schnelle

Einleitung in das Neue Testament

Udo Schnelles Einleitung behandelt die Entstehungsverhältnisse der 27 neutestamentlichen Schriften und stellt die theologischen Grundgedanken jeder Schrift und die Tendenzen der neuesten Forschung dar. Darüber hinaus werden Themen wie die Chronologie des paulinischen Wirkens, die Paulus-Schule, methodische Überlegungen zu Teilungshypothesen, die Gattung Evangelium, Pseudepigraphie und das Werden des neutestamentlichen Kanons ausführlich erörtert.

»... umfassend und beeindruckend.«
Theologische Literaturzeitung

»Ein ausgezeichnetes und kompetentes, auch didaktisch sorgfältig gestaltetes Einleitungswerk.«
Zeitschrift für Katholische Theologie

Udo Schnelle

Einführung in die neutestamentliche Exegese

Die Einführung stellt die exegetischen Methoden vor, die heute in der neutestamentlichen Wissenschaft anerkannt sind. Durch praktische Beispiele und Aufgaben leitet Udo Schnelle zu ihrer Anwendung bei der Auslegung des Neuen Testaments an. Die Neubearbeitung des in zahlreichen Proseminaren bewährten Lehrbuchs berücksichtigt auch die jüngste Fachdiskussion.

»Eine prägnante, verständliche und deshalb gelungene Information über die wichtigsten Verfahren und Modelle neutestamentlicher Schriftenanalyse.«
Publik-Forum

Wenn Sie weiterlesen möchten ...

Gerd Theißen / Annette Merz

Der historische Jesus

Ein Lehrbuch

Das Lehrbuch will auf möglichst sachliche und verständliche Weise über die Ergebnisse der wissenschaftlichen Forschung zum historischen Jesus informieren. Jesus wird als eine auch heute noch erkennbare, tief im Judentum verwurzelte, profilierte Gestalt dargestellt. Es wird verständlich, dass seine Anhänger ihn als Messias und Gottessohn verehrten.

Der Text ist didaktisch aufgearbeitet, u.a. durch viele Übersichten und Tabellen sowie Anstöße zur hermeneutischen Refexion über die Gegenwartsbedeutung und Problematik der diskutierten historischen Sachverhalte.

»Das derzeit beste Buch zum Thema.«
Robert Leicht, DIE ZEIT